全国教育硕士专业学位推荐教材

全国教育硕士专业学位教育指导委员会　组织编写
教育部课程教材研究所　　　　　　　　推荐使用
人民教育出版社　　　　　　　　　　　出　版

全国教育硕士专业学位推荐教材编写委员会

总 主 编　顾明远
副总主编　叶　澜　　沈德立　　何艳茹　　裴娣娜
编　　委　张大均　　袁锐锷　　徐福荫　　傅维利
　　　　　吴志宏　　杨小微　　毛大威
秘 书 长　裴娣娜（兼）
秘　　书　翟东升

本书编写人员

主　　编　张大均
编　　者　（以汉语拼音字母为序）
　　　　　白先同　　白学军　　陈　旭　　冯　维
　　　　　郭　成　　李　红　　刘电芝　　刘华山
　　　　　司继伟　　文　萍　　余　林　　张爱卿
　　　　　张大均　　张向葵

顾明远 总主编

全国教育硕士专业学位推荐教材

教育心理学

JIAOYU　　XINLIXUE

（第二版）

张大均　主编

人民教育出版社

·北京·

本书封四贴有含人民教育出版社注册商标❀的标识,无此标识者视为盗版图书。

图书在版编目(CIP)数据

教育心理学 / 张大均主编. —2版. --北京:人民教育出版社,2014
(全国教育硕士专业学位推荐教材)
ISBN 978-7-107-17272-4

Ⅰ.教… Ⅱ.张… Ⅲ.教育心理学—研究生—教材 Ⅳ.G44

中国版本图书馆 CIP 数据核字(2003)第 114292 号

全国教育硕士专业学位推荐教材　教育心理学　第二版

出版发行		人民教育出版社
		(北京市海淀区中关村南大街17号院1号楼　邮编:100081)
网　　址		http://www.pep.com.cn
经　　销		全国新华书店
印　　刷		人民教育出版社印刷厂
版　　次		2004年4月第2版
印　　次		2017年8月第15次印刷
开　　本		890毫米×1 240毫米　1/32
印　　张		19.25
字　　数		487千字
印　　数		193 001~196 000册
定　　价		26.90元

版权所有·未经许可不得采用任何方式擅自复制或使用本产品任何部分·违者必究
如发现内容质量问题、印装质量问题,请与本社联系。电话:400-810-5788

目 录

第二版前言 /1

第一版前言 /3

第一章　绪　　论

第一节　教育心理学的研究对象与学科体系 /9
第二节　教育心理学的研究方法 /16
第三节　教育心理学的发展历史 /30

第二章　教育心理学的基本理论

第一节　科学的心理发展观 /41
第二节　学习的基本理论 /59
第三节　教学的基本理论 /72

第三章　学习动机

第一节　学习动机概述 /80
第二节　学习动机的理论 /87
第三节　学习动机的培养和激发 /97

第四章 陈述性知识的学习

第一节 陈述性知识概述 /111
第二节 陈述性知识的习得与巩固 /119
第三节 陈述性知识的迁移与应用 /134

第五章 程序性知识的学习

第一节 程序性知识概述 /146
第二节 智慧技能的形成 /153
第三节 认知策略的学习 /165
第四节 动作技能的形成 /172

第六章 问题解决及其教学

第一节 问题解决概述 /182
第二节 问题解决的心理过程 /189
第三节 影响问题解决的因素 /196
第四节 问题解决能力的培养 /206

第七章 创造力及其培养

第一节 创造力概述 /211
第二节 影响创造力发展的主要因素 /221
第三节 创造力的测量 /230
第四节 创造力的培养 /237

第八章 学习策略

第一节 学习策略概述 /246
第二节 通用学习策略 /256
第三节 学习策略的教学 /272

第九章　品德及其形成

第一节　品德概述　/282
第二节　品德的发展　/287
第三节　品德态度的形成与改变　/308
第四节　过错行为和不良品德的转化与矫正　/314

第十章　心理健康教育

第一节　心理健康概述　/322
第二节　心理评估　/330
第三节　心理辅导　/342
第四节　学生中常见的心理行为问题及其干预　/353

第十一章　美育心理

第一节　美育心理概述　/364
第二节　青少年审美心理的发展　/371
第三节　美育的心理效应、途径和方法　/386

第十二章　教师心理

第一节　教师的职业结构特点　/401
第二节　教师的威信与教育成效　/425
第三节　教师的成长与发展　/432

第十三章　教学设计的心理学问题

第一节　教学设计概述　/450
第二节　教学设计的基本要素　/458
第三节　不同类型的教学设计　/477

第十四章　学生的心理差异与因材施教

第一节　心理差异与教育　/489
第二节　优等生与后进生学习差异的对比分析　/503
第三节　面向差异的主要教学方法　/516

第十五章　班级中的人际关系

第一节　班级人际关系概述　/525
第二节　班级中的同伴关系　/534
第三节　班级中的师生关系　/541

第十六章　教学交往与课堂互动

第一节　教学交往概述　/558
第二节　师生交往的心理结构与功能　/573
第三节　教学交往的特征与条件　/583
第四节　课堂教学互动　/592

主要参考文献 /603

第二版前言

本书是在 1999 年第一版《教育心理学》基础上修订而成的。第二版在基本保持第一版的框架的前提下，根据教育心理学学科领域的新进展，教材使用中教与学双方的反馈意见以及教育硕士教育和教师教育的新要求，对各章节从内容到编排都作了较大幅度的改动：（1）第二章、第四章、第五章、第六章作了结构性调整、改写或重写，增加、充实了新的内容；（2）为了适应素质教育和创造性人才培养的现实需要，新增加了第七章"创造力及其培养"；（3）本书其余各章均作了详细的修改，补充了新观点、新理论、新资料，删除了一些较陈旧的、与基础教育联系不够紧密的内容。修改中，我们力求使第二版比第一版结构更加合理，内容更加充实，理论联系实际更加紧密，文字表述的逻辑性更加增强。第二版内容比第一版有较大的增加，这样做的目的主要是为教育硕士专业学员和在职教师学习教育心理学提供较丰富的信息，弥补他们在教育教学实践中缺乏相关资料的不足，同时为教学提供自主选择的内容。因此，各地各校教师使用本教材时，可根据学习者已有的相关知识基础、课时等灵活选择讲授的章节和安排学员自学的章节。我们相信新版教材能为教育硕士专业学员和在职教师提供较为丰富的教育心理学知识、理论和方法,将会更有利于教与学。

本书各章修改者分别是:张大均(第一章),郭成、白先同(第二章),冯维(第三章),张爱卿(第四章),冯维、张爱卿、余林(第五章),白学军(第六章),张向葵(第七章),文萍(第八章),陈旭(第九章),刘华山(第十章),李红(第十一章),余林(第十二章、第十六章),刘电芝(第十三章),司继伟(第十四章),郭成(第十五章)。参加统稿的有张大均、郭成、陈旭、余林。郭成除做了大量的组织工作外,还协助主编审稿。全部书稿最后由主编定稿。

本书修订历时一年有余,既凝聚了全体参与者的智慧和辛劳,也是全国教育硕士专业学位教育指导委员会及人民教育出版社关心、支持的结果。在本书第二版付梓之际,谨向所有给予我们关心、支持的单位和个人表示诚挚的谢意!

张大均

2003 年 9 月

第一版前言

  为贯彻落实《中国教育改革和发展纲要》，加快基础教育师资队伍和管理队伍建设，在专家、学者充分论证的基础上，经国务院学位委员会第十四次会议审议批准，从1997年开始在我国设置并试办教育硕士专业学位。① 为了保证培养质量，1996年国务院学位委员会教育硕士专业学位专家指导小组组织首批试点学校的专家教授编写了《教育硕士专业学位教学大纲》，该大纲于1997年7月通过审定并颁发试用。

  随着教育硕士专业学位教育的开展，核心课程教材建设迫在眉睫。为此，国务院学位委员会设立了"教育硕士专业学位研究课题"，将课程体系研究列为重点研究项目，我们承担了"教育硕士专业学位教育心理学课程体系研究"课题。本书是根据《教育硕士专业学位教学大纲·教育心理学》，并在上述课题研究的基础上编写的。

---

  ① 国务院学位委员会教育硕士专业学位专家指导小组编：《教育硕士专业学位教学大纲·前言》，1997年。

在本书编写过程中，我们始终注意贯彻教育硕士专业学位专家指导小组所提出的基本要求。①（1）师范性与学术性统一。教育硕士专业学位以培养基础教育教学和管理方面的高层次人才为目标，它不仅要求学位获得者具有能够为基础教育服务的能力、素质和较深厚、较扎实的专业基础知识，同时还必须具备相应的教育科研能力。为此，本教材十分注重在本科师范教育已有的心理学基础上进一步提高教育心理学知识、方法的含量，使学员通过学习本课程获得系统的教育心理学知识和多方面的教育科研能力。（2）理论与实践统一。教育硕士专业学位是以基础教育为背景的职业学位，与一般学术性学位不同，其实践性的特点更为突出。其培养目标不仅仅是要提高学位获得者的科研能力，更重要的是要提高他们运用所学理论和方法解决学科教学或教育管理中存在的实际问题的能力。因此，本教材注重理论知识的实际运用，特别强调学科理论联系基础教育实际。（3）注重内容的宽、新、实，充分反映现代教育心理学的新发展。本书重点突出现代教育心理学理论和方法在教育教学研究与改革上的应用，努力做到：反映本学科变化和发展趋势，将现代教育心理学的理论、方法、手段纳入教学、培养之中，使学员在学习基本理论知识的同时，了解掌握先进的教育心理学理论和方法，提高素质和适应教育发展变化、促进教育教学改革的能力。（4）课程内容少而精与教材结构安排灵活性统一。教育硕士专业学位的课程内容安排应遵循少而精、质量第一的原则。但是，由于我国师范类院校的环境、条件、所处地域不尽

---

① 国务院学位委员会教育硕士专业学位专家指导小组编：《教育硕士专业学位教学大纲·前言》，1997年。

相同，学员基础和师资力量也各有其特点，在教学内容上完全要求一致既不现实也不可能。因此，本教材在内容上既力求少而精又尽量做到涵盖范围宽一些，以适应各种需要。各校在使用本教材安排教学时可根据具体情况灵活处理。

从教育硕士专业学位培养对象的特殊性和学科特点出发，本书十分注意将学科发展与我国基础教育改革的要求相结合。一方面，既考虑到教育心理学的学科性质、基本内容、特点与发展趋势，又注意到教育硕士专业学位的培养目标、教学的独特要求，尽量做到理论性、系统性与应用性的有机结合；另一方面，既注意到根据我国基础教育教学改革实践的要求，体现中国特色，又考虑到同国际上比较公认的现代教育心理学的基本内容衔接，以增强本学科的国际可比性。因此，本教材编写遵循了以下原则：（1）教材定位于硕士研究生的层次，与全日制教育学硕士生的要求比较，更侧重应用；（2）教材的结构体系既体现本学科稳定的、公认的基本内容，又注意联系中国基础教育改革实际需要，适当反映本学科研究的前沿动态和新近成果；（3）教材在具体内容安排上，强调适合教育硕士专业学位培养目标要求和培养对象的实际情况，比较强调应用性和可读性。

本书内容大致可分为基本理论、学习心理、德育与美育心理、教学心理、教育社会心理五部分，共十五章，概括反映了教育心理学的基本内容。考虑到教育硕士专业学位攻读者学习教育心理学着重于教育心理学理论与基础教育实际相联系的需要，本书在突出基本理论、学习心理、教学心理等教育心理学的稳定内容的同时，适当增加了近期教育心理学研究中较为关注的且与基础教育教学改革和发展联系紧密的美育心理、心理健康教育、教育社会心理等方面的内容。由于这些领域还存在概念、理论的不成熟和实证研究不足等缺陷，而基础教育教学改革呼唤教育心理学加强这些方面的研究，本书甘冒"不严谨"之风险，对这些内容作了初步探讨，作为抛砖引玉，以期引起更深入的探讨。

本书既是教育硕士专业学位的教育心理学教材，亦可作为教师教育及教育管理者岗位培训、继续教育和研究生课程进修班开设的教育心理学课程的教材。

为了保证本书的编写质量，由七位教育心理学专家组成了编委会，负责本书的统稿工作。他们是陈琦（北京师范大学心理学系教授、博士生导师）、刘华山（华中师范大学心理学系教授、博士生导师）、白先同（广西师范大学教育系教授）、周国韬（东北师范大学心理学系教授）、吴庆麟（华东师范大学心理学系教授、博士生导师）、张庆林（西南师范大学心理学系教授、博士生导师）、张大均（西南师范大学教育科学研究所教授、博士生导师）。参加本书初稿审阅的有张大均、周国韬、白先同；参加统稿的有陈琦、白先同、刘华山、张庆林、张大均；全书最后由主编定稿。

参加本书编写的主要是作为全国教育硕士专业学位首批试点师范大学中长期从事教育心理学教学和研究的学者，他们是：张大均（主编，撰写第一章、第十一章第二节和第四节、第十五章）；白先同（撰写第二章）；周国韬（撰写第三章、第十四章）；张爱卿（撰写第四章）；冯维（撰写第五章）；白学军（撰写第六章）；文萍（撰写第七章）；陈旭（撰写第八章第一节和第三节）；郭祖仪（撰写第八章第二节和第四节）；刘华山（撰写第九章）；李红

（撰写第十章）；余林（撰写第十一章第一节和第三节）；刘电芝（撰写第十二章）；张庆林、司继伟（撰写第十三章）。

  本书编写过程中得到了刘兆吉教授、沈德立教授等老一辈著名心理学家的关心和鼓励。1998年5月人民教育出版社邀请了刘兆吉、章志光、张必隐、陈琦、皮连生、孙煜明、曾欣然等著名教育心理学家对书稿进行了审阅座谈，专家们就如何把本书编写成一本高质量、有特色，适合教育硕士专业学位学员、中小学教师及教育管理者阅读的、适应面广的教材提出了宝贵的意见和建议。我们在书稿的修改和审定中认真吸收了专家们的意见。人民教育出版社对本书的出版给予了大力支持，副总编吕达教授亲自参与书稿的审定工作，责任编辑魏运华博士不辞辛劳两度赴西南师大参加专家审阅座谈会和统稿会，对本书的编写给予了多方面的指导。本书的顺利完成得益于专家们的支持、全体编委与作者的团结协作，在本书付梓之际，谨向给予我们支持帮助的各方面人士表示衷心感谢。

  本书是依据《教育硕士专业学位教学大纲·教育心理学》编写的第一本该专业学位基础课程的教材，是尝试性的。近两年来，虽经编著者们的通力合作，多次修改，编委会认真审改，但终因我们对教育硕士专业学位这一新型学位及其对象了解、认识有限，加之缺乏同类教材可供参考，由于各种条件和编著者水平所限，本教材从结构体系到具体阐述以及分析和评论中出现片面、错误、疏漏难免。我们诚望同行专家、读者提出宝贵意见，以便在再版时予以修订，使本书渐臻成熟、充实、完善。

张大均

1999年元旦

第一章 绪 论

"教育心理学"是教师教育的必修课程,它对提高教育者的专业素质,完善知识结构具有非常重要的作用。教育心理学作为教育硕士专业的学位课程,旨在帮助学习者掌握现代教育心理学的理论和方法,提高理论素质,为学习其他专业课程奠定理论基础,使学习者能应用所学理论和方法,分析、探讨、解决教育教学中的各种心理问题,掌握教育心理规律,提高教育能力和教育科研能力。

教育心理学作为一门独立的学科,不但有其自身的学科性质、研究对象、学科体系,而且有其自身的发展轨迹和研究方法,这些都是学习教育心理学首先应该明确的基本问题。

第一节 教育心理学的研究对象与学科体系

一、教育心理学的学科性质

(一)教育心理学的定义

在对教育心理学下定义之前,有必要首先了解国内外学者对教育心理学的界说。

我国心理学家对教育心理学的界说主要有以下观点。(1)教育心理学是研究整个教育过程中的种种心理现象变化和发展的规律的科学。代表性著作有1980年人民教育出版社出版的潘菽主编的《教育心理学》，1985年中国大百科全书出版社出版的《中国大百科全书·教育卷》，1990年人民教育出版社出版的韩进之主编的《教育心理学纲要》等。（2）教育心理学是研究学校情境中学与教的基本心理规律的科学。代表性著作如1988年上海教育出版社出版的邵瑞珍主编的《教育心理学》。（3）教育心理学是促成教育目的之实现的科学。代表性著作是1998年浙江教育出版社出版的我国台湾心理学家张春兴的《教育心理学》。

国外心理学家对教育心理学的界说较流行的有以下观点。（1）教育心理学是研究教育过程的行为的科学。代表性著作如美国1971年出版的《教育百科全书》。（2）教育心理学是研究教与学的心理学问题的科学。代表性著作如美国1973年出版的安德森（J. R. Anderson）和福斯特（J. M. Fuster）的《教育心理学》，1976年美国林格伦（H. C. Lindgren）的《课堂教育心理学》等。（3）教育心理学是研究教育和教学的心理学规律的科学。代表性著作是苏联加梅佐（М. В. Гамезо）等1984年主编的《年龄和教育心理学》。

尽管国内外心理学家对教育心理学的看法不尽相同，各自强调某一方面，但综合起来考察，上述界说却揭示出了教育心理学的以下基本含义：（1）教育心理学研究的范畴是学校教育教学过程中的心理现象；（2）教育心理学研究的目的是揭示学校教育教学活动中人的心理活动规律；（3）教育心理学是通过考察教育教学过程中主体的行为来研究主体的心理活动。在上述基本含义的启示下，结合学校教育教学过程的实际，本书给教育心理学所下的定义是：教育心理学是研究学校教育教学情境中主体的各种心理活动及其交互作用的运行机制和基本规律的科学。

这一定义包含三层意思：第一，教育心理学要研究学校教育教学情境中的各种心理现象；第二，在学校教育教学情境中施教者和受教者是活动的主体、行为的承担者；第三，教育心理学的基本任务是揭示学校教育教学情境中主体心理活动及其交互作用的运行机制和基本规律。

（二）教育心理学的学科特点

教育心理学的学科特点，可以从不同的侧面加以剖析。从学科范畴看，它既是心理学的一个分支学科，又是以教育学与心理学结合而产生的交叉学科；从学科作用看，它既是一门理论性学科（具有基础性），又是一门应用性较强的学科（具有实践指导性）；从学科发展来看，教育心理学还是一门交叉学科，其交叉性的特点主要表现在自然科学与人文社会科学的交叉，且兼具自然科学和人文社会科学的某些特征。教育心理学研究要运用自然科学的研究方法和手段，如实验法、计算机等，因而使其具有自然科学的某些特性；教育心理学重视的是教育教学情境中作为社会主体的人与人之间的交互影响以及人在智能和社会性发展中的各种心理现象和规律，这又带有明显的人文社会科学的色彩。

教育心理学是一门理论性和应用性兼备的学科。作为理论学科看待的教育心理学，它研究教育教学情境中主体的心理活动特点及规律，为解决教育教学中的理论问题提供科学依据；作为应用学科看待的教育心理学，更关注与教育教学情境有直接关系（诸如学生的学习心理、教师的教学心理等）的问题，以便为解决学校教育教学的实践问题提供具体原则和操作方法。因此，教育心理学既应重视教育中人的心理的理论研究，又应重视教育中与人的心理功能的发挥有关的应用研究。

二、教育心理学的研究对象

从根本上讲，教育心理学是研究教育教学情境中主体心理活动运行的机制和基本规律的科学。教育作为人类一种永恒的、促进自身发展的社会现象，有其自身的特点和规律，是一个特殊的社会活动领域。教育有广义和狭义之分。广义的教育泛指能增进人的知识技能、改进人的思想和行为的活动，从空间范畴上看包括家庭教育、学校教育和社会教育等基本形式。狭义的教育一般是指学校教育，它是根据社会政治、经济、文化发展的需要和学生身心发展规律和年龄特征，有目的、有计划、有组织地对受教育者施加影响、培养人才的过程。无论是广义的教育还是狭义的教育，教育的影响者和受影响者都是人，人是教育活动的主体。教育活动中的人（师生）的构成和发展变化十分复杂，涉及多学科研究，教育心理学研究的对象是教育情境中人（主体）的心理。人从儿童、少年到青年，绝大部分时间在学校中学习和生活。学校是由教育者和受教育者——主要是教师和学生组成的。因此，教育心理学研究教育教学过程中的心理现象理应以研究学与教及其交互作用的心理活动为主。在教育教学情境中，教与学的目标多数情况下是一致的，教是为了促进学、帮助学，教与学的矛盾是教学过程的基本矛盾，学是矛盾的主要方面。基于这一事实，教育心理学总是把学生的学习心理作为研究的主要课题。教育心理学中讲的"学"，不仅指知识技能的学习，也包括思想品德和行为习惯的学习。

现代教育心理学不但重视学习心理研究，而且重视教学心理研究，主张二者并重。学校教育教学是一个复杂的活动系统，活动主体（师生）在这一系统中表现出来的心理现象是纷繁复杂的，教育心理学应从不同层面对主体心理活动及其规律进行研究。教育心理学主要从三个层面对教育教学活动主体的心理进行研究：(1) 客观描述教育教学情境中主体心理活动的特点；(2) 揭示主体心理活动运行的机制和规律；(3) 为促进主体（尤其是学生）心理健康发展、顺利成长和成才创造条件和提供科学方法指导。

心理学通过行为来研究人的心理。行为是个体对所处情境的一种应答性的反应系统。行为与心理是不同的，但两者又是密切联系的。引起行为的刺激通常是以人的心理为中介而起作用。因此，研究教育教学情境中主体心理活动特点及规律必须研究其心理与行为的关系，即研究教育教学活动中心理的行为表现和心理对行为的调控作用等。

此外，现代教育心理学也重视环境中各种社会心理因素对教育教学情境中主体心理的影响，重视对学生品德的形成和培育的研究，重视心理健康教育和心理素质培养的研究等。

三、教育心理学的学科体系

（一）中外教育心理学内容体系分析

心理学是一门既古老又年轻的科学，教育心理学作为心理科学的一个分支学科也不例外。在古今中外的教育文献中，有关教育教学的心理学思想十分丰富，但教育心理学作为一门独立的科学，跻身于心理科学之林，也只是20世纪初叶的事情。①

教育心理学虽然已走过了百年的历程，但由于其研究对象的复杂性，研究者认识的局限性以及受研究手段和方法的限制，迄今教育心理学的内容体系还没有建立起统一的"范式"，体系凌乱、内容庞杂的现象依然存在。从国内外流行的教育心理学教科书来看，教育心理学的内容体系大体经历以下嬗变过程。

20世纪初期，教育心理学的内容体系是普通心理学的理论框架加教育工作实际材料的印证。如美国1913～1914年出版的桑代克（E. L. Thorndike，1874—1949）的三卷本《教育心理学》。

20世纪中期，教育心理学的内容体系出现了两派：一是以发展心理学为基础，按照儿童年龄阶段的分期，加上教育工作的材料

---

① 1903年出版的美国心理学家桑代克所著的《教育心理学》被公认为是教育心理学学科体系的奠基之作。它标志着教育心理学作为一门独立的学科诞生了。

来建构教育心理学的内容体系，如苏联列维托夫（Н. Д. Левитов）的《儿童与教育心理学》等；二是按照教育学与教学法的基本体系，应用心理学的材料，来建构教育心理学的内容体系，如美国索里（J. M. Sawrey）和特尔福德（C. W. Telford）合著的《教育心理学》、林格伦的《课堂教育心理学》等。

20 世纪 70~80 年代，教育心理学得到了长足的发展，出现了以人的学习与发展为理论基础，以教与学过程的科学研究资料为事实来建构教育心理学的内容体系。这一时期国内外教育心理学的内容体系，对发展心理、学习心理、教学心理、学习动机、特殊学生教学、课堂教学管理等较重视。国内教育心理学内容体系则倾向于以基本理论为前提，以学习心理为主干，兼顾教育教学情境中其他重要的心理学问题。

当前国内外教育心理学体系除重视学习心理这一经典和主干问题外，对品德心理、教学心理、教师心理、能力与个别差异和教育社会心理等内容也日渐重视。我国教育心理学内容体系中的品德心理、美育心理和体育心理等，是国外同类教科书中少见的，有中国特色。

上述内容体系从总体上看，包括了教育心理学应该研究的主要问题，但这些课题在逻辑上孰先孰后，分量上孰轻孰重，地位上谁主谁从，目前教育心理学家们还没有取得共识。

（二）本书的内容体系

本书主要是供攻读教育硕士专业学位的学员使用，亦可作为教师教育和教育学科类研究生课程进修班学员学习教育心理学课程的教材。本书的编写遵循全国教育硕士专业学位教育指导委员会审定的《教育硕士专业学位教学大纲·教育心理学》的要求，既考虑到教育心理学的学科性质与特点、基本内容、发展趋势，又注意了教育硕士专业学位的培养目标、教与学的独特要求，尽量做到理论性、系统性与应用性有机结合；既注意到要服务于我国基础教育改革实践尤其是课程改革需要，体现中国特色，又考虑到现代教育心理学的学科前沿、基本内容，保持本学科的系统性和科学性。全书共十六章，可分为五部分。

第一部分为基本理论。包括：第一章"绪论"主要阐述本学科的性质、对象、方法及发展趋势；第二章"教育心理学的基本理论"，主要探讨心理发展与教育的关系及主要的学习理论和教学理论观点等。

第二部分为学习心理。包括：第三章"学习动机"，主要探讨学习动机的理论、激发与培养等问题；第四章"陈述性知识的学习"，主要阐述教学活动中知识掌握的心理活动特点及规律；第五章"程序性知识的学习"，主要探讨技能尤其是智力技能的形成与培养的理论和途径；第六章"问题解决及其教学"，主要探讨问题解决的心理过程及学生问题解决能力的培养途径和方法；第七章"创造力及其培养"，主要探讨创造力的心理结构及培养途径和方法；第八章"学习策略"，主要探讨有效学习的策略及学习策略教学的途径与方法。

第三部分为德育心理与美育心理。包括：第九章"品德及其形成"，主要阐明品德及其形成的理论、条件、规律，品德的培养途径等问题；第十章"心理健康教育"，主要探讨心理健康教育的理论、途径和方法；第十一章"美育心理"，主要探讨美育心理的特点和规律及学生审美心理的发展与培养。

第四部分为教学心理。包括：第十二章"教师心理"，主要探讨教师优良心理品质形成与变化的特点和规律；第十三章"教学设计的心理学问题"，主要探讨教学设计的心理学理论与技术；第十四章"学生的心理差异与因材施教"，主要探讨如何根据学生的心理差异实施因材施教的理论、途径和方法。

第五部分为教育社会心理。包括：第十五章"班级中的人际关系"，主要探讨学校班级活动中的人际特点；第十六章"教学交往与课堂互动",主要探讨教学交往与课堂互动的理论、特点及运行机制等问题。

第二节 教育心理学的研究方法

一、教育心理学研究的基本原则

（一）客观性原则

客观性原则是指教育心理学研究要贯彻实事求是的精神，即根据教育心理现象的本来面貌来研究其本质、规律与机制，采取实事求是的态度。遵循客观性原则是进行科学研究的前提条件。

在心理学的研究中，对心理现象的客观研究是完全可能的，因为任何心理现象都是由客观刺激所引起的，并通过个体内部的一系列中介过程而最终反映到相关行为之上。通过对客观刺激、中介过程和最终的行为反应之间关系的考察，就可以探索出各种心理现象的反应特点和本质规律。

但在实际的心理学研究中，由于对心理现象每个人都有自己的体验，因而研究者可能将自己的主观体验同客观观察到的事实混淆起来，或是在实际的研究过程中，研究者可能受自己的喜好而影响到对客观事实的系统观察与数据的准确采集，使研究失去全面性，从而失去研究的客观性。因而为了更好地贯彻客观性原则，研究者应注意以下几点。其一，在收集资料的时候，应该根据事先设计的观察内容、步骤，如实详尽地记录作用于被试身上的各种刺激和相应的行为反应，并以此来判断被试的客观心理过程特点及其变化规律；在资料的采集过程中，应尽量采用诸如被试的口头报告、档案资料、教师的判断等多种方法，以使采集的第一手资料客观、准确、全面。其二，对资料的处理和对结果的分析与整理，应尽可能地根据客观的标准来进行，特别是在对待与自己的假设、理论不一致的数据资料时，更应谨慎处理。其三，在下结论时，应根据所收集的资料，在其允许的范围内作出判断，而不应该作过分的推论。

（二）系统性原则

系统性原则指在研究心理现象时应把人的心理作为一个开放的、动态的、整体的系统而加以综合考虑，这样才更有可能把握教育心理学的各种心理现象之间的本质及它们的必然联系。系统性原则主要体现在以下几个方面。

第一是整体性。尽管人的心理现象是复杂多变的，但这些心理现象的出现并不是孤立的，人的心理是具有各种机能的一个有机的整体。采用孤立、分离的方式来研究心理现象，可能无法理解这些心理现象的特性及其相互制约关系。而且影响人的心理的因素是复杂多变的，人的心理是在生理、环境刺激、行为活动、神经系统的交互作用之下形成的，这些因素之间的相互变化，才使得人们的心理活动呈现出复杂多变的现象。因此，对待教育教学情境中出现的各种心理现象，必须把它放在大的背景之下进行综合的考虑。

第二是层次性。人的心理是一个有序的、自组织的、复杂的系统，在这个系统之中，人的心理又具有结构层次性。总体而言，人的心理包括四个层次水平的结构，即心理的社会实践结构（心理的起源与发展）、个性心理结构、心理活动结构和心理的物质结构（脑的结构）。这四个结构在心理活动中具有不同的功能。在教育心理学的研究中也应该区分这些心理现象的结构层次及其相互关系，找到相应心理现象之间的结构层次网络，揭示出支配人的心理的各层次水平的规律。

第三是动态性。人的心理处于一种动态平衡之中，并呈现出一种相对稳定的动态变化过程，也就是随着人的社会实践活动的变化，心理活动也会随着信息的输入而不断变化，因而应对教育教学中出现的心理现象作动态的分析，弄清其产生的原因、过程、发展转变的机制等。

第四是自组织适应性。人的心理系统是环境中的一个有序的系统，而这个系统又是动态发展的、开放的。在人的大脑的调节下，通过与外界的信息交流，人能够不断地对原有的心理结构进行改造与调节，从而提高心理系统的有序性，达到对外界环境尤其是社会的适应。学习者的行为应是机体与外界环境的交互作用的结果，教育教学的目的就是通过外部环境的刺激作用，影响和改善学习者内部心理结构的有序性和自组织能力。

（三）教育性原则

教育性原则是指在教育心理学的研究过程中，所采用的实验手段与方法应能促进被试心理的良性发展，这是关于人的心理学研究中的一个基本伦理道德原则。

心理学研究中所应遵循的伦理道德原则是一个应该引起广泛注意的问题。由于人的心理是一种主观的客观存在，研究者有时为了获得被试的真实心理现象和反应，而故意隐藏研究的目的，特别是在双盲实验中，实验者与被试均不知道实验的真实目的，这样做的目的是为了排除人在面对实验刺激时，故意不把真实的心理表现出来，从而使收集的数据失去意义。因而在心理学研究中，采用适当的手段获取真实的数据应该是一个无可厚非的事情，但在这里存在着一个度的问题。在心理学的研究历史中，出现过一个非常不好的例子。当年华生（J. B. Watson）为了研究儿童的恐惧心理，在儿童抚摸小白兔时，大声敲锣，结果使这个儿童不但对白兔，甚至对其他白色的东西都产生了畏惧心理，实验在某种程度上伤害了儿童的正常心理发展，这在心理学尤其是教育心理学研究中应该竭力避免。特别是在教育心理学的研究中，主要涉及人类被试，又以儿童青少年被试为主，因而更应该遵循教育性原则，在研究过程中应特别注意避免不良外部刺激对被试心理的影响。

（四）理论联系实际的原则

理论联系实际的原则是指教育心理学的研究应从教育情境，尤其是主体的实际需要出发，解决教育教学中的实际问题。教育心理学的研究有三种类型。第一是基础的科学研究，它是以探明理论为主，而非指向特殊的教育实践研究，如教育心理学发展初期对（动物）学习实质的研究以及学习的生理机制的研究等。这类研究无疑是非常有用的，但它也带有一定的局限性，主要就在于研究结果的推广性和可应用水平不高。第二类研究是外推的基础研究，它的课题来自于教育教学的实践，而它的实验设计则是建立在高度简化的基础研究水平上的。第三是应用水平的研究，这类研究从选题到具体的研究过程，都是针对教育教学的实践问题，并考虑了各种可能的影响因素，因而研究结果的适合性与可应用水平都很高，其研究结论具有较好的生态效度。

现代教育心理学的发展，呈现出这样一个趋势，即研究重点由基础理论研究向应用研究倾斜。其原因在于，教育心理学理论研究的最终目的是为了解决教育教学实践中的问题，密切联系教育教学实践是检验教育心理学理论的最好方法，更何况丰富多彩的教学实践也向教育心理学提出了大量的有意义的研究课题。因而在教育心理学研究的过程中，应做到理论与实践的紧密结合，把应用研究放在突出的位置上。

二、教育心理学研究的变量

心理现象是由客观刺激所引起的，并通过个体内部的一系列生理—心理变化并表现在行为中。因而，考察心理现象，就可以从客观刺激、个体内部的心理过程和行为反应这三者之间的关系来进行。这三者又分别被称为刺激变量、机体变量和反应变量。由于刺激变量和机体变量从性质上可以看做一类，即自变量，所以在教育心理学研究中实际上主要有两类基本变量，即自变量和因变量。

（一）自变量

自变量即刺激变量，是研究者在研究中要操纵、改变，以影响被试行为的那些因素。教育心理学研究中的自变量的来源既多又广,主要可以分为以下几种。

1. 外部刺激。它是来源于机体之外的刺激,包括物理刺激和社会性刺激。外部刺激是心理学研究中自变量的重要来源,如研究者对字体大小与阅读速度的关系感兴趣,那么字体大小这个外部刺激就可作为实验研究的自变量。

2. 被试固有特性(如性别、年龄、智力等)。这些特点是被试在研究前已有的,不容易改变,将被试的这些特点作为研究中的自变量时,通常按某种标准对被试进行分类以获得自变量的不同水平。有些固有特性,如智力等需要通过一定的测量手段才能加以科学区分和鉴别。

3. 被试的暂时特性。它是由研究者操纵的外部刺激所引起的,并影响到被试的行为的中介心理变量,如动机、疲劳等因素。这类自变量难以进行界定,如疲劳,虽然可以通过要求被试专心于某项复杂细致的任务10分钟、30分钟、60分钟以获得疲劳的不同水平,但在其他实验中也可以用另外的操作定义来界定它。

4. 环境变量。实验的各种环境也可以成为实验者感兴趣的实验因素而加以操纵,如在考试中就存在环境熟悉性的效应,要检验这个假说,就可以通过在不同环境条件下测试被试的学习保持量。

自变量具有不同的水平,在教育心理学的研究中,自变量都不会只有一个水平。例如,要证明优秀教师的思维策略训练对提高学生的学业成绩很有效这个假设,就需要确定在这个问题中,思维策略训练是自变量,认为优秀教师的方法有效,必然是在与一般教师的教学方法的对比中得出的,因而自变量就至少存在两个水平。一般而言,在一个研究中,自变量水平的数量最多不要超过8个,如研究学生空间智力水平与立体几何成绩之间的关系,对自变量学生的空间智力水平就不宜分得过细。

此外,自变量也可分为数量的和分类的两种形式。如学生的课外阅读量对写作的影响,课外阅读量就是一个数量型的自变量,而性别、学生的家庭背景等就是分类型的自变量。如果自变量是数量型的，选取自变量的范围时应足够大，且水平值之间的变化应能反映出自变量与因变量之间的关系。如著名的耶基斯—多德森定律（Yerks-Dodson law）发现，唤醒水平太高或太低均不能引起最佳的工作效率，在自变量唤醒水平的选取上，如果只选前半段，则会得出唤醒水平与工作效率成正比的结论，而如果只选取后半段，则会得出二者之间成反比的结论，两个结论差异的来源就在于自变量范围选取的不适当。

（二）因变量

因变量即被试的反应变量，它随着自变量的改变而变化，是研究者观测或测量的行为变量。因变量最重要的特征就是，它应该是可以通过直接或间接的方式被观察、测量和转化成数据进行处理的。班杜拉（A. Bandura）观察学习实验中儿童的道德行为反应，记忆实验中学生的记忆量等，都是可以通过各种方法进行观察、测量的。在教育心理学实验中，选取因变量应注意以下几个方面：

1. 因变量对自变量的变化应最为敏感。在研究中，不敏感的因变量有两种：一是高限效应，即要求被试完成的任务过于简单，学生的成绩之间没有差别，如再认 30 个生词，学习次数对要测定的再认率就不敏感；另一类是低限效应，即要求被试完成的任务太难，如用奥林匹克竞赛题来测量普通中学学生的学习水平，学生的成绩普遍很低，由此得出学生的学习水平没差异的结论是不可靠的。

2. 因变量应可靠，能得出稳定一致的结果，即具有一定的信度。如果同一个被试在相同的实验条件下有时得分很高，有时得分很低，那么这个因变量就是不可靠的，缺乏一致性。如用在一场篮球比赛中学生得分的高低来衡量他的篮球水平，那么这个得分就不是一个好的因变量，因为得分不完全是自变量篮球水平的高低所决定的。

3. 因变量要能反映出所需测量的内容，即因变量应具有一定的效度。例如，在问题解决实验中，采用单位时间内被试的解题数量作为因变量。当所需解决的问题很多，而且是按难度递增的方法排列时，则这个因变量就能够反映学生的解题能力这个自变量；但当题目很多，且都比较容易时，解题量的差异就不能说明到底是解题能力上的差异还是阅读速度上的差异了。

4. 在因变量的选取中，应选择在观测和数据转换中最容易、最节省时间和精力的变量作为因变量。

（三）无关变量

除自变量和因变量外，教育心理学研究中还存在一些无关变量。无关变量是指研究中除自变量外还可能对因变量产生影响，而又不是研究者选择的或不易把握而将其排除在研究之外的因素。由于无关变量会影响因变量的变化，从而妨碍研究者对因变量与自变量之间关系的探讨，因而在研究中应对无关变量加以识别和控制。在教育心理学研究中，由于多采用自然实验，缺乏对影响因变量的因素进行简化，因而在实际实验中，就会发现影响实验效果的因素非常多，这是教育心理学实验研究设计的一个显著特点和难点。如研究文章长度对儿童阅读理解成绩的影响，实验的自变量和因变量都非常简单，自变量是文章长度，因变量是阅读理解成绩，但无关变量却极其复杂，包括文章本身的特性，如生字数、句子的类型、长度、文章主题的熟悉性等；来自环境的因素，如环境的安静程度、亮度、温度等；还包括被试自身的因素，如智力、家庭背景、课外阅读量、动机等。任何一个因素均可影响到实验中因变量的变化，导致不可靠结论的出现。

对无关变量的控制主要是通过精心设计各个变量和选择合适的实验设计来达到目的。主要有以下几种手段：(1) 随机化，这是控制无关变量最有效的方法；(2) 消除，即在某个维度上尽量使用同质的被试，以消除这个无关变量；(3) 匹配，即对被试在某个与因变量有关的变量上进行匹配；（4）增加变量，即把可能影响因变量的、不感兴趣的因素也作为一个自变量，进行多因素实验设计；（5）统计控制，就是通过实验设计与统计分析相结合的办法使无关变量得到控制。

三、教育心理学的研究方法

从总体上看，教育心理学的研究方法有两类：其一是描述性的研究方法，它是对教育教学活动中发生的特定情境的事实与关系进行详细的描述；其二是实验性的研究方法，它是在控制严格的实验条件下，操纵教育教学情境中的一些变量而研究其效应的方法。两种方法分别被称为描述性研究方法和实验性研究方法。

（一）描述性研究方法

常见的描述性研究方法主要有以下几种。

1. 观察法。观察法是通过直接观察教育教学过程并记录下个体某种心理活动的表现或行为变化，从而了解学生的心理的方法。在观察中，研究者对观察情景不加任何控制条件，不影响被观察者的正常行为。观察法是教育心理学研究中最普遍、最基本的方法之一。这种方法使用简便，可直接使用，也可结合其他方法进行。用观察法记录的材料比较真实，但是不够精密，它不但需要观察者具有敏锐的观察力，善于从纷繁复杂的情景中捕捉所需的行为表现，同时还要进行及时的记录。用观察法只能了解学生心理活动的某些自然的外部表现，而不能对心理活动施加影响，了解其因果关系。

为了取得良好的系统观察效果，在观察中应注意：（1）选择特定的观察内容，观察面不宜太广，最好只观察少数或一种行为；（2）所观察的行为需事先进行界定；（3）观察时应随时记录，有条件时可以利用一定的录音、录像器材；（4）观察时间不宜过长，对同一类行为可采用重复观察的方法，即采用"时间取样"的方式；（5）最好不让被试知道研究人员的观察行为，以免影响他的正常行为，可采用单向玻璃等技术。

2. 调查法。调查法是通过多种方式收集调查对象的内部心理、外显行为等资料。调查法的途径与方法很多，如通过面谈的方式了解被调查者的情况，通过家访了解学生平时在家的情况，通过作品（如教师的评定，学生的作业、日记、诗歌、作文、成果等）对学生学习状况进行分析。调查法中使用最广泛的是问卷法（questionnaire method），它的优点在于简便易行，而且可以做到取样很大，使研究对象具有广泛性和代表性，克服小样本资料所具有的推广性不高的缺点，还可对取得的资料进行一定的统计处理。但是这种方法存在不够严密和准确的缺点，有时不能及时反映被调查者的心理变化，被调查者可能隐藏自己的真实想法，统计处理上也不够精确。

要通过问卷法了解到被调查者的真实心理活动和行为，在编制调查问卷时应注意：(1) 问卷题目不宜过多，对问卷题目的回答应是所需了解的内容；(2) 问卷的编制应尽量生动有趣，最好能够消除被调查者的防御心理，而且对题目的回答应尽量简单，不需要太多的思考；(3) 在问卷中应加入一些探测项目，用以了解被调查者是否真实回答了调查项目；(4) 问卷在正式施测之前，应进行信度和效度分析，以保证问卷的有效性。

3. 个案研究。个案研究是对一个人或一组人的问题进行研究的方法，有时也与纵向的追踪研究相结合，系统记载被试某些心理活动的发展状况，某些教学心理问题产生与发展的原因，提出相应的解决措施。这种方式比较适合于特例研究，如超常儿童、特殊才能儿童、学习有困难的儿童及品德不良儿童等，研究中要求对个案的材料收集齐全、详尽，只有这样，才能对所关心的问题提出中肯的意见。

在进行个案研究的过程中，研究者除深入了解被调查者的各种情况外，还应与他们多接近，建立良好的关系，树立研究者良好的形象，使其充分信任研究者的帮助和关心，这样才能在个案研究中取得真实的第一手材料，使个案研究顺利进行下去。

4. 教育经验总结。教育经验总结是指教育工作者对自己的平时工作经验的总结，以获得对有关教育心理学的一些现象的理解。在长期的教育教学之中，由于教师接触学生的机会较多，对学生的情况比较了解。教师通过自己在教育教学工作中对学生进行观察、了解能够总结出一些带规律性的东西，而这些总结出来的带感性的知识又可在其教育教学工作中得到进一步的验证或修订。教育经验总结是教育工作者常用的一种方法，采用这种方法的质量与教师自身的理论修养水平有关，教师的理论修养水平高，则可总结出教育心理学中一些带规律性的东西，否则容易出现只谈现象，而不能上升到理论高度的毛病。

（二）实验性研究方法

描述性研究结果可以得出两个变量之间具有一定的相关关系，从而为我们通过一个变量预测另一个变量的发展提供有效手段，但相关关系不是因果关系，而且描述性研究所得到的材料数量化程度不高，难以精确揭示变量之间的关系，这就需要实验性研究方法。它是指实验者有意控制某些因素，以引起被试的某些心理现象的方法。

实验法主要有实验室实验法和自然实验法。实验室实验法是在专门的实验室内利用一定的仪器进行心理实验，通过实验获得人的心理现象的某些科学依据。教育心理学的某些研究，如对记忆、字词识别的影响因素等，均可利用先进的移动视窗技术、眼动仪、速视仪等器材在实验室进行科学研究。实验室实验的主要优点在于它的控制比较严格，所获得的数据的可重复性高，数据比较可靠，结论经得起考验。但实验室实验也具有一定的局限性，它把教育情境中的很多心理现象都进行了简化，人为性较明显，研究结果的实际推广应用价值有限，因而在教育心理学研究中，大量采用的则是自然实验法。

自然实验法是指在教育实际中按照研究目的控制某些条件，以引起某种心理活动而进行研究的方法。自然实验法兼具观察法和实验法的长处，既能较好地反映教育实际的情况，又可对变量进行一定的控制，使研究达到一定精确程度。教育心理学自然实验的基本组织形式有三种。

1. 单组实验形式。它是指同一组被试先后两次接受不同实验因素的影响，在实验过程中，保持其他条件的恒定，然后对实验因素产生的结果进行观察和比较。这种方式的优点是比较简便，实验因素容易控制，但是由于先后两次接受实验的影响，因而在两种实验因素中就可能产生交互作用，使得两种实验条件下的被试不同质，从而影响实验结果的精度。

2. 等组实验形式。它是根据实验条件，将被试随机分成条件相同的组作为实验对象进行研究。如研究文章中生字密度对阅读理解的影响，生字密度为自变量，有高、中、低三个水平，这样可将被试分成三个相等的组进行实验。在教育心理学研究中，经常采用实验组与控制组相对照的方法，即将被试分成实验组和控制组，实验组接受实验影响，控制组则不接受实验影响，在实验过程中两组被试其他条件保持相同，最后对实验因素所产生的结果进行观测和比较，考察差异的显著性，从而判断实验因素的作用效果。等组实验的要点在于保证各实验组的同质。

3. 循环组实验形式。它是单组和等组相结合的一种形式，各实验因素在各组中轮流施行。由于采用循环的形式，各组条件可不必完全相同，同一时间内各组分别接受不同实验因素的影响，比较实验结果后，再进行下一轮的循环实验，比较结果。这种形式兼具前两种形式的优点，但组织运用的难度较大，实验较为复杂。

四、教育心理学研究的科学化

教育心理学的研究,是为了探明教育教学情境中各种心理现象的本质,以便更好地为教育教学实际服务。而要取得有价值的科研成果,就必须注意研究的科学性。要保证教育心理学研究的科学性,需要做到以下几点。

(一) 教育心理学研究思路的规范化

科学是以系统、组织、实证性方法所获得的关于自然、社会和人类思维的知识体系。对科学知识而言,正确的研究方法是其发展的关键问题。而这首先就必须从思路上明确进行这类研究的科学范式,否则就可能使研究不完整。一个完整的教育心理学研究范式,要涉及下面一系列内容。

1. 课题研究的理论基础。理论是一个具有逻辑关系的假设或原理,它的功能就在于能够解释已有的知识和预测未来的知识。任何一个课题的研究,都要从已有的理论出发,验证或推翻它们。如果课题缺乏相应的理论基础,则难以站住脚。

2. 课题的正确选择。有了良好的理论基础,还必须要选择有意义的课题。课题选择的恰当与否,不仅直接关系到课题能否做得出来,而且关系到课题成果的推广与应用。好的课题应该是既有理论贡献,又能解决实际问题。课题选择实际上是确定研究的是哪些方面的问题。在选择具体的研究课题时既要考虑到对现实的指导意义,又要考虑到其理论价值。课题的选择主要有两条途径:一是通过对感兴趣的研究领域用逐步加以收缩的方式来确定研究课题;二是从文献、前人或自己的已有研究中寻找新的课题。

3. 有关资料文献的收集与查阅。这个工作非常重要。通过对所确定的课题进行一定的文献研究,可使我们掌握目前这方面研究的状况、存在的问题,这样可使课题更加明确,还可从别人的研究中获得一定的借鉴和启发。资料文献的收集一般采用倒推法,先从最新的权威专业杂志或索引中找到相关内容,然后根据找到的材料后面所引的参考资料寻找所需材料。

4. 提出研究假设。研究假设是研究者对所研究问题事先作出的预测,它是建立在一定理论基础上的可检验的预测。提出具体的研究课题之后,必须依据理论预期,提出研究假设,这是科学研究区别于日常工作的关键点。

5. 研究计划的制定。有了前面的准备,就可以制定自己的研究计划了。研究计划的制定包括:(1)确定自己的研究是属于开创性的,还是发现已有研究中的不足而提出进一步的研究,研究计划的制定可使研究工作有章可循;(2)选择适当的研究变量,包括对自变量、因变量的选取和无关变量的控制,具体做法可参考本节有关变量部分的内容;(3)考虑用什么方法来测定它在自变量作用下的变化,基本的测定方法有自我报告法、直接观察法、测量法、教师或同伴评判法;(4)研究材料的编制和指标的确定,研究材料是自变量的体现,因此,编制得好的研究材料是获得预期的因变量的变化的根本条件。

6. 研究方法和研究对象的选择。研究方法和研究对象是服务于我们的研究任务的,因而应该根据研究任务的具体性质、特点来确定相应的方法与选择相应的被试,研究方法与任务之间的关系就像鞋与足的关系,不能削足适履。具体方法的选择及其组合应用只有对研究问题与研究对象的具体情况和各种研究方法的特性进行综合考虑后才能确定。

7. 具体研究步骤或程序的实施。这是确保教育心理学研究工作最后得出可靠结果的最直接的保障。研究步骤、计划不好或程序上有问题,程序的实施中控制不好,均可能影响到最终的研究结果。

8. 研究结果的整理与分析。经过实验所获得的材料还是原始的资料,只有对它们进行进一步的加工处理,才能真正揭示材料的意义。

9. 对研究结果的检验。研究结果出来以后就存在与现有理论和心理现象之间是否相符的问题，这就需要进一步的检验或验证。

总体而言，在教育心理学的科学研究中，一般都应包含上述九个方面的内容。如果一个研究缺乏一个或几个方面的内容，那么这个研究就有可能是不完整的，得出的结论也可能是不正确的甚至完全错误的。因此，明确了教育心理学研究的课题后，还需要遵循科学的研究步骤进行实实在在的研究工作，科学研究没有捷径可走。

（二）判断教育心理学研究的有效性

要保证教育心理学研究的科学性，还必须学会评价所进行的研究是否有效，一般通过对实验过程和实验结果的处理来判定，具体评判步骤如下。

1. 研究中被试的分组是否做到了随机同质。如果随机化不好，各组被试不同质，差别很大，那么因变量的变化有很大一部分就可归于这种随机误差的影响。在教育心理学研究中常采用实验组与控制组对照的方法，各组被试应严格做到随机同质。

2. 无关变量的鉴别与控制如何。控制无关变量的目的是保证实验效应均由自变量的变化引起，不控制好无关变量，就难以确定实验效应的来源。

3. 实验过程的控制如何。实验过程应严格按照研究计划进行，对实验过程的控制程度不好，也会影响到实验效应的获得。

4. 实验结果的分析处理如何。对实验结果的分析处理，直接影响到实验结果的推导，因而必须要确保对实验结果处理的科学性。

5. 实验的可重复性如何。实验结果的可重复性，反映了实验各个方面的状况，可重复性好，表明实验结果的可靠性高。

第三节 教育心理学的发展历史

教育心理学作为一门独立的学科,至今已一百年。在这短短的历史发展中,教育心理学几经曲折,终于发展成为一门内容较为充实,研究领域和研究方法较为成熟的心理科学。本节主要就西方、苏联和我国教育心理学的发展历程,作简要探讨。

一、西方教育心理学的发展

在心理学史上,从冯特(W. Wundt,1832—1920)1879年在德国莱比锡大学建立第一个心理学实验室到19世纪末,心理学的研究中心在欧洲,但在19世纪与20世纪之交,美国由于心理学界的机能主义运动而使它逐渐成为全球心理学研究的主导,并成为教育心理学的发源地。其中几位著名心理学家的研究奠定了教育心理学产生的基础。

著名的心理学家威廉·詹姆斯(W. James,1842—1910)的心理学理论直接导致了美国机能主义心理学的兴起,而且他还致力于将心理学引入教育领域,在其名著《与教师的谈话》的论著中他力图将心理学应用于课堂学习环境,强调观察、提问以及学校与学生交流意见的重要性,相信教师通过观察而获得的有关学生的观念、兴趣、价值等有助于改善教学质量。这些观点对于将心理学原理转化为教学原理发挥了相当重要的作用。

霍尔(G. S. Hall,1844—1924)和卡特尔(J. M. Cattell,1860—1944)均是冯特的学生。霍尔热心于心理学在教育上的应用,多次举行这类演讲,并进行了大量的心理与教育方面的研究,还创办了《教育研究》杂志,主要发表儿童心理学和教育心理学方面的研究成果,成为儿童心理学和教育心理学研究的先驱者之一。卡特尔则注重人的个别差异方面的研究,他对教育心理学的贡献不仅在于他在这方面的研究,而且在于他为教育心理学培养了大批人才,包括著名心理学家吴伟士(R. S. Woodworth,1869—1962)和教育心理学的创立者桑代克等。哲学家、教育学家、心理学家杜威(J. Dewey,1851—1931)则几乎花了毕生的精力构思和宣传他对教育的看法,极力将心理学的研究应用于教育。他所提出的儿童中心论、从做中学的教育理论和观点无不渗透了他对心理学的理解及其在教育中的应用。上述心理学家们的努力奠定了教育心理学产生的理论基础,而教育心理学真正独立于心理科学之林则要归功于桑代克。

桑代克立志用准确的、精密的、数量化的方法研究和解决有关学习的问题。他于1903年出版了《教育心理学》,随后在1913~1914年的10年又将其发展成三卷本的《教育心理学》:第一卷为人的本性,论述了人的本性及其组成,并探讨了学习能力;第二卷为学习心理学,论述了动物和人类学习的规律,是其教育心理学理论的核心部分;第三卷则讲述了个别差异问题。桑代克的贡献不仅在于使教育心理学成为一门独立的学科,确立了西方教育心理学的名称和体系,更重要的是,他的研究成果和理论建树成了教育心理学发展史上的第一个里程碑。而且在桑代克著名的三卷本《教育心理学》发表之后,教育心理学中概念的进展一直停留在这个高原阶段。

教育心理学独立以后,逐渐吸收相关学科的成果,扩大自己的研究领域。20世纪20年代以后,儿童心理学、发展心理学的研究取得了重大进展,各种测量广泛应用于教育之中,教育心理学吸收了这方面的成果。20世纪30年代以后,教育心理学又吸收了发展迅速的学科心理学的内容。20世纪40年代后,随着弗洛伊德(S. Freud)理论的流传,有关儿童与社会适应以及心理卫生的内容也进入了教育心理学的研究领域。到了20世纪50年代,程序教学和教学机器的研究成果也成为教育心理学的研究内容。

在这其间，学习理论是教育心理学的主要研究领域，研究成果不但有桑代克的联结理论，斯金纳（B. F. Skinner）的操作行为主义学习理论和强化理论，而且有格式塔的心理组织原则、顿悟学习理论，托尔曼（E. C. Tolman）的符号学习理论，以及皮亚杰（J. Piaget）的认知建构与发展理论等。这一时期尽管行为主义范式统治着心理学的研究，但各理论派别之间却存在着严重的分歧。除此之外，各种教育心理学出版物之间差异也极大，体系五花八门。1956年有人统计了六本流行教科书，发现各书之间的相关很低，仅有学习这一课题各书均有，这表明教育心理学尚缺乏统一理论的指导。这其间行为主义强调心理行为研究的客观与可操作性，实质上回避了人的高级认知过程的研究，多采用动物和儿童的比较简单的心理过程去推测人类高级的心理活动，缺乏对人类学习的实质性认识，因而，教育心理学对教育实践的指导作用不大。

20世纪60年代以来，随着认知心理学的兴起，教育心理学的研究转向认知范式，加涅（R. M. Gagne）系统总结了已有学习研究的成果，区分了不同的学习类型及各类型学习的内外部条件；奥苏伯尔（D. P. Ausubel）则用认知心理学的观点系统阐述了有意义学习的实质、条件与运作过程，成为教育心理学中认知派的集大成者。20世纪从60年代后期，教育心理学的内容开始趋于集中，大都是围绕有效教与学而组织的，教育与心理发展的关系、学习心理、评定与测量、个别差异等成为比较公认的内容，教育心理学作为一门具有独立的理论体系的学科正在形成。同时，各派理论之间的分歧日趋缩小，相互吸收对方的合理内容，学派界限趋于模糊。在这一时期，西方教育心理学比较注重结合教育实践，注重为学校课程服务，重视研究教学中的社会因素。特别是进入20世纪80年代以后，教育心理学越来越注重与教学实践相结合，教学心理学得到很大发展，尤其是1978年美国心理学家格拉塞（R. Glaser）主编的《教学心理学的进展》第一卷的出版，更促使它成为了教育心理中极富活力的新领域。

二、苏联教育心理学的发展

苏联教育心理学的发展，可以划分为十月革命前后两个阶段。1868年，俄国著名教育家乌申斯基（К. Д. Ушинскин，1824—1870）出版了《人是教育的对象》，对当时心理学的发展成果进行了系统总结，由此，他被称为"俄罗斯教育心理学的奠基人"。1877年，俄国教育与心理学家卡普杰列夫（П. Ф. Каптерев）出版了俄国第一本，也是世界上最早以"教育心理学"命名的专著，但此书影响不大。随着西方儿童心理学和教育心理学被介绍到俄国之后，引起了心理学家对教育心理学的对象、任务与研究方法等的热烈讨论，提出过不少有价值的观点。当时对教育心理学的产生、发展有较大贡献的有拉祖尔斯基（А. Ф. Лазурский，1874—1917）、鲁宾斯坦（С. Л. Рубинштейн）、聂恰耶夫（А. П. Нечаев）等人。但是，直到20世纪30年代，俄国的教育心理学也大都是用从普通心理学研究中获得的材料，去解释学校生活中的实际问题，并没有形成自成体系的教育心理学。

20世纪30年代以后，苏联教育心理学的发展，主要是在理论观点的探讨方面做了很多工作。有较大贡献的有维果茨基（Л. С. Выготский，1896—1934）、布隆斯基（П. П. Бловский，1896—1934）和鲁宾斯坦等人。维果茨基在《教育心理学》一书中，主张必须把教育心理学作为一门独立科学的分支来研究，反对把普通心理学的成果简单移入教育心理学，强调在儿童发展中教育与教学的主导作用，并由此提出了"文化发展论"和"内化说"，认为掌握文化能够改造儿童的心理过程，使本来直接的、自然的行为方式转变为间接的、文化的活动或过程。而人的心理过程的结构必须在他的外部活动中形成，然后才能向内转化为内部过程的结构。布隆斯基则强调儿童的个性乃是"心理、生物的统一体"，只有把个性作为心理和生理的整体，并且在儿童的整个生活背景基础上，才能科学地揭示儿童个性的形成。鲁宾斯坦则认为心理与活动是统一的，主张心理不但是在活动中表现出来，而且是在活动中形成的。

从20世纪40年代到50年代末，苏联教育心理学重视结合教学与教育实践进行综合性研究，多采用自然实验法和教师的经验总结，着重讨论了如何依据科学心理学组织教学过程及在儿童活动中和教育条件下研究心理的变化和发展规律，教育心理学获得了较丰富的研究成果。这一时期，苏联教育心理学家把唯物辩证法作为教育心理学的理论基础，反对机械地将动物学习理论应用到人类的教育情景中来。但在实际操作中，存在着矫枉过正的缺点，对西方教育心理学与学习心理学进行全面否定，其中也包括对心理测量的否定。

20世纪60年代以来，苏联教育心理学出现了一些重大变化，不但注重将教育心理学问题与学校教学实践相结合，而且改变了对西方特别是美国教育心理学的全盘否定的态度，重视对理论问题进行探讨，出现了以下几个特点。第一，日趋与发展心理学相结合，开展了许多对儿童发展的实验研究，出现了"教育与年龄心理学"。最著名的是赞科夫（Л. В. Занков，1901—1977）的"教学与发展"的实验研究，持续了15年之久，直接推动了苏联的学制与课程改革，而且这之后还编写了几本《年龄与教育心理学》教科书。第二，发展了自己的学习理论，最具代表性的有巴甫洛夫（И. П. Павлов，1849—1936）的联想—反射理论。列昂节夫（А. Н. Леонтьев，1909—1979）和加里培林（П. Я. Гальперин，1902—1988）的学习活动理论。前者认为学习就是通过条件反射在大脑中形成的暂时联系，联系即联想。后者认为，学习是通过活动形成的，动作是学习的基本单位，活动向高一级成熟阶段的过渡就会导致发展。第三，重视人际关系在儿童心理发展中的作用，采用人际关系层次测定的方法，对个体获得系统的个性特征、人格化过程的规律性，从理论和实验两方面进行了深入的探讨。第四，重视教育心理学方法论和具体研究方法的探讨。忽视对动物学习的研究，教学研究中重视与实际教学实践相结合，强调心理结构形成过程中活动、交往的作用，是苏联教育心理学的特点。总之，苏联学者强调教育心理学应该理论联系实际，提倡自然实验法，采用动态、发展的研究方法论，取得了一些有益的理论成果。但他们常常把教育与教学作为儿童年龄发展的一个因素，将教育心理学与儿童心理学混在一起，仍然没有构建起独立的、范围相对确定的教育心理学学科体系。

三、中国教育心理学的发展

教育心理学思想在我国起源很早，春秋战国时期的一些著名教育家的论著中就有不少教育心理学思想。但把教育心理学作为一门学科而加以专门研究，却是20世纪初的事。我国出现的第一本教育心理学著作是1908年由房东岳译、日本小原又一所著的《教育实用心理学》。1924年，廖世承编写了我国第一本《教育心理学》教科书，此后，又陆续出现了几本翻译介绍或国人自己编写的教育心理学。我国的教育心理学在20世纪20～30年代的初创期，主要是追随西方的潮流，翻译和介绍了多种版本的教科书。某些学者结合我国的实际对学科心理、教育与心理测量进行了一定的科学研究，为我国教育心理学的创立和发展做了开创性工作。但当时研究问题的方法与观点，大都模仿西方，很少有创见，没有自己的理论基础，加之社会历史原因，当时我国教育心理学的基础还是比较薄弱的。

建国初期的50年代，主要是学习和介绍苏联的教育心理学理论和研究成果，同时根据马列主义的原理和方法对以前的教育心理学加以改造，特别是遵照苏联的模式，对教育心理学中的实用主义心理学和心理测量学进行了一定的分析与批判。主要的研究工作是做了一些有关学科教学改革和儿童入学年龄的实验研究。但1958年一度兴起的"批判心理学资产阶级方向"的运动,使我国的教育心理学濒临夭折。从1959年以后,开始纠正批判运动的错误。20世纪60年代前期,广大心理学工作者以改革中小学教学法为中心,在学科教学心理方面做了大量的实验研究。1962年由中国心理学会召开了教育心理学专业会议,成立了教育心理学专业委员会,我国的教育心理学又重新得到发展,研究范围也有所扩大,包括学习心理、德育心理、学科心理、个别差异、学习阶段的划分以及教学方法的改革诸方面。1963年潘菽主编的《教育心理学》讨论稿内部印行使用,各师范院校教育系也相继重开教育心理学课程。

20世纪60年代后期到70年代中期,由于十年动乱的冲击,整个心理科学被斥为资产阶级的"伪科学",学校停讲心理学课程,研究机构被解散,使整个心理学,包括教育心理学的研究工作被迫中断。粉碎"四人帮"后,教育心理学的研究工作得到恢复和发展,研究队伍不断扩大,研究课题逐渐展开。对学习心理问题、教育心理学的基本理论问题、教育与发展问题、品德心理学问题、教育与心理测量、教师心理以及教育社会心理学问题等方面都着手进行探讨。潘菽主编的《教育心理学》教科书1980年由人民教育出版社正式出版,该书反映了我国教育心理学界的一般观点和我国的一些研究成果。此外还相继出版了一些有关教育心理学方面的译著、专著和教材,教育心理学出现空前繁荣的局面。目前我国教育心理学工作者们正在不断地吸收国外先进的科研成果,结合我国教育教学的实际,开展理论和应用研究,相信在不久的将来,中国的教育心理学将以更丰硕的成果立于国际教育心理学之林。

四、教育心理学的发展趋势

教育心理学经过百年的发展,目前正处于快速发展时期,除学习心理等传统领域受到重视外,还呈现出如下新的发展趋势。

(一) 研究取向日趋全面,关注教与学两方面的心理问题,教学心理学兴起

教育心理学研究从 S—R 范式向认知范式的转化也引起了教学观念的转变。对行为主义而言,学习是反应的获得,它是一种机械的过程。学习过程中,成功的反应得到强化,而失败的反应则自动被削弱,即刺激与反应的联结根据环境的反馈而得到加强或削弱。学习者是被动的接受者,他的行为全部由来自环境的奖惩所决定。教师的作用在于创造某种能引起特殊反应的情境,并对学生的各个反应进行适当强化。对行为主义者而言,操作与练习就是教学的要旨。教育心理学中的认知理论则改变了有关学习与学习者被动的观点,认为学习是一种认知加工过程,是学生对知识的一种主动建构过程,学习不是记录信息而是理解信息的过程。而教学的重心也从课程转向学生的认知,帮助学生发展适合于各种学科的学习和思考策略。

教育心理学的研究领域也从 20 世纪 50 年代以前集中于学习问题转向对教学问题的极大关注,这种转变最初源于教育心理学家布鲁纳 (J. S. Bruner) 所进行的教育与课程改革。对课堂教学问题的关注使教育心理学摆脱了 20 世纪 50 年代中期没落的局面,正如格林德 (R. E. Grinder) 所总结的那样,教育心理学由于 (1) 后退,只关心学习规律;(2) 分馏,各种理论观点之间差异太大;(3) 不相干,即对自然情境中的教育问题缺乏兴趣,曾导致了教育心理学在 50 年代的没落。而教育心理学对实际教学问题的关注,使它成为生命力旺盛的学科。从此教育心理学不再单纯关注于学习的实质问题,而是关注于学生如何学,教师如何教的问题,关注学生学习中的认知过程,教师是如何促进这些认知过程的发展。对教学问题的关注,最直接的成果就是促成了教学心理学的发展,从 1969 年加涅等人提出教学心理学概念以来,教学心理学发展至今已成为教

育心理学的一个重要分支和最具活力的研究领域。

（二）关注影响教学的社会心理因素

教育心理学对学生学习的关注，也使教育心理学认识到，学生的学习并不仅仅是一个认知过程，在学生的学习过程中，受到很多因素的影响。相同教学环境的学生，其所能达到的成就是各不相同的，这就促使教育心理学工作者去探求影响认知过程的各因素及其相互关系。最近，沃尔勃格（H. J. Walberg）通过广泛的引文分析（citation analysis），寻找当前教育心理学研究的热点和前沿，发现在核心与非核心刊物上，目前教育心理学研究的领域主要集中在以下四个部分：(1) 阅读理解与写作教学，主要关注如何使用各种教学技术、元认知手段来提高阅读理解；(2) 归因研究，关注于归因的模式、动机、情绪及教师的期望、学生的表现等；(3) 正式教育的发端问题，关注学生对学习环境的适应、团体教学的有效性、课堂教学、学习的时间等；(4) 有关教育研究的历史观点以及社会对教育的期望，这些期望对学习和教学行为的影响途径等。① 从当前教育心理学研究的热点看，后面三个部分都不是直接涉及学生的认知过程，而是涉及影响学生认知过程的因素。因而可以说对影响教学的社会心理因素的探讨将是教育心理学在未来一段时间的热门话题之一。研究发现，学习动机及教育情境中的社会心理因素对学习和教学具有重大影响，这方面已有的研究成果已开始反映到教育心理学中，如维纳（B. Weiner）的归因理论、班杜拉的社会学习理论。

（三）注重实际教学中各种策略和元认知的研究

现代教育心理学已从实验室研究转向了教学实际问题，更加关注教与学的有效性，尤其是学生学习中的各种策略与元认知问题已

---

① H. J. Walberg & G. D. Haertel（1992），Educational Psychology's First Century. *Journal of Educational Psychology*，84（1），pp. 6-19.

成为教育心理学研究的另一个热点与方向。特别是当前教育心理学在学科教学方面的研究中，更是密切结合学习策略、教学策略、问题解决策略以及元认知理论，以期解决相关学科的教学有效性问题。对教学策略与元认知问题的重视，既是因为它们是教育心理学理论应用于实际的桥梁，要解决教育实际问题，必须加强这方面的研究，同时也是因为认知过程的效率，与各种认知策略和元认知的密切相关，不同类型的学生在这两方面存在显著的差异。目前对这一问题的研究，主要集中在两个方面：其一是着重探讨在教学过程中，学生的认知活动所存在和采用的各种策略与元认知问题，探索这些策略与元认知的本质及其与学生认知活动的关系；其二是探索这些策略、元认知问题与学生个别差异、认知方式的结合，即探讨这些策略、元认知活动对不同类型学生的有效性问题。在这两方面目前都有大量的教学实验研究，而且也取得了一些研究成果。但是也存在一些问题，主要就在于在理论上还没有完全深入地弄清这些策略、元认知之间的本质联系，特别是其间的整体关系，目前的实验研究多集中在这两个问题的某个方面，还缺乏整体性的实验研究；还有是这些策略和元认知的研究成果如何应用到教学之中去的问题，当前教育界提得最响亮的几个口号是"主体教育""学会学习"与"素质教育"等，它们都需从这方面入手，这方面的研究正方兴未艾，还有待于进一步深入。

（四）年龄特点、个别差异、测量以及个别化教学研究继续受到重视

个别差异与个别化教学也是目前教育心理学研究的重点之一。对个别差异的关注，应该说是教育心理学的一个传统。早在机能主义心理学家卡特尔（R. B. Cattell）时就开始关注个别差异，而桑代克则在《教育心理学》中专列一卷讲述这个问题。但在行为主义统治教育心理学时，学习理论占据教育心理学研究的中心，很少关注个别差异问题。教育心理学认知派的崛起，将研究对象重新纳入人的心理范畴,对个体的年龄特点、个别差异以及测量重新进行研究,但目前的研究还远远不够。面对现代教育教学的改革,教育心理学尚未充分适应。随着对人类研究的深入,人类个体的独特性越来越受到重视,人类个体在心理方面所显示出来的个别差异对教育心理学提出了巨大的挑战,加之现代科学技术的发展,多媒体、超文本技术的发展,网络教学、远程教学等的兴起,使人类个体可以不再受严格的学校教育时间的限制和各学校教学水平的空间限制,可以自由地选择学习内容和学习方式,这些新情况给教育心理学研究提出了新课题。可喜的是,随着信息科学技术特别是计算机技术的发展,教育心理学也积极开展了计算机辅助教学(CAI)的研究,对计算机辅助教学的教学效果和条件做了大量的实证分析,而20世纪80年代后期多媒体计算机的发展使计算机辅助教学更是发展迅猛,在这种新的形势下,学生学习过程的特点,如何培养学生的元认知能力和自我监控能力等,都需教育心理学进行大量的科学研究。

第二章 教育心理学的基本理论

教育心理学的基本理论涉及面广,其中最重要的是关于心理发展观、学习心理和教学心理的基本理论。心理发展的理论丰富多彩,本章着重探讨心理发展的实质与特点、阶段与规律以及心理发展与教育的关系等心理发展观,系统介绍学习理论的主要流派,探讨与教育心理学相关的教学理论。

第一节 科学的心理发展观

所谓发展,是指随时间的延续,有机体在结构或功能上发生变化的过程和现象,是一种新结构的获得或从一种旧结构向一种新结构的转化过程,表现为"决定要素之间联系的基本规则的获得或变化"①。"发展"有别于"发育""成长"等概念,"发展"侧重于个体身心有次序的变化,侧重于质的变化;而"发育""成长"等概念则强调个体生理方面量的增长。

心理发展就是指个体从胚胎期经由出生、成熟、衰老一直到死

---

① [美]卢文格著,韦子木译:《自我的发展》,31页,浙江教育出版社,1998。

亡的整个生命过程中所发生的持续而稳定的内在心理变化过程。这种心理的发展变化过程是逐渐的、连续而有规律的。探索人类生命发展过程中的心理发展规律是教育心理学的重要内容，确立科学的心理发展观是学习和研究教育心理学的基本要求。

一、全程发展观

全程发展观的主要观点是：个体心理发展是整个生命历程中持续不断的变化过程，这个过程由若干发展阶段构成；发展是多维度、多侧面、多层次的；个体发展存在极大的可塑性；个体的发展是由多种因素共同决定的。

（一）个体心理发展是个体生命全程发展和毕生变化的过程

个体心理的全程发展观已经成为现代发展心理学的普遍共识。我国著名心理学家朱智贤教授指出："所谓心理的个体发展，是指人的个体从出生到成熟到衰老的过程中心理发生发展的历史。"[1] 关注个体心理的全程发展思想是由美国心理学学家何林渥斯（H. Z. Hollingworth, 1930）在其出版的《发展心理学概论》一书中首次提出。此后，德国的彪勒（C. Buhler, 1933）提出发展心理学要涵盖人的整个一生的观念；美国的古迪纳夫（F. L. Goodenough, 1935）出版了《发展心理学》，认为要把心理看做持续不断地发展变化的过程，并提出要了解人的心理，就必须全面系统地研究影响心理产生和变化的各种因素。不仅要研究儿童、青少年，还要研究成人和老年人；不仅研究正常人，还要研究罪犯和低能人。心理的毕生变化和全程发展观却是在20世纪70年代以来才逐步加以系统化，并相继出版了多种多样的关于毕生发展心理学方面的学术著作。[2] 心理全程发展观认为，发展就是"在适应能力中各种与年龄

---

[1] 朱智贤：《儿童心理学》，2页，人民教育出版社，2003。
[2] 林崇德：《发展心理学》，24页，浙江教育出版社，2002。

有关的变化"①。

（二）个体心理的发展和变化过程表现出明显的年龄特征

全程发展观既强调心理发展是一个持续不断的发展过程，同时又承认这一过程由一些具体的发展阶段所组成。每一阶段有其特定的特征，它在前一特定阶段的基础上发展起来，又为下一特定阶段打下基础。阶段理论强调各阶段有其独特性，并有大致的起始年龄。因此，年龄特征成为表征心理发展阶段性的重要指标。所谓心理发展的年龄特征是指个体心理发展各年龄阶段所表现出来的一般的典型的本质特征。各阶段的质的规定性或特征是划分年龄阶段的重要指标，具体是由个体在生理、认知、个性和社会化等各方面的发展水平决定的。目前，发展心理学依据个体在一定时期内所表现出来的共同心理特点和主导活动，把个体从人出生以后的心理发展分为乳儿期（0～1岁）、婴儿期（1～3岁）、幼儿期（3～6岁）、儿童期（6、7～11、12岁）、少年期（11、12～14、15岁）、青年期（14、15～18岁）、成年期（18～65岁）、老年期（65岁以后）。不仅人的整体心理发展存在阶段性，而且各种心理要素的发展也存在阶段性。皮亚杰认为，儿童的认知发展具有阶段性，且每个阶段都有独特的结构，标志着一定的年龄特征。各阶段的出现，从低级到高级有一种序列或顺序，前一阶段为后一阶段作准备，后一阶段是前一阶段的延续，不能逾越和互换。成熟、物理因素、社会环境等因素能加快、推迟或影响认知发展的速度，但不能改变发展的顺序。皮亚杰通过对儿童认知发展过程的研究认为，儿童的认知发展主要经历了感知运动（0～2岁）、前运算（2～7岁）、具体运算（7～12岁）和形式运算（12～15岁）四个由低到高、顺序不变的阶段。美国哈佛大学的科尔伯格（L. Kohlberg）通过"道德两难故

---

① ［美］Kurt Pawlik，Mark R. Rosenzweig 主编，张厚粲主译：《国际心理学手册》（下），363～364页，华东师范大学出版社，2002。

事"作为引发儿童道德判断的工具，经过十多年的追踪研究和推广，提出了个体道德发展的三水平六阶段学说。

此外，关于发展的关键期的研究也反映出个体心理发展的阶段性特征。人的心理发展存在一定的关键期。所谓关键期是指某些心理品质、机能或行为方式形成的最佳时期，在发展的某一特定时期、在适当的条件下就会出现，如果错过这个时期或缺乏适当的条件，这种行为或机能就难以产生甚至永远不能产生，并对后期的发展产生显著的难以挽救的影响。例如，2~3岁是儿童学习口头语言的关键期，5岁左右是数概念形成的关键期。

总之，心理发展的年龄阶段是客观存在的。探索心理发展的年龄阶段，在理论上有助于揭示个体心理机能的形成过程，进一步描述和解释心理的实质；在实践上有助于加强教育教学的针对性。

二、全面发展观

人的心理是一个有序的结构系统，心理发展往往具有整体、协调和统一的性质，是多维度、多侧面、多层次、多水平的发展。

（一）心理发展的多维性

心理发展的多维性表现在两个方面。一是从心理的内外系统看，心理发展与生理发育、社会性发展共同构成人的发展，发展过程中相互依存、相互影响。（1）心理发展和生理成熟的相互依存、协调统一。美国现代心理学家奥尔逊（Olson）和休福斯（Huphes）研究指出，个体的发展进程包含着生理与心理发展的统一、协调。虽然个体间存在着生理年龄的差异，但就个体发展而言，他们的生理与心理发展却是协调和统一的整体，生理年龄是个体生理与心理发展状况的整体标志。从身心关系上看，个体生理上的成熟尤其是神经系统和大脑的成熟为心理的发展提供着必要的物质基础和条件；相反，心理的发展和完善又影响着生理特别是神经系统和脑的生长发育。如果个体的某些生理特质如脑结构上存在着缺陷，那么一定会使其心理发展如智力方面发生障碍。(2) 心理发展与社会化过程的依存与统一，个体心理发展是个体社会化的过程。社会化是个体掌握和积极再现社会经验、社会联系和社会关系系统的过程。其实质是个体由自然人向社会人转变的历程。通过社会化，个体获得在社会中进行正常活动所必需的心理品质、价值观念以及社会所赞许的行为方式。个体的社会化过程就是指在一定社会文化环境中，个体的生理和心理随年龄增长而逐渐变化，借以发展个体的社会属性，参与社会生活的过程。个体正是在社会化的过程中，逐步掌握社会规范，学会社会生活技能，形成社会角色，参与社会行动，最终使自己由一个自然人成长为一个社会人。也就是说，"个体在社会化的过程中，由原本单纯的自然人，经由社会环境中与人、事、物的互动，而逐渐学习到认识自己、了解别人，并进而在人际关系中学习到如何待人、律己、循规、守纪等符合社会规范的一切态度、观念和行为。"[①] 因此，社会化过程是人类学会共同生活和彼此有效交互作用的过程，也是个体与社会环境交互作用的过程，其基本方式主要包括学习、适应和交流。"个体社会化正是儿童在社会环境里与其他人的相互作用的过程中，一方面对外组织人与人的关系，一方面对内协调自己的活动的双向建构的结果。"[②] 从发展阶段来看，个体的社会化也经历了不同阶段，有些过程在青少年阶段可完成，即儿童青少年的社会化，有些过程则贯穿个体的一生，即成年人的继续社会化和再社会化。

心理发展的多维性的另外一层含义是，个体心理发展是多种心理活动共同发展的结果，是个体心理生活各方面协调统一的表现。从系统的观点看，个体的心理是由心理过程系统、心理状态系统、

---

① 张春兴：《教育心理学——三化取向的理论与实践》，124页，浙江教育出版社，2002。

② 王振宇等：《儿童社会化与教育》，40页，人民教育出版社，1992。

心理倾向系统和心理特征系统等方面构成的一个有机整体。在个体的心理发展过程中，一方面构成心理系统的各侧面的发展相互联系与制约，某一方面的变化影响着其他方面的变化，如儿童感知觉的发展为思维提供了感性材料，影响着思维的发展，而思维的发展又使感知觉更加概括和深刻；另一方面，个体心理的各种具体形式也具有整体性特点，如心理活动的不随意性和认知活动的具体形象性是儿童期心理活动的共同特点，它概括了儿童期各种形式的整体状况和特征，并体现在儿童的各种心理活动之中。

（二）心理发展是多侧面的

个体的心理是由多侧面、多要素构成的系统，可以划分为智力因素（认知因素）和非智力因素（个性因素）两个方面。前者是心理活动的操作、执行系统，后者是心理活动的动力、调节系统。

1. 智力因素。关于智力，心理学家有各种不同的解释，至今没有统一的定义。在西方心理学中，有人从理性哲学观点出发，认为智力是指抽象思维能力。如，法国心理学家比纳（A. Binet）把智力理解为正确的判断、透彻的理解、适当的推理能力；美国心理学家推孟（L. M. Terman）认为，一个人的智力与他的抽象思维能力成正比。有人从教育学观点出发，认为智力是学习能力。学习成绩的高低代表着智力水平的高低。还有人从生物学观点出发，认为智力是适应新环境的能力。如美国心理学家桑代克认为智力是指从事实和真理方面着眼的适当反应的能力。心理学家布朗（F. G. Brown）综合以上三种意见认为，智力是学习能力、保持知识、推理和应付新情境的能力。近年来，关于智力的研究出现了一些新理论，如美国心理学家加德纳（H. Gardner）提出了多元智力理论，把智力划分为言语—语言智力、音乐—节奏智力、逻辑—数理智力、视觉—空间智力、身体—动觉智力、自知—自省智力、交往—交流智力、自然—观察智力八种；斯滕伯格（R. J. Sternberg）提出了智力的三维结构理论，认为个体的智力结构是由分析性智力、创造性智力和实践性智力三方面组成。20世纪90年代,美国心理学家萨洛维和梅耶(P. Salovey & J. Mayer)提出了情绪智力(EQ),主要是指人在情绪、情感、意志、耐受挫折等方面的品质,主要包括:认识自身的情绪;调控自己的情绪;自我激励;认知他人的情绪;人际关系的管理即领导和管理能力。

近年来,随着认知心理学的影响,人们逐渐从现代系统理论和信息加工的角度来探讨智力。把智力视为既包括感觉、知觉和记忆等基本认知过程,也包括抽象思维、表征、问题解决和决策等高级认知过程的心理活动。研究还发现,在所有认知过程的背后还存在着对认知过程本身的认知,即元认知。元认知的实质就是人的自我认识、自我控制和自我调节。我国心理学家认为,思维是智力的核心,一个人智力水平的高下,主要是由思维的智力品质来确定。思维品质和自我监控之间存在着非常密切的关系。据董奇等研究表明:思维品质(深刻性、灵活性、独创性、批判性、敏捷性)与元认知能力存在显著和非常显著的相关,这种关系的实质是因果关系,元认知能力是"因",思维品质是"果"。① 思维品质和元认知能力实质上都是完整思维结构的重要组成部分,思维品质代表的是表层结构,元认知能力代表的是深层结构。因此,现代心理学已经把元认知看作是智力结构中的高级因素,认为真正的聪明和智慧就是具有高度发展的元认知能力。

2. 非智力因素。非智力因素的概念虽然在学术界尚未统一界定,但国外大约从19世纪末就开始关注非智力因素的研究。早期主要是通过对天赋高的儿童和一般儿童的比较,以期发现他们在个性品质方面的差异并揭示出何种个性品质对提高学习效果起相对重要的作用。近二十多年来,国内学者对非智力因素的构成、培养及

---

① 董奇:《元认知与思维品质关系性质和相关实验研究》,载《北京师范大学学报》,1990(2)。

其与学习成就之间的关系进行了广泛的研究。燕国材通过对非智力因素的理论研究认为,非智力因素广义指凡是智力因素以外的一切心理因素都是非智力因素,狭义指不直接参与认识过程但又对认识过程起制约作用的动机、兴趣、情感、意志和性格五因素,具体指成就动机、求知欲、学习热情、责任心、义务感、荣誉感、自信心、自尊心、好胜心、自制性、坚持性、独立性等。由此,他提出了关于非智力因素的"一个目的"(发挥主体作用,激励学业成功)、"一项假设"(个体智力因素差异不大,非智力因素差别很大)、"一个公式"[$A=f(I, N)$,A为学习成就,I为智力因素,N为非智力因素,f为函数关系]、"一条原则"(智力因素与非智力因素相结合)的系统理论。

沈德立、阴国恩等对非智力因素与人才培养进行了系统的研究,出版了专著《非智力因素与人才培养》。丛立新应用卡特尔16种人格因素量表,测试了121名高中毕业班学生。结果发现,在智力水平不同的三个组中,非智力因素优秀者达到高考分数线的人数都高于非智力因素不良者。祝蓓里用同一测验工具测试74名中国科技大学少年班学生及85名普通大学生,对他们的非智力因素进行了比较研究。结果发现,少年班学生在学习活动中表现出更有耐力和坚韧性。吴福元等对238名大学一年级学生进行了智力因素、非智力因素与学习成绩之间的关系的研究,发现非智力因素对大学生学习成绩的影响比智力因素的影响更大,且这种影响随入学时间的推移而逐渐增强。

(三)心理发展存在不同的层次水平

心理发展是个体从出生到衰亡期间,不断与外部环境相互作用的过程中,其心理从低级到高级、从简单到复杂、从旧质向新质的不断变化和完善的过程。这个发展过程不仅是心理结构的变化,而且是心理机能的发展。维果茨基认为,个体心理发展是个体的心理(从出生到成年)在环境和教育影响下,通过掌握高级心理机能的工具——语言、符号这一中介，在低级心理机能的基础上，逐渐向高级心理机能转化的过程。所谓低级心理机能主要是指感觉、知觉、不随意注意、形象记忆、情绪、冲动性意志、直观的动作思维等，它是消极适应自然的心理形式，是生物进化的结果。高级心理机能主要是指观察（有目的的知觉）、随意注意、词的逻辑记忆、抽象思维、高级情感、预见性意志等，它是积极适应和改造环境的心理形式，是社会文化历史发展的结果。个体心理机能由低级向高级发展主要表现为：心理活动的随意性（目的性、主动性、自控性）增强；心理活动的抽象概括机能增强；各种心理结构之间的变化和组合性增强；心理活动的个别化（独特性）。维果茨基提出过"最近发展区"的科学概念。他认为必须确定个体心理的两种发展水平：一是现有水平，即个体在现实的独立活动中所达到的解决问题的水平；二是潜在水平，即个体在有指导的情况下凭借成人的帮助所达到的解决问题的水平。这两种水平之间的差距就是个体的最近发展区。

心理机能的发展一般遵循着感知—运动—情绪—动机—社会交往—抽象思维这样一个发展顺序。同时，某一具体心理机能的发展也是有顺序的。如心理过程的发展一般经历了感知—表象—记忆—想象—思维这样一个由低级到高级、由简单到复杂的发展过程；心理活动的性质一般经历了从不随意到随意，从具体形象到抽象逻辑，从受人监督调控到自我监控调节，从不分化趋向于分化，从整体反应到细微、精确、集中的定向反应。为此，心理学家们指出，个体心理发展"具有并伴随着一种已知的程序"，"一般儿童都是先爬而后能走，先走而后能跑；他们必须经过一定的消极阶段而后能自觉而循规蹈矩地进行合作。……只有这样，心理学家们才能够正确无误地描写每一个儿童的心理能力、社会关系和情绪表现等等。"①

---

① [美] W. N. 柯勒士里克：《论儿童心理发展的特征》，见《儿童心理学译文集》，1981。

三、动态发展观

人的心理发展是一个持续不断的过程,也是一个主体和客体相互作用的过程。皮亚杰认为,个体心理的发展既不起源于先天的成熟,也不起源于后天的经验,而是起源于主体通过动作或活动与环境不断相互作用的一种主动建构过程。个体的心理发展就是在主体与客体相互作用的过程中通过同化和顺应的交替发生而达到一种相对平衡状态的过程。

心理发展是一个连续的渐进的变化过程。心理发展的连续性是指个体整个心理的发展是一个持续的不间断的变化过程。当某种心理活动在发展变化之中而又未获得新的质变时,该种心理活动就处于一种量变的积累过程,这种量变的积累过程就是心理发展的连续性的表现。实际上,每一种心理过程、心理特征的发展变化都是以先前的状况为基础的,都是对先前心理活动的继承和发展。如个体思维的发展经历了直观动作思维到具体形象思维再到抽象逻辑思维这样一个连续变化的过程。

心理发展是不平衡的。个体心理发展历程中,发展的不同阶段、不同方面在发展速度上、到达某一水平的时间上、最终发展水平上,表现出不同的发展模式。尽管个体的心理发展遵循着一致的发展规律,具有共同性,但由于遗传、环境和教育的不同影响,也存在着明显的个别差异,表现为其发展速度和水平的不平衡性。一般来说,一个正常儿童的发展总是要经历一些共同的发展阶段,但是他们在发展速度、最终达到的水平以及发展的优势领域往往是千差万别的。如有的英才早露,有的大器晚成;有的具有音乐的天赋,有的表现出绘画的特长;有的好动、善于交往,有的喜静、比较内向;等等。这些充分表现了个体心理发展的类型、水平和时间上的种种差异性。卢文格(J. Loevinger,1969)的研究揭示了这种差异性和不平衡性的四种发展模式。①

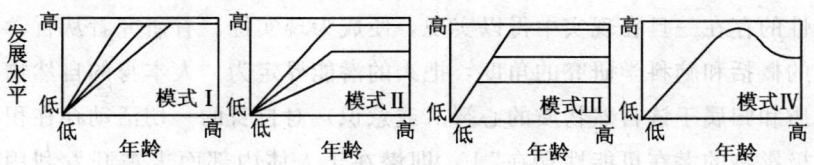

图 2-1　发展过程的模式

模式Ⅰ：起点相同，发展速度不同，最终水平相同，但达到同一水平的时间不同。如各种运动技巧多属于这种发展模式。

模式Ⅱ：起点相同，发展速度不同，同一时期达到的水平不同。如智力的发展是其典型例子，个体的智力发展的确存在不同速度，其达到的水平高低也有差异，但是大量研究发现，个体几乎在同一时间到达他们智力成熟水平。

模式Ⅲ：起点相同，发展速度相同，最终水平不同。如儿童早期语言的发展，由于受言语器官生理成熟所制约，几乎所有的儿童在语言发展的早期阶段基本上具有相同的起点和发展速度，但由于环境和教育的影响，有的儿童语言发展停留在一定水平上，而另外的儿童却继续向不同的、更高的水平上发展。

模式Ⅳ：随着个体年龄的增长，其心理发展达到较高水平后出现下降和退化现象。某些智力因素的发展就属于这种特殊的模式。如 R.B. 卡特尔的研究区分出了不随年龄增长而下降的智力（晶体智力）和随年龄增长而衰退的智力（液态智力）。由于液态智力反映的是个体知觉和信息加工的反应速度和灵活性等方面，所以往往是到了一定高度后随着年龄增长而衰退。

四、潜能发展观

"潜能"一词最早是由古希腊哲学家亚里士多德（Aristotle）

---

① ［美］克雷奇等著，周先庚等译：《心理学纲要》（上册），41～42 页，文化教育出版社，1980。

所撰,它是相对于"现实"的概念,意为可能性的存在,这种可能性的存在一旦在现实中得以实现,便成为现实性。有研究者从哲学的概括和脑科学研究的角度,把人的潜能界定为"人本身的自然物质和归属于该自然物质的心智(或意识)对自身的一切活动存在积极影响的潜在可能性存在"①,即潜在于人体内部而未被开发利用的综合能量,或者经过专门训练之后心智水平可能达到的程度。人的潜能是巨大的,可以说,世界上不存在没有潜能的人,只有潜能没有充分发展和发挥的人。

(一) 潜能发展的神经生理基础

现代神经生理学和认知科学研究表明,人的心理潜能是无限的,具有极大的发展空间。首先,人脑的信息储存和处理能力是相当惊人的,有研究表明,人脑由1 000亿个神经元构成,而每个神经元与其他神经元的连接多达10^4条②,人一生中大脑可以储存10^7亿个信息单位的信息,而人类对大脑的利用率还相当有限,人脑神经元被积极利用的只占7%,人体综合潜能被发挥出来的不超过10%。现代研究发现,人的记忆力潜能运用不到10%,想象力潜能运用不到5%,嗅觉潜能运用不超过10%。其次,脑结构和脑功能具有可塑性。未成熟脑的结构与脑功能可塑性最强。脑的可塑性表现为其结构与功能的可变更性和代偿性。可变更性是指某些细胞预先确定的特殊功能是可以改变的。如视觉系统细胞被移植到其他脑的部位,这些细胞和新的伙伴在一起可起新的作用。代偿性是指一些细胞能代替另一些细胞的功能,在神经元丧失或损伤后可以得到功能代偿。裂脑人的研究成果进一步证明了人脑潜能的无比丰

---

① 崔金赋:《再论人的潜能、价值与教育》,载《云南大学学报》,1992(4)。

② [德]哈肯著,郭治安等译:《大脑工作原理——脑活动、行为和认知的协同学研究》,6页,上海科技教育出版社,2000。

富和人脑潜能的客观存在。斯佩里（Sperry）对裂脑人的研究发现，人脑左右半球有功能代偿作用。另外，脑科学的最新研究成果表明，脑的可塑性可以保持终身，即使在脑发育成熟之后，脑的结构和功能仍然保持高度的可塑性。青春期结束时，尽管大脑的可塑性下降，但大脑的功能则不断加强，其潜能处于蓄势待发状态。巨大的潜能被编码在基因之中，但这种潜能是否实现，取决于脑在发育关键期内接受外界信息的模式。近20年来，随着X线体层照相术、脑磁图、正电子发射断层扫描（PET）、核磁共振成像（MRI）等无创性脑研究技术的运用，随着人们对大脑潜能的认识越深入，就越认识到大脑潜能的浩瀚。

（二）潜能发展的心理学观点

人的潜能发展也受到相当多的心理学家的关注，他们从不同角度进行了研究并提出了许多观点，如美国人本主义心理学家罗杰斯（C. R. Rogers）的潜能说、马斯洛（A. H. Maslow）的自我实现说、苏联心理学家维果茨基的最近发展区以及赞科夫的教育与发展观。

（三）潜能发展的关键期在早期

美国心理学家布卢姆（B. S. Bloom）经过二十多年对一千多人的追踪研究得出了一个令教育界震惊的结论：假设人在17岁时智力为100%，那么1～4岁获得其中的50%，4～8岁获得30%，8～17岁获得其余的20%。数字也许有些机械，但至少说明一点：幼儿时期是智力发展最快的时期，潜能发展的关键期在早期。这与儿童的神经系统的生长发育，尤其大脑重量的变化、神经元的构造、神经连接的形成等特点相一致。出生时脑的重量约为成人脑重的25%，1岁时达到成人的60%，2岁时为成人的75%，6岁时脑重已达到成人脑重量的90%。显然人在出生后最初2～3年内脑发育是最快的，是脑发育的关键期。人出生时已经具备了成人脑所具备的沟和回，但比成人的浅；已具备了大脑皮层的六层基本结构，但尚未形成大脑各区间复杂的连接。在后天的环境刺激和教育下，神经细胞体积逐渐增大，神经细胞的突触分支变得密集，出现许多新的神经通路，大脑功能也就逐步增加。大脑神经突触生长呈倒U形假说认为，人在出生后头20年里神经突触的密度变化呈倒U形，即刚出生时低，童年期达到高峰，而成年后又降低。儿童早期神经突触联系的形成最迅速，脑发育的关键期在早期，这为早期潜能发展与开发提供了充分的神经生理基础。

五、主动发展观

人的心理发展到底是先天遗传素质决定的还是由后天环境、教育决定的？人的心理发展的内部动力是什么？怎样处理教育与儿童心理发展的关系？这些问题的实质在于，发展到底是主动的还是被动的，这是学习和研究发展心理学必须思考的理论问题。

（一）遗传因素为心理发展提供了可能性

发展心理学研究发现，遗传素质在个体心理发展中的作用具体表现在两个方面。(1) 遗传素质对个体的智力发展水平及其类型特征有较大影响。通过遗传的方式，亲代完全可能将自己个人的脑和感官的微观结构、大脑神经细胞的结构特点等传递给子代，进而影响子代的智能发展。例如，由于遗传素质的差异或缺陷，造成个体在感官、脑结构与机能的严重缺陷，就会造成儿童智力的严重缺陷和落后；如将自己在视听分析器的优异特征传递给子代，就会使孩子在音乐和美术方面获得发展的优势潜能。一个关于不同血缘关系亲属间 IQ 相关的综合资料表明（Jenson，1969），人们的血缘关系越密切，其 IQ 分数越接近。(2) 遗传素质影响个体的情绪和个性发展。遗传素质的差异为个体个性的差异性提供了物质基础，如亲代神经系统活动的强度、灵活性、平衡性等通过遗传方式传递给子代，就会使子代在高级神经活动的基本特征和类型上出现差异性，进而为后天形成不同的个性特征奠定生理基础。在性格特征的研究上发现（S. G. Vandenberg，1967），同卵双生子比异卵双生子在内外向性格特征上更为相似。这说明，在某些性格特征上也存在着遗传因子效应。

生理成熟对儿童心理的进一步发展提供了新的可能性。发展心理学家格塞尔（A. Gesell）主张，心理发展是生物成熟的结果，成熟是影响心理发展的第一要素。格塞尔指出，个体行为的发育成长有其自然顺序，发展就是各种行为模式在环境作用下按一定的顺序出现的过程。发展有一定的内在生物进度表，并与一定的年龄相对应。某机能的生理结构未达到成熟之前，学习训练是没有效果的。所谓成熟就是指心理发展所依存的内部生理条件，它是一种先天决定的、个体内部固有的相对不依赖于环境的机体成长或身体变化顺序。成熟直接体现为个体生理的完善和发展。生理成熟对个体心理发展的影响主要表现在：生理成熟的程序制约着个体心理发展的顺序性；生理成熟的个别差异制约着个体心理发展的个别差异；生理成熟的影响力因心理机能和心理发展阶段的不同而异。

（二）环境是心理发展必要的外部条件

环境因素是指个体出生后影响其成长发展的所有因素的总称，包括自然环境和社会环境。环境是心理发展的外部条件，它决定着遗传素质在个体心理发展的可能性能否转化为现实性，并促使这种可能性向现实性转化。由于个体所处环境不同，其心理发展会表现出巨大差异。后天环境因素对个体心理发展的作用主要表现在两个方面。(1) 影响个体心理发展的方向、速度和水平。有研究证明，怀孕期间孕妇的营养对胎儿大脑发育以及智力发展具有重要作用，有充足的营养，能够明显提高胎儿的智力发展水平。(2) 社会环境造成了个体心理发展的个别差异。一些关于同卵双生子的实验发现，将两个遗传素质完全相同的双生子分别置于不同的环境中生活，若干年后他们在心理发展的方向、水平等方面出现明显差异，其心理倾向性（兴趣、爱好）、心理特征（能力、性格）和行为习惯等方面明显不同。

(三)遗传和环境交互作用促进个体心理发展

现代心理学认为,个体心理发展的条件是受遗传因素和环境因素交互作用决定的,其发展过程是包含遗传和环境之间相互影响的持续变化过程,其中,个体的生理成熟与教育(学习)推动和维持着个体心理的发展和变化。

作为影响个体心理发展的条件——遗传和环境的作用问题一直是历史上争论不休的论题。其争论经历了一个发展变化的过程:早期是"遗传和环境谁起决定作用"("which"问题),即是天性还是教养造成的,是遗传还是环境造成的;以后问题变成"各起多大作用"("how much"问题),即天性的影响多些还是教养的影响多些;再后来,问题变成——"遗传和环境如何共同作用"("how"问题)。于是,今天人们把精力更多地放到两者相互作用的方式和机制的探讨上。许多现代生物学家和心理学家都越来越倾向于遗传(天性)和环境(教养)的交互作用观,即个体心理发展受遗传和环境因素的共同作用。没有环境,遗传便不起作用;没有遗传,环境也不起作用,就是说没有教养就没有天性,没有天性就没有教养(Plomin,1990)。①

个体既是环境影响的接受者,又是环境影响的创造者。在个体心理发展的条件中,我们要强调的是基因与经验、遗传和环境、天性和教养之间是交互作用的,而且这种交互作用在个体心理发展的早期就产生了,且作为一种过程将持续个体的一生。皮亚杰认为,个体心理的发展既不起源于先天的成熟,也不起源于后天的经验,而是起源于主体通过动作或活动与环境不断相互作用的一种主动建构过程。他认为个体心理发展的实质表现为内部认知结构的变化,即个

---

① [美]珀文主编,周榕、陈红等译:《人格科学》,155页,华东师范大学出版社,2001。

体在原有反射活动(遗传性图式)的基础上,主动与外部环境发生相互作用的结果。其中,先天因素在心理发展中起基础作用。不论是遗传因素还是生理成熟,它们都是个体心理发展的生物基础,提供了发展的可能性;而环境与教育则将这种可能性变成现实性。因此,在先天因素相同的状态下,后天因素决定着个体心理发展的水平。有的心理学家在研究中指出,人的心理发展既有100%的遗传作用,又有100%的环境作用。在个体心理发展中,遗传和环境不是彼此独立与排斥的,也不是二者简单相加的,而是一种乘积关系,是相互交织、相互渗透的。只有当遗传和环境相互作用时,个体的心理才能得到发展,即个体心理发展就是遗传与环境交互作用的结果。

(四) 教育主导发展

心理发展与教育的关系十分密切。总的来说,个体心理发展与教育之间存在着相互依存的关系。教育从本质上讲是一种塑造"灵魂"与开启智慧的活动,其最终效应体现在学生的心理发展方面,即通过促进个体的心理变化、发展而加以表现。科学的教育能促进儿童的心理发展,相反就会限制儿童的发展。因此,我们必须充分认识教育在心理发展中的作用,全面把握心理发展与教育的辩证关系。

1. 心理发展是有效教育的背景和前提。教育作为传递与创造人类文化、培养社会人才的特殊活动,其对象是人,其目的是促进人的身心素质的全面和谐发展。但是,教育实践告诉我们,虽然教育对个体身心素质发展起主导作用,但个体身心发展的规律又制约着教育主导作用的发挥,影响着教育的效率,教育必须以个体心理发展的水平和特点为依据。个体心理发展的状况是教育必须考虑与适应的背景和前提,教育必须依据这个背景与前提。如学校教育要遵循心理发展的准备性原则,即根据学生心理发展的水平和准备状态进行教学。这一原则又称为"可接受性原则"。所谓心理发展准备状态主要是指个体在进行新的学习时,他原有的知识经验水平、原有的心理能力发展水平以及当前的心理活动状态等对新学习的适合性。在学校教育活动中，根据准备性原则进行教学，一般要涉及两个主要问题：选择什么教学材料；采用什么教学方法。要依据个体心理发展水平确定每一年龄阶段个体能最有效地掌握的教材，采用最适合某一年龄阶段儿童认知发展水平和情感需要的教学方法来实施教学。比如，考虑到小学儿童的思维发展特点，教学内容就应该注意具体形象化，教学方法就应该具有直观生动性，教学组织形式就应该灵活多样；考虑到个体心理发展的差异性，教育就应该注意因材施教，扬长避短。

2. 有效的教育能促进个体心理的发展。教育一方面要依据个体的心理发展状况和水平，另一方面，教育又能够极大地促进个体心理的发展并对个体的心理发展起着主导作用。维果茨基指出："学校教学是发展的源泉。"① 虽然个体的心理发展具有"自生性"，但它并不意味着"发展似乎是儿童的本性本身中原有的心理活动形式的展开，不依赖于外部的影响"②。事实上，个体心理发展是与周围现实相互作用的结果，外部影响对个体心理发展具有决定性意义，其中教育起着主导作用，它决定和制约着心理发展的过程和方向，因为教育是在精心设置的特殊环境中进行的一种有目的、有计划、有组织的培养人的活动。它首先通过促进个体掌握知识来实现它在心理发展中的主导作用。它能依据学生心理发展的规律，选择恰当的教学内容，采取有效的教学方法对学生进行系统的培养活动；它能对各种环境因素加以有效控制和利用，以保证学生的心理健康发展。例如，正是由于缺乏教育，"狼孩"的心理发展受阻，水平低下，障碍严重；而正是由于专门而系统的思维训练、创造力

---

① [苏] 维果茨基著，余震球选译：《维果茨基教育论著选》，262页，人民教育出版社，1994。

② [苏] A. A. 斯米尔诺夫主编，李沂等译：《苏联心理科学的发展与现状》，476页，人民教育出版社，1984。

训练、心理素质训练等，学生的相关心理机能得到了较好发展。要增强教育的有效性必须注意：（1）以了解学生学习基础和掌握学生学习的特点为前提；（2）以培养思维品质作为发展智力与培养能力的突破口；（3）重视智力活动中的非智力因素。

总之，教育促进儿童心理发展是有条件的，只有那些适合于个体心理发展需要的教育才是有效的教育。作为一名教师，我们必须明白，学生心理发展的现实状况是教育必须依据的前提，离开它，任何形式的教育都难以实现其促进个体发展的作用与价值。

第二节　学习的基本理论

学习的概念有广义和狭义之分。广义的学习是指人和动物在生活过程中通过实践或训练而获得，由经验而引起的比较持久的心理和行为变化的过程。广义的学习，在人类和动物界广泛存在，但人的学习是一个特殊的过程，人的学习在多种情况下是有目的、自觉积极主动的过程。狭义的学习，是指学生在学校里的学习，是指学生的学习，即学生在教师的指导和引导之下，有目的、有计划、有组织、有系统地掌握知识和技能，促进身心素质发展的活动。它是学习的一种特殊形式。学习心理是教育心理学研究的经典内容。经过一百多年的研究，形成了不同流派，归纳起来，主要有四种取向：学习是刺激—反应之间联结的加强（行为主义），学习是认知结构的改变（认知学派），学习是自我的变化（人本主义），学习是主体对客体积极建构意义的过程（建构主义）。现就几个主要学习理论的基本内容作简要介绍。

一、行为派的学习观

（一）桑代克的联结说

桑代克的联结说最早在《动物的智慧：动物联想过程的实验研

究》一文中公诸于世。他所做的经典实验是用猫解决疑难笼问题。这个笼内设有开门栓装置，当动物操作这些装置时，门户洞开，它就逃出笼外，获得食物。依照桑代克的分析，疑难笼的内部构成了"刺激情境"，动物对此刺激情境能使出浑身解数，尝试各种可能的行为或反应，试图逃出笼来。起先几分钟内总是出现大量无关的、不成功的活动，然后"偶然"打开门栓。动物作出正确反应并逃出来之前所花费的时间量便是它在一次尝试中被记录的作业成绩。起初，动物费时甚多，因为它有许多任意的、无关的行为。然而随后进行的尝试费时渐少，但这种变化是缓慢不规则的。

学习变化的实质是什么？桑代克认为，学习即联结，心即人的联结系统，学习是结合，人之所以长于学习，即因他形成这许多结合。在猫学习打开疑难笼的情境中，猫通过多次尝试与错误，在复杂的刺激情境中辨别出门栓（S）作为打开笼门的刺激，也就是说门栓（S）与开门反应（R）形成了巩固的联系，这时学习便产生了，所以，在上述实验中可以把学习看作是刺激与反应的联结，即S—R之间的联结。因此，人们又称行为主义的理论为S—R理论。这种学习过程是渐进的"尝试与错误"直至最后成功的过程。故桑代克的联结说又称尝试与错误说（简称试误说）。

（二）经典条件反射中的学习

在桑代克研究动物学习的同时，俄国生理学家巴甫洛夫发现了条件反射现象。例如一定频率的节拍器声响（条件刺激CS）与肉粉（无条件刺激US）多次结合。原先只由肉粉（US）引起狗的唾液分泌（无条件反应UR），现在节拍器单独出现可以引起类似的唾液分泌反应（CR）。也就是说当CS—CR之间形成了巩固的联系时，学习出现了。我们可以说，在此情境中，狗学会了听一定频率的节拍器声响。

巴甫洛夫利用条件反射的方法对人和动物的高级神经活动作了许多推测，发现了人和动物学习的最基本的机制，对于学习理论有较大的影响。他力图使研究纯客观化，虽然没有宣称自己的学习观是联想主义的，但是他确实认为，学习就是暂时神经联系的形成。国外某些学者把巴甫洛夫的经典条件反射作为学习的基本形式之一，并且把这种学习观划入联想主义的学习理论。但是，巴甫洛夫的高级神经活动学说与桑代克的联结说是不同的，西方学习理论只取其联想主义部分是不够的。

（三）操作条件反射中的学习

斯金纳在20世纪30年代发明了一种所谓斯金纳箱的学习装置。箱内装上一操纵杆，操纵杆与另一提供食丸的装置连接。把饥饿的白鼠置于箱内，白鼠偶然踏上操纵杆，供丸装置就会自动落下一粒食丸。白鼠经过几次尝试，会不断按压杠杆，直到吃饱为止。这时我们可以说，白鼠学会了按压杆以取得食物的反应。按压杆变成了取得食物的手段或者工具。所以，操作条件反射又称为工具性条件反射。操作条件反射中的学习，也就是操纵杆（S）与压杆反应（R）之间形成固定的联系。

我们比较桑代克与斯金纳的实验便会发现，桑代克发现的实际上就是一种操作条件反射，不过他设计的笼内无关刺激较多，因此猫要经过大量尝试错误的动作才能辨别有关的刺激（门栓）。斯金纳的实验实际上是桑代克的疑难笼的简化形式。

（四）学习的四要素

关于学习发生的原因和什么是影响学习的主要因素，联结主义各代表人物看法基本相同，经赫尔（C. L. Hull）、米勒（N. E. Miller）和多拉德（J. Dollard）概括，提出了学习的四个基本要素，即内驱力、线索、反应和奖赏（或强化）。内驱力是对食物、水或赞许等的需要，推动个体以某种方式作出反应。线索是有区别的、已分化的刺激物，它标志与指引特定的反应。起信号作用的刺激物与起促进作用的内驱力引起反应。反应和奖赏（或强化）提供机会。这几个因素后来就演化为教育心理学中著名的学习原理。内驱力演化为动机作用；反应就是练习律或积极反应的原理；奖赏（或强化）后来演化为及时强化与反馈。这些原理经过不断的检验与修正，为一般心理学家和教育家所公认。20世纪50年代兴起的程序教学和60年代出现的行为改造，就是这几个基本原理的具体运用。

近来社会学习理论家对这些原理加以发展，认为人类的许多行为并不一定直接以经典条件反射或操作条件反射一步一步缓慢地建立，而是可以通过模仿习得的。班杜拉提出了替代性强化的概念，学习者可以通过观察被模仿者（榜样）受到奖赏或强化而产生自我强化的作用。这一理论能较好地解释社会行为的学习。

（五）行为派学习理论的发展

当代学习理论的研究倾向，已经抛开了20世纪三四十年代的大型的、综合的理论，转向于对突出的学习现象作更深入的实验分析和理论分析。同时，学习的研究愈益注重实用。

1. 不随意反应的随意控制。研究结果表明，人能够学会对不随意反应的随意控制。例如，一个人可以学会控制他的皮肤电反应（简称GSR，如手掌出汗），其方法或是根据暗示拉紧他的双腿和躯体的肌肉，或是对自己说出一个早已与实际的电击相结合的词（如电击），因而引起了皮肤电反应。斯威特（A. Sweet，1976）等检查了好几百个利用增加GSR受奖，或减少GSR受奖的方法，证明不随意行为的随意控制。这种生物反馈的操作条件作用已被大量应用于临床。如用于教原发性高血压病人学习降低他们的血压，训练丧失能力的肢体肌肉康复。在肢体康复训练中，开始病人试用各种"意志行动"，或命令去移动受伤肢体，肌电图（EMG）通过声音报告部分麻痹的肌肉得以进行活动的程度，最初的努力可能不产生外显的运动，但敏感的电钮会测出有了一定的变化，对于增强病人的信心，加速康复具有重要作用。此外，还广泛用于治疗紧张性头痛、痉挛性斜颈、脊柱侧凸等。这些研究，在排除自主性反应不受意识控制这点上也具有理论意义。

2. 行为矫正。行为主义的假设是,人们习得神经过敏的习惯,因而他们成为古怪的甚至痛苦的人。因此,心理治疗就是要消除或改换正在造成这种痛苦的异常行为。这是与精神分析针锋相对的,在心理治疗的内容与方法上,精神分析是持心理动力的观点,从现在的发展趋势看,行为治疗已经成为一种重要的心理治疗技术被广泛应用于临床。有人估计,这将"是心理学的一次重大革命"。

3. 个别化教学体系。20世纪60年代风行的程序教学,目前虽然已经公认"过时",但由程序教学发展而来的计算机辅助教学,也因受到不同的学习理论的影响和由于教学设计思想的不同而已不限于原来行为主义占主导的计算机辅助教学。然而由程序教学发展而来的由行为主义心理学家凯勒(F. S. Keller)提出的适用于大学各科教学的"个别化的教学体系"(PSI,又称凯勒计划),则仍然流行在教学领域(参见本书第十四章第三节相关内容)。

二、认知派的学习观

(一) 早期的认知学习观

1. 格式塔的学习观。我们以苛勒(W. Köhler)著名的黑猩猩的实验为例,来看格式塔心理学家对学习中产生的变化的实质及这种变化的原因的理解。

在黑猩猩接起短棒取下高处的香蕉的实验情境中,黑猩猩在未解决这个问题之前,它对面前情境的知觉是模糊的、混乱的。当它看出几根短棒接起来与高处的香蕉的关系时,它便产生了顿悟,解决了这个问题。而且它可以在以后的类似情境中立即运用已经"领悟"了的经验。

在格式塔心理学家看来,学习就是知觉的重新组织。这种知觉经验变化的过程不是渐进的尝试与错误的过程,而是突然领悟的,所以格式塔的学习理论又称"顿悟说"。至于顿悟产生的原因,他们又从两方面来回答:一方面,他们强调刺激情境的整体性和结构性,因此,在布置实验情境时,强调整个问题情境要能让动物直接感知到;另一方面,他们假定脑本身有一种组织的功能,能填补缺口或缺陷。顿悟说强调在整体环境中研究学习和强调知觉经验组织的作用,有积极意义,但他们把知觉经验组织的作用归因于脑的先天本能,则带有神秘主义的色彩。

2. 托尔曼的认知论。托尔曼对 S—R 联结说的解释不满。他首先提出了中间变量的概念,主张把 S—R 公式改为 S—O—R 公式。O 代表有机体(organism)的内部变化。为了探索动物在学习过程中的认知变化,托尔曼设计了位置学习实验,其目的是要证明,通过学习,有机体(如老鼠)形成了一定认知地图(即认知结构),这就是学习的实质。图 2-2 是老鼠学习方位的迷宫图。

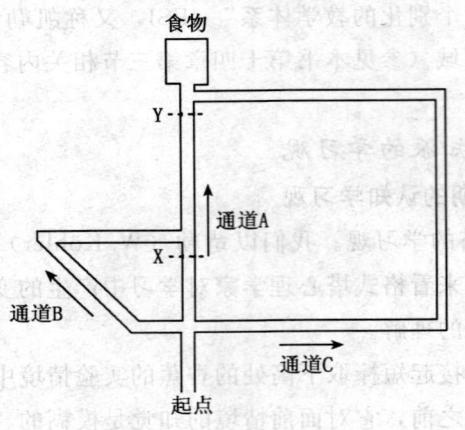

图 2-2 用于证实白鼠"顿悟"的实验迷宫

迷宫图有长度不等的三条通道,当白鼠在迷宫内经过一段时间的探索以后,在检验它们的学习结果时,再把它们置于起点箱并观察它们的行为。结果发现:若三条通道畅通,白鼠选择第一条通道到达食物箱;若 A 处被堵塞,白鼠选择第二条通道;若 B 处堵塞,则它们选择第三条通道。这说明白鼠不是按盲目的习惯去行动,而是按情境的"地图"去行动的。

关于学习出现的原因，托尔曼与联结主义的观点相反，他认为外在的强化并不是学习产生的必要因素，不强化也会出现学习。例如他设计了著名的潜伏学习的实验。在此实验中，动物在获得强化前学习已出现，只不过未表现出来。托尔曼称这为潜伏学习。潜伏学习事实的揭露，也证明学习并不是 S—R 之间的直接联结。动物在未受奖励的学习期间，认知结构发生了变化。为什么没有食物奖励，动物也可以学习呢？托尔曼认为，动物的行为是有目的行动，也就是它在走迷宫时，根据情境的感知，在头脑里有一种预期（或者假设），动物的行动受它的预期指导。托尔曼承认，在学习过程中存在着尝试与错误的过程，在多次尝试中，有的预期被证实，有的未被证实。预期的证实也是一种强化。这就是所谓内在的强化，即由学习活动本身所带来的强化。托尔曼提出的认知学习理论和内部强化理论，对现代的认知学习理论的发展，有一定贡献。

（二）现代认知学习观

布鲁纳和奥苏伯尔是美国当代最著名的认知心理学的代表人物。他们都继承了完形说对联结说的批判观点，否认刺激与反应间直接的、机械的联系，认为学习中存在着一个认知过程。他们认为，学习是通过认知、获得意义和意向形成认知的过程，学习是认知结构的组织与重新组织。这与格式塔的观点基本一致。但是现代认知心理学家去掉了早期格式塔心理学的神秘色彩，他们强调已有的知识经验的作用（即原有的认知结构的作用），也强调学习材料本身的内在逻辑结构。有内在逻辑结构的教材与学生原有认知结构发生关联，新旧知识发生相互作用，新材料在学习者头脑中获得了新的意义，这些就是学习变化的实质。

对于如何获得新的意义的过程，两人强调的重点有所不同。布鲁纳强调学生的发现，而奥苏伯尔则强调接受。但不论是接受学习或是发现学习，都是积极主动的过程。他们都重视学习活动本身带来的内在强化作用。

现代认知论同他们的前辈格式塔心理学家和托尔曼的认知观的最大区别在于：旧的认知论建立在动物心理学的研究基础上，他们讲的认知实际上是知觉水平的认知，故难以直接应用于人类课堂学习情境中的学习，对实际教学的作用不大；而现代认知论建立在研究人类课堂情境中的学习的基础上，他们讲的认知达到了抽象思维水平，因此比较符合教学实际，能比较满意地解释抽象语言材料的学习。

（三）认知学习观与教学实践

格莱瑟（R. Gleser）在以"日趋成熟的学习与认知科学和教育实践的关系"为题的报告中，阐明了心理学理论与教育实践的几经离合的历史后，指出当前出现的重要的现实是用现代认知理论来分析现代教育实际。教育的真正目标在于让学生能成为自己知识结构的精心的设计师，使学习者善于学习，促进其学习和认知活动。当前的许多研究向我们揭示了能力的培养主要不是通过教学去传递知识，而是通过教学去促进认知活动。学习是在旧知识基础上建构新知识的过程。他把当前认知心理学在教学领域中的大量研究归结为三方面：(1) 知识的表征和组织；(2) 自我调节，元认知或称为二级认知；(3) 学习的社会性和情境性。

三、人本主义的学习观

人本主义心理学是20世纪60年代兴起的一个心理学学派。由于其观点同近代心理学两大传统流派——弗洛伊德心理分析学和行为主义心理学均不同，被称为心理学的"第三种力量"，其主要代表人物为马斯洛、罗杰斯等。

人本主义心理学的基本原则是：心理学必须关心人的尊严；心理学必须充分重视人的主观性、意愿和观点，不论是有意识的还是无意识的；心理学家应该研究人的价值、人的创造性和自我实现；

心理治疗应该以良好的人际关系为基础等。与此相应，人本主义心理学强调学习过程中人的因素。所以学习论的基本原则是必须尊重学习者；必须把学习者视为学习活动的主体；必须重视学习者的意愿、情感、需要和价值观；必须相信任何正常的学习者都能自己教育自己，发展自己的潜能，并最终达到"自我实现"；必须在师生之间建立良好的交往关系，形成情感融洽、气氛适宜的学习情境。

根据上述基本原则，持人本主义学习观的人认为，学习的实质就是学习者获得知识、技能和发展智力，探究自己的情感，学会与教师及班集体成员的交往，阐明自己的价值观和态度，实现自己的潜能，达到最佳境界的过程。在学习过程中，教师还必须让学生觉得他是一个真诚的、可信赖的、有感情的指导者。

就学习动力而言，马斯洛认为，学习不能由外铄，只能靠内发。学习的基本动力来自于个体内部的两股潜在力量，即"防卫力量"和"进取力量"。防卫力量的内在作用是恐惧失却安全而使个体在心理上有退缩倾向，因而使个体依恋过去，恐惧成长，担心无人支持，不求独立自主，遇事逃避现实，不敢接受挑战。而进取力量的内在作用则是促使个体趋向完美而统合的成长境界，使个体乐于面对世界，充满信心与朝气，而且心安理得地接受内心深处的自我。因此，马斯洛不主张用外铄的方式约束学生的学习；他认为学生生而具有潜在的探究动机，教师不能强制学生学习，学习活动应由学生自己选择和决定。教师的任务不是教学生学知识，而是为学生设置良好的学习环境，让学生自由选择，自行决定，他就会学到他所需要的一切。因此，适当的教育固然可使儿童心智成长，不适当的教育反倒会使儿童丧失心灵上的生机。

就学习的原则而言，罗杰斯提出了以学生为中心的自由学习原则。所谓学习的自由，是指教师在安排学习活动时，只须提供学习活动的范围，让学生自由选择、决定他们的方向，去探索发现结果；教师只是从旁协助，以减少阻力与挫折。只有自动自发的学习活动，才会使学生全心投入，发现问题、思考问题和寻求答案。只有这样，学习才会启发学生心智，提升求知能力，培养学习兴趣，从而使学生喜爱知识，因获得成就感而更加努力。其思想具体表现为：人皆有其天赋的学习潜力；教材有意义且符合学生目的者才会产生有意义学习；在较少威胁的教育情境下才会产生有效学习；主动、自发、全心投入的学习才会产生良好效果；自评学习结果可培养学生的独立思维能力与创造性；更应重视生活能力的培养，以适应变动的社会。

总之，持人本主义学习观的人认为，不管怎样教学生学习，始终要牢记的是"人"在学习，是具有独特的品质的人在学习。他们进一步认为，人的这些独特的品质，应该而且也能够得到充分的发展，关键在于后天的学习。这样的学习机制无疑是异常复杂的，尚待进行系统的大量的研究。同行为主义或联想主义学习观和认知学习观相比，人本主义学习观有两点独特之处：其一，人本主义所提倡的学习观，不像行为主义和认知学习观那样，从验证性研究中得到原则后作出推论，而多半是根据经验原则提出观点与建议，因而其学习观所赖以建立的实证依据还较为单薄；其二，人本主义所提倡的学习观，不是限于对片面行为的解释，而是扩大范围对学习者整个人成长历程的解释。因而，人本主义学习观具有全人教育的取向。

四、建构主义学习理论

建构主义（constructivism）也译作结构主义，其最早思想可追溯到皮亚杰。建构主义认为，知识不是通过教师传授得到，而是学习者在一定的情境即社会文化背景下，借助学习过程中其他人（包括教师和学习伙伴）的帮助，利用必要的学习资料，通过意义建构的方式而获得的。因此，建构主义的学习就是在一定的情境即社会文化背景下，借助其他人的帮助即通过人际间的协作交流活动而实现的意义建构过程，其中，"情境""协作""交流"和"意义建构"是建构主义学习理论的四大要素。"情境""协作""交流"强调学习的条件和过程，而"意义建构"则是整个学习过程的最终目标。建构在于学习者通过新旧知识经验之间的反复的、双向的相互作用，来形成和调整自己的经验结构。在这种建构过程中，一方面学习者对当前信息的理解需要以原有的知识经验为基础，超越外部信息本身；另一方面，对原有知识经验的运用又不只是简单地提取和套用，个体同时需要依据新经验对原有经验本身也作出某种调整和改造，即同化和顺应两方面的统一。建构的意义主要指事物的性质、规律以及事物之间的内在联系。在学习过程中，建构意义就是指学生对学习内容所反映的事物的性质、规律以及该事物与其他事物之间的内在联系达到较深刻的理解，最终形成特定的认知图式或认知结构。

建构主义存在诸多流派，其中最具代表性的主要有以下几个。

1. 个人建构主义。个人建构主义的系统观点最早由美国心理学家凯利（G. A. Kelly，1955）在其《个人建构心理学》一书中提出。其基本观点是指个体通过理解重复发生的事件独自建构知识；知识与其说是客观的，不如说是个体的、适应性的。随后，皮亚杰在《发生认识论原理》一书中提出"同化"和"顺应"的概念，强调认知的适应性和个体对世界模式的建构。根据个人建构主义的学习观点，知识不是被动吸收的，而是由认知主体主动建构的。

2. 激进建构主义。激进建构主义的主要代表人物是冯·格拉塞斯费尔德（von Glasersfeld）。根据激进建构主义的观点，知识是由个体的心理结构建构而成的，以克服客观实在的限制，学习者从其经验中建构知识，旨在为经验建立起秩序，从而更好地理解这些经验。而且，知识的唯一功能就在于使人们为自己的"经验流"建立这种秩序。所以，冯·格拉塞斯费尔德认为，人的知识是个人认知建构或发明的过程，个体进行建构，不管出于什么目的，都是要设法理解社会或自然环境。换句话说,知识不是被看做对外在世界的特征的某种真实的摹写,而是个体的建构。知识的获得即学习不是把"真理的金子"移交给个体,而是由个体自己去建构的。学习者不是被看成知识的被动接受者,而是知识的主动建构者。由此,激进建构主义提出了三条基本原则。(1)知识不是被动接受的,而是认知主体主动的建构。根据这个原则,教师不可能把知识完整地转移到学生头脑中去,相反,是学生自己从他们所听见的话语或所见到的形象中建构了他们自己的意义。在此建构过程中,学习者已经知道的东西极为重要。(2)认知的功能在于适应,使学习者能够对经验建构可行的解释。因此,外在世界的知识被看成是人的尝试性建构。建构主义并不否认客观世界的实在,但认为人们只能以个人的和主观的方式认识这一实在。建构的结果必须是"可行的"。只有那些对建构者有用的建构才是"可行的"。(3)虽然个体对新的现象和观念必须建构自己的意义,但建构意义的过程总是在一定的社会情境中进行的。从这点来看,激进建构主义与社会建构主义找到了相通的结合点。

3. 社会建构主义。社会建构主义是在修正个人建构主义和激进建构主义的基础上发展起来的。维果茨基的语言习得理论是社会建构主义的重要理论基础。早期的建构主义者只关注个人对知识的建构,这或多或少地忽视了社会性因素,因而导致了一些片面的观点。社会建构主义认为,心理活动是与一定的文化、历史和风俗习惯背景密切联系在一起的,知识与学习都是存在于一定的社会文化背景中的,不同的社会实践活动是知识的来源。同时,知识不仅仅是在个体与物理环境的相互作用中建构起来的,通过社会成员之间的相互作用对知识的建构具有更加重要的作用。因此,合作学习是一种重要的学习策略。

总之,建构主义学习理论强调:(1)学习是学习者主动建构内部心理表征的过程,是学习者通过原有的认知结构,与从环境中接受的感觉信息相互作用来生成信息的意义的过程;(2)学习的建构过程包含两方面的建构,即对新信息意义的建构和对原有经验的改造和重组;(3)学习者以自己的方式建构对事物的理解,从而不同人看到的是事物的不同方面,每个人都以自己的方式理解到事物的某些方面,不存在唯一标准的理解。因此,教学要增进学生之间的合作,合作学习作为一种教育思想受到建构主义者的广泛重视。建构主义在学生观上,强调学习不是知识由教师向学生的传递,而是学生自己建构知识的过程,学习者不是被动的信息吸收者,而是主动地建构信息的意义,这种建构不可能由其他人代替,在这一点上,不同倾向的建构主义是基本一致的。如个人建构主义与激进建构主义在本质上强调了知识的获得是个人主动建构的结果,而社会建构主义则强调了主体间的交互作用在知识建构中的显著作用。在建构主义看来,学习是主动的加工过程,学习者不是被动的刺激接受者,他要对外部信息做主动的选择和加工,因而不是行为主义所描述的S—R过程。知识或意义也不是简单由外部信息决定的,外部信息本身没有意义,意义是学习者通过新旧知识经验间反复的、双向的相互作用过程而建构成的。其中,每个学习者都在以自己原有的经验系统为基础对新的信息进行编码,建构自己的理解,而且,原有知识又因为新经验的进入而发生调整和改变,所以学习并不简单是信息的量的积累,它同时包含由于新旧经验的冲突而引发的观念转变和结构重组,因此,学习过程并不简单是信息的输入、存储和提取,而是新旧经验之间的双向的相互作用过程。建构主义对学习和教学的这些新观点,是学习和教学理论在杜威、维果茨基、皮亚杰和布鲁纳等思想基础上的又一次大综合和大发展,是为改革传统教学而进行的又一次大胆的尝试。建构主义的诸多流派中,有的具有明显的主观唯心主义和相对主义的色彩,但它们有力地揭示了认识的能动性,一致认定学生是自己的知识的建构者,因此,"每个学习者都不应等待知识的传递而应基于自己与世界相互作用的独特经验去建构自己的知识并赋予经验以意义",而"学生的主体性不是我们仁慈地赋予他们的,而是他们作为学习者天然具有的,只有认识了学习的建构性才能真正认识到学生的主体性所在。"①

第三节 教学的基本理论

教学是教育活动最主要的形式,但教育心理学长期忽视教学研究,这种状况直到20世纪70年代初由于教学心理学的兴起才得以改变。迄今已出版的教育心理学教材鲜有对教学理论的专门探讨,本节从教学的实质、教学过程、教学条件等方面对教学理论作简要尝试性探讨。

一、教学的实质

教学过程的实质就是交往。对此,钟启泉从沟通、合作与语言活动两方面作了分析。②

其一,没有沟通就不可能有教学。教和学是一对关系概念,教以学为内在的要素,同样,学以教为内在要素。教与学的关系表现为教育者与受教育者所形成的各种关系中的社会互动关系,即两者各自的主体关系。教学活动中的教与学关系不仅形成了教师与学生之间一对一的关系,也形成了学生与学生之间的关系、教师与学生群体之间的关系、学生与学生群体之间的关系等多重网状关系。因此,主体间性是理解教学中社会交往的理论基础。主体间性是指特

---

① 陈琦、张建伟:《建构主义学习观要义评析》,载《华东师范大学学报》(教育科学版),1998(1)。

② 钟启泉等:《为了中华民族的复兴,为了每位学生的发展——〈基础教育课程改革纲要(试行)〉解读》,205页,华东师范大学出版社,2001。

定人员发挥主体性与其他人员保持理解关系的属性，由理解性、通融性和共识性组成。

主体间性由不同的主体性外化而成，但它又是一种特殊的独立于特定个体主体的主体性。主体间性一旦为特定主体接受并纳入价值观体系，又对特定主体的主体性进行调节。教学的终极目的设定在学生健全人格的形成，其中包括其主体性的弘扬，因而，教学的沟通与合作是以学生主体地位为前提的。教师在教学过程中应当这样来指导学生：通过教学意图和策略等影响学生使之成为学习的行动者。让学生作为沟通与活动的积极参与者，使之成为学习的主体，教师通过同学生的沟通和活动展开指导。当教师以学生的主体地位为前提进行指导时，这时的教学才称得上是教师主导的教学，即主体性教学。我们认为，主体性教学就是在教学活动中充分发挥教师和学生的积极性，凸显学生的主体地位，不断发展学生主体性的教学。

其二，人类的沟通与合作是以语言为媒介的，教学就是在师生学习共同体之间以语词为中介进行的语言性沟通或语言性活动的具体表现，其实质就是一种平等"对话"。教学中师生之间的用于沟通和交流的对话语言主要包括语词语言、数学语言和声像符号等艺术语言。

因此，有效的教学就是利用情境、协作、会话等学习要素，充分发挥学生的主动性、积极性，最终实现知识的意义建构过程。为此，钟启泉指出："真正的教学过程应当说是学习主体（学生）和教育主体（教师，包括环境）交互作用的过程。然而，20世纪的教学形态可以说是以'教室中心、教师中心、课本中心'为特征的。这是一种适于教师'传授'知识技能的教学形态，即'传道、授业、解惑'的教学形态。在这种形态中，教师的作用只是牢牢地控制住学生，传授现成的书本知识。21世纪的新型基础教育所需要的是培养学生在未来瞬息万变的社会中的'生存力'，并为此设计、组织相应的使学生成为学习活动的主体的应答性的学习环境。这意味着未来的教学将从'人—人（man-to-man）'系统转变为'人—环境（man-to-environment）'系统。以'三中心'为特征的课堂教学系统谓之'人—人'系统。前面的'人'是教师，此'人'通过'口授'将知识技能传给后面的'人'——学生。在这个系统里，靠一名教师的能力对数十名学生同步施教，在现成知识的授受上是极其有效的。但另一方面，学生却处于'被动应付'的地位。在这里学生仅仅是接受知识的'容器'，而不是自主知识的'习得者'。要使学生成为自主知识的'习得者'，就必须构建一种新的系统，这种新的系统便是'人—应答性学习环境'的系统，这里的'人'是指学生。""在这里，教室和教师并非学习环境的全部，课堂教学也不再限于传统的教科书、黑板、粉笔之类的媒体，而是有了媒体系统乃至因特网的支撑。"①

二、教学过程

（一）教学过程的基本模式

陈琦等从教育心理学角度对教学过程的模式作了描述，其模式图为：

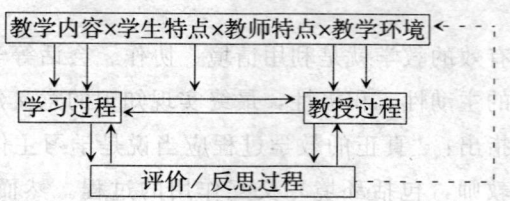

图 2-3 教学过程的宏观模式

---

① 钟启泉等：《为了中华民族的复兴，为了每位学生的发展——〈基础教育课程改革纲要（试行）〉解读》，215～216 页，华东师范大学出版社，2001。

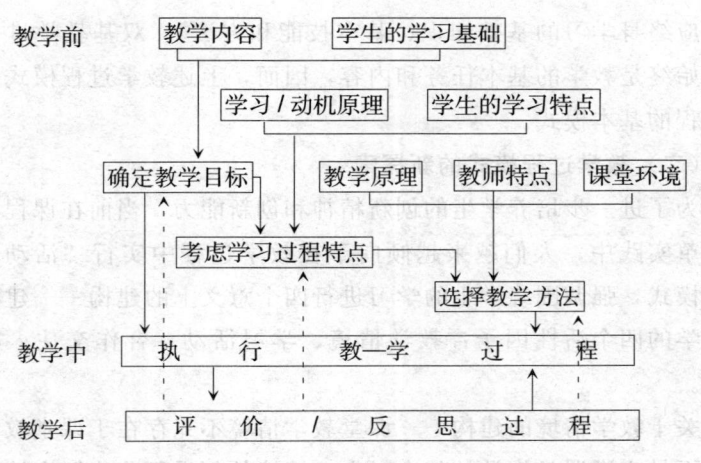

图 2-4 教学过程的微观模式

1. 教—学宏观模式中的多变量。教学过程宏观模式图表明，教学过程以教学的四变量（教学内容、学生特点、教师特点和教学环境）为起点，通过教学三过程（学习、教授、评价反思）的运作构成。教学过程的运行状态和水平，不仅取决于四变量的协调，而且受三过程的制约。

2. 教—学微观模式中的多环节。教学过程微观模式图表明，微观教与学过程分为教学前、教学中和教学后三个阶段。其中教学前主要任务是教学设计（确定教学目标、考虑学习过程的特点、选择教学方法），教学中是执行教学设计，教学后是评价教与学过程的成效，进行成败得失反省，确保教学目标的达成。

陈琦等构建的教学过程模式一反以教师为中心、由教育者主观设定教学目标和单向灌输的传统教学，体现了以师生的教与学互动为基础，以学论教，把教学目标的确定和实现作为教学过程的中心，以学生和教师对学与教不断反思的元认知能力的发展为保证等正确的教育心理学原理，是有效教学的教学过程模式。教育部颁发的《基础教育课程改革纲要（试行）》明确规定教学要让学生"具有适应终身学习的基础知识、基本技能和方法",双基教学过去和现在始终是教学的基本任务和内容,因而,上述教学过程模式是教学过程的基本模式。

(二)教学过程模式的新探索

为了进一步培养学生的创新精神和创新能力,当前在课程与教学改革实践中,人们越来越倾向于在教学过程中实行"活动—体验"模式,强调围绕学生的学习进行四个意义上的建构——建构课堂教学的四个活性因子:教学情境、学习活动、合作交住、成功体验。

关于教学情境的建构——课堂教学情境不只存在于课堂教学伊始,而是充满课堂教学的整个时空。情境的创设可分为智力情境和非智力情境两大类。智力情境的创设,主要是利用认知发展的同化与顺应机制激活思维,比如情境、变式情境、问题解决的发现探究式情境等。非智力情境是指作用于学生的心向情境、交往情境等。

关于学习活动的建构——活动设计,应坚持以问题为纽带,以知识的再发现过程和学生思维发展过程为主线,以师生合作互动、多向信息传递、多种感官协调活动为基本方式。

关于合作交往的建构——师与生、生与生、个体与群体的相倚互动关系是教学赖以存在并得以表现的基本形式。

关于成功体验的建构——成功体验是指学生通过自组织化的内部加工获得知识、情感、方法、逻辑等一体化的真实体验。基本方法有二:其一是正确认识和把握知识、能力和人格品质教育的关系,通过学习活动全方位地作用于学生的认知发展和情感体验;其二是以愉悦的学习促成学习的愉悦,恰当运用愉快教育、成功教育和激励性评价等方式激发学生的学习兴趣,引导学生积极主动地参与,提升学生的学习素质和能力。

教学过程新模式的探索,不是对基本模式的否定,而是使其进一步发展和完善。在教学实践中要实现知识的接受与发现的辩证统一。

三、教学条件

当代美国杰出的教学设计理论家加涅五十余年来,致力于研究人类的学习及学与教的系统设计,其核心是"为学习设计教学"。认为有不同的学习结果,也有不同的学习条件;对掌握不同的学习结果而言,必须有不同的内部条件和外部条件。教学的目的就是为了合理安排可靠的外部条件,以支持、激发、促进学习的内部条件。下表是加涅所列的五种学习结果的基本先决条件和辅助先决条件。

表 2-1 五种学习结果的基本先决条件和辅助先决条件

学习结果类型	基本先决条件	辅助先决条件
智慧技能	规则、概念、辨别	态度、认知策略、言语信息
认知策略	具体的智慧技能	智慧技能、言语信息、态度
言语信息	有意义的信息组合体	语言技能、认知策略、态度
态度	智力技能(有时)、言语信息(有时)	其他态度、言语信息
动作技能	分解动作技能(有时)、程序规则(有时)	态度

资料来源:加涅等《教学设计原理》,182 页,华东师范大学出版社,2001。

在一百多年的学习理论研究和教育实践中,对学生学习任务的分析或是主观设定,或是经验型的思辨。加涅从学习的类型及其相应的基本先决条件和辅助先决条件来分析学习任务,在陈述性知识的基础上,将陈述性知识转化为程序性知识,开对学生学习任务作科学分析的先河。进而,加涅认定教学是由一组学习的外部事件所组成的,根据学习的内部事件(过程)提出了与各内部过程相匹配并对内部过程起促进作用的外部条件,即九大教学事件。

(1)引起注意——引起注意是有效教学的首要事件,它是学习主动性、积极性的重要标志。引起注意除使用刺激变化、引起兴趣等方法,更主要的是利用新旧知识的同化和顺应机制,激发思维,唤起选择性知觉。

(2) 告知目标——教学开始告知目标的策略,其功能是激起学习者对新知识、新技能的期望,产生学习的内部动机。

(3) 刺激回忆先前习得性能——加涅指出,许多(也许有人认为所有的)新的学习归根结底是观念的联合。学习时,这些习得的性能如果成为学习事件的一部分,就必须具有高度可进入性。要确保它们的进入性,需要它们在新学习发生之前回忆出来。对先前习得性能的回忆可以通过要求再认性的或者更好一些的再现性的问题来引发。

(4) 呈现刺激材料——当学习者做好准备时,教师可以向学生呈现教材。呈现方式取决于材料的内容。无论哪种情况,最有效的是具有突出特征的刺激。

(5) 提供学习指导——这个教学事件是促进语义编码,即使所学的东西进入长时记忆。因为学习结果的不同,其学习指导也各不相同。

(6) 引发行为表现——这项教学事件的目的是促使学习者作出反应的活动,以此来验证期望的学习过程是否发生,学习的结果是否达成。通常,这种行为是继学习之后首次进行的作业,在多数情况下,教师接下来会呈现新的例子,以确保该规则能被应用到新的情境中。

(7) 提供反馈——在学习者作出反应、表现出行为之后,应及时让学习者知道学习的结果,这就是提供反馈。在许多情况下,这种反馈是自我提供的,但也需要外部提供。

(8) 评价作业——当学习者表现了一次反映新的习得能力的行为,这还不能肯定他已掌握了这种能力,教师应要求学习者进一步表现学业行为。

(9) 促进记忆与迁移——为增进记忆的策略很多,如采用有意义的方式习得材料，建立起材料的关系网络；要注意间时复习，在间隔几天或几个星期之后进行复习，对于保持和回忆所学内容大有好处；有效促进迁移，最好的方法就是为学生提供各种各样的新任务，要求他们把所学知识运用到新的情境之中，从而促进更高层次的学习；利用迁移促进更高层次的学习（即纵向迁移）的必要条件是使先前习得的信息处于准备状态。因此，教师为迁移而提出的问题，应该在把握学生的先决能力是否具备的同时还要使这些能力提取到工作记忆中来。当促进学习能力的横向迁移时，教师应为学习者提供应用技能的多种实例和情境。

九大教学事件对学生来说，是学习的外部条件，但对教学工作来说，它是心理学基础，是适用于各门学科和各级各类学校学生学习的。

第三章 学习动机

学习动机在学生的学习活动中意义重大。学生是学习的主体，学生必须有志于学，乐于学，才能取得优良的学业成绩。尤其当学生不存在智残与知识缺陷时，学习动机的有无与强弱对学习的影响至关重要。大量的研究发现，学习动机的指向和水平直接影响着学生的学习行为和学业成就。所以，历来的教育家、心理学家都十分重视学习动机。研究学生的学习动机，既是教育心理学的任务，也是教师有效教育教学活动的需要。本章将探讨学习动机的基本因素、学习动机的类型、学习动机的主要理论、如何激发和培养学生的学习动机等问题，以便教师能够有效地组织教学，促进学生学习。

第一节 学习动机概述

一、学习动机与需要、诱因的关系

人的有意义活动总是由一定的动机引起。动机是直接推动有机体活动以满足个体需要的内部状态，是行为的直接原因和内部动力。动机主要有三种作用。（1）激发行为：动机是引起行为的动力,它使有机体进入活动状态,提高唤醒水平,集中注意力。(2)行为定向:动机使有机体有选择地进行某些活动。(3)维持行为:动机使有机体保持适当的行为强度直到选择的活动得以完成。

一般而言,参与不同活动的动机即以该活动的动机来命名。例如,参与工作的动机称为工作动机,参与学习的动机称为学习动机。根据动机在学习中的作用,我们可把学习动机定义为:直接推动学生进行学习活动的内部动力。学习动机能够说明学生为什么而学习、学习的努力程度、学生愿意学什么的原因。学习动机能够激发学生产生某种学习活动,使其对与学习有关的刺激,如教科书、知识讲座、图书馆等表现出渴望求知的迫切愿望,激起其探索活动;能使学生在学习中表现出认真的学习态度、高涨的学习热情、专心致志,甚至废寝忘食的学习毅力,能够经受时间、寂寞、成功与失败等的考验,最终达到学习目标,取得学业成功。

学习动机由内驱力(drive)和诱因(incentive)两个基本因素构成。

内驱力指在有机体需要的基础上产生的一种内部推动力,是一种内部刺激。有机体会产生各种需要,当需要没有得到满足时,有机体会产生内驱力,内驱力引起反应,反应导致需要的满足。与学习动机密切相关的主要是学生的精神需要。例如,当有的贫困学生渴望深造、拥有知识、立志成才的精神需要得不到满足时,就会产生内驱力,想方设法采取种种行动或得到社会帮助去获得满足这种精神的需要。研究发现,内驱力和需要的关系呈正比。一个强烈渴望读书的学生肯定比一个不愿读书的学生有更强的内驱力,更愿意在学习上投入更多的时间和精力。但如果个体的某种需要长期得不到满足,则不会产生某种内驱力。

诱因指能引起个体动机的外部刺激或情境,是有机体趋向或回避的目标。诱因按其性质分为正诱因和负诱因。凡是驱使个体趋向或接近目标者,称为正诱因,如奖学金、奖品、奖状。凡是驱使个体逃离或回避目标者,称为负诱因,如师长的处罚、学业失败等。诱因可以是物质的,也可以是精神的。诱因具有诱发或激发个体产生目标指向行为的作用。诱因的作用因人而异。对于中上成绩的学生,奖学金可能是正诱因,而对学习成绩差的学生则可能不起作用。满足有机体需要的诱因是后天通过个体经验而逐步形成的。例如,同样为满足自尊的需要,有的学生通过取得很好的学习成绩来获得同学的尊重,有的学生则通过讲究穿戴来吸引同学的注意。当有机体在个体活动中把自己的各种需要与能满足其需要的物体、情境联系在一起,这些物体就成为行为的目标。总之,外部刺激的诱因强度和性质不是固定不变的,而是依个体的经验、需要等的不同而经常变化的。

内驱力与诱因的关系既有区别又有联系。其区别在于:内驱力存在于有机体的内部,诱因则存在于有机体的外部。其联系在于:既没有无内驱力的诱因存在,也没有无诱因的内驱力存在。可以先有内驱力而后选择行动目标,也可以先有诱因诱发需要,然后唤起内驱力。学生的学习动机常常是由内驱力和诱因的相互作用决定的。

内驱力和诱因这两个基本因素决定了学习动机具有活动性和选择性两个特征。(1)活动性:学习动机能够推动学生进入学习的活动状态,如学生为获得教师、家长的赞扬,同学的尊重而努力学习。学习动机的水平不同,学生进行学习活动的强度、持续时间也不一样,如一个强烈渴望考入重点大学的学生比一个只是期望考上大学的学生其学习愿望更加强烈,学习的劲头更充足,所投入的时间、所花的精力更多,会想方设法克服学习中的困难考入心目中的理想大学。(2)选择性:学习动机推动学生选择一定的活动,而相应地忽视其他活动。例如,爱好数学的学生在闲暇时间会主动做数学题而不一定看小说。

总之,在对学习动机的研究中,人们根据学生是否有学习活动来判断学习动机的有无，根据从事学习活动的强度和持续时间来了解学习动机水平的高低，根据选择哪些学习活动来确定学习动机的指向。

二、学习动机的作用

关于学习动机在学习中的作用，是一个颇有争论的问题。有的心理学家认为，有些学习可以不靠动机给予力量。如在巴甫洛夫的条件反射中，动物仅依靠条件刺激与无条件刺激的暂时联系而产生学习。某些没有经过组织的短期学习，如学习某个单词，当时并没有要学习的意向，常是偶然获得的。大部分心理学家则认为，要进行长期的学习，学习动机是绝对必要的，强烈的学习动机是保证学好的前提，没有这个前提其他的都谈不上，对学生尤其如此。

一般来讲，学习动机对学习有促进作用。学习动机的水平越高，其学习效果越好。但学习动机与学习效果的关系并不总是一致的。有些学生的学习动机水平较高，但学习成绩却并不理想。这种现象并不能否认学习动机对学习的作用，只是说明学习动机毕竟不能代替学习，学习动机对学习的影响，并不是直接卷入认知过程而只能是间接地增强与促进学习的效果。学习要通过知识基础、智力水平、学习技能和方法等各种中介因素而实现。因而不能仅以学习成绩的高低来推断学习动机作用的强弱。

动机水平与学业水平之间的关系也并不是简单的线性关系。只有当学习动机处于最佳水平，学习活动才会产生最佳效果。学习动机的最佳水平往往因课题性质不同而不同。当学习比较容易的课题时，学习效率会随着学习动机强度的增强而提高；当学习比较困难的课题时，学习效率反而会因学习动机强度的增加而降低；在一定范围内，学习动机强度的增强有利于学习效率的提高，特别是在学习力所能及的课题时，其效率的提高更为明显。这条规律是由耶基斯（R. M. Yerkes）和多德森（J. D. Dodson）于 1908 年通过动物实验发现的,所以又称为耶基斯—多德森定律(见图3-1)。①

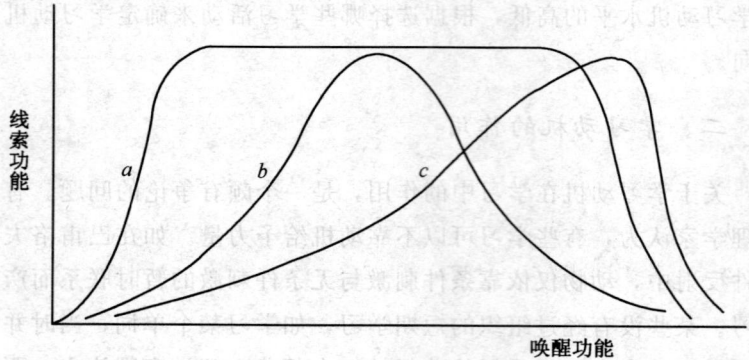

图 3-1　耶基斯—多德森定律曲线

伯奇(Birch,1945)的实验也证明了同样的道理,当剥夺黑猩猩食物的时间超过一定限度后,随着剥夺时间的延长,解决问题的错误增多,速度也减慢。这些研究都说明,高度强烈的学习动机和低强度的学习动机一样降低学习效率。因为动机过强,紧张和焦虑强度过高,注意与知觉的范围缩小,思维受到一定的抑制,这些都会给学习带来不良的影响。在重要的考试中经常有人发挥失常往往与此有关。所以,在学校教育中,应该考虑的一个重要问题就是要使学生学习动机的水平适当,一定要注意防止给学生提出过高的学习目标,或给学生施加太大的学习压力。过高的学习目标或过高的学习压力不仅不会促进学生的学习,反而会增加他们的焦虑,带来延误其终身的心理障碍。

在过去的教育心理学中,人们通常只注意学习动机对学习的促进作用,而忽视了学习动机与学习效果的辩证关系。布卢姆认为,

---

① R. M. Yerkes & J. D. Dodson (1908), The Relation of Strength of Stimulus to Rapidity of Habit-Formation. *Journal of Comparative and Neurological Psychology*, 18, pp. 459-482.

学习动机与学习效果之间的关系不是一种单向关系，而是一种相互依存的双向关系。学习动机固然可以增加学生的行为方式来促进学习，但学生所学的知识又可以反过来进一步增加学习动机。我国的研究发现，一些学生长期成绩不良，是由于学习动机与学习效果之间的恶性循环造成的。鉴于此，有的心理学家认为，对于尚无学习动机的学生，最好的方法是无论其当时的学习动机的状态如何，教师都应该集中精力搞好教学，使学生学懂、学会，从成功的学习开始，尝到学习的甜头，依靠富有成效的教学业绩来增强学生的学习动机。

三、学习动机的类型

学生的学习动机是在社会生活条件和教育的影响下逐步形成的，不同的社会和教育对学生的学习有着不同的要求，所以反映在学生头脑中的学习动机是复杂多样的。研究者从不同的视角对学生学习动机进行分类。

苏联的心理学家们根据学习动机的来源把学习动机分为两类。一类是内部动机（intrinsic motivation），即学生的学习动力来自自身，如学生的学习兴趣、求知欲等。德西（E. L. Deci）认为内部动机的主要特征是具有能力感和自我决定感。具有内部动机的学生积极参与学习过程，好奇心强，喜欢挑战，解决问题具有独立性，能在学习中获得很大的充实感和满足感。另一类是外部动机（extrinsic motivation），指学生的学习动机由外部因素引起。外部的学习动机在某种程度上总是具有一定的强制性，因为学生的学习目的存在于其他情境中，学习活动只是满足其他目的的一种手段，如学生为了获得奖学金、避免家长处罚带来的不愉快必须学习。具有外部动机的学生一旦达到自己的目的，学习动机便会下降。

美国的心理学家根据学习动机的社会性分为交往动机（contact motivation）和成就动机（achievement motivation）。交往动机是在希望得到他人关心、认可、友谊与支持的需要基础上产生的,其目标是能隶属他人或团体并接受其影响,获得他人的赞许或认可,如学生学习是为了得到教师、父母或同伴的称赞。成就动机是一种以高标准要求自己,以力求取得学习活动成功为目标的动机。成就动机是在通过胜任某些活动获得尊敬的需要基础上产生的,如学生努力学习以取得好名次,获得同学尊重和班级地位。交往动机属于外部动机,而成就动机则属于内部动机。

我国心理学家根据学习动机的作用分为直接近景性学习动机(direct motivation)和间接远景性学习动机(indirect motivation)。直接近景性学习动机是对学习内容的直接兴趣和爱好,以及对学习活动的直接结果的追求,如教师生动形象的讲解、灵活多样的教学方法常能激发、调动学生的学习动机。这类学习动机比较具体,效果比较明显,但作用不够持久。间接远景性学习动机是与学习的社会意义与个人意义相联系的动机,如学生立志成才,为祖国繁荣富强而读书。这类学习动机比较抽象,但作用稳定而持久,不易受偶然因素和情境变化的干扰。

另外,根据学习动机是否处于活跃和主导状态,把学习动机分为主导性学习动机(chief motivation)和辅助性学习动机(assistant motivation)。前者指在学生的学习活动中居于支配地位、发挥主导作用的学习动机。它对学习活动的影响强烈而稳定。后者指在学习活动中居于从属地位、发挥辅助作用的学习动机。它对学习活动的影响比较微弱和不太稳定。在不同的年龄阶段和不同的学习条件下,学生的主导性动机会发生变化和转移。在某一学习活动中哪类动机成为主导性动机,既依赖于个体的稳定的动机特性,又依赖于当时的外部条件。例如,在小学低年级,学生的主导性学习动机常常是为了得到家长、教师的喜爱和表扬,而高中学生则主要是为了考上理想的大学。

上述各类学习动机既有区别,又有一定的交叉重叠,并在一定条件下可以相互转化。需要注意的是,学生的学习动机很少有单一的动机,往往更多的是复合性动机。如周国韬等人(1993)通过对我国中学生学习动机的研究发现,学生的学习动机有:(1)学习兴趣,对所学内容和从事某种活动感到有乐趣,如学生感到动脑思考学习中的问题有一种说不出的乐趣;(2)学习能力感,对自身学习能力的认知,如学生感到自己在作业上不吃力;(3)外部目的,学习是为了获得他人尊敬、称赞等学习以外的目标,如努力学习是为了让同学看得起自己;(4)知识价值观,对所学知识价值的认知,如觉得学习能使人的能力得到充分的发展。① 因此,教师对学生进行学习动机教育应该是多层次、多方面的。

第二节 学习动机的理论

一、强化理论

行为主义认为,动机是由外部刺激引起的一种对行为的冲动力量,强化(reinforcement)是引起动机的重要因素。人的某种行为倾向取决于先前的学习行为与刺激因强化而建立的牢固联系,强化可以使人在学习过程中增强某种反应重复的可能性,任何学习行为都是为了得到某种报偿。

强化从性质上可以分为正强化和负强化。正强化指某个愉快刺激的出现会提高个体的行为反应。如教师的表扬、奖学金会促使学生努力学习。负强化指某个厌恶刺激的退出会提高个体的行为反应。如学生为了避免教师的处罚、避免考试不及格,同样会促使努力学习。

强化从程序上可以分为连续强化(全部强化)和断续强化(部

---

① 周国韬:《初中生学业成就动机量表的编制》,载《心理科学》,1993(6)。

分强化)。在连续强化的条件下,个体的反应率很高,只要个体想要获得强化,就会作出反应。但只要强化一停止,反应也就不再出现。例如,小学生每次举手发言都给小红旗,只要不给小红旗,学生举手发言的积极性就会一落千丈。在学校中,大量学生行为所受到的是断续强化,断续强化可分为不同的形式。

首先,从时间上可将断续强化分为固定时间间隔强化和不固定时间间隔强化。固定时间间隔强化为每隔一个固定的时间段进行一次强化,如写一个小时的字可以看动画片。在这种强化程序下,个体注意的是强化时间,而不是反应的次数和质量。实验结果表明,有机体一般是在强化到来之前反应率有所提高。不固定时间间隔强化是强化之间的间隔时间不固定,如不定期地检查学生的作业。在这种强化程序下,个体不知什么时候会出现强化,但总是带有一种强化即将出现的期待。实验结果表明,这种强化程序下的反应率略高于固定时间间隔强化。

其次,根据强化与反应次数的关系可将断续强化分为固定频率间隔强化和不固定频率间隔强化。固定频率间隔强化是在一定的反应次数后给予强化,如完成一定数量的作业就可以去玩。由于个体知道如何获得更多的强化,因而反应率很高。不固定频率间隔是反应次数与强化有关系,但个体并不知道进行多少反应才会受到强化。实验结果表明,这种强化程序下的反应率也比较高。

现代教育心理学的研究表明,强化对人的认知和情感都有影响。强化对认知的作用表现为它给学习者提供了行为及结果适当与否的反馈信息,学习者会根据反馈信息来调节自己的行为。强化对情感的作用表现为它能够引起情感变化,如正强化往往使人愉快,使人体验到自我满足,或消除人的紧张与焦虑。强化的两个作用交织在一起,但两者未必一致。例如,有时学生受到教师的批评后,不是根据反馈信息反省自己的不足之处,而是在情感上产生反感与怨恨。所以,心理学家不提倡运用负强化,其原因之一是强化的认知作用与情感作用会相互抵消,甚至强化的认知作用完全发挥不出来,出现情不通理不达的结局,造成逆耳的忠言根本不利于行的后果。所以,在学校情境中,教师应该根据学生的具体情况灵活应用强化理论。

二、成就动机理论

成就动机的概念始于美国心理学家默瑞(Murray,1938)于20世纪30年代提出的成就需要。① 默瑞提出,人格的中心由一系列需要构成,其中之一即成就需要,这一需要使人表现出下述行为:追求较高的目标,完成困难的任务,竞争并超过别人。成就动机研究的真正开端是麦克利兰和阿特金森(D. McClelland & J. W. Atkinson)1953年合著的《成就动机》一书。他们在20世纪40年代末用主题统觉测验来测量成就动机,对默瑞提出的成就需要进行了实验研究。

成就动机的研究,首先回答的是成就动机概念的问题。但人们对此的回答不尽一致,共同之处主要有以下三点:第一,成就动机促使人追求某一社会条件下比较高的目标;第二,成就动机促使人以较高的水平达到其目标;第三,由于在追求某一社会目标时既可能成功也可能失败,所以成就动机促使人去追求成功和回避失败。由此可见,在成就动机的研究中,人们把成就动机看成是一种在较高水平上达到某一卓越的社会目标的需要。

在众多对成就动机的研究中,阿特金森在20世纪60年代中期提出的成就动机模型影响较大,在20世纪70~80年代引起了广泛的实证研究。阿特金森指出,规定某一动机强度的因素有动机水平、期望和诱因。其关系表现为下面的公式:

---

① H. A. Murray (1938), *Explorations in Personality*. New York: Ford University Press.

动机强度（T）＝需要×期望×诱因

其中，成就需要是个体稳定地追求成就的倾向（M），期望是个体在某一课题上获得成功的可能性或概率（P），诱因是个体成功地完成某一课题所带来的价值和满足感（I）。可将上式表示为：

$T = M \times P \times I$

一般来讲，课题越难，成功的可能性越小，而成功带来的满足感则越强。所以 P 与 I 存在互补的关系，即：

$I = 1 - P$

同时，人们在追求成就时有两种倾向。一种是不畏困难，努力达到目标的追求成功的倾向（T_s），另一种是害怕失败，避免屈辱的回避失败的倾向（T_f）。因此，又可将动机强度 T 按其方向的正负分别表示为：

$T_s = M_s \times P_s \times I_s \cdots\cdots$（1）

$T_f = M_f \times P_f \times I_f \cdots\cdots$（2）

其中，$P_f = 1 - P_s$，即成功的概率越大，失败的概率就越小；反之，成功的概率越小，失败的概率就越大。个体追求某一目标的总动机强度 T 由 T_s 和 T_f 共同决定，因 T_s 与 T_f 方向相反，所以：

$T = T_s - T_f$

$\quad = M_s \times P_s \times I_s - M_f \times P_f \times I_f$

将 $\begin{cases} I_s = 1 - P_s \\ P_f = 1 - P_s \\ I_f = 1 - P_f = P_s \end{cases}$ 代入得：

$T = T_s - T_f$

$\quad = M_s \times P_s \times (1 - P_s) - M_f \times (1 - P_s) \times P_s$

$\quad = (M_s - M_f) \times [P_s \times (1 - P_s)]$

从以上公式看到：

如果 $M_s > M_f$，T 为正值；

如果 $M_s < M_f$，T 为负值；

如果 $M_s=M_f$，总动机强度 T 为 0，这时不会出现追求目标的行为。用极值法可以证明，当 $P_s=0.5$ 时，总动机强度 T 最大。

根据上一理论模型，可以把人分为成就动机水平不同的人，成就动机高的人追求成功的倾向大于回避失败的倾向（$M_s>M_f$），成就动机低的人追求成功的倾向小于回避失败的倾向（$M_s<M_f$）。成就动机水平不同的人在完成任务和选择目标上有不同的行为表现。成就动机高的人在完成任务上追求成功的倾向强，在选择目标时选择难度适中的目标和课题。成就动机低的人在完成任务上防止失败的倾向强，在选择目标时选择容易的或困难的目标和课题。其心理机制为：成就动机高的人往往是通过各种活动努力提高自尊心和获得心理上的满足，成就动机低的人往往是通过各种活动防止自尊心受伤害和产生心理烦恼。如在选择报考学校的问题上，成就动机比较高的学生（$M_s>M_f$）往往是追求成功而且不怕失败，所以他们选择成功的把握程度为 50% 的学校，竭尽全力去取得好成绩。而成就动机比较低的学生（$M_f>M_s$）害怕失败和产生失望，他们或是选择轻易就会考取的学校，或是选择根本考不上的学校。选择考不上的学校的原因在于自我防卫，因为这样的学校即使考不上也不会产生心理上的痛苦。

在学校里，一方面可以采取适当的方法提高学生的成就动机，如可以通过改变课题的难度使课题对学生的意义（即诱因值）发生变化；另一方面根据学生的实际情况培养成就动机。

三、归因理论（attribution theory）

归因理论是由美国心理学家海德（F. Heider, 1957）最早提出来的。[1] 他认为，人们具有理解世界和控制环境的两种需要，满

---

[1] F. Heider (1958), *The Psychology of Interpersonal Relations*. New York: Wiley.

足这两种需要的最基本手段就是了解人们行动的原因,并指出人们会把行为归结于内部原因和外部原因。内部原因是指存在于行为者本身的因素,如努力、能力、兴趣、态度、性格等;外部原因是指行为者周围环境中的因素,如任务的难度、外部的奖赏与惩罚、运气等。

后来,罗特(J. B. Rotter,1966)根据控制点(locus of control)把人划分为内控型和外控型。内控型的人认为自己可以控制周围的环境,不论成功还是失败,都是由于自己的能力和努力等内部因素造成的;外控型的人感到自己无法控制周围的环境,不论成败都归因于压力以及运气等外部因素。

维纳(1971)接受了海德和罗特的观点,认为可以根据控制点这一维度把对成就行为的归因划分为内部原因和外部原因。[①] 但是,他还提出要增设一个"稳定性"的维度,把行为的原因分成稳定的原因和不稳定的原因。根据这两个维度,维纳指出人们经常把成就行为归因于下述四个有代表性的原因:

表 3-1　成就归因的四个主要原因

内 部		外 部	
稳　定	不稳定	稳　定	不稳定
可控制	不可控制	可控制	不可控制
能　力	努　力	任务难易	运　气

人们往往把自己的成功与失败归结为上述四个原因中的一个或几个。究竟归结为哪些原因会引起相应的心理变化,进而影响下一步的成就行为?

第一,归因将导致人们对下一次成就行为结果的期待发生变

[①] B. Weiner (1972), *Theories of Motivation*: *From Mechanism to Cognition*. Chicago: Markham.

化。如果把成就行为归结为努力或运气这些稳定性不强的原因,那么对下一次成就行为结果的期待与这一次成就行为的实际结果可能不一致。例如,如果认为这次成功是努力的结果,那么人可能产生下一次也成功的期待,也可能不产生,因为努力是不稳定的因素,成功与否取决于下一次是不是努力。但是,如果把成就行为归结为能力或课题的难度这些稳定性较强的原因,那么对下一次成就行为结果的期待往往与这一次成就行为结果是一致的。例如,把失败的原因看成是自己能力差,那么人们就会担心下一次还会失败,因为能力是比较稳定的,很难在短时间内得到改变。

第二,归因将导致人们出现不同的情感反应。将成功归因为能力强会使个体产生自豪体验,激发个体面对困难、挫折和失败毫不退缩;而将失败归因为缺乏能力会使个体产生羞耻的情感体验和对未来成就缺乏信心,从而忽视努力在成功中的作用,面对困难缺乏坚持性。如果把成就行为归因于外部原因,不论成功还是失败都不会出现太强的情感反应。归因之所以能够引起人的情感反应,取决于个体的思想,或依赖于个体对事件意义的解释和对事件的评价。

第三,归因将导致人们产生不同的责任判断。孙煜明、雨田曾以232名中学生为被试,让他们对班上同学的考试失败结果作评定,评定有能力(强或弱)、努力(高或低)共四类假设情境,评定内容包括责任(无责任、承担责任)、情感(同情、愤怒)、行为决定(不惩罚、惩罚)等,结果发现,能力与努力的不同组合,会导致被试产生不同的责任判断(见表3-2)。①

从表3-2可见,第1组与第3组都作出了努力,仍然得到失败的结果,也许是由于考题太难、教师水平差或环境不安静等原因造成的,个体对这类原因是无法控制的,因此对失败的结果无责任,

---

① 孙煜明、雨田:《中学生考试失败结果的复合原因与责任判断的归因后果》,载《心理学探新》,2000(2)。

他人也不追究个体责任。相反,第2组与第4组的失败结果都是由于不努力造成的,应负责任的平均数明显增高。与责任信念相对应的是情感反应和行为决定,由于第1、3组不承担责任,引起

表 3-2 考试失败结果的复合原因与责任性、情感反应、行为决定的平均数

原因 \ 反应	无责任	负责任	同情	愤怒	不惩罚	惩罚
1. 能力强+努力	2.79	2.84	4.24	1.92	3.15	2.14
2. 能力强+不努力	1.96	4.69	2.32	3.80	1.76	4.04
3. 能力弱+努力	3.09	2.68	4.59	1.77	4.18	1.87
4. 能力弱+不努力	2.04	4.68	1.96	4.33	1.55	4.66

人们的同情和不予惩罚的平均数相对较高,而第2、4组负有责任,激起人们更高的愤怒情感,作出更多惩罚的决定。第3组由于个体的能力弱而导致的失败结果会得到人们的谅解与同情,并且不追究个体的责任和不予惩罚。第4组虽然也是能力弱,但与不努力结合在一起,因此应承担责任、愤怒和惩罚的平均数明显地提高。

维纳的理论模型提出以后,得到了很多研究的验证和支持,发现了一些新的结论。例如,学生对取得学习成绩的归因多在于学习者的努力和能力,但对胜任班级干部的归因多在于这个学生的性格、工作方法和人际关系。有的研究还发现,在实践领域人们对成就行为的归因是极为多样的。库珀等人(Cooper,1978)运用开放式问卷的方法,了解学生对学习成绩的归因,结果找出了16个原因,即专业能力、身体素质、以前的基础、习惯、态度、自我意识、成熟、努力的特性、准备时的努力、注意、目标、教学水平、任务的难度、心情、家庭因素、同学的影响。在对我国中小学学生的调查当中,有人发现学生把自己的学习成就归因于很多方面:课

堂上的行为（如注意听讲）、课外的行为（如复习）、学习方法、学习的基础、努力的特性（如勤奋）、能力、兴趣、学习态度、教学水平、学习内容、家庭条件、偶然因素（如心情不好）。为了说明多样的归因，有人指出，仅仅依据控制的位置和稳定性这两个维度进行分类是不够的，还应进行更为详尽的分类。罗森鲍姆（Rosenbaum，1978）提出，除了可以把归结的原因分为内部的、外部的、稳定的、不稳定的以外，还可以根据"有意性"（intentionality）的维度分成有意的原因和无意的原因。例如，努力是有意的，而一时的情绪则是无意的，教师的教学水平是有意的。

四、自我效能感理论

自我效能感（self-efficacy）指人对自己是否能够成功地进行某一成就行为的主观判断，它与自我能力感是同义的。这一概念是美国心理学家班杜拉最早提出的，在20世纪80年代，自我效能感理论得到了丰富和发展，也得到了大量实证研究的支持。

班杜拉在他的动机理论中指出，人的行为受行为的结果因素与先行因素的影响。行为的结果因素就是通常所说的强化，但是班杜拉关于强化的看法不同于传统的行为主义理论。他认为，在学习中没有强化也能够获取有关的信息，形成新的行为模式。而强化在学习中也有重要的作用，它能够激发和维持行为的动机以控制和调节人的行为。这种作用通过人的认知形成期待，成为决定行为的先行因素。

早期学习理论家认为，某一行为之后的强化会提高该行为的出现概率。班杜拉认为，这是不确切的。行为出现的原因不是随后的强化，而是人在认知到行为与强化之间的相倚关系之后产生的对下一步强化的期待。

关于期待，班杜拉区分为"结果期待"和"效能期待"两种。结果期待是指人对自己的某一行为会导致某一结果（强化）的推测。如果人预测到某一特定行为将会导致特定的结果，那么这一行为就可能被激活和受到选择。例如，学生感到上课注意听讲就会获得好成绩，就会认真听讲。效能期待是指人对自己能够进行某一行为的实施能力的推测或判断，它意味着人是否确信自己能够成功地进行带来某一结果的行为。当确信自己有能力进行某一活动，他就会产生高度的自我效能感，并会去进行那一活动。例如，学生不仅知道注意听讲可以带来理想的成绩，而且还感到自己有能力听懂教师所讲的内容时，才会认真听课。在这里，自我效能感是指一个人在进行某一活动前，对自己能否有效地作出某一行为的判断，换句话说，是人对自己行为能力的主观推测。

班杜拉不仅指出结果期待会对人的行为发生重要的影响，而且强调效能期待（即自我效能感）在调节人的行为上具有更重要的作用。班杜拉指出，以往学习理论的研究集中在知识和技能的获得过程上，以往动机理论的研究停留在提供什么强化（诱因）才能促进行为上。但是，人在掌握了相应的知识和技能，也知道了行为将会带来什么样的结果之后，并不一定去从事某种活动或作出某种行为，因为这要受自我效能感的调节。能取得好成绩固然是每个学生的理想，但力不从心之感却会使人对学习望而生畏。所以，在有了相应的知识、技能和目标时，自我效能感就成了行为的决定因素。这也是班杜拉为什么把期待区分为结果期待和效能期待的原因。

班杜拉等人的研究还表明，自我效能感具有以下功能。

（1）决定人们对活动的选择，以及进行该活动的坚持性。自我效能感高的人倾向于选择富有挑战性的任务，在困难面前能坚持自己的行为；而自我效能感低的人则相反。

（2）影响人们在困难面前的态度。自我效能感高的人敢于面对困难，有高昂的斗志，相信通过坚持不懈的努力可以克服困难；而自我效能感低的人在困难面前害怕、退缩，不敢尝试，轻易放弃。

(3) 影响活动时的情绪。自我效能感高的人热情开朗，情绪饱满，富有自信心；而自我效能感低的人充满恐惧和焦虑。

第三节 学习动机的培养和激发

一、学习动机的培养

（一）了解和满足学生的需要，促进学习动机的产生

学生的学习动机产生于需要，需要是学生学习积极性的源泉。学生学习动机的形成及发展其实质是心理需要的唤起和形成，是心理需要与能满足它的目标相互联系的过程。学生的学习需要从根本上讲，是社会生活环境和教育的要求在头脑中的反映。不同的社会、不同的教育对学生的要求不同，因而反映在学生头脑中的学习需要不同。教育心理学对于学生学习动机的研究，就是探讨社会教育的客观要求是如何转变为学生需要的，学生的学习需要是如何形成发展的，从而揭示其形成、发展的过程和条件，掌握其规律。教师要培养学生的学习动机，就应当重视研究学生的需要，尤其是学生的心理需要，通过观察法、调查法、谈话法等诸多方法了解学生需要的特点，分析学生需要存在的问题以及合理需要是否得到应有的满足，如是否得到家庭的温暖，是否得到教师的关心和同学的友谊，是否需要出现了偏差而把精力用于玩电脑游戏等，通过采取一些强化和训练手段使学生掌握一系列认知和行为策略，使之内化成心理需要，形成自觉性、坚定性、自制力、有恒性等学习品质。

教师在满足学生的合理需要时，必须考虑选择有效强化物，即选择学生喜欢、想得到的物品或活动来强化其学习动机。如对希望得到获奖证书的学生，教师仅给予奖学金未必能有效强化其行为，还应给予获奖证书。需要注意的是，教师如果一味以学生的喜爱作为有效强化物的标准，则会产生不利于学生发展，甚至有害的不良

后果。如有的学生身体肥胖，动作迟缓，喜欢吃零食，教师如果以零食强化其学习动机，学生就会越长越胖，影响其正常生长发育。所以，教师要善于选择适当的强化物来满足学生的合理需要，矫正其不合理需要，促使他们学习动机的产生。

（二）重视立志教育，对学生进行成就动机训练

我国的教育历来强调对学生的立志教育，通过立志教育能够帮助学生认识到学习的社会意义，把自己的奋斗理想与祖国的繁荣富强联系起来，增强学生的责任感与使命感，启发学生自觉、勤奋学习。由于成就动机是一种对国家、民族、个体的生存发展都非常重要的动机，所以，我们应该重视和加强对学生成就动机的训练。研究发现，成就动机是在一定的社会、教育条件下形成的，所以也能够通过一定的训练程序来培养和提高。科尔布（Kolb，1965）为了促进学生的学习，以高中学习后进生为对象，采取"暑假辅导班"的形式，进行了六个星期的成就动机训练，并在刚训练后、半年后、八个月后和一年半后分别进行了测试。结果证明，训练不仅提高了成就动机的水平，而且提高了学生的学习成绩。[①]

成就动机训练分两种形式：一种为直接训练，学生直接接受研究者的训练；一种是间接训练，先是教师接受研究者的训练，然后再由教师训练学生。进行训练时可以分成几个阶段。

1. 意识化：通过讲座、与学生谈话、讨论，使学生认识到成就动机的重要性，注意到与成就动机有关的行为。

2. 体验化：让学生进行游戏或其他活动，从中体验成功与失败、选择目标与成败的关系、成败与感情上的联系，特别是体验为了取得成功所必须掌握的行为策略。

[①] D. A. Kolb (1965), Achievement Motivation Training for Underachieving High School Boy. *Journal of Personality and Social and Psychology*, 2, pp. 783-792.

3. 概念化：使学生在体验的基础上理解与成就动机有关的概念，如"成功""失败""目标""风险"等。

4. 练习：为2、3阶段的重复。多次重复能使学生不断加深体验和理解。

5. 迁移：使学生把学到的行为策略应用到学习场合，不过这时往往是一些特殊的学习场合，这一场合要具备自选目标、自己评价、能体验成败的条件。

6. 内化：取得成就的要求成为学生自身的需要，学生可以自如地运用所学到的行为策略。

研究证明，对成就动机进行训练是有效果的。它的直接效果表现为受过训练的学生对取得成就更为关心，并能够根据自己的实际情况去选择所追求的目标。它的间接效果是能够提高学生的学习成绩。这些效果在原来成就动机低而学习又差的学生身上表现得更为明显。

（三）帮助学生确立正确的自我概念，获得自我效能感

自我效能感是一种主观判断，它与个体的自我概念有密切的关系。例如，一个自我概念过高的学生，其自我效能感也会偏高，由于其自我认知失真，确立的学习目标不合实际，造成学习的挫败。因此，要培养学生的自我效能感应从培养学生正确的自我概念入手。

正确的自我概念的标志是具有自尊心（self-esteem）。罗杰斯认为，自尊心是经由自我评价之后自我接纳（self-acceptance）时的自我价值感（self-worth）。自我接纳指个人对自己的评价客观而积极。琼斯（Jones）认为，自尊心的满足必须具有三个条件。（1）重要感（sence of significance），指个人觉得他的存在是重要和有意义的。学生的重要感主要来自父母的关爱、教师和同学的认同。（2）成就感（sense of competence），指个人在具有挑战性的工作中表现出成就，达到预期目标时所产生的满足感。学生在学业上的

成就感是形成正确自我概念的关键。（3）有力感（sence of power），指个人觉得自己有处理事务与适应困境的能力。学生能够应付学习任务的压力，独立完成作业，就会产生有力感。有力感是使人敢于面对困难接受挑战的重要心理特征，也是克服困难获得成功的重要因素。① 基于此，教师应从以下几方面帮助学生确立正确的自我概念，获得自我效能感。

1. 创造条件，使学生获得成功的经验。西尔斯（Sears, 1940, 1941）把小学四、五、六年级的学生组合分成三组：第一组为成功组，被试平时的学习成绩都是最好的，对自己的学业成就很有信心；第二组为失败组，由学习成绩最差的被试组成，由于屡遭失败他们对自己的学业成就毫无信心；第三组为混合组，由语文、数学一门优秀、另一门较差的学生组成。实验内容是让三组被试做解释词义和解答数学应用题的测验。正式测验之前，主试先让被试根据自己的过去经验估计自己能完成多少测验题以及完成所需的时间，然后进行测验。结果表明，成功组的抱负水平较高，他们的成就目标符合其实际情况；失败组的抱负水平较低，他们的成就目标甚至低于其实际水平；混合组的抱负水平则高低不同。由此可见，成功的经验使人意气风发、雄心勃勃，失败的经验使人心灰意冷、丧失信心，甚至产生习得性无力感（learned helplessness）。

习得性无力感指当有机体接连不断地受到挫折，便会产生无能为力、听天由命的心态。此概念最初来自美国心理学家塞利格曼（Seligman, 1975）等人的经典实验。② 他们在实验中先是将狗固定在架子上进行电击，狗既不能预料也不能控制这些电击。在这之后，他们把狗放在一个中间用矮板墙隔开的实验室里，让它们学习回避电击。电击前10秒室内亮灯，狗只要跳过板墙就可以回避电

---

① 张春兴：《教育心理学》，407页，浙江教育出版社，1998。
② 周国韬：《习得性无力感理论再析》，载《心理科学》，1994（5）。

击。对于一般的狗来讲，这是非常容易学会的，可是实验中的狗绝大部分没有学会回避电击，它们先是乱抓乱叫，后来干脆趴在地板上甘心忍受电击，不进行任何反应。塞利格曼认为，这一实验结果表明，动物在有了"某些外部事件无法控制"的经验后会产生一种叫做习得性无力感的心理状态，这种无力感会使动物表现出反应性降低等消极行为，妨碍新的学习。后来以人为被试的许多研究也得出了相似的结论。

为什么会产生习得性无力感？塞利格曼在习得性无力感理论中对无力感产生的原因进行了说明。根据他的理论，无力感的产生过程可以分为四个阶段。（1）获得体验。努力进行反应却没有结果的状况被称为"不可控状况"，在这种状况下人会体验各种失败与挫折。（2）在体验的基础上进行认知。这时人会感到自己的反应与结果没有关系，产生"自己无法控制行为结果或外部事件"的认知。（3）形成"将来结果也不可控"的期待。"结果不可控"的认知与期待会使人觉得自己对外部事件无能为力或感到无所适从，自己的反应无效，前景无望，即使努力也不能取得成果。也就是说，"结果不可控"的认知和期待使人产生了无力感。（4）表现出动机、认知和情绪上的损害，影响后来的学习。

当然在经受了失败和挫折之后，并不是每个学生都会产生无力感，即使产生无力感其程度与表现形式也各不相同。然而一旦学生形成习得性无力感后，对学习会产生很大的破坏性：第一，降低学习动机：对学习无要求，消极被动，兴趣索然。第二，认知出现障碍：自惭形秽，丧失信心，对待学习自我放弃，不战而败。第三，情绪失调：烦躁、冷淡、悲观、沮丧，陷入抑郁状态。所以，教师应高度重视习得性无力感对学生的负面影响，要针对学生的实际学习能力，提供难度适宜的学习任务和成就标准，在学生遇到困难时，给予及时帮助和鼓励，使他们能够从成功的学习开始，体验学习成功的经验，获得自我效能感，避免习得性无力感的产生，这一点对学习困难的学生尤其重要。

2. 为学生树立成功的榜样。班杜拉的观察学习理论发现，学习者通过观察榜样所表现的行为及结果，在自己身上会产生间接的强化作用，并对其自我效能感的形成具有重要的影响。如当某个学生看到与自己能力差不多的同学取得学业成功，就会增强自我效能感，认为自己也能完成同样的任务；看到与自己的能力不相上下的榜样遭遇了失败，就会降低自我效能感，觉得自己也不会有取得成功的希望。

这种观察学习对于自我效能感的影响，是通过两种认知过程实现的。一种是社会比较的过程，学习者采用与榜样比较的方式，参考其表现以判断自身的效能。另一种是提供信息的过程，学习者可以从榜样的表现中学到有效的解决问题的策略或方法，了解解决问题的条件，这些都会对自我效能感发生一定的影响。舒恩克（Schunk，1981）以算术成绩极差的小学高年级学生为被试，对自我效能感进行了研究。他为这些后进生安排了一个星期的训练，在每次训练中他先让学生分别学习算术的自学教材，然后由榜样演示如何解题，榜样在解题时一面算一面大声地说出正确的解题过程，最后再让学生自己解题。在学生自己解题之前，他让学生把所有的题看一遍，并判断一下他们能有多大把握来解决每一道题，以此来了解学生解题的自我效能感。结果发现，经过训练，学生的自我效能感逐渐得到增强，与之相应，学生解题的正确性和遇到难题时的坚持性也得到了提高。

所以，教师应该根据观察学习的原理，在学生中抓学习典型、树学习标兵。需要注意的是，教师为学生树立的学习榜样，一定要符合学生的实际，具有真实性、接近性、方向性和感染性，只有这样榜样才能对学生的学习起到替代性强化的作用。

（四）培养学生努力导致成功的归因观

心理学家在研究中发现，成就动机水平高的人在失败时往往把原因归于努力不够，即使失败也不灰心，相信努力与结果之间具有依随性，不产生无力感，表现出积极的行为。成就动机水平低的人在失败时往往把原因归于能力不足，容易灰心丧气，认为努力也不能带来相应的结果，容易产生无力感。所以，教师应该关注和承认的是学生的努力。因为努力这一内部因素是可以控制的，是可以有意增加或减少的。学生只要相信努力将带来成功，才会在学习中坚持不懈地努力。从提高学习积极性的角度考虑，使学生学会积极努力的归因是最重要的。例如，有的学生学习不好的真正原因是他们的能力低一些，如实告诉这些学生只能使他们感到无能为力；如果让他们感到是努力不够就不会降低学习积极性。布卢姆的掌握学习理论认为，能力差一些的学生并非不能完成学习任务，只不过所需要的学习时间更长一些，努力更大一些而已。努力可以弥补能力上的不足，这就是通常所说的"勤能补拙"，这在生活中已是屡见不鲜。尤其对后进生，教师更应把他们的成败归因引导到努力这个维度上来。

由于后进生往往是把失败归因于能力不足，容易产生习得性无力感，造成学习积极性降低，因此更有必要使他们学会将失败的原因归结于努力，从失望的状态中解脱出来。德韦克（Dweck，1973）对一些数学成绩差而又缺乏信心的学生进行了归因训练。在训练中，让这些学生解一些数学题，有的成功了，有的没成功。成功的时候，告诉学生这是努力的结果；没成功的时候，告诉学生是努力得还不够。经过训练后，学生不仅形成努力归因，而且增强了学习信心，提高了学习成绩。[①]

此外，教师要教给学生努力的方法。学生学习上的一些问题仅

[①] C. S. Dweck (1975), The Role of Expectations and Attribution in the Alleviation of Learned Helplessness. *Journal of Personality and Social*, 31, pp. 674-685.

靠增强努力是不够的。如果学生更大的努力仍然不能带来学业的进步,就会陷入更大的无力感之中。调查表明,学生往往把数学、语文、英语这几门学科的学习成绩归于努力因素,而把音乐、体育、美术的学习成绩归于能力因素。在任何时候都把学习上的成败归于努力并不合适。安德森(1980)的研究发现,当儿童失败时,使他们归因于学习方法更能提高学习积极性。因为这样归因一方面可以使学生继续努力,另一方面又会使他们考虑如何加强认知技能、掌握正确的学习方法和使用各种策略,即考虑如何去努力,不是蛮干,而是巧学。舒恩克(1984)的研究也表明,在归因训练当中一方面要使学生感到自己的努力不够,把失败的原因归因于努力因素,另一方面还要对他们的努力给予反馈,告诉他们努力获得了相应的结果,使他们不断感到自己的努力是有效的。这样,他们才能真正从无力感的状态下解脱出来,从而坚持努力去取得成就。

所以,教师不仅要告诉学生学习需要努力的道理,还需要针对学生在学习上的实际困难或问题,进行具体的帮助指导,如及时的补救学习等。另外,教师还要注意当学生通过努力仍达不到学习要求和自己的奋斗目标时,要防止学生因挫折或失败而产生的一些心理问题,如怀疑努力的价值、垂头丧气、怨天尤人、心灰意冷等。教师应告诉学生"不以成败论英雄"的道理,只要学生努力,即使失败也是有价值的,虽败犹荣,使学生能够重整旗鼓,保持积极、健康的心态继续面对学习上的挑战。

教师对学生的归因训练的基本步骤如下:(1)了解学生的归因倾向;(2)让学生进行某种活动,并取得成败体验;(3)让学生对自己的成败进行归因;(4)引导学生进行积极的归因。归因训练的方法主要有:一是观察学习法,即学生观察、模仿归因榜样,学会正确归因;二是团体讨论法,小组成员共同讨论学业成败的原因,由一名受过训练的教师或管理人员进行引导,指出归因误差,鼓励符合实际的归因;三是强化矫正法,教师根据学生情况,结合学科教学内容，对有归因偏差的学生予以暗示和引导，鼓励作出正确归因的学生，促使他们形成积极的归因。

二、学习动机的激发

（一）创设问题情境，激发学生的认知好奇心

认知好奇心是学生内在学习动机的核心，是一种追求外界信息、指向学习活动本身的内驱力，表现为好奇、探索、操作和掌握行为。研究表明，人及高等动物都具有认知好奇心。巴特勒（Butler, 1953）用猴子进行的研究证实了这种好奇心的存在。他将猴子放在一个封闭的小房间里，墙上有两个窗子，分别涂有黄色和蓝色。如果打开蓝色的窗子，可以看到实验室里人的活动。打开一次窗子可以看30秒钟。猴子很快就学会了辨别这两个不同颜色的窗子，不停地打开蓝色的窗子，并长时间地持续这一反应。如果打开窗子能看到的是玩具或猴子的活动，辨别学习则进行得更快，打开窗子这一反应持续的时间更长。对打开窗子这一反应的强化被认为就是好奇心的满足。伯莱恩（D. E. Berlyne, 1966）的研究发现，与简单的图形相比，婴儿更喜欢注视复杂的图形，这一行为倾向被认为是由好奇心所引起的。波多野谊余夫（1971）曾把认知好奇心分为一般的好奇心和特殊的好奇心，前者表现为对很多事物感兴趣，但追求的信息没有明确的方向，后者表现为对某些事物感兴趣，有选择地接受某方面的信息。后者也被称为未知欲。

如何激发学生的认知好奇心？伯莱恩（1966）的研究发现，满足个体的好奇心必须考虑信息量的水平和大小。如果教师给学生的信息量过大，超出最佳水平，学生就会感到身心疲劳，产生信息回避行为；反之，教师给学生的信息量太小，没有新鲜感，学生则不会产生好奇心。对学生而言，信息加工水平与信息不断相互作用，某些信息的刺激特性会作为诱因唤起学生的好奇心，这些刺激特性有新奇、变化、夸张、复杂、含糊不清。之所以某些刺激特性能唤

起学生的好奇心，是因为它们能够引起认知上的矛盾，导致心理不和谐状态的出现，使学生产生疑问、迷惑、混乱，促使学生产生对信息的探索行为。认知上的矛盾指的是新的信息与认知结构中已有经验不一致。费斯廷格（Festinger，1957）指出，当观念、事实间产生了认知矛盾后，这种不和谐状态会引起人们去协调这一状态的动机，因而会出现协调这种状态的行为。但是，如果认知上的矛盾过大，过度的不和谐会使人们感到无法协调，从而产生回避的行为和厌烦的情绪。

教学实践证明，创设问题情境是引起认知矛盾的常用方法。创设问题情境是将学生引入到问题之中的过程，通过设疑使学习者对要学习的内容产生疑问，出现心理的不和谐状态。这个过程就是不协调—探究—深思—发现—解决问题的过程。教师设置的问题情境要符合学生的认知水平和知识基础，在他们心理上造成悬念，从而使他们的智力活动达到最佳状态。研究表明，以下几种设疑策略是有效的：（1）指出与学生已有知识相矛盾的现象；（2）先教给学生一个基本的法则，在学生理解之后，再给他们举出不符合这一法则的事例；（3）提出有几种选择答案的问题；（4）运用实验演示，有关故事导入。采取发现法教学也是激发学生内在动机的有效方法，但要求学生具备一定的信息加工能力，才能够使他们去收集、加工和分析信息。

（二）运用强化原理，激发学生的学习动机

为了激发和维持学生的学习动机，需要有效地利用各类强化，教师要处理好强化的质与量的关系，强化的时间安排等问题，特别要注意以下几个方面。

1. 为学生设立明确、适当的学习目标。学习目标是学生学习的结果，是奋斗的方向。明确的目标指学习目标要具体，学生知道如何去做；适当的目标指学习目标的难度要适合学生的能力，是学生通过努力可以达到的。明确且适当的学习目标，能够激励学生的学习动机,调动学生学习的积极性。在对学生进行学习目标教育时,人们往往习惯于向学生提出一些远大的目标,有些心理学书籍也认为这种目标的作用稳定而持久,但这一看法没有得到实证性研究的支持。斯金纳的程序教学和布卢姆掌握学习的实验都表明,学生的学习目标只有划分成每节课的目标和单元目标后,才对学生有激励作用。研究发现,让学生学会自己设立学习目标也很有效。所以,教师要与学生共同讨论拟订一个循序渐进的学习目标,使之能够真正激发学生的学习动机。

2. 正确运用奖励与惩罚。奖励与惩罚是教师常用的强化方式,但在教学情境的实际运用中普遍存在一些问题。

一是教师对学生的奖励与惩罚的方法单一。奖励与惩罚可以分为精神强化、物质强化与活动强化等多种方法,有的教师长期以来对学生的强化却只使用一种方法,或是精神强化,或是物质强化,不善于把多种强化方法结合起来使用。其实,学生既有各种精神需要,是精神的人,同时也具有各种物质和活动的需要,是物质和活动的人。教师应结合学生的具体情况,机智地考虑多种强化方法,如口头表扬、物质奖励、允许学生参加喜欢的活动、以赏代罚矫正学生的不良行为等,才能更好地激发学生的学习动机。

二是教师对学生的奖励与惩罚的分寸掌握不好。有的教师认为,批评、惩罚学生是教师无能的表现,因而他们对学生的奖励用得过多,特别在市场经济条件下对学生的物质奖励用得过多,结果使奖励失去了应有的效力,使一些学生的物质欲望膨胀,只贪求物质欲望的满足,将重要的学习目标置之脑后,只注重于当前的奖励,而非真正爱好学习。德西(1971)的研究发现,大学生本来可以兴趣盎然地进行某个活动,因为他们感到这个活动很有意思,但如果在他们进行这个活动的同时给予一定的报酬,在后来得不到报酬的条件下,大学生们对这个活动就不怎么感兴趣了。这一结果意味着外部的物质强化对内在动机的作用是消极的,降低了大学生的动机水平。莱珀（Lepper，1973）等人在幼儿园进行的研究进一步肯定了这个结果。儿童中有一部分人本来是很喜欢用彩色铅笔绘画的，但是实验者对其中的一部分孩子进行了奖励，送给他们每人一个小奖杯。这样一来，这些孩子的行为就发生了变化。当孩子们知道了用彩笔绘画再也不会得到奖励时，他们不再继续画下去了。莱珀认为这是因为儿童失去了对绘画的内在兴趣。

与此相反，有的教师则喜欢动辄批评、惩罚学生，长此以往，必然事与愿违，造成师生关系紧张，形成学生的逆反心理，产生不良的后果。正确的做法是：第一，奖励与惩罚必须坚持实事求是、客观公正的原则，避免负面影响的产生；第二，重视内在学习动机的强化，因为学生的内在动机更持久、稳定；第三，多用奖励，慎用惩罚。在一个实验中，研究者将四、五年级学生分成四个等组，在四种条件下做加法练习，甲组为受表扬组，乙组为受训斥组，丙组为受忽视组（旁听甲乙两组受表扬与训斥），丁组为控制组（单独进行，不受任何评价）。这四组学生的成绩依次为甲、乙、丙、丁，即甲组最好，丁组最差。这一结果表明：对学习结果进行评价，能强化学习动机，对学习起促进作用；适当表扬的效果明显优于批评；批评比不作任何评价要好。

三是教师对学生的强化不考虑时间、地点、个别差异。如教师对后进生的学习进步漫不经心，不能及时给予表扬；对男女学生、优秀学生与后进生的强化方式千篇一律。教师要考虑到学生的个别差异以及具体情况，有针对性地进行奖励与惩罚。研究发现，男生易受批评的影响，女生易受表扬的影响；对学习成绩较差、自信心较低的学生，应以表扬鼓励为主，使其获得更多的成功机会，逐步树立起学习信心。对于成绩较好但有些自傲的学生，要提出更高的要求，在表扬的同时还应指出其不足。教师对学生的奖励与惩罚能够做到有的放矢，方可起到事半功倍的效果。

3. 及时反馈学生的学习结果。学习结果的反馈具有信息作用，通过结果反馈,学生能够知道自己在学习上取得了多大进步,在多大程度上达到了目标,从而进一步激发学习动机。很多研究都已证明,及时反馈在学习上的效果很显著。例如,在一项研究中,让学生又快又正确地练习减法,每次练习30秒,共练习75次。在前50次练习时,甲组知道成绩,乙组不知道,结果甲组成绩好。在后25次练习中,甲组不知道成绩,乙组知道成绩,结果是乙组成绩好。此外,教师对学生的及时反馈要注意针对性,才能使强化的作用充分发挥出来。在一项研究中,对中学生采用不同的评价方式,甲组按学生的成绩划出等级;乙组除标明等级外,还按照学生的答案给予矫正及相应的评语;丙组则给予鼓励的评语,如一等成绩的评语为"好,坚持下去",三等成绩的评语为"试一试,再提高一步"。研究者测量了期中和期末这三组学生的成绩,结果是乙组成绩最好,丙组的成绩稍次于乙组,甲组的成绩较差。乙组是针对学生答案中的优缺点进行评价,效果最好;丙组的评语针对性不强,效果就差一些;甲组没有评语,因而成绩较差。由此可见,针对性的反馈作用是很明显的。

(三) 对学生进行竞争教育,适当开展学习竞争

竞争是激发学生学习动机的重要手段。研究表明,竞争能够唤起学生的高昂斗志和兴奋水平,促使学生投入积极的学习活动中,克服困难,争取优异成绩。竞争也是学生之间互相交往的形式。学生在与他人的竞争中,能够发现自己的局限性和尚未显示出来的潜力,得到对自己实际能力的估价,减轻对日常学习生活的单调感,增强学习乐趣。但频繁的竞争会加重学生的学习负担,导致学生紧张、焦虑、敌对、报复等心理问题的产生,引起能力差的学生的不胜任感,降低他们在集体生活中的地位,使他们丧失信心,形成自卑感;使胜利者骄傲自满,目中无人,或为了保住第一,循规蹈矩,不敢创新。如埃姆斯(C. Ames,1977)的研究发现,在竞争奖赏结构情况下,成功的学生更倾向于对自己作能力强的归因,而

失败的学生则倾向于对自己作能力差的归因；在非竞争奖赏结构情况下，无论成功与失败的学生都对自己作能力强的归因。近年来的研究还表明，合作的学习环境比竞争的学习环境更容易使学生产生学习动机，使学生努力追求掌握目标。因此，教师在运用竞争方式时应注意以下几点。

第一，教师要教育学生认识竞争的利弊，教给学生公平竞争的方法或手段，教会学生学会竞争。

第二，按学生的能力等级进行竞争，让每个学生都有获胜的机会。

第三，进行多指标竞争。竞争只有一个胜利指标，必然造成多数人的失败，使其产生自卑感和内疚感，甚至一蹶不振。如果竞争有多项胜利指标，如单项奖、综合奖、鼓励奖、组织奖、特别奖等，学生就可以根据自己的条件，提出奋斗目标，争取胜利，获得成功感。

第四，提倡团体竞争。团体竞争可以增强学生的协作精神，有利于集体主义精神的培养。但教师要避免团体竞争的不利影响，如团体竞争容易造成部分人的依赖思想、责任分散等。

第五，鼓励个人的自我竞争和团体的自我竞争。教师要鼓励学生个人或集体不断提出新目标，不断进步，力求发展，尽力做到"今天比昨天好，明天比今天更好"。

第四章 陈述性知识的学习

陈述性知识的学习是学校智育的重要目标之一，如何根据学生学习的心理特点将知识有效地传授给学生，使学生的学习达到事半功倍的效果，是教育者共同关注的问题。本章根据现代教育心理学有关陈述性知识学习研究的新成果，主要论述陈述性知识及其学习的过程、陈述性知识的获得与保持、陈述性知识的应用与迁移等，为教育工作者了解、应用有关陈述性知识的学习规律服务。

第一节 陈述性知识概述

一、广义知识概述

（一）广义知识的定义

在学校教育中，陈述性知识的学习历来是智育的重要内容之一。然而，由于心理学过去长期受行为主义影响，20世纪上半叶，很多心理学家为了捍卫其客观立场，极力反对研究人脑的内部状态，因此，很少有人研究知识问题，在过去心理学的辞典和教科书中很难找到对知识概念独特而科学的解释。知识的定义长期停留于哲学的解释，知识问题长期处于认识论的研究水平。人们往往从哲学的角度来理解知识,把它看作是客观事物的属性和内在联系在人脑中的主观反映。

随着20世纪60年代以来认知心理学研究的不断发展,心理学家们把知识的学习这种内在的过程作为自己的研究对象之一,并展开了广泛而深入的研究,使人们对知识的理解又深入了一步。如加涅在其有关学习与记忆的信息加工模型中,用计算机来模拟人脑,把学习看作是加工系统和执行控制与预期系统的协同作用过程。这些研究为人们进一步解释知识及其学习的过程创造了新的契机。

根据现代信息加工心理学的有关研究,知识可被定义为主体通过与其环境相互作用而获得的信息及其组织。它储存于个体内即为个体知识,储存于个体外,乃是人类知识,教育心理学主要关注的是个体知识及其如何获得。

(二) 广义知识的分类

根据现代知识观,人类的知识广义上可分为两类:一类为陈述性知识,另一类为程序性知识。陈述性知识主要是指言语信息方面的知识,用于回答世界是什么的问题,如"第二次世界大战的原因是什么""中国的地形特征是什么"等。这种知识与人们日常使用的知识概念内涵较为一致,也称为狭义的知识。本章所要探讨的陈述性知识即是这种狭义的知识概念。

另一类为程序性知识,用于回答"怎么办"的问题,如"$1/2+1/3=?$"等。它基本上与传统教育心理学中所使用的技能概念相吻合。它又可分为两种,一种为智慧技能,一种为动作技能。程序性知识是在练习的基础上形成的按某种规则或程序顺利完成某种智慧任务或身体协调任务的能力。智慧技能又可派生出两个亚类:一类是对外办事的能力;另一类是对内办事的能力,这种技能逐渐独立出来,并被称为认知策略。

二、陈述性知识的学习

陈述性知识的学习是指个体掌握言语信息的过程，亦即个体运用已有的知识同化、理解新知识，使其在头脑中得到储存并用于解决有关问题的过程。

陈述性知识历来是教育，特别是学校智育的重要内容之一。古今中外的教育可以说都是以传递人类长期积累的间接知识经验为主的。陈述性知识的学习无论对于丰富学生的知识经验、增长学生的见识，还是对于形成学生的各种技能、发展学生的智能，都具有重要作用。具体来说，陈述性知识的学习具有以下重要意义。

首先，陈述性知识的学习是智育的主要任务之一。陈述性知识的学习历来备受学校教育的关注，学校教育通过一定的计划，有目的、有组织地向学生传授人类长期积累的宝贵的知识经验。这些知识经验对于学生的成长起到重要的作用，并有助于学生很好地适应现代生活。

其次，陈述性知识的学习是学生各种技能的形成以及智力发展的前提和条件。从现代认知心理学的观点来看，技能可以看做广义知识的一种，即程序性知识，技能形成的第一个阶段与言语信息的学习一样，也要经历新旧知识的同化过程。或者说技能是在习得言语信息的基础上，通过练习而形成的。这样看来，技能的形成、智力的发展同样离不开知识的掌握。

再次，陈述性知识的学习还是学生的态度和品德形成的因素之一。在品德和态度的结构中，第一个因素即是认知成分，这也就是说态度和品德形成的第一步就是要使学生真正地认识、了解有关的价值观念和行为规范等。

总之，陈述性知识的学习是学生各方面素质得以提高的前提和重要内容。因此，学校教育应围绕知识的学习来展开，使学生通过知识的掌握形成各种技能，发展其智力，并最终成为全面发展的适应现代生活的人才。否则,如果撇开知识的掌握来空洞地谈技能、智力,只能陷入形式训练的窠臼,这在中外教育发展史上是有前车之鉴的。

三、陈述性知识的表征

知识学习的结果总是以某种方式储存于大脑中,现代认知心理学认为,陈述性知识主要是以命题及其网络或图式等方式在头脑里进行表征(representation)的。

(一)命题表征

命题这个术语最初来自于逻辑学,指表达判断的语言形式,它由系词将主词和宾词联系而成。系词一般由动词、副词和形容词表达,表明一定的关系。主词和宾词一般由名词和代词表达,代表某种概念。如"小王借了一本书","这是一本故事书","这本书很有趣",这里"小王""这""这本书"是主词,"借了""是""很有趣"是系词,"一本书""一本故事书"是宾词。这些词通过一定的组合表达某种意义,并成为人们传递知识信息,以及在头脑中进行加工、储存的单位。命题在心理学中是指由语词表达的意义的最小单元。它一般由一个简单的句子来表达。命题往往传达一定的信息,隐含一定的意义。人们可以通过它来认识事物,获得某种知识经验。因此,知识的学习从根本上说乃是命题的学习,陈述性知识在人脑中存储的基本形式是命题。

(二)命题网络表征

若干个命题彼此联系组成命题网络。它表现为较为复杂的句子或由多个句子围绕一定的意义组成的段落。如"小王从图书馆借了一本很有趣的故事书","昨天,我和几个同学一起看了一部很刺激的枪战片",这里的复合句往往可以分解为多个简单的句子或命题。这些简单的命题通过其共同的成分彼此相连,形成较为复杂的命题网络,用来表达较为复杂的知识信息。

现代认知心理学家运用自由回忆法和反应时法，在一定程度上证实了人们在头脑中是以某种命题或命题网络的形式表征知识的，而且这些命题是按层次结构进行储存的。一般来说较为抽象、概括的知识处于高层，而较为具体的内容处于底层。如柯林斯和奎连（A. M. Collins and M. R. Quillian，1969）通过实验验证了知识是以命题网络分层次储存的观点。他们认为有关动物、鸟、鱼方面的知识是以下图的形式在人们头脑中组织和储存的。

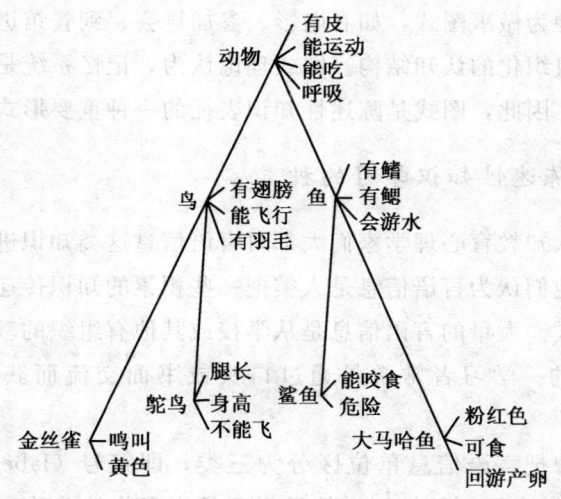

图 4-1 信息按层次组织的网络

从图中可以看出，人们头脑中有关动物的知识是分层次储存的，最高层是有关动物及其共同本质特征和属性，次一层是有关鱼和鸟的本质属性，而最下层是一些具体的动物种类的特征。柯林斯和奎连通过反应时测定发现人们对"金丝雀能鸣叫吗""金丝雀能飞吗""金丝雀有皮吗"三个概括水平不同的问题的反应时依次增长。同样，人们对"金丝雀是金丝雀吗""金丝雀是鸟吗""金丝雀是动物吗"三个问题的反应时也依次增长。这说明人头脑中的知识信息是按概括水平高低分层次进行储存或表征的。由于在这种储存中"金丝雀是金丝雀"相对于"金丝雀是动物"来说，所表达的关系较近，所以反应时较短。同样"金丝雀能鸣叫"的反应时较"金丝雀有皮"要短。这些结论很好地支持了以上知识信息以命题网络的形式分层次进行组织的假设。

（三）图式表征

心理学家把有关许多属性组合的知识储存方式称为图式。图式一般有两种：一种为事件图式，如有关房子、动物、玩具等的图式；另一种为做事图式，如看电影、参加舞会、到餐馆进餐等。图式是一种组织化的认知结构。图式理论认为，记忆系统是由大量的图式构成，因此，图式是陈述性知识表征的一种重要形式。

四、陈述性知识学习的种类

现代认知教育心理学家们大都对言语信息这类知识进行过专门的探讨。他们认为言语信息是人类把一些积累的知识传递给下一代的主要方式。大量的言语信息是从学校或其他有组织的教育课程规划中传播的。学习者常常是通过口头或书面交流而获得这些信息的。

加涅曾把言语信息单位区分为三类，即符号（labels）、事实（facts）以及有组织的知识。符号主要是指事物的名称，事实是指表明两个或两个以上事物之间关系的言语陈述，而有组织的知识是指由多个事实联结成的整体。

对于言语信息的学习来说，加涅认为其内部条件是：在学习者的记忆中，需要出现某些先前学会的信息，而这些信息是以某种方式互相联系起来的，即已有的知识结构。再者，学习者还要具有编码的策略。言语信息学习的外部条件是：首先要使言语信息以不同的方式呈现，使它能引起注意和知觉的选择。如对于书面文本形式就要通过各种字形、颜色、每页中的段落空格、重点符号、图表等引起学习者的注意。其次，要使言语信息在一种有关的、有意义的背景下呈现,并作有效的编码。

和加涅相比,奥苏伯尔的研究更为集中和专门化。我们知道奥苏伯尔主要关注的是有意义言语材料的学习问题,他有关有意义学习问题的研究可用于说明陈述性知识的学习。奥苏伯尔根据其研究把知识的学习区分为三类,即表征学习(representational learning)、概念学习(concept learning)以及命题学习(propositional learning)。同时,奥苏伯尔还指出了各种学习的内在心理过程和特性。这些研究成果可以帮助我们进一步认识陈述性知识学习的本质。

(一) 表征学习

这种学习又称词汇学习,它是指学习单个符号(主要是词)的意义,或者说学习单个符号代表什么东西。奥苏伯尔认为,对于个人来说,他开始是不知道某个词代表什么,它的意义如何。他必须学会这些符号代表什么东西。奥苏伯尔还认为词汇学习带有一定的机械性。因为单词代表什么,多少是建立在任意的、字面的基础上的。一个字(或字母)的改变可以显著地改变意义,甚至出现相反的意义。但总的来说词汇学习基本上仍然能满足有意义学习的指标,即词的学习能与学习者认知结构建立非人为的和实质性的联系。词的学习反映了一个有意义的积极的认知过程,它包含着在认知结构中使新的符号和这些符号所指代的事物建立等值关系。例如,儿童在学习"房子"一词以后,听到"房子"的声音,见到"房子"这个符号,便能引出非人为和实质性的心理内容,这个心理内容最初为特殊事物的表象,以后为许多同类事物的一般表象,最后为同类事物的本质特征即概念。

(二) 概念学习

概念学习是将具有共同特征的同一类事物或现象以一名词来加以概括。学习概念就是获得概念的一般意义,即掌握概念的共同关键属性。例如,"三角形"就是一个概念,它表示很多大小、形状不同的三角形。根据这个概念，人们可以把它与圆形、四边形区分，它是一个综合性的抽象名词。奥苏伯尔认为概念的关键属性可以通过两条途径获得：第一条途径是概念形成，它要求学习者通过直接接触大量的同类事物的例子，经过假设、检验和概括等思维活动，从而抽象出同类事物的共同关键属性；第二条途径是概念同化，它是指直接向学习者呈现概念的关键特征。这种关键特征是前人通过概念形成途径抽象、概括出来的。学习者不必经过与前人形成概念同样的过程，他只需把呈现的概念的关键属性与他认知结构中的适当观念同化。奥苏伯尔指出课堂学习主要经由观念同化途径进行概念学习。

（三）命题学习

命题是由若干概念、词汇等组成的句子的复合意义。学习者必须先了解组成命题的有关概念的意义，才能获得命题的意义。例如，在学习欧姆定律时，若没有获得有关电阻、电流和电压的概念，便不能学习欧姆定律这个命题。表征学习及概念学习是命题学习的基础。

五、陈述性知识学习的过程

奥苏伯尔根据言语材料学习的特点曾把学习过程分为两个阶段，一是初学阶段，二是保持阶段。学习者在初学阶段要经过重复的练习，其目的是增加新习得的意义或知识的稳定性，以及新旧知识的可辨别度，而不是增强孤立的刺激与反应之间的联结。在这个阶段，新学会的意义变成特殊观念系统的一个完整部分。这种与认知结构相联系的可能性对学习与保持过程有两个重要的后果：其一是学习与保持不再依赖于相当脆弱的人类能力来进行任意的和逐词逐句联系的机械学习，学习结果的保持得到大大提高；其二是新习得的材料从属于组织原则，这些原则支配着与之相联系的系统的学习与保持。

在学习的保持阶段，孤立于已建立的观念系统的无联系的、逐个元素之间的任意联结的形成只起到很小的作用。然而，早期的大多数心理实验研究只涉及机械的、逐字逐句的学习，这种学习的保持效果很差。有意义的学习依赖于个体独特的认知结构，它是人类学习的主要形式。有意义学习通过将新观念在一个有关的观念系统中获取适当的定位，使认知结构中有意义学习材料的长时记忆更完善。

陈述性知识学习主要是学生对知识信息的内在加工过程。根据陈述性知识学习过程的这个特点，皮连生教授将其学习过程分为以下几个阶段，即习得阶段、巩固和转化阶段以及提取与应用阶段。在习得阶段，新的知识信息进入短时记忆，与长时记忆中被激活的相关知识建立联系，从而出现新意义的建构。在巩固和转化阶段，新建构的意义储存于长时记忆中，如果没有复习或新的学习，这些意义会随时间的流逝而出现遗忘现象。在提取与应用阶段，人们运用所获得的知识解决同类或类似问题，使所学知识产生迁移。

根据以上有关陈述性知识学习的阶段及其特点的观点，我们认为在陈述性知识学习的几个阶段中应解决的主要的心理问题分别是知识的同化、保持和迁移。通过同化学生运用自己已有的知识理解新知识，并使其在自己认知结构的适当地方找到其位置。在保持阶段通过记忆使新知识得到巩固。最后，还通过应用使知识产生广泛的迁移，使学生能够做到举一反三。因此，接下来，我们将分别在知识的获得、知识的保持以及知识的迁移与应用三个环节中深入地探讨知识的有效掌握问题。

第二节　陈述性知识的习得与巩固

陈述性知识的习得是知识学习的第一个阶段。在这个阶段中，新信息进入短时记忆，与来自长时记忆的原有知识进行同化，建立一定的联系,并纳入原有的命题网络,从而得到理解。在人们利用头脑中已有的知识同化新知识,使其得到理解,并在认知结构的适当位置固定下来之后,接下来的就是如何使这些所获得的知识在记忆中储存、保持下来的问题。

一、陈述性知识的习得

(一)陈述性知识同化的条件

现代认知心理学认为知识获得的最终表现是认知结构的形成和发展。为此,心理学家们对认知结构问题进行了大量的研究,如奥苏伯尔曾对认知结构的概念及其在知识的掌握中的作用进行过详细的阐述,他曾把认知结构定义为个体在特殊学科领域内的知识的组织。由于认知结构的稳定性和清晰性直接影响到知识的获得与保持,所以,奥苏伯尔认为知识教学应着重培养学生的良好的认知结构。

奥苏伯尔对认知结构的形成和发展持同化论的观点,并认为知识获得的心理机制是同化,即知识的习得是学习者认知结构中原有的知识吸收并固定要学习的新知识的过程。新知识同化到原有知识结构中,使原有认知结构发生变化,这促使学生认知结构的不断发展。

知识同化的一般条件是:首先,学习者原有认知结构中必须具有同化新知识的相应知识基础;其次,学习材料本身应具备内在的逻辑意义,并能够反映人类的认识成果;再次,学习者还应具有理解所学材料的动机。在具备了前两个条件的情况下,新旧知识之间才能进行同化。另外,学生学习的内在动机能够促进学生积极主动地将新知识同化于原有的认知结构之中,并使这种学习真正成为有意义的学习。

(二)陈述性知识同化的类型

奥苏伯尔的同化论观点可以用来说明知识获得的内在机制。在知识的学习过程中,从总体来看学生要学习的新知识与其认知结构中起固定作用的原有观念大致具有三种关系:其一是新学习的知识观念是原有观念的下位观念,即原有观念较为概括,而新观念则较为具体;其二是新观念是原有观念的上位观念;其三是新观念和原有观念处于并列地位,构成并列结合关系。下面分别说明这三种学习的内在同化过程。

1. 下位学习。认知结构中原有的知识观念的概括水平高于新学习的知识,这种类属关系的学习即下位学习,也称类属学习。在这种学习中,新知识与原有知识的有关部分关联,学习是把新知识归入认知结构中有关部分的过程。类属学习过程又可区分为派生类属过程和相关类属过程。前者是指新学习的内容只是认知结构中原有观念的一个特例,或者是原先学习过的命题的一个例证。后者是指新学习的内容是原先学习过的概念的深入、精制、修饰或限定。其心理过程分别如下:

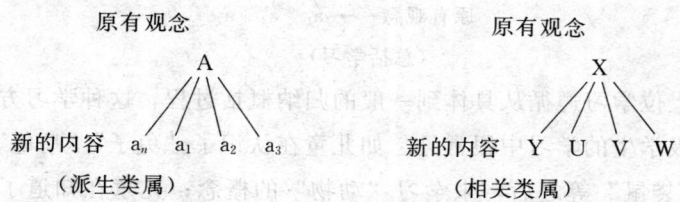

例如,如果学生已有了哺乳类动物的概念,现在来学习"鲸"这种动物,我们只需要告诉学生"鲸是哺乳类动物",学生就可以通过自己已有的有关"哺乳类动物"的观念很好地理解鲸的本质属性。鲸是哺乳类动物的一种,这种学习就是派生类属学习。又如,假若学生原有的有关"智育心理"的内容主要包含知识和智慧技能两种,现在根据认知心理学的新近研究,要使学生认识到"认知策略"也是智育心理的内容之一,这种学习即是相关类属学习。这种相关类属学习的特点是在学习了新内容之后,人们原有的观念也随之发生变化。

一般来说,以上两种类属学习的主要区别在于学习之后原有观念是否发生本质属性的改变。在派生类属学习中新的观念纳入原有观念之中,原有观念的本质属性不发生改变;而在相关类属学习中新知识与原有观念有一定的关联,新知识的学习同时也引起原有观念的扩展、深化、精确化或修改。

下位学习的条件是新知识为学生原有知识的组成部分,是原有知识的深化或具体化。学生通过这种学习使自己的有关知识更为深入、细致,并促使自己的认知结构不断深化。

2. 上位学习。上位学习也称总括学习,是指在认知结构中原有的几个观念的基础上学习一个包容性程度更高的命题,即原有的观念是从属观念,而新学习的观念是总括性观念。其同化模式如下:

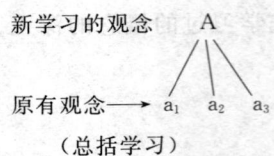

（总括学习）

上位学习遵循从具体到一般的归纳概括过程,这种学习方式在低年级学生的学习中很常见。如儿童在认识了"兔子""乌龟""松鼠""袋鼠"等之后,来学习"动物"的概念;儿童在知道了"菊花""玫瑰花""月季花"等之后学习"花卉"的概念,以及在学会了"动物""植物"之后来学习"生物"等都属于这种上位学习。

总括学习的条件是新知识和学生原有知识相比,为更为概括、更为一般的内容。学生通过这种学习使自己的知识更为系统、完整和概括,从而有助于学生把握事物的本质属性和共同规律。

3. 并列结合学习。新旧知识之间处于同一个层次,这时产生的联合意义学习即并列结合学习。在这种学习中,新观念与认知结构中的原有观念既不能产生类属关系,也不能产生总括关系。其心理过程如下:

新学习的观念　A→B－C－D
原有观念
（并列结合学习）

在实际学习中，有很多新命题和概念的学习都属于这种学习。这些新知识往往由一些已经学习过的观念经过合理的结合而构成，它们与整体的有关认知内容一般是相吻合的，所以它们能与认知结构中的有关内容的一般背景联系起来，从而具有潜在的意义。例如，在学生学习了"物质与意识""运动与静止""量变与质变"等概念之间的辩证关系后再来学习"生产力与生产关系"或"经济基础与上层建筑"之间的关系时，只要说明它们之间是辩证的，学生就能按照辩证唯物主义的观点来理解它们。

这种学习的条件是新旧知识处于同一个层次，学生可以通过自己已经掌握的规律理解新知识，使自己的知识得到广泛的迁移。

二、陈述性知识的巩固

陈述性知识的巩固其实质就是知识的记忆，通过记忆来促进知识的巩固。

（一）记忆的种类与特征

现代信息加工心理学家在研究人类的学习与记忆时，把学习与记忆看成是信息加工过程，并根据信息在头脑中停留的长短，把记忆区分为三个系统，即瞬时记忆系统、短时记忆系统和长时记忆系统。

1. 瞬时记忆。人们在通过自己的感觉系统像视觉、听觉、触觉以及味觉、嗅觉等接收外界信息时，这些信息首先进入感觉登记器，并在其中保持很短的时间（大约在一秒左右），这种短暂的记忆储存即是瞬时记忆。在瞬时记忆系统中，信息只作短暂储存，不进行任何加工。受到注意的信息转入短时记忆，其他的没有引起注意的信息随即消逝。

2. 短时记忆。短时记忆也称工作记忆，它对信息的储存在一分钟以内。像人们查寻电话号码的情况，打完电话之后很快就忘记了。心理学家们认为，短时记忆对于知识学习、思维以及问题解决具有重要的作用，人们所获得的信息就是在此进行加工的。

现代心理学通过研究发现，短时记忆具有以下特征。

（1）记忆容量有限。美国心理学家米勒（G. Miller，1956）曾发表标题为《神秘的七加减二》（The Magic Number Seven Plus or Minus Two）一文，通过实验证实了短时记忆的容量大约是 7 ± 2 个信息单元。后来的很多研究也基本上支持米勒的结论。这就是说，在短时记忆中，人们一次大约只能记住5~7个彼此独立的信息单元，人们的短时记忆容量或广度以5~7个信息单元为限。当然，通过练习信息单元的内容可以扩大，所以在记忆材料较为熟悉时，短时记忆的容量似乎可以扩大。

（2）信息的加工系统。短时记忆是人脑的执行区，人们所获得的信息在此得到加工。一般来说，人们通过提取长时记忆中的有关知识在短时记忆中同化和吸收来自瞬时记忆的信息，对它进行加工并使其得到理解。人们根据理解了的信息对外界作出适当的反应，或将其储存于长时记忆中，以备后用。

（3）信息主要以表象进行编码和表征。现代心理学通过大量研究发现，短时记忆中的信息记载和表现方式主要是表象。这种表象主要是视觉的和声音的，如人们所看到的事物的形象，以及通过声音所产生的形象。

3. 长时记忆。短时记忆中的部分信息经过加工或复习进入长时记忆，得到永久储存。知识学习的目标是使所学的内容在长时记忆中得到永久保持，以备以后提取。

和短时记忆相比，长时记忆具有记忆容量无限，以语义进行编码的特征。同时，它还是信息的储存区。这里储存的信息既可以被短时记忆中的信息激活，用于对新信息进行同化、理解并对外界进行反应,也可以直接提取出来,进入反应生成器,引起反应。由于短时记忆储存的时间很短,容量也十分有限,所以人们所获得的知识信息主要储存于长时记忆中,长时记忆对于知识的保持具有重要的意义。

（二）知识的遗忘及其原因

在现代认知理论看来,知识信息可以在长时记忆中得到永久储存,但由于人们的学习不可能停止下来,人脑也处于不断地对外来信息进行加工的状态,学习材料之间会产生干扰作用,因此,随着时间的流逝,会出现头脑中的某些知识信息难以提取的情况,也就是说会发生遗忘现象。

1. 长时记忆的遗忘规律。遗忘是一种普遍存在的心理现象,它是指对所学习过的材料不能正确地回忆或再认。遗忘直接影响到学习效果的保持。为了了解遗忘规律,更好地防止遗忘,心理学家们对遗忘问题进行了大量的研究。

心理学史上最早对遗忘问题进行系统的实验研究的是著名的记忆心理学家艾宾浩斯（H. Ebbinghaus）。他以无意义音节作为记忆材料,这些无意义音节由子音和母音组成,如 BEH、FIW、PAF 等,这样做主要是为了避免被试产生联想。再者,他还以自己为被试,用节省法计算保持和遗忘的数量。其实验结果如下：

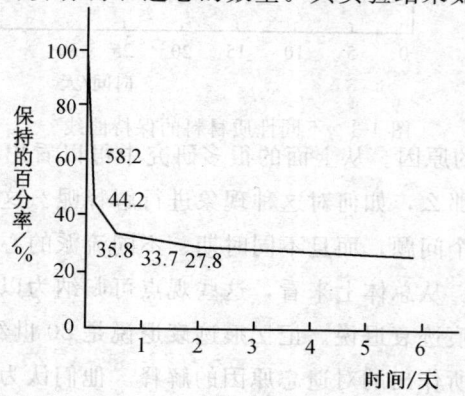

图 4-2 艾宾浩斯遗忘曲线

这就是著名的艾宾浩斯遗忘曲线。这条曲线反映了遗忘的一般规律:遗忘的进程是不均衡的,起初快,后来逐渐变慢,到了一定的程度,就几乎不再遗忘了。总之,遗忘的规律是先快后慢,先多后少。艾宾浩斯通过实验所提出的这条遗忘规律成为现代记忆研究的基础。

在艾宾浩斯之后,人们还做了大量的类似实验,对记忆材料的性质和数量、学习的程度、材料的序列等对记忆的影响进行了探讨。特别是人们运用有意义材料像概念、诗歌、散文、课文等进行了研究,这些研究表明:有意义材料比无意义材料遗忘得要慢。如莱昂(D.O.Lyon)对课文记忆材料的研究,吉尔福德(J.P.Guilford)对散文、诗歌材料的记忆研究(如图4-3),里得(Reed)用人工概念所进行的研究等。

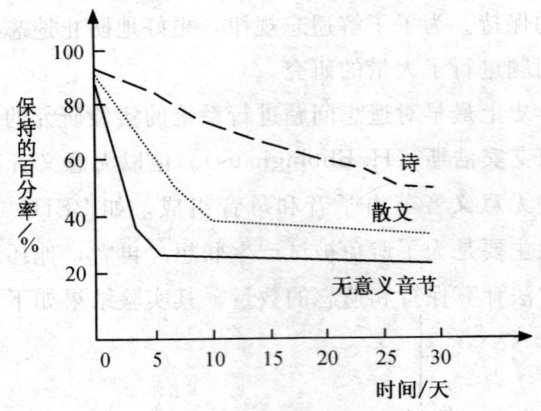

图4-3 不同性质材料的保持曲线

2. 遗忘的原因。从上面的很多研究中可以看出,遗忘是一种普遍的现象,那么,如何对这种现象进行解释呢?这一直是心理学家们关注的一个问题,而且不同时期、不同流派的心理学家对其解释也很不一致。从总体上来看,这些观点可归纳为以下几种。

(1) 记忆痕迹衰退说。记忆痕迹衰退说是20世纪20年代由完形心理学家们所作出的对遗忘原因的解释。他们认为人们在学习时神经活动引起大脑产生某种变化,并留下各种痕迹,亦即记忆痕迹。这些记忆痕迹会随着时间的延长而逐渐消退。假若在学习之后一直不进行练习，已有的记忆痕迹就会淡化。而只有通过不断的练习，这种学习所留下的记忆痕迹才能继续保持。这种观点与"用进废退"的原理相一致，也符合人们的日常生活经验。

联结论者桑代克实际上也持这种观点，如他的三大学习规律之一即是练习律，认为刺激与反应之间的联结通过使用而得到加强，而失去使用（即不练习）则会削弱。

记忆痕迹衰退说虽然易于为一般人所接受，但它并非能解释所有的事实。如有时人们回忆不起来一个很熟悉的名字或一段往事，但在特定的情景中又轻而易举地想起来；有时候人们在清醒时想不起来的事情，在睡眠或催眠状态中却很清楚。因此，这种理论受到其他理论的挑战。

（2）材料间的干扰说。干扰说认为，虽然人们的遗忘随时间的延长而发生，但遗忘的发生不是由于记忆痕迹的消退，而是由于人们在一种学习之后接下来又去从事其他的学习任务。人们在某时期所学习的材料或所获得的信息之间会发生相互影响，正是这种影响造成了遗忘的发生。

心理学中有关前摄抑制和倒摄抑制的实验研究为这种理论提供了依据。如人们通过以下等组设计法进行倒摄抑制的实验：

实验组	学习A	学习B	回忆A
控制组	学习A	休息	回忆A

这里A、B代表两种学习材料，实验时选取两组学习能力相当的被试分别作为实验组和控制组。大量的类似的实验结果表明控制组的回忆成绩明显高于实验组。这种回忆成绩的差异说明学习B对学习A产生了倒摄抑制。

心理学家们发现，不仅后来学习的材料会对先前的学习产生影响，而且相反的情况也经常发生，这就是前摄抑制现象。前摄抑制的实验设计与倒摄抑制的很相似，人们同样通过大量的实验证实了先前的学习会对后来的学习产生影响。

有关前摄抑制和倒摄抑制的实验研究揭示了学习材料之间的干扰是遗忘发生的原因之一。这一点也与人们的一些生活经验相吻合，如一般来说，人们在早晨和临睡前记忆效果较好，这主要是因为它们分别避免了先前的学习材料和后来的学习材料的干扰作用。

（3）检索困难说。现代信息加工心理学认为，人们所获得的信息在长时记忆中的储存是永久的。一旦人们获得了信息，就像图书馆中增加了一些书籍一样，人们只要知道其编码（不论是书名、作者还是分类码）就一定能够找到它们。之所以会发生遗忘，是因为检索的困难造成的，亦即难以找到其提取的线索的原因。如果能够通过指导获得提取的线索，这些先前"遗忘"了的信息仍然能够找到。

实际上，人们遗忘的多少是通过一些记忆的测定方法来衡量的。不同的方法所测出的结果有很大的差异。例如分别用不同的方法来测定同样的学习材料的保持，其结果就很不一致。一般来说，再认法要比回忆法测定的分数要高一些，这主要是因为再认这种方法为提取有关记忆材料提供了较多的信息和线索。由此可以推论出，遗忘的发生主要是缺乏有关材料的必要的线索，从而造成了检索的困难，尽管这些材料保存在长时记忆中，也难以提取；如果能够为学习者提供一些重要的背景材料，它们就能够回忆起有关的信息。

在学习者提取有关信息时，为其所提供的线索的适当与否是影响记忆效果的主要原因。例如让学生写出某个单词，一种方法是听写，另一种方法是听写并告诉学生该词的汉语意思，显然第二种方法较为容易。

（4）同化说。这种学说是奥苏伯尔根据其同化理论所提出的对遗忘原因的解释。他指出，遗忘是知识的组织和认知结构简化的过程。在有意义学习中，新旧知识之间通过相互作用建立起非人为的、实质性的联系，新知识同化到原有的认知结构之中，人们长时记忆中储存的不是零碎的知识，而是经过转换了的较为一般性的观念结构。人们遗忘的往往是一些被较为高级的观念所替代的低一级的观念，从而减轻了记忆的负担。

显然，同化说这里所指的是一种积极的遗忘，它充分说明了人们在记忆中的积极能动性。人们为了使一些重要的适用范围广泛的观念更好地得到保存，会主动地对所学知识进行加工，使其同化到自己认知结构的某个部分。这种理论与有意义学习材料的学习中具体事实比较容易遗忘，而一般概念和原理不容易遗忘的情况相符合。

（三）运用记忆规律促进知识的保持

在认识了记忆的规律和遗忘的原因之后，我们再来谈谈如何运用这些原理防止遗忘，提高学习和保持的效率问题。现代认知心理学对记忆问题进行了大量的研究，并在实验的基础上提出了许多促进知识保持的方法和策略，在此，我们只介绍一些具有普遍意义和广泛应用价值的行之有效的具体措施。

1. 提高加工水平。现代信息加工心理学十分重视学习者对所获得的信息的组织加工，人们在获得信息时如果能够对它进行深加工，那么这些信息就可以在头脑中留下较为深刻的印象，其保持效果就得到提高，而且在提取时也可获得更多的线索，从而有助于回忆。

深加工是指通过关注记忆材料的细节，或赋予意义并与有关观念形成联想等，以对新材料从多个方面进行感知，从而提高保持效果的方法。如，有人曾做过这样的实验：实验材料是一组照片，实验时要求两组被试分别按照"性别"和"忠诚水平"进行分类，最后再将一些新照片混入其中，让这些被试找出自己曾看到过的照片，结果要求按"忠诚水平"分类的一组的成绩远远高于另一组。这主要是因为要求按"忠诚水平"进行分组的被试需要从多个方面对照片进行判断，其加工水平深，因此记忆效果好于另一组。其他一些心理学家也做过许多类似的实验,也都证实了这个结论。

2. 多重编码。现代认知心理学认为,人们获得的信息在头脑中是按照某种方式组织的。前面也提到遗忘的原因往往是检索困难造成的,也就是说提取的线索不清。因此,要增进记忆效果应提倡在学习时采用多重编码的方法。

人们在学习时主要是以语义进行编码的,人们通过理解新信息的意义使其归入自己已有的认知结构的适当的地方,从而使所获得的知识保持得更为长久。心理学研究发现,除了语义编码之外,还有形象编码、声音编码甚至动作编码。综合运用这些编码系统可以为以后提取信息时提供更多的线索,从而有助于记忆。

例如,在语言学习中,对于单词或词汇的记忆只有做到同时掌握其音、形、义,才能保持得较为牢固。有人甚至提出最好再给这些单词等增加一个"动码"(即通过大量的书写练习形成动作习惯),这样为以后检索提供更多的线索,使学习者可以按照动码的指引顺利地写出单词来。

3. 关键字法。这种方法是指运用联想的方法给一些无意义的材料附加一定的意义从而有助于记忆。这种方法最初来自于记忆人名,例如有人给你介绍一位龙先生,你马上可以联想到"民间龙的形象",从而留下深刻的印象。这里像"龙"这个字可以帮助强化所要记忆的内容,它即是关键字。

这种方法后来推广到语言材料学习之中,人们通过给一些单词、历史年代、地名等附加一定的意义,使这些机械性的材料变得有一定的意义。如学习英语中的"gas"(煤气)一词时,根据其发音,可以联想到中文的关键字"该死",由此想到煤气可以引起中毒,这样就很快记住了 gas 一词的意义。

4. 超额学习(over learning)。超额学习也称过度学习,它是指所学材料达到刚刚成诵后的附加学习。一般来说过度学习量在

50%左右效果最好。过度量既可以按时间来计算，也可以按学习遍数计算。如你用了半小时（或读了10遍）会背诵某篇课文，那么你最好不要就此停下来，而是最好再紧接着增加15分钟（或再读5遍），这时候的保持效果才最好。

心理学中很多实验证实了这一点。如克鲁格（W. C. F. Krueger）曾做过这样一个实验：实验材料为12个名词，被试分为三组，学习程度分别为100%、150%、200%。在学习后28天内的几个时段分别要他们重新学习，测得的保持量如下：

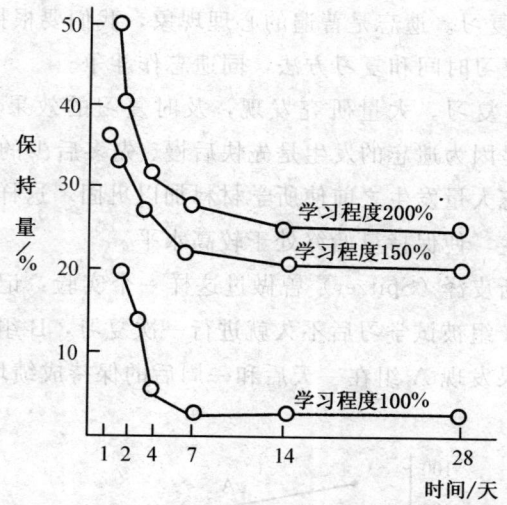

图 4-4　不同学习程度学习材料保持量的比较

我国心理学工作者也做过类似的实验，实验材料为无意义音节字表，其结果如下：

表 4-1　学习程度对记忆的影响

学习程度	四小时后回忆出的百分数/%
150%	81.9
100%	64.8
33%	42.7

从研究的情况来看，学习程度在 150％ 左右时，保持效果较好，虽然学习程度更高时保持效果会随之有所提高，但其增加幅度不大，因此，较为合适的过度学习量为 50％ 左右。

实际上，"过度学习量为 50％ 时保持效果最好"这一结论是否具有普遍意义，还是值得怀疑的，不过克鲁格的实验研究至少反映了这样一个事实：保持量不会随着过度学习量的增加而成比例地增长。一般来说，过度学习的时间（或次数）越多，保持量的增加则越少，这就是过度学习报酬递减的规律。

5. 合理复习。遗忘是普遍的心理现象，我们要根据遗忘规律，合理地安排复习时间和复习方法，同遗忘作斗争。

（1）及时复习。大量研究发现，及时复习的效果优于延后复习，这主要是因为遗忘的发生是先快后慢、先多后少的。及时复习可以赶在遗忘大量发生之前使所学材料加以巩固，这样就避免了遗忘的迅速发生，使保持量始终处于较高水平。

例如，斯皮泽（Spitzer）曾做过这样一个实验：记忆材料选用一段文章，A 组被试学习后不久就进行一次复习，B 组被试则不进行复习，结果发现 A 组在一天后和一周后的保持成绩均高于 B 组，如下图所示：

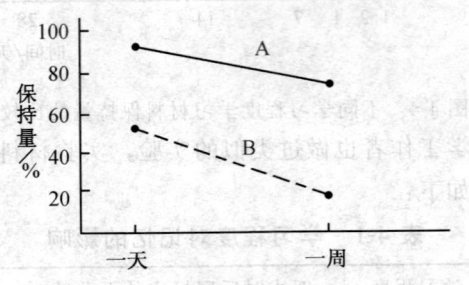

图 4-5　复习组和未复习组的记忆效果比较

一项有关自然、地理、历史和文学等方面的记忆材料研究也说明了及时复习的重要性。实验时学生学习这些材料之后，通过提问

使一部分学生进行一次复习,而另一部分则不复习,将两组被试的记忆效果进行对比,结果如下:

表4-2 有无复习的学习效果比较

保持百分数\时间间隔\有无复习	1天	3~4天	1月	2个月	6个月
无复习	77%	66%	58%	48%	88%
有复习	88%	84%	70%	62%	60%

根据有关的研究结果发现,学习后的前几天遗忘发生很快,而以后则逐渐变慢,因此合理的复习方法应是在学习后当天最好复习一次,以后复习间隔逐渐变大,这样就可以在遗忘之前得到巩固,使保持效果始终处于较高水平。

(2)分散复习。研究表明复习的方式也是影响保持效果的因素之一。一般来说,就分散复习与集中复习而言,前者的效果要优于后者。像外语单词的学习,一次学习的数量不宜太多,最好是每次课都分散学习一些,这样可以避免单词学习之间造成的较大的干扰作用。

沙尔达科夫(М. Н. Шардаков)曾做过这样的实验:实验对象为五年级学生,复习材料为自然课教材,让甲班在讲完全部教材后集中复习(用五节课的时间),而乙班则分四次复习(也用同样的时间),在两个班其他条件相同的情况下,最终测试成绩不同,分散复习班明显优于集中复习班。具体成绩如下:

表4-3 集中复习和分散复习成绩对比

复习方式	成绩			
	劣	及格	良	优
集中复习(甲)	6.4%	47.4%	36.6%	9.6%
分散复习(乙)	—	31.6%	36.8%	31.6%

当然，分散复习和集中复习的效果是相对的，它还因学习材料本身的特性以及学生已经掌握的情况而有所不同。根据教育实际经验来看，学习材料越难，机械成分越多，学生又缺乏兴趣，越宜采用分散复习的方法；而学习材料较易，具有一定的意义，且学生学习兴趣又高，则较宜采用较为集中的复习方法。

第三节　陈述性知识的迁移与应用

现代学习理论要求学习的目标之一是学生能够做到举一反三，能够运用所学知识解决类似或同类课题。为此，心理学家十分重视学习的迁移问题，并提出口号：为迁移而教学。

一、陈述性知识迁移的概念

（一）陈述性知识迁移的含义

迁移是指一种学习对另一种学习的影响。例如一种外语的学习，有助于另一种外语的学习；阅读能力的提高有助于写作能力的形成；数学知识的学习有助于推理能力的发展等，这些都属于迁移现象。不仅仅如此，除了知识的迁移外还有动作技能、情感、态度等方面的迁移。所以，迁移问题的研究不仅局限于知识的学习，其他很多领域的学习之中都存在着迁移现象。

迁移效果可通过实验测定，例如要测定学习 B 对学习 A 的影响可采用以下实验设计：

| 控制组 | 预测（A） | …… | 学习 A |
| 实验组 | 预测（A） | 学习 B | 学习 A |

这样通过测定控制组和实验组学习 A 的最后成绩可以看出学习 B 对学习 A 的迁移作用。

（二）陈述性知识迁移的种类

迁移按其效果来看，可分为正迁移和负迁移。前者是指一种学习对另一种学习的促进作用,后者是指两种学习间的干扰作用。这样看来迁移是个中性词,但人们通常习惯于用"迁移"一词来指代正迁移。所以,迁移作用一般是指促进作用。

按迁移的顺序来分,可分为顺向迁移和逆向迁移。假定学习A在前,学习B在后,学习A对学习B的影响即为顺向迁移,反之学习B对学习A的影响为逆向迁移。

以上两个维度可组合起来,形成顺向正迁移、顺向负迁移、逆向正迁移和逆向负迁移四种形式。例如先学习阅读,后学习写作,且学习阅读能力的提高有助于写作能力的形成,这样我们说阅读学习对写作能力的提高产生顺向正迁移。又如学习汉语语音对后来学习英语语音会产生顺向负迁移。

二、陈述性知识迁移的理论

心理学家们很早就注意到了知识的迁移问题,并且提出了各种各样的理论,从多方面揭示了迁移的实质,使我们对迁移的认识越来越深入。

(一)形式训练说

这种学说来自于官能心理学,是一种古老的迁移理论。它主张人类的心理是由不同的官能组成的,认为通过对人的心理官能进行训练,可以使该官能的能力得到提高,从而促进迁移。

官能心理学认为,人的心理具有不同分工,分别由"意志""记忆""思维""推理"等官能组成,这些官能用来完成不同的活动,如人们运用记忆官能进行记忆活动,运用推理官能进行推理活动等。这样,就可以像训练身体肌肉一样来训练各种官能,而各种官能的增强,就可以极大地促进有关的心理活动。这种观点主张假如学生在学校内进行解决难题的训练,那么他们以后到校外将成为有能力的问题解决者。如果通过数学练习可以提高学生的推理能力,那么推理能力的提高,可以使他成为较有理性的人,这有助于学生以后对于类似问题的解决。

形式训练理论运用到教育上,造成的直接后果就是题海战术,把通过大量的练习改进各种心理官能作为教育的重要目标。具体表现为忽视学习的内容,偏重所学东西的难度和训练价值。这种学说对近现代教育都产生过重要的影响。

(二) 共同因素说

这个学说由教育心理学家桑代克和吴伟士提出,认为两种学习之间具有共同成分或共同因素时,才会产生迁移。

桑代克首先通过大量实验否定了形式训练说,如他曾训练被试的知觉能力,像对长度和重量的判断能力,让被试先练习对 1 英寸①至 2 英寸直线长度的估计,并取得较大的进步,然而,这些被试却不能将这种能力迁移到对 6 英寸至 12 英寸直线长度的估计上。后来,他根据自己的实验认识到只有当两种心理机能具有共同因素时,一种心理机能的改进才能引起另一种的改进。他发现由一个情境到另一个情境的迁移之所以会发生,决定于两个情境具有共同元素的程度,据此,他提出其共同元素迁移说。这里的共同因素包括经验上的基本事实(像长度、颜色和数量等)、工作方法、一般原理或态度等,不过,桑代克主要关注的是共同的刺激与反应之间的联结。

有资料显示,共同因素迁移说起始于桑代克和吴伟士(1901)合作进行的一个研究,并在桑代克早期的著作《教育心理学》(1903)中被正式提出来。桑代克明确指出,迁移依赖于原学习课题与新学习课题之间存在相同因素。例如,词典、烹调书和化学手册等书的内容各异,但从这三种书中寻找资料的程序还是有很多共同的地方。学会了查字典,这种能力可以迁移到查其他资料的相似程序上。

---

① 1 英寸=2.540 0 厘米。

桑代克对迁移问题十分感兴趣，认为迁移是教育者的一个中心问题，在某种程度上说，一切学校里习得的知识和技能有一种超出教室范围的迁移。由于学校的教育目的都试图培养学生校外的行为、工作能力，促进学习的迁移问题成为教育的目标之一。桑代克的迁移理论为现代许多学习理论家所接受，迁移问题从此成为教育心理学研究的焦点之一。

（三）概括化理论

这个理论由心理学家贾德（C. H. Judd）提出，认为产生迁移的关键是学习者在两种活动中概括出它们之间的共同原理。贾德认为两种学习之间之所以会产生迁移，主要是因为从一种学习中所获得的一般原理，可以运用于两种学习之中，两种学习之间的共同因素是迁移的必要条件之一，而发现两种学习中内在所遵循的共同原理，才是产生迁移的根本。

贾德的这个理论是根据其著名的"水下击靶"实验（1908）提出的。实验以五、六年级的小学生为被试，并将他们分成两组。开始先让他们练习用标枪投中水下的靶子，并且只告诉其中一组折射原理，而另一组则只能通过尝试获得有关经验。在练习时，靶子位于水下 1.2 英寸处，并测得两组被试成绩相当。这主要是因为开始练习时，这些学生的主要精力都花在学习使用标枪上，理论的说明不能代替练习。在接下来的实验中，把靶子移到水下 4 英寸处，这时两组的成绩明显地不同，不知道折射原理的一组学生由于难以将自己运用水下 1.2 英寸的投掷经验迁移到水下 4 英寸的投掷实验之中，发生错误较多；而知道折射原理的一组，则能很快适应水下 4 英寸的条件。贾德将这个结果解释为，学生在理论知识的背景上，理解了实际情况之后，就能利用概括了的经验去迅速地解决需要按实际情况作分析和调整的新问题。

后来，有人做过很多类似的实验，这些实验基本上证实了贾德的结论，认为在教学中，通过教师的引导使学生对核心的、基本的概念进行抽象和概括,可以有效地促进学生所学知识的迁移。

(四) 关系理论

这个理论由格式塔心理学家苛勒提出,认为迁移是由于学习者突然领悟两种学习之间所存在的关系的结果。苛勒曾用实验证明了这种理论。

苛勒的实验选用的被试是小鸡、黑猩猩和儿童。实验设计是先训练被试总是从两种纸的一张上找到食物,这两种纸的颜色分别是浅灰和深灰,且食物总是放到深灰色那张纸上。在被试完全学会了准确地从深灰色纸上获得食物之后,用一张比深灰更深颜色的纸代替浅灰的那张。这时来观察被试究竟到哪一张纸上去取食。假若被试还是到原来的那张纸上取食,那么就证实了共同元素说;假若被试到新放的那张上去取食,那么就说明被试不是对共同元素作出反应,而是对两张纸之间的关系有所领悟。苛勒的实验证明被试倾向于到颜色更深的那张新纸上去取食。苛勒正是根据这个实验依据提出其关系理论的。他认为对事物之间关系的领悟是获得迁移的真正手段,人们越能认识到事物之间的内在关系,就越能对其进行概括,并加以推广,从而促进迁移。

从以上内容来看,关系理论与概括化理论并非矛盾,因为越能认识到事物之间的关系就越能对其进行抽象概括,因此,关系理论可视为概括化理论的补充。

(五) 认知结构理论

现代认知心理学家大都十分重视认知结构的重要性,在他们看来,认知结构的形成是产生广泛迁移的根本。例如,布鲁纳特别强调学科结构、基本概念、基本原则的学习,在他看来学科基本结构的学习有助于迁移。

奥苏伯尔也曾指出认知结构的可利用性、可辨别性以及稳定性或清晰性会对新知识的学习产生促进作用。他认为过去的经验通过对认知结构发生作用而影响（包括积极和消极两方面）到新的有意义学习。因此，有意义学习中都包含着迁移。有意义学习都某种程度地受已有认知结构的影响，反过来这种习得的经验通过修正认知结构而产生迁移。可见，在有意义学习中，认知结构总是一个有关的关键变量，尽管它不是故意地受到操纵来确保它对新学习的影响。

奥苏伯尔还指出，学校学习比实验室学习情境更需要新概念与已存在的认知结构以特殊的组织特点相联系。这里仍然适用先前的经验对目前学习影响的迁移模式，但在这种情况下，先前的经验被概念化为一个累积地获得、层次地组织并且已建立的知识体系，它有组织地与新的学习任务相联系，而不是一种刺激与反应的机械联结。

在有意义学习的迁移中，奥苏伯尔所指的过去经验的特征不是指桑代克所谓的前后两种学习在刺激与反应方面的相似程度，而是指学生在一定知识领域内的认知结构的组织特征，像清晰性、稳定性、概括性和包容性等。

由于在实验室迁移研究中训练和标准任务通常是分离的，人们倾向于根据先前的任务 A 如何影响标准任务 B 的表现来思考，如果和控制组对比有利于表现，就是正迁移。然而，在典型的课堂情境中，A 和 B 不是孤立的而是连续的，A 是 B 的准备阶段。B 也不是孤立地习得，而是与 A 保持联系。这样，学校学习中的迁移更多地是在一个连续的情境中先前知识对新学习知识的影响，这里，学习迁移所指的范围更广，而且迁移的效果主要是指提高了相关类属学习、总括学习和并列结合学习的能力。在奥苏伯尔看来，在有意义学习中，迁移是普遍存在的。原先的学习与后继的学习总是相互作用的，不论是原先的学习对新学习还是新学习对原先的学习所起到的促进作用都属于迁移。

三、促进知识迁移的条件

在现代信息社会中,知识信息大量涌现,而且更新很快,这就要求学生的学习能够做到举一反三,闻一知十。然而,尽管迁移现象是普遍存在的,迁移的发生不是自动地,它还需要具备一定的条件。根据以上迁移理论,我们在此进一步明确有关条件,以更好地促进学生所学知识的迁移。

(一) 学习材料之间的共同因素

根据桑代克的有关理论,两种学习之间要产生迁移,关键在于发现它们之间的一致性或相似性。而在实际的学习之中,知识之间的共同因素往往潜藏于内部,这就要求学生具有一定的辨别能力。要培养学生的这种能力,作为教师应给学生尽可能多地提供练习认识事物之间同一性或相似性的机会,并使学生逐渐形成寻找事物之间共同之处的习惯。有实验表明,迁移量不仅取决于两种学习之间固有的同一性或相似性的数量,而且还与形成感知同一性的定势、寻求同一性的态度有关。

(二) 对材料的理解程度

现代认知理论主张有意义学习,这种学习和机械学习不同,它强调理解对于知识的保持和应用的作用。一般来说,真正理解了的东西,不论它如何改变,人们总能认识它。因此理解程度直接影响到有关知识的应用和迁移。在有意义学习中,同化论的核心也是解决理解问题。通过对知识之间上下位关系的认识,学生在认知结构的适当地方找到其位置,从而达到理解。同化论的这种观点可以用来帮助我们引导学生加深对所学内容的认识水平,这有助于学生所学知识的广泛迁移。

(三) 知识经验的概括水平

知识经验的概括水平是影响知识迁移的重要因素之一。正是由于这一点,在教学实际中人们十分强调基本原理、基本概念的学习，这些原理、概念抽象程度高，适用范围广泛，迁移效果明显，学生掌握之后可以用来解决大量的类似或同类课题。

很多实验证实了这一点，如奥弗曼（Overman）曾做过这样一个实验：实验被试为二年级学生，分成四组，采用四种不同的方法让他们学习两个两位数相加、三个两位数连加以及两个两位数与一个一位数相加。四组被试采用不同的学习方法：A组教师只告诉学生如何写和加，不进行概括；B组要求概括，教师在教学生如何写和加的同时，还要帮助学生概括出"写数字须使右边对齐"原则；C组只告诉学生个位数与个位数相加，十位数与十位数相加的原理；D组兼用B、C两法。学习15天后进行测试，求出迁移的百分率，结果C法优于A法，并且概括出右边对齐规则的B法以及概括与说理的D法迁移效果最为明显。由此可见，在教学中提高学生的知识经验的概括水平意义重大。

（四）定势作用

定势也称心向，它是指先于一定活动而指向活动对象的一种动力准备状态。定势对于知识迁移的影响既可以是积极的，也可能是消极的。在定势作用与人们解决问题的思路一致时，会对问题的解决产生促进作用，反之会产生干扰作用。因此，在教学实际中，我们要充分利用积极的定势，克服消极的定势，从而提高知识的迁移效果。

例如心理学家们在进行实验室无意义音节记忆实验时发现：被试在记忆数列无意义音节之后，前面的大量练习所形成的定势，影响到后面的记忆，使其记忆速度明显加快。哈洛（H. F. Harlow）的实验也证明在猴子或儿童形成某种辨别问题的定势之后，解决类似问题的速度迅速提高，而且尝试的次数也愈来愈少。

科斯（M. P. Koss）的实验证实定势有时还会干扰人们对于问题的解决，使人们的思路往往受到限制。如科斯在实验中首先给予被试一定的练习,像给被试 l、e、c、a、m 五个字母,要求将它们组成一个单词,被试学会用 3-4-5-2-1 的顺序拼写成单词 camel,在做了 15 个类似的练习(按同样的顺序组成单词)之后,再让被试将 p、a、c、h、e 组成单词,结果很多被试都按习惯了的顺序拼写成 cheap,而不会简单地拼写成 peach。

鉴于定势作用的双重性,在教育实际中,就要求教师既要培养学生解决类似问题的心向,又要引导学生在遇到用习惯方法难以解决有关问题时积极地从其他角度来思考。只有这样,才能充分地利用定势作用,提高迁移的效果。

(五)认知结构的清晰性和稳定性

认知结构是由人们过去对外界事物进行感知、概括的一般方式或经验所组成的观念结构。它的清晰性和稳定性直接关系到新知识学习的效果。现代认知心理学家们大都持同化论观点,因此他们十分重视原有知识经验或认知结构在新学习中的作用。

奥苏伯尔曾进行过大量的有关认知结构变量影响学习效果的实验,结果表明如果在教学中使用"先行组织者"作为一种引导性材料,由于它要比学习材料本身具有更高的抽象、概括和包容水平,并且能与原有的认知结构相关联,所以可以有效地促进迁移。奥苏伯尔曾通过设计陈述性组织者和比较性组织者来促进学习与保持,并用实验证实了原有认知结构的稳定性和清晰性可以有效地促进知识的迁移。例如,奥苏伯尔于 1961 年曾做过这样一项实验:先让被试学习基督教知识,并根据成绩分成中上和中下水平。然后,将他们又分别分成三个等组。在学习佛教材料之前,第一组先学习一个比较性组织者(表明佛教和基督教的不同),第二组先学习一个陈述性组织者(介绍一些佛教材料),第三组先学习一个有关佛教历史和传记的材料。实验后第三天和第十天分别进行保持效果测验,结果表明:凡是原先基督教知识掌握较好的被试,其保持效果均较好。具体数据见下表:

表 4-4 原有认知结构的稳定性和清晰性对学习效果的影响

	原有的知识掌握水平	第一组	第二组	第三组
第三天的成绩	中上	23.50	22.50	23.42
	中下	20.50	17.32	16.52
第十天的成绩	中上	21.79	22.27	20.87
	中下	19.21	17.02	14.40

四、陈述性知识的应用

知识的应用与迁移关系十分紧密，将所学的知识用于解决同类或类似课题既是检验学生对知识的理解、保持以及迁移的一种手段，同时，知识的应用还可以提高学生的迁移能力。

（一）知识应用的概念

知识的应用是指运用所获得的知识去解决同类或类似课题的过程。知识的应用是知识掌握的最后一个环节，它与知识的获得、知识的保持紧密相连，共同构成知识学习过程。它既以前两者为前提，又是知识掌握与否的检验。再者，通过知识的应用，可以发挥知识学习的真正作用，并促使其得到广泛的迁移。

知识的应用形式可分为课堂应用和实际应用两种。课堂应用在学校教学中是十分普遍的。如课堂提问、讨论、课堂练习、作业等都是常见的课堂应用。通过这些应用使学生进一步理解所学的知识内容，增强保持效果，并使学生做到举一反三。实际应用主要是指将所学知识用于解决实际问题，使理论知识与实际相联系。这既可以培养学生的动手能力，又可以激发学生的学习兴趣。通过知识的实际应用，赋予知识以生命力，使学生与社会生活直接接触，从而开阔视野，增长见识。

(二) 知识应用的过程

知识应用的过程一般包括以下四个基本环节。(1) 审题，就是弄清题意，明确课题的目的要求，了解已知和未知条件，并试图找出解决问题的思路。(2) 联想，即在对课题进行了解的基础上，通过联想激活头脑中的有关知识，来辨别该课题的性质，并将其纳入相应的知识系统，为进一步理解和找出解决课题的方法、途径做好准备。(3) 课题类化，即根据题意和有关知识的性质将其纳入同类课题的有关概念或原理之中，从已有知识中找到解决问题的方法和措施。(4) 检验，解题之后，再回过头来查明有无推理错误，原理运用是否正确等，以确保问题解决的正确性。

知识应用的过程也就是运用所学知识解决一个个问题的过程，可以结合人们都熟悉的课堂练习、作业情况来理解。值得一提的是，在应用过程中，还要不断地总结有关的经验和教训，从而掌握问题解决的正确方法，并使其得到抽象和概括，以真正把握问题解决的实质，避免纯粹机械的练习。只有这样才能够很好地促进知识的迁移，提高学习的效率。

(三) 知识应用与迁移

从前述的有关知识应用的定义和知识应用的过程来看，知识的应用实际上就是人们运用自己已有的知识解决同类或类似问题的过程，如果人们能够顺利地使问题得到解决，那么实质上就实现了知识的迁移。因此，在现代认知心理学中，知识的应用和知识的迁移属于同一性质的问题，或者说，人们正是通过知识的应用而实现知识的迁移的。这也是我们之所以将知识的应用与知识的迁移放到一起的原因。

知识的应用何以能够促进知识的迁移，这是心理学家们十分关心的问题。现代认知心理学认为知识的应用可以提高认知结构的可利用性、可辨别性以及稳定性，而认知结构的这些特性直接影响到知识的迁移。这一点我们前面已论述过。

知识的应用可以促进认知结构的清晰与稳定，这一方面可以使人们已有的陈述性知识得到优化，使人们的已有知识经验在头脑中得到很好的储存，在人们要解决有关问题时，保证能够及时地提取，来回答有关的问题；另一方面，它还有助于所掌握的陈述性知识向程序性知识的转化。人们通过练习可以使有关知识进一步得到熟练，从而形成有关的技能，这就实现了陈述性知识向程序性知识的转化，这样，人们在遇到有关问题时，就能够根据有关条件顺利地得出某种结论，使问题迎刃而解，此乃"熟能生巧"的道理。

第五章 程序性知识的学习

现代素质教育要求教师不仅要把丰富的陈述性知识传授给学生，使学生知道"是什么"，而且还要使学生形成程序性知识，知道"怎么办""如何做"。教学的关键就是要使学生的陈述性知识转化为程序性知识，发展其能力。本章着重探讨程序性知识的性质、种类，程序性知识与陈述性知识的关系，程序性知识的理论及培养等问题，以便教师能有效地帮助学生形成程序性知识。

第一节 程序性知识概述

一、程序性知识的概念

程序性知识是用于具体情境的算法或一套操作步骤（R. E. Mayer & J. R. Anderson，1987），如学生写字、运算、绘画、打篮球、操作电脑等。程序性知识的本质是一套控制个人行为的操作程序，包括外显的身体活动和内在的思维活动。由于程序性知识与实践操作密切，解决的是"做什么"和"怎么做"的问题，是从不会做到会做，到熟能生巧的过程，因此，也叫操作性知识或过程性知识。

程序性知识与陈述性知识既有区别又有联系。两者的区别表现在以下几方面。(1)从基本结构看,陈述性知识是符号所代表的概念、命题与原理的意义,掌握陈述性知识的关键是理解符号所表征的意义;程序性知识是对陈述性知识的应用,其基本结构是动作或产生式,形成程序性知识的关键是对操作方法的熟练掌握。(2)从输入、输出看,陈述性知识是相对静态的,容易用言语表达清楚;程序性知识是相对动态的,不太容易用言语表达清楚。(3)从意识控制程度看,陈述性知识的意识控制程度较高,激活速度较慢,往往是有意识的搜寻过程;程序性知识的意识控制程度较低,激活速度较快。(4)从学习速度看,陈述性知识的学习速度较快,能在短时期内突飞猛进或积累,但遗忘也较快;程序性知识学习速度较慢,需要大量的练习才会达到熟能生巧的程度。程序性知识一般属于过度学习,因而保持比陈述性知识牢固。(5)从记忆储存看,由于陈述性知识具有结构化、层次化的特点,因而陈述性知识的储存呈现非独立的网络性,其迁移具有叠加扩充的特性;程序性知识的储存呈现独立的模块性,程序性知识的迁移具有序列转移的特性。(6)从测量角度看,陈述性知识通过口头或书面"陈述"或"告诉"的方式测量;程序性知识只能通过观察行为,是否能做、会做什么的方式测量。两者的联系表现在:一方面,程序性知识的形成以掌握陈述性知识为必要条件,人们掌握的陈述性知识越牢固,越有助于程序性知识的形成;另一方面,程序性知识一经形成又会促进对新的陈述性知识的掌握。

程序性知识的学习非常重要。特别是在知识迅猛发展,科技日新月异,社会对人才的需求越来越高的时代尤其如此。首先,程序性知识的掌握,有利于发展学生的能力,提高学生的综合素质。长期以来,我国学生的能力不强,不善于应用所学的知识去解决问题,固然有多种原因,轻视学生对程序性知识的学习及运用是其主因之一。因为学生学习的各种陈述性知识是不能直接转化为能力的,必须通过程序性知识这个中介环节。如学生掌握了钢琴键盘和乐理方面的陈述性知识,必须通过实际练习,获得弹奏钢琴的程序性知识,才能发展为音乐方面的能力,成为钢琴演奏家。所以,要培养学生的能力,教师只向学生传授陈述性知识是远远不够的,必须把陈述性知识的教学和程序性知识的训练有机结合起来,重视培养学生把陈述性知识转化为程序性知识的能力。其次,程序性知识的掌握有利于提高学生的学习效率,使之更经济合理地进行创造性学习。如学生掌握了读、写、算的程序性知识,在学习活动中就无须把大量的时间精力耗费在注意辨认字形、考虑笔画的书写等细节上,而把意识集中到学习任务的最重要方面,从而有助于创造性地解决问题。

二、程序性知识的种类

按程序性知识的性质和特点,可以把程序性知识分为智慧技能、认知策略和动作技能三类。

(一) 智慧技能

智慧技能也称心智技能。我国过去大部分教育心理学方面的教科书和词典把智慧技能解释为,是借助于内部言语在头脑中进行的智力活动方式,其中抽象思维因素占据着最主要的地位,并按其内容和概括化程度,区分为一般智慧技能和特殊智慧技能两类。一般智慧技能适合于所有的领域,如学生在日常生活中学习和掌握的观察、记忆、比较、分析、抽象、概括和解决问题的程序性知识。特殊智慧技能适用于专门领域,如学生在中文学习中利用偏旁结构记忆生字的方法。随着认知心理学的发展,以加涅为代表的一批西方认知心理学家对智慧技能的解释成为有关智慧技能的主流看法。他们认为,智慧技能是将已习得的知觉模式、概念、规则运用于实际情境,顺利完成任务的能力,并按其复杂程度将智慧技能分为五个层次。(1)辨别。能区分刺激物的特征,发现事物之间的差异,如区分大和小、人与入等。(2) 具体概念。能列举事物的名称，如能识别各类轿车的共同属性，并赋予其类别术语。(3) 定义概念。能理解以命题或公式表达的事物的本质属性，如能理解哺乳动物的本质特征。(4) 规则。能按规则进行操作，作出正确的反应，如造句、解数学方程式、用四则运算的法则计算四则运算题。(5) 高级规则。能用简单规则解决较复杂的问题，如运用 $U=IR$ 的公式来对串联、并联电路的 U、I 或 R 求解。① 另外，认知心理学家根据自动与受控维度，区分为受意识控制的智慧技能和自动化的智慧技能。前者如学生作文时，对作文的审题、立意、选材、确定中心等一系列步骤，这些步骤受学生的意识控制。后者如人们在说话时，一般只注意说话的内容，对词与词之间的读音和搭配往往是自动进行的，一般不需要有意识注意。以上对智慧技能的划分，只是指出了每一维度的两极的情况。介于这两极之间，有许多非典型的中间类型。尽管不同国籍的心理学家对智慧技能的解释不尽相同，但他们的看法中却蕴藏着某种内在的一致性：第一，他们都认为智慧技能不是单一因素构成的，是复杂因素构成的；第二，智慧技能也是一种操作方法，其发展存在着从低级到高级、从简单到复杂的变化过程。

(二) 认知策略

认知策略这个术语最初由美国心理学家布鲁纳在研究人工概念中提出。他认为认知策略是个体解决思维问题时采用的思维方法。他发现人们在形成人工概念的过程中主要有两种认知策略：浏览策略（scanning strategy）和集中策略（focusing strategy）。但集中策略优于浏览策略，解决问题效率更高。以后认知策略这个概念在心理学领域得到了广泛的运用。然而不同的心理学家对认知策略的

---

① [美] 加涅著，傅统先、陆有铨译：《学习的条件》，35～39 页，人民教育出版社，1986。

理解仍然存在争议。里加尼（J. W. Rigneg）将认知策略定义为学生用于获得、保持和提取各种不同的知识和作业的运算和程序，这些运算和程序可以是认知的信息加工，也可以是受认知控制。福雷斯特和沃勒（Forrest & Waller）则认为，认知本身就是一种策略。也有人认为，认知策略与学习策略在意义上相同，只是表述不同而已。在众多的探讨中，影响最大的是加涅对认知策略的解释。加涅不仅突破了布鲁纳只在思维领域运用这一概念的局限性，而且明确规定了认知策略与一般智慧技能的区别。他认为，认知策略是学习者用以支配自己的心智过程的内部组织起来的技能，其主要功能是调节和控制自己的学习、记忆、思维等内部加工活动；而智慧技能则用于加工外在的信息。认知策略不能等同于学习策略，因为学习策略不仅有认知领域方面的，还有情感、资源管理等方面的。学习策略研究的范围比认知策略的范围更广，内容更丰富。由此可见，认知策略与智慧技能都同样属于程序性知识的范畴，两者的主要区别是认知策略是对内调控的程序性知识，而智慧技能是对外办事的程序性知识。因此，我们将认知策略定义为：认知策略是学习者内部组织起来的，调控学习、思维等活动的程序性知识。

研究者对认知策略的性质也存在争论，认知策略是跨学科的一般能力还是与任务相关的具体能力？是局限于思维策略还是包括一切认知过程的策略？因而对认知策略有不同的分类标准。一些心理学家将认知策略仅限于创造性解决问题中的思维策略。如怀特和维特罗克（White & M. C. Wittrock）提出有四种认知策略：一是运用原理解决问题，寻找深层意义的策略；二是把问题中的许多小目标连成一串目标，采用逐步接近，承认局部目标的策略；三是不受一种思维方法局限，灵活探索策略；四是将部分综合成整体的策略。但更多的心理学家将认知策略扩展到一切认知过程，凡是涉及人们的感知、记忆、思维和想象等一切认知领域的策略都是认知策略。如我国心理学家李伯黍认为，认知策略有两大类：一类是感觉器官感知到外界刺激，引出的一系列反应来解决问题的策略，主要有知觉策略和机械记忆策略；另一类是靠内部短时记忆储存的信息来指导解决问题的操作策略，主要有目标递归策略和模式策略。

（三）动作技能

动作技能也称运动技能。不同的心理学家对其有不同的解释。例如，克伦巴赫（J. Cronbach，1977）认为，动作技能是习得的，能相当精确且对其组成的动作很少或不需要有意识地注意的一种操作。加涅认为，运动程序性知识是协调运动的能力，或者与运动的选择有关，或者与运动的顺序有关。① 而我国的传统动作技能概念来自苏联，认为动作技能是依靠肌肉、骨骼、相应的神经系统活动实现的活动方式。根据现代认知心理学研究成果，我国有的教育心理学家把动作技能定义为："在练习的基础上形成的，按某种规则或程序顺利完成身体协调任务的能力。"② 尽管心理学家对动作技能的定义不尽相同，但都认为动作技能的构成包括三种成分。（1）动作或动作组。动作并非动作技能，只有当人们用一组动作去完成一项具体任务，如用一组身体动作（舞蹈语言）去表现情感，这时才被称做动作技能。像走路、穿衣、吃饭、摇头、打哈欠等不是动作技能。（2）体能。主要包括耐力、力量、柔韧性、敏捷性等。（3）认知能力。包括视觉、听觉、触觉、动觉等多种知觉能力，其中手脚协调、身体平衡对完成动作技能意义更大。知觉能力的完全丧失或部分缺陷往往难以完成动作技能。此外，学习者还需要理解

---

① ［美］加涅著，傅统先、陆有铨译：《学习的条件》，257～258 页，人民教育出版社，1986。

② 皮连生：《智育概论——一种新的智育理论的探索》，载《华东师范大学学报》（教育科学版），1994（4）。

和记住训练的项目,富有想象力和创造性地解决问题等。因此,我们认为,动作技能是在练习的基础上,由一系列实际动作以合理、完善的程序构成的操作活动方式。动作技能本质是必须体现为按一定的关系组织起来的成套实际动作,是动作的连锁化,即程序性知识一旦形成,只要动作刺激出现,就能自动地完成一系列的动作反应过程,表现出迅速、准确、协调、流畅、娴熟的特点。

按动作是否连贯,动作技能可分为连续和不连续的动作技能。如开车、打字、滑冰等属于连续的动作技能,是刺激—反应的一长串联结系统。射箭、举重、厨师打鸡蛋等属于不连续的动作技能,其刺激—反应的序列短,反应比较精确,便于计数。动作技能也可按动作过程中外部情境是否变化,分为开放性和封闭性的动作技能。如打球、开车、滑冰需视外部情境的变化而调整动作,随机应变,属于开放性的动作技能;而射箭、写字、打鸡蛋在预先确定的较静态的环境中进行,动作的灵活与变通性不大,属于封闭性动作技能。此外,还可以根据动作技能的反馈条件,把动作技能分为内循环的和外循环的两类。内循环的动作技能是一种完全依赖内部肌肉反馈的程序性知识。这种动作是闭着眼睛也能完成的,如在黑板上徒手快速地画圈。外循环的动作技能在某种程度上要受客观外界环境的控制,不可能仅仅依靠条条肌肉的反馈动作加以矫正,如踢足球、骑自行车等程序性知识就是如此。因为这类程序性知识不是一些特定的动作的简单联结,操作者必须获得某些"监控程序"才能完成。

上述动作技能的分类既有交叉,又有重叠,但不能彼此替代,因为每种分类法强调的侧面不同,对学习者而言所需要的陈述性知识和策略也不同。

第二节 智慧技能的形成

一、智慧技能形成的理论

智慧技能是近十几年来教育心理学家十分重视研究的课题,对智慧技能的解释与理解,出现了多种不同的理论。

(一)加里培林关于智慧活动按阶段形成的理论

苏联著名教育心理学家加里培林认为,智慧活动是外部的、物质活动的反映,是外部物质活动向反映方面——向知觉、表象和概念方面转化的结果。这种转化要经过一系列的阶段实现。基于此,他进行了长期大量的实验,概括出智慧活动形成的五个阶段。

1. 活动的定向阶段。这是智慧活动准备阶段。在该阶段,学生要了解熟悉活动的任务,知道做什么和怎么做,在头脑中构成活动本身和结果的表象,对活动进行定向。在这一阶段,教师应向学生提供活动的样本,指出活动的操作程序及关键点。以进位加法教学为例,它的定向是在演示这种演算时,使学生知道演算的目的是求两个数量之和,知道运算的客体是事物的数量,运算的关键点是进位,为什么要进位以及如何进位等。

2. 物质活动或物质化活动阶段。该阶段就是借助于实物或实物的模型、图表、标本等进行学习。如小学生练习加法时,利用小石子、小棍、手指来完成计算活动。学生审题、解题时,教师要求他们用文字、图表等形式列出题目的条件、问题,来培养学生的智慧活动。加里培林认为,这一阶段在智慧活动的形成上具有重要作用。他认为,只有物质或物质化的活动形式才是完备的智慧活动的源泉。[①] 因为在很多情况下,物质化的形式是最易理解和最方便的教学手段。特别是当学生所学习的对象超出他们的感性认知的范

---

① 王丕:《学校教育心理学》,191 页,河南大学出版社,1989。

围，他们难以理解时，利用物质化的东西显得更为重要。

此阶段的关键，一是展开，二是概括。展开即把智慧活动分为大大小小的操作单元，全部展示给学生观察了解。如小学生学习9加2的进位加法时，教师可结合实物的演示，把其运算步骤分为可操作的想、分、算三个环节（见图5-1）。

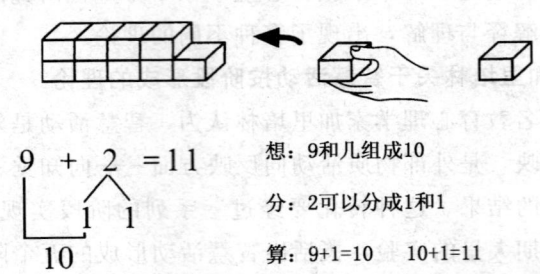

想：9和几组成10

分：2可以分成1和1

算：9+1=10　10+1=11

图5-1　9加2智力活动过程

展开是智慧活动进行压缩的基础，展开工作做得越好，以后的压缩越容易。所谓概括是指在学生初步掌握展开的外部操作的直观水平上，形成关于智慧活动的较为概括的表象，要求学生把操作与言语结合起来（即边做边说），以促使智慧活动向第三阶段转化。

3. 出声的外部言语活动阶段。该阶段智慧活动已摆脱了实物或实物的替代物，代之以外部言语为支持物。如小学生进行加法运算，不再借助于小棍、手指，而是用言语表现"数位对齐，个位对个位"的运算过程（即口算）。本阶段是外部的物质活动向智慧活动转化的开始，是智慧活动在形式上发生质变的重要阶段。

4. 无声的"外部"言语活动阶段。这一阶段的特点在于智慧活动的完成是以不出声的外部言语来进行的，即只看到嘴动听不到声音，如学生心算。与前一阶段相比，此阶段似乎很简单，只是言语减去声音而已。其实不然，它要求学生对言语机制进行很大改造，即在出声言语时是眼、口、耳、脑同时协调活动，这一阶段要改为仅是眼、脑同时活动，因而这种言语形式要求学生进行专门的练习。

5. 内部言语活动阶段。这是智慧活动形成的最后阶段。其主要特点是智慧活动的压缩和自动化，智慧活动似乎不需要意识的参与，脱离了自我观察的范围，无论在言语的结构与机制上都发生了重大变化。在结构上，外部言语必须符合语法、连贯流畅、清晰易懂，而内部言语常常被压缩得不合语法，可以用一个词或词组代替一个句子或想法，是片断和简约的；在机能上，外部言语是与他人交际的手段，是指向他人的，而内部言语则为自己所用，是为调节智慧过程的进行服务的。正因为内部言语与外部言语相比有根本区别，所以，一旦智慧技能形成达到内部言语活动阶段，人们就觉察不到自己智慧活动的过程。如 9＋2，学生熟练掌握进位加法的运算技能后，会一口报出答案，运算过程已经简化和自动化，他已觉察不出运算的过程，只觉察到运算的结果。

加里培林关于智慧活动按阶段形成的理论，对于我们了解智慧技能的实质和形成规律无疑具有启发意义。尤其对教师培养和训练学生的智慧技能具有不容忽视的指导作用。然而，这一理论也存在一些问题。如阶段的划分不尽完善、合理，特别是后面三个阶段实际上描述的是智慧技能"内化"的三种水平，而且都是借助言语来实现的，所以，有的阶段可以合并或省略。另外，如何建立有利的教学条件促进阶段之间的转移，有待进一步的实验和研究。

（二）冯忠良关于智慧技能形成阶段的理论

冯忠良（1987）在吸取加里培林"内化"学说的基础上，经过长期的"结构定向"教学实验研究，提出了智慧技能形成的三阶段理论。①

1. 原型定向阶段。原型（prototype）即智慧活动的实践模式。这一阶段的主要任务就是使学生了解所学智慧技能的实践模

---

① 冯忠良：《结构—定向教学的理论与实践》，224 页，北京师范大学出版社，1992。

式，即操作活动程序，知道该实现哪些动作或如何完成，从而形成准确而清晰的动作和程序映象，明确活动方向，建立起进行活动的初步的自我调节机制，为进行原型操作提供内部控制条件。在教学条件下，学生的原型定向往往是通过教师的讲解、示范而获得的。

2. 原型操作阶段。原型操作指学生依据智慧技能的实践模式进行实际操作。在这一阶段，教师要求学生必须严格遵循活动的所有动作序列，逐一执行，不能遗漏或缺失；要及时检查、考察操作动作的方式是否正确完成，动作执行后对象发生的变化；同时要求学生边执行动作边口头报告，使活动易于向言语执行水平转化。另外，要向学生提供多种毛病类型或变更操作活动对象，以使智慧活动模式在直觉水平上得以概括，从而形成操作活动或诊断活动的表象。

3. 原型内化阶段。原型内化是指动作离开原型中的物质客体与外显形式而转向头脑内部，借助于言语来作用于观念性对象，从而对对象进行加工改造，使原型在学生头脑中转化为心理结构内容的过程。在本阶段，教师要求学生在口头言语水平上重新展开各个动作，然后逐渐简缩，省去或合并不必要的动作，从而为内化创造条件。同时，要求学生由"大声报告"的外部言语逐渐转向内部言语，使动作在概念水平上形成，使原型内化到学生头脑中，以便能广泛适应同类课题。

冯忠良提出的三阶段理论，突出了以"原型"为对象的各阶段智慧技能形成的特点，以及各阶段教学的注意点，进一步丰富、完善了加里培林关于智慧活动按阶段形成的理论，使其理论更清晰、简明，易于操作。

（三）认知心理学关于智慧技能的产生式系统的理论

现代认知心理学家通过计算机模拟，提出了产生式理论。认为程序性知识以产生式储存。

产生式这个术语来自计算机科学。信息加工心理学创始人西蒙（H. A. Simon）和纽厄尔（A. Newell）认为，人体和计算机一样，都是"物理信号系统",其功能都是操作符号。计算机之所以具有智能,能完成各种运算和解决问题,是由于它储存了一系列以"如果……那么……"(if…then…)形式编码的规则的缘故。人经过学习,头脑中也储存了一系列以"如果……那么……"形式表示的规则。这种规则称为产生式。产生式由条件(condition)和行动(action)两部分组成。产生式的基本原则是"如果条件为 x,那么实施行动 y",即当一个产生式的条件得到满足,则执行该产生式规定的某个行动。例如,"如果动物是胎生和哺乳的,那么属于哺乳动物","如果三角形的三条边相等,那么是等边三角形"等。许多产生式可组成产生式系统。通常解决一个复杂的问题或作业需要许多产生式,它们构成了产生式系统。

智慧技能的学习,"本质上是掌握一个程序,即在长时记忆中形成一个解决问题的产生式系统。以后若遇到同样类型的问题,就可以按照这一产生式系统的程序,一步一步地做下去,直至解决问题"。① 例如"1/4+1/5"这样的问题的产生式系统如下:

表 5-1　"1/4+1/5"问题的产生式系统

production 1:如果求两个分数的和,且分母不同,那么先求出两个分数的最小公分母。
production 2:如果求两个分数的和,且已知最小公分母的值,那么以公分母的值分别作为两个分数的分母,两个分数的分子扩大与其分母扩大相应倍数。
production 3:如果求两个分数的和,已知两个分数的分母相同,那么直接将两个分数的分子相加,分母不变。

产生式理论把智慧技能分为两类:一类为模式识别学习(pattern recognition),另一类为动作步骤学习(action sequence proce-

---

① 李伯黍、燕国材:《教育心理学》,201 页,华东师范大学出版社,1995。

dures)。

1. 模式识别学习。模式识别学习指学习者对某一特定内外刺激模式进行辨认和判断。模式识别具有两种不同的水平。低级水平的模式识别主要是识别事物的外部物理或化学的特征，如识字、听声音、辨别味道等。高级水平的模式识别则是识别同类事物的共同本质特征。通过模式识别，我们才能对事物加以分类和判断。模式识别与陈述性知识的运用不同。如"什么是哺乳动物"，我们可用"哺乳动物是胎生和靠母体的乳腺分泌乳汁哺育的动物"这一陈述性知识来回答，而对于"下列图形中哪些是哺乳动物"这类问题，则需要运用模式识别的程序性知识来解决。

模式识别学习的主要任务是学会把握产生式的条件项，其心理机制是概括（generalization）和分化（discrimination）。

概括指学习者对同类刺激模式中的不同个体作出相同的反应。如学生根据哺乳动物的两个关键的共同特征，即胎生和哺乳，判断猫、狗、猪、羊等动物为哺乳动物。概括实质上是在同类刺激模式中抽取出共同的特征，经由概括而形成的模式识别的产生式中，所有的条件项均不可缺少。安德森等人（1980）把概括看成是产生式的变化，当具有相同动作的两个产生式同时在工作记忆中被激活时，就会自动出现概括。皮连生则认为："概括相当于奥苏伯尔的上位学习。在上位学习中，学生从识别个别的例子到形成概念的过程也就是排除同一类别的例子的无关特征，概括出它们的共同的关键特征的过程。"[1]

分化指对不同类的刺激具有不同的反应。如教师教"鱼"的概念时，要求学生判断一些图片中的动物是否是"鱼"，学生通常只注意"鱼生活在水中，有鳞和鳍"这一条件，但当教师指向鲸鱼图片时，许多学生才意识到判断"鱼"必须加上"用鳃呼吸"这一必

---

[1] 皮连生：《智育心理学》，147页，人民教育出版社，1997。

要条件。鲸鱼虽然也生活在水中,由于其主要特征是胎生和哺乳,因而鲸鱼应归类为哺乳动物。由此可见,分化的主要作用是导致产生式条件项的增加,使产生式的适用范围缩小,有利于提高模式识别中辨别和区分的准确度,避免将"不是"判断为"是"。

2. 动作步骤学习。动作步骤学习指学习者学会顺利执行完成一项活动的一系列操作步骤。如学生学习两位数的乘法时,必须理解并记住两位数的乘法规则,根据其规则进行练习直到运算熟练,达到自动化程度。动作步骤学习实际上是从陈述性的规则和步骤开始,动作步骤的执行则从模式识别开始,即只有对需要执行某一动作步骤的情境条件的模式作出准确判别,动作步骤的执行才能有效地解决问题。

动作步骤的学习通过程序化和程序的合成(composition)两个阶段来完成。

程序化指动作序列从陈述性知识的表征转换为程序性知识的表征,不再依赖于陈述性知识而独立完成动作步骤的过程。这个过程包括两步。一是建立规则和步骤的命题特征。如学习分数加法时,学生通过阅读、教师讲解步骤,逐渐理解分数加法的陈述性知识规则并将它们正确地表征为命题,以供自己演算作为指导和提示。二是将动作步骤的陈述性知识转化为程序性的产生式表征,在执行动作步骤的过程中逐渐脱离陈述性命题的检索、提取和监控。如教师在分数加法的例题示范中,带领学生对照演算步骤逐一进行演算,学生模仿教师的演算,经过反复练习后,不再依赖教师或自己的逐步演示,顺利地依次自动执行每个操作步骤,熟练地完成分数加法。

程序合成是指把若干个产生式合成一个产生式,把简单的产生式合成复杂的产生式。如前所述"1/4+1/5"的三个产生式系统合并为一个产生式,即:如果求两个分数相加,且有两个分数,那么求出它们的最小公分母,然后用最小公分母除以第一个分数的分母。程序合成有两大好处:一是减少了产生式的数量,二是减轻了记忆的负担，使学习者激活知识的时间更短，复杂的动作步骤更加流畅。

程序合成实际上是要求两个有关联的产生式同时进入工作记忆，第一个产生式的行为项成为第二个产生式的条件项，保留第一个产生式的条件项，将两个产生式的动作项合并为一个复杂的动作项，并通过大量练习使之成为巩固的产生式。需要指出的是，不是所有的程序都应合成在一起。有的程序合成可能会导致学习者的思维僵化或思维定势而缺乏解决问题的灵活性。只有基础的、变化较少的、能大量使用的产生式才能考虑使其达到合成程度，如基本的读、写、算等产生式。对于那些只在解决特殊问题时才需要合成的产生式，使其保持一定的独立性，将更有利于提高其运用的灵活性和变通性。

现代认知心理学家所提出的产生式系统理论，为揭示智慧技能的心理机制，为整个思维、学习的研究提供了新思路。

皮连生（1994）等人则采用加涅的智慧技能学习的层级论和信息加工心理学的产生式理论来解释智慧技能的习得过程和条件。[1] 他们认为智慧技能的学习一般分为三个阶段。第一阶段，新信息进入短时记忆，与长时记忆中被激活的相关知识建立联系，从而出现新的意义的建构。第二阶段，是通过应用规则的变式练习，使规则的陈述性形式向程序性形式转化。第三阶段，程序性知识发展的最高阶段，规则完全支配人的行为，智慧技能达到相对自动化。[2]

二、智慧技能形成的特征

根据国内外心理学家对智慧技能的研究，我们把智慧技能形成

---

[1] 皮连生：《智育概论———一种新的智育理论的探索》，载《华东师范大学学报》（教育科学版），1994（4）。

[2] 邵瑞珍：《教育心理学》（修订本），62页，上海教育出版社，1997。

的特征概括为以下几点。

（一）智慧技能的对象脱离了支持物

智慧技能形成的初期，学习者必须借助具体、形象、直观和明显的支持物进行操作（如实物、出声言语、动作和表象等），而在最后阶段，内部言语成为智慧技能活动的工具，运用科学的概念和规则成功解决问题。

（二）智慧技能的进程压缩

智慧技能形成的初期，智慧活动的展开是全面、完整和详尽的，而在最后阶段，整个智慧进程已高度压缩，合理省略，思维变成了记忆，学习者以检索信息的方式解决问题，智慧活动达到自动化。

（三）智慧技能应用的高效率

智慧技能学习，是将一种"如何做"的规则程序系统地移植，从而形成智慧操作程序，即产生式系统。学习者一旦形成产生式系统后，就能举一反三、触类旁通，快速和高效地解决问题。

三、智慧技能的培养

智慧技能以陈述性知识为基础，是陈述性知识的运用。因此，对智慧技能的培养，应同知识教学结合起来。

（一）形成条件化知识

智慧技能形成的关键是把所学知识与该知识应用"触发"条件结合起来，形成条件化知识（conditionalized knowledge），即在头脑中储存大量的"如果……那么……"的产生式。学习知识的同时，要把握该知识在什么情况下适用。

促进学生形成条件化知识，在教学上一是编制产生式样例题，学生进行样例学习；二是向学生呈现与实际生活背景相似的知识，提高知识在解决实际问题中的可检索性和应用性。

所谓样例题,"是一套通向问题解决的解题程序",① 其中蕴涵着"条件—行动"的产生式。样例学习就是学生通过学习或阅读样例题,从中找出解决问题的条件,根据条件采取行动,最终形成解决问题的产生式系统。例如,学生学习"9+2=9+1+1=10+1=11"这样一个例题,就包含了这样的条件化知识:如果两个一位数相加的和超过10,那么将其中较小的一个加数分成两个数,分出来的一个数要和较大的一个数加起来为10⋯⋯

通过样例学习,学生能得到一个智慧技能习得所必需的信息或步骤,把一些无关的信息排除在知觉范围之外,从而减轻认知负担,促进学生对产生式"条件"的认知与概括,最终掌握一般的产生式规则。

学生在样例学习中的知识有时会变成僵化的知识。僵化的知识只能在一个有限的背景中才能提取,应用时生搬硬套,不能举一反三。这是一种应用性缺陷(production deficiency)。例如,许多高中生具有对数知识,但只能在课堂计算的背景下使用,却不能把对数看成是一种"简化解决问题过程"的有效手段,不知在实际生活中如何应用。要克服上述缺陷,教师在教学中应注意理论联系实际,向学生呈现与实际生活相类似的知识,把课堂与课外情景联系起来,以保持知识的可检索性和活跃性。

(二) 促进产生式知识的自动化

现代认知心理学的研究表明,产生式知识必须经过联系达到十分熟练的程度,甚至达到自动化程度,才能变成一种心智技能。H. A. 西蒙和 D. 西蒙(D. Simon)对专家和新手解决一般动力学问题做过一个实验。问题是:一颗子弹射出的速度为 400 米/秒,枪膛长 0.5 米,假定子弹在枪膛内作匀加速运动,求子弹在膛内的

---

① 李伯黍、燕国材:《教育心理学》,202 页,华东师范大学出版社,1995。

平均速度。研究者对他们的解题以后回答的问题和口头报告的分析发现,新手解决问题所花的时间是专家的四倍,新手会出错,专家没有类似错误。尽管专家与新手在有的方面是一致的,比如他们都从阅读问题开始,都能回忆用哪个方程,都能解决这个问题等,但专家解题时是两步或几步合成一步,解题时并不具体想某个公式、定律或方程式;而新手总是先从以前学过的公式、定律中选择某一关系进行解题。因此,专家的言语记录比新手的言语记录短得多,专家说话的速度也比新手快一倍,而说话的数量只是新手的一半。这是由于他们对问题所需要的一系列产生式规则已异常熟悉,看到题目即可不假思索,立即作出相应的操作运算。

(三) 加强学生的言语表达训练

许多学者的研究发现,言语活动有利于减少学生思维的盲目性,帮助学生寻找新的更佳思路,能引发执行的控制加工过程,使注意集中于问题的突出方面或关键因素,导致问题解决的成功率更高。言语表达水平可以相当程度地体现内部思维水平,提高解决问题的速度和迁移水平,促使智慧活动内化。因此教师在教学中应有意识地加强对学生言语表达能力的训练。教师可以指导或要求学生大声描述观察内容、直观教具的操作过程,以及思维过程和概括的结论,鼓励学生互相回答和相互议论等。此外,教师还应该注意为学生创造一个民主、宽松、融洽的课堂心理环境,使学生喜欢、愿意和敢于言语表达。

(四) 正例与反例的运用

由于"智慧技能的学习从获得简单的辨别和连锁开始,学校的学习虽然时常包括简单的形式,但主要是学习概念和规则"①,所以,教师在概念和规则的教学中要注意正例与反例的运用。因为正

---

① [美] R. M. 加涅:《教学方法的心理学基础》,见《教育心理学参考资料选辑》,山东教育出版社,1982。

例传递了最有利于概括的信息，反例则传递了最有利于辨别的信息。没有对大量的正、反例的分析和比较，模式识别的概括化和分化的过程就无法完成，概念与规则就不可能被正确地运用到相应的问题情境中。

（五）科学地进行练习

程序性知识的学习要从陈述性阶段过渡到程序性阶段，需经过大量的练习，练习是促使陈述性知识向智慧技能转化的必要条件。没有练习，陈述性知识只能以命题及命题网络表征储存在人脑的记忆中，无法实现程序化，更无法达到自动化的熟练运用。

首先，教师要做到精讲多练。"精讲"就是教师上课要突出重点、难点、讲关键、讲主干、讲方法；"多练"不是教师搞题海战术，而是通过变式、操作等学习活动，增加学生灵活应用知识的机会。目前我国的教育现状是，教师讲得太多，留给学生思考和练习的时间太少。这就造就了相当一部分学生习得了知识，没有习得技能，学生对智慧技能的学习仅停留在陈述性阶段，只能背诵一些概念、公式、定理，却不会使用。这势必会影响学生智慧技能的形成与发展，造成高分低能的现象。其实，教师完全可以减少课堂上讲课时间，多留给学生一些思考和练习时间。博格（W. Borg，1972）曾用微型教学训练技术训练教师在课堂上尽量少讲些，并鼓励学生参与课堂讨论。训练后，教师讲课时间由 70% 下降为 33%，三个月后再抽查，讲课时间为 34%，三年以内都保持在这个水平。可见，只要教师深入钻研课堂教学技术，精心设计教学，精讲多练是能够做到的，关键是教师要转变"讲得越多、越细，学生就掌握得越好"的观念。

其次，练习形式多样，注意举一反三。为了防止练习的刻板僵化而导致学生产生负迁移现象，在练习中教师要特别注意变式练习。要通过大量变化的练习，使学生掌握其原理和规则，把所学的陈述性知识转化为智慧技能，达到自动化。同时，要注意引导学生对练习的思路和方法的反思与总结。

最后，练习要适量适度，循序渐进。练习量太少，不足以使智慧活动达到自动化。练习量太多，由于练习曲线有"高原期"，会使学生事倍功半、"练而无功"甚至有害，带来负面影响。因此，要提倡适度。适度是练习要从易到难、从简单到复杂地进行，练习要适合学生认知发展水平。只有当学生通过练习对基本知识达到熟练掌握程度，获得成功的喜悦感和价值感后，学生练习难题的条件才真正成熟，有信心地更加喜爱练习。

第三节 认知策略的学习

教育不仅应使学生获得知识、形成技能，而且还应培养他们的创造能力和引导他们学会如何学习，在我们了解了知识的掌握和技能形成规律之后，我们再来谈一下有关的学习方法问题。

在人们面对一个要解决的问题时，需要先选择一定的方法，方法的使用对于问题的解决关系重大，合适的方法会使问题迎刃而解，而不恰当的方法会使人走弯路，甚至影响问题的解决，这方面的研究在心理学中称做策略。人类的学习活动实质上是对信息进行加工和运用的过程，人们如何加工和运用信息，即信息加工的方法就成为学习中的重要的因素，而这指的就是认知策略。

一、认知策略的概念

加涅根据其有关研究将认知策略定义为，学习者用以支配自己的心智加工过程的内部组织起来的技能。也就是说，人们在信息加工时对自己思维过程的调节和控制或方法的选择即是认知策略。基于这种认识，加涅认为对认知策略的分类也应该依靠信息加工流程来进行，他把认知策略分为注意、检索、编码和思维等几种。一般认为较重要的类型主要有五种：（1）注意集中策略，强调学生明确学习目标，对所学内容有预期认知，树立学习的心向，并在学习中实行自控；(2) 编码策略，主要是指通过减轻记忆的负担，设法对所学材料赋予一定意义，达到提高记忆的效果；(3) 组织策略，是寻找学习所承载知识的内部结构层次，对信息进行更为深度加工的编码；(4) 提取与利用策略，是指运用背景线索、位置和推断等方法进行有意识的有效学习策略；(5) 认知技能的学习策略，具体包括认同策略、练习策略和反馈矫正策略，以促使认知技能的早期形成。温斯坦等（Weinstein, et al., 1983）将认知策略分为复述策略、精加工策略、组织策略、理解—控制策略和情感策略，这种分类则是基于信息加工中主要的认知活动的。

二、认知策略与智慧技能的区别

加涅认为，人类信息加工系统包括加工过程和控制过程两个方面。智慧技能是属于信息加工的范畴，它是指使用符号与环境相互作用的能力，包括读、写、算等基本技能直至高级的专业技能。而认知策略，则属于信息加工的控制过程，它是通过概括化过程而发展起来的、更为特殊的习得的智慧技能，用来指导自己的注意、学习、记忆和思维的能力。因此可以说认知策略是对内调控的技能，是方法问题。而智慧技能是解决外部问题的能力。也就是说，智慧技能是运用符号办事、处理外部世界的能力；认知策略是处理内部世界的能力，是自我控制与调节能力。在问题解决过程中，智慧技能与概念和规则的掌握有关，而认知策略则与解决问题时对方法的选择有关。

三、认知策略的教学

现代教育心理学家们主张在传授给学生知识、技能的同时，更要注重传授给学生学习的方法与策略，即使学生学会学习。正如古人云：授人以鱼，不如授人以渔。学生只有掌握了获取信息、技能的方法策略，才能够使自己在现代信息社会中立于不败之地。

（一）认知策略教学的原则

普雷斯利等（Pressley, et al., 1989, 1990）提出了以下教授认知策略的基本原则。

1. 选择一些策略行为开始，并跨越各种内容，将其作为当前课程的一部分内容，教授这些策略。在这最初的阶段真正确立之后，更多的策略逐步引入。

2. 描绘要教的策略并且示范它们对学生的作用，评论这些策略应如何执行。

3. 再次示范策略，重新解释所使用的而没有很好理解的策略的某些方面。

4. 解释为什么要使用这些策略，它们对什么起作用，以及使用它们的情境。

5. 通过让学生尽可能多地在很多适当的任务上使用这些策略，给他们以大量的实际指导，对学生如何能够促进这种策略的执行提供强化和反馈。

6. 在使用策略时鼓励学生提高其行为表现。

7. 通过使学生在各种内容领域中对不同的材料使用这些策略，鼓励策略的一般化。

8. 通过命名使学生认识到它们是可获得的珍贵的位于智慧作用核心的技能，增进学生使用策略的动机。

9. 强调反思过程，而非加工速度；尽可能地消除学生的焦虑，鼓励学生排除干扰，以便他们能够参与学术任务。

（二）影响策略学习的因素

教育心理学研究表明，学习策略和认知策略的学习受儿童心理的发展水平、学习动机差异以及所接受的实际训练等因素的影响。

1. 学生的心理发展水平。教育心理学家梅耶（R. Mayer）结合儿童心理的发展水平探讨了学习与记忆中的一些策略的学习问题,如复述策略、分类组织策略以及表象加工策略的学习,并根据研究结果对儿童认知策略发展水平进行了划分,包括策略学习早期、过渡期以及后期三个阶段。

早期阶段相当于学前期,这时由于儿童的反省认知能力尚未发展,他们难以掌握认知策略,即使在具体游戏或活动过程中认识了某些解决问题的方法,他们也很难适当地使用。

过渡期相当于小学阶段,这时儿童已具备学习某些简单的认知策略的能力,他们自己有时也可以通过自己的学习自发地总结出某种适合于自己的学习策略来。如果这时对他们进行必要的指导,他们能够掌握和运用一些策略来提高自己的学习效果。因此,策略教学可从这个时期进行。

后期阶段相当于初中和高中阶段,这时学生可以自发地在学习过程中总结出多种适合于自己的学习策略,并能够灵活地加以选择应用。

当然,策略的掌握时期还因策略本身的难易程度而不同,有的形成较早,而一些复杂的且与高深的教学内容有关的策略则出现得较晚。

2. 学习动机差异。由于策略学习是一种对内办事的程序性知识的学习,学生除了需要掌握有关的规则之外,还需要进行大量的练习,最终才能够形成有关的技能。这个过程中,学生的主动性、积极性以及使用策略的强烈要求对于策略的学习、选择以及使用影响很大。如心理学家比格斯(J. B. Biggs)的有关研究表明:学生的动机水平,决定着其策略选择,以及他们使用策略的效果。一般来说,具有外在动机的学生倾向于选择和使用机械的学习策略;而具有内在动机的学生则倾向于选择和使用有意义的和起组织作用的策略。动机弱的学生几乎不主动使用策略,而动机强的学生倾向于使用他们习得的策略。

3. 策略训练方法的影响。不同的训练方法对于学生策略的形成来说也会产生重要的影响,现代心理学家们进行过多种研究,并得出不同的观点。概括起来讲,心理学家们倾向于认为:(1)除了一些一般的认知策略以外,策略学习或训练最好与具体的教学内容相结合;(2)训练材料由具体的和个别的解决问题的技能构成时,训练效果最好并且易于迁移;(3)通过问题解决的实例让学生亲自找到问题解决办法来训练,要比通过规则应用来训练的效果好。

四、促进认知策略学习的条件

1. 丰富学生的知识背景。根据信息加工过程理论,认知策略对整个信息加工过程起调控作用,使用策略的目的就是提高信息加工的效率。这就使得策略的应用与它所加工的信息有着十分密切的关系。研究表明,策略的应用离不开被加工的信息本身,丰富的知识背景为认知策略的形成提供了基础,同时又促进学习者认知策略的应用。如林德伯格(V. Lindberg)要求小学三年级学生和大学生记忆猫、狗等动物单词共30个,结果大学生比小学生回忆的数量多,大学生在记忆时应用了群集或归类的记忆策略。但当他们去记忆另外30个有关周末电视节目和儿童卡通人物的名字时,小学生比大学生回忆的数量多,小学生同样应用了归类的记忆策略。这一实验结果表明,大学生的动物知识远远超过小学生,他们能根据动物的种属关系去记忆,小学生只是随机记忆而已。所以,在第一个实验中大学生的记忆效果比小学生好。但在第二个实验中,小学生在这一领域的知识背景比大学生丰富,更易采用归类的记忆方式,所以小学生的记忆成绩比大学生好。由此可见,学生原有知识背景是认知策略学习与应用的一个重要条件。温斯坦和斯通(C. E. Weinstein & G. M. Stone, 1994)指出,学习者必须具备五类不同类型的知识:(1)有关自我学习特长和倾向的知识,主要包括个体对自身学习长处和缺点、学习爱好、最佳学习时间、学术倾向等方面的认知与了解;(2)不同类型学习任务的知识;(3)获取、整合、运用所习得的策略和技巧知识;(4)原有领域内容知识,可通过原有知识以直接或类比的方式从新知识中获得意义;(5) 对各类知识适用的当前或未来情境的知识。除以上五类知识外,学习者还须知道如何用这些不同类型的知识来满足学习目标,监控学习过程,出现问题时灵活调节当前正在进行的学习活动,如何运用自我评估或自我监测决定是否达到预期目标。所以,教师必须确保学生已具备所需要的知识背景,才能形成和提高学生运用认知策略的能力,这一点非常重要。学生学习新知识时,教师不妨先进行任务分析(task analysis)或进行诊断性评价,了解学生达到新的教学目标所需要的知识和技能,并针对其知识背景不足情况给予补充与扩大相应的知识经验,以加深他们的理解。在讲授教学难度较大、较抽象的新知识时,教师若能帮助学生回忆已学过的知识,或从实际经验出发,通过观察、演示,提供感性经验,帮助学生有效地应用旧知识去更好地理解新的、抽象的知识,就能达到良好的迁移效果。

2. 培养学生树立正确的学习动机。早期的认知心理学家认为,任何认知策略都可用一套规则来描述,只要教师告诉学生某些认知策略的规则,并要求学生记住,就能使他们掌握该策略,提高学习成绩。后来的研究发现,如果学生厌恶学习,认为即使通过努力也不能达到学习目标,学习结果对他毫无价值,就不会花大量时间去尝试应用多种策略去解决面临的问题,付出更多努力。只有当学生认为能控制自己的内部认知加工活动,外来的指导被他们所接受并改变他们的信息加工过程时,才能改进学习。比格斯的一项研究表明,学生的动机决定他们选择什么策略,决定他们使用这些策略的效果。动机强的学生倾向于经常使用他们习得的策略,动机弱的学生对策略的使用不敏感。所以,教师在认知策略的教学中,应注意培养学生树立正确的学习动机。从前面第三章所论述的学习动机的原理可知,学生的学习动机既可来自学生本人的特征(如好奇心、求知欲),也可来自学习材料本身(如学习材料的吸引力),还可来自教师的强化（如奖励、惩罚等）。教师培养学生正确的学习动机，可从这几方面入手。

3. 根据学生的元认知水平进行策略训练。大量的研究发现，学生的认知策略与其元认知水平的发展有关。善于灵活运用多种策略去达到特定的学习目标的学生，往往具有较丰富的元认知，并善于控制自己的学习过程（Hannafe & Carry, 1981）。麦基奇（W. Mekeachie, 1984）通过实验研究同样发现，要使学生学会认知策略必须引导学生掌握元认知。而学生的元认知的发展水平受学生的自我意识发展水平的影响和制约。小学生由于其自我意识的发展水平较低，要正确掌握并恰当运用认知策略是比较困难的，这也是低年级学生使用策略效果较差的原因之一。随着年龄的增长，他们的元认知水平也不断地发展和成熟起来。同时，他们利用其元认知调节与控制认知策略的使用，形成新的认知策略的能力也随之得到了发展。因此我们对学生的认知策略的训练应考虑学生的元认知发展水平和自我意识水平发展的限制，遵循由简单到复杂、由低级到高级的原则，精心选择认知策略，以适合不同年龄的学生，才能达到事半功倍的作用。

4. 制订一套外显的可以操作的训练技术。尽管认知策略是个体对自己的内在过程的调控活动，具有内隐性的特点。但仍然可以通过个体的认知行为和表现揭示出来。如心理学家 H. A. 西蒙和加纳（W. R. Garner）等人运用内省法或言语报告法、用录像带进行的刺激回忆法、同伴辅导法等，对学生的认知策略进行诱发、估价和分析，揭示了表现在学习过程中的有关认知策略，概括和总结出一定的可表述的知识体系，从而为认知策略的教学提供了依据。如果教师善于把认知策略转化为一套外显的可操作的技术来控制学习者的认知行为，就能培养他们的认知策略。因此，教师要有意识地提高自己的语言表达能力，通过生动形象的语言的描述，将自己的内部加工活动外化或展示出来给学生观察；另外，教师要通过具体实例向学生示范策略应用的情形,使学生能够从仿效逐渐形成自己的内部调控技能。

5. 变式与练习。与智慧技能类似,促使认知策略从陈述性形式向程序性形式转化的最重要的教学条件是在相似情境和不同情境中的练习。学生在解决一类问题或学习一类课题时,所掌握的一般的认识方法能促使类似问题的解决与类似课题的学习。所以,练习中要保持课题的同一性和连续性,通过一系列彼此联系的练习,促进学生对认知策略的学习掌握。教师要有意识、有计划地指导学生逐步概括出一类课题的共有特征和共有方法,以后再碰到有关的具体课题,学生就会纳入相应的课题之中。需要指出,同类或相似课题间的不断练习,会干扰对灵活性课题的学习。因此,练习时要考虑在练习课题的同一基础上,注重课题变化,告之各种概念、原理、公式的特征和适用范围,帮助其牢固掌握这些知识的特征。教师还需要教会学生去辨认各种现象或解决问题的特点,才能保证学生顺利进行正迁移。

第四节 动作技能的形成

一、动作技能形成的理论

动作技能是如何形成的?动作技能的本质是什么?心理学家提出了多种解释。其中最具有代表性的是行为派的理论解释和认知派的理论解释。

(一)行为派的理论

行为派的理论是建立在经典条件反射和操作条件反射基础上的。巴甫洛夫认为,动作技能是先行动作通过条件反射建立起暂时神经联系而变成后继动作的信号来实现的。比如,学生学做体操,总是先看着教师的动作去学,教师的第一个动作是学生的第一个动作的刺激,教师的第二个动作是学生的第二个动作的刺激……当学生学会做体操以后,只要教师一声令下,或做第一个动作,学生就可以连续地做下去。在这里教师的先行动作,成了学生后继动作的条件刺激。

行为主义心理学的核心概念是反应,因而他们用刺激—反应来解释人的行为,特别重视用强化概念来说明有机体行为的塑造、保持与矫正。他们认为,有机体的某种学习行为倾向完全取决于先前的这种学习行为与刺激因强化而建立的牢固联系,如果有机体的某些活动产生积极的后果,行为受到强化,那么有机体就会增加其反应,再次重复该行为,并逐步巩固下来,成为它的全部行为储备中的一部分。同时,这些活动便获得了习惯强度。以后,只要出现适当的环境刺激,活动便会自动地出现。动作技能的学习本质上就是形成一套刺激—反应的相互联结系统。例如,儿童学习使用钥匙开门,就必须学会一个系列的肌肉反应动作:首先要用手拿钥匙对准锁孔,然后确认插入的位置是否准确,还要将钥匙完全插入并按正确方向旋转,最后推门。如果最后环节上缺少强化物(打开了门),儿童使用钥匙开门的行为就会发生消退,整个联结也将随之消失。

(二) 认知派的理论

认知心理学的核心概念是认知,因而认知心理学家在承认动作本身是一系列刺激—反应联结的同时,更强调动作技能的学习必须有感知、记忆、想象、思维等认知成分的参与。他们认为,在动作技能的形成中,学习者必须理解与某动作技能有关的知识、性质、功用,回忆过去学习过的与眼前任务相关的动作行为,预期与假设解决问题所需要的反应和动作范式,形成目标意象和目标期望,把自己的反应与示范者的标准反应进行比较分析,进行归因,找出误差,采取对策监控,调节自己的反应。动作技能的水平越高,越是需要学习者有较高水平的认知。同时,他们提出一些认知理论模型说明动作技能的形成。例如,韦尔福德(Welford,1968)提出了运动技能形成的模型(见图5-2)。

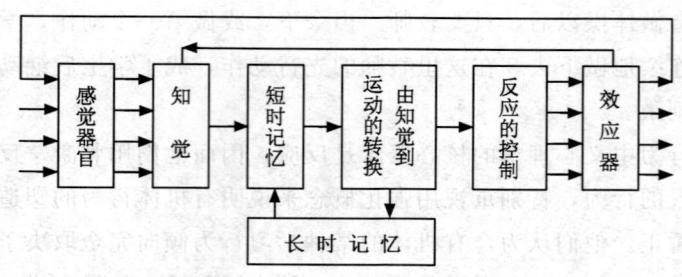

图 5-2 运动技能形成的模型

该模型分为三个连续的阶段。

(1) 感觉接受阶段。该阶段学习者面临着一定时间内输入多少信息的问题。信息量超载,会造成学习者负担过重,无法处理超负荷;信息量贫乏,会削弱学习者的警觉,降低操作标准。因此,学习者必须通过知觉对信息加以选择性注意,才能把重要的信息储存于短时记忆中。

(2) 由知觉到运动的转换阶段。这一阶段有双重意义:既对感觉的输入作出反应,又激起效应器的活动。在这个模式中,反应取决于信号的传递和主体"作出决定"。技能的学习就是通过练习、训练,使学习者已有动作之间及它们与新学习动作之间达到同化和融合,从而缩短其反应。而效应器的活动能够通过提供反馈进一步矫正或加强反应,最后把经过长期练习而形成的运动程序图式储存在长期记忆中。

(3) 效应器阶段。指转换完成后,大脑发出神经冲动沿着运动神经纤维传到相应的效应器官,产生动作。同时,动作的进行受到反馈的调节,形成一个反应环路。

韦尔福德的模式虽然划分为三个阶段,但事实上它是一个统一的整体。

二、动作技能形成的标志

动作技能形成的标志是熟练操作。所谓熟练操作指动作已经达到较高速度、准确、流畅、灵活自如，且对动作组成成分很少或不必有意识注意的状态。熟练操作可以借助专门仪器和设备，通过人们完成动作的速度、准确性、协调性、应变性等指标来测量，也可通过熟练化操作所反应的特征来衡量。研究表明，熟练操作具有以下主要特征。

1. 意识调控减弱，动作自动化。在动作技能形成初期，各种动作都受意识支配调节。否则，动作就会出现停顿或错误。通过反复练习，一旦动作达到熟练程度，准确无误时，意识调控被自动化所取代，动作是无意识进行的。如熟练的电脑操作员，可以不看键盘迅速地打字。

2. 能利用细微的线索。在初步掌握动作技能时，学习者只能对那些明显的线索（如教练的提醒纠正等视听线索）发生反应，不能觉察自己动作的全部情况和错误。而动作熟练后，学习者能觉察到自己动作的细微差别，仅凭细微的线索就能改进调整自己的动作，作出恰如其分的反应。如优秀排球运动员可敏锐地根据对方移动时的步伐、弹跳时的动作、手的动作，判定对方来球的速度、重量及球的落点而迅速选择扣球或拦网或吊球。

3. 动觉反馈作用加强。动作技能的反馈包括两类：一是外部反馈，即对反应结果的获悉；另一类为内部反馈，即是以肌肉活动本身的动觉刺激形式出现的。在初步掌握动作技能时，学习者主要依据外部的视觉反馈来调节自己的动作，而在动作技能的熟练期，学习者主要依据内部的动觉反馈来操作或调节自己的动作。如希金斯（J. R. Higgins）等的研究表明，熟练的专家甚至尚未等到肌肉信号的到来，便能预料到它给自己的肌肉发出了不正确的指令，在错误发生之前，能收回这个指令。

4. 形成运动程序的记忆图式。所谓运动程序的记忆图式，是指经过长期的练习而在长时记忆中形成的关于动作的有组织的系统性知识，它使完整的操作流畅地执行。拉斯罗（J. I. Laszla, 1967）

做过一个在剥夺视觉、听觉、触觉和动觉条件下，用早已熟练了的手指敲桌子的技能去按打字机键的再学习实验，结果发现，运动技能的熟练程度达到某一阶段时，人的头脑中就会产生运动的指导程序（directing program），并以此程序来控制运动。

5．在不利条件下能维持正常操作水平。检验动作的熟练程度，更重要的是应考察在不利条件下表现出来的操作水平。一般说来，越熟练的动作，越能在外界情况变化下或面临紧急情况时维持正常操作水平。如最优秀的飞行员能在遭遇飓风袭击的恶劣气候条件下，维持协调和准确的操作，保证飞机安全飞行。

三、动作技能形成阶段

动作技能的形成是通过领悟和练习逐步掌握某种动作操作程序的过程。复杂运动技能的形成，一般要经历四个主要阶段。在不同的阶段，学习者学习的重点及表现出的特征不同。

（一）认知阶段

这是动作技能形成开始阶段。从传授者角度看，主要是讲解与示范；从学习者角度看，主要是理解学习任务，形成目标表象（goal-image）和目标期望（goal-expectancy）。目标表象是指学习者了解动作的要求，记住有关动作的知识及事项，在头脑中形成动作的完整表象，以此作为实际操作的参照。目标期望是指学习者根据以往成功与失败的经验，以及自己的能力和任务的难易程度，对自己所能达到的操作水平的估价，即明确自己能做得如何。例如，上体育课，学生通过视觉观察教师的示范，通过听觉倾听教师讲解的动作要领，并把教师的示范、讲解进行编码，形成体操表象，作为自己学习体操的指南，来调节控制自己做体操的动作方式。

在认知阶段，学习者认知的质量和学习时间，取决于对现有任务（即动作技能）的知觉和有关线索的编码，有助于此后在长时记忆中依据线索提取关于现有任务的知觉信息，以及从长时记忆中激活先前有关的信息，并有效地检索，提取出来。

（二）分解阶段

在这一阶段，传授者把整套动作分解成若干局部动作，学习者则初步尝试，逐个学习。学习者由于初学，注意的范围狭小，不善于注意的分配与转移，虽然分解后的动作较简单，容易掌握，但在前后两个动作的交替和过渡上则比较困难，因而导致学习者出现动作忙乱、紧张呆板、不准确协调、顾此失彼等现象。如儿童初学写字时，往往头部过低，身体歪斜，握笔太紧，用力过大，中学生初做实验时手忙脚乱等。

（三）联系定位阶段

该阶段重点是使适当的刺激与反应形成联系而固定下来，整套动作成为整体，变成固定程序式的反应系统。学习者首先要弄清刺激与反应之间的步骤，使之形成联系。其次，要增加练习次数和练习时间，加强动觉反馈，以提高动作的熟练性和准确性，提高动作质量。要注意排除过去经验中的习惯干扰，防止负迁移产生。

（四）自动化阶段

这是动作技能的熟练阶段。各个动作的完成似乎是自动的，娴熟协调，得心应手，甚至出神入化，令旁观者眼花缭乱，叹为观止。如熟练的车技演员一边骑车，一边作出优美、复杂的动作。

四、动作技能的保持和迁移

（一）动作技能的保持

对于知识的学习来说，在保持阶段主要是防止遗忘问题。那么动作技能的保持有什么特点呢？心理学研究表明，动作技能的遗忘跟语言材料的遗忘特点不同，一般来说动作技能不易遗忘或遗忘的发生较慢。这主要是由以下原因造成的。

1. 动作技能是经过大量练习之后获得的。人们在获得动作技能时，为了达到自动化、熟练化需要经过大量的练习，并且人们的多种感官都同时起作用,因此,在某种感官作用降低时,可通过其他感官的提示而得到较好的保持。同时,大量的练习意味着过度学习的发生,而我们知道,过度学习有助于使学习效果得到巩固。

2. 许多动作技能是以连续任务形式出现的。动作技能往往不是单一的动作模式,而是由大量的分动作组合而成的,一个动作的完成往往自发地激起下一个动作的发生,且动作之间可以相互得到提示,从而使保持的效果得到提高。

3. 动作技能不同于言语知识,它的保持高度依赖于小脑和脑的低级中枢,而这些中枢可能对脑的其他部位有更大的保持动作痕迹的能量。

(二) 动作技能的迁移

动作技能的学习和知识的学习一样,也存在着迁移问题,即一种动作技能的掌握还对另一种动作技能的形成产生影响。动作技能的迁移主要有以下几种。

1. 两侧性迁移,指身体一侧器官进行的学习向另一侧器官的迁移。人体的对称部位最易产生两侧性迁移,如左手与右手的迁移;其次是同侧部位的迁移,如左手向左脚、右手向右脚的迁移;人体对角线部位的迁移最弱。

2. 言语—动作迁移,即事先的语言训练有助于动作技能的形成。如在学习某动作时,首先进行语言指导,从而提高语言的辨别能力,最终可达到提高动作技能掌握的目的。

3. 动作—动作迁移,这种迁移在日常生活中十分常见。如学会骑自行车有助于掌握骑摩托车的技能,因为这两种技能存在着相似的注意分配、反应速度以及处理操作步骤。

根据以上动作技能迁移的特点,教师可以通过训练学生的动作技能来达到迁移的目的,如让学生先描红,然后将其描红的技能迁移到临帖上,并最终使学生掌握书法技能、技巧。

五、动作技能的培养

动作技能的培养是一个动态过程。教师应将动作技能的结构、内容,依据其相互联系划分为不同的学习任务,然后分阶段采取相应教学措施进行有计划的培养。

(一) 理解任务性质和学习情境

学习者要学习任何一种动作技能都须首先理解任务的性质和学习的情境,这是培养动作技能的必要条件和内在原因。教师首先应使学生懂得掌握某种动作技能的重要性,形成强烈的学习动机,学生才会乐于接触,认真研究,力求掌握。其次,教师应向学生明确提出动作技能应达到的目标,向他们提出适当的切实可行的期望,使学生明确"做什么"和"怎么做",形成对自己的正确估计,能根据自己的能力与学习任务的目标而调控自己的练习过程。

(二) 示范与讲解

教师的示范与讲解在动作技能的形成中具有导向功能,能引导学生作出规范性的动作。研究表明,指导者的示范与讲解不同,学习者的学习效果不同。如汤普森(L. Thompson)曾把儿童分为五组,在不同的示范方法下让其学习装配齿轮的七巧板。由于示范时,对各组儿童活动的要求不同,主试的言语指导不同,各组儿童独立完成拼装的效果呈现明显的差异(见表5-2)。

表 5-2 不同指导方法的不同效果

组别	儿童在观察时的活动	示范者的言语解释	拼容易的七巧板所需的时间/分	拼困难的七巧板所需的时间/分
1	连续加2至100	无	5.7	25*
2	说出示范者所演示的	无	3.1	22
3	静默观看	不完整的描述	3.5	16
4	静默观看	完整的描述	3.2	14
5	说出示范者所演示的	纠正儿童叙述中的错误	2.2	12

* 25名儿童中仅有三名完成了任务。

由表 5-2 可见，教师示范—学习者描述示范动作—教师纠正学生的错误（即第 5 组）是最有效的指导方法。

根据观察学习原理，教师在示范之初要注意降低示范速度，分解示范动作，以便提高学生的注意力，使学生准确地把握动作结构与特点，更好地观察与模仿。

动作技能的学习以一定的认知活动为基础。教师在示范时，还应简明扼要地向学生讲解一些操作原理，特别是讲清动作概念。沈德立、阴国恩（1983）曾让大、中学生被试形成镜画技能（即按多角星形的镜像来描摹该图形），结果发现，凡是已经形成镜画技能的被试，他们都掌握了镜画技能的动作概念；凡是未形成镜画技能的被试，他们都没有掌握镜画技能的动作概念。这说明，动作概念是否掌握，决定着技能是否形成。因此，教师应让学生了解掌握动作的原理、概念等操作性知识，避免在动作技能学习中只重动作示范、忽视讲解作用而导致培训效果不理想，所授动作技能不能很好地迁移的情况。

（三）练习与反馈

任何复杂的动作技能都必须通过练习才能达到熟能生巧的程度。但练习不是单纯或简单机械的重复。练习时，学习者必须调动感知、记忆、思维等多种认知成分的积极参与，必须有效地改善形成动作技能的四个条件，即顺序、偶合、连贯和强化，练习才有价值。

首先，要采取多种练习方法。练习方法主要有以下几种。（1）实地练习法，即在实习基地学生依据所学知识从事实际操作，以形成动作技能的办法。（2）程序训练法，即运用程序教学原理，把学生的动作技能划分为若干阶段，要求学生由易到难、由简到繁循序渐进地学习，教师不断给予强化与矫正，以提高动作效率的方法。（3）动作—时间分析法，即测量每个动作所需要的时间，排除无效动作，减少不必要的动作环节，取得最佳活动效率的办法。这也是工效学研究的一种重要方法。(4) 心理练习法，即指身体不实际活动，而是在头脑内进行练习的形式。如理查森（A. Richardson, 1967）曾评述了 11 个有关心理练习研究，包括打网球、倒车、掷标枪、肌肉耐力、理牌、玩魔术等技能，他的结论是，心理练习与作业改进有一定相关，如果将心理练习与身体练习相结合，其效果更佳。(5) 集中练习与分散练习法。集中练习是指长时间地连续练习到掌握为止，而分散练习将练习的时间分为多次进行。一般说来，分散练习可以避免长时间练习所产生的抑制疲劳或厌烦情绪，效果较佳。但怀特利（Whitely, 1970）的研究表明，在集中练习的条件下，学习者的动作在一段时间的休息之后，能恢复到分散练习的效果。

其次，要注意练习周期，克服"高原现象"。心理学的研究表明，在各种动作技能的形成过程中，会出现练习时而进步、时而退步的波动起伏现象，甚至出现进步暂停或下降，难以有所提高的"高原现象"。出现上述现象的原因，一是成绩的提高往往需要以新的结构和新的方法代替旧的结构和旧的方法，缺乏新旧交替，成绩进步常常暂时停止。但新旧交替时会出现暂时不适应，成绩暂时下降。二是练习时间过长，练习兴趣下降，注意力分散，产生厌倦或疲劳消极情绪所致。三是练习环境、练习工具或教师指导方式的改变等。要克服上述现象，关键是教师要帮助学生寻找原因，对症下药，要严格要求学生，改善练习方法和练习环境，利用他们对未来进步的憧憬，以增强其努力的信心和学习的兴趣。

最后，提供恰当的反馈。通过反馈，学生才能辨别动作的正误，知晓自己动作是否达到要求。反馈可分为内部的与外部的、及时的与延迟的。采取何种反馈，应根据任务的性质、学习者的学习进程而定。伊里翁（A. L. Irion, 1966）研究了有关文献认为，若是连续的任务，如开车、滑冰等，及时反馈重要；若是不连续的任务，如徒手画一条规定长度的线段、投掷铅球等，则延迟反馈并不影响完成任务的效果。

第六章　问题解决及其教学

当一个人想要达到一个特定的目标，但又不能立即找到达到该目标的适合的方法时，他所从事的活动都被称为问题解决。可以说问题及其解决是社会中每个人每天都面临的活动，也是每个人都必须具备的基本能力。知识与规则学习的目的就是为了解决人们在学业和生活中面临的各种问题，因此问题解决及其教学就成为教育心理学研究的重要内容。本章主要探讨了问题解决的基本概念、问题解决的心理过程、影响问题解决的主要因素和问题解决能力的培养。

第一节　问题解决概述

一、问题及问题解决的概念

（一）问题

问题是一种情境。一般来说，它不能直接用已有的知识解决，但可以间接地用已有知识解决。在现实生活中，我们每天都会遇到各种各样的问题。问题的难度取决于情境的复杂程度，情境越复杂，问题就越难。

请解决这个问题：已知 $D=5$，各字母都代表不同的数字，请算出其他字母代表的数字。

  DONALD
 +GERALD
 ―――――
 ROBERT

第一步：$D=5$，所以 T 必定是 0，并向第二列（从右至左依次为第一、二、三、四、五、六列）进位。

第二步：第五列 $O+E=O$。只有当 0 或 10 与 O 相加时才能出现这种情况，因此，E 必定是 9（加进 1）或 0。但 T 已经是 0，所以 E 必定是 9（加上从第四列来的进位）。

第三步：如果 E 是 9，那么在第三列里，A 必将是 4 或 9（无论在哪种情况下都再加进位），E 已经是 9，所以 A 必定是 4。

第四步：在第二列里，L 加 L 再加 1 等于 R，加上向第三列进 1，R 必是奇数。奇数只剩下 1、3 和 7。但从第六列可知 $5+G=R$，所以 R 必定大于 5。因而 R 必定是 7，这就使 $L=8$，$G=1$。

第五步：在第四列里，$N+7=B+$ 进位。因此，N 大于或等于 3。剩下来的数字只有 2、3、6，所以 N 是 3 或 6。但是如果 N 是 3，B 应是 0，因而 N 必定是 6。它使得 $B=3$。

第六步：剩下来的只有字母 O 和数字 2，$O=2$。

因此， 526485
  +197485
  ―――――
   723970

（二）构成问题的基本成分

问题虽然有各种各样，但是，所有的问题都含有三个基本成分。[①]

―――――――――

[①] 王甦、汪安圣：《认知心理学》，277 页，北京大学出版社，1992。

第一,给定。一组已知的有关问题条件的描述,即问题的起始状态。

第二,目标。有关构成问题结论的描述,即问题要求的答案或目标状态。问题解决就是要把问题的给定状态转化为目标状态。

第三,障碍。正确的解决方法不是直接的、显而易见的,必须间接通过一定的思维活动才能找到答案,达到目标状态。

任何一个真正的问题,都是由这三个成分组成的,并且这三个成分是有机地结合在一起的。问题的条件和目标之间有着内在的联系,但是要把握这种联系,不是轻而易举的,其间存在着障碍,需要进行思维活动。因此,在最终的问题解决之前,可能会有一些错误和曲折,要经过许多步骤。

(三) 问题的种类

从问题的给定状态和目标状态的界定情况来分,可将问题分为界定良好问题(well-defined question)和界定不良问题(ill-defined question)。界定良好问题是指初始情境、目标情境、可能的操作和运算过程都是清楚的。例如,下中国象棋就属于界定良好问题。开局是清楚的,每个子能走的方式是确定的,目标也很明确,就是抓住对方的"帅"。界定不良问题是指缺乏清晰的初始情境、目标情境、可能的操作和运算过程。例如,一个人单独走过大沙漠,虽然目标是明确的,但还有许多情境是未知的,即天气情况、个人身体状况、体力消耗情况等。

从问题的内容来分,可将问题分为具体问题和抽象问题两类。具体问题是问题内容的要求比较明确的问题,例如 $2+3=?$ 抽象问题则是难以用简单的语言回答的、概括性高的问题,例如"人生的意义是什么"。

从问题的性质来分,可将问题分为归纳结构问题、转化问题和排列问题三类。归纳结构问题,指给了几个成分,要求问题解决者发现隐含在这些成分中的结构形式。其中类推问题就是属于归纳结构问题，例如，光明对于白天，犹如黑暗对于（　），答案是黑夜。转化问题，指给出一个初始状态，问题解决者必须发展一系列达到目标状态的操作，通过这些操作，使最初状态不断向目标状态转化，最终达到终极目标。例如河内塔问题就是属于这类问题。排列问题，指给出所有的成分，而问题解决者必须以一定的方式排列它们，通过排列达到目标状态。例如解密码算术题就属于这类问题。

（四）什么是问题解决

传统上，人们对问题解决的理解是指个人利用已有知识来处理新的情境。也就是说，把新情境概括到已经处理过的某类旧情境中去，就能拿处理旧情境的方法来处理新情境，问题就能解决。

用现代认知心理学来看问题解决是人在没有明显的解决方法的情况下，将给定情境转化为目标情境的认知加工过程。换言之，问题解决是有目的的认知活动，而非自动化的加工。从某种程度上讲，它是个人行为，对某个人成为问题的事，可能对另一个人来说，就不是问题。例如，有一辆汽车需要开走，对于初学开车的人来说是个大问题，对于熟练的司机来说就不是问题。

（五）问题解决的特征

虽然问题解决时所用的方式方法因问题不同而异，但是问题解决都是有共同的基本特征的。(1) 目的的指向性。问题解决具有明确的目的性，问题解决活动必须是目的指向的活动，它总是要达到某个特定的终结状态。(2) 操作的顺序性。问题解决必须包括心理操作过程的序列。没有这种操作的序列，不能称为问题解决。(3) 认知操作。问题解决的活动必须通过人的认知活动来完成。

（六）问题解决和创造力的关系

问题解决和创造力的关系是既相互区别又相互联系且相互制约的。

问题解决和创造力是有一定的区别的。首先，问题解决和创造力的定义不同。其次，在问题解决时，既可以使用现成的方法，也可以不使用现成的方法。使用现成方法来解决问题,叫做常规问题解决。不使用现成的方法,而是独立地提出新的方法来解决问题,叫做创造性的问题解决。因此,当问题解决时一旦有创造力参与,则属于创造性的问题解决。

问题解决和创造力是相互联系、彼此相互制约的。首先,创造力的水平高低必须通过问题解决来体现。不解决问题,无法表现出一个人的创造力水平的高低。因此,当问题越是复杂,解决起来越困难,越是能体现一个人创造力水平的高低。其次,创造力的大小对问题解决有直接的影响。一个人创造力水平越高,其问题解决的速度越快,越能完满地解决问题。相反,一个人创造力水平越低,其问题解决的速度越慢,而且越不能完满地解决问题。再次,问题解决会促进创造力的发展。一个经常动脑筋解决各种问题的人,在解决问题的过程中,会激发和培养其创造力。

二、问题解决的基本阶段

(一) 杜威的观点

杜威在1910年出版的《我们怎样思维》一书中,首次对问题解决的心理过程进行了探讨,提出了问题解决的五个步骤:

(1) 在情境中感到要解决某种问题的暗示;

(2) 明确要解决的难题是什么;

(3) 提出解决问题的假设;

(4) 推断所定假设的内在含义;

(5) 在行动中检验假设,从而解决疑难问题,取得直接经验。[①]

杜威后来又把自己提出的问题解决的五个步骤应用于教学过程

[①] 朱智贤、林崇德:《儿童心理学史》,68~69页,北京师范大学出版社,1988。

中,并形成了教学的五个步骤:

(1) 儿童要有一个真实的经验的情境,要有一个对活动本身感兴趣的连续活动;

(2) 在这个情境内部产生一个真实的问题,作为思维的刺激物;

(3) 儿童要占有知识资料,从事必要的观察,以对付这个问题;

(4) 儿童必须负责一步一步地展开其所想出的解决问题的方法;

(5) 儿童要有机会通过应用来检验其想法。

(二) 奥苏伯尔和鲁滨逊(Robinson)的观点

奥苏贝尔和鲁滨逊通过研究学生对几何问题解决的过程,提出了问题解决要经历如下四个阶段。①

第一个阶段:呈现问题情境命题。在这个阶段主要把问题以一定的命题形式呈现在学生面前,并要求学生掌握这些命题。

第二个阶段:明确问题的目标与已知条件。问题的情境命题,最初只是对问题的潜在意义的陈述。如果学生具备有关的背景知识,就能使问题情境命题与其认知结构联系起来,从而理解面临问题的性质和条件。明确问题情境命题有两个功能:一是规定解题过程的目标;二是规定学生进行思考的出发点。

第三个阶段:填补空隙。这个阶段是问题解决过程的核心。学生在明确了已知条件和要达到目标间的空隙后,要找到填补空隙的方法。例如从大脑储存的知识中提取出与解决当前问题有关的知识、规则,同时还要找到问题解决的策略。

第四个阶段:解答之后的检验。这个阶段是问题解决的最后一关。问题解决后,要进行检验,即查明填补空隙的方法是否正确、

---

① 邵瑞珍:《教育心理学》,146~149页,上海教育出版社,1988。

简捷、合理。

(三) 斯滕伯格的观点

斯滕伯格认为，如果要创造性地解决问题，需要被试能在问题解决过程中产生顿悟。斯滕伯格认为，顿悟不只包括一个过程，而是包括三个不同的而又相关的心理过程。

(1) 选择性编码（selective encoding），指了解某些信息与要解决的问题有关，以及是如何有关的。这种顿悟的发生依赖于学生能从问题中觉察一个或几个不是直接明显的条件。在问题中经常有与"解题有关的"和"与解题无关的"两方面的已知条件，学生如果能觉察和利用阅读上下文所暗示的线索，则对解答问题有重要作用。在阅读中，无论是读报、看书，或者是做文字游戏，都会遇到大量的与自己需要无关的内容，因此，成功地解决问题的关键是能把必要条件与多余条件区别开来，这种辨别能力是学生解决问题时选择性编码的认知加工的基础。例如，有这样一个问题：假如你的抽屉里有黑色的球，也有白色的球，两种球混在一起的比例是4∶5，问至少拿几只球，才能拿出两只相同颜色的球？如果一名学生不能将"两种球混在一起的比例是4∶5"这个无关条件区别开来，那么解决此问题肯定会出错。

(2) 选择性组合（selective combination），指个体将最初分离出的信息组合成一体，组合后的信息可能和其他部分相似，也可能完全不同。个体必须知道如何将相关信息组合在一起。换言之，在解决问题的过程中，将那些看似无关紧要的但却是极有价值的线索组合起来。这种顿悟的产生，依赖于学生能够想到办法，将互不相关或者至少是表面上不相关的因素联系起来。有一个这样的问题：下周内，我打算办几件事，到外面和朋友吃一顿饭，去参观美术馆，去一趟图书馆，去商店买一件衣服。我的朋友周三不能见我，图书馆周六闭馆，美术馆每逢周二、周四和周六不开放，周二、周五和周六商店开门。问在下周哪一天能将计划的事办完？该问题比较简单，除不能办事的几天，正确答案就是周五。

(3) 选择性比较（selective comparison），指个体将新获得的信息与过去获得的信息联系起来，并能找到新信息和旧信息在某些方面是相似的，在某些方面是相异的，并利用旧信息更好地理解新信息。要想发现新旧两种信息之间的联系，需要学生运用推理、类比、模仿等方法。例如，贝尔在发明电话的过程中，已经做出了样机，进行通话实验时，尽管他们拼命地喊叫，电话机中簧片也振动了，就是听不到声音，原因在什么地方呢？贝尔苦思后仍没有找到答案。这天天气特别闷热，紧张工作后他感到需要呼吸新鲜空气。于是，他打开窗户，听到了从远处传来的吉他声。他听着听着，突然茅塞顿开。他知道由于吉他有助音箱，才使声音传得很远，单靠琴弦是不可能实现的。既然吉他能够借助于助音箱提高效率，同样也可能借助音箱来提高电话机的灵敏度。从中可以看出，贝尔就是通过类比发现两种信息之间表面上看不出来的内在联系。

第二节　问题解决的心理过程

一、成功与不成功解决问题的心理过程比较

有人比较在问题解决过程中，成功与不成功解决问题人的认知过程。① 结果发现，两者的认知过程存在一定的差别，成功地解决问题的人具有以下特征。

(1) 成功地解决问题的人较少错乱，他们在选定"从某一点开始着手"方面比较果断。在许多情况下，这只不过反映了他们对进行的方向更为注意和更能理解。

(2) 他们更加集中注意于要解决的问题，而不去注意某些与问

---

① [美] 奥苏伯尔等著，佘星南、宋钧译：《教育心理学——认知观点》，704页，人民教育出版社，1994。

题无关的方面。

(3) 他们能较好地把自己具有的有关知识用来解决当前的问题。他们能更清楚地看出自己的知识同当前问题的关联以及是否合用，而且不太容易因措辞或所用记号的改变而感到迷茫。

(4) 他们显示出一种更为积极努力的探索过程。他们的方法很少被动、肤浅和单凭印象的。他们很少机械地搬用先前的问题解决的倾向。

(5) 他们工作时很细心，所用的方法有系统。他们的努力不是无计划和以猜想为特征的。

(6) 他们往往更能沿着一条推理的思路达到逻辑的结论。他们在操作中更有坚持性而不太分心。

(7) 他们对推理的价值持积极态度，很少听天由命。

(8) 他们对自己解决问题的能力有更大的自信心，而且不大容易因问题复杂而泄气。

(9) 他们解决问题的方法更为客观而较少受个人好恶的影响，他们较少受个人情感因素和主观因素的影响。

(10) 他们比较容易克服起干扰作用的定势所引起的负迁移效应。

二、问题解决的策略

（一）什么是策略

策略（strategy）一词来自于希腊字 strategos，该词根最初的意思是计谋或欺骗，后来演变为描述军队中用计谋取胜的将军，即能够欺骗敌人的将军。注意，虽然计谋或策略是通过行为来体现的，但计谋并不仅仅是行为，它意味着个体在行为之前进行了某种心理活动或计划，无意图的计谋是不可能的。①

---

① ［美］Best 著，黄希庭主译：《认知心理学》，364 页，中国轻工业出版社，2000。

对策略的现代定义必须考虑如下情况,策略体现在行为中,但行为还隐含着某种心理努力,因而策略可以定义为一种用来使问题发生某些变化并由此提供一定信息的处理、试验或探索。

(二) 问题解决策略的类型

现代认知心理学家提出,问题解决的策略主要可以分为两大类:算法式策略(algorithms strategy)和启发式策略(heuristics strategy)。①

1. 算法式策略。算法式策略是一种保证可以产生答案的步骤。所谓算法,是指一种能够保证问题得到解决的程序。例如,河内塔问题的解决就需要利用算法式策略来进行。河内塔问题的算法是:在奇数序号(第一、第三步等)步子移动最小的圆盘,在偶数序号(第二、第四步等)步子移动所轮到的次小的圆盘;如果圆盘的总数是奇数,则最小的圆盘先从原柱移到靶柱;如果圆盘的总数是偶数,则最小的圆盘先移到其他柱,再移到靶柱,如此反复进行。不管圆盘数目多少,按以上策略来移动圆盘,只要记住步子的序号和最小圆盘移动的方向,都可顺利解决任何河内塔问题。

算法式策略的特点是总能保证问题一定得到解决。

2. 启发式策略。启发式策略是凭借经验来解决问题的一种方法,或者可以说是有助于人们找出问题解决方法的一种提示或经验估计。启发式策略有助于导致问题的解决,但不能保证一定会把问题解决。

主要的启发式策略有如下几种。

(1) 手段—目的分析策略。这种策略的核心是发现问题的当前状态与目标状态之间的差别,并采用一定的步骤来缩小这种差别。也就是说,将需要解决的问题的总目标分为若干子目标,通过一系

---

① 王甦、汪安圣著:《认知心理学》,292~302 页,北京大学出版社,1992。

列的子目标最终达到总目标，使问题得到解决。

手段—目的的分析是解决界定良好问题的一个核心策略。当问题可分成若干个各自具有目标的更小问题时，人们常用这种启发式策略。其基本的操作步骤是：

第一，认清问题的初始状态和目标状态；

第二，分解问题的总目标为若干小目标（每个小目标就是一个中间状态）；

第三，选择手段将初始状态向第一个小目标推进；

第四，达到第一个小目标后，再选择手段向第二个小目标推进，依次类推；

第五，如果某一手段行不通，就退回到原来状态，重新选择手段，直到最终达到总目标。

图 6-1 就是运用手段—目的分析策略解决河内塔问题。河内塔任务的要求是：把三个圆盘从 A 柱移到 C 柱，一次只能移动一个。大圆盘不能压在比它小的圆盘上。

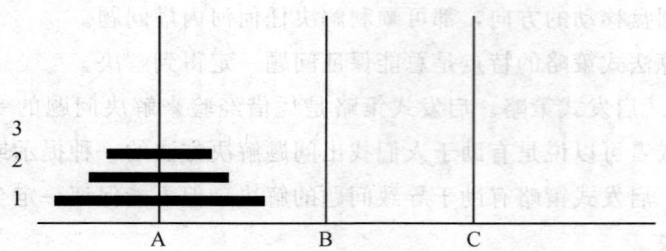

图 6-1　用手段—目的分析策略解决河内塔问题

这个问题可分成几个子问题，第一个子目标是把最大的圆盘移到 C 柱，完成后，下一个子目标是把第二大的圆盘移到 C 柱上，最后是把最小的圆盘移动到 C 柱上。河内塔问题具体的解决步骤是 2^n-1，n 代表圆盘的数量。当只有三个圆盘时，完成该任务需要 7 步；当只有四个圆盘时，完成该任务需要 15 步，依次增加。

（2）爬山法策略。这种策略的名称是一个形象的比喻，即在问题解决的过程中，假定的目标是山顶，人们不可能一下子爬到山顶，而是先确定较低处为我们的目标，爬上这个目标后，再确定比较高处为目标，如此多次循环，最终达到山顶。这种策略给人一种成功感，鼓励人们进一步地解决问题。

例如，有这样一个问题：9个大人和2个小孩想要过河，而渡河用的木船每次只能运送一个大人或两个小孩。要实现这一目标木船必须在河中横渡多少次？（一个来回等于两次横渡）

要解决这个问题，采用爬山法策略，具体解决过程是：考虑将一个大人送过河需要横渡多少次。通过思考，就能得出把一个大人送过河需要横渡4次。两个小孩首先过河，然后一个孩子将船划回来。接下来一个大人自己划船过河，最后，再由对岸的小孩将船划回来。这样就实现了将一个大人渡过去的目标。将9个大人全部横渡过去，重复上述步骤9次，即共需36次。最后，船将停在原岸，剩下的两个小孩一起将船划过去。因此，整个过程需要37次横渡。解决此问题的关键就是认识到一个大人渡河的步骤，而要做到这一点，需要将问题的目标分解成若干子目标，然后依次实现这些子目标，最后，实现总目标。

（3）反推法策略。这种策略适合于解决那些从起始状态出发可以有多种走法，但是只有一条路能够达到目标状态的问题。其基本思想是：从目标状态出发向初始状态反推，直到达到初始状态为止，然后再由初始状态沿反推路线一步步正向求解。

这种策略常用于解决几何问题。例如，已知矩形 ABCD，如图 6-2 所示。求证 AD=CB。

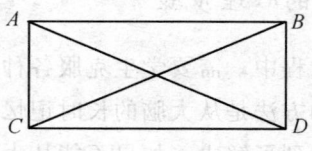

图 6-2　矩形图

在解决这个问题时，学生会自问："怎样才能证明 $AD=CB$ 呢？如果我能证明△ACD 等于△BDC，我就能证明 $AD=CB$。"这样，学生就会从证明线的全等推出要证明三角形全等。他进一步还会推想，如果能够证明两条边和夹角相等，那么，就能证明△ACD 和△BDC 全等。这就是利用反推法来解决几何问题。

（4）简化策略。这种策略就是在问题解决过程中，先抛开问题的某些细节，直接抓住问题的关键信息，将抽象的问题简化成简单的形式，然后解决已简化了的问题，最后实现对复杂问题的解决。

例如，有这样一个问题：在一张桌子前，从左到右依次并排坐着 A、B、C、D 四个人，请根据以下信息，指出谁有辆小轿车。

已知条件：

①A 穿蓝衬衫；

②穿红衬衫的人有辆自行车；

③D 有辆摩托车；

④C 靠着穿绿衬衫的人；

⑤B 靠着有小轿车的人；

⑥穿白衬衫的人靠着有摩托车的人；

⑦有三轮车的人距有摩托车的人最远。

该问题的解决，最主要就是不考虑每个人所穿衬衫的颜色，直接考虑他们的座次及与车子的关系，问题就比较好解决。

二、问题解决的心理步骤

在问题解决的过程中，需要学生克服各种障碍以实现目标。最快地得到问题答案的方法是从大脑的长时记忆中搜索。如果找到了答案，问题马上就得到了解决。如果不能从大脑中找到答案，就需要按问题解决循环（problem-solving cycle）中的七步来解决所遇到的问题。① 具体见图6-3所示。

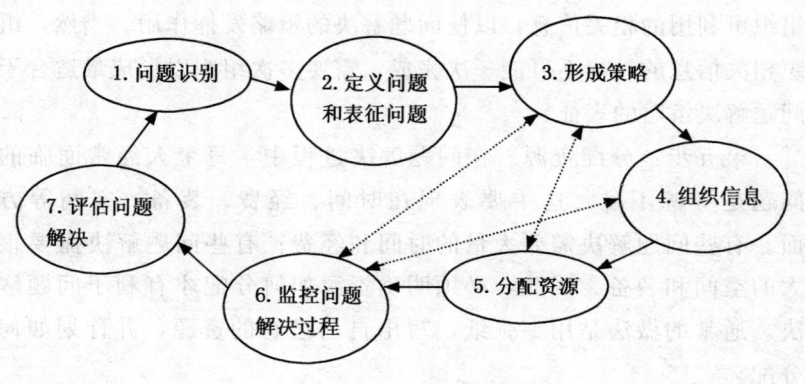

图6-3 问题解决循环

第一步：问题识别。问题识别是问题解决过程中最难的一步。这种困难有时表现为错误地识别问题的目标，有时表现为实现目标存在某种障碍，有时表现为问题解决时心不在焉。问题识别的最好方法是将问题写在纸上，并标出要解决的问题。

第二步：定义问题和表征问题。一旦问题被识别之后，就需要定义问题和表征问题。这是解决问题的关键步骤，因为不正确的定义问题和表征问题将会造成解决问题上的麻烦。定义问题和表征问题的根本就是限定问题。

第三步：形成策略。在有效地定义问题之后，下一步需要计划问题解决的策略。问题解决的策略包括分析策略、综合策略、发散策略、聚合策略。其中分析策略是将整个问题分解为各个部分；综合策略是将问题的各要素整合起来；发散策略是从不同角度想出问题解决的方法；聚合策略是将问题解决的多种可能性集中在一点上，找出最佳的解决方法。

---

① R. J. Sternberg (1996), *Cognitive Psychology*. Fort Worth: Harcourt Brace College Publishers, pp. 346-350.

第四步:组织信息。一旦确定了问题解决的策略后,就应着手组织可利用的相关信息,以使问题解决的策略发挥作用。当然,组织相关信息的过程不可能一次完成,需要多次组织以形成最适合于问题解决策略的表征。

第五步:分配资源。在问题解决过程中,每个人经常面临的问题是资源不足。这主要表现在时间、经费、装备、空间等方面。有些问题解决需要大量的时间和经费;有些问题解决需要很大的空间和装备。因此,必须明确资源如何分配才有利于问题解决。通常的做法是用一张纸,写出自己已有的资源,并计划如何分配。

第六步:监控问题解决过程。在问题解决过程中,有效的问题解决者不仅在解决问题后进行反思,而且更重要的是监控自己解决问题的每一步,以确保最快、最有效地达到问题的目标。如果一个人不能在问题解决开始时就监控的话,可能开始解决问题时就已经错了而没有及时发现,最后导致更大的损失。

第七步:评估问题解决。就像问题解决需要监控一样,也需要对问题解决进行评估。通过评估,新问题才会识别,重新定义,选择新的解决策略,分配认知资源。评估既可能标志着问题解决的结束,也可能标志着问题解决的开始。

虽然问题解决包括以上七步,但在实际的问题解决过程中,各步骤之间的顺序不是固定的。成功的问题解决是上述步骤的灵活使用。

第三节　影响问题解决的因素

一、影响问题解决的主观因素

(一)定势

定势是指心理的一种暂时的准备状态。最初由德国心理学家缪勒和舒曼（G. E. Müller & F. Schumann）于1889年提出，原指对某一特定的知觉活动的直接准备性。

定势的种类很多，这里我们主要探讨思维定势。所谓思维定势就是指在问题解决的过程中作特定加工方式的准备。思维定势在问题解决过程中一般起限制作用。它限制着形成假设的范围，并使所尝试的问题解决方法固定化。

如果问一个人："由两个1组成的最大数字是多少?"他马上说出是11。

如果问他："由三个1组成的最大数字是多少?"他马上说出是111。

这时，如果再问他："由四个1组成的最大数字是多少?"他可能会说是1 111。

这个人对前两个问题的回答是正确的，但是对第三个问题的回答是错误的。因为，由四个1组成的最大数字不是1 111，而是11的11次方，这个数字要比1 111大得多。出现这种错误的原因就是思维定势所引起的。

关于思维定势的心理学实验研究，最为著名的要算卢钦斯（A. S. Luchins）所完成的。

卢钦斯所设计的取水问题最能说明思维定势对问题解决的限制。[①] 卢钦斯的问题要求被试用三个给出的容器，取出所需要数量的水。具体问题如表6-1所示。

在上述问题中，前七个问题属于一个共同的模式，解决这几个问题的方法是 B−2C−A。第六题和第七题也可以用一种更为简单的方法加以解决，第六题是 A−C，第七题是 A+C。第八题只能用一种比较简单的方法来解决，即 A−C。

---

① R. J. Sternberg (1998), *In Search of the Human Mind* (second edition). Fort Worth：HarCourt Brace College Publishers，pp. 326-327.

表 6-1　卢钦斯的取水问题

问题编号	容器大小			所取水量
	A	B	C	
1	21	127	3	100
2	14	163	25	99
3	18	43	10	5
4	9	42	6	21
5	20	59	4	31
6	23	49	3	20
7	15	39	3	18
8	28	76	3	25

卢钦斯让两组被试同时完成这些问题。其中一组被试是从第一题开始做起，一直做到第八题。另一组被试则只做最后三道题（即第六、第七、第八题）。结果发现：第一组被试中，有80%的人在做后三道题时，仍然采用与前五道题一样的方法，并且，在规定的时间内，大部分人未能解答完最后一道题；第二组被试在完成第八题时没有遇到什么困难，并且大部分人在解答第六、第七个问题时采用了比较简单的方法。造成上述结果的原因是第一组被试在解答问题的过程中形成了以某种方法处理这些问题的一种思维定势。尽管可以利用比较简单的方法来解决问题，他们却不能改变这种问题解决的思维，并且也没有在规定的时间内解出第八题。

在问题解决的过程中，不仅在普通人身上会出现思维定势，而且在大科学家身上也出现。据说，大科学家牛顿很喜欢猫，他自己养了一大一小两只猫。但因猫经常出入屋门，需要他开关房门，影响他的工作。于是他就在门上开了一个大洞和一个小洞。为什么要开两个洞呢？牛顿想：大猫应从大洞进出，小猫应从小洞进出，免得自己去开关屋门。① 牛顿所犯的错误就在于思维定势对他的影响。

上述例子说明了思维定势可能有的消极作用。这可能是由于在某些时候,我们集中精力用某种方法来解决问题,而忽视了还有其他可能更为有效的简便方法来解决问题,我们对这个问题的视野变得很狭窄,看不到其他可能的解决方法。如何克服思维定势呢?教师应在日常教学过程中,注意培养学生的求异思维能力。因为,思维定势的出现主要是在教学过程中片面强调求同思维所引起的。

(二) 功能固着

每个物体都具有人们常见的某种功能。例如,椅子是用来坐的,粉笔是老师用来写字的等。时间久了,人们就倾向于将某种功能赋予某个物体而不能认识到物体还有别的功能,这种现象被称为功能固着。

在人们解决问题的过程中,常需要改变事物固有的功能以适应新的问题情境需要,这是解决问题的关键。例如,有一个实验,在正式进行实验前,研究人员给每个儿童一块口香糖。实验任务是要儿童把栅栏缝中的硬币取出来。解决这个问题的关键,就是要儿童克服功能固着。因为口香糖有许多用途,但具体到这个问题,儿童必须要想到口香糖有浆糊一样的功能。②

还有一个实验,更能说明不克服功能固着,问题解决起来就比较困难。这个实验是德国心理学家邓克尔(K. Dunker)1945年做的。

问题:有三个小纸盒子,一个装火柴,一个装图钉,一个装小

---

① 张述祖、沈德立:《基础心理学》,505～506 页,教育科学出版社,1987。

② [美] 克雷奇著,周先庚等译:《心理学纲要》(上册),243～244 页,文化教育出版社,1980。

蜡烛，要求大学生把蜡烛点燃置于木屏风上。

一般说来，这个问题并不难，只要先用图钉把小纸盒子钉在木屏风上作为小台子，然后将蜡烛点燃，把它粘在小台子上就行了。但是，在实际的实验中，当把火柴、图钉和蜡烛分别装在各自的盒子里时，大多数大学生感到束手无策。在此条件下解决此问题的成功率为61%。只有把火柴、蜡烛和图钉都从纸盒子里拿出来，把空盒子放在桌子上，这时多数大学生才会想出上述办法来。在此条件下解决此问题的成功率上升到98%。为什么会这样呢？因为纸盒子里装了东西后，会给人暗示：这是容器。从而使大学生的思维固着在"纸盒子是容器"上，影响了其对问题的解决。

还有一个例子也能说明功能固着影响人们对问题的解决，即著名的双绳子问题。在一个实验室中，从天花板上垂下来的两根绳子，这两根绳子之间有一定的距离，被试如果抓住一根绳子，就抓不住另一根绳子。同时，在地上放有一些东西，如圆盘、钳子等。要求被试将两根绳子结在一起。解决此问题的办法是从地上的工具中，拿出一个来系在绳子的一端，让它具有钟摆的功能。首先，将系有工具的绳子扔出去，做钟摆运动。然后，将另一根绳子握在手中。当系有工具的绳子运动到最近距离时，把它抓住，这样就能解决这个问题。

在用钟摆功能解决此问题前，如果将被试分成两组，让他们完成不同的任务。第一组被试的任务是用钳子将电线连接在一起。第二组的任务是考虑钟摆问题。结果发现：第一组在解决将两根绳子结在一起的问题时，很少想到将钳子当做钟摆来用。尽管将钳子用做钟摆是解决此问题的最好凭借物。造成这一现象的原因可能是刺激泛化所引起的。后来，在研究中，实验人员将被试连接电线所用的钳子换成一把新的钳子，结果发现被试更倾向于将新的钳子当做钟摆来用。第二组被试在解决问题时，更多地想到要用钳子当做钟摆来用。

后来邓克尔曾用了五种工具来解决五个问题。实验组被试在解决问题前先对工具习惯用法进行练习,以增强功能固着的影响;而控制组不进行这种练习,直接解决问题。实验的具体结果见表 6-2 所示。

表 6-2　功能固着实验的结果

组别	工具	练习	解决问题	参加人数/人	成绩/%
实验组	钻子	钻洞	支撑绳索	14	71
	箱子	盛物	做垫脚台	7	43
	钳子	打开铁丝结	支撑木板	9	44
	秤锤	称重量	做钉锤用	12	15
	回形针	夹纸	做挂钩用	7	57
控制组	同实验组		同实验组	10	100
				7	100
				15	100
				12	100
				7	86

从表中可以看出,练习加强了被试原有的功能固着,与控制组相比,他们解决问题时的成绩明显下降。从中可以看出,功能固着是后天习得的,而作为一种习得的东西,它表明过去经验在解决问题过程中的重要性。

（三）知识经验

在问题解决时所需要的知识经验,有两层含义。

其一,指一个人所拥有的知识经验的数量。在通常情况下,一个人所拥有的知识经验的数量越多,越有利于问题的解决。在大多数情况下,知识经验在数量上的多少,主要取决于一个人的年龄。年龄越小的人,其所拥有的知识经验就比较少。所以年龄小的人比年龄大的人问题解决的能力差。

其二,指一个人所拥有的知识经验的质量,即在实践活动中积累起来的知识经验,也就是活的知识经验,即专家知识。瑞夫

(Reif，1979)① 通过对专家所具有的知识经验进行分析，发现专家的知识是按层次分门别类地组织起来的。当专家遇到新问题时，他能组织知识经验，很快找到问题的关键所在，从而快速地解决问题。这一点可以从齐（Chi, et al., 1985）等人的一项研究结果②得到支持。齐要求专家（物理学博士）和非专家对 24 个著名物理教科书上的问题进行分类。结果发现非专家常按问题的表面特点进行分类，而专家则按问题的内在结构进行分类。此外，瑞夫设想如果按专家的知识经验编写教材，不仅有利于学习，而且有利于问题解决。艾伦和瑞夫（Eylon & Reif, 1984）根据这一思想，做了这样一个研究。③ 他给学生两种关于浮力的学习材料。第一种材料是来自于传统的物理教科书；第二种材料是来自于根据专家对浮力知识的分析，按层次分门别类地组织的。结果发现，在回忆成绩上，学习第二种材料的学生比学习第一种材料的学生提高 40%；在问题解决方面的成绩上，学习第二种材料的学生比学习第一种材料的学生提高 25%。

（四）认知结构

认知结构是学生头脑中已有的知识结构，它是问题解决过程中一个最关键的因素。这主要是因为在解决任何问题时，都要把已有的经验加以改组，使之适合于当前的问题情境的要求。因为认知结构中的观念都是问题解决的原材料，所以无论出现正迁移还是负迁

---

① F. Reif (1979), Cognitive Mechanisms Facilitating Human Problem Solving in a Realistic Domain: The Example of Physics. Unpublished Manuscript.

② M. T. Chi & R. Glaser (1985), Problem-Solving Ability. In R. J. Sternberg (Ed.), *Human Abilities: An Information Processing Approach*. New York: Freeman, pp. 227-248.

③ B. Eylon & F. Reif (1984), Effects of Knowledge Organization on Task Performance. *Cognitive and Instruction*, 1, p. 5.

移,显然都反映着认知结构变量的性质和影响。

在认知结构中具备有关的背景知识(如概念、原理、关联词语等),特别是在这种知识明确、稳定和可以区别开来的情况下,对问题的解决是很有帮助的。事实上,没有这种知识,无论学生有多高的发现学习技能,也不可能解决任何问题,他们甚至都难以理解所面对问题的性质。

因此,认知结构在问题解决中的作用,可从以下三个方面来认识。

第一,"组织者"的作用。对于问题解决来说,"组织者"是先于解决问题呈现的一种引导性材料,它比问题解决的任务本身有较高的抽象、概括和综合水平,并能清楚地将认知结构中原有的观念与所要解决的问题联系起来,形成一定的关系。所以,它是原有认知结构与问题解决之间的"桥梁"。架设知识之桥就是为了解决问题提供观念上的固定点,使其更有效地解决问题。由于"组织者"一般呈现在要学习材料之前,故称"先行组织者"。

第二,"认知结构变量"的作用。"认知结构变量"是个人头脑里知识结构在内容和组织上的特征。它也可以分为一般的和特殊的两种。前者指某一学科内学生拥有的全部知识内容和组织特征;后者指在某一相对小的知识单元学生拥有的知识内容和组织特征,它影响学生在这一学习单元特殊的学习成绩。认知结构变量主要包括三个方面,即认知结构中起固定作用观念的可利用性、可辨别性和清晰稳定性。对于解决问题来说,重要的是重新组合有关概念和简单规则等形成新的高级规则,没有清晰稳定的可辨别和可利用的观念,就谈不上利用起固定作用的观念来作为新旧知识的"桥梁",解决问题将增加困难,甚至无法解决问题。

第三,良好认知结构的迁移效应。解决新问题的过程就是认知结构同化新问题的过程。通过一次问题解决的尝试所获得的新信息,反过来又修改原有的认知结构。这种改变了的认知结构又会影响下一次的问题解决。所以,前面所讲的"组织者"和"认知结构的变量"对问题解决的作用,在解决问题的过程中,主要是迁移效应问题。教育教学的主要目标就是形成学生良好的认知结构,以利于在解决问题中的迁移。积极的迁移效应是影响问题解决的重要因素。

(五) 记忆与理解

解决问题时,记住规则和理解规则,哪一种方式更有利于问题解决?有一项研究回答了这个问题。被试的任务是玩扑克游戏。第一组被试学习游戏靠死记硬背游戏规则;第二组被试学习游戏是靠推理。第二天,两组被试进行测验,检验他们是否记住了游戏规则,并且还测验了他们能否将已学到的技巧迁移到类似的问题上。结果发现:第二组学会玩游戏用的时间比第一组长;在第二天的检验中没有发现两组记住游戏规则方面的差异,但在将已学习的技巧应用于类似问题解决的迁移上,第二组成绩明显高于第一组。这个实验结果表明,在解决问题时,记住规则和理解规则,哪一种方式更有利于问题解决,这要看具体情况。如果要求在短时间内学会解决问题,则记住问题解决规则的方式更好;如果要求在较长时间里运用问题解决规则,则理解问题解决规则的方式更好。

(六) 情绪和动机状态

情绪和动机状态影响问题解决的效果。就情绪和动机的强度来说,在一定限度内,情绪和动机强度与问题解决的效率成正比,但动机太强或太弱,情绪过于激动或过于低沉,都会降低问题解决的效率。一般而言,中等强度的动机和相对平稳的情绪状态最有利于问题解决。

二、影响问题解决的客观因素

(一) 问题情境

问题情境就是指问题呈现的知觉方式。当问题呈现的知觉方式与人们已有的知识经验越接近,问题就越容易解决;相反,如果问题呈现的知觉方式与人们已有的知识经验相差很远，问题解决起来就越困难。比如有这样一个问题：已知一个圆的半径是3厘米，问与圆外切的正方形的面积是多少？这个问题的知觉呈现方式有两种，具体见图6-4所示。

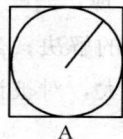 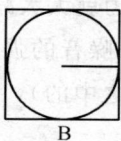

图 6-4　圆外切正方形

结果发现：被试在解决图A问题时出错多，而被试在解决图B问题时出错少。主要原因是问题情境的不同所引起的。

下面的问题情境中，容易影响问题的解决：（1）原因与结果在时间上的分隔，这种情况曾经妨碍了人们对蚊子叮咬是引起疟疾的原因这一问题的解决；（2）原因的互相依存，如防止佝偻病既需要补钙，又需要维生素D；（3）无法直接观察或难以观察引起某一现象的原因，如风对行驶中火车速度的影响。

（二）噪音

在日常生活中，噪音会影响人的注意力集中，也影响人的思维。① 有一项研究探讨了噪音对问题解决的影响。研究者要求被试解决四个猜谜问题，两个是可以解决的，两个是不能解决的。实验中使用的噪音是油印机、计算机、打字机工作时发出的噪音的录音，再加上一个人说西班牙语、一个人说亚美尼亚语的录音。噪音总共有四种条件：（1）强噪音；（2）弱噪音；（3）事先告诉有噪音（每分钟过了51秒，告知被试噪音出现，并且噪音持续9秒）；（4）事先不告知有噪音（噪音发生没有规律）。实验结果表明，对能够

---

①　林仲贤、朱滢、焦书兰：《实验心理学》，513~515 页，科学出版社，1988。

解决的猜谜问题来说,四种噪音条件下被试需要尝试的次数没有明显差异。然后,四种噪音条件下对被试解决另外两个不能解决的问题的努力产生了重大的不同影响。当预知有噪音时,被试能更长时间地去尝试解决问题,即尝试的次数明显增多;而在不能预知有噪音时,被试的努力就大大减少。同时还发现:当噪音是预知的(即是预料之中的),噪音的强度不影响问题的解决;当噪音是不预知的(即不是预料之中的),噪音的强度越大,对被试解决问题的努力影响越大。

第四节 问题解决能力的培养

一、问题解决的一般原理

教育心理学家在进行问题解决能力培养时,最常用的方法是把从思维过程的理论分析以及对成功与不成功的问题解决者的比较观察所得到的一般原理教给学生。① 研究者认为,这些一般原理如下:

(1) 在试图解决某个问题前,要先对它进行明确的阐述和规定;
(2) 要超出某些显而易见的东西;
(3) 要避免把注意力只局限于问题的一个方面;
(4) 要当心和避免产生功能固着和负迁移的可能性;
(5) 要放弃无希望的线索并寻找另外的可行途径;
(6) 要探究一下你所得到的材料有多大的信度和代表性;
(7) 要弄清楚任何前提所依据的假设;
(8) 要明确区分数据和推论;
(9) 要利用由未经证实的假说中得到的信息;
(10) 要谨慎地接受同你自己意见一致的结论。

---

① [美]奥苏伯尔等著,佘星南、宋钧译:《教育心理学——认知观点》,708页,人民教育出版社,1994。

上述原理已经被证实能够提高学生的问题解决能力。但需要注意的是，这些原理适用于几乎所有的问题，因而具有很强的概括性，所以它对解决特殊问题的针对性不强。

二、让学生掌握问题解决的常规步骤

通过掌握问题解决的常规步骤，来培养学生的问题解决能力。让学生掌握问题解决的常规步骤，有利于提高他们问题解决的能力。有人提出了问题解决常规步骤包括六个方面。[①]

第一，分析问题。教学生分析问题是解决问题的第一步。对问题的分析主要集中于"已知是什么""要达到的目的是什么"。教学生分析问题的教学步骤是：教师先带着学生分析问题，然后和学生一起分析问题，最后让学生独立分析问题。

第二，产生一个问题解决的计划。问题解决的计划应包括总的目标、如何解决问题、解决问题需要哪些特殊策略和哪些特殊的能力。学生在解决问题前如果有了一个计划，他们解决问题的活动就是理性的而不是盲目的了。

第三，回忆已有的信息或获得新的信息。要想解决一个特定的问题，学生必须有三种信息：事实的信息、概念和原理。其中，概念和原理这两种信息对于问题的解决来说是非常重要的。通过对善于解决问题的学生和不善于解决问题的学生进行比较，发现他们的主要区别在于对要解决问题所需的概念和原理的掌握上。善于解决问题的学生，对与解决问题有关的概念和原理有非常透彻的掌握，而不善于解决问题的学生，则对与解决问题有关的概念和原理的掌握不透彻。

第四，产生一个问题解决的方案。学生利用各种信息并发挥自

[①] H. J. Klausmeier (1985), *Educational Psychology*. New York: Harper & Row Publisher, pp. 328-331.

己思维能力,产生一个问题解决的正确方案。当然问题解决的方案不可能一下子就能达到完美,因此,学生要克服怕失败的心理。

第五,检验问题解决的过程和验证问题解决的方案。检验和验证过程要贯穿于问题解决的全过程。检验和验证的内容包括:对问题的认识是否充分?是否对问题真正理解了?是否产生问题解决的计划?是否有问题解决的策略?所得到的答案是否正确?自己在问题解决过程中是如何决策的?等等。

第六,及时反馈和及时补救。问题解决需要及时的反馈,即问题是正确解决了还是没有。及时的反馈可以加速问题解决的进程。此外,当问题没有完全得到解决时,需要采取补救措施,以便把问题完全正确地解决。

三、问题解决能力培养的措施

(一) 训练逻辑推理能力

问题解决需要借助于推理进行,所以,推理能力发展水平的高低直接影响一个人问题解决的能力。常见的推理有两种:一种是归纳推理,另一种是演绎推理。

1. 归纳推理能力训练的方法。归纳推理是指从特殊事实出发得出一般原理的推理。归纳推理主要包括以下三部分:第一是获得一些例子;第二是使例子与假设发生联系;第三是形成新的假设。一般通过以下三个方面来训练学生的归纳推理能力。

第一,手段—目的。例如,"转动钥匙"对于"开门"如同"打开开关"对于"____"。

(A) 放出猫;(B) 照亮屋子;(C) 改换搭档;(D) 让电扇减速。

第二,出现—现实性。例如,"做梦"对于"清醒"如同"幻想"对于"____"。

(A) 理解;(B) 希望;(C) 爱;(D) 记忆。

第三，原因—结果。例如，"病菌"对于"疾病"如同"蜡烛"对于"＿＿＿"。

（A）蜡；（B）烛芯；（C）苍白；（D）光明。

通过采用上述方法来训练学生，他们的归纳推理能力明显提高。

2. 演绎推理能力训练的方法。演绎推理是指从一般原理出发得出特殊事实的推理。由于三段论是典型的演绎推理形式，因此通常用三段论来训练学生的演绎推理能力。在训练之前，需要先给学生讲清楚三段论推理的一般程序和规则。

例如，要求学生在下面空白处填上合适的词。

所有的狗都是哺乳动物

所有的＿＿＿＿＿＿都是动物

────────────────

所有的狗都是动物

（二）扩大知识面

学生掌握了问题解决的常规步骤后，如果有了丰富的知识，对于提高学生问题解决的能力有很大的作用。这里所说的知识主要指一些基本原理方面的知识。例如，贾德所做的水下击靶的实验结果表明，学了光的折射原理的实验组比未学光的折射原理的控制组成绩要好。

（三）注意掌握好的问题解决策略

好的问题解决策略，是人们长期问题解决的经验总结，它对于解决特定问题很有效。因此，教师要经常教给学生一些好的问题解决策略。同时，教师还要鼓励学生自觉地总结自己解决问题时所使用的策略。

例如，有这样一道题：有一个工人制造零件，每10分钟可做4个零件，现在已经过了1小时，问工人做了多少个零件？

这道题的算术运算规则是：速度×时间＝所做零件数。因此，根据运算规则，工人已做24个零件。如果一个学生掌握了这一运算规则，那么此类题他都能解决。

（四）提高思维的水平

在问题解决过程中，如何进行有效的思考才能使问题得到较好的解决呢？这需要一个人不断地提高思维的水平。具体来说要从如下几个方面入手。

1. 在解决问题的过程中，首先一定要对"问题是什么"理解得十分清楚。

2. 要把问题复杂的地方记下来，或者制成某种图表形式。在复杂的问题中，要同时记住问题的所有方面是困难的，应该让学生把资料聚合起来，这样记忆就不会超出注意广度。对问题进行聚合有很多方法，其中多数都具有视觉辅助性质，计算表、对照表或挂图等都有助于使复杂的材料一目了然。在日常生活中，对那些需要作出选择的问题，用列表方式列出有利因素和不利因素，并且按重要性程度给每个因素标出相应的数字，这样做常常是很有帮助的。将问题的要点制成图的形式，这样可使学生对问题有一个概括的看法，而不必逐次地涉及问题的每个部分。

3. 要从不同的角度去观察问题，并且积极地尝试着去运用所得的材料。在解决问题的过程中，不能老用某一种方法去试图解决眼下的问题，而忽视了其他的可能性。进行思维时学生必须灵活机动。"切忌轻率"这一忠告提示一个人检查自己所做的假设是否正确时经常是很起作用的。如果在解决问题时，一种方法不行，就应该彻底放弃它，同时，寻找新的突破方法。

4. 如果一个人设法预先考虑解决问题的形式，他就可能缩小可以用来解决问题的办法的范围。当一个人问自己："答案会是什么样的？"这时他已经有一个针对性的目标。

5. 最后要记住，不掌握有关的事实、技能和技术，就什么问题也解决不了。在解决问题过程中，对材料不熟悉很可能是大多数失败的主要原因。

第七章 创造力及其培养

创造力亦称创造性,是人成功地完成某种创造性活动所必需的心理品质,也是创造型人才的重要特征。在当前全面推进以培养学生创新精神和实践能力为核心的素质教育的新形势下,对国内外有关创造力研究的成果进行系统的研究和梳理,把握影响创造力形成和发展的主要因素,探索培养学生创造力的有效途径和方法,既有一定的理论价值,又有重大的实践意义。

第一节 创造力概述

一、创造与创造力

(一)创造

按照《辞海》(上海辞书出版社1999年版)的解释,创造是指做出前所未有的事情。创造的英文对应词是create,意思是to cause(something new)to exist, produce(something new),即引起或产生某种新的事物。因此,从字面含义看,无论是中文还是英文,创造都是重新构建或产生新事物的一种活动。

创造是人类最古老的研究命题之一。早在古希腊时期,亚里士多德就对创造进行过深入研究,并将创造定义为产生前所未有的事物。这一定义虽然代表了许多研究者的看法,但从历史上考察,普遍为人接受的创造定义尚不存在。美国学者帕内斯(S. J. Parnes)给创造下的定义是,创造是产生具有独特性和价值性成果的行为。日本学者伊东俊太郎认为,创造就是解决新问题、进行新组合、发现新思想、发展新理论的活动。我国学者邵瑞珍认为,创造是一种最终产生创造成品的活动或现象,有真创造和类创造之分。虽然真创造和类创造都是一种产生了某种独创性成品的活动或现象,但对于真创造而言,它是一种产生了具有人类历史首创性成品的活动,而类创造产生的成品在人类历史上并非首创,只是对个体而言具有独创性。真创造和类创造的区别在于,成品的衡量是依据人类文化的传统或凭借个体的发展。至于它们所表现出来的思维或认知能力在本质上是相同的。

　　造成创造概念众说纷纭、莫衷一是的原因是多种多样的,但其中最重要的原因,是研究者研究视角和侧重点的不同。在创造心理学发展的早期,穆尼(Mooney, 1963)就认为创造涉及到三个P和一个E:创造者(person)、创造过程(process)、创造产品(product)和环境(environment)。后来有人将environment一词改为place(地点),从而形成了四个P。而对place,又有人将其改为press(压力)和persuasion(说服力),即工作环境对创造者的创造压力和说服他人,尤其是专家认可自己创造产品具有创新性的能力。人们在创造心理研究中,由于受各种主客观因素的影响,往往会有意无意地侧重某一方面的研究,从而使其对创造的理解带有这样或那样的倾向。

　　另外,创造活动的复杂性和层次性,也是造成创造概念理解多样性的重要原因。心理学家欧文·泰勒(Irving Taylor, 1975)曾经根据创造产品的性质和复杂性将创造分为五个层次:即兴式创造(expressive creativity)、技术性创造(technical creativity)、发明的创造（inventive creativity）、革新的创造（innovation creativity）和深奥的创造（emergentive creativity）。我国台湾学者将其修订为：（1）即兴式创造，不计高低上下，不计过去将来，随兴而发，因境而生的创造；（2）新型式创造，对已有的产品进行适当的非本质性改进，制造出更简便、更有效、更经济、更美观或更适用的产品的创造；（3）革新的创造，应用有关原则、原理或方法改进现有的物品、结构、动作或方式的创造，其结果可以是新的产品，也可以是程序或行政方面的改进；（4）发明的创造，产生前所未有且具商业价值的产品的创造；（5）深奥的创造，提出新的原理、原则或系统的新学说的创造。①

从上述分析中可以看出，创造是一个外延较广且有不同层次的概念，虽然目前心理学界对它的界定还存在着不同看法，但却普遍认为它具有如下本质特征。第一，创造是一种有目的的实践活动。任何创造都有特定的目的，都有一定的功利性和价值性，并通过实践活动才能完成。第二，创造必须提供富有创新性的成果。人类的实践活动是多种多样的，但只有那些能够带来创新性成果的活动，才能被称为创造。当然，这里的成果不仅仅是指物质形态的产品，它也可以是具有创新性的思想、观念甚至是具体的建议。第三，创造是创造者聪明才智高度发挥的结果。在创造活动中，无论是重大的科技攻关还是解决日常生活中的问题，创造者都必须充分发挥自己的聪明才智，才能取得创新性成果。

（二）创造力

在西方国家，心理学界对创造力的界定方式主要有两种。一种是从结果入手对创造力进行界定。例如，德雷夫达尔（T. Drevdarl）认为，创造力是产生新颖、奇特的看法或制作作品的能力。韦斯伯格（R. W. Weisberg）和斯普林杰（S. Springer）

---

① 郭有遹：《创造心理学》，4～6页，教育科学出版社，2002。

认为，创造力是在给定的情境下，生产本质上是新的，作者事先所不知道的写作、观念、产品等产物的能力倾向。另一种是从过程角度对创造力进行界定。例如，鲁道夫·阿恩海姆（R. Arnheim, 1966）指出，从其产生的结果证实创造力是行不通的，我们不可能对创造力的结果一一枚举……创造力是个体认识、行动和意志的充分展开。

创造作为一种心理现象，是有其活动过程、活动方式、活动结果和能力要求的。因此，无论从哪个角度对其进行研究都有其合理性和局限性。但在心理学中，创造力和创造过程是有区别的。创造力是一种能力，它虽然与创造活动过程和创造思维过程关系极为密切，是在这种过程中形成、发展并得以表现出来的，但它不是这种过程本身。创造力是直接影响创造活动频率、与创造任务的顺利完成相一致的个性心理特征，它与创造过程是两个并列关系的概念。

美国心理学家拉斯（H. Rase）认为，创造力属于人的一种特殊能力。他对人的特殊才能进行分类时，明确地把创造力看成是七种特殊才能中的一种。他认为，创造力不受普通智力高低的限制，只以有无创造性作为标准。但更多的心理学家认为，创造力不是一种特殊的能力，而是多种能力的综合。美国心理学家吉尔福德指出，创造力不仅需要发散思维，还需要其他的思维，乃至知觉、记忆、评价等认识过程，甚至还包括人的独立性、自制力、坚韧性等心理特征。他还指出，发明家、作家、艺术家、作曲家的创造力虽然存在着共同因素，但也存在着不同因素。创造力并不是一种单一的能力，而是由多种不同的能力构成的综合能力。

目前，我国心理学界较有代表性的创造力定义是，根据一定目的和任务，运用已有知识，产生出某种新颖、独特、有社会或个人价值的产品的能力。这是成功地完成某种创造性活动所必需的心理品质。这里的产品是指以某种形式存在的思维成果，它既可以是一种新概念、新设想、新理论，也可以是一项新技术、新工艺、新产品。很显然，这一定义是根据结果来判断创造力的，其判断标准有三：(1) 产品是否新颖；(2) 产品是否独特；(3) 产品是否具有社会或个人价值。这里的"新颖"，主要是指不墨守成规、破旧立新、前所未有，这是相对历史而言的一种纵向比较；这里的"独特"，主要指不同凡响、别出心裁，这是相对他人而言的一种横向比较；"有社会价值"是指对人类、国家和社会的进步具有重要意义，如重大的发明、创造和革新；"有个人价值"则是指对个体的发展有意义。但是需要强调的是，新颖、独特并不意味着创造产品在世界上找不到任何存在的形式或线索。创造必然与事物的原型相联系，在科学技术高度发展的今天，没有继承任何前人成果的创造几乎是不可能的。因此，能将一些已有的观念和存在整合在一起，形成一个对社会有价值的精神观念或物质存在就是创造。

虽然产品的新颖性、独特性和价值大小是判断一个人是否具有创造力的重要标准，但这并不意味着由此可以断定没有进行过创造性活动、没有产生出创造性产品的个体就一定不具有创造力。有无创造力和创造力是否体现出来并不是一回事，具有创造力并不一定能保证产生出创造性产品，创造性产品的产生除了具有一定的智力品质外，还需要有将创造性观念转化为实际创造性产品的相应知识、技能，以及保证创造性活动顺利进行的个性品质和外部因素。由此可见，犹如智力有外显内隐之分一样，创造力也有外显和内隐两种形态。内隐的创造力是指以静态的形式存在的心理和行为能力，它能为个体产生创造性产品提供可能，但在没有产生创造性产品之前，这种能力是不能被人们直接觉察到的。只有当个体产生出创造性产品时，这种内隐的创造力才能外化为物质形态，被人们所觉知，这时人们所觉知的创造力就是外显的创造力。

另外，在理解创造力时，还必须清楚地认识到：创造力并不是发明家、艺术家和各类伟大人物独有的，而是每个人都有的一种心理品质。创造力不仅表现在科学、艺术等特殊领域，而且表现在社会生活的方方面面。每个人都有参与创造性活动的机会，每个人都有进行创造的潜能。创造力是个体智力、年龄、创造动机、创造方法及有关知识的函数。用公式表达即为：

创造力＝智力×年龄×创造动机×创造方法×有关知识[①]

这个公式说明，个体的创造力并不是随时随地都可以发挥作用的。一个人的创造力有时高，有时低；在训练有素的领域高，在其他领域则低；在有强烈的动机和适当的相关知识时高，在没有动机和相关知识时则低。当然，这个公式只是一种定性的表达，公式中的各个变量，并不代表数量上的线性关系。

二、创造过程与创造力结构

（一）创造过程

虽然创造活动的过程纷繁复杂，创造力的表现形式多种多样，但只要认真分析其背后的心理过程，仍然可以把创造分为不同的发展阶段。在众多的创造活动发展阶段研究中，最有代表性的是英国心理学家华莱士（G. Wallas, 1926）提出的创造过程"四阶段论"。后来许多学者提出的创造活动过程模式，都是华莱士模式的演变和发展。华莱士提出的创造过程包括如下四个阶段。

1. 准备阶段（preparation）。这是创造过程的基础阶段。准备阶段包括积累知识、提出问题、调查研究、收集资料、分析别人的经验和数据等。这一阶段的任务，主要是在积累知识的过程中检查和清理问题，确定创造的方向和目标，从主观和客观条件上做好必要的准备。

2. 酝酿阶段（incubation）。这是创造过程的潜伏阶段。经过长期系统的准备之后，围绕既定的方向和目标，个人在某一方面的知识和经验已经有了相当的积累，但一时理不清头绪，甚至好像走

[①] 郭有遹：《创造心理学》，11页，教育科学出版社，2002。

进了死胡同。在这种情况下，需要冷静下来客观地分析遇到的问题，甚至将它暂时搁置起来。这种表面的中断，并不意味着思考停止，因为人在潜意识中还会积极地、断断续续地对它进行探索。

3. 明朗阶段（illumination）。这是创造过程的顿悟阶段。顿悟原为佛教用语，大意是指顿然破除妄念，觉悟真理。这里是指在创造过程酝酿阶段的终了，与直觉和灵感具有一定联系的思维现象。经过长期酝酿之后，随着创造活动的深入开展，一次次的探索和逼近，终于使创造过程临近成功的大门。因为某种机缘或是受到什么意外的刺激，思想豁然开朗，一种新观念油然而生。

4. 验证阶段（verification）。这是创造过程的反思阶段。只有通过验证，才有可能证实创造成果的价值。有时可能会全部否定，推倒重来；有时可作局部修正，进一步完善。任何创造过程，不受一点挫折，不经一点反复，不作一点修改，一举就能获得圆满成功的可能性是非常小的。

（二）创造力的结构

1. 创造力的静态结构。美国社会心理学家艾曼贝尔（T. Amabile）认为，个体的创造力主要包括三个成分：一是"有关领域的技能"，包括实际知识、专门技能和该领域的特殊天赋，有关领域的技能构成了个体可能发生反应的总方向，它可以被看作是一套解决特定问题或从事某项特定工作的认知途径；二是"有关创造性的技能"，包括认知风格、有助于探索新的认知途径的启发性知识以及工作风格，它决定了个体的成果或反应能否超越该领域以前的成果或反应水平；三是"工作动机"，包括工作态度和对自己所能接受工作的理解，它是个体创造力发展与展现的推动力量。上述三种成分是在不同的专门化程度上进行活动的。有关创造性的技能是在最普遍程度上活动的，它可以影响任何领域中的反应。有关领域的技能是在中等专门化程度上活动的，它包括所有与整个领域有关的技能。工作动机是在最专门化程度上活动的，它可以全部限制在某领域的特定工作中。

美国心理学家吉尔福德认为,创造力可分解为如下六个主要成分:(1) 敏感性(sensitivity),即容易发现新事物,接受新问题;(2) 流畅性(fluency),即思维敏捷,反应迅速,对特定的问题情境能顺利产生多种反应或提出多种答案;(3) 灵活性(flexibility),即具有较强的应变能力和适应性,能及时改变方向和进行自由联想;(4) 独创性(originality),即产生新的非凡思想的能力,能不断涌现出新奇、首创的想法和观念;(5) 再定义(redefinition),即善于发现特定事物的多种使用方法;(6) 洞察性(penetration),即能透过事物的表面现象,认清其内在含义和特性。

2. 创造力的动态结构。现代信息加工学派的代表人物 H. A. 西蒙认为,发明创造实质上就是问题解决过程,只不过它不是一般的问题解决,而是一种具有创新意义、超乎寻常的问题解决过程。从信息加工的观点看,创造力是在产生有价值的新信息过程中,所运用的各种智力品质的总和。它一般应该包括如下成分:(1) 发现问题的能力,即从外界众多的信息源中发现自己所需要的、有价值的问题的能力;(2) 明确问题的能力,即将获取的新问题纳入主体已有的知识经验之中贮存起来,理清其来龙去脉,弄清其逻辑原理和相互关系的能力;(3) 阐述问题的能力,即在长时记忆中建立问题表征和相关资料,并在明确问题的基础上搜集、激活信息的能力;(4) 组织问题的能力,即运用各种加工方式对问题进行加工的能力;(5) 输出问题解决方案的能力,即通过书面或非书面(如产品、工具、技术等)的形式将创造出的新观念、新方法输出、呈现的能力。

三、创造力研究的历史进程

(一) 第一阶段(1870~1907 年)

英国学者高尔顿(F. Galton)在 1869 年出版的《遗传的天才》一书,是国际上最早的关于创造心理学研究的科学文献,它标志着用科学方法研究创造力的开始。高尔顿在《遗传的天才》一书中，公布了他所研究的 977 名天才人物的智力特征。从家谱调查中发现，其中有 89 个父亲、12 个儿子、114 个兄弟，共 322 名杰出人士。而在一般老百姓中，4 000 人才产生 1 名杰出人物。在调查 30 个有艺术能力的家庭中，其子女有艺术能力的占 64％，一般家庭子女只有 12％有艺术能力。由此他断定普通能力和特殊能力均是遗传的。此外，他还是第一个进行"自由联想"实验的研究者。而"自由联想"实验，实际上可视为最原始的发散思维测验。这种研究方式被后人广为采用，在现行创造力测验中，仍有与之相似的项目。自《遗传的天才》出版后，创造力问题引起了心理学界的兴趣，激发了一些有关创造力及其特征的争论和研究。许多学者在此之后继续发表了不少有关创造力的理论文章，如贾斯特罗（Jastraw）1890 年发表了《发明的心理》，里博（Ribot）1906 年发表了《论创造性想象》（Essay on Creative Imagination）等。

（二）第二阶段（1908～1930 年）

20 世纪初，由于精神分析学派在创造人格研究方面处于领先地位，许多心理学家都将创造力划入"人格心理学"的范畴，对创造力进行个性心理的分析和研究。1908 年弗洛伊德在《诗人与白日梦》和《文明化的性道德与现代神经紧张》两篇文章中，介绍了他及助手以"升华说"（theory of sublimation）为理论基础对富有创造力的诗人、作家、艺术家等所做的研究。他把想象性作品比作白日梦，用潜意识来说明创造的心理机制，用童年的经历来解释创造性作品。此外，一些学者还从不同领域或学科来探讨和研究创造力。如法国著名数学家波音卡尔（Poincarc）于 1913 年发表的《数学的创造》（Mathematical Creation），英国心理学家华莱士于 1926 年出版的《思想的艺术》（The Art of Thought），以及英国心理学家斯皮尔曼（Spearman）1930 年发表的《创造的心》（The Creative Mind）等。

(三) 第三阶段 (1931～1949年)

这一阶段的初期还是理性的思辨多于实验研究。这一时期精神分析学派的影响虽依然存在,但"升华说"已逐渐为"偿还说"(theory of restitution)所取代。同时,许多心理学家开始研究创造力的认知结构和思维方法。这一阶段的代表性著作有克劳福德(Crowford)的《创造性思维的技术》(Techniques of Creative Thinking)、杜威的《我们如何思考》(How We Think)、韦特海默(Wertheimer)的《产生性思维》(Productive Thinking)。在这一阶段,还出现了许多关于创造力的实证性研究报告。其中比较著名的有对顿悟与问题解决关系的研究、对华莱士的创造过程"四阶段说"的验证、对不同职业个体创造高峰年龄的研究等。

(四) 第四阶段 (1950～1970年)

这一阶段应以1950年吉尔福德在美国心理学年会上发表的题为"创造性"的著名演讲为起点。他根据对美国《心理学摘要》(Psychological Abstracts)所发表的12.1万条文摘统计,发现有关创造力问题的条目只有186条,指出以往人们对创造力研究重视不够及其由此产生的严重后果,号召心理学家加强对创造力的研究。吉尔福德的演讲大大推动了创造力的研究,在吉尔福德演讲后的10年中,每年有数百种与此有关的出版物问世。这一阶段的创造力研究较以往有了质的突破。首先,创造力研究的对象已扩展到普通人的范围,同时对创造力及其发展的研究、创造力培养的应用性研究已日益受到重视。其次,对创造力本质的认识有了很大的发展。吉尔福德认为,创造性思维的核心是发散思维,其特点是流畅性、灵活性、独创性和精细性,并对此作了详细的阐述。最后,研究创造力的工具,特别是创造性思维量表和创造性人格方面的测验得到了系统的开发和使用。

(五) 第五阶段 (1971年至今)

这一阶段在量与质方面都大有进展。在量的方面,除了1982

年与 1987 年之外，每年在《心理学摘要》中所列的书刊都在 150 种以上。在质的方面，开展了创造脑波的研究，已经探明了某种脑波与创造有关，并试图利用生物反馈的方法使常人产生某种与灵感有关的脑波。美国社会心理学家西蒙顿（Simonton）在这一期间所出版的两本书——《天才、创造与领导》（Genius, Creativity, and Leadership, 1984）和《科学创造》（Scientific Creativity），不但奠定了历史测量法（historiometrics）的科学基础，而且成为创造心理学的经典之作。美国著名智力研究专家斯滕伯格 1988 年提出的"创造力三维模型理论"，以及他和洛巴特（T. Lubart）1993 年提出的"创造力多因素理论"，使创造力的研究进入了一个新的阶段。

第二节 影响创造力发展的主要因素

一、生理基础

个体的神经系统，尤其是大脑是创造力的物质基础，为创造力发展提供了可能性。大脑的生理解剖特点在很大程度上影响着创造力的形成和发展。而这些特点既可以是遗传得来的，也可以是胎内发展的结果，还可以是生活初期的发展条件产生的结果。

大量实验研究和临床证据表明，人的大脑分左右两个半球，左半球主管语言、计算和逻辑推理，具有连续性、有序性、分析性等特点，右半球主管想象、创造和形象思维，具有不连续性、弥散性、整体性等特点。因此，左脑又被称为思维脑，右脑又被称为创造脑。但是，左右脑的使用是相互补充、协同工作的，左脑和右脑虽然在具体功能上有主次之分，但这种区分只是相对而言的，并不是全或无的关系。[1]

---

[1] 俞国良：《创造力心理学》，94 页，浙江人民出版社，1996。

大脑两个半球在功能上的分工与协作关系，在人的创造活动中表现得非常明显。在创造活动的准备和验证阶段，左脑处于积极活动状态并起着主导作用。这时人们主要运用各种逻辑方法，分析资料，寻找问题症结，并检验假设，形成概念等。在酝酿和明朗阶段，右脑则起主导作用。新思想、新观念的产生往往不遵循固定的逻辑规律，而常常是突发性地、偶然地出现，这正是右半球的特长，右半球的想象、直觉和灵感等非逻辑功能在这一时期发挥着重要作用。左右脑在创造活动中所起的作用虽然有所不同，但这种不同是相对的，任何创造活动都是左右脑密切配合、协同活动的结果。

有关研究还表明，神经系统中神经元的构造和功能也对创造力水平的高低具有重要影响。拉塞尔·布朗（L. Brown）提出，创造力高的人与普通人在中枢神经上有一定的区别。创造力高的人的神经元的数量并不一定比普通人多，但能组合成丰富的、被称为图式的功能模式。创造力高的人在神经活动中表现出如下特征：（1）突触活动快，能提高信息加工的速度；（2）神经元化学成分丰富，能形成更复杂的思维模式；（3）前额皮层功能运用充分，使计划、顿悟和直觉思维得到加强；（4）脑电波活动的α波段能更快地输入和更持久地保持信息；（5）脑节律的一致性和共时性有助于专心和深入探究。①

二、年龄和性别

（一）年龄

年龄是最早引起研究者注意的影响创造力的重要因素之一。大量调查研究表明，随着年龄的增长，创造力发展同个体的整体发展

---

① 俞国良：《创造力心理学》，97～98页，浙江人民出版社，1996。

一样是一个有限的扩展系统,当这个系统扩充、积累到一定程度后,其能量流动开始从高到低逐渐减退。虽然在不同方面,创造力的最佳年龄不尽相同,但从总体上看,35±4 岁为多数创造者的创造高峰。

在《科学与文学的创造年代》一文中,莱曼(Lehman, 1936)从一部化学史中搜集到 224 位化学家的 993 项重要贡献,然后将每一项贡献与当时的年龄对照。其结果显示,最多产的年龄是在 30~39 岁,39 岁之后的贡献次数就急剧地减少。他用同样的方法研究物理学家、数学家、天文学家、发明家、文学家与诗人等,也获得了同样的结果。不过不同学科的专家在同一年龄所作贡献的最多次数并不一致。

莱曼等人的研究工程浩繁,严谨认真,美中不足是缺少理论指导。为弥补创造力研究的这一不足,西蒙顿提出了创造力二因说,并用微积分算出一种表达年龄与创造成绩关系的公式:

$$P(t)=C(e^{-at}-e^{-bt})$$

式中 P 代表创造成绩(*creative productivity*),t 为时期,e 为函数,其值为 2.718,a 代表创意率。一个人不可能完全发挥其所有的创造潜能,多数人的创意率是在 2%~5%,标准值为 4%。所以公式中的 a 值可设定为 0.04。其次,一个人的贡献率,亦即创造完成率(以 b 代表之),与创意的多寡成正比,一般在 3%~5%,但以 $b=0.05$ 最为标准。C 代表创造者之间创造潜能的个别差异,潜能高的人其 C 值也高,标准值为 61。[①]

(二)性别

创造力的性别差异也已为大量事实所证明。古今中外,在那些富有创造精神、才能杰出、成果巨大的人中,男性通常占绝大多数;杰出的科学家、发明家、思想家中,男性也占绝大多数。造成

[①] 郭有遹:《创造心理学》,233~234 页,教育科学出版社,2002。

创造力性别差异的原因是多方面的,既有生理方面的原因,也有社会环境等方面的原因。一定的社会和文化,会对不同的性别角色有着不同的甚至相反的要求和内容。目前,在人们的性别角色观念中,男性应该积极进取、果断、独立、理智、喜欢冒险、竞争性强、自信、不怕打击、善于解决复杂和带有创造性的问题;女性应该贤慧、竞争性弱、依赖性强、易受暗示、富有情感、成就动机弱、推理能力差、适于解决一般的和非创造性的问题。这些观念的存在,必然会影响创造力的实际发展,进而形成创造力发展中的性别差异。

三、知识和智力

(一)知识

关于知识和创造力之间关系的问题,是创造力研究领域长期争论的问题之一。其中较有代表性的观点有两种。一种是张力观,认为对创造活动而言,并非知识越多越好,知识和创造力之间呈现出一种倒 U 形关系,中等程度的知识水平才最有利于创造力的发挥。其主要代表人物是詹姆斯、吉尔福德、豪斯曼(Hausman)、坎贝尔(Campbell)、西蒙顿等。一种是地基观,认为只有积累了大量的知识才会有所创造,知识越多越有利于创造力的发挥。其主要代表人物有海斯(Hayes)等。

目前,两种观点都有一定的实证研究支持,但也都有待进一步的验证和完善。我国多数学者的主张是:知识是创造的前提,离开必要的知识,不知道别人已经做过什么,就根本谈不上创造。但是,对待知识一定要有客观性和变通性,否则就容易拘泥于书本,不由自主地从书本的观点和立场出发去观察和处理问题,以致陷入书山文海中不能自拔。在这种情况下,知识反而会阻碍创造力的发展。

在人类知识发展的历史上,专业的划分越来越细。这种过细的专业划分,固然有助于研究的深化,但也不可避免地带来一些弊端。其中最主要的便是容易使人局限在某个专业内，眼界过于狭隘，束缚创造性思维的发挥。也正是由于这个原因，许多专业领域的创造性研究成果，并不是资历深的专业人员做出的，而是那些初涉专业的新手，或者是从别的专业转行过来的人。

（二）智力

关于智力与创造力的关系，心理学家的看法也有很大分歧。其中有人认为创造力就是智力，有人认为创造力和智力是两种完全不同的能力，而更多的人则认为创造力和智力虽然是两种不同的能力，但却有着非常密切的联系，即创造力的形成与发展要以一定的智力发展水平为基础，并在整体上与智力的发展存在着相关趋势。只是这种相关并不是绝对的和一一对应的，智力高者创造力未必高，创造力高者智力也不一定超群。

有关智力在创造力发展中的作用，斯滕伯格在《创造力的性质》（The Nature of Creativity）一书中提出的"创造力三维模型理论"给予了清楚的回答。这一理论认为，创造力由三个既相互独立又相互联系的三个维度组成。它们是智力维度、智力方式维度和人格维度。其中的智力维度包括内部关联型智力、经验关联型智力、外部关联型智力三个方面。内部关联型智力是指与个体内部心理过程相联系的智力；经验关联型智力是指与已有知识经验相联系的智力；外部关联型智力是指与外界环境相联系的智力。而在其后来提出的"创造力多因素理论"中，斯滕伯格又将影响创造力的智力因素分为产生新想法的综合智力，认清问题、建构问题、调度资源和评价想法价值的分析性智力，以及知道如何宣扬、改进自己想法的实用智力。认为这三方面的智力在个体创造力发展过程中各司其职，缺一不可。①

---

① ［美］斯滕伯格等著，洪兰译：《不同凡响的创造力》，5~6页，中国城市出版社，2000。

美国心理学家推孟自20世纪20年代起，对1 528名智商在130以上的超常儿童进行了长达几十年的追踪研究，发现一部分人成就很大，另一部分人成就平平。研究结果表明，良好的天赋条件并不能保证成年后创造力的高度发展；创造力的大小与儿童期的智力水平相关很低。另外，通过分析这两部分人的心理特征可以发现，虽然他们的智商没有什么差别，但在自信心、进取心、好胜心和坚持精神等方面，成就很大的那部分人明显超过另一部分人。从中我们可以看出，个性因素对人的创造力发展确实具有非常重要的作用。

四、家庭、学校及社会环境影响

（一）家庭

家庭是社会的细胞，是一个人孕育创造力的最早的环境。古今中外的无数事实表明，家长、家庭成员和家庭境况都对创新能力的发展有明显的影响。大凡卓有成就的人，都在早年受到过良好的家庭生活的熏陶。

环境对智力的发展有很大影响，而这种影响程度又因智力发展的不同阶段而有所不同。如果儿童的早期教育被剥夺或被忽视，将很难达到其应该达到的智力水平。

在早期家庭教育中，家长的期望与个体创造力的发展有着非常密切的关系。如果家长具有较高的期望时，即使孩子表现较差，家长依然会提供各种机会，并加以鼓励，肯定孩子的每一点进步，这样就有助于孩子创造力的充分发展。布卢姆等人对天才的数学家和作曲家进行研究，结果发现，父母通常从一开始就对孩子寄予厚望，不仅给孩子以热情的鼓励，而且为孩子寻找最好的教师，并且自己对这些领域充满激情，积极参与。大量的事实都证明，家长的良好期望将会促进孩子向家长所期望的方向努力，促进其创造力的发展。

家庭教育方式也与个体创造力的发展密切相关。家庭的教育方式,一般分为三种,压制型、溺爱型和民主型。研究发现,压制型和溺爱型的教育方式,易使孩子养成依赖、顺从的习惯,思维懒惰,缺乏创造性,创造力水平低。民主型的家庭教育,则让儿童积极参与各种事务,以激发孩子强烈的创造动机。因此,在家庭中创造一种和善、温暖、融洽和民主的气氛对孩子的创造力发展是十分重要的,因为在这种气氛下,孩子和父母之间存在着积极的交流关系,很小的儿童就会尝试着想出新颖的主意,使自己的行为和思维方式更加独特;也只有在这种自由式的氛围中,父母才会有意识地培养自己孩子的独立性,容许他们有自己的想法,做自己想做的事;也只有在这种情况下,个体的服从意识才能减弱,独立意识才能加强,创造力才能得以发展。

雷丁(Radin)在总结了有关方面的文献资料后指出,促进个体创造力发展的教育方式具有如下特征:(1)对规定和限制作出解释,允许孩子参与;(2)适时地把对孩子的期望表达出来,并恰当地运用奖惩手段;(3)在家庭中提供丰富的玩具、材料;(4)家长能与孩子一起从事学业方面的活动。尼科尔斯(Nichols,1964)对母亲抚养儿童态度的调查发现:母亲专断性抚养态度,会抑制儿童的创造性,与儿童的创造力呈负相关。多米诺(Domino,1969)关于母亲特点的研究表明,具有创造性的学龄男孩的母亲,表现出较高的自信、主动,自我能力强,喜欢变化和无系统的要求,更具直觉,更易宽容别人。

(二)学校

学校教育是一种有目的、有组织、有系统的教育,它在影响个体创新能力发展和智慧潜能开发方面,比家庭教育具有更重要的意义。有研究表明,教师的教在很大程度上决定了学生的学。一方面,学生的创造力的发展具有极大的潜在可能性,教师的教学工作可以促使儿童的这种潜在可能性向现实性转化。另一方面,教师本身的能力结构和个性特征对学生的发展也起着潜移默化的影响作用。

有人做过一个有趣的实验，让三到五年级的教师和学生一起进行托兰斯创造思维测验，在五个语词创造性测验中，有三个测验结果表明：如果教师的创造性测验成绩低，那他的学生的创造性测验成绩则高。另一个研究探讨了教师的态度对学生创造性的影响：教师对学生自主的重要性的认识，与儿童倾向于挑战、好奇心、独立控制自己的愿望有明显的相关，而且当学生认为自己的教师是从内心积极工作时，学生就会把自己看作是较有能力的并认为自己也是受到内部推动的，因此教师在教学中对学生自主和自我指导的态度会影响学生的内部动机，进而影响创造性。

在有关教学过程中学生的创造力培养研究中，开放课堂研究是近年来较为引人注目的成果。开放课堂是一种教学模式，包括空间上的灵活性、学生对活动的选择性、学习材料的丰富性、课程内容的综合性、更多的个人或小组学习而不是大班教学。开放课堂形成了一种气氛，它有助于进行批判性的探究和培养学生的好奇心，有助于促进学生自主学习和学会学习。在传统课堂中最频繁的是集体阅读和数学练习，而在开放课堂中最频繁的是创造性写作、小组设计和个人阅读。因此，开放课堂较少固定的结构，学生个人活动较多，教师对活动的限制较少，学生的内部动机高，创造性高。

在开放课堂与传统课堂的大量研究中，大多数都证明了开放课堂有助于学生创造力的发展，其中最著名的是哈登（Haddon）等人的研究。研究者选取了二百余名社会经济地位相似的学生，他们一半来自实行传统教学的小学，一半来自实行开放课堂教学的小学。对被试进行各种各样的创造性测验的结果表明，实行开放课堂学校学生的测验成绩始终高于传统学校的学生。以后的追踪结果也显示，来自开放课堂的个体离开小学四年后，其发散思维的水平依旧高于对照组。高耶尔（R. P. Goyal）的研究发现，开放课堂中学生在思维的流畅性、灵活性、独创性等品质方面,比中间型课堂(intermediate classroom)中的学生得分高,而后者又比传统课堂中的学生得分高,开放课堂中的学生在无限制的测验中得分也较高。

(三) 社会环境

社会环境对创造力的发展也有巨大的影响。创造作为一种社会实践活动,总是在一定的社会背景下进行的。因此,个人创造力的发展和发挥,必然会受到科技环境、学术环境、群体环境、自然环境和工作环境等社会环境因素的影响和制约。

如果在一个社会中,人人对发明创造表示羡慕和敬意,创造就会受到鼓励,在这个社会中,就必定是人人乐于开拓冒险,推陈出新,个体的创造力就会得到极大的张扬,创新人才也就会大量涌现。反过来,如果在一个社会中,人人乐于安守现状,视"标新立异"为异端,"枪打出头鸟",对创新者倍加摧残,就会出现人人明哲保身,随大流,居中庸,不求有功,但求无过,民族的创造力就会败落衰退。许多曾经在历史上光辉灿烂的民族,后来落伍了,有的甚至已从文明史上消失了,究其原因,有很多都是压抑自身创造力的结果。

在构成社会环境的诸多因素中,文化因素与创造力的发展关系最为密切。在人类社会发展的任何历史时期,文化因素都深深地影响着个体创造力的发展。有利于个体创造力发展的文化应该是全方位的、能兼容多种文化刺激的文化,而不应是那种过分关注某一方面而忽视其他的单一性文化。因此,要促进创造力的发展,应采取"百花齐放,百家争鸣"的方针,广泛吸收各种先进的外来文化。

社会舆论和风尚也与创造力的发展密切相关。社会舆论是一种强大的社会心理力量,它对团体和个人的心理都会产生一定的影响作用。社会对创造活动的正确舆论是进行创造活动的重要社会心理激励,若社会舆论轻视或害怕创造,个体进行创造性活动的积极性就会受到影响,创造力的发展就会受到限制。社会风尚是一种社会心理现象,是群体的心理状态和社会在一定时期流行的风气,它对人们的创造性活动也有一定的影响。当社会风尚尊重知识和人才、尊重科学创造的价值时，将有力地激励人们的创造欲望，促进个体创造力的发展。

第三节 创造力的测量

一、创造力测量原则

创造力测量是根据一定的理论和标准，借助一定的方法和工具，对个体创造力的高低进行评定的过程。创造力测量是了解和研究创造力的前提，具有非常重要的理论和实践意义。创造力测量又是一项十分复杂和严谨的工作，必须依照一定的原则来进行。这里只介绍最基本的几条原则。

（一）统一性原则

这一原则要求所选用的测量工具要同研究者对创造力的界定相统一，尤其是同其创造力的操作性定义相统一。如果研究者认为个体创造力的高低主要表现在发散思维能力上，就应该选用以测量发散思维为核心的创造性测验；如果认为创造力高的个体不仅要有较高的发散思维能力，而且也要具有较强的聚合思维能力，在测量时就还应加入聚合思维能力的测验；如果认为创造力不仅包括思维能力，而且包括创造性人格，那么在测量时还应增加创造性人格测验。总之，统一性要求研究者不可盲目地使用工具，必须弄清楚自己所选用工具的特点和可解释的范围是否符合自己对创造力所下的操作性定义，只有这样才能保证研究的信度和效度。

（二）多样性原则

这一原则要求研究者必须从多个方面考察个体的创造力。大量事实和研究证明，具有高创造力的人，他们的心理素质表现在许多方面，而不是仅仅局限于某一方面。这就要求研究者使用多种手段来鉴别。如果仅仅使用一两个创造力测验作为工具,那么结果不一定会十分准确。例如,在言语方面没有表现出高创造力的个体,也许在操作方面会有出色的创造力。因此,如果研究者要对个体的创造力进行鉴别的话,就必须遵循多样性原则来作出全面的判断。

(三) 适宜性原则

这一原则要求所用的方法和工具必须适合研究者的研究对象和研究范围。首先是年龄的适宜性。不同的创造力测验要求被测量者以不同的方式作出反应,如言语反应式、操作反应式和纸笔反应式等。对年龄较低的儿童来说,纸笔反应式测验就不合适。所以,对不同年龄阶段的个体,必须充分考虑其对所选工具的适宜性。其次是学科的适宜性。适用于数学学科的创造力测验,很难适用于语文学科,其他学科的创造力测验也是如此。总之,测量工具的选择与测量目的是一一对应的,只有遵循适宜性原则,才能得到有效的测量结果。①

二、创造力测量方法

个体在创造力方面既有倾向性的不同,又有水平高低的不同。因此,对个体的创造力进行测量不但是非常必要的,而且是完全可能的。但是,由于个体创造力是一个多维度多层面的结构,可以从不同角度进行描述和测量,因而其测量方法是多种多样的。另外,由于创造力测量具有复杂性、不确定性和个别性,所以要求在对创造力进行测量前,必须了解各种方法和工具的适用范围和使用要求。

(一) 创造力测量的传统方法

所谓传统方法,是指在标准化客观性测验以前出现的以主观判断为主的测量方法,其中主要包括提名法、作文法和专家评分法

---

① 张庆林:《创造性研究手册》,68页,四川教育出版社,2002。

等。这些方法虽谓传统,但至今仍有其应用价值。

1. 提名法。提名法是参照一定的标准或用等级评分,由教师、同学、领导、同事等提名来确定个体创造力高低的方法。在使用提名法时,提名者必须对被提名者有充分的了解,而且被提名者需有充分的自由发挥自己的创造力。为使提名者对所要测量的创造力有正确的把握,可给出一些问题作为其选拔的依据。例如,在根据流畅性、应变性、新颖性和周全性四项标准对创造力高者进行提名时,可提出下列问题作为参考:谁的主意最多(流畅性),谁的花样最多且最不固执(应变性),谁的想法最为周到(周全性),谁的主意最新且最不寻常(新颖性)等。当然,参照问题的给出,应视提名者的具体情况而定。①

2. 作文法。作文法是测量创造力最为简单的方法。早期的心理学研究常用它研究想象力,后被托兰斯(E. P. Torrance)等心理学家用于研究创造力。用作文法测量创造力,作文题目本身必须是不同寻常且能激发想象力的。为公平起见,作文必须限定时间,大约二十分钟。有创造力的学生往往不注意书法、文笔与笔画,因此,为使学生充分发挥创造力,教师可事先说明不必过于计较书法、笔画、文法或整洁等,应尽量在规定时间内写出最为动人而有趣的故事。作文法的优点是简单易行,缺点是缺乏客观标准,受评分者主观因素影响较大。

3. 专家评分法。专家评分法是由有关专家或专门研究者按照一定的标准,对受测者的创造力进行评价的一种方法。这种方法虽然与作品分析法同属分析与评定的范畴,但两者有着根本的区别。前者是一种概括、笼统的评定,后者是深入、分析的评定;前者的对象包括受测者的各个方面,后者的对象仅限于"作品";前者必须由多个人来完成,后者只需一人即可完成。专家评定法的实施可

---

① 郭有遹:《创造心理学》,279 页,教育科学出版社,2002。

分三个步骤：(1) 组成评价小组，成员构成为有关专家、研究者或有经验的教师；(2) 由评价小组成员分别对个体的创造力进行评析；(3) 合成总的评价成果，其中包括评价者一致性（信度）的考查。这种方法的优点是较为经济，对未来也有有效的预测性。缺点是评价结果受评价者的个人经验、情绪状态、疲劳状况等主观因素影响较大。

(二) 创造力测量的现代方法

1. 测验法。测验法是通过心理测验对个体的创造力进行测量的方法。创造力测验一般采用标准化的题目，按规定的程序施测，然后将测验成绩与个体所在年龄段的常模作比较，从而评定个体的创造力程度。创造力测验进一步可分为投射性测验和非投射性测验。投射性测验主要考察创造力的独创性，较少涉及变通性与流畅性。其主要方式为：(1) 提供一些不完整的句子或故障，让儿童自由补充，使之完整；(2) 提供一些意义模糊的墨迹图，让儿童加以解释；(3) 提供一些简单的线条框架，让儿童在此基础上画出完整的图画。非投射性测验包括言语性与操作性测验两类，主要是测查发散思维，核心是思维的变通性与流畅性。创造力测验法是最常用也是争论最大的测量方法。它适用范围广，易控制，结果易于统计和解释。然而，它的信度与效度往往不能令人满意。

2. 实验法。创造力实验法是通过给受测者设置一定的问题情境，控制和改变一些条件，记录其反应情况，然后加以分析的一种测量方法。这种方法的突出特征是对个体的行为与环境条件进行了人为的操作，把创造力的某些特定影响因素从复杂的条件中分离出来，使问题简单化，从而使考察这些因素对创造力的影响效果成为可能。创造力研究的实验法虽然具有纯化研究对象、强化研究条件和可以进行重复研究等优点，但由于个体是生活在现实的社会环境中的，人的创造活动也必然会受到社会生活中各种因素的制约和影响。将创造活动"纯化",使其与本来应有的实际情况相脱离,必然会使创造行为发生变化,从而使实验观测到的创造力指标值与实际情况相脱离。这样必然会出现实验的"纯化"程度越高,实验结论的真实性越低的结果。

3. 作品分析法。作品分析法是指通过对被试按要求完成作品的定性和定量分析,来揭示其创造水平的一种方法。这是一种客观分析法,因为它常利用某些数量化指标来进行较为精细的客观评价。这里的"作品"限于个体的工艺品、作文、故事、绘画、乐谱及计算机程序等。这类测量中最经典的是关于乐曲的盛名与它的独创性之间关系的研究。1980年西蒙顿提出了一个客观可靠的计算机分析方法,从而使独创性(乐曲)数量化。由这种方法可以把每首乐曲分解给以记分,用得分高低表示独创性水平的高低。作品分析法虽然具有客观性且分析深入、细致等优点,但是由于编制记分系统是其关键,便导致了这种方法的难度大于上述两种方法。一般说来,创造力研究中运用作品分析法的情况并不常见。

三、创造力测量的工具

(一)南加利福尼亚大学测验

该测验是根据吉尔福德的三维智力结构模型编制的。1957年,吉尔福德提出了著名的三维智力结构模型,并通过因素分析,逐步编制了一系列发散思维测验。吉尔福德认为,发散思维是创造力的外在表现,因此,以测量发散思维为主的测验可以用来测量人的创造力,于是便将其发展成为一套创造力测验,即南加利福尼亚大学测验。这套包含14个分测验的测验分语言和图形两部分,是为初中水平以上的被试设计的,主要用来测量思维的流畅性、灵活性和独特性。以后在此基础上又编制了一套相似的儿童创造力测验。它包括5个言语分测验和5个图形分测验,其中7个分测验由原测验改编而来。这两套测验具有相似的特性,都根据被试反应的数量、速度和新颖性等，依照记分手册的标准记分。原测验提供了成人和九年级学生的常模，后来发展的测验则提供了四至六年级学生的常模。

（二）托兰斯创造思维测验

托兰斯创造思维测验是美国心理学家托兰斯于1966年编制的。它是目前影响最大、应用最广泛的创造力测验，从幼儿园到研究生都适用。该测验由言语创造思维测验、图画创造思维测验以及声音和象声词的创造思维测验三套构成，每套都有两个复本，以满足在研究中对创造力进行初测和复测的需要。在这三套测验中，记分分别从不同的方面进行。言语测验从流畅性、变通性和独特性三方面记分；图画测验除了以上三项外，还要加上严密性记分；声音和象声词的测验只记独特性得分。从所有分测验中得出一个总的创造性指数以代表个体的创造性思维水平。至于具体的记分细则，可以参阅测验手册，测验手册提供了详细的指导。此外，测验手册中还提供了详细的信度资料以及有关常模，可供研究者分析、讨论时使用、参考。

（三）芝加哥大学创造力测验

美国芝加哥大学的两位心理学家盖策尔斯和杰克森（J. W. Getzels & P. W. Jackson）对个体的创造力进行了大量深入的研究，并于20世纪60年代初编制了一套创造力测验。该测验有词语联想、用途测验、掩蔽图形、完成寓言和组成问题五项分测验，其中有的源自吉尔福德的创造力测验。该测验一般采取测验或学业考试的形式在教室中以集体为单位进行，有严格的时间限制，适用于小学高年级至高中阶段的学生。对测验结果从反应数量、新奇性与多样性（分别对应于吉尔福德提出的流畅性、独特性和变通性）三方面记分。

（四）威廉姆斯创造性测验

威廉姆斯创造性测验也是一个比较常见的创造性测验。它由发散思维测验、发散情感测验和威廉姆斯评价表三部分组成。其中前两个测验是专为儿童和青少年设计的团体测验。发散思维测验包括12道题,都是未完成的图形,要求被试在规定的时间内完成,其目的是测量个体左半脑言语能力和右半脑非言语能力。其分数代表吉尔福德智力结构中发散思维的因素,主要是测量应试者思维流畅性、灵活性、独创性和严密性这四种特质的程度。发散情感测验没有时间限制,测验时有指导语说明,对低年级被试应逐题解释题意。威廉姆斯评价表是观察受试者在创造性行为方面的八种因素的量表,每种因素后面列有六项特征,供教师和家长对儿童进行评定时使用。

(五) 创造性人格测验

创造性人格的测量工具,基本上都是在对高创造性个体的共同人格特点进行总结、归纳的基础上编制的。测量时通过被试对以往的行为、人格和成就方面的自我报告,将被试的人格特点与高创造性者的共同特点进行比较,并在此基础上对其创造性的高低进行比较。20 世纪 60 年代以来,创造性人格测量工具的开发得到了较大的发展,目前最常用的创造性人格测量工具有卡特尔十六种人格因素问卷(Cattell Sixteen Personality Factors Questionnaire)、安全感—无安全感量表(The Security-Insecurity Inventory)、新颖性测量(Original Respons)和主题统觉测验(Thematic Apperception Test)等。

戴维斯(Davis,1992)在对有关创造性人格测量工具及其测量结果进行分析、总结的基础上,对创造性人格特征概括如下:创造意识、新颖性、独特性、冒险、精力充沛、好奇、幽默、对新奇复杂的事物倾心、有艺术感、思维开阔、喜欢独处和高度的感知力等。另外,对模糊的容忍也常被看作是高创造力个体的人格特征。

第四节　创造力的培养

一、创造意识的形成

　　创造意识是指创造的愿望、意图等思想观念。创造意识是创造活动的起点和前提，离开了创造意识，一切创造活动都将无从谈起。对于创造者来说，创造意识是一种最为可贵的品质，它不仅表现在其能时时、处处、事事想到创造，而且能将创造的原理与技巧化作个人的内在习惯，变成一种自觉行为和生活方式。

　　创造是一种有目的的自觉性行为，它是在一定的意识支配下进行的。人类发明创造的历史和有关心理学研究表明，那些卓有成就的发明、发现者，其成功的奥秘就在于能够看到常人看不到的问题。创造意识实质上就是一种问题意识，一种对问题的敏感性。但是需要指出，创造意识并非是人头脑中固有的。相反，人类意识结构中存在着一种追求稳定、保持平衡的倾向。因此，要想有所发现有所创造，必须首先打破意识结构中这种固有的平衡状态，培养起习惯性的发现问题的意识。

　　客观世界是在不断变化的，在我们的周围，实际上每天都有新情况、新问题出现，关键是当这些问题已经客观地呈现在你面前的时候，你是慧眼识珠，还是熟视无睹、不屑一顾？创新者与平庸者自身意识上最重大的差异，正在于后者见怪不怪，浅尝辄止；而前者探迷索奇，追根寻源，对问题始终保持着高度的敏感性。

　　众所周知，伦琴对 X 射线的发现，并非因为伦琴在此方面有别人无法比拟的才华。在伦琴以前，有不少人都看到过克鲁克斯管的发光现象。1897 年，克鲁克斯本人发牢骚说：贮存在阴极射线管附近的照相底片都感光了。美国的哥兹比德和詹宁斯在费城也注意到：在演示了阴极射线之后，照相底片都奇怪地变黑了。德国的莱纳德和其他一些物理学家也都发现过克鲁克斯管附近的荧光。但由于他们当时只是醉心于研究阴极射线的性质,所以对这种奇怪的边缘效应,只是面面相觑而未想到做深入的研究。唯有伦琴,凭着对所发现问题的敏锐性,丢开了自己原来研究的课题而对此不停地做各种实验,顽强而巧妙地盘问自然,终于发现了一种新射线,从而摘取了这一似乎得益于偶然的科学桂冠。如果问伦琴有哪点比别人优越,那就是他具有强烈的发现问题的意识。

创造意识也是一种否定意识。法国著名文学家雨果说过:科学向前推进,也就不断地把自己勾销。许多事实说明:前人对客观事物的认识因为受着种种条件的限制,往往不可避免地带有一定程度的表面性和片面性,在此基础上形成的理论和认识,自然也就存在着局限性和不可避免的缺陷甚至谬误。因此,要想有所发现有所创造,对前人的学说和理论还必须要有"不唯上、不唯书、只唯实"的辩证唯物主义态度,自觉地形成一种多问一个为什么的否定意识。

科学发展的历史表明,人类对客观世界的认识并不是若干正确理论的简单相加,更不是某一正确理论的反复证实,而是在证实—证伪—新的证实—新的证伪的曲折过程中螺旋式前进的。17世纪60年代以前,数学上只有常量数学的概念和方法。随着生产和科学实验的发展,出现了大量的问题,比如已知速度求路程,已知路程求速度。在匀速运动情况下,这些问题采用常量数学很容易解决,但碰上变速运动,用过去的方法就无法解决了。是遵守常量数学的规则,把变速运动提出的新问题束之高阁,还是根据科学本身的内在需求,打破常量数学的界限,去研究新发现的变量?这对当时的数学家们是一个极大的考验。年轻的牛顿和莱布尼茨勇敢地冲破常量数学的束缚,创造了微积分,从而解决了常量数学无法解决的问题,完成了数学领域的一场深刻革命。

树立求证否定意识,做到勇于否定权威已属不易,而要同时做到勇于否定自己,则更是难能可贵。客观地讲,"初生牛犊不怕虎"的人不少,而"每日三省吾身"的人却不多。敢于在求证否定的过程中自我否定的人,要具有更高的眼界、更宽的视野、更广阔的襟怀,也更令人敬佩。这种勇于否定自我的意识,同样是创新者可贵的精神品质。一个具有创新潜力和耐力的人,不仅要充满自信,敢于大胆地否定前人的错误,而且也同样要常常怀疑自己,敢于否定自己的错误,乐于接受新思想,并且努力不使自己的失误构成后来人前进的"拦路虎"。

爱因斯坦便是一个用严肃的批判态度对待自己的人。他从不满足已取得的成就,有错必纠,知过必改。正因为他不断地检点和纠正自己的理论,所以在建立了狭义相对论后,他又建立了意义更大的广义相对论。诚如先哲的箴言:人的最高尚行为,除了传播真理外,就是公开放弃错误。

二、创造性思维的开发

创造性思维是一个颇有争议的概念,目前在心理学界尚未形成共识。美国心理学家吉尔福德在研究智力结构时,通过因素分析发现了发散思维和集中思维两种思维类型,并认为发散思维能代表人的创造力。而克罗普林(Kraepelin)等人则认为,创造性思维是由发散思维和集中思维两种思维有机结合而成的。其实,创造性思维不仅包括发散思维、集中思维,也包括认知或非认知因素。创造性思维作为一种思维活动,既有一般思维的共同特点,又有不同于一般思维的独特之处。其突出表现在以下几点。

(1)求异性。创造性思维在创造活动过程中,尤其在初期阶段,求异性特别明显。它要求关注客观事物的不同性与特殊性,关注现象与本质、形式与内容的不一致性。

(2)联想性。联想是将表面看来互不相干的事物联系起来。联想可以使人利用已有的经验创造,也可以利用别人的发明发现进行创造。

（3）发散性。发散性是指思维的开放性、流畅性和灵活性。其特点是从某一点出发，任意发散，既无一定方向，也无一定范围。

（4）综合性。综合是把事物各个侧面、部分和属性统一为整体的认识，是按它们内在的、必然的、本质的联系把整个事物在思维中再现出来的思维方法。

（5）逆向性。逆向性是指不沿着前辈或自己长久形成的、固有的思路去思考问题，而从相反的方向寻找解决问题的办法。

（6）独创性。独创性是指能提出新的见解，得出新的发现，实现新的突破。就是用自己的头脑、自己的方式，去做自己认定的事。

创造性思维是从事创造活动和取得创造成果的关键。没有思维上的变革，就不可能有行动上的变化。人类历史上的一切新事物、新产品，都是从思维的创新开始的。但是，创造性思维并不是与生俱来或自发地产生的，它必须通过主体在实践中有意识地进行培养和开发方能形成。

开发创造性思维，首先要扩展思维的视角。思维定势是形成创造性思维的最大障碍，它使头脑忽略了定势之外的事物和观念。而从心理科学和脑科学的研究成果看，思维定势似乎是难以避免的。它就像一副有色眼镜，戴上它整个世界都与眼镜片的颜色相同，摘掉它又无法看清外界事物。通过科学的训练虽能削弱思维定势的强度，但不能从根本上解决问题。解决这一问题的另一条思路是：尽量多地增加头脑中的思维视角，学会从多种角度观察同一个问题。如果我们头脑中的有色眼镜确实是无法摘除的，那么，我们干脆多准备几副有色眼镜，轮流戴上不同的眼镜来看世界。

开发创造性思维，还必须提高想象能力。想象是一种特殊的思维过程，它是指在已有形象的基础上，经过改造、重组、联合而创造出新形象的活动。从心理学的角度看，想象力是人类特有的把已有的知识和新的信息在头脑中重新组合的能力。人类的任何智慧,只有经过想象动力的推波助澜,才会与行为整合,转变为创造性的思想。人的一生中,总有难以达到的境界。缺乏想象力的人,到头来只能在原地踏步。想到的未必都能做得到,但做到的必须首先要想得到。

开发创造性思维,也需要把握直觉和灵感。直觉与灵感既有联系又有区别。直觉是大脑的一种高级的理性"感觉",灵感是以直觉为起点的,在肯定性的直觉思维的基础上,经过量的积累导致的质的飞跃。直觉和灵感可以帮助人在创造活动中作出预见。凭借卓越的直觉和灵感能力,科学家能够在纷繁的事实材料面前,敏锐地察觉出某一类现象和思想具有重大的意义,预见到将来在这方面会产生重大的科学创新和发现。直觉和灵感不是从天上掉下来的,也不是心血来潮、灵机一动的产物,它是创造者孜孜以求长期顽强劳动的结果。在科技发展的历史上,由于一些偶然事件的出现而导致重大发明发现的事例的确不胜枚举,但其中每一项由偶然引起的重大发现,都是在前期大量艰苦劳动的基础上产生的,是量变引起质变的必然结果。

三、创造个性的培养

创造是以自己独特的个性特征参与社会实践活动,把自己内心的潜能通过外显行为释放或表现出来的过程。每个致力于创造的人,都应了解自己的个性特点,扬长避短,在创造过程中不断完善自己的个性品质。

日本心理学家曾就个性与创造力的关系问题,对160名有突出成就的科学家和发明家进行了调查。这些人在各自的领域内都进行了创造性的工作,其中个人持有30项以上专利和受到国家表扬的科学家与发明家110人,从事电气实验研究而获得突出成绩和贡献的研究人员50人。调查结果表明,这些人均具有与众不同的个性特征。这些人具有恒心、毅力,甚至在看起来希望渺茫的情况下,仍能坚持到底。他们具有鲜明的独立倾向和创新精神,凡事有主见,肯努力,不甘虚度一生。他们对自己充满信心,敢于坚持己见。显然,这些个性品质在其创造活动中起到了重大的作用。

个性是一个人区别于另一个人的重要心理依据。历史上许许多多的杰出人物,他们能对人类的进步作出创造性贡献,除了他们具有非凡的才能和卓越的智慧,还因为他们具有崇高的独立个性。个性比人的思想和行为更加深刻,更加隐蔽,具有更大的稳定性和倾向性。个性一旦形成,就会按照自己的倾向性去调节思想和行为。当外界因素否定和压抑个性时,它还具有强烈的自卫机制。正像社会环境塑造个性一样,个性也会反过来重新塑造社会环境。对人的创造活动来说,个性因素起着重要作用,个性中的每一个具体内容都可能对创造的成败发生重要的影响。因此,要想提高人的创造力,还必须注意创造个性的培养。

培养创造个性,首先要树立坚定的信念。创造的本质特征就是不随俗,不模仿,不盲从,不迷信。如果模仿别人的创造成果,就不会有所前进。如果盲从潮流,就不敢大胆提出自己的观点。如果迷信权威,就不会有所创造。古往今来,许多杰出人物在作出各种伟大贡献时都表现出了坚定的信念和批判精神。英国科学家托马斯·杨正是由于不迷信牛顿的光学理论,才发展了光的微粒说。与此相反,胆怯和懦弱是妨碍创造的最大心理障碍,它往往会磨灭人的信念和革新精神,使人缺乏信心和独立性,不敢向前奋进。德国物理学家普朗克虽然首先提出了"能量子假说"这个革命性发现,但是由于胆怯和懦弱,他不但没有为进一步发展量子理论作出贡献,反倒长时间对自己的发现抱怀疑态度,后来竟致力于调和"能量子假说"同古典物理学的矛盾,结果未能由他来完成物理学上的这一伟大创举。因此,要成功地进行创造性工作,就必须克服胆怯和懦弱,树立坚定的信念,走自己的路。

培养创造个性,必须坚持目标始终如一。一个成功的创造者在为达到预期目的的行动中,必须要不怕任何失败和挫折,努力克服各种障碍和困难,不达到既定目标誓不罢休。有句成语叫"水滴石穿"。水滴何以能使石穿?除了某些物理和化学原因之外,关键在于"水滴"的韧劲。水滴之量很微,水滴之力甚小,要把坚硬的石头滴穿,确实需要坚忍不拔的毅力和顽强持久的精神。韧者,"柔而固也",用来比喻创造者的品质,就是锲而不舍的恒心、百折不挠的意志、奋斗不息的精神。世界上许多创造出惊人业绩的人,并不完全由于他们智力不凡,更多的是在于他们比一般人更加勤奋好学,并且能持之以恒。如果在成长过程中遇到了阻力就退缩放松,必将一事无成。

培养创造个性,还要有积极进取的人生态度。任何创造性活动都有失败的可能。人们常常只看到创造成果的辉煌,只看到创造后的鲜花和欢乐,却很少看到创造过程中的挫折和苦恼,很少看到由于创造失败而带来的打击和磨难。其实,一个新的设想完全得到成功的证实的情况往往是很少的,挫折和失败是创造者的家常便饭,即使是科学巨匠,也是失败多于成功。法拉第算是最成功的科学家之一,但据他自己说,他的每十个有希望的初步结论中,能实现的还不到一个。匈牙利数学家法·鲍耶在探索几何第五公理的证明中屡遭失败,他说自己在求证过程中埋没了人生的一切亮光,一切快乐。因此,只有具有顽强的毅力和积极进取的人生态度,才有可能正确面对挫折和失败,克服种种难关,锲而不舍,上下求索,最终到达成功的彼岸。

四、创造机遇的把握

机遇是现实社会中存在的一种普遍现象,掌握和运用好机遇,已经引起人们的广泛关注。机遇是个人奋斗精神与社会环境条件的一种契合,也是对人全面素质和综合能力的考验。

一个人能否取得创造性成绩，在很大程度上取决于其是否善于抓住和把握机遇。机遇对每个人都是均等的，但它又不是均衡摊派的。在特定的时空下，各方面因素配合恰当，产生了有利的条件，谁最先利用这些有利的条件，运用手上的人力、物力进行投资，谁就能更快、更容易获得更大的成功，赚取更多的财富。这些有利条件便是机遇。准确地把握机遇，便能事半功倍，一旦失去机遇，不仅会两手空空一无所获，而且可能会走向失败甚至毁灭的境地。

　　那么，怎样才能抓住和把握机遇呢？首先是要做好充分的准备。一位哲学家曾经说过，机遇只垂青那些头脑中有准备的人。什么叫有准备？它包括众多内容，但其中最基本的是知识和素质。许多人的经历表明，缺乏应有的知识和素质，即便有了机遇，也只能擦肩而过；而有了丰富的知识和较高的素质，加上机遇就会如虎添翼。

　　当然，机遇不是等来的，做好了准备还必须主动出击。究竟到哪里去寻求"撬动地球的支点"呢？说难也难，说不难也不难。当你回首往事时，经常会惊奇地发现，在平平淡淡的岁月中，时隐时现地出现过几次闪光的转折点，与自己擦肩而过，令人追悔莫及，发出当时我要是如何如何，现在我将如何如何的长叹。

　　在每个伟大人物的一生中，都有一个维系其成败得失的时刻，在此紧要关头作出的行为抉择，代表了他所能采取的最高水平的行为。一般来说，创造机遇有三种方式。一是发现，就是在现存的事物中，找出未被注视、未经利用的地方，也称"空白地带"，如哥伦布发现美洲。发现并不完全等于要找到从未有过、从未见过的新事物。在我们的日常工作中，其实有许多不断出现的新问题没能得到解决，也有许多带有规律性的东西没有挖掘出来，只是看你留心观察和潜心钻研了没有。二是发明，就是瞄着新的需求，进行新的设计，创造出在那个特定的时期尚未存在的东西。三是组合，即把现存事物重新排列，把不同的因素重新组织，在看似没有关系的事物中间发现联系，并重新予以编排。

在人生的旅途上，一次偶然的机遇，导致了伟大而深刻的发现，使科学家因此成名；一个突如其来的机遇，使有的人大展才华，干出了一番惊天动地的事业，从而名垂青史；甚至一次意外的事变，竟影响了一个人的整个生涯，对他的发展起着转机作用。凡此种种，在实际生活中都是常有的，问题的关键是我们能否把握住这些稍纵即逝的机遇。

第八章 学习策略

有效教学不仅要教给学生知识,更重要的是在掌握知识的过程中教学生学会学习,即学会运用一系列的学习策略,解决实际问题。因此,学习策略的获得与知识的习得、技能的形成一样也是教学的一个重要目标,并引起了教育心理学研究的广泛关注。本章根据教育心理学有关学习策略研究的新成果,对学习策略的实质、学习策略的获得与教学作了重点阐述,并简要介绍了一些通用学习策略。

第一节 学习策略概述

一、学习策略的含义

学习策略研究开始于 1956 年布鲁纳等人对人工概念学习的研究工作。布鲁纳认为,概念形成过程因其富有策略性而表现出人的主动性。他们的研究发现,如果人们能够运用一定的学习策略进行学习,其学习效果可以得到极大的提高。从此以后,学习策略一直是与"学习如何学习"(learning how to learn)和"学习如何知道"(learning how to know)等相关联。关于学习策略的定义,目前学术界没有统一的界定,这也正说明学习策略的含义是广泛的,学习策略的研究是活跃的。归纳起来,国外关于学习策略的定义有以下几种主要观点。

(一) 学习策略是信息加工的具体方法或技能

许多研究者认为,学习策略就是那些影响信息加工过程、用于提高学习效率的任何方法。温斯坦和梅耶(1986)曾给学习策略下了一个非常广泛的定义:学习策略是指在学习活动过程中影响学习者信息加工过程的行为和思想。随后,梅耶(1988)又将学习策略更明确地定义,学习策略是指影响学习者怎样加工信息的各种行为,这些行为包括画线、概述、复述等行为方法。里格尼(Rigney,1978)则认为,学习策略是学生用于获得、保持与提取知识和作业的各种操作与程序。这些观点基本上认为学习策略属于信息加工的思维方法和操作技巧。

(二) 学习策略是对信息加工过程的调控技能

一些研究者强调,学习策略是学习者对信息的编码、储存、提取等加工活动全过程的调控技能。如尼斯比特(Nisbett,1986)等认为学习策略是一系列选择、协调与运用技能的执行过程。认知心理学家认为学生的学习过程就是一个信息加工过程,学习策略在这里被看作是认知策略。加涅认为,认知策略是学习者用来调节自己内部注意、记忆、思维等过程的技能,其功能在于使学习者不断反省自己的认知活动。柯比(B. Kolb)进一步解释,人的认知有两个互相作用并同时并进的过程:一是信息加工过程,二是控制信息加工过程的过程。后者即对信息加工过程的调节与控制技能,也就是认知策略。如在考试时,有的学生拿到试卷后,就从第一题开始按顺序往下做,碰到不懂的题就冥思苦想,耗费时间,临到交卷时才发现后面容易的题却没有时间做了。如果有的学生选择先做自己懂的、容易的,最后做难题,懂得调整和分配自己的时间,这就是对信息加工的调节与监控,即认知策略。

(三)学习策略是信息加工与对信息加工过程进行调控的统一体

丹塞雷(Dansereau,1985)认为,信息加工过程的方法是学习策略,对信息加工进行调控的技能也是学习策略。前者是基本策略,后者是辅助策略。又如斯滕伯格在构想学生学习的智力模型的过程中区分了两种不同层次的智力技能:一是执行技能,用来对信息加工进行规划、监控和修正的高级技能;二是非执行的技能,用于对学习任务进行实际操作的技能,即信息加工的具体方法或技能。他强调指出,在高质量的学习中,两种技能缺一不可,任何期望提高智力水平的训练都应当注意这两者及其相互作用。

国内学者一般认为,学习策略是指学习者在学习活动中有效学习的程序、规则、方法、技巧及调控方式。而且强调理解学习策略的含义应把握以下三点。(1)凡是有助于提高学习质量、学习效率的程序、规则、方法、技巧及调控方式均属学习策略范畴。(2)学习策略既有内隐、外显之分,又有水平层次之别。学习策略既可能是外显的程序步骤,也可能是内隐的思维方式。同是复述策略,有可能是简单地按次序复述,也可能是选择陌生的或重点内容复述。(3)学习策略是个体学习能力的重要尺度,是制约学习效果的重要因素之一,因此是会不会学的标志。本书在讨论学习策略时,把学习策略看成是学习者在学习活动中用以提高学习效率的一般思维谋划或操作。我们将从学习策略与相关概念的辨析中来把握学习策略的含义。

第一,学习策略与学习方法。学习方法是学习者在一次具体的学习活动中为达到一定的学习目的而采用的手段和措施。它与学习策略的区别表现在:(1)具体的学习方法与具体学习任务相联系,有较强的情境性,而学习策略既与具体任务相联系,又与一般学习过程相联系;(2)学习方法经学习者反复运用,熟练掌握后,学习者在具体情境中往往凭习惯加以运用,而学习策略则是学习者经过对学习任务、学习者自身特点等各方面进行分析,反复考虑之后才产生的方案或谋划;(3) 具体的学习方法可以用来达到一定的学习目的,完成学习任务,但不考虑最佳效益,而学习策略则是以追求最佳效益为基本点的。例如,学生要记住一篇课文的内容,他必须采用一定的方法,因为可以采用机械重复的方法,或尝试背诵的方法,或拟订内容提纲进行记忆。只要他进入学习情况,就必然采取某种或优或劣的学习方法,而不同的学习方法所带来的学习效果是不一样的。学习方法与学习策略虽有区别,但又不能截然分开。因为,一方面学习策略虽不同于具体方法,但它又不能脱离具体方法,学习策略的谋划最终要落实到学习方法上,借助学习方法表现出来;另一方面,只有那些经过学习者整体谋划之后启用的方法才会获得策略的性质,成为学习策略系统不可分割的一部分。否则,不动脑筋随意运用的一种学习方法,不属于学习策略的范畴。

第二,学习策略与认知策略。认知策略这个术语最初由布鲁纳在其著名的人工概念的研究中提出,直到20世纪70年代加涅提出了一个著名的学习与记忆的信息加工模型才明确地将认知策略划分出来,在其学习结果分类中单列一类。加涅认为,认知主要是指人脑对信息的加工过程,如对信息的编码、转换、储存。认知策略则是学习者用来调节自己内部注意、记忆、思维等过程的技能,其功能在于使学习者不断反省自己的认知活动。

加涅在论述认知策略的同时,也提到与学习策略的关系。他认为认知策略与学习策略具有因果关系。认知策略的改进是学习策略改进的原因。

虽然,认知策略的学习有助于学习策略的发展,但认知策略并不等同于学习策略,学习策略是比认知策略更广的概念。有人将认知策略与学习策略等同看待,这是由于对学习策略本质特征认识不周详引起的,学习策略针对学习活动过程,尽管学习活动离不开对客观事物的认识,但认知只是学习活动一个部分和方面,学习的过程除了是信息加工的过程外,还表现出学习者个体生理的、情绪的、社会性的特征等,因此,把认知策略等同学习策略无疑缩小了学习策略的外延。从某种意义上说,学习策略比认知策略所包容的范围更广。

第三,学习策略与元认知。元认知是目前教育心理学研究中最热门的课题。许多人认为元认知是一个非常抽象的概念,其实,我们每天都在运用元认知,如"我知道我的口头表达能力不强","我得在数学学习方面多下点功夫"。元认知是一种高级思维,是对学习中认知过程的主动监控,这些监控行为包括如何提出学习任务,监控理解过程,以及对完成任务的过程进行评价。因此,元认知在成功学习中扮演着重要角色。元认知通常被简单地认为是"对思考的思考"(thinking about thinking),或对自己的认知过程的认知。它最先由弗拉维尔(J. H. Flavell, 1976)提出。他指出:元认知通常被广义地定义为任何以认知过程及其结果为对象的知识,或是任何调节认知过程的认知活动,它之所以被称为元认知,是因为其核心意义是对认知的认知。[1] 认知指向客观外界,而元认知指向人自身的认知过程,它以认知过程本身的活动为对象。一般认为,元认知主要包括元认知知识、元认知体验、元认知监控三种成分。

(1)元认知知识。元认知知识就是个人关于自身或他人在认知过程中,有哪些因素,这些因素是以何种方式发生作用及相互作用,从而影响认知活动的过程及结果的认识。这些影响认知活动的各种因素可归为个人因素(对自身及他人认知能力与特点的认识)、

---

[1] J. H. Flavell (1979), Metacognition and Cognitive Monitoring: A New Area of Cognitive-Developmental Inquiry. *American Psychologist*, 34, pp. 906-911.

任务和目标因素（对在完成认知任务或目标中所涉及的各种有关信息的认识）及策略因素（即对在完成认知过程中各种有关策略知识的认识）三种。

（2）元认知体验。元认知体验是伴随认知活动的一种情绪体验，它可能发生在认知活动的任一时刻。这种体验在过程上可长可短，在内容上可简可繁。如在教学中，某学生意识到，他已理解和记住了大部分教学内容，从而产生轻松、愉悦的心情，另一个学生意识到自己理解这段文字相当困难，从而产生悲观、焦躁的情绪。弗拉维尔认为，元认知体验最可能发生在思维活动水平较高的情况下。例如，在学习一个较难的数学定理时，每向前推进一步，都伴随着成功与失败，理解后的喜悦，百思不解的困惑，兴奋与焦虑等交织在一起，直到整个认知过程结束。

（3）元认知监控。元认知监控是指在进行认知活动的全过程中，将自己正在进行的认知活动作为意识对象，不断地对其进行积极、自觉的监视、控制和调节。它主要包括四种相应的监控策略。①制定计划，即在认知活动开始之前，根据认知任务的性质、特点，制定完成任务的实际步骤，考虑可选择的策略，并预计执行的结果等。②执行控制，即在认知活动过程中，及时评价、反馈认知活动中的有关信息。如与认知目标相一致，则继续下去逐渐逼近。如与认知目标相背离，则应及时修正、调整认知策略。③检查结果，即根据认知目标评价自己的认知结果，是完全达到、部分达到，还是根本没有达到。④采取补救措施，即根据对认知结果的检查，对存在的问题采取可行的补救措施。

关于元认知和学习策略之间的关系，我国学者陈琦认为，学习策略是存储在长时记忆中的元认知知识，它包括认知策略、元认知策略以及资源管理策略。元认知过程则是指在工作记忆中进行的、运用存储在长时记忆中的元认知知识（包括学习策略知识）来管理和控制认知活动的过程，它包含监视和调节的过程。元认知过程是使用学习策略的过程。元认知能力则是指执行这一控制的能力。这就是说,学习策略是有关学习的动态过程的静态知识,而元认知过程则是使用静态知识的动态过程。

二、学习策略的分类

关于学习策略的分类,许多学者提出了自己的看法。

(一) 麦基奇的分类

麦基奇等人对学习策略的成分进行了总结。他们认为,学习策略包括认知策略、元认知策略和资源管理策略三部分(详见图 8-1)。① 资源管理策略是辅助学生管理可用的环境和资源的策略,对学生的动机具有重要的作用。成功的学生使用这些策略帮助自己适应环境,以及调节环境以适应自己的需要。

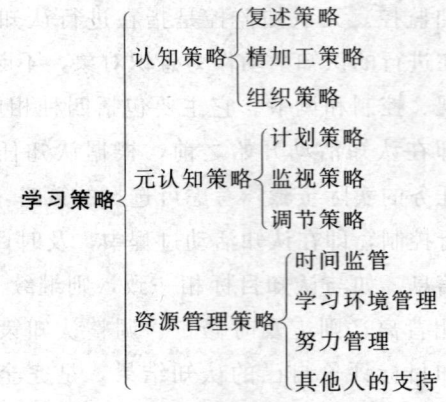

图 8-1 麦基奇等人的学习策略分类

(二) 丹塞雷的分类

丹塞雷等人认为,学习活动是一个由多种内容紧密关联的活动构成的复杂的活动系统。在学习过程中,认知活动无疑扮演着最为

---

① Mckeachie (1990), *Teaching and Learning in College Classroom: A Review of the Research Literature*. Ann Arbor: University of Michigan.

关键的角色，但与此同时，还需要适宜的认知气氛来支持认知活动的进行，使之更为有效。基于这种假设和认知，丹塞雷及其同事提出了 MURDER 学习策略。① MURDER 是一个缩写词，M 代表情绪调整（mood-setting）和维持（maintenance），U 代表理解（understand），R 代表回忆（recall），D 代表消化（digest）和细节（detail），E 代表扩展（expand），最后一个 R 代表复习检查（review）。因此，他认为，学习策略由两个策略系统构成，其一为基本策略系统（primary strategies），其二为支持策略系统（support strategies），这两个策略系统又有各自不同的亚策略结构（见图 8-2）。基本策略系统直接作用于学生的认知活动，是学生学习过程中赖以应用的主导性策略。支持策略系统则是帮助学生在学习过程中形成适宜的认知气氛，使已有的学习活动得以顺利进行的保证性策略，保证学生有效地完成基本策略。

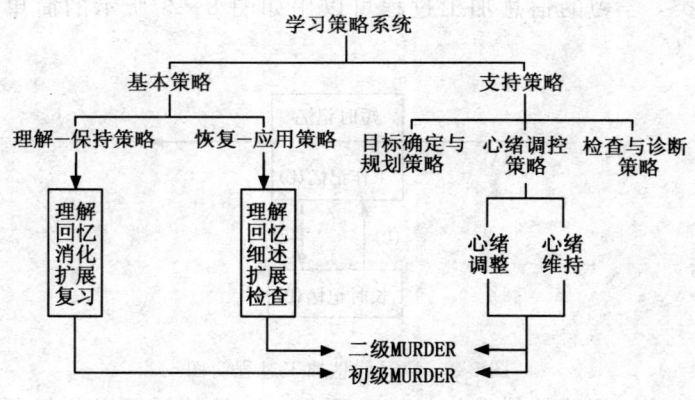

图 8-2　丹塞雷的学习策略分类

---

① D. F. Dansereau (1985), Learning Strategy Research. In J. W. Segal, S. F. Chipman & R. Glaser (Eds.), *Thinking and Learning Skills：Relating Instruction to Research*. Hillsdale, NJ：Erlbaum.

(三)奥克斯福德(Oxford)的分类

奥克斯福德认为,学习策略包含下列五个层面:①

(1)元认知策略,用来帮助学生计划、管理以及评估学习过程的策略;

(2)情感策略,用来提高学习兴趣和态度,例如多给正面鼓励和反馈;

(3)社会策略,用来促进学生之间的合作,一方面可提高学习兴趣,另一方面可透过合作学习增进理解能力;

(4)记忆与认知策略,用来增强记忆与思考能力;

(5)补偿性策略,用来与学习者沟通,帮助学生克服知识上的不足。

(四)我国学者皮连生的分类

皮连生(1997)认为,学习策略可依据学习的信息加工模型进行分类,学习的信息加工过程可以用如图8-3所示的简单模型表示。②

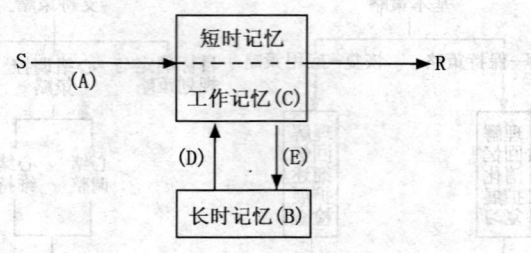

图8-3 学习信息加工过程简图

从这一简单的信息加工模型可见,有效的学习必须经历如下

---

① R. Oxford and D. Crookall(1989), Research on Language Learning Strategies: Methods, Findings, and Instructional Issues. *Modern Language Journal*, 73, pp.404-419.

② 皮连生:《智育心理学》,167页,人民教育出版社,1996。

阶段：

（1）学习者必须注意外界的信息（A）；

（2）信息必须暂时保存在短时记忆系统中；

（3）学习者应主动激活与新信息有关的原有知识（B）；

（4）新知识内部形成联系（C）；

（5）新知识与原有知识建立联系（D）；

（6）将新知识储存于长时记忆中，以便日后提取和应用（E）。

据此可以将学习策略分类如下：

（1）促进选择性注意的策略，如自我提问、做读书笔记、记听课笔记等；

（2）促进短时记忆的策略，如复述、笔记、将输入的信息形成组块等；

（3）促进新信息内在联系的策略，如分析学习材料的内在逻辑结构和组织结构，多问几个为什么等；

（4）促进新旧知识联系的策略，如列表比较新旧知识的异同，把新知识应用于解释新的例子等；

（5）促进新知识长期保存的策略，如记忆术、双重编码、提高加工水平等。

除了以上有代表性的分类外，有的还将学习策略分为学习的宏观策略和学习的微观策略。学习的宏观策略是对学习的任何一种活动都发挥作用的策略，它与学习的认知以外的因素有关；学习的微观策略是关于学习的具体活动的策略，它包括阅读策略、听讲策略、记忆策略、解题策略、考试策略，这些具体的学习策略与学习的认知因素有关。

以上各家分类依据标准不同，于是学习策略就有了各种不同的类型。我们认为，各种分类自圆其说，都有一定的道理，读者在学习时不仅要了解以上学习策略的类型，更重要的是了解其分类标准，明白个中理由，以达成对学习策略建立更完整的表征和全面、深层的理解。

第二节 通用学习策略

近几十年来,学习策略的研究发展很快,不同研究者提出了种类繁多、各具特色的学习策略,这里仅对有代表性的通用学习策略做一些介绍。

一、理解和保持知识的策略

理解和保持知识的策略主要包括复述策略、精加工策略、组织策略。

(一)复述策略

复述策略是为了在记忆中保持信息而对信息进行重复识记的策略。在某些简单任务中,为了将一个电话号码维持在短时记忆之中,我们会口头重复这个号码,这是对新记材料的维持性复述策略。对于某些复杂的任务,我们需要依据"遗忘规律"来组织自己的复述,以将新学的材料保持在长时记忆之中。

(二)精加工策略

复述策略是一种识记策略,其作用仅仅是保持信息,是一种比较低水平的信息加工策略。而精加工策略,是一种更高水平的更精细的信息加工策略,是在意义理解基础上的信息加工策略。具体方法有以下几种。

1. 画线法。画线能使学生快速找到和复习课文中重要的信息。有研究表明,如果学生画出课文中重要的和相关的信息,学生就能从课文中学到更多的东西。学生谨慎使用画线,并且只画出他们认为重要的信息,这一点很重要。在画线的旁边注释可能是一种更为有用的方法。下面是一些常用的方法:

(1)圈出不知道的词;

(2) 标明定义；

(3) 标明例子；

(4) 列出观点原因或事件序号；

(5) 在重要的段落前面加上星号；

(6) 在混乱的章节前画上问号；

(7) 给自己作注释，如检查上文中的定义；

(8) 标出可能的测验项目；

(9) 画箭头表明关系；

(10) 注上评论，记下不同点和相似点；

(11) 标出总结性的陈述。

尽管画线这种方法应用广泛，但人们并不觉得它有多大效益，问题在于大多数学生不能决定什么材料是最关键的，只是一味地划。当要学生每段只画一句最重要的句子时，他们确实能记住得多一些，这可能是因为决定哪一句是最重要的句子需要较高水平的加工。所以，要针对性地对学生进行画线法的训练。

2. 笔记法。记笔记是阅读和听讲中用得较为普遍的精加工策略。俗话说：好记性不如烂笔头，心不及墨。研究也表明，学生借助笔记既可以有效地控制自己的认知加工过程，维持学习注意和兴趣，又有助于概括新的知识和建立新旧知识之间的联系。维特罗克等人以小学生为被试做了写概括语的研究。实验者让优等生和后进生分别学习不同材料。优等生学习的材料长1 250个词，学习20分钟。后进生学习的材料长372个词，学习8分钟。然后将两类学生混合分成4组，对每组学习要求不同：A组学习时需给每节写一句概括语；B组学习的每节材料上已经有两个词的标题；C组的学习材料同B组，但需要同A组一样写概括语；D组为控制组，单纯阅读。结果，无论是优等生还是后进生，A、B、C三组的学习成绩显著高于控制组的成绩。而在A、B、C三组之间，又以C组的成绩最好，A、B两组成绩无显著差异。这说明，学生在学习过程中,材料中附加扼要的概括词尤其是要求自己写出概括材料的要点促进了他们对材料的理解。记笔记能够促进学习过程中主体的深加工,有助于学习者从外部控制转向自我内部控制。

下面介绍一种典型的课堂笔记形式:5R 笔记法。

5R 笔记法诞生于美国康奈尔大学,所以又名康奈尔笔记法,它几乎适用于一切课堂教学场合。5R 即指由 5 个"R"字母开头的术语:(1)记录(record),在听讲或阅读过程中,在主栏(见图 8-4)内尽量多记有意义的概念、论据等;(2)简化(reduce),随后(或课后)将主栏中内容恰当概括,并简明扼要地写进辅栏(回忆栏);(3)背诵(recite),即遮住主栏内容,以回忆栏中的内容为线索,叙述课堂上(或阅读中)学习过的东西(不要求机械地叙述,而是在充分理解的基础上用自己的话叙述),叙述过后,再撤开主栏,核实所述之正误;(4)反省(reflect),即把自己听课或阅读时的想法、意见等,写在卡片或笔记本的某一单独部分(与课堂记录内容分开),并加上标题和索引,编制成提纲、摘要,分类别群;(5)复习(review),每周花一定时间快速浏览笔记,主要是看回忆栏。

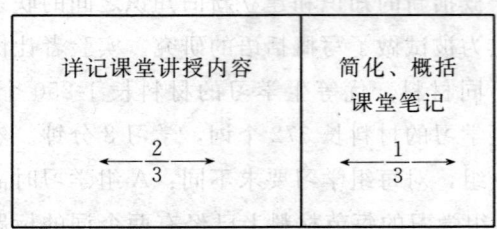

图 8-4 5R 笔记形式

3. 卡片法。将要记录的内容写在卡片上,既有利于归类存放,又有利于存取、批注。它广泛应用于零散资料的收集,是非系统性自学最适宜的笔记形式。

做卡片应做到：

（1）一卡一"题"，即记一个相对独立的内容，否则，几方面的内容混记在一张卡片上，分类就困难；

（2）在卡片的左或右上角，标明分类号、材料性质等；

（3）在卡片下方正中打孔，用线串卡成整，便于保存与查找。

卡片法也可以用于学科知识的学习，使用这种方式提取知识要点时应注意：（1）同笔记法配合使用，在认真记好笔记的前提下将那些意义性不强的、容易遗忘而又重要的知识点记到卡片上；（2）要和复述策略配合使用，依据遗忘规律进行复习。具体方法建议如下：将卡片分为左右两边，分别写上中文词和英文词，或者字母符号和字母符号的中文意义，公式名称和公式的字母符号表达式等；然后自制七个纸袋（或找七个信封），每袋内放置一周中某一天应复习的卡片，例如，某张卡片星期二复习以后，就放入星期四的袋子内，星期四复习后又放入星期天（或星期一、二）的袋子内，这样就能有规律地分配复习；复习时，用手遮住左边回忆右边，或反之，遮住右边回忆左边（或看正面回忆反面），进行自我测验；每复习一次，就在卡片左下角打一个小小的"√"，"√"越多，复习的间隔时间应越长，意义性不强的学习材料有了5个"√"（有意义的材料只需3~4个"√"），就可以收起来，等到一章结束时（或考前）再复习一遍。一张卡片上如果记录了多个要记的知识点，在复习时，要对回忆失败的项目做记号，下次主要复习做了记号的项目，未做记录的可复习也可不复习，以提高时间的利用效率。

（三）组织策略

组织策略是将经过精加工提炼出来的知识点加以构造，形成知识结构的更高水平的信息加工策略。

温斯坦和梅耶（1986）提出两种有用的组织策略：列提纲（outlining）和画地图（mapping）。这些技术能帮学生分析课文的结构，使材料变得更有系统性、组织性、形象性，结构更明确，脉络更清晰，使记忆材料的内容简化、精练化，从而使他们更好地把握材料，形成知识的结构网络，以提高认知结构的清晰性和可利用性。

1. 列提纲。列提纲是以简要而关键的语词写下主要和次要的观点，也就是以金字塔的形式组织材料的要点，每一具体的细节都包含在高一级水平的类别之下，以此对材料进行简化。提纲一般是材料中的精华部分，它可以减轻记忆负担，提高记忆效率。如美国记忆专家曾举例说明如何用字头概括法记住北美五大湖。他说可以想象为湖面上浮着几幢房子——HOMES。因为北美五大湖包括Huron（休伦湖）、Ontario（安大略湖）、Michigan（密执安湖）、Erie（伊利湖）、Superior（苏必利尔湖），取其第一个字母即可组合为HOMES。

在教列提纲技能时，教师可先提供一个列得比较好的提纲，然后解释这些提纲是如何统领材料的，下一步就可以利用各种不完整的提纲，逐步对学生进行训练：（1）提供一个几乎完整的提纲，需要学生听课或阅读时填写一些支持性的细节；（2）提供一个只有主题的提纲，要求学生填写所有的支持性细节；（3）提供一个只有支持性细节，而要求填写主要观点的提纲。如果给学生以适当的练习，就能学会写出很好的提纲来。

也可以采用另一种方式进行训练：（1）向学生传授如何列提纲的技巧；（2）要求学生独立列提纲；（3）教师提供自己事先列好的"样板"提纲；（4）通过对比分析，说明学生的提纲哪些地方不如样板好，如何改进。

2. 制作结构网络图。制作结构网络图就是制作关系图，用以图解各种知识点是如何相互联系的，也就是先提炼知识点然后图解它们之间的关系。美国心理学家布卢姆认为，人类记忆的首要问题不是储存而是检索，而检索的关键在于组织。结构网络图就是一种最好的知识组织方式，制作结构网络图的过程就是组织材料、建立记忆检索框架的过程。

在作关系图时，应先识别主要知识点，然后识别这些知识点之间的关系，再用适当的图解来标明这些知识点之间的内在联系。结构网络图比列提纲更简明、形象，更能体现上下层次之外的各种复杂关系（如因果关系等）。制作结构网络图通常按以下步骤进行：

(1) 全面了解材料，识别主要知识点；

(2) 把材料分成各个组成部分，找出每个部分的联系或关系；

(3) 把各个部分按照它们的联系或关系联成一个统一的整体。

怎样将新的、零散的知识与原有知识整合构建一个意义结构呢？认知地图（cognitive mapping）就是一种制作结构网络图的有效技术。作认知地图的另一个目的是检查学习者已经知道什么。通过作认知地图，描画出概念的关键特征，将各个观点建立连线网络，可以让教育者和学习者本人了解学习者知识的掌握情况。

二、问题解决策略

应用知识解决问题，是知识掌握的最终目的。从问题表征到解题过程全面展开，都有很多策略，这里选择几种介绍。

（一）问题表征策略

1. 内隐表征，即在分析和理解问题的条件、要求、障碍的基础上，在头脑中形成整个问题的结构。可采用的主要方法与步骤有以下几种。(1) 认真读题、熟悉题意。所谓读题，包括默看、默读、朗读等。以小学生解应用题为例，开始读题要一字一句读清楚，读连贯，读正确，不添字落字，并注意按标点停顿，边读边初步了解题目讲的是什么事情，给了哪些条件，要求得的答案是什么。(2) 复述要点，深思题意。有经验的教师都知道：读题是一回事，理解是一回事，深层理解又是一回事，能不能记住又是另一回事。许多专家分析中小学生解题出现偏差的原因时，发现重要原因之一是在解题过程中将题意部分遗忘和曲解,而这一切都与深刻理解题意有关。为了有效地避免这种现象,有必要帮助学生在理解题目的时候,适当复述。通过复述,使处于短时记忆中的题意转入较长时间的记忆中,以至解题过程虽然较长,但学生也不会忘记题目的要求。理解和记忆题意的另一有效方法是想象,即读完题目后,闭着眼睛想一想,把题目的情境在脑中构建成一幅图画。举例来说,让学生想象后复述"春生从书架拿走了8本书,还剩下12本,书架上原有多少本"这道题时,有的说:"我想原来我家小书架上的书满满的,我拿走了8本后,还剩12本。原来有多少本书的意思就是我没有拿走书之前书架上共有多少本书?"可见,这样的复述超越了简单的字词更换,贴切地表达了题目的本意,是真正理解了题意的反映。

2. 外显表征,即通过外部行为如作图、批注等方法来辅助内隐表征的策略。之所以采取这种表征策略,是因为问题越复杂,越会加重内隐表征时记忆、想象等方面的负担。尤其是小学生解题,容易出现审题时丢三落四的现象。

外显表征的形式主要有三种。

(1) 符号标记,即用意义不同的符号将问题的重点内容如条件、要求、关键词等标记出来。运用符号标记的要点有两个。①符号要有稳定性。用什么符号标记什么内容,应相对稳定;否则,容易发生误解。②符号要尽量简单,一目了然;否则,不仅要审原题,而且要"审"附加的符号,增加麻烦。有位小学数学特级教师长期教学生运用下列符号表征问题,收到了好的效果。他的做法是用"——"表示已知条件,用"～～～"表示要求的答案,用"△"表示关键词,如有疑难处,则用"?"。

(2) 摘要排列。尽管现实中学生面临的问题大多是其因素按特定联系构成的整体,但就有些书本问题来说,由于描述者水平和书面语言规范的要求以及问题本身的特点等的影响,使得其内容表达不甚简练,如有无关内容,或有干扰内容(如数学题中的一些无效数据),或相继出现的条件之间并无直接联系等,给审题增加了困难。因此,学生边读题,可边摘取其中要点,并将其按一定的逻辑顺序排列纸上。例如解这样的题:永利农场用2台拖拉机3小时耕地1.6公顷,现有4公顷地用3台拖拉机耕,几小时耕完?对此摘要陈列,便得:

    2台   3小时   1.6公顷
    3台   ?小时   4公顷

这样一来,学生很容易想到应先求出一台拖拉机一小时耕多少公顷。当然,摘要陈列有多种形式。除此表格式之外,还有网络式、矩阵式等。

  (3)作图示意。通过作图可以使复杂关系明朗化。例如,某小学有科技书、故事书共630本,其中科技书占20%,后来又买进一些科技书,这时科技书占两种书的30%,问又买进科技书多少本?对此题可以作以下图示:

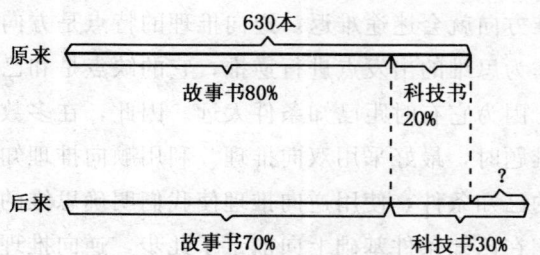

从上图可以看出故事书没有增加,也就是说故事书的本数既是原来总本数的80%,又是后来总本数的70%,由此可以求出后来两种书的总本数,从而求出问题的解。因此在解比较复杂的问题时,可作图帮助学生理解题意。

  总之,问题表征的目的在于大脑清楚地反映实际存在的问题。这可以通过内隐表征和外显表征两种形式协调进行,而表征的结果往往使解题的策略显露出来。

(二) 具体求解策略

紧接问题表征的是解题过程的全面展开，即推动问题由起始状态向目标状态前进。这是解题的实质性步骤，常用策略有三种。①

1. 双向推理。解题时，必须善于进行双向推理：充分利用已知条件进行顺向推理；重视运用未知条件进行逆向推理。

可以说所有的习题都是先提供一些已知条件，然后提出一个未知条件（问题），要求我们利用已知条件来求未知条件的数量或证明未知条件的成立。在解题时，我们主要采取逻辑推理的办法，思考的方向分为顺向和逆向两种推理形式。

顺向推理具有自由联想的味道，当我们读到已知条件时，联想到有关的公式、定律等，因此推理出新的已知条件，这种推理具有很重要的作用：它可以使信息增殖，就是说产生更多的"已知条件"，使我们更容易在心理视野范围内看到最终目标。

顺向推理的缺点是思维方向不明确，并且容易使我们一旦走上错误的思维方向就会迷途难返。逆向推理的特点是方向明确，始终把未知量作为思维的出发点进行逆推，它的缺点是和已知量的关系很难接通，因为它有时距已知条件太远。因此，在多数情况下，特别是在解难题时，最好采用双向推理。利用顺向推理知道更多的供选择使用的已知条件，使用逆向推理使我们明确思维的方向。顺向推理使人们在已知条件基础上向前走了几步，逆向推理使我们在未知条件基础上后退几步。所以，双向推理有助于顿悟或灵感的突然出现。它们都有效地缩短了已知到未知的距离，更有助于我们在心理视野（短时记忆容量）的范围内"看穿"已知与未知之间的路径。

---

① 张庆林：《当代认知心理学在教学中的应用》，209～214 页；西南师范大学出版社，1996。

进行双向推理应注意两条原则。

原则1，在进行顺向推理时，要注意"充分"使用已知条件。就是说，题目中的所有已知条件能用的都要尽可能加以使用。当我们解题受阻时，寻找思路的一个重要方法是问自己："还有哪些已知条件没有用上？""如何使用这些已知条件？"

原则2，在进行逆向推理时，主要采取确立"子目标"的办法，帮助我们明确思维方向。一旦建立了子目标，我们就把难以捉摸的"总目标"转化成了与已知条件的关系更接近的从而容易解决的"子目标"，子目标成了我们的思维方向。在运用子目标时，一定要防止把子目标（未知条件）当成已知条件来思考。例如，心想既然题目要求我们证明 $AB=\frac{1}{2}CD$，那么，取 CD 中的中点 E，一定有 $CE=AB$。此时，$CE=AB$ 是子目标，但并未证出它们相等。所以，在图上应该用不同的记号（或不同颜色）来区分"推理出来的已知条件"和"推论出来的子目标"（未知），防止把未知条件当成已知条件使用，走上错误思路。

2. 发散思维。解题时，要注意克服定势，进行发散思维。所谓定势是指在解决问题的过程中，只考虑一种思路，一条道走到黑，钻牛角尖。实验发现，中等生和后进生解题往往只考虑一条思路，当这一条思路走不通时，就感到束手无策了。而尖子生总是考虑几条不同的思路，并最终在多次尝试失败之后找到一条正确的思路，因此，我们解决问题时，要思维灵活，从多种角度看问题，从多种途径寻找答案，这就叫发散思维。

根据同样的道理，我们在进行逆向推理，在确立一个子目标的前提下，必须坚持问自己："能确立其他的子目标吗？"在分析题意阶段，在考虑与眼前有关的自己过去解过的习题时，要尽可能多考虑几种类型的题，问自己："这个题还像我们过去解过的什么题？"在平面几何证明中，有必要作辅助线，可以多考虑几种辅助线添加方法，可以问自己："还可以怎么作辅助线？"总之，不能死守一条思路。

3. 集中思维。与发散思维密切相关的一个问题是，必须善于评价自己的思路，找出自认为比较好的一条，集中精力地优先加以考虑。我们称这种思维叫集中思维。发散思维只有和集中思维结合起来才是高效的创造性思维。没有这种评价能力，分不清轻重主次，是找不到最优思路的。那么，怎样提高自己的评价能力呢？对自己思路的评价应遵循以下四条原则。

原则1，最优的思路应能带来更多的可能有用的"推理出来的已知条件"，有助于充分利用已知条件。广义地说，任何解决问题的过程都是从已有知识中推理出未知的知识；狭义地说，学生练习中解决问题的过程是要求从已知条件中推出未知条件（或叫未知量）。实际生活中的问题（未知知识）是问题解决者自己提出来的（未明确界定的问题），而练习中的（总是未知知识）是由练习题明确规定了的，不用解决者去发现（明确界定了的问题）。而且，练习题还提供了解决问题的全部已知条件，不需要问题解决者自己去收集和选择（明确界定了的问题）。因此，在练习中我们必须充分利用全部已知条件，才能完成解决问题的推理任务。在多数情况下，我们不可能从原题的已知条件直接推理出未知量，我们必须从原题的已知条件出发，尽可能多地推理出新的已知条件，使信息增殖。可能使用的已知信息越多，解决问题的成功可能越大。因此，有效的思路应能够产生更多的可能有用的"推理出来的已知条件"。

原则2，最优的思路应有助于使已知条件和未知条件发生联系。有时我们发现某些已知条件和未知条件挂不上钩，或有些已知条件用不上，那么，就可以说我们还没有找到正确的思路。最优的思路应有助于我们在已知条件（包括原题中的已知条件和推理出来的已知条件）和未知条件之间架起桥梁，特别是应有助于在未使用上的已知条件和未知条件（或子目标）之间建立起联系。

原则3，必须善于否定和迅速摒弃自己的不正确思路。克服定势的最大障碍是不能发现自己的错误思路，或长时间地困囿在一个错误思路中。因此，评价自己思路的一个重要原则是随时准备抛弃自己已找到的现成思路，随时准备接受和寻找新的更有价值的思路。

原则4，最优的思路应是最简捷的思路。运用启发或策略，避繁就简，投机取巧，是解题的重要原则。能够走捷径的，就尽量走捷径。在评价思路时，我们应选择那些最简捷的思路，就是说选择那些包含尽可能简单的计算或推理的思路。在许多情况下，运用代数法解应用题和平面几何题，运用几何法解代数题，应用反证法、同一法（重叠法）、巧妙的辅助线等证明几何题等，都能使解决问题的过程变得更简单。

（三）思路总结阶段的策略

解答阶段完成之后，我们找到了问题的答案。此后，我们的任务是检验我们的答案是否正确，但更重要的任务是进行反思，归纳思路，举一反三。

一般来说，对于非常顺利完成的习题不必过多反思，但对于那些费了很大周折才解出或经别人提示才解出的题，特别要认真地进行思路总结。这种思路总结最好从以下三方面来进行反思。（1）思考自己是否已把握与题有关的知识结构，是否达到了通过练习掌握知识的目的。（2）回忆自己的解题思维过程，找出其中的问题。例如，自己在哪些地方走了弯路？还要思考：什么地方是思维的关键？这种关键在什么条件下还可以运用于其他什么类型的题？力图概括出条件化与策略化的思路规律。一般来说，在解题之前，要考虑眼前的题与自己过去解过的题有什么相似之处；解题之后，则要考虑眼前的这个题和过去解过的题有什么不同。解这一题的思路奇特之处，还可以用到哪些场合（概括化、条件化）？如果能自己编一个适合使用此思路的新问题就好了。(3) 思考还有没有更简捷的思路和更佳的解决办法。最好能和同学的解题思路相比较,体验别人的思路的技巧。

总的来说,我们完成作业的目的不是仅仅为了解答习题,而是为了促进知识掌握和技能形成,因此,解答习题必须能做到举一反三,发展能力。要达到这一目的,最重要的是解题之后的反思,因为只有解题后的反思才能使我们从具体的习题解答中概括出普遍适用的条件化策略知识,这种知识正是发展能力的关键,也是举一反三、触类旁通的前提和保证。

三、元认知监控策略

认知和元认知监控之间有什么不同?弗拉维尔自己也承认元认知知识很难从认知知识中区分开来,区分二者依赖于怎样使用这些知识。认知策略通常是用于帮助个体去实现一个特别的目标(如理解教材内容),而元认知监控策略通常是用于保证目标的实现(不断向自己提问,评价自己对教材内容的理解程度)。元认知监控通常先于认知活动,或在元认知之后紧跟的是认知活动。通常元认知监控发生在认知失败(如认识到自己不理解刚才所读的东西)时。因为在认知失败时,学习者企图调整这种状况,这种僵局会刺激元认知活动。[①] 元认知监控和认知策略会有所重叠,如提问策略,既可以被认为是认知策略也可以被认为是元认知监控策略,二者的区别在于使用这个策略的目的。因此,在教学活动中,学生掌握知识是一方面,而培养对掌握过程的自我监控能力更是一个重要的任务。这里所说的自我监控,也就是元认知策略,是指学生对自己学习过程的有效监视和控制。监控策略使学习者警觉自己在注意和理

---

① M. J. Roberts & G. Erdos (1993), Strategy Selection and Meta-Cognition. *Educational Psychology*, 13, pp. 259-266.

解方面可能出现的问题,以便找出来,并加以修改。下面介绍三种具体的监控策略。

(一) 领会监控

领会监控是一种重要的监控策略,熟练的读者在阅读时自始至终都持续着这一过程。熟练的读者在头脑里有一个领会的目标,诸如寻找某个重要细节信息,或者找出要点等,于是,为了该目标而浏览课文。随着这一策略的执行,如果找出了这个重要细节,或抓住了课文的要点,熟练的读者会因达到目标而体验到一种满足感。但是,如果没有找到这个细节,或者不懂课文,则会产生一种挫折感。如果领会监控最终显示目标没有达到,就会采取补救措施,比如重新浏览材料,或者更仔细阅读课文。

一些研究表明,从幼儿到大学生有许多人都缺乏这种领会监控技能,许多学生总是把重复(如再读、抄笔记等)作为他们的主要学习策略。为了帮助这样的学生,德文(Devine,1987)建议他们使用以下策略以监视并控制自己的领会过程。

(1)变化阅读的速度,以适应对不同性质课文领会要求上的差异。对于比较容易的章节读快点儿,抓住作者的整体观点;对于较难的章节,则要放慢速度。

(2)容忍模糊。如果某些内容不太明白,继续读下去,不要中止,作者可能会在后面填补这一空隙,增加更多的信息,或在后文中会有明确说明。

(3)猜测。当所读的某些事不明白时,养成猜测的习惯。猜测不清楚段落的含义,并继续读下去,看看自己的猜测是否正确。

(4)重读较难的段落。重新阅读较难的段落,尤其是当信息仿佛自相矛盾或模棱两可时,这种最简单的策略往往是最有效的。

(二) 策略监控

学生在学会使用学习策略之后,最常出现的问题是将所学会的学习策略弃之一边,仍沿用自己过去习惯使用的效率不高的但更不用动脑筋、更省事的学习策略。为了确保所学的学习策略成为一种容易随时加以运用的真正有效的东西，在学习策略传授之后，必须紧跟着进行学习策略使用的监控训练。训练的方法很多，例如教师提醒法、学生相互提醒监督法、学生自检法，但最常使用的方法是学生自我提问法。

使用自我提问法训练学生对所学会的策略进行自我监控时，首先要制订一个体现高效学习策略有效使用程序的"问题单"。例如，针对5R笔记法，拟订一个包含5个问题的问题单（每个问题针对5R中的一个R）。又例如，为了使学生习惯于使用所学的"解题策略"，可以拟订下面一个自我提问单（当然，针对不同年级的学生和不同学科，提问方式可以适当改变）：

(1) 我用什么方法来表征这个问题？哪种方法最适合？
(2) 解题时，我进行双向推理了吗？
(3) 我注意发散思维和集中思维了吗？
(4) （对于困难的问题）我归纳总结思路了吗？

其次，要花一段时间经常训练学生使用"问题单"来监控自己的思维过程。开始时，要强迫学生对自己问一个问题，进行相应的思考，然后再依次问下面的问题，要一个问题接一个问题地逐个自我提醒，待学生形成了策略监控的技能后，则可取消自我提问单的使用，但为防止旧习惯的复发，隔一段时间之后又要进行一两次自我提问的训练，直到策略的使用转化为一种稳定的能力和习惯时为止。

（三）注意监控

在课堂中，有些学生往往很难把注意力集中在教学任务上，而分心于那些有吸引力的、涣散注意力的方面。教师常常埋怨课堂上那些不能集中注意力的学生不成熟、注意力有缺陷，或者不想学。柯诺（Corno, 1987）指出，注意力关系到自我管理的问题，要帮助学生对行为进行自我管理和自我调节，如注意此刻自己正做什么，避免接触能分散注意的事物等。许多心理学家认为学生像缺乏学科方面的某些知识那样缺乏注意力方面的知识。

教师如何将学生的注意力集中在课堂上，尤其集中在重点上呢？有关信息加工系统的知识能给我们一些启发。在感觉登记中的信息，如果加以注意就进入短时记忆，如果不加注意就会消失，因此教师要做的第一件事就是帮助学生挑选重要的材料，鼓励他们对其加以注意，减少能分散注意力的事物，并且教他们处理那些能分散注意力的事物的技巧。要做到这一点，教师可以采用以下五种方法来吸引学生的注意力，所有这些方法都是为了"唤醒学生的兴趣"。

(1) 教师可以设置教学目标，告知学生本课的目标。在上课之前，告诉学生要注意的目标，学生会学得好一些。

(2) 使用标示重点的线索。有些教师增高或降低他们的声音，表明他们正要说关键的信息，有些教师可能使用手势，重复表达同样的信息，课本常常用不同的颜色或不同字体指明要点。

(3) 增加材料的情绪性。有些宣传媒体常常选择情绪色彩浓的词汇来赢得注意。这就是为什么报纸的标题说"某某议员枪毙了某教育法案"而不说"某某议员否决了某教育法案"。有人发现，使用情绪色彩浓的词比使用中性的同义词更能赢得学生的注意力。

(4) 使用独特的或者奇特的刺激。例如，自然科学的教师上课时，经常可以做演示，以引起学生的好奇心，从而吸引学生的注意力。

(5) 通知学生后面讲的内容对他们非常重要。许多学生常常会预期在随后的测查中会有什么问题，以此来确定课中重要的信息。有研究表明，这种技能能增强学生对相关材料的注意。当然，教师有必要告诉学生哪些材料不重要，这可使学生能有效地使用学习时间。

第三节　学习策略的教学

研究表明,学习策略与学习能力有关。学习策略的获得与改进不仅能够有效提高学生的学业成绩,促进其知识、技能的掌握,而且能直接促进学生学习能力的提高,增强其适应未来社会终身学习的生活能力。进入 21 世纪,终身学习已成为一种重要的生活方式,教育的目的不再只是教给学生知识,更重要的是要教会学生学会学习、学会思考,以促进自身的可持续发展。因此,学习策略的学习与教学必然成为新世纪教育教学的高级目标。为此,我们有必要通过专门的教学,对学生进行学习策略训练,从而改善他们的学习能力,特别是独立自觉学习的能力。

一、学习策略教学的原则

学习策略的教学受到学习策略的学习特点的制约。无论是学习策略的教学内容的确定、教材的选择,还是教学方法的设计,都必须适应学习策略的学习特点,而不是简单地将其等同于一般知识的教学。学习策略不是一般意义上的"教"所能教会的。如果只是教给学生一些现成的学习方法,或让他们读一些有关学习方法的指导书,而不是在持续的学习情境中,通过教授与训练的监控机制实施、练习,许多学生经过训练后,可能学会了某些学习方法,但仍然依赖于过去形成的学习习惯和方法,而不会选用这些学习方法;或者不知道根据学习情境的特点而灵活地选用合适的学习方法,而是教条地搬用所学的学习方法。

同时,一种学习方法还有一个适应性问题,不同的方法可能适用于不同类型的学习任务和材料,有学者曾对笔记法研究做过分析,发现有些研究之所以不能取得预期的效果,是由于材料太难或太容易而不适合于笔记法的使用所造成的。因此,学习策略的教学受其自身的特殊性及具体策略的适用性所制约。托马斯和罗瓦（Thomas & Rohwer）提出了一套适用于学习策略教学的具体原则（参见陈琦，1997）。

（一）特定性

学习策略一定要适于学习目标和学生的类型，即通常所说的具体问题具体分析。例如，研究者发现，同样一个策略，年长和年幼的，成绩好的和成绩差的，用起来的效果就不一样。阅读时写提要对于成人来说可能是一种有效的学习方法，但对幼儿则可能相当困难。

年幼儿童没有反思他们自己思维过程的能力。但是，一年级的学生，知道某些学习任务比其他学习任务难，三年级的学生通常知道什么时候他们已经不能理解某些事物。尽管如此，这些年幼的学生在这些方面毕竟能力有限。直到儿童晚期和青少年时期，学生才有能力评价某个学习问题，选择一个策略去解决这一问题，并且评价他们的成功（Flavell，1985）。这并不意味着学习策略对这些年幼的儿童不重要，这仅仅意味着针对学习者的发展水平，你要确定哪些策略是最有用的。

同时，还要考虑学习策略的层次，必须给学生大量的各种各样的策略。不仅有一般的策略，而且还要有非常具体的策略，比如前面所讲的画线策略。

（二）生成性

生成性是有效使用学习策略最重要的原则之一，是指在学习过程中要利用学习策略对学习的材料进行重新加工，产生某种新的东西。这就是要求学习者进行高度的心理加工。要想使一种学习策略有效，这种心理加工是必不可少的。生成性程度高的策略有写内容提要、提问、列提纲、图解要点之间的关系、向同伴讲授课的内容要求。生成性程度低的策略有不加区分的划线、不抓要点的记录、不抓重要信息的肤浅的提要等，这些方法对学习都是无益的。

（三）有效监控

教学生何时、何地与如何使用策略似乎非常重要。尽管这是显而易见的，但教师却常常忽视这一点，这可能是因为他们没有意识到其重要性，也可能是因为他们认为学生自己能行。我们要知道，如果交待清楚何时何地与如何使用一个策略，那么我们就更有可能记住和应用它。

（四）个人效能感

我们不能忘记成绩和态度之间的关系，学生可能知道何时与如何使用策略，但是如果他们不愿意使用这些策略，他们的一般的学习能力是不会得到提高的。那些能有效使用策略的人相信使用策略会影响他们的成绩。教师一定要给学生一些机会使他们感觉到策略的效力。有些策略训练课堂必须包括动机训练。学生应当清楚地意识到一分努力一分收获。学生还要有信心学好学习策略，树立学习策略学习的个人效能感。教师要树立这样一种意识：在学生学习某材料时，要不断向学生提问和测查，并且根据这些评价给学生定成绩，如此促进学生使用学习策略，并使其感到，使用学习策略进行学习就会有更大的收获。

二、学习策略教学的条件

在学校，学生最重要的学习就是学会学习，学习策略的教学就成为教师有效教学的重要目标。从认知心理学的观点来看，策略的学习实质上是一种程序性知识的学习。它首先需要经过命题表征（陈述性知识），然后在相同情境和不同情境中的应用，转化为产生式表征（程序性知识），明确意识到一套操作步骤适用的条件，进而达到反省认知阶段，从而使策略具有广泛的迁移性。研究发现，策略的学习不同于一般知识的学习。首先，策略是对内调控的技能，其所涉及的概念和规则反映人类自身认识活动的规律。人类的认识活动潜藏于人的行为的内部，不能直接观察，因此，这类概念和规则难以通过直观演示的方法教给学生。其次,策略反映的是人类认识活动的规律性知识,一般带有很高的概括性,在应用时有很大的灵活性。因此,要使这样的规则支配学生的认知行为,提高自身的认知活动的效率,就需要经历一个长期而反复的练习和应用过程。再次,策略的学习和应用受个体心理发展水平的制约。例如,如果儿童对动、植物没有分类概念,就不可能教会他们应用分类记忆的策略。因此,个体的一般认知发展水平,会制约其习得与应用相应的学习策略。具体来说,有效的学习策略教学的条件主要表现为以下几个。

(一)原有知识背景

从信息加工过程的理论来看,策略对整个信息加工过程起调控作用。应用策略的目的是提高信息加工的效率。策略的应用总是随着个体对它所加工的信息不同而发生变化。如在记忆领域研究最多的复述策略、精加工策略和组织策略。这三种策略中的每一种策略都有它最适宜应用的范围。复述策略宜在系列学习中应用;精加工策略宜在配对联想中应用。外语单词的记忆实际上是一种配对联想学习形式,所以宜采用精加工策略学习。组织策略宜在自由回忆的学习中应用。在组织策略中,有一种对信息分类学习和记忆的策略。研究表明,如果用分类典型的项目让儿童记忆,儿童能应用分类组织策略识记和回忆。若项目不典型,儿童不熟悉,他们不能采用分类学习与记忆的策略。这表明,策略的应用离不开被加工的信息本身。儿童在某一领域的知识越是丰富,他越能应用适当的加工策略。

(二)自我效能感

自我效能感属于学习动机的范畴。在策略训练中,首先要使学生体会到运用较好的学习策略,学习效率能提高。也就是说,要使他将学习的改进归因于采取了较好的策略。这种认知反过来会推动他们去运用策略。一般来说,学习策略的低水平与自我效能感的低水平是并存的。教学要改变学生的低水平的学习策略，则要同时改变他们这种不良的归因倾向。

（三）元认知发展水平

一般来说，儿童先有认知发展，然后才有元认知的发展。由于儿童的自我意识发展水平较低，他们运用元认知监控和调节自己认知活动就比较困难。这在一定程度上限制和阻碍着儿童策略学习的效果。研究发现，儿童即使接受了有关阅读策略的训练，但其对所训练的策略仍然很难达到监控和调节的水平。

（四）练习的一致与变化

学习策略从陈述性知识向程序性知识转化，最重要的教学条件就是教师要精心设计相似情境和不同情境的练习。例如，学生要学习"抓住事物特点来描写"这一写作策略，从杨梅的"写具体"练习到皂荚树的"写具体"练习，是相似情境的练习。从写景物（树）的特点到写动物的特点，甚至在事情的发展过程中写动物的特点，则是不同情境的练习。练习必须有连续性，没有连续性，学习者将无所适从，认知图式不能形成。但练习必须有变化，只有经过在变化的情境中的练习，认知图式才能深化，策略才能灵活应用。

（五）有一套外显的可操作技术

个人使用的学习策略是内在的，但是它可以从他的认知行为中得到反映。反过来，如果我们有一套具体可操作的技术来控制学习者的认知行为，那么我们就有可能培养学生良好的认知或学习习惯，改变其不良的认知行为或习惯，进而培养他们的学习策略。例如，小学生在算术作业和测验中常会出现种种差错，这些差错往往是由于学生的不良学习策略或学习习惯造成的。如果我们有一套帮助学生矫正差错的技术和策略，学生就会养成良好的学习习惯，减少差错出现频率。上海市宝山区教育学院开展了这方面的研究。以四年级的四则运算为例，他们发现学生常犯的错误有四种类型：

（1）疏忽；（2）不理解；（3）混淆；（4）错格和其他非智力型错误。在矫正时他们创造了一种可以操作的程序。这套操作程序被概括为：一找，即找到并用线画出差错在何处（找到错误部位）以及何因（分析差错原因）；二标，即用符号标出错误的类型，如疏忽错误用"?"号标出，不理解型错误用"×"标出；三订正，即针对错误类型提出具体订正方法。采用这套纠正差错的技术后，学生的错误行为被一套适当的程序所控制，既便于学生操作，也便于教师检查。实验证明，该套程序使实验班学生的计算差错率显著减少。

三、学习策略教学内容的确定

学习策略包括不同的要素、不同的层次。这些不同要素和层次的学习策略所具有的知识、技能、作用、效果和可教程度又不尽相同。由于教学时间及其他实际情况的限制，不可能教给学生所有的学习策略，因此，怎样选择和确定学习策略的教学内容，是一个首先解决的问题。

确定学习策略的教学内容，至少应考虑以下三个具体目标。

（1）教给学生大量可供提取或选用的学习方法和技能，如复述、记笔记、拟提纲等具体方法。常常有许多学生把学习中的困难归因于缺少能力，但实际上，他们的问题是从来没有人教过他们如何学习。国外有一个研究发现，小学教师只用3％左右的时间向学生建议一些记忆和学习策略。面对所有课程中的所有任务，有些学生只会使用一两个自然而然学会的学习策略，面对复杂的材料时，也照旧使用这一两个本不适宜的学习策略。

（2）训练学生知道如何确定学习目标，知道需要学什么（目标）。要培养他们区别学习材料中主要观点和次要观点的能力，这是学生运用记忆术、笔记法、提问法、概要法及其他学习方法的前提技能。再者，学生能够确认自己应该学什么，也是策略性学习这种高级形式的学习所必需的能力。最后，学生要善于根据学习目标的不同去选择合适的学习方法。

（3）帮助学生储存有关学习及学习方法或策略的信息，其中包括影响学习因素的知识、各因素与学习策略的关系，并且知道何时及如何使用这些策略的信息。因此有必要以直观形象的方式教给学生学习心理学、认知心理学特别是元认知的知识。

四、学习策略的教学技术

学习策略教学的目的是为了提高学生的学习能力，也就是促使其最终形成自觉、主动、灵活的学习调节与控制，从而有效地在各种实际情境中应用所掌握的学习策略。学习策略可以在两种教学情境下进行：一种是把它放在自然的学习情境下进行，即把它同具体学科知识的教学结合起来；另一种是把它从具体学科的教学中分离出来独立于学科教学内容，进行专门教学。一般说来，较为具体的、适用于某类材料和学习情境的学习策略适合在第一种教学情境中传授，而更为一般的、适用范围较广的学习策略适合在第二种教学情境中传授。这两种方案各有利弊。独立于学科内容领域的策略教学的一大优点是概念性强，因为可以将广泛运用于各学科领域的学习技能教给学生。但是，它的缺点是，由于它与具体材料脱节，以致学生一旦离开学习策略的教学情境而进入实际的学习生活中，就很难把学过的相应学习策略同具体的学习任务联系起来，也就往往不能付诸实施或运用。而结合学科内容的策略教学，其优点是，它能促进学生在实际的学习情境中广泛地练习使用各种学习技能，而且这种方案简单易行。但学生可能会觉得，适用于某一特定学科的学习策略对另一学科用处不大。由于它与具体课业联系过紧，往往使学生难以把学到的策略持续地应用到其他新的学科学习中，难以产生迁移。因此，策略教学应兼顾两者，而不要将两者对立起来。

国外一些研究表明,学习策略的教学技术还不够完善,可能是导致教学过程中忽视学习策略教学的原因之一。加强学习策略的教学,应注意以下几点。

(一) 注重元认知监控和调节训练

在加强学习策略教学的同时注重元认知监控和调节的教学是提高学习策略教学的有效技术。元认知能意识和体验学习情境中各种变量间的关系及其变化,并导致感情活动的形成,而成熟的学习的调节与控制则能根据上述体验来监视并控制学习方法的使用,使之自始至终伴随学习过程并适合于新的情境下的学习。戴(Day, 1981)分析了四种教学技术:(1)"自我管理"教学,仅让学生自己运用具体的学习方法(如如何写纲要);(2)"规划"教学,明晰地告诉学生如何使用具体的方法并示范;(3)"规则"加"自我管理"的教学,即把上述两种教学方法结合起来的教学;(4)"控制"加"监视"教学,接受这种方法的被试不仅被告知如何使用学习方法(包括有关学习方法怎样使用和何时使用的知识),而且知道何时和如何检查学习策略的使用(包括有关学习的监视与控制的知识)。实验结果表明,在上述四种教学中,第四种教学效果最佳,第三种次之,第二种更次,而第一种则没有取得明显的效果。那么,如何才能有效提高元认知训练的效果?研究发现,元认知监控策略的有效教学可采取以下技术。

1. 出声思考。当教师处在思考解决问题计划和解决问题方案时,通过语言将自己的思考过程大声地讲出来,展示给学生,以便学生能够模仿教师所展示出来的思维过程。帕里斯卡尔等(A. S. Palinscar, 1986)提出的结伴问题解决法[①],也是一种十分

[①] A. S. Palinscar, D. S. Ogle, B. F. Jones, E. G. Carr & K. Ransom (1986), *Teaching Reading as Thinking*. Alexandria, VA: Association for Supervision and Curriculum Development.

有效的训练策略。其方法是，一个学生对另一个学生讲述解决某个问题的过程，特别是详细地描述自己的思维过程，其间同伴认真地听，注意讲述者的思维过程，并向他提出问题以使双方思维更明晰。同样在小组学习中，大家轮流扮演教师，对正在学习的材料进行阐述、提问及总结，也可以起到相同的效果。

展示思维过程十分重要，因为学生需要一些用于思考的词汇表达自己的思维过程，模仿和讨论可以发展学生用于思维和陈述思维过程所需要的词汇，使用这些词汇表达思维过程，可以促进学生思维技能的发展。

2．写学习日志。写学习日志是发展元认知的又一种方法，写日志的目的在于：（1）反思自己的学习和思维过程，理清思路，澄清混乱，思考并提出一些有价值的问题；（2）促使学生学会学习，自己教自己，并在此过程中产生重要的顿悟；（3）将学生的注意力从学校结构转移到自己的认知过程，有助于学生主动地控制自己的学习。学习日志的内容包括：（1）学习的主要及重要内容；（2）相关知识点和各知识点之间的联系；（3）对不明确的、有矛盾的问题的思考；（4）将一些容易混淆的概念列表对照、鉴别，并自己举例说明；（5）对自己处理某一件事情的评价。

3．计划和自我调节。教学过程要增加学生对做学习计划和自我调节学习过程的责任感，如果学生的学习是由他人计划和监控的话，那么他就很难成为一位积极有效的自我定向的学习者。做学习计划包括：估计学习所需要的时间，组织材料，制订完成一项活动的具体的时间安排表等。在这个过程中，学生学会如何思考，如何向自己提问。这样能使学生逐步形成自我控制、自我检查、自我调节的能力。

4．报告思维过程。让学生报告思维过程，发展他们的策略意识，有助于学习迁移的发生。报告思维过程可以采取以下步骤：（1）教师引导学生对学习活动进行回顾，自己报告完成学习任务的思维过程和在这一过程中的感觉;(2)将学生报告中提到的有关的思想方法进行分类,确认学生在学习中用到了哪些学习策略;(3)让学生自己评价他们的成功与失败,抛弃那些不合适的方法,确定哪些是有价值的学习策略并总结、推广运用,同时积极寻找新的学习策略。

5. 自我评价。学生对自己的学习过程或质量进行检查和评价,可以提高元认知能力。学生的自我评价可以通过自我报告和回答一系列关注思维过程的问题单逐步形成,直至养成自我评价习惯。当学生认识到不同学科的学习活动的相似性时,他们就开始将学习策略迁移到新的学习情境了。

(二) 有效运用教学反馈

传统的反馈研究已经证明,反馈能改进学习,提高学习的效果。学习策略的反馈研究也表明,如果降低训练的速度,增加反馈,使学生知道他们的策略的不足之处,评价训练的有效性,理解学习策略的效应,或者体会到学习策略的确改善了他们的学习,学生就更有可能把学习策略运用到更为现实的学习情境中去。有人以一、三、五年级的学生为实验对象,研究了策略反馈在记忆方法的持续使用和迁移中的作用。结果表明,只有得到记忆方法的传授与明晰的元认知反馈(告诉他们学习的改进是得益于教给他们的记忆方法)的三年级学生被试,保持了这种学习方法,改进了学习,并提高了在与原先的教学有些不同的条件下的学习效果。

(三) 提供足够的教学时间

学习的调节与控制是否自动化,学习方法的使用是否熟练,是学习策略持续使用和迁移的条件之一。为此,提供给学生足够的策略训练的时间,使之达到自动化的程度也就非常有必要了。一些学者认为,只有当学生能够真正理解选择恰当学习方法的重要性的时候,他们才可能策略地学习。而要做到这一点,则必须提供足够的、长期的教学时间。

第九章　品德及其形成

优良品德的培养是实施素质教育的重要任务。长期以来，人们以"德才兼备"作为评价人才的根本标准，说明品德和才智同样是人的素质的重要组成部分。本章主要讨论品德的心理实质、心理结构及其形成、发展、变化的规律，探讨过错行为的矫正和优良品德的培养。

第一节　品德概述

一、品德与道德的关系

品德，又称道德品质，是指个人根据一定社会的道德准则和规范行动时表现出来的稳定的心理特征和倾向。它是一种个体心理现象，实质是一定社会的道德准则和规范在个人思想和行动上的表现。同时，品德是外部行为表现与内部心理活动的统一，是道德意识与道德行为的统一。

品德与道德既彼此联系又相互区别。道德是一种社会现象，是指由社会舆论力量和个人内在信念系统所支持的调整人们相互关系的行为规范的总和，是人们分辨是非善恶的尺度，进行道德判断的依据，调节道德行为的准则。因此道德是一种被社会成员普遍认同并支配他们行动的社会意识形式，是一定社会关系在社会心理（尤其是民族心理）发展中长期积淀的产物。品德是在一定社会道德的基础上形成和发展的，是支配、调节个体道德行为的个体意识，是一定社会道德个性化的反映，具体指个体在一定的社会生活中遵循一定社会道德规范行动时所表现出来的稳定的心理特征或心理倾向。

品德与道德产生的力量源泉不同。道德产生的力量源泉是社会需要，即按一定社会的要求，为协调社会生活中的物质利益关系和人际关系等社会关系，以保障社会的稳定、和谐、平衡和发展。品德产生的力量源泉则是个人需要。个人为了归属于一定的社会群体，就必须适应现实生活，协调个人与社会（含群体）、个人与他人的关系，自觉地按照社会道德规范发展、完善自我品德。

品德与道德反映的内容不同。道德作为社会意识的一种形式，是对社会关系（尤其是现实道德关系）的理性反映，即以社会观念形式概括反映社会道德行为规范对社会成员的基本要求。品德作为人个体意识的一种形式，反映了个体道德需要与社会道德要求的关系，即个体将社会道德规范内化成为自己的内在信念，形成稳定道德品质意识的过程和结果。可见，从反映内容看，道德反映的内容比品德反映的内容广阔得多，概括得多。

品德与道德表现的方式和发挥作用的途径不同。社会道德一经确立，就以传统、公德、舆论等方式表现出来，并对整个社会关系的维持起调节控制作用。品德一旦形成，就以个人信念、理想、稳定的心理倾向和惯常的行为倾向等方式表现出来，并对个体的品德行动起支配调节作用。

品德与道德的发展是互动的过程。社会道德的发展不但受社会需要驱动，而且受个体（社会成员）原有品德基础制约，没有品德基础的道德是空洞的道德，这样的道德，不仅难以转化为个体的信念,而且还会妨碍品德的形成和发展。品德的形成、发展以一定的社会道德为基础,没有道德基础的品德是虚假的品德。

总之,品德和道德就像一对孪生兄弟,既有紧密联系的一面,又有彼此区别的一面。心理学研究个体品德,伦理学、社会学等学科研究社会道德,心理学研究个体品德不能脱离一定社会的道德环境和规范,心理学对个体品德的研究成果反过来又丰富了社会道德的内容,促进了社会道德的发展。

二、品德心理结构

心理学家为了揭示品德的心理实质,寻找品德教育的有效途径和方法,力图从心理构成的层面上研究品德的心理结构。在我国,继潘菽主编的《教育心理学》中提出了道德认识、道德情感和道德行为方式三因素的品德心理结构以后,近二十年来又有许多心理学家提出了一些新的看法。

我国教育心理学界有人将品德结构学说概括为因素构成说、功能结构说、系统结构说等。[①]

(一)因素构成说

因素构成说认为,品德心理结构是由一系列彼此联系的心理因素构成的统一体,即个体品德是由若干相互联系的心理因素构成的。但究竟由哪几种基本因素构成则看法各异,可分为三因素论、四因素论、五因素论、六因素论等。

三因素论认为,个体品德结构是由道德认识、道德情感和道德行为构成的统一体。这种观点承袭传统心理学的知、情、意三分法,在早期的品德心理研究中较流行。

四因素论把品德心理结构看成是道德认识、道德情感、道德意

---

① 张大均:《品德心理结构刍议》,载《西南师范大学学报》(哲学社会科学版),1997(1)。

志和道德行为的统一体。四因素论与三因素论没有实质区别。从形式上看,四因素论在道德行为之前增加了道德意志这个因素。事实上,道德行为与道德意志是密切联系的。我国近年出版的教育心理学著作大都持这种观点。

五因素论在四因素论中增加了道德信念,把品德心理结构看成是道德认识、道德情感、道德信念、道德意志和道德行为的统一体。这种观点强调道德信念在个体品德结构中的核心地位。

六因素论把个体品德结构看成是道德认识、道德情感、道德动机、道德意志、道德行动和道德评价的统一体。这种观点在继承传统品德心理因素结构理论的同时,注意到了道德动机在品德活动中的动力功能,道德评价在品德活动中的调节功能。

上述观点都把心理过程中表现出来的心理因素与品德心理结构紧密结合,特别强调了知、情、意、行等基本心理因素的作用。有人分析认为,这种结构符合传统心理学的三分法观点,对品德教育产生过广泛的影响。但也存在明显缺陷:(1)重视品德心理因素的分析,忽视品德结构的内在运行机制的揭示;(2)重视品德表层结构的描述,忽视品德深层结构的探索;(3)重视对品德结构线性的、静态的分析,忽视对品德结构作立体的、动态的考察。

(二) 功能结构说

品德的功能结构说是我国教育心理学家章志光教授提出的。[①]他把品德心理结构划分为生成结构、执行结构和定型结构三个断面或维度。品德的生成结构是指个体从非道德状态过渡到开始出现道德行为或初步形成道德性时的心理结构。品德的执行结构是指个人在道德性生成结构基础上发展起来的更有意识地对待道德情境、经历内部冲突、主动定向、考虑决策和调节行为等环节的一种复杂的

[①] 章志光:《试论品德的心理结构》,载《北京师范大学学报》(人文社会科学版),1990(1)。

心理过程及其结构。品德的定型结构是指个体具有品德（道德品质）的心理结构。上述三种心理结构是品德形成过程中相继出现的不同形式，但又是彼此包括、相互渗透的统一体。功能结构说较之因素构成说，在探索品德心理结构运行机制等深层问题上提出了新的见解。

（三）系统结构说

我国发展心理学家林崇德教授从发展心理学角度提出，品德心理结构是人的道德活动特征的整体，是一个多侧面、多形态、多水平、多联系、多序列的动态的开放性的整体和系统。① 它由以下三个相互关联的子系统构成：(1) 品德的深层结构和表层结构的关系系统，即道德动机与道德行为的方式系统；(2) 品德的心理过程和行为活动的关系系统，即道德认识、道德情感、道德意志和道德行为的品德心理特征系统；(3) 品德的心理活动和外部活动的关系及其组织形式系统，即品德的定向、操作和反馈系统。这些子系统有如下功能特征：(1) 品德子系统反映品德成分的不同侧面，它既要依靠一系列的客观条件，又有内部的动力，它既要借助于知、情、意、行诸因素为材料，又要体现这些因素的关系和联系；(2) 品德的子系统是复杂的，有定向，有操作，有反馈，有自我监控或自我调节，有个性意识倾向性与个性心理特征，成分繁多，形态丰富；(3) 品德的子系统分深层结构与表层结构，前者指品德的内部联系，后者指品德的外部联系，两者互为前提，但前者制约后者，只有通过后者才能认识前者；(4) 品德的子系统有一定的循序性，它反映品德形成和发展要经过由易到难、由低到高、由原始性到社会性、由他律到自律，逐步成为多种联系的整体。

系统结构说从系统观出发，把复杂的品德心理结构的诸因素概括为三大关系系统，较之因素构成说，对品德结构作了分层次的动

---

① 林崇德：《品德发展心理学》，34页，上海教育出版社，1989。

态的新探索。

上述有关品德心理结构的理论探讨,为深入揭示品德结构的实质和有效地实施品德教育作出了贡献。当然,品德心理结构是品德研究的重要理论问题,诸多问题尚待深入研究。在研究和实际工作中还应注意下列问题:品德心理结构由若干要素构成,而每一要素对应于特定的道德内容,因此对品德心理结构的研究宜与道德规范内容结合在一起;前面所述各种理论涉及的均是品德心理结构的理想形态,而不同年龄阶段的人的品德心理结构的组成要素及各要素的层次水平是存在明显差异的,因此应结合年龄特征分析品德心理结构,把握各年龄阶段品德的心理结构及其发展特点;在不同的教育条件下,品德心理结构的组成要素也可能存在差异,因此对品德心理结构的分析应结合德育工作,进行动态考察与研究。

第二节 品德的发展

品德的发展,是指个体的整个生命历程中品德的发生、发展和变化,即人生历程中品德成分、品德结构及其功能的发展变化。品德的萌芽、发展与成熟的时间与条件,品德发展的年龄阶段特征,品德发展关键期的划分,这些问题是品德发展研究的主要课题。

一、品德发展的全程观

生命全程发展观是近年来心理学研究的一种新的方法论和科学理论。随着现代系统科学方法论的发展和发展心理学研究领域的拓展,生命全程发展观逐渐成为发展心理学和教育心理学研究的指导思想。生命全程发展观主张:(1)个体发展是整个生命发展的历程,人的一生都在不断发展变化过程中;(2)发展是多维度、多侧面、多层次的,心理和行为的各个方面、各种成分、各种特性发展的进程、方向和速度不尽相同,发展过程是极其复杂的;(3)个体发展存在极大的可塑性,任何心理和行为的发展都是或然的,发展的过程是可能的,而不是必然的;(4)个体的发展是由多种因素共同决定的,人的心理和行为变化反映着个体生命历程中社会、心理、文化和生物等多种因素交互作用的结果。①

(一)品德发展的全程性

个体品德发展同样具有全程性,生命全程观对于品德发展的研究具有重要的方法论意义。

个体品德发展与完善贯穿人的生命全程。从出生到生命的终结,都可能成为品德发展的起点和终点。例如,从出生到两三岁,这个时期虽然不存在严格意义上的个体品德,但个体早期发展经验和社会性品质的获得将对品德的萌芽产生重要影响。成年期品德成熟以后,随着生活经验、社会背景等因素的影响,个体品德仍然处在发展变化过程中。例如,阿蒙(C. Amon)在科尔伯格的理论基础上,研究了5~72岁被试的道德认知发展,提出了三种水平七个阶段的观点。我国教育心理学家曾欣然教授对个体德性(品德)结构的终身发展历程进行了分析,划分为如下十个阶段:乳儿——无德性的生存适应期,婴儿——德性结构萌芽期,幼儿——德性结构松散期,儿童——德性结构组合期,少年——德性结构重组期,青年——德性结构自组期,壮年——德性结构稳固期,实年——德性结构坚定期,老年——德性结构完善期,终年——德性结构传世期。② 张向葵等人采用自然实验法,对儿童(7~15岁)、青年(19~23岁)、中年(40~55岁)和老年(60岁以上)四个年龄段被试的助人行为发展进行了比较研究,发现儿童被试助人行为具有最大的情境性;青年被试助人行为自觉性较高,但责任感较差;中

---

① 申继亮等:《当代儿童青少年心理学的进展》,93页,浙江教育出版社,1993。

② 曾欣然:《德性培育心理学》,66页,教官教育出版社,1998。

年被试冷漠不关心他人行为突出,老年被试助人行为中的仁爱同情心最强,社会公益水平最高。①

品德发展既指由不同层次水平的各种品德心理成分构成的完整品德心理结构的形成与发展,也指品德结构的功能的发展。品德结构的形成与发展,首先是指各种水平的品德心理成分的发展,其次是指各品德心理成分构成完整的、相对稳定的、由社会道德准则和规范内化并积淀的品德结构的发展变化。品德结构的功能,主要是指已经形成的品德对社会道德规范的定向选择功能、内化道德价值的功能、发动维持整个品德心理活动的功能、反馈调节行为的功能等。品德结构功能发展的最高目标在于发挥个体的自觉性、自主性、自律性和创造性,实现人的道德价值。品德结构上述功能的发展,也是品德发展的重要内容。

个体品德发展成熟之前存在极大的可塑性、可变性。品德发展一方面存在年龄阶段特征,同时,品德在某一阶段内的变化,甚至阶段之间的过渡转折,不完全是单向的、唯一的、线性的发展变化。在不同发展阶段,甚至在同一阶段的不同个体,其品德发展方向、速度和水平可能是多样性、多维度性。由于众多社会因素、环境因素、教育因素、个体自身因素的复杂影响,个体品德发展中出现"倒退""反复""暂时停滞",都是可能的。因此我们应该充分认识品德培育、塑造和转化的长期性、艰巨性。当然,在品德成熟之前,品德发展的方向、速度及可能性,在较大程度上取决于何种外部影响源占主导。

(二)个体品德的萌芽与成熟

关于个体品德萌芽的标准和时限,心理学家们的看法不尽一致。近年来,国外心理学家们更多关注社会性的萌芽。有研究表

---

① 张向葵等:《当代社会形势下儿童—老年助人行为发展的实验研究》,载《心理发展与教育》,1996(2)。

明，出生后约 5 周开始，婴儿社会性微笑开始出现，从 3.5~4 个月开始出现有差别、有选择性的社会性微笑。西方的自然观察研究证实，在 1.5 岁婴儿的自然行为系统中开始存在亲社会行为，婴儿的分享、助人、合作、安慰、同情等亲社会行为在 18~24 个月时开始发展和分化。①

心理学工作者从不同侧面对品德的萌芽进行了探索，有的以道德认识或评价的发生为标准，如皮亚杰把规则的习得与遵从作为道德发生的标志；有的从道德情感入手考察品德的萌芽，如墨森（P. H. Mussen）等人明确提出 2 岁左右儿童道德感出现，认为 1.5 岁以后儿童开始产生理想化了的客体表象、事件表象和行为表象，并获得了在特定情境中有关正确和错误的行为标准；② 有的研究者从道德动机是否出现研究品德萌芽。

综上所述，结合曾欣然等人的研究，个体品德的萌芽时限可以确定在 2~3 岁。品德萌芽的标准，应该综合考察心理学标准、社会学标准、伦理学标准三个方面。一是儿童在简单的实际行动中，初步具有道德认识、道德情感、道德动机、道德行为等品德心理成分。二是表现在幼儿处理个人利益与他人利益的过程中。三是自然客体与社会客体的分化、自我与非我的分化、自然情境与社会情境尤其是道德情境的分化、自然事件与道德事件的分化，能够对社会客体、道德情境、道德事件作出适应性反映。

个体品德何时成熟？如何衡量？这方面的研究极少，林崇德提出，品德成熟的指标，一是较自觉地运用一定的道德观点、原则、信念来调节行为；二是世界观、人生观的初步形成。皮亚杰认为，

---

① 陈旭：《幼儿亲社会行为培养策略研究述评》，载《学前教育研究》，1996（6）。

② ［美］墨森等著，缪小春等译：《儿童发展和个性》，174 页，上海教育出版社，1990。

儿童能够进行自律判断,他的道德品质就达到了成熟水平,大多数是在十二岁左右。而美国心理学家柯尔伯格认为,儿童和青少年道德成熟的标志就在于他作出正确的道德判断和形成自己的道德原则的能力,首先是道德判断的成熟,其次是与道德判断一致的道德行为的成熟。

衡量个体品德是否成熟,可以考虑如下方面。首先,品德心理结构相对定型、稳定,可塑性变小,包括品德结构的各种成分发展成熟,尤其是人生观、价值观、世界观等品德结构中的最高调节要素的相对成熟和稳定。人生观、价值观和世界观在少年期萌芽,青年晚期成熟。其次,品德结构的自我组织、自我调节能力的成熟。品德结构内部各子系统之间、内部心理活动与外部行为表现之间构成稳定的关系系统,依靠该关系系统的协同活动,自觉完善、调整、控制个体品德活动。再次,自觉实现人的道德价值,这是人的品德功能的最高体现,也是衡量品德成熟的根本标准。如前文所述,道德价值是主体的道德需要同满足这种需要的对象之间的价值关系。道德需要是人的高级需要。道德价值集中反映了人如何对待、处理、调节自己的需要、利益、价值与现实社会、集体、他人的需要、利益和价值的关系。在追求道德价值实现的过程中,需要合理地判别道德情境,遵循某种社会道德和行为规范,启动智能活动,自主选择行为方式。发挥品德创造性功能,也需要自觉调节和控制自己的言行。因此,可以认为,道德价值既是调节社会道德关系的观点信念、行为准则、评价标准等方面的价值体系,又是品德功能实现程度和水平的集中体现,个体品德的定向选择、内化、操作执行、发动维持、调节控制等功能都可能在自觉实现道德价值中反映出来。自觉实现人的道德价值具体表现为:自觉运用一定的社会准则和行为规范塑造、完善自我,主动使个人的品德发展的需要符合社会发展的客观要求,独立地作出道德决策,独立地选择、执行与道德准则和规范相符合的行为方式,有效地约束和控制品德活动的各个方面，从而自觉地履行作为社会主体所应该履行的道德责任的义务。

总之，判断个体品德成熟与否，除了考察品德成分的成熟、品德结构的协调稳定外，更重要的是考察在社会生活实践中，基于对社会道德、规范深入内化，对道德关系的深刻理解、准确把握，通过自觉塑造、主动调节、自由决策、创造性地活动、独立自控、合理评价，从而正确处理自己的需要、利益、价值与社会的需要、利益、价值的关系，即品德结构功能的成熟和以道德内容的丰富为中介的品德功能的成熟。而这一标准一般要在青年晚期才能达到。

（三）品德发展的阶段及关键期

人从出生到成熟，品德发展亦经历了萌芽、发生、发展到成熟的若干连续的发展阶段。对此问题国内外心理学家进行了大量研究，提出了诸多见解。皮亚杰提出四阶段论，柯尔伯格在皮亚杰研究基础上进一步发展成三水平六阶段说。苏联心理学家提出三阶段六时期说。阶段1，儿童的初步社会化阶段（适应性反应活动阶段）：(1) 感觉反应时期（一岁以前）；(2) 对道德要求作出语言概括反应时期（一岁到三四岁）。阶段2，道德主动性的再现阶段（三四岁到学龄初期）：(1) 儿童道德发展的起源期（学前期）；(2) 道德初步发展、权威道德时期（学龄初期）。阶段3，道德独立性阶段：(1) 片面的道德独立性时期（少年期）；(2) 全面的道德主动性时期（青年期）。林崇德将品德发展划分为适应性时期（出生到一岁）、品德萌芽时期（一到三岁）、情境性品德发展时期（三到六七岁）、品德发展协调性时期（六七岁到十一二岁）、动荡性品德发展时期（十一二岁到十四五岁）、初步成熟性时期（十四五岁到十七八岁）六个阶段。

曾欣然通过对德性结构的终身发展历程的分析，提出了从出生到终年的品德发展十阶段论。该理论以品德结构及其功能的本质特征为依据进行发展阶段的分析。

乳儿（0～1岁），无德性生存适应期。此时开始有某些心理活动，交往需要萌芽，但没有"好""坏""善""恶"等品德判断的心理活动。只是对社会生活中的生活适应，处在无品德时期。

婴儿（2～3岁），德性结构萌芽期。婴儿在与父母及其教养育人员直接交往中，语言、思维、社会性、自我意识萌芽产生。在适应生活中的人与人交往情境的过程中，也萌芽了德性心理成分。此时品德的基本特点是德性心理素质的嫩弱性。

幼儿（3～6岁），德性结构松散期。幼儿品德发展的基本特点是结构的松散和功能的微弱，突出表现是具有情境性和从他性。情境性，即幼儿品德心理的各种成分，均带有生活环境的具体性、情节性，受到直接、具体的、外部情境制约。从他性是指幼儿品德判断的标准来自父母、教师及其他教养人员。

儿童（7～12岁），德性结构组合期。童年期品德发展的基本特点是品德结构的组合性和功能的初步协调性。此时是行为习惯养成的最佳时期。

少年（13～15岁），德性结构重组期。少年期品德发展的基本特点是德性结构的重组性。突出表现是品德独立性的发展与动荡性的并存。

青年（16～28岁），德性结构自组期。经历了少年期的矛盾与冲突，青年期德性结构的基本特点是自组性（自我教育、自我选择、自我组合为主），突出表现是品德自立性和成熟性。但青年初期和青年中期的德性结构发展更多地表现为德性内心冲突性（主要是内心选择的冲突）、发展的迅速性。

壮年（29～45岁），德性结构稳固期。壮年期品德发展的基本特点是结构成熟稳定，德性功能的显效性、成熟性，既"内得于己"，又"外得于人"。这个阶段是发挥德性功能的自觉能动性、创造性，实现德性价值、人生价值的最佳期。

实年（46～60岁），德性结构坚定期。品德发展的基本特点是坚定性。个体继续承担多种社会角色，完善、优化已成事业，全面实现德性价值，发展德性价值，蒂结人生成果。它的突出表现是处理好德性坚持性与现实突变性的矛盾、冲突，适应社会发展方向，适应时代潮流。

老年和终年（60岁至人生的终结），德性结构发展的保持期。老年期德性结构发展的基本特点是自我完善性，即保持晚节，谱着"夕阳颂"，发挥"夕阳热"，力争更完满地实现德性价值、人生价值。多数人能做到的，一是靠一生的德性积累，实现德高望众、富有示范的榜样性；二是总结自己一生成长道路、德性发展经验，富有传递的育人性。

在品德发展的历程中，存在若干发展关键期。所谓品德发展关键期，是指某种品德的心理品质、结构功能、行为习惯出现转折或飞跃的时期，或者说，品德最容易形成和培养的时期。品德发展关键期的存在已被国内大量的实证研究所证实。例如，李伯黍领导的课题组对儿童的公私观念、分享观念等十种道德观念分别进行测查，发现多数道德观念的转折期在8～9岁。李怀美等人的研究表明小学三年级是道德情感的转折期。林崇德通过对50个先进班集体的调查，提出小学三年级下学期前后和初中二年级上学期分别是小学、中学阶段儿童品德发展的关键期。陈旭等的调查发现，从出生到青年期至少存在这样几个关键时期：（1）2～3岁，品德心理成分萌芽；（2）5～6岁，情境性品德的发生时期，自律性品德开始萌芽；（3）10～11岁左右，品德心理由经验水平向原则水平过渡，由依赖性开始向独立性过渡，由外部他人监控开始向内部自我监控过渡，由服从向习惯过渡；（4）13～14岁前后，品德心理的独立性与依赖性、自觉性与幼稚性交替并存，各种心理矛盾、冲突极其明显、激烈；（5）17～18岁左右，开始关注自己的内心世界，随着理论型抽象逻辑思维的初步成熟，品德的心理成分迅速发展，初步成熟，但品德心理结构未定型，功能发挥程度有限；（6）25

岁左右，品德心理结构成熟、定型，自觉、自立、自主、自律、自评能力迅速发展，开始实现人生道德价值。

既然品德发展中存在几个转折期、飞跃期，那么在德育工作中了解这些质变期的特点，进行针对性的培育和训练，德育工作就会更有实效性和针对性。

二、国外两种代表性的品德发展观

20世纪60年代以来，国外关于品德发展的理论很多，其中皮亚杰、柯尔柏格等人有关品德发展的理论是最具代表性的两种理论。

（一）皮亚杰的品德发展观

皮亚杰在研究儿童品德发展方面作出了突出贡献。他关于儿童道德判断问题的研究，为儿童道德发展研究提供了一个理论框架和一套研究方法，初步奠定了品德心理研究的科学基础。

皮亚杰认为，一个人道德上的成熟，主要表现在尊重准则和社会公正感这两个方面。一个有道德的人应该是能按社会规定的准则公平地、公道地对待别人的人。他认为，发展心理学应着重研究儿童道德发展的过程。他和他的合作者研究了儿童对规则的态度和对行为责任的道德判断，也研究了儿童公正观念以及对成人惩罚的公正性的判断。从这些方面的实证研究中，他揭示了儿童道德判断的发展进程，把儿童的道德判断区分为他律和自律两种水平，并得到了一些规律性的结论。在皮亚杰的研究中，贯穿了几个基本观点：(1)从单纯的规则到真正意义上的准则；(2)从客观责任到主观责任；(3)从服从的公正到公平和公道的公正；(4)从抵罪性惩罚到报应性惩罚；(5)从他律到自律。皮亚杰在1930年出版的《儿童的道德判断》等著作中，把儿童的道德发展划分为四个阶段。

一是自我中心阶段（2～5岁）。在自我中心阶段，规则对儿童来说还没有约束力，没有把规则看成是应该遵守的。儿童按照想象去执行规则,把外在环境看作是自我的延伸,还没有把主体与客体分离,不能将自己与周围环境区别。他们的游戏活动只是个人独立活动的任意行为,与成人、同伴之间还没有形成合作关系。

二是权威阶段(6~7、8岁),又称他律阶段。儿童的道德判断受外部的价值标准所支配和制约。他们对外在权威表现出绝对尊敬和顺从的愿望,表现之一是绝对遵从父母、权威者或年龄较大的人,认为服从权威就是好孩子;否则就是错误的,是坏孩子。另外一个表现是对规则本身的尊敬和顺从,即把成人规定的准则看成是固定不变的。这个阶段的儿童对行为的判断是根据客观的效果,而不考虑主观动机。

三是可逆性阶段(8~10岁),又称自律阶段。儿童的思维发展进入具体运算阶段,突出的特点就是具有守恒性和可逆性。他们达到了基于遵从的新的道德关系,从而导致一定程度的自律。此时儿童已不把规则看成一成不变的东西,而是同伴间共同约定的,并且可以修改。这个阶段的儿童开始意识到同伴间的一种社会关系,即意识到应当相互尊重共同约定的规定,规则对儿童来说具有一种保证相互行动、相互取予的可逆特性,这标志着儿童道德认识的形成。

四是公正阶段(10~12岁)。10岁左右的儿童的公正观念或正义感是在可逆性的自律阶段上发展起来的。它是互敬互惠的产物。儿童的公正感往往是从抛弃父母的意见而获得的,因此儿童与成人的关系从权威性过渡到了平等性。在这一阶段,儿童的道德观念倾向于主持公道、平等,儿童体验到公正和平等应当符合个人的特殊情况,公正感成为情感领域的核心、规范。皮亚杰认为,从可逆性关系转变到公正关系的主要原因是利他主义因素。

(二)柯尔伯格的道德发展阶段理论

继皮亚杰的研究之后,美国的教育心理学家柯尔伯格对儿童品德发展问题进行了大量的、卓有成效的研究,他提出了道德发展阶段理论。

1. 道德发展与认识发展。该理论认为：（1）道德的发展是整个认识发展的一部分，儿童的道德成熟过程就是道德认识发展的过程；（2）道德判断能力与逻辑判断能力的发展有关，逻辑判断能力的发展是道德判断能力发展不可少的条件，但也是不充分的条件；（3）社会环境对道德发展有巨大的刺激作用，人的道德发展在很大程度上受社会环境的支配；（4）个体的道德发展沿着垂直和水平两个序列发展，垂直序列的发展是由道德低级阶段向高级阶段的推移，水平序列的发展是从认识发展经社会认识发展向道德认识发展和道德行为成熟的推移。

2. 应用道德两难论方法研究道德的发展。在研究儿童道德发展问题时，柯尔伯格采用了道德两难论的方法。这种方法是虚构一些故事，用问答的方式讨论故事中人物行为的道德性质。代表性的道德两难故事是"海因茨故事"。该故事的内容是：意大利某城市有个名叫海因茨的人。他的妻子得了癌症，危在旦夕。城市有个药剂师，他研制了一种治癌特效药，但要价极高，每剂要价2 000美元。海因茨家穷，他变卖了家产，从亲友中借贷，总共凑到1 000美元。他求药剂师降价卖给他一剂药，药剂师不同意。他请求分期付款，药剂师也不答应。妻子病危，药又买不上，海因茨万分焦急。不得已，他在晚上去破门偷药，结果被警察发现，抓进警察局。柯尔伯格围绕着这个故事提出了一系列问题，让被试参加讨论，从而研究被试进行道德判断所依据的原则及其道德发展水平。他提出的问题是：海因茨该不该偷药？为什么该？为什么不该？海因茨犯了法，从道义上看，这种行为好不好？为什么？等等。

3. 道德发展的三水平六阶段模式。从1958年起，柯尔伯格用两难论方法对71名10岁、13岁和16岁的青少年进行了实验分析，他提出了道德发展的三个水平六个阶段模式。三种水平的内容是前习俗水平、习俗水平和后习俗水平。六阶段是指每个水平中又可划分为两个不同的阶段。

(1) 前习俗水平（0～9岁）。这个水平的主要特征是，儿童的道德观念是纯外在的，儿童是为了免受惩罚或获得奖励而顺从权威人物规定的行为准则的。这一水平包括着两个阶段。

第一阶段：以惩罚与服从为准则。这个阶段的儿童对行为好坏的判断并没有固定的准则概念，而是看是否会受到惩罚和是否服从父母或权威人物的命令为准则。

第二阶段：以行为的功用和相互满足需要为准则。如果行为者最终能取得成功，获得奖赏，满足相互间的需要，就是好的。它带有浓重的互利交换的实用主义色彩。也可以说，儿童的道德判断往往是从自身利益出发的。

(2) 习俗水平（9～15岁）。这一水平的主要特点是儿童为了得到赞赏、表扬或维护社会秩序而服从各种准则的，也可以说是为了力图满足社会的需求和希望。它也可分为两个阶段。

第三阶段：以人际和谐为准则，又称为"好孩子"取向。在这一阶段上，儿童心目中的道德行为就是取悦于人、有助于人或获得别人的赞赏。所以，他们判断道德行为好坏主要根据是看是否被人们赞许。

第四阶段：以权威和维持社会现有秩序为准则。这时儿童所作判断的根据是相信准则和法律维护着社会秩序，因此应当遵循权威和有关规范去行动。

(3) 后习俗水平（15岁以后）。又称原则水平，达到这一水平的人其行为原则已经超出了某个权威人物的规定，而是有了更普遍的认识。它表现为个人的义务感、责任感。它也可以分为个两阶段。

第五阶段：以社会契约和法律为准则。这个阶段的道德判断特别看重相互之间的契约关系，即相互承担义务和享有权利。同时，看重法律的效力，认为法律可帮助人们维持公正。但同时认为契约和法律的规定并不是绝对的，是可以改变的，个人应尽的义务和责任显得更为重要。

第六阶段：以普遍的道德原则和良心为准则。这是进行道德判断的最高阶段，它完全诉诸个人的良心和人类普遍的道德原则和道德规范。在这个阶段上，他们认为人类普遍的道义高于一切。

柯尔伯格的这种研究是根据美国的社会情况作出的划分。它向我们勾画出了道德发展是一种连续变化过程。柯尔伯格认为，这些发展顺序是一定的、不可颠倒的，各个阶段的时间长短是不相等的。同时，个体的道德发展水平，有些人可能只停留在前习俗水平或者习俗水平上，而永远达不到后习俗水平的阶段。

三、中小学生品德的基本特点

（一）小学生品德发展的基本特点

小学阶段是品德发展的奠基阶段，是良好行为习惯养成的最佳时期。小学生品德发展具有明显的形象性、过渡性和协调性。

1. 良好行为习惯的养成在小学生品德发展中占有显著地位。在小学生品德发展中，形成良好的行为习惯，既是小学德育的重要目标，也是最有效的手段和方法，小学阶段是良好行为习惯养成的关键期。第一，小学生行为习惯处于从无到有、由依附向独立的阶段，可塑性极大。儿童入学后，学习、生活、交往、活动都有了新的行为准则，对他们的行为习惯提出了新的要求和规定。而事实上，低年级儿童，无论是遵守纪律、爱劳动、爱护公物的习惯，还是关心集体、帮助他人的习惯，都还相当缺乏，三、四年级以后，虽然养成初步的行为习惯，但从总体上讲，仍然不稳定，可塑造的空间极大。第二，从行为习惯形成的过程看，小学阶段最易于养成良好的行为习惯。根据心理学的有关研究，人的习惯形成经历了如下阶段：模仿阶段→依从阶段→遵从阶段→服从阶段→习惯阶段。小学儿童对道德准则和规范的内化程度相当有限，但是，他们模仿能力强，易依从、顺从于情境压力，也愿意服从教师或父母的管教与规定，品德发展的协调性突出，比较容易在外部的要求、约束和控制下形成良好的行为习惯。第三，儿童行为习惯的养成，对其品德的形成发展具有重要意义。良好的习惯的养成，有助于道德行为由不经常的、偶然的行为变成一贯的行为，有助于道德行为方式的巩固；它作为人的自动化动作的需要，不需要意志力控制，依靠的是内心的动力；良好的习惯也为品德发展提供内在评价标准——与先前自动化动作的动觉作对照。因此，良好行为习惯的养成既适合学生的发展特点，也符合品德发展的规律。

2．小学生品德发展的形象性。小学生的品德发展，尽管原则性、抽象概括性有了一定程度的发展，但在很大程度上带有生活经验的特点，容易受到行为情境的制约，离不开直观的感性形象的支持，带有明显的形象性，处于由具体形象性向抽象逻辑性发展的过程中。在道德观念、道德关系认识和理解上，小学生从比较肤浅的、表面的理解逐步过渡到比较准确的、本质的理解，但具体性极明显，概括性较差。在道德品质的判断上，小学生从只注意行为的效果到比较全面地考虑动机和效果的统一关系，但常常有很大的片面性和主观性。在道德原则的掌握上，儿童道德判断从简单依附于社会的、他人的规则，逐步过渡到受内心道德原则所制约，但是在很多情况下，判断道德行为还不能以道德原则为依据，缺乏道德信念，常常受到外部的、具体的情境所制约。道德情感的形式，以直觉的道德情感体验和与形象相联系的道德情感体验为主要形式，抽象的、与道德信念相联系的情感体验有所发展，但道德情感体验的发生离不开具体的道德情境，离不开具有道德意义的人或事物的形象，情境制约性和形象感染性特别突出。道德动机由具体、浅近、不稳定的动机向抽象、远景、稳定的动机发展，但自觉的、以社会需要为基础的道德动机，一般只在高年级出现，小学生的道德动机带有明显的具体形象性。小学生的品德行为主要属于依从传统惯例行为，依从社会的风尚，服从集体决定，顺从成人的要求，独立性、自觉性有一定发展，但离不开具体的要求和外界的监督，其行为方式带有明显的生活经验色彩。

3. 小学生品德发展的过渡性。小学生的品德发展处于由简单、低级向高级、复杂过渡，由具体形象向抽象概括过渡，由生活适应性水平向伦理性水平过渡，由依附性向独立性过渡，由他律向自律过渡，由服从向习惯过渡。过渡性是小学生品德发展的基本特征之一，它表现在品德心理各要素的发展中。

4. 小学生品德发展的协调性。小学生品德发展的协调性表现为密切相关的两个方面。一是品德心理各种成分之间的协调。就整个小学阶段而言，道德认识与道德行为、道德认识与道德情感等是协调的、一致的。年龄越小，各成分之间越一致，随着年龄的增长，言与行之间、行为与动机之间逐渐出现矛盾不一致。这种不一致反映了过渡期小学生品德心理发展的幼稚性、不成熟性，也反映了小学生品德结构发展的不稳定性。

小学生品德协调性的另一个表现是主观愿望与外部要求、约束的协调。年龄较小的儿童，道德行为较简单，行为表现外露，品德的组成形式也较简单，道德准则和行为规范的掌握范围和程度有限，没有变为指导自己行为的准则和规范，行动中往往只能执行教师和家长的要求和指令。他们还缺乏道德经验、道德能力和道德活动策略，道德动机显得较单一，还不会掩饰自己的行为。道德评价标准正在掌握过程中，还不能客观、有效地评价自己的品德表现，不能按道德原则去调节自己的行为。因此，低年级儿童的道德认识、行为、动机和评价往往直接反映教师、家长的外部要求和约束，自己的内心愿望与外部要求之间是协调一致的。但这种协调是低水平的、依靠外部教育力量的协调，是一种存在依附性的协调一致。到了小学高年级，随着儿童道德经验的逐渐积累，道德准则和规范的逐渐掌握，道德行动能力的逐渐增强，评价标准的逐渐掌握，自我调控能力的逐渐发展，儿童的品德心理成分之间、儿童的内心愿望之间可能出现初步的矛盾和冲突。但就整个小学阶段而言，协调性还是占优势的。

（二）中学生品德发展的基本特征

在整个中学阶段，中学生的品德发展迅速，正处在伦理性品德形成的最佳期，是社会公民品德的初步成熟期。独立性是整个中学阶段学生品德发展最显著的特征。同时初中生品德发展具有矛盾冲突性。高中阶段的品德基本具备独立性、自主性，伦理性品德结构初步成熟，但仍有较大的可变性、可塑性。

1. 独立性是整个中学阶段学生品德发展的基本特征。中学生品德发展的独立性，是指学生以自律为形式，自觉遵守伦理道德准则，运用道德目标、理想、信念调节自己的品德。中学生在处理人与人、人与社会的关系时，道德行为逐渐服从自己经过不同程度内化了的那些伦理准则，按照自己的道德动机、愿望行动，以此符合某种伦理道德准则的要求，外部的要求或约束等他人教育的作用逐渐减弱。道德目标、理想、信念开始在道德动机中占主导地位。进入中学以后，学生的道德动机日益复杂多样，某种道德行为后面可能隐藏多种动机，例如，可能是获得表扬、奖励，获取报偿；或者是逃避惩罚、躲避群体压力；或者是他人的要求、指令，规范的约束；或者是群体舆论和集体气氛的约束或感染；或者是榜样的激励；或者是自己确立的奋斗目标、理想、信念的作用等。中学阶段是学生开始自觉确立道德目标的时期，是道德理想、信念萌芽、发展时期，也是开始用理想、信念和道德目标为自己行为导航的时期。道德目标、理想、信念的形成并成为中学生道德动机中的重要成分，使他们的道德发展更具原则性和自觉性。随着中学生自我意识的发展，他们逐渐能够意识到、觉察到自己的道德行为与品德心理活动过程，逐渐能比较全面、客观、独立地反思评价自己的品德，监督和控制自己的能力也有所增强。品德意识性、反省性和监控性的增强,是学生自觉的道德行为发展的前提,也是他们进行自我教育、自我管理和自我修养的心理基础。在中学生品德发展中,逐步养成道德行为习惯是品德培育的重要手段,也是道德教育最重要的目标之一。有关研究表明,初三前后形成道德行为习惯的占60%,高中阶段有80%,并且中学生行为习惯养成的人数随年龄增长而上升。品德发展与人生价值观、世界观的形成初步一致。中学阶段是人生观、价值观、世界观的萌芽与发展阶段,在初中阶段开始萌芽,高中阶段得到迅速发展,虽然未成熟、未定型,但中学生逐渐开始用人生价值观来调控品德发展的方向。

品德结构的心理成分逐步完善,初步稳定,结构与功能有所发展。中学阶段随着人生价值观的发展、自我意识的发展,中学生不仅开始按照经过自己内化的准则、规范进行道德定向,而且通过逐步稳定的动机而产生道德的或不道德的行为。中学生在具体道德情境中,能够以原有的品德结构对情境中的伦理道德准则进行不同程度的内化,也能够将道德计划转化为外显的行为特征。在行动中逐渐能够根据各种反馈信息来调节、控制自己的行为,使之满足道德需要。

2. 初中生品德发展的矛盾冲突。初中生的品德初步具备了独立性、自律性的特点,但还相当不成熟、不稳定,在向成熟发展的过程中,表现出明显的动荡性,即以激烈的冲突、矛盾的形式向成熟过渡。初中生品德发展的动荡性、冲突性表现在品德结构和功能的各个方面。(1)道德动机日益目标化、理想化、信念化,但又存在易变性的特点。初中阶段道德理想、道德信念开始形成,并且开始用道德目标、理想、信念来调节品德,但由于道德理想、信念未定型,容易变化,这也导致道德动机具有易变性,很容易被情境诱因直接诱发的欲望所驱使,带有一定程度的偶然性。(2)道德判断日益带有原则性、规范性,但又带有一定的经验性、情境性;道德观念的原则性、概括性增强,但又明显带有生活经验的特点。(3)

道德情感日益丰富，发展了某些高级的社会性情感如责任感、义务感、自豪感等，但情感不稳定、易冲动。(4) 道德意志中自制力日益增强，自我控制的动力由他人控制、外部控制为主开始向自我控制、内部控制为主转化，但自制力仍然比较脆弱，抗拒诱惑能力差，坚持性不足，行动中容易受到外界环境的影响，半途而废或中途易辙的现象较为普遍。(5) 道德行为有一定目的性，但又常常缺乏计划，行动中自我约束力和控制力较差。决心大于行动，计划难以持久，"常常立志"的现象非常普遍。(6) 自尊心、自信心日益增强，渴望独立行动，但又常常缺乏独立行动的能力，眼高手低。(7) 开始用人生价值、社会意义评价自己，自觉调节道德行为的方向、动力，但又常常掌握不准尺度。

初中生品德发展的动荡性，反映了品德的不成熟，也反映了初中生品德初步具备独立性、自觉性，体现出独立性和依赖性、自觉性和幼稚性并存的过渡期的品德特点。

3. 高中生品德结构发展的初步成熟。高中阶段是准备走向独立生活的时期，开始逐渐独立决定自己生活道路的时期，18岁时开始享有公民的权利和履行公民的义务。这个阶段基本具备品德独立性发展的特点，品德结构初步成熟，正在准备实现人的道德价值，品德结构的功能尚未充分体现。

总之，高中阶段开始进入以自律为形式，自觉遵守伦理道德准则，运用道德目标、理想、信念来调节行为的品德结构成熟期。

四、影响品德形成的外部因素

（一）家庭环境与品德发展

家庭环境中客观因素的影响：(1) 家庭结构和主要社会关系中，父母之间感情破裂而导致的分居或离婚对子女品德的发展有严重的不良影响，主要社会关系也对儿童与青少年品德发展有一定的影响；(2) 家长职业类型与文化程度的不同，对子女的品德有明显的影响。

家庭环境中主观因素的影响：（1）家长是儿童中模仿学习的榜样，家长品德不良会对孩子品德的发展起坏作用；（2）家长对子女的教养态度及期望在很大程度上影响着孩子人格的发展，良好的养育态度对孩子品德的发展有积极的影响，家长的期望也对孩子的品德发展有一定影响；（3）家长作风和家庭气氛对孩子品德发展的影响，家长和善作风有利于儿童的良好品德发展，过于严厉的作风则会使儿童产生敌对和反抗行为。

（二）学校集体与品德发展

1. 班集体的影响。班集体是构成学校集体的基本单位，学校集体的特点也是通过班集体的特点表现出来的。（1）班集体信念对集体成员的品德形成有三种作用：一是可以成为个体道德行为的准则；二是促使个体对前景的向往，提高其形成良好品德的自觉性；三是使个体增强集体观念，更好地服从集体利益。班集体信念的上述作用随着年级的升高而日益加强。（2）班集体情感对集体成员道德情感有很大影响：一是使学生对其行为是否符合社会要求而产生荣誉感或羞耻感、自豪感或内疚等情感体验；二是直接影响个体良好道德感的形成；三是使集体成员之间相互学习，相互模仿正确的道德行为，并产生可接受性体验。先进班集体中，学生具有很强的集体荣誉感、义务感，热爱班集体，同学间互助友爱。随着年级的升高，集体成员的上述情感的稳定性不断提高，其内容也不断丰富。（3）班集体的坚定的意志行动不仅直接增强了集体成员形成良好品德的决心，而且也提高了他们形成良好品德而克服困难的自觉性，并使集体成员统一行动，保持和维护良好的道德风尚，自觉约束自己的行为。班级集体性越强，班集体的力量也越显著。（4）班集体的行为习惯水平对集体成员品德形成的影响。良好的常规与班风对集体成员品德形成的作用表现在：一是促使个体良好道德习惯的形成和定型；二是促使个体道德行为的不断练习和逐步巩固；三能改造个体的不良行为习惯。

2. 学校德育的影响。学校德育是根据一定社会的思想政治观点、道德行为规范和学生的身心发展规律,有目的、有计划地塑造儿童与青少年心灵的教育活动。它主要是通过三条途径实现的。(1)学科教学。政治思想品德课是进行品德教育的主要学科。它起着其他学科不能起的独特作用。其他学科教学在传授知识、发展能力的同时,也培养着学生的优秀品德。各科教学是学校教育的主要形式,占用时间最多,因而将品德教育渗透于各科教学中必会对学生品德发展产生很大影响。如语文、历史、地理课中,常贯穿着爱国主义和历史唯物主义的教育;数学、物理、化学教学对树立辩证唯物主义和科学精神教育有很大促进作用。(2)学校、年级、班级或团、队活动。各级负责人根据学生的年龄特点,有目的、有计划地组织内容丰富多彩、形式多样的德育主题活动,如报告会、演讲会、竞赛等,能够促进学生品德的良好发展。(3)课外和校外活动。安排在学校教学计划之外的课外活动和校外活动,被称为学校教育的第二课堂,比如科技小组活动、军训、社会调查和公益劳动等,它们对学生品德发展也有相当大的影响,可以培养学生严谨的作风、不怕吃苦的精神、热爱劳动的高尚道德情操等。

3. 学校集体中其他因素的影响。(1)师德师风。勒温(Kurt Lewin)等人研究了教师的领导方式和教师作风对学生反应和自我管理的影响。结果发现:教师以民主的态度对待学生,学生将向着情绪稳定、态度友好和具有领导能力等方向发展;教师采取专制的态度,易于导致学生的紧张情绪、冷淡、攻击性和不能自制;教师采用放任的态度,易使学生向无组织、无纪律的方面发展。这说明教师的态度和作风在一定程度上影响着学生的品德发展。(2)集体舆论。集体舆论是指在集体中占优势的言论与意见,它对集体成员的思想观念和行为产生很大的影响。有关研究认为,集体舆论对成员品德形成的作用表现在三方面:一是对个体的道德行为作出权威性的肯定或鼓励、否定或制止，是一种社会强化的"信号"；二是直接影响个体道德认识的提高；三是集体荣誉感的源泉。（3）校风、班风。校风和班风是群体中成员普遍具有的、占优势的言行倾向性和作风。它对学生良好品德的形成和不良品德的改造具有十分重要的意义。研究发现，如果班级集体的主导风气不健康，将会影响到集体中几乎所有的成员。我国有关调查中发现，具有良好而稳定班风的班集体对改造学生不良道德行为习惯的效果是明显的。

4. 校园文化的影响。近年来，在高校校园文明建设过程中，人们深切地感受到，学校环境文化包括教室、操场、食堂、宿舍等处的设备、卫生状况、装饰布置等硬件和软件建设，对学生的精神面貌和行为方式也具有重要的影响。这是值得关注和深入研究的课题。

（三）社会化与品德发展

社会化是社会心理学的重要概念，它是指个体加入社会系统，通过与社会环境的相互作用，由自然人向社会人转化的过程。从教育心理学的角度来看，正是个体和环境相互作用，学会适应环境和形成人格的过程。品德的形成和发展无疑是在社会化的过程中进行的。人的社会化是通过社会教化和个体内化实现的。

从广义文化的角度上来看，社会化也可以看成是人们接受文化的影响、吸收文化的营养不断塑造自己的过程。社会文化对人格和品德形成的影响，明显地表现为三个方面：（1）社会文化是人类创造出来的，是人类适应环境和改造环境的工具，人们在创造自己文化的同时，也就塑造出了自己的人格和品德；（2）人类积累的文化遗产又成为塑造新的人格和品德的依据和范式，并力图用这种文化遗产来塑造新生的一代；（3）新一代的成长是在吸收文化遗产和自己的创造活动中成长的，他们对社会文化有着各自的选择，这就是造成新的人格和各自不同的品德的原因。

第三节 品德态度的形成与改变

近年来,我国心理工作者力图把品德教育问题与态度的形成和改变联系起来,研究品德态度的形成与转变,这为品德问题的研究开辟了新的途径。

一、品德态度概述

(一)品德态度的含义

品德态度是人的态度的一种特殊形式。它是人对具有道德意义的客观对象、现象是否符合主体道德需要的心理倾向。其实质是对外部客体与主体道德需要之间关系的反映。

品德态度作为一种倾向性、评价性的反映,包含的内容不是客观对象、现象本身"是什么""怎么样",而是具有道德意义的对象与人的道德需要之间的关系。具有道德意义的对象和现象,是指与某种道德准则、规范相联系的人、事、物,以及思想、观念、情感、行为。它们与人的道德需要结合,二者的关系则成为品德态度的内容。如果这些对象或现象符合人的某种道德需要,则引起人的积极的、肯定性的品德态度;如果与人的某种道德需要相悖,则产生消极的、否定的品德态度。因此,在二者的关系中,道德需要的满足与否是衡量其品德态度水平的标准。

(二)品德态度的构成要素

品德态度与人的其他态度一样,是由认识、情感、行为倾向构成的有机整体。(1)道德认识因素,指人在生活、学习、交往和道德教育中形成的对某种具有道德意义的对象和现象的认识和评价。这种认识存在于人的品德心理结构中,并构成品德态度的重要内容。(2)道德情感因素,是对具有道德意义的对象或现象的情感取向,是态度对象是否满足人的道德需要而引起的主体的内心体验。

具体表现为对对象的喜爱或憎恶、亲近或冷漠等。(3) 道德行为倾向因素，即人对上述态度对象可能产生某种行为反应的倾向或行为的趋势。它表现为接近或回避、接受或拒绝、赞成或反对等倾向。在品德态度结构中，道德认识、道德情感与行为倾向三种因素有机结合、缺一不可。其中某个因素发生了变化，其他因素也有随之变化的倾向。

（三）品德态度的特征

品德态度既具有人的其他态度的特点，如对象性、倾向性、动力性，社会制约性、稳定性和可变性等，也具有自己的特征。(1) 道德评价性。品德态度所指向的是具有品德评价意义的对象或现象，客体中与社会道德原则和规范相联系的对象或现象，如果它们符合人的道德需要，使人产生某种特有的选择性和倾向性。(2) 需要的满足性。品德态度是与道德需要连在一起的，如果态度对象与需要之间建立起肯定性关系，则意味着对该对象所蕴涵的社会道德原则及规范的认同，产生积极的体验和与原则和规范相符的行为倾向。(3) 结构层次性。品德态度这种倾向性、评价性的品德反映形式，是以道德认识因素、情感体验因素和行为倾向因素共同反映外部对象或现象与人的道德需要之间的关系。三者构成一个完整的品德态度结构。并且，由于人的道德需要——遵守社会道德原则与规范的需要存在不同的层次水平，社会道德原则和规范存在不同的层次，因而人的品德态度结构中各种要素也存在不同的层次水平。如道德认知因素就有具体的道德概念、知识性的道德概念和内心的道德观念三类。有学者甚至指出道德认识—道德情感—道德意志—道德信念—道德信仰—道德理想，构成了一个不同层次道德态度的等级。

（四）品德态度的主要功能

在实际生活中，品德态度有如下功能。(1) 定向选择功能。人在对各种对象的认识和判断中，在接受某种道德知识时，以及在采取道德行为时,都要受到已有品德态度的支配和影响,或者经过已形成的品德态度的过滤和折射。已有的品德态度起着"过滤器"的作用,发挥定向选择的功能。(2)动力功能。人的某些品德态度具有直接满足道德需要的作用,如一个守纪律的学生对秩序良好的集体采取积极的态度,一个勤奋好学的学生受到教师肯定性评价等。这种态度之所以直接满足人的需要,是因为它与人的道德需要的内容相一致。而为了满足道德需要,人们势必会采取与需要相符的态度,此时态度就成为追求道德需要满足的内在动力。(3)价值表现功能。这是指人们经常以表态的方式来表现自己的价值观念、价值取向的。因此,在人们的品德态度中也含有每个人的自我意识、人生观和价值观要素。(4)适应功能。人的品德态度在对道德环境的适应过程中逐渐形成,反过来又起着适应道德环境的作用。如儿童在交往活动中学会了被同伴、集体接受的态度,而这种态度又让儿童适应各种类型集体的交往活动。

(五) 品德态度与品德之间的关系

品德态度是个体品德的重要组成部分,是品德心理结构中的综合的反映形式,由道德认识、道德情感、道德行为倾向有机构成。品德态度也是品德心理结构中的一种高级的反映形式,即在道德认识、道德情感、道德行为发展到一定水平的基础上,才会形成人的品德态度。如果从社会心理学的角度上看,品德集中地表现为人们对待社会道德原则和道德规范的态度,表现为对人、对事、对己的基本态度,是一种以情感为核心的知、情、行的整合结构。但品德态度又不等于人的品德。首先,各自涉及的对象不同。品德态度是具有道德意义的对象或现象与人的道德需要之间的关系,即人对这些对象或现象之间"要不要""该不该"的关系;而品德则是人依据一定社会的道德准则、规范,在一系列的道德行为中整体表现出来的比较稳定的特征和倾向,实质上是社会道德准则、道德规范在人的思想和行动中的表现。其次,二者的构成要素不同。品德态度作为一种评价性、倾向性的反映,以道德认识为基础,道德情感为核心,表现出一定的行为倾向。而品德的构成要素,至少还应该包括实际的道德行为及行为动机等因素。再次,二者对道德准则和规范价值的内化程度不同。据克拉斯沃尔（D. R. Krathwohl）和布卢姆的研究发现,因价值内化水平不同,态度可以从轻微持有和不稳定到受到高度评价且稳定之间发生多种程度的变化。① 他们认为,价值内化的最低水平是"接受"（或注意）,如教师向学生宣传雷锋精神,学生愿意听,属于这种水平。价值内化的稍高一级水平为"反应",如学生愿意参加学校组织的学雷锋活动。价值进一步内化,达到"评价"阶段,即学生按价值准则行动后获得的满意感或愉快感,对行为赋予价值。价值内化的最高水平是个体的价值标准的"组织"。通过"组织"克服各种不同价值标准的矛盾和冲突,最后成为人的个性的一部分。上述价值内化的各级水平也可看成是态度变化的水平。但是,只有当道德准则和规范经过组织且成为个性的一部分的稳定品德态度时才能称为品德。

二、品德态度的形成与改变

（一）品德态度的形成

品德态度的形成,是指人受到各种直接或间接因素的影响,产生某种品德态度。品德态度的改变包括性质的改变和水平的改变,前者是个体由一种品德态度转化为另一种品德态度,后者指品德态度由一种水平变为另一种水平。其形成过程包括依从、认同、信奉三种层次。品德的形成与建构也呈现三种,即依从性道德、认同性道德和信奉性道德。②

---

① 邵瑞珍：《学与教的心理学》,161~162 页,华东师范大学出版社,1990。

② 王健敏：《社会规范学习心理与品德建构》,载《教育研究》,2000（8）。

1. 依从性水平。依从指行为主体对别人或团体提出的某种行为的依据或必要性缺乏认识，甚至有抵触的认识和情绪时，出于安全的需要仍然遵照执行的一种遵从现象。它包括从众与服从，是规范接受的一种初级水平。但依从可使主体获得关于规范行为的执行经验，确立起遵从态度结构中的行为成分，是道德内化的开端。虽然依从性道德是受功利驱动的工具性道德，但它却为认同的建立创造了条件。处于他律阶段的儿童，在待人接物方面的态度，常常与自己的父母和教师的态度相一致，这正是对大人权威的服从。

2. 认同性水平。认同指思想与行为上对规范的趋同，把别人或某个群体的态度作为自己的态度，包括偶像认同或价值认同。这是服从所产生的直接结果，也是服从的进一步发展。认同的动机不是对权威或情境的直接或间接压力的屈从，而是对榜样的仰慕与趋同。在品德态度形成过程中，认同是一个关键阶段，是自觉遵从态度确立的开始。

3. 信奉性水平。信奉指个体随着对规范认识的概括化与系统化，以及对规范体验的逐步累积与深化，最终形成一种价值信念作为个体规范行为的驱动力。所谓规范的价值信念是人们对规范的伦理学意义的认识与体验上升为一种价值需要。信奉是对道德原则与社会规范的最高接受水平，完全接受了外在的要求，并把这种要求变成了自己的要求和信念，是认知与情感的结晶，是稳定而自觉的规范行为产生的内因。此时，作为社会行为的内在调节机制的品德结构已经建构完备，标志着外在于主体的规范要求已转化为主体内在的行为需要（规范的信念系统本身是一种行为需要），表明了道德内化过程已经完成。

道德原则和道德规范作为既有的社会文化遗产的一部分，也是社会群体对群体成员的一种要求，对于每个新生的个体而言是外在的，要使其内化为社会成员的品德，一般是按照"三阶段"理论的方式进行的。在目前的品德教育中，人们大都自觉或不自觉地应用着这种理论。

（二）影响品德态度形成与改变的主要因素

1. 道德需要。个体对于能够满足自己道德需要的对象或现象，一般采取肯定的、积极的态度；而对于阻碍自己道德需要满足的对象或现象，一般采取否定的、消极的或拒绝的态度。道德需要作为品德态度的内在尺度，是品德的形成与转变的关键要素。各种层次的品德态度的形成，关键是道德需要的培养和发展，使个体从无道德需要发展到有道德需要，从非道德的需要发展到道德的需要，从低层次的道德需要发展到高层次的道德需要。

2. 对道德准则和规范的掌握程度。人要形成或改变对具有道德意义的对象或现象的品德态度，条件之一是识别、判断和理解各种人、事、物以及思想、观念、行为中所蕴涵的道德准则和规范。为此他必须以品德态度中已有的道德准则和规范为基础，用它们来对新的态度对象作不同程度的同化。

3. 外部压力。外部压力可以促使个人形成或改变某种品德态度。外部压力有两种。一种是直接压力，即一般所说的奖励或惩罚。奖励这种肯定性压力对品德态度有正向诱发作用，而惩罚这种否定性压力对品德态度有负向的抑制作用。另外一种压力是间接压力，又称情境压力，它以特定的环境条件、群体舆论、群体成员的态度等形式，让个体理解这些情境，进而影响其态度倾向。

4. 教育者的信任度。家庭、学校、社会教育是人形成或转变品德态度的主要影响源。其中教育者的信任度是关键。教育者的信任度是指受教育者对教育者的"师道"和"传道"的认同和接受的程度。教育者的信任度主要取决于教育者品德态度的鲜明性以及品德教育方法的科学性、艺术性。

5. 信息传递的可信度。人们对社会道德准则和规范本身的态度也制约着品德态度的形成与改变。信息传递的可信度的决定因素是信息的真实性及道德意义性，具体影响信息传递可信度的因素有信息来源的权威性、信息内容的新颖性、信息组织结构的严密性、表述的鲜明性及形象性、难易程度的符合性。

第四节 过错行为和不良品德的转化与矫正

一、过错行为和品德不良的特征

从品德形成和发展的角度上看，过错行为是产生品德不良的最直接的原因，也是防微杜渐，预防和矫正品德不良与违法犯罪行为的关键所在。过错行为和品德不良主要特征如下。

在认识特征上：（1）是非观念模糊或颠倒，即对荣辱、美丑、公私、诚实和撒谎等概念的本质分辨不清，甚至以是为非，以非为是；（2）错误的人生价值取向，主要表现是封建帮会的哥儿们义气，吃喝玩乐的享乐主义和亡命称霸的英雄观，以及无政府主义的自由观与低级下流的乐趣观；（3）有些违法犯罪的青少年已形成一定的反动立场；（4）他们的认识中并不是没有一点正确的道德观点，在一定的场合或时间，某些正确的道德观念也能起积极的作用。

在情感特征上：（1）重情感、讲义气，有"结伙"的欲望，易感情用事；（2）爱憎颠倒，好恶颠倒，缺乏正义感，甚至把自己的一时快乐建立在别人痛苦的基础上；（3）情感不稳定和强烈冲动性，情感变化多端、喜怒无常、难以自我控制；（4）有些立场反动的青少年有憎恶社会现实制度的情感。

在意志特征上，有明显的两极性，在正确方向上自卑，意志薄弱；在错误方向上自负，畸形地发展着意志力。

在动机特征上，表现为动机内容的利己主义；动机方式的偶发性和简单性，容易为诱因直接引起的欲望所驱使；动机过程突出地表现为易变性；动机斗争往往易受不良行为习惯的支配。

在行为特征上，有各种特殊性。一般的行为特点是类型集中、偶发性强，结成团伙，凶狠残忍，互相传染等。女性品德不良和违法犯罪的心理特点与男性有很大差异，主要行为表现是作风败坏，贪图吃喝玩乐。

在自我意识特征上，自我评价水平普遍偏低，评价内容具体、狭隘，自我评价不稳定，波动性明显。自我体验复杂多变，一方面，他们的行为似乎已体现不出羞愧感、同情心以及集体荣誉感，另一方面，在他们潜在的心灵深处——一旦被强有力的真诚所感召——还会有自尊感在涌动，还在渴望得到别人的尊重。一方面，他们对自己的前途缺乏自信心，有着一种孤独无助、破罐破摔的迷茫体验；另一方面却还深深体验着悔恨、悲怆的情感。这种自我体验的复杂多变性就使得品德不良学生表面上显得非常冷漠、玩世不恭。自我控制水平很低，在具体的行为当中常常由于不能很好地调节和控制自己的行为和情绪，行为具有很大的盲目性，因而表现出争强好胜、易冲动、自制性差等特征。

王丕在其主编的《学校教育心理学》一书中，将品德不良学生的心理特点概括为四个方面：道德认识上无知，行为盲目；缺乏道德情感，情绪消极多变；道德意志薄弱；行为习惯不良。

二、过错行为和品德不良的原因分析

（一）客观原因

一是家庭方面的原因，包括：父母的溺爱、迁就；父母对子女要求过高，管教过严；家长在教育方式方法上的不一致或凭个人情绪来处理和教育子女的行为问题；家长缺乏表率作用，无视或忽视自己的言行所产生的不良后果；家庭成员本身的恶习或家庭结构的剧变等。

二是社会方面的原因，分广义的社会环境和狭义的社会环境两个方面。前者指整个社会关系和社会风尚；后者指学校和家庭以外的学生的朋友、邻居、社区，以及影响个体的各种社会活动等。对于那些形形色色的腐朽思想和不正之风对学生可能产生的侵蚀和影响也不能低估。

三是学校方面的原因，主要指教育工作者在教育观点上的偏颇或方法上的不当，包括：管教不严，忽视对学生思想品德的教育；对学生缺乏感情，不了解学生，工作不深入；对学生要求过高或过低，教育方法不恰当；不能正确对待品行不良学生的"反复"过程或对学生出现的问题睁一眼闭一眼等，这些在一定程度上也间接地造成或助长了学生的品行不良。

（二）主观原因

一是缺乏正确的道德观念和道德信念。不理解或不能正确理解有关的道德和道德准则，如把违反纪律视为"英雄行为"，把敢打群架看成是"勇敢"。

二是道德意志薄弱。正确的道德认识不能战胜不合理的个人需要，不能抵制不良诱因的影响。

三是受不良行为习惯的支配。习惯的力量是很大的，它会使人在类似的情境中自然而然地采取相应的行为，并因此而产生愉快的情绪体验。不良行为习惯如不予以根除，任其发展，就必然会导致品行不良。

四是性格上的某些缺陷。性格是一个人对己、对人和对事的稳定的态度和习惯化的行为方式，它制约着人们的行为。如果学生身上有了执拗、任性、骄傲、自满等消极的性格特点，必然会表现出来。

五是某些需要没有得到满足，特别是希望得到群体的关怀和尊重的需要在学校不能满足时，学生就会转向校外寻求满足。这就有受到社会不良影响的可能。

三、过错行为和品德不良的矫正

（一）过错行为和品德不良的转化过程

过错行为与品德不良的心理根源可以归结为道德观念、道德感和道德行为习惯等心理因素方面的偏差，或归结为某种不良的品德态度，改变需要经历一个转化的过程。我国现行的教育心理学中，将这一过程划分为醒悟、转变和自新三个阶段。

一是醒悟阶段。这是指当事者开始认识到自己的错误，从而产生改过自新的意向。这种意向可能在两种情况下发生，一是教育工作者的真诚关怀和教育；二是当事者开始认识到坚持错误的危害性。从态度变化的角度上看，醒悟阶段是旧有态度的受挫和新态度的萌生。

二是转变阶段。这是指有了改变自新的意向之后，在行为上发生一定的转变。发生转变是一种可喜的变化，但这仅仅是开始，要想改过自新还需要走一段相当长的路程。有时候还可能产生反复，即重犯以前的过错。反复的情况也有两种：一是前行中的暂时后退，另一种是教育失败出现的大倒退。从态度改变的角度上看，已有态度改变经历着由量变到质变的发展过程。前进中的反复是处于量变阶段的正常现象，它说明已有态度尚未发生质的变化。至于教育失误产生的大倒退，实际是已有态度根本没有改变的表现，甚至是沿着原方向持续发展的结果。

三是自新阶段。这是指经过较长的转变时期后，不再出现反复，而进入到一个新的时期。在这个阶段，他们会以崭新的道德风貌出现在社会生活中，对前途充满着希望，决心忏悔过去，永做新人。这是态度发生了质的变化的结果，他们会以全新的态度对待生活。

（二）矫正过错行为和不良品德的心理学依据

1. 消除疑惧心理与对立情绪，恢复正常的人际关系。过错行为和品德不良大都会引起人际关系方面的问题，受到批评、训斥或惩罚必然产生社会压力，往往会使他们与周围的人闹对立，认为是别人"整他们"，与他们"过不去"，过度地使用自我防卫。他们的文饰、对抗、攻击和其他不良情绪表现，大都与"过度自我防卫"

有关。有经验的教师常常用"动之以情"的方法，来促使他们的醒悟。用发自内心的爱、尊重以及无微不至的关心和帮助，使他们亲身体验到教师的善意，体会到大家都是真心爱护他们的。

2. 重视自尊心和集体荣誉感的恢复与培养。自尊心是个人要求得到社会和集体尊重的感情，也是人类的重要的社会需要。它使人珍重自己在集体中的合理地位，保持自己在集体中的声誉，从而成为个人努力改正缺点积极向上的内部动力之一。但自尊心的片面发展或扭曲，也可能造成只顾个人荣誉而不考虑集体利益或拒绝别人意见的情况。研究表明，犯有过错行为与品德不良的学生，大都缺少正确的自尊心和集体荣誉感。因此，帮助他们找到获得自尊的正确道路，得到集体的关怀与温暖，就显得非常重要。

3. 形成正确的是非观念，增强是非感。过错行为与品德不良的出现和缺乏正确的道德认识有着密切的关系。由于认识上的错误，使他们不能正确地判断"是非"和"善恶"，也不能产生正确的情感体验。因此，从根本上提高他们的认识水平，建立正确的"是非"观念和"善恶"观念，是不良品德转化中的一项重要的工作。

4. 增加与不良诱因作斗争的力量，巩固新的行为习惯。在过错行为和不良品德的改变过程中，旧的习惯和相应的诱引可能引起他们重犯过失。这是因为新的行为习惯还未巩固，旧的行为习惯在短期内尚未消失造成的。所以帮助养成良好的习惯就显得特别重要。

5. 正确把握青少年心理发展的年龄特征及个别差异。品德的形成具有一定的年龄特征，也存在着个别差异。因此，正确把握这两方面的特点，可以帮助我们正确认识青少年产生过错行为和品德不良的性质，也便于有的放矢地解决问题。

6. 奖励和惩罚的运用。奖励和惩罚是矫正青少年过错行为和品德不良的强化手段。在使用惩罚手段时，要考虑到双方的关系是否正常；运用惩罚必须公正；还应考虑到惩罚的实际效果；惩罚要和说服教育相结合，指明正确的自新道路；惩罚应得到集体舆论的支持。强化是形成和改变人们态度的有效手段，注意到它的作用，会帮助我们正确地运用奖励和惩罚。

（三）矫正过错行为的策略和劝导、批评应注意的问题

1. 矫正过错行为的策略。过错行为的出现好像人们害病一样，它往往会妨碍人的健康发展。但是，从另一方面看，它也会增强人们的免疫力。所以，我们应当以科学的态度对待学生的不良行为或过错。从总的策略上讲，应当采取医生治病的方针：预防为主，标本兼治，扶正祛邪，对症下药。在没有出现不良行为之前要做好预防工作，尽量消除和减少可能出现的各种不良行为。治标是指制止过错行为的发展和蔓延，治本是从更深的层次上铲除病根。扶正祛邪是指扶持当事者自身正确的、有积极作用的因素，克服错误的、有消极作用的方面，这样才能收到良好的效果。另外，就是要对症下药，特别应当注意全面系统地寻求产生不良行为的外在条件和内在根源，有针对性地采取一些帮助学生转变态度和行为方式的措施和方法。

2. 劝导时应注意的问题。劝导是通过语言沟通的方式规劝别人改变某种错误的态度。劝导时应注意以下问题。

（1）与人为善，态度真诚。与人为善是规劝的出发点和最后归宿。教育别人改掉过错本质上是为了他们的健康成长。态度真诚是指这种与人为善的态度应发自自己的内心深处。古人说"诚则灵"，这种诚意对自己和对别人都会产生巨大的影响。

（2）尊重人格，保护自尊。在劝导时要特别重视人们的尊重需要，绝对不要伤害别人的自尊心。有人认为，自尊是一个人树立良好品德的脊梁骨，失去了自尊的人往往是不可救药的。所以，在劝导时最好能以平等的地位或朋友的身份出现，而不能盛气凌人。

（3）讲理透彻，言语生动。要想说服别人，首先要能说服自

己。在陈述道理时要能高屋建瓴,始终把握住问题的本质。在语言表述上应力求生动、形象、具体、鲜明,"以其昭昭,使人昭昭"。

(4) 求同存异,循序渐进。在一般情况下,如果沟通双方出现了意见分歧以后,各方都有为自己的意见辩护的倾向,这时候很难听进去相反的意见。所以,在劝导时,多与对方寻求相同之点,适当保留双方的分歧,有助于达成共识,探寻出正确的途径和办法。

(5) 创造气氛,抓住教育的有效时机。沟通中的情绪气氛是非常重要的。在不良气氛之中,人们往往会无意识地使用自我防卫功能,它妨碍着对别人意见的听取和接受。因此,设法创造一种温馨和谐的交流气氛,就显得特别重要。教育的有效时机通常出现在产生认知失调或思想动摇的时候。学生过错的改正往往是以醒悟为转机的,所以,寻找醒悟的时机就非常重要。

3. 批评时应注意的问题。在矫正不良行为时,批评无疑是一种重要的武器。由于自尊心和其他心理因素的影响,有些批评达不到预期的效果。为此,要求我们必须注意批评的方法,讲究批评的艺术。

(1) 批评要及时。在不良行为发生之后,要及时批评。如果事过境迁之后再批评,不仅效果不好,有时会被误以为找麻烦。

(2) 批评要就事论事,不要小题大作,无限上纲。就事论事是实事求是的作风,小题大作是吓唬人的办法。

(3) 批评应尽量个别进行,万不得已时,不要过分地张扬。这样做是为了保护对方的自尊心,给对方尽量留面子。

(4) 批评时不要和别人比较,免得分散注意力或制造不必要的人际矛盾。

(5) 批评时不能抬高自己,盛气凌人。应把自己放在平等的位置上。

(6) 批评应开诚布公,不要绕圈子。既然是诚心帮助别人克服缺点或矫正不良行为,就应推心置腹地阐明自己的态度和意见。吞吞吞吐吐，言不及义，不能起到应有的作用。

（7）批评时要注意创造一种良好的沟通气氛，注意自己的姿态、表情和语气。批评的艺术就在于能机智灵活地创造出良好的沟通气氛，使沟通活动得以顺利进行。

（8）批评时应允许被批评者辩解和说明情况。这样不仅可以弄清楚问题的实质，也可以使对方心悦诚服。

（9）批评要适可而止，不要过多地唠叨。

（10）批评时，不要太计较对方冒失的话，不要一味追究对方接受批评的态度，要始终把重点集中在对不良行为的矫正上。

第十章 心理健康教育

心理健康教育是素质教育的重要组成部分。在学校开展心理健康教育,有利于预防心理疾病,维护学生心理健康;有利于儿童青少年社会化和人格的发展;有利于提高学校日常教育与学校工作的成效。本章将集中讨论心理健康的标准,介绍心理评估的主要手段以及维护心理健康的基本途径与方法,分析中小学生常见的心理行为问题的性质、成因与初步干预措施。

第一节 心理健康概述

一、心理健康的概念

心理健康是一种良好而持续的心理状态与过程,表现为个人具有生命的活力、积极的内心体验、良好的社会适应,并能有效地发挥个人的身心潜力和积极的社会功能。

至于如何判断一个人心理健康状况,国内外学者对此尚无一个公认的评价标准。意见分歧来源于人们确立心理健康标准的依据不同。主要有以下几类。

（一）统计常模

假定人的各项心理特质（智力、乐群性、支配性等）的测量值在人群中接近正态分布，当一个人的某项心理特质的测量值接近总体平均数时，他在这一方面就是正常的、健康的；另一个人的同一项心理特质的测量值若偏离总体均值较远，他在这一方面就是异常的、不健康的。这一判断依据意味着，与多数人一致的行为是健康的行为，偏离大多数人的行为则是不健康的行为。这一判断依据未必总是合理的，因为按此项依据判断，极聪明的人、极快乐的人都是"偏离总体均值较远的人"，因而都属于"心理异常"的人。这种看法显然是不适当的。

（二）社会常模

一个人的行为如果符合社会规范，得到多数人的认可，就被判断为健康的、正常的；偏离社会规范的行为就被判断为异常的、不健康的。由于符合社会行为规范的行为通常也是多数人的行为，故社会常模与统计常模依据就会有相当程度的一致性。不过根据对某个社会的顺从性来判断健康与否也会带来一些问题，因为被一个社会视作正常的行为，可能被另一个社会视作异常行为；在同一个社会内，社会规范也会随时间推移而发生改变。还有人指出，不但个人可能是不健康的，而且有时社会及其主导价值、规范也可能是病态的。

（三）生活适应

生活适应良好者就是心理健康的；适应困难、干扰了个人或社会康宁者就是不健康的。除非对"生活适应"作更积极的解释，否则这一判断依据仍有其局限性。例如，一个满足于现状，不思进取，"逢人说人话，逢鬼说鬼话"，既不损害个人安逸，也不干扰社会康宁的人，能算是一个心理健康的人吗？

（四）心理成熟

这是从发展角度对心理健康作判断的，即一个人心理发展与生理发展程度相当者是心理健康的,而心理发展落后于生理成熟程度,因而也是落后于同龄人平均水平者,则是不健康的。

(五)主观感受

这是判断心理健康的辅助性的依据,即按照当事人主观体验到的是满意感、幸福感还是痛苦与不适,来判断一个人心理健康状况。这一判断依据不能单独采用,因为有某些有轻度心理障碍(如神经症)的人常有强烈的不适感,并伴有失眠、食欲减退等躯体症状;而某些严重的精神病人(如狂躁发作病人)却显得精力充沛、心境高涨、自我感觉良好,并未感到痛苦。

二、心理健康的标准

心理健康标准是心理健康概念的具体化。由于确立心理健康标准的依据不同,国内外学者提供的判断标准虽有互相重叠的部分,但在涉及到的心理特质的范围、关注的重点以及评判的尺度宽严的把握上,还是有差别的。

马斯洛认为充分自我实现的人就是心理健康的人。这种人应具有以下心理与行为特征:(1)了解并认识现实,持有较为实际的人生观;(2)悦纳自己、别人以及周围的世界;(3)情绪与思想表达比较真实自然;(4)有较宽广的视野,以问题为中心,而不是以自我为中心;(5)有超凡脱俗的本质、静居独处的需要;(6)有自主的、独立于环境和文化的倾向性;(7)有永不衰退的欣赏力;(8)曾有过引起心灵震动的高峰经验、浩瀚澎湃的心理感受;(9)爱人类并认同自己为全人类的一员;(10)与为数不多的朋友建立深厚的个人友谊;(11)有民主风格,尊重他人意见;(12)有高度德行,能区别手段与目的,绝不为达到目的而不择手段;(13)带有哲学气质,有幽默感;(14)有创见,不墨守成规;(15)对世俗和而不同;(16)对生活环境有时时改进的意愿与能力。马斯洛提出的标准是从对世界近代史上38位成功的名人(包括富兰克林、林肯、罗斯福、贝多芬、爱因斯坦等）的人生历程研究中归纳出来的。由于他的研究采用的是人类的"尖端样本"，从中归纳出来的心理健康标准未免带有理想主义色彩。

美国学者阿特金森（R. L. Atkinson）、杰何达（M. Jahoda），我国学者黄坚厚、张春兴、钟友彬等提出的心理健康标准比较合乎实际，以下是综合他们的看法所归纳出的心理健康的六条标准。（1）对现实的有效知觉。在认识与解释周围的事物时，能持客观态度，重视证据；对他人内心活动有较敏锐的觉察力，不会总是误解他人的言行；很少有错误的知觉。（2）自知、自尊与自我接纳。对自己能力有正确认识，并能接纳自己；在对事尽力、对人尽心过程中体验自我价值；不过于掩饰自己，不刻意取悦于人，以保持自己适度的自尊。（3）自我调控能力。有控制自己行为的能力，能承担个人责任与社会责任，对自己的抉择与行动负责。必要时能遏制自己非理性冲动；有调节自己心理冲突的能力；有成长的意愿，能有效地调动自己身心力量，在有关领域实现较高水平的目标。（4）与人建立亲密关系的能力。有正确的人际交往态度和有效的人际沟通技能，关心他人，善于合作；不为满足自己的需要而苛求于人；人际关系适宜，有知心朋友，有亲密家人。（5）人格结构的稳定与协调。各项心理机能健全并有较高整合水平，如人格结构中本我、自我、超我处于动态平衡，理想自我与现实自我差距适度，认识与情感协调，行动手段与目标相适应。由于形成了稳定的内部调节机制，故个人具有独立的抉择能力，行动上表现出自主性。（6）生活热情与工作高效率。热爱生活，乐于工作。有从经验中学习的能力、创造性地解决问题的能力，工作有成效；有独立谋生的能力与意愿；能在学习、工作、娱乐、享受活动的协调中追求生活的充实和人生的意义。

在理解和把握心理健康标准时，主要考虑以下几点。首先，判断一个人心理健康状况应兼顾个体内部协调与对外良好适应两个方面。从内部来说，心理健康的人各项心理机能健全，人格结构完整，能用正当手段满足自己基本需要；从对外关系来说，心理健康的人能适应周围环境，有人际交往能力和较高人际关系水平。其次，心理健康概念具有相对性。不妨把心理健康与心理疾病视为人类精神生活状态连续体的两端。我们大多数人实际都位于这个连续体上的某一个位置，因此心理健康就有高低层次之分。杰何达曾提出"积极的心理健康"概念。一个人即使没有任何行为问题或情绪紊乱，也仍可能是一个没有目的的躯壳。这样的人至多可以说是"消极的心理健康"。而高层次（积极的）心理健康不仅是没有心理疾病，而且能充分发挥个人潜能，发展建设性人际关系，从事具有社会价值的创造，追求高层次需要满足，寻求生活的充实与意义。再次，心理健康既是一种状态，也是一种过程。心理健康不是无失败、无冲突、无痛苦，而是能在这些情况下作有效的自我调整，且能保持良好的工作效率。最后，心理健康作为一种整体的心理状态，反映出一个人健康的人生态度与生存方式。心理健康的人对生活抱开放态度，乐于吸取新经验；以积极的眼光看待周围事物；富有利他精神；有积极进取而又现实可行的生活目标，能放弃做"完人"、"超人"的念头。总之，心理健康的人在生活中多持有一种积极的、开放的、现实的、辩证的、通达的人生态度。

三、中小学生常见心理健康问题的分类

心理障碍、行为障碍、心理异常、心理困扰、行为适应不良、人格适应不良、心理疾病等指称各种心理健康问题的词语，在不太严格意义上常常交替使用，虽然它们在强调的侧重点以及反映心理健康问题的严重程度上，存在着一些差别。习惯上，人们用心理困扰、心理障碍、心理疾病分别指称严重程度由低到高的几类心理健康问题。

对于中小学生常见的心理健康问题有不同的分类方式。第一种

是威克曼（E. K. Wickman）根据不适应行为的指向将其分为外攻性问题和内攻性问题。外攻性问题指违规犯过行为、敌意抗拒行为，如逃学、离家出走、挑衅、反抗、不合作、撒谎、偷窃、打架、辱骂他人、欺负弱小、破坏公物等把攻击的矛头指向外部的行为；内攻性问题指退缩、消极、悲观、自责、自卑、自贬、自残、孤僻、不开朗、不合群、过分依赖、消极顺从、不敢表达自己意见和要求等自我贬抑行为。外攻性问题与对待他人有关，是"缺少控制"的结果；内攻性问题与对待自我有关，是"过度控制"的结果。这一分类会给讨论学生问题行为的调适带来某些方便，因而是一种有价值的分类。威克曼研究发现，教师更重视外攻性问题，高估它的严重性；心理学家更重视内攻性问题，认为这些具有自贬性质的内攻性问题与学生人格适应不良有更为密切的关系。不但要重视学生的外攻性问题，更要重视学生的内攻性问题，这一观点对于做好心理健康教育工作无疑是一个有益的启示。

第二种是我国台湾学者吴武典的分类。他将台大医院徐澄清的分类略加修改，把学校中适应不良行为分为六类：（1）外攻性行为问题；（2）内攻性行为问题；（3）学业适应问题，如考试作弊、不做作业、粗心大意、偷懒、偏科、不专心等；（4）偏畸习惯，如吸烟、喝酒、药物依赖、偏食、口吃、咬指甲等；（5）焦虑症状，以焦虑为基本症状的各种神经症（或称神经官能症），以及由焦虑引起的消化系统、血液循环系统的机能障碍；（6）精神病征候。① 这一分类充分考虑到儿童与青少年学生特有的问题，比较符合学校生活实际，有较大的实用价值，但所分出的各类别之间仍有一定的重叠和交叉。

以吴武典的分类为基础，考虑到精神病征候一类问题主要以药物治疗为主需另作处理，我们认为学生心理行为问题可以分为以下

---

① 韩幼贤：《教育心理学》（下册），267页，台北编译馆，1991。

六类：(1) 外攻性问题；(2) 内攻性问题；(3) 学业适应问题，如注意缺陷与多动障碍、学习困难等；(4) 偏畸习惯；(5) 神经症征候（焦虑症状、恐怖症状、强迫症状等）；(6) 与心理因素相关的生理障碍（神经性厌食、贪食、睡眠障碍等）。

如果从学生心理健康问题的内容、成因及所涉及的生活领域来分析，中小学生心理健康问题则主要表现在以下几个方面：

(1) 学习问题，包括厌恶学习、逃学、学习效率低、阅读障碍、计算技能障碍、考试焦虑、学校恐惧症、注意缺陷与多动障碍等；

(2) 人际关系问题，包括亲子关系、师生关系、友伴关系等方面的问题，如社交恐怖、缺少社会兴趣、社交过度、人际冲突等；

(3) 学校生活适应，包括生活自理困难、对学校集体生活不适应、对高学段学习生活的不适应等；

(4) 自我概念问题，包括缺乏自知、自信，自我膨胀，沉湎于自我分析，理想自我与现实自我差距过大，自贬的思维方式等；

(5) 与青春期性心理有关的问题，包括青春期发育引起的各种情绪困扰，异性交往中的问题，性困惑、性恐慌、性梦幻、性身份识别障碍等。

四、心理健康教育的意义

早在1994年《中共中央关于进一步加强和改进学校德育工作的若干意见》这一重要文件中就提出，要通过多种方式对不同年龄层次的学生进行心理健康教育和指导，帮助学生提高心理素质、健全人格，增强承受挫折、适应环境的能力。1999年8月教育部下达了《关于加强中小学心理健康教育的若干意见》，2002年8月教育部又颁发了《中小学心理健康教育指导纲要》，对在中小学开展心理健康教育的指导思想、基本原则、目标、任务、主要内容等都做了相应的规定。对中小学生开展心理健康教育的意义是多方面的。

(一) 预防精神疾病，保障学生心理健康的需要

20世纪80年代中期以来，我国有关调查表明，学生心理健康状况令人担忧。

1985年南京市戴昭对34所中学4 698名中学生进行性格调查，发现有心理健康问题的占15%。

1987年上海市精神卫生中心会同世界卫生组织与夏威夷大学合作，对上海市中小学生调查，发现有心理障碍的学生比例为27%。

1989年杭州市"大中学生心理卫生问题和对策研究"课题组对城乡不同类型学校2 960名大中学生进行调查，发现16.79%的学生存在心理卫生问题。

1993年华中师大陈立华等对武汉市1 600名初中生进行调查，发现有心理健康问题的学生接近20%，其中有较严重问题者约占3%~6%。

河北省教科所近年对1 976名初中生抽样调查，结果显示，有8.6%的中学生有较严重的心理问题。

近年来我国各地大、中、小学教师自发地开展各种形式的心理健康教育的直接动因是帮助学生克服各种心理障碍，预防精神疾病的发生。因为每个人一生中有相当长的一段时间是在学校度过的，学生体验到的成功、失败、挫折大都是发生在学习过程中。学校是学生心理健康教育的主要场所。教师如果能够清楚意识到自己所承担的对学生进行心理健康教育的职责，就能在维护学生心理健康过程中发挥自己独特的作用。

(二) 提高学生心理素质，促进其人格健全发展的需要

人类个体出生后必须经过一系列发展阶段才能走向成熟，成为一名独立的社会成员。在这漫长过程中他要面临一系列发展中的矛盾与人生课题，学生遇到的许多心理上的困扰带有发展的性质和普

遍的性质。特别是到了青春期，学生所经历的心理冲突、矛盾和困扰，比起其他年龄阶段来说，是比较特殊的，其体验也是比较强烈的，主要有：身心发展失衡带来的紧张；青少年中流行的价值观与成人社会价值观的冲突；在进行自我探索，确立自身形象，寻找求学途径、就业出路、发展机会过程中的困惑；父母过高期望引起的心理压力；由身体发育与性心理成熟带来的性烦恼、性恐慌、性罪恶感等。处于自我探索过程中的青少年迫切希望教师在尊重他们日益增长的独立性的前提下，给予他们人生之旅以真诚的指导和帮助。可见，对学生进行心理健康教育的目的不全是预防性、重建性的，从更积极的意义上说，是要提高学生心理素质，促进其人格健全地发展。

（三）对学校日常教育教学工作的配合与补充

心理健康教育与学校教学工作、德育工作、体育工作、管理工作配合，服务于促进学生全面发展的目的。以心理健康教育与德育工作关系而论，通过心理健康教育，改善学生心理素质，可以为有效实施道德教育提供良好的心理背景。一个学生要形成优良的道德品质，首先必须能够正确认识自己，对自己负责，能够与他人正常交往，不误解他人在人际沟通中所传达的信息；能设想他人的处境和感受，恰当地表露与控制自己的情绪。相反，如果一个学生心理不健康，自卑，孤僻，对人多猜疑，遇到挫折怨天尤人，逃避困难和责任，他就失去了接受道德教育的最重要条件。

第二节　心理评估

一、心理评估及其意义

（一）心理评估的含义

学生心理健康教育中的心理评估，指依据用心理学方法和技术搜集得来的资料，对学生的心理特征与行为表现进行评鉴，以确定其性质和水平，并对其存在的心理健康问题进行初步分类诊断的过程。心理评估既可采用标准化的方法，如各种心理测验；也可以采用非标准化的方法，如评估性会谈、观察法、自述法等，后面这几类方法也可设法加以改进，以提高其结构化程度和量化水平。

心理健康教育的对象应以正常学生（包括有轻、中度心理健康问题的正常学生）为主，因而心理评估的功能就不应只是进行心理症状学诊断或心理病理分类学诊断，而也应重视对学生发展潜能、自我实现程度的正向评定。因此，现有的评估手段一般来说是在健康模式与疾病模式这两种参考架构的基础上制订的。

疾病模式的心理评估旨在对当事人心理疾病的有无以及心理疾病的类别进行诊断。目前采用的评估标准有世界卫生组织编制的《疾病及有关健康问题的国际分类》第十版（ICD—10，1992）之第五章、美国精神病学会的《心理障碍的诊断与统计手册》第四版（DSM—Ⅳ，1994）和《中国精神障碍分类与诊断标准》第三版（CCMD—3）。

健康模式的心理评估旨在了解健康状态下的心智能力及自我实现的倾向。肖斯特罗姆（Shostrom，1976）的实现评估量表（简称 A.A.B.）就是一个实例。该量表内容，如其中的"个人取向"分量表内容包括时代感（适应现代生活之能力）、内在支持力（对他人及自我认定能力）、自我实现之价值观、存在感、感觉反应能力、自发性、自觉、自我接受、协同能力、对攻击之接受、亲密接触之能力等，关注的是人的潜能、人的价值实现的程度，人的心理素质改善的程度，在学校心理健康教育中应受到高度重视。

（二）心理评估的意义

1. 有针对性地进行心理健康教育的依据。心理健康教育、心理辅导与咨询是高度个别化的教育工作，为了有针对性地开展工作，首先必须正确找出当事人的问题症结及其影响因素，了解他所处的环境的特征，正确地把握他观察世界的独特的构念系统，否则心理健康教育与辅导，只能是无的放矢。

2. 为确定心理辅导的目标或期望、制订有效的辅导方案和策略提供指引。评估过程可以帮助我们具体了解个体、行为、环境几方面的互动关系，为制定有效的矫正计划提供线索。

3. 增强学生参与心理辅导的动机。在评估过程中，教师通过与学生分享各自对学生身上存在的问题和资源的看法，来提高学生对心理辅导的接纳程度和参与动机。

4. 检验心理健康教育效果的手段。心理评估不但是了解当事人心理特质水平及其行为表现的工具，也是评价心理健康教育绩效的工具，初期的评估还可为以后评价心理健康教育成效提供可资比较的基线数据。

5. 增强学生自我认识的途径。教师如果能采用恰当的方式就评估中了解到的事实与当事人进行交流，引导学生用新的思维方式对过去意欲逃避的生活经历重新加以领悟，将有助于心理障碍的消除。从积极方面讲，学生从评估结果中了解自己的潜能与优势，也有利于自己在这些方面得到充分的发展。

但心理评估与诊断有时也会带来麻烦。心理诊断有时意味着对当事人症状进行归类，确定病名。但所确定的病名会成为当事人行为的自我证实的预言。例如一个被定名为"精神迟钝"的人可能会放弃学习。因此，心理评估人员有责任不把诊断的病名告诉那些不能正确理解这一病名的当事人及其家属。自我诊断的危险性也是我们应该注意避免的。现在一些教科书及杂志上都刊载有心理症状自测量表，一些对变态心理及心理测量一无所知或一知半解的青少年常为自己给自己加上的各种心理障碍的标签而深深痛苦。可见，不当的心理诊断会给当事人造成心理伤害。

二、心理评估的内容

心理健康教育中的心理评估应包括针对全体学生的描述性的评

估和针对个别学生存在问题的诊断性的评估。这里重点介绍诊断性心理评估涉及到的内容范围。

根据凯利（G. Kelly）的意见，有效的心理评估的基本要点应包括以下五个方面。

（1）当事人的现有状况及问题所在，即要了解当事人是谁（何人），发生了什么事（何事），问题是什么时候发生的（何时），问题为什么会发生（为何）。

（2）当事人以什么样的构念来看这个世界。所谓"构念"乃是个人世界观的"片段"，是他观察世界的"眼镜"。在对学生进行心理评估时，我们不但要了解学生本人的心理事实，以及与其有关的环境事件的客观实况，而且更要了解当事人对这些事实、实况的体验、感受、态度。

（3）当事人所处的环境中诸因素对他有何影响。

（4）教师的基本构念如何。因为教师观察人或事的视角与判断标准会对当事人产生影响。

（5）教师应决定采用何种最佳方案来处理学生面临的问题。

科米尔（S. Comier）曾提供了对求助者的问题进行心理评估所涉及的 11 方面事项的内容更为详细的清单，对于我们做好心理评估工作有一定的参考价值。①

（1）解释评估的目的。向求助者说明评估的理由。

（2）确定问题的范围。帮助求助者确认所有相关的原发的以及继发的问题。如："在你的生活中存在着哪些现实的压力？""对你来说有哪些事情不如意？"

（3）问题的选择与排序。目的是聚焦问题，找出最关键的入手之处。列入优先考虑的问题可以是：目前存在的问题，导致最大痛

---

① ［美］S. Cormier、B. Cormier 著，张建新译：《心理咨询师的问诊策略》，370 页，中国轻工业出版社，2001。

苦的问题，求助者认为是最根本、最重要的问题，最有可能成功解决的问题，在解决过程中预计收益大于付出的问题，其解决能给求助者带来总体改善的问题。如："在我们讨论的所有问题中，哪一个是最突出的？""在所有这些问题中，哪一个令你感到最有压力？""如果这个问题解决了，你将在多大的程度上体验到幸福和解脱？"

（4）明确目前存在的问题行为。问题行为即心理健康问题的具体表现，它由六个方面组成：①情感（"对这件事你有什么感受？"）；②躯体（"这事发生时你觉得身体内有什么不舒服的感觉，如疼痛、眩晕？"）；③行为（"描述一下这种情况在最近几次发生时，你做了什么？"）；④认知（指不合理的信念、自我标签、内心独白，"当这件事发生时，你想到了什么？"）；⑤情境（"此问题经常在什么情境发生？这些情境有哪些相似之处？""你是否注意到与问题同时发生的其他事件？"）；⑥关系（指求助者的人际关系及关系亲密的人，"在你目前的生活中，谁对你有积极的或消极的影响？"）。

（5）明确先前事件及其对问题行为的影响。明确引发问题行为的外部或内部事件。如："问题第一次是在什么情况下发生的？""是否有某人或其特别行为使得问题更有可能发生或更不可能发生？"

（6）明确后继事件及其对问题行为的影响。后继事件指使问题得以加重或减轻的后续的外部或内部事件。如："问题发生后，你有什么特别的想法或意象使问题加重或减轻？"

（7）找出附带收益。附带收益指问题行为带来的奖赏、强化物，是后继事件的特例，它常是维持、强化问题行为的原因。例如一个孩子上课捣乱，这一行为尽管使他丧失了一些东西，但也使他获得了"班上小丑"的知名度，获得了部分同龄人的关注。在评估中我们使用的引导语如："问题出现后，有什么愉快的事情发生吗？"

（8）了解求助者以前解决问题的方法。了解求助者以前对类似的问题进行了哪些尝试,使用了哪些不当的处理方式。如:"你以前是如何处理这个问题的,效果如何?"

(9) 了解求助者的应对技巧。此处应对技巧指有助于求助者解决问题的积极的品质与心理能量。如:"描述一下过去你在处理较好的情境中采取的方法和步骤。你当时想些什么,做了些什么?"

(10) 了解求助者对自己问题的知觉。如:"你怎样对自己解释这个问题?""你可否给问题加一个一句话的标题?"也可以要求对方用一个词表达问题的所在,再用这个词造句,来解释这个词的实质含义。

(11) 明确问题的强度。包括问题的严重程度,以及问题行为发生的频率与持续时间。如:"这种感觉通常伴随你多久?"

三、心理测验

对中小学生进行心理评估的基本方法有观察法、行为评定法、社会计量法、心理测验法、自我报告法和会谈法。一些方法可能更适合于某些类型心理行为问题的鉴别。其中心理测验是为心理评估搜集数量化资料的一种最常用的标准化的工具。

(一)心理测验及其分类

心理测验是一种特殊的测量,是测量人的行为样本的一种系统的程序。测验通过测量人的行为,去推测受测者个体的智力、人格、态度等方面的特征与水平。由于人的任何一种心理特质(智力、成就动机、情绪稳定性等)的外部行为表现是多种多样的,有时是无穷无尽的,我们只能测量可以反映该项心理特质水平的一组有代表性的行为。这一组有代表性的行为叫做"行为样本"。所谓"系统的程序"是指测验在其编制、施测和评分方面都要依据确定的规则,以减少测量误差。

心理测验可按不同的标准进行分类。按照所要测量的心理特征可把测验分为认知测验、人格测验和神经心理测验。认知测验包括智力测验、特殊能力测验、创造力测验、成就测验。人格测验包括多相人格调查表、兴趣测验、成就动机测验、态度量表等。按照一次测量的人数，可把测验分为个别测验和团体测验。按照测验材料及被试作答方式，可分为言语测验和操作测验。基于不同的人格理论，人格测验又有自陈量表（基于特质理论）、投射测验（基于精神分析理论）、主题测验（例如Q分类技术、角色建构贮存测验，基于现象学理论）和行为测验（基于行为主义学习理论）。

（二）合格测验的基本特征

合格测验必须具有较高的信度和效度。

信度指测验结果的一致性或可靠性。测验如果没有信度（或信度很低），恰如用一根橡皮尺去量物体长度，除了反映偶然因素影响外，什么东西都没有测量。信度的高低可以用两组测量分数之间的相关系数（叫做"信度系数"）来表示。信度系数值在－1到＋1之间，数值的绝对值大小表示相互关系的紧密程度，符号表示相互关系的方向。因对"测量结果一致性"界定的角度不同，信度就有稳定性信度、等值性信度、分半信度、同质性信度及评分者信度等若干类别。影响测验信度的是各种随机误差。为了控制无关因素对测验的影响，提高测验的信度水平，要求在三个方面对测验作出严格规定，即相同内容、标准施测、客观记分，这一过程称做测验的标准化。

效度是对测验有效程度的估计，其含义是一个测验对于它所要测量的东西可测量到什么程度。例如，一个历史学科测验题目中如果包含有一篇内容艰深的古文，则这一测验可能在很大程度上测量的是文言文阅读能力，而不是历史知识，这一测验的效度就要受到怀疑。评价一个测验的效度的途径也有多种，因而测验效度就有效标关联效度、构想效度和内容效度等主要类别。

（三）心理测验在心理健康教育中的应用

在心理健康教育中，利用心理测验搜集有关信息以便对学生心理特质与状态作出评估的优点是：可以对评估的结果作出标准化、数量化、客观化的描述，这就使我们有可能对不同学生，以及同一学生在心理辅导的不同阶段的心理特质、心理健康状况进行横向与纵向比较；也使我们得以了解个人的人格结构，并在同一学生的不同特质之间进行个体内比较；当我们要对容量较大的学生样本进行普查时，心理测验（特别是团体测验）无疑是一种节省时间与精力的搜集信息资料的好方法。

心理测验的正确使用的总体要求是：由合格的测验者，选择合用的测验，在必要的时候，进行标准化的施测，并合理地解释与报告测量的结果。施测者必须懂得心理学基本理论、心理测验的基本原理；对于测验的地位、作用有正确的认识；对具体使用的测验的目的、施测范围、施测程序、记分方法、分数解释有较充分的了解；对于心理测验结果给受测者可能带来的影响有一定的预料；能遵循测验人员必须遵守的道德准则。

心理测验应服从于心理健康教育、心理辅导的目的：一是对大量学生作普遍调查，旨在评估学生整体心理健康状况；二是在个别辅导中，检验辅导教师、咨询人员对个别受辅导学生的初步判断是否正确，或进一步深化对受辅导学生存在的问题与所具备的资源的分析。如果通过咨询会谈等手段，对有关情况已形成了明确的看法，心理测验就不必采用。故心理测验并不是心理辅导的必不可少的环节。过多的心理测验容易破坏心理辅导的自然气氛，也可能会给受辅导学生以某种暗示从而形成一定的心理压力。

目前国内学校心理健康教育中使用的心理测验多数属于多相人格测验，或一些测量单项人格特质（自我概念、焦虑特质、压力应对方式等）的小型量表。在对学习困难进行鉴定的过程中，也要使用一些认知测验。可用的测验有中国比纳智力测验、韦克斯勒智力量表（WISC、WAIS）中国修订本、瑞文标准推理测验（SPM）中国城市修订本、明尼苏达多相人格问卷（MMPI）中国修订本、卡特尔16种人格因素问卷（16PF）中国修订本、艾森克人格问卷（EPQ）中国修订本、Y—G性格检查量表、加州心理问卷（CPI）、学习适应性测验、中小学生心理健康诊断测验（WHT）中国修订本、症状自评量表（SCL—90）、詹金斯活动调查表（JAS）、儿童社会焦虑量表（SASC）、状态—特质焦虑问卷（STAI）、考试焦虑测验（TAI）、抑郁量表（SDS）、康奈尔医学指数（CMI）等。

四、评估性会谈

会谈是心理咨询与辅导的基本方法。教师通过会谈既可以了解学生的心理与行为，也可以对学生的认知、情绪、态度施加影响。因此，会谈可分为评估性会谈和影响性会谈。但二者很难截然分开。与其他方法比较起来，会谈法的优点是：在会谈中可以当面澄清问题，以提高所获得资料的准确性，通过观察会谈过程中双方的关系及学生的非言语行为，可以获得许多重要的附加信息；通过会谈可以获得当事人与周围重要关系人之间互动关系的资料，了解当事人的认知风格以及对有关事物的主观体验与态度，这些都有助于建立有效的调适方案。会谈法的不足是：在会谈中，一些学生对于自己的说谎、偷摸等外攻性行为的掩饰态度会增加评估的难度；在与成人的会谈中，遗忘、夸大、欺骗等现象使会谈资料的真实性打折扣。为了使会谈富有成效，除了要注意建立良好的人际关系外，辅导教师还要运用一些专门的技术。

（一）倾听

倾听是专注而主动地获取信息的过程。倾听时应取开放态度，同对方保持目光接触，注意获取言语信息和非言语信息。倾听是建立良好辅导关系的手段。倾听比询问更有利于搜集资料。专家建议，在个别辅导过程中，教师要注意倾听求助者讲述关于自己的故事，倾听故事的内容、组织故事的方式、故事表达出的情感、故事中重大的情节缺失。

（二）鼓励

在会谈中，辅导教师可以向对方提供鼓励信息，如说"嗯，我懂""我能体会""请继续讲""然后呢""原来如此""有意思，我正陪着你"等。

（三）询问

不要提过多的问题，少提封闭式的问题（能用是、否作答的问题），多提开放式问题（如"你能说说原因吗"）。不但要问事实，还要问看法与感受，如"我想知道你对这事的感受如何"。

（四）反映（reflection）

反映就是辅导教师将受辅导学生表达出的思想、观念或流露出的情绪，加以综合整理，用自己的语言表达出来，以协助学生更好地了解自己。

（五）澄清（clarification）

当事人处于思想困扰时，其思考与言语表达往往不明确。辅导教师可把当事人的不连贯、模糊的、隐含的想法与感受说出来，帮助对方在混乱的思想中理出眉目。教师可以用"你的意思是……""你是说……"（以下重复对方刚提供的信息）的句式来澄清对方的思想。

（六）面质（confrontation）

会谈中发现受辅导者前后所说内容不一致时，他所具有的自我形象与他的行为不一致时，他的言语行为和非言语行为不一致时，说话内容和当时环境不一致时，可以向他提出质询，以协助当事人弄清自己的真实感受。

五、心理评估的其他方法

（一）观察法

观察法是通过有计划地、系统地直接观察学生个体的行为表现，并对观察到的行为事实加以记录和解释，以了解学生心理与行为问题的方法。观察可分为参与式和非参与式两种。由于外向性行为问题与偏畸行为习惯,如骂人、偷摸、毁坏公物、咬指甲等,通常有比较明显的客观观察指标,故观察法是对其鉴别的适宜方法。观察法的另一个优点是适于了解个体、行为、环境几方面的互动关系,对于制定有效的矫正计划会有所助益。当然,这不是说其他类型的心理行为问题就不能使用观察法来鉴定。

观察结果可用各种方式记录,常见的有以下两种。

(1) 行为检核表:将要观察的问题行为表现作为项目列于表上,如"经常挑起或参与斗殴""故意伤害他人或虐待动物""全天逃学,一学期3次以上""经常撒谎,并非为了逃避惩罚""故意破坏公物"等,当所观察的行为具有上述某些行为表现时,就在对应的项目前打"√"。

(2) 轶事记录:教师对学生的行为观察后,及时对所观察到的重要事实,以叙述性的文字作出简明的记录。内容包括被观察者的姓名、年级、观察时间、当时环境状况、前序事件、学生行为反应等。应注意的是观察者对观察事实的解释与建议一定要与观察事实本身分开。

(二) 行为评定法

由父母或教师对学生过去一段时间内的有关行为进行评定,以确定某些行为是否存在以及出现的频率、程度,用五级或七级标尺作出评定。行为评定一般是一种回溯式的评估方法。使用这一方法时应注意观察者个人偏见、过度类化倾向、趋中倾向及光环效应所带来的偏差。

(三) 社会计量法

社会计量法用来评估学生的人际关系(学生被接受的程度、在团体中的角色地位和团体的互动状况)。其中社会测量法为美国精神医学家莫雷诺(J. L. Moreno)1934年首创,可以用直观图形(团体分析图、靶子图、矩阵图)或数量指标(如个人地位指数、团体内聚力指数）来表示团体中人际间相互吸引与排斥的状况以及其中包含的小团体的构造。同伴提名、配对比较、猜人法、列队法也可以归入这一类别中。提名法是让班级学生列出最具有某种指定特征的几个学生的名字，如"写出三个情绪最消极的学生的名字"。配对比较是将学生姓名两两配对，要求教师指出每对两个学生中哪一个更具有某种指定的行为或特征（如攻击性）。列队法是请教师或其他对学生熟悉的人把具有指定的行为或特征的一些学生从表现程度最低到最高排列起来。猜人法要求学生按照所描述的一些人格特质，猜出班级中最符合这些人格特质的人。使用这些方法的目的在于筛选，即初步确定谁是有行为问题的学生，而不是对这些学生作进一步的评估。

（四）自我报告法

自我报告法是评估内向性问题的常用方法，包括标准化的评估工具和非标准化的技术。自陈量表式的人格测验可以视作一种标准化的自我报告，而非标准化的自我报告指自传、日记、内心独白、自我描述性的短文等。

自传分结构式自传和非结构式自传。结构式自传的内容框架事先已设计好，学生只需填写规定的内容。它特别适合于语言表达能力不好的学生，也便于对不同学生在某些方面进行比较，但结构式自传使学生自我描述受到限制，有可能遗漏对个别学生来说是特别重要的问题。非结构式自传允许学生作开放式的表述，常可反映出事先未能预知的有重大价值的资料，但在对其内容进行解释时会遇到一些困难。

对于由自传以及其他自述形式得到的资料进行解释时，可考虑到以下方面。

（1）就整体而言，自传反映出的是一种什么样的情绪基调：快乐、兴奋、悲伤、忧虑、烦躁或是恐惧？

（2）自传的长度除受自传格式影响外，还可能透露出下述信息;自传作者的表达能力、书写自传的动机、主观上认为自己需要帮助的程度、自我省察的能力。

(3) 自传作者在自传中是否遗漏重要经历与人物?在按时间顺序记载个人经历时有无明显的时间中断?有无逃避敏感性问题的意向?自传有无与事实不相符合之处?

第三节 心理辅导

一、心理辅导及其目标

心理辅导是一种心理上的助人活动,是指在一种新型的建设性的人际关系中,辅导教师运用其专业知识和技能,给学生以合乎需要的心理上的协助与服务,帮助学生处理他所面临的问题局面,发展其未能充分利用的潜能与机遇,进而获得自助的能力与意愿,克服成长中的障碍,增强与维持自身的心理健康,以便在学习、工作与人际关系各个方面作出良好适应。心理辅导的最简单的定义是"助人自助"。心理辅导虽然也包括职业辅导等方面的内容,其含义比心理健康教育更为宽泛,但目前我国各级学校开展心理辅导的起因与工作重点却是维护学生的心理健康,因此可以说,心理辅导是开展心理健康教育的重要途径。

在学校开展心理健康教育有以下几种方式:(1)开设心理健康教育有关课程,如开设心理卫生课、青春期教育课,向学生传授、普及心理健康知识;(2)开设心理辅导活动课,这种课程的特点是以学生活动为主,内容上充分考虑到学生的实际需要,强调学生认识、情感、行动全面投入,组织上以教学班为单位;(3)在学科教学中渗透心理健康教育的内容;(4)结合班级、团队活动开展心理健康教育;(5)个别心理辅导或咨询;(6)小组辅导;(7)同辈辅导;(8)家庭辅导。

学校心理辅导的一般目标与学校教育目标是一致的。但心理辅导毕竟只是学校教育的一个方面，其目标应有自己的独特之处。其重点是：帮助学生认识自己、接纳自己、管理自己；认识、掌握周围环境，同环境保持适应，帮助学生解决面临的问题，应付危机，摆脱困难，并增强应对环境与压力的能力和勇气；使学生能去除特殊症状，改善行为，化解负向的或冲突的思想与情感；指导学生自主抉择，承担起对社会和个人的责任；鼓励学生通过自我探索，寻求生活意义，认清自己内在潜力与资源，充分发挥个人潜能，使其能过健康的、有意义的、充实的生活。

根据我们对心理健康层次的理解，可以把上述心理辅导的一般目标归纳为两个方面。第一是学会调适，包括调节与适应。"适应"处理的是人与周围环境的关系（包括人际关系）问题，调整的重点是人的行为。"调节"处理的是个人内部精神生活各方面及其相互关系，调整的重点是人的内心体验。第二是寻求发展，就是要引导学生确立有价值的生活目标，担负起生活的责任，扩展生活方式，充分利用自己的潜能与机遇，发挥主动性、创造性以及作为社会一员的良好的社会功能，过积极而有效率的生活。这两个目标中，学会调适是基本目标，以此为主要目标的心理辅导可称为调适性辅导（adjustive guidance）；寻求发展是高级目标，以此为主要目标的心理辅导可称为发展性辅导（developmental guidance）。简言之，这两个目标也就是要引导学生分别达到基础层次的心理健康和高层次的心理健康。

二、有效辅导关系的促进条件

辅导关系是心理辅导过程中师生之间建立起来的、对学生心理健康状况有改善功能的一种特殊的人际关系。良好的辅导关系是对辅导工作效果起决定作用的基本条件。其性质主要取决于辅导教师的教育观念、人格特质、对学生的态度。同感（empathy）、真诚（genuineness）和尊重（respect）是建立良好辅导关系的促进条件。

（一）同感

同感也译作共感、共情、同理心、神入等，指进入受辅导学生的内心世界，通过他的眼睛看事物，体察他的思想与感受，了解他观察自己与周围世界的方式。罗杰斯曾把同感界定为一种非评判的同在方式。他解释说，同感是指能体会当事人之秘密世界，仿佛身临其境，但别忽略了"仿佛"二字。

同感的特征是：(1) 设身处地，即将心比心，从受辅导学生的角度看问题；(2) 保持客观，"客观"，一是指不以自己的逻辑推理去想当然地推测对方的思想与感情，二是不使自己完全陷入对方的情绪状态之中而不能自拔（如对方哭，辅导教师也跟着哭），而是以一种客观心态去分析如何才能协助对方解决问题与发展他未利用的机会；(3) 传达感受，即把自己对对方的了解与体察，准确地反馈给对方，以引起他的互动。

同感的传达不能采用"我认为你……"这样带有主观色彩的句式，而采用类似"从你的叙述中，可以体会到你的感受为……"这样的句式。同感的传达的典型的表达句式为"你感到……因为……"。例如："你感到悲伤，因为搬家意味着要离开你的所有朋友。""你感到焦虑，因为期末考试的结果至今还没有出来。""你对自己感到气恼，因为你甚至连为自己制订的最低目标都没有达到。"

伊根（G. Egan）把同感分为初级同感和高级同感。初级同感指对学生明显表达出的观点与感受作了解与反应。高级同感指对学生深层的观点与感受，包括他只说出了一半的、逃避谈论的以及话中隐含的意义作了解与沟通。它超出了学生直接表达的东西。运用高级同感的目的是帮助对方产生新的视角与了解，增加其自我觉察的深度。

许多心理辅导专家都把同感视为促进与支持受辅导学生进行自我探索的核心。第一，同感有益于良好的辅导关系的建立。运用同感,使受辅导学生相信有人倾听他、了解他、陪伴他。这有利于在师生之间形成一种尊重、信任的关系。第二,同感给学生提供了支持性的环境。它表明辅导教师容纳学生那些曾视为不安全的情感,这有助于学生更深入地体会、探索他的情感。第三,借助同感,可以使会谈双方注意力集中到核心内容上来,使辅导会谈在正确方向上向前推进。第四,对于那些受到严重伤害、感觉混乱、感受焦虑、经受冲突的学生,同感是最好的抚慰,可以帮助他们从不愉快的事件中解脱出来。第五,高级同感可以帮助受辅导学生突破个人认识风格的局限,开阔新的视野。应该注意的是:过多、过于频繁的同感有时会妨碍辅导过程的推进。

为了作出准确的同感的理解与同感的传达,关键是辅导教师在同学生沟通过程中,要暂时放弃自己的参考架构(frame of reference),采用受辅导学生的参考架构,设身处地地去思考与感受。参考架构指个人自行发展起来的一套规范,用以衡量自己、他人、环境的适当与否。

(二) 真诚

真诚指教师在辅导过程中诚实、自然、自由、开放,去掉保卫式的伪装或戒备心理,以"真正的我"的面目出现,做到表里如一、言行如一、前后如一。

辅导教师的真诚表现在:在个别谈话中,他可以全身心投入地聆听受辅导学生的倾诉,不必盘算如何对学生的倾诉作出"完美的回答"而中断倾听。在辅导过程中,他可以表达自己的真实想法和感受;如有必要,他也可以对学生作自我暴露,坦诚地说出自己的经历、遭遇与感受,与学生分享。但是,真诚并不意味着辅导教师可以毫无顾忌地表达自己每一种想法和感受,也并不意味着教师可以自由放纵、任意行事。

真诚在辅导活动中具有多方面的意义:(1)辅导教师的真诚、开放,可以为受辅导学生提供一个良好的范例,使他也能去掉伪装，放下思想负担，自由自在地表达心中的喜悦、悲伤、焦虑和恐惧；(2) 教师真诚的态度可以增强受辅导学生对他的信任，减少沟通中的混淆和含糊不清，提高沟通的质量；(3) 真诚可以为学生提供一种安全、无须设防的心理环境；(4) 坦诚的态度能减少师生双方的精力消耗。因为一个人如果要把自己伪装起来，处处设防，必定要耗费大量的心力。

在辅导关系中要体现真诚，必须考虑到以下两点。(1) 接纳自己是真诚开放的前提条件。只有充分自信、具有安全感的人，才会以真诚态度待人，表里如一。(2) 不可过分地强调专业角色。一个真诚坦白的辅导教师，不需要依靠专业角色来显示自己的权威地位。他能以"真正的我"的面目出现，与学生进行深层次的交谈。

(三) 尊重

尊重是指尊重受辅导学生的人格、价值、自我选择的权利。尊重表现在对受辅导学生的承诺上（遵守约定的时间、对对方倾诉的高度专注、恪守为对方保密的承诺），表现在对学生谈话内容的准确理解上，也表现在对受辅导学生的非评判的、非批评的、不贬抑的态度上。尽管我们并不同意、并不支持对方所说与所做的一切，也应做到避免谴责与推迟评判。

尊重以接纳为条件。这种接纳是对一个人的整体接纳，既接纳他的长处，也接纳他的短处。接纳一个学生，意味着承认他是与其他的人不同的个体，承认他的独特性。

当我们面对的是一个缺点很多、令教师厌烦的学生的时候，要以尊重的态度对待，的确是一件不容易的事。此时适当调整自己的心态就很重要。首先应明确的是，我们尊重的是人，而不是他的不良行为。在辅导过程中，我们视学生为一个人，而不是一大堆行为的集合。其次，我们承认受辅导学生是有潜能、能改变的。即使他现时行为表现不佳，但他能够接受教师的辅导，就说明他具有健康成长的前景，因而值得尊重。

尊重受辅导学生对辅导过程能产生促进作用。尊重可以为受辅导学生提供一种安全的环境，使他可以自由地探索自己的内心世界。因为他相信不论他有什么错误和不适应行为，都会有人真心地帮助他。同时，辅导教师尊重学生，可以促使学生尊重自己，相信自己是一个有价值、能发展的人。

三、改善学生心理与行为的方法

影响学生认知、情感、行为改善的各种方法各自奠基于不同的心理学理论模式之上。主要的心理辅导方法有精神分析法、行为主义方法、人本主义方法和认知行为方法。在这里我们仅以举例的方式介绍一些便于在学校心理健康教育中运用的方法。

（一）行为改变的基本方法

行为改变的基本方法有强化法、代币奖励法、行为塑造法、示范法、消退法、处罚法、自我控制法等。这里只介绍其中几种。

1. 强化法。强化法用来培养新的适应行为。根据学习原理，一个行为发生后，如果紧跟着一个强化刺激，这个行为就会再一次发生。例如一个学生不敢同教师说话，学习上遇到了疑难问题也没有勇气向教师求教，当他一旦敢于主动向教师请教，教师就给予表扬，并耐心解答问题，这个学生就能学会主动向教师请教的行为方式。

2. 代币奖励法。代币是一种象征性强化物，筹码、小红星、盖章的卡片、特制的塑料币等都可作为代币。当学生作出我们所期待的良好行为后，我们发给数量相当的代币作为强化物。学生用代币可以兑换有实际价值的奖励物或活动。代币奖励的优点是：可使奖励的数量与学生良好行为的数量、质量相适应；代币不会像原始强化物那样产生"饱足"现象而使强化失效；代币奖励可以使更多学生得到强化；可以使学生逐渐习惯于需要的延缓满足，心理上变得更成熟。

3. 行为塑造法。行为塑造指通过不断强化逐渐趋近目标的反应,来形成某种较复杂的行为。有时候我们所期望的行为在某学生身上很少出现或很少完整地出现,此时我们可以依次强化那些渐趋目标的行为,直到合意行为的出现。例如,有人曾用行为塑造法让一个缄默的孩子开口说话。

4. 示范法。观察、模仿教师呈示的范例(榜样),是学生社会行为学习的重要方式。模仿学习的机制是替代强化。替代强化的含义是:当事人(学习者)因榜样受强化而使自己也间接受到强化。由于范例的不同,示范法有以下几种情况:辅导教师的示范,他人提供的示范,电视、录像、有关读物提供的示范,角色的示范。

5. 处罚法。处罚的作用是消除不良行为。处罚有两种:一是在不良行为出现后,呈现一个厌恶刺激(如否定评价、给予处分);二是在不良行为出现后,撤销一个愉快刺激。

6. 自我控制法。在上述各项行为改变技术中,强化、惩罚、回避诱因等均是由他人实行或建议实行的。而自我控制则是让当事人自己运用学习原理,进行自我分析、自我监督、自我强化、自我惩罚,以改善自身行为。从理论指导来说,它是一种经过人本主义心理学改善过的行为改变技术。其好处是:强调学生个人责任感,增加了改善行为的练习时间。

建立在学习原理基础之上的行为改变技术还有多种,如全身松弛、系统脱敏、肯定性训练等。由于其操作比较复杂、系统化,带有训练的性质,我们将其归入"行为演练"一栏中介绍。

(二)行为演练的基本方法

1. 全身松弛训练。全身松弛法或称松弛训练,是通过改变肌肉紧张,减轻肌肉紧张引起的酸痛,以应付情绪上的紧张、不安、焦虑和气氛。全身松弛法有不同的操作方式,紧张、松弛对照训练是最常见的一种。这种松弛训练法由雅各布森(Jacobson)在20世纪20年代首创,经后人修改完成。其要点是,训练者要学会接受自己生理状态的信息，辨认肌肉紧张、放松的感受，对肌肉作"紧张—坚持—放松"的练习，从紧张与放松的感觉对比中学会放松；对全身多处肌肉按固定次序依次放松，每日练习，坚持不断。

2. 系统脱敏法。系统脱敏的含义是，当某些人对某事物、某环境产生敏感反应（害怕、焦虑、不安）时，我们可以在当事人身上发展起一种不相容的反应，使对本来可引起敏感反应的事物不再发生敏感反应。例如，一个学生过分害怕猫，我们可以让他选看猫的照片、谈论猫；再让他远远观看关在笼中的猫；让他靠近笼中的猫；最后让他摸猫、抱起猫，消除对猫的惧怕反应。这就是"脱敏"。系统脱敏法由沃尔普（J. Wolpe，1958）首创。系统脱敏法包括几个步骤：（1）进行全身放松训练；（2）建立焦虑刺激等级表，焦虑等级评定以受辅导学生主观感受为标准，排在最前面的是仅能引起最弱程度焦虑的刺激；（3）焦虑刺激与松弛活动相配合。

3. 肯定性训练。肯定性训练也叫自信训练、果敢训练，其目的是促进个人在人际关系中公开表达自己的真实情感和观点，维护自己权益也尊重别人权益，发展学生的自我肯定行为。自我肯定行为主要表现在三个方面：（1）请求，请求他人为自己做某事，以满足自己合理的需要；（2）拒绝，拒绝他人无理要求而又不伤害对方；（3）真实地表达自己的意见和情感。实际生活中，许多学生表现出的是不肯定行为。如谈话时眼睛不敢看着对方，说话句子短，不敢提出合理要求，不敢拒绝别人的无理要求，不敢表示自己的不满情绪，与同学发生矛盾时不敢正面解决问题，而是哭着找老师等。

肯定性训练是通过角色扮演以增强自信心，然后再将学得的应对方式应用到实际生活情境中。通过训练，当事人不仅减低了焦虑程度，而且发展了应付实际生活的能力。肯定性训练的步骤如下。

（1）设置训练情境。这些情境都是当事人难以应付的情境。例如：

①排队购票时有人在你前面"加塞儿";
②老师不公正地批评了你;
③把不合格商品退回商店;
④考试时同桌要抄袭你的答案,你不愿意;
⑤因眼睛近视要求教师将你调到靠前的座位上。
(2) 以角色扮演方式逐一进行训练。
(3) 决定其他变通方式。
(4) 在现实生活中运用学得的交往方式。
(5) 评价训练的效果。

(三) 认知辅导的方法

1. 认知辅导的基本思想。认知辅导理论与方法有多种,都是从改变个人的认知结构、思考方式进而改善人的情绪与行为的。其基本思想是:(1)人同时具有理性与非理性思考;(2)人的情感和行为受他们对事件的知觉的影响,人的情绪困扰不是由外界环境事件决定的,而是非理性思考的结果;(3)人借助于重新组织知觉和思考,可以改变自己消极的情绪和行为。

在认知辅导中,首先必须能正确识别理性思考和非理性思考。理性思考的特征表现在:这种思考是客观的、符合事实的;是合理的、符合逻辑的;是适当的、与情境相适应的;是积极的、可防止情绪困扰发生的;是使你更迅速地达到目的的;是能使你和别人保持良好关系的。

关于非理性思考的特征有着各种概括,贝克(A. T. Beck)将其概括为:武断推想(无充分根据即下结论);偏取信息(只关注符合自我挫败的认知模式的信息);过度类化(以偏概全,不适当地类推);极端化思考;过度夸张(夸大负面事件的严重性);个人化(将许多无关事件与个人联系起来)。我国台湾的吴丽娟将非理性思考的主要特征概括为不切实际的夸大和不合实际的要求。不切实际的夸大表现在:(1)"受不了"感受(那么多考试,我实在是受不了）；(2)"糟透了"感受（被教师点名又不会回答问题，真是糟透了）；(3)以偏概全的推论（我永远都学不好英文，每一个人都不喜欢我）。不切实际的要求表现在：(1)"应该"的观念（我应该每科都考第一）；(2)"必须"的观念（我必须胜过所有的人）。

2. A-B-C理论。艾里斯（A. Ellis）认为人的情绪是由他的思想、观念、信念决定的，合理的观念导致健康的情绪，不合理的观念导致负向的、不稳定的情绪。他提出了一个解释人的行为的 A-B-C 理论。

A（activating event）：个体遇到的主要事实、行为、事件。
B（belief system）：个体对 A 的观念、观点。
C（emotion consequence）：事件造成的情绪结果。

我们的情绪反应 C 是由 B（我们的观念）直接决定的。可是许多人只注意 A 与 C 的关系，而忽略了 C 是由 B 造成的。B 如果是一个非理性的观念，就会造成负向情绪。若要改善情绪状态，必须驳斥（D, dispute）非理性观念 B，建立新观念并获得正向的情绪效果（E, effect）。这就是艾里斯理性情绪治疗的 ABCDE 步骤。理性情绪治疗是一项具有浓厚教育色彩的心理治疗法。吴丽娟在此基础上编拟了"理性情绪教育课程"，该课程共有七个主题、十个单元，适合于初中学生。首先让学生分辨理性观念和非理性观念，然后试图驳斥非理性观念。以下是一个实例。

A 事件："考不好，受父母训斥。"
B 观念："同学会取笑我，真丢面子。"
C 情绪：难过、沮丧。
D 驳斥："这不是事实，只是我的主观想法，怎么知道同学会取笑？即使有人取笑，难道我就真的无法忍受？"
E 新观念与积极效果："可能无人取笑我；被取笑只是一时，只要用功，成绩可以改善；何况我还有其他长处。"

驳斥不合理思考有以下一些可供考虑的方法：

(1) 这不是事实;

(2) 这想法会伤害我;

(3) 这想法会破坏我与别人的关系;

(4) 这想法使我不能达到目标;

(5) 对这件事情还有其他可能的解释;

(6) 情况虽然不理想,但我可以通过努力得到改善;

(7) 即使情况没有改善,我就真的受不了吗?为什么这件事是"糟透了"?

四、辅导策略的综合运用

上面我们分别介绍了一些基本的辅导方法,在学校心理辅导实际活动中,我们应根据辅导目标的要求,综合运用各种方法,形成一个统一的辅导工作的基本模式。在这方面我国台湾的吴武典提出的模式很有参考价值。这个模式考虑到三个维度——问题、方式和策略,即针对受辅导学生的问题,提供他所能接受的最适当的方式,予以最适当的处理。

问题:问题的实质是个人的基本需要。个人的基本需要不能得到满足或采用偏离常态的方式来满足就是问题。

方式:指辅导途径,可以分为三种——个别辅导、团体辅导、课程设计,后者指在各科教学及各种教育情境中渗透心理辅导。

策略:即方法。这里将心理辅导方法筛选归并为12种。

1. 关注。辅导教师对受辅导学生无条件地接纳、关注与关怀,以便建立良好的辅导关系。

2. 反馈。辅导教师作为学生的一面镜子,引导学生自我探索与了解。

3. 阅读治疗。推荐优秀读物,开辟辅导专栏,组织书报讨论。

4. 认知改变。消除学生非理性观念,恢复其合理思考,进而改变其情感与行为。

5. 行为练习。对于缺乏自信与行为勇气的人，可指定行为作业令其练习，并给予督导和鼓励，以促进当事人的"自我肯定"。

6. 行为改变。运用行为改变基本技术（强化、惩罚、消退等）消除不适应行为与情绪，养成良好行为习惯。

7. 角色扮演。借角色扮演体验、学习新角色经验，增强社会适应力。

8. 示范作用。辅导教师保密、公正、热忱、守信，以及表里如一、诚恳待人，对受辅导学生都有示范作用。

9. 同辈辅导。利用同辈资源，取得青少年中"得力分子"的合作，提高辅导工作成效。

10. 家庭治疗。约请家长及其子女同来面谈，增进父母与子女的沟通了解。

11. 改变环境。设置"中途之家"，举办夏令营、周末营。协助有特殊困难学生离家住校，转、调班，让他们在新环境中获得新体验。

12. 自我管理。调动学生求善、向上动机，让学生学会自我观察、自我指导、自我监控、自我强化。

以上12种策略分别归入关系策略（1、2）、认知策略（3、4）、制约策略（5、6）、模仿策略（7、8、9）、环境策略（10、11）和自我控制策略（12）六大类之中。

综合考虑问题、方式和策略，并将其具体化，就可进行活动单元设计。①

第四节　学生中常见的心理行为问题及其干预

开展心理健康教育主要是对正常学生进行正面教育，强调教育

---

① 吴武典：《辅导原理》，36~40页，台北心理出版社，1990。

性、发展性。但在坚持正面教育的同时，如何对学生中常见的心理行为问题实行有效的干预，帮助学生面对压力与困难，也应给予一定的重视。

一、注意缺陷与多动障碍

注意缺陷与多动障碍（ADHD）是在儿童青少年中较为常见、以注意力缺陷作为基本症状的一种心理障碍，虽发生于7岁之前，却可以持续到青少年阶段。其主要表现如下。（1）活动过度。小动作多，在课堂上坐不住，总是在椅子上来回挪动，甚至离开座位到处走动。与一般儿童的好动不同的是，他们的活动是杂乱的、缺乏组织性和目的性的。（2）注意力不集中。注意时间短暂，易分心，做事有始无终，丢三落四。（3）任性冲动。自控力不足，经常未经考虑就行动，做事冲动，不顾后果，在做集体游戏时不能耐心等待。

ADHD 的原因目前还不明晰。有人认为 ADHD 的原因是多基因遗传、中枢神经系统成熟延迟、大脑皮层觉醒不足。有人认为 ADHD 与锌、锰缺乏，铅、镉过多，食品调味剂、人工色素的滥用有关。国内外许多研究指出不良的社会环境因素，如家庭教养方式简单粗暴，习惯于对子女发号施令，批评指责过多，父母对子女管教态度不一致，由此引起的焦虑会使儿童发生分心、冲动与多动表现。看来，ADHD 是多种因素交互作用的结果。

矫治 ADHD 的方法有行为矫正、自我教导训练、针对父母的咨询与训练以及药物治疗等。治疗 ADHD 的有效药物是一些精神兴奋剂，如利他林、苯异妥因、右旋苯异丙胺。这些药物对于减轻 ADHD 儿童的一些症状比较有效，但也有一些副作用。具体使用需遵医嘱。

采用各种行为疗法，如强化奖励法、代币奖励法，可以大大减少儿童的多动与冲动行为。在强化程序上应多用连续强化，少用间歇强化。梅钦鲍姆（D. H. Meichenbaum）等采用自我指导式训练（self-instructional training）方法，即发展儿童的自我对话，加强内部言语对自身行为的引导与控制作用，用以处理儿童冲动行为，获得了明显的成效。①

二、焦虑症

焦虑症是以与客观威胁不相适合的焦虑反应为特征的神经症，这是将焦虑作为一种独立的神经症来看。另外，焦虑也是包括焦虑症、抑郁症、强迫症等在内的各种神经症的共同特征。焦虑是由紧张、不安、焦虑、忧虑、恐惧交织而成的一种情绪状态。正常人在面临压力情境，特别是在个人自尊心受到威胁时，也会出现焦虑反应，但他的焦虑与客观情境的威胁程度是相适合的。焦虑症的表现是紧张不安、忧心忡忡、集中注意困难、极端敏感、对轻微刺激作过度反应、难以做决定。在躯体症状方面，有心跳加快、过度出汗、肌肉持续性紧张、尿频尿急、睡眠障碍等不适反应。

学生中常见的焦虑反应是考试焦虑。其表现是随着考试临近，心情极度紧张。考试时不能集中注意，知觉范围变窄，思维刻板，出现慌乱，无法发挥正常水平。考试后又持久地不能松弛下来。

学生焦虑症产生的原因是：学校的统考、升学的持久的、过度的压力，使学生缺乏内在的自尊心和价值感；家长对子女过高的期望，学生个人过分地争强好胜，学业上多次失败的体验等；某些人具有容易诱发焦虑反应的人格基础，遇事易于紧张、胆怯，对困难情境作过高程度估计，对身体的轻微不适过分关注，在发生挫折与失败时过分自责。这些人格倾向可称做焦虑品质。

采用肌肉放松、系统脱敏方法，运用自助性认知矫正程序，指导学生在考试中使用正向的自我对话，如"我能应付这个考试"

---

① 李咏吟：《学习辅导》，189 页，台北心理出版社，1993。

"成绩并不重要,学会才是重要的""无论考试结果如何,都将不会是最后一名",对于缓解学生的考试焦虑,都有较好的效果。

三、抑郁症

抑郁症是以持久的心境低落为特征的神经症。过度的抑郁反应,通常伴随有严重的焦虑感。焦虑是个人对紧张情境的最先反应。如果一个人确信这种情境不能改变或控制时,抑郁就取代焦虑成为重要症状。

抑郁症的表现:一是情绪消极、悲伤、颓废、淡漠、失去满足感和生活的乐趣;二是消极的认识倾向、低自尊、无能感,从消极方面看事物,好责难自己,对未来不抱有多大希望;三是动机缺失、被动、缺少热情;四是肢体上疲劳、失眠、食欲不振等。

对抑郁症的产生有几种解释。行为主义认为抑郁的产生是由于多次不愉快的经历、生活中缺少强化鼓励,因为个人的幸福感、自由感、自我价值感是自己行为多次受到强化的结果。精神分析派认为抑郁症源于各种丧失或失落(失去爱、失去地位、失去朋友道义上的支持)、对外界赞赏的过分依赖以及愤怒的内化。所谓愤怒的内化是当一个人不敢公开表达他的敌意与愤怒时,便将愤怒转向自己,认为自己是无能的、无价值的。在带有认知倾向的心理学家中,贝克认为抑郁源于个人自贬性的思维方式,而塞利格曼认为抑郁的产生与个人对于失败的不适当的归因方式所造成的习得性无力感有关。

大多数抑郁症患者能经治疗或不经治疗而逐渐恢复正常,但有人有复发的倾向。在对有抑郁症状的学生进行辅导时,首先要注意给当事人以情感支持和鼓励;以坚定而温和的态度积极促使学生做一些力所能及的事情,积极行动起来,从活动中体验到成功与人际交往的乐趣。也可采用认知行为疗法,改变学生已习惯的自贬性的思维方式和不适当的成败归因模式,发展对自己、对未来的更为积极的看法。服用抗抑郁药物可以缓解症状。

四、恐怖症

恐怖症是对特定的无实际危害的事物与场景的非理性的惧怕。恐怖症可分为单纯恐怖症（对一件具体的东西、动作或情境的恐惧）、广场恐惧症（害怕大片的水域、空荡荡的街道）和社交恐怖症。中学生中社交恐怖症较多见，包括与异性交往的恐怖。患有社交恐怖症的人害怕在社交场合讲话，担心自己因双手发抖、脸红、声音颤抖、口吃而暴露自己的焦虑，觉得自己说话不自然，因而不敢抬头，不敢正视对方眼睛。

精神分析派观点认为恐怖是焦虑的移置，即个人将焦虑转移到不太危险的事物之上，从而避免了对焦虑来源的忧虑。行为主义观点认为恐怖是学习得来的，或者由直接经验学习得来（在受到狗的一次攻击后，发展起对狗的恐怖）；或者由观察学习得来（例如观察父母对某种场景的恐怖，而使子女形成同样性质的恐怖）；或者由信号学习得来（如一个学生在采黄花时被蜂蜇了，就形成了对黄花的恐怖）。认知派心理学家则认为恐怖症源于个人对某些事物或情境的危险做了不现实的评估。

系统脱敏法是治疗恐怖症的常用方法，使用这一方法最好要及时进行。如果想帮助学生克服学校恐怖症，父母要有坚持性和耐心，要坚决而友善地要求孩子回到学校，习惯学校生活。另外，改善班级中人际关系，营造宽松、自由的学校氛围，适当减轻学习压力，使学生获得成功体验，对于克服学校恐怖症同样具有重要意义。

五、人格障碍与人格缺陷

人格障碍是长期固定的适应不良的行为模式，这种行为模式由一些不成熟的、不适当的问题解决方式所构成。有人格障碍的人与有神经症的人相似，都没有丧失与现实的接触，也没有明显的行为混乱。人格障碍有许多类型。例如，依赖性人格障碍者有被动的生活取向，不能决策和接受责任，有自我否定的倾向；反社会型人格障碍者有两个显著的特点，一是缺乏对他人的同情与关心，二是缺乏羞耻心与罪恶感。人格障碍一语多用于成人，对于18岁以下的儿童与青少年的类似行为表现通常称做人格缺陷、品行障碍或社会偏差行为。

人格障碍是个体先天素质与后天教养的产物。早期失去父母的爱；从小受到溺爱而缺乏惩戒或受到不一致的惩戒；一直受到保护，从未受到挫折，因而没有能力体会与同情他人的痛苦；父母提供的不正确行为范例等，都是影响人格障碍形成的重要因素。根据班杜拉社会学习原理，为有人格障碍的人提供良好行为的范例，奖励他们对良好行为的模仿，促使他们将社会规范与外部价值纳入到自我结构中，对于矫正他们的反社会行为有一定的作用。

六、青春期性心理问题

由于社会文化方面的性禁锢、性放纵等因素的影响，也由于青少年自身人格不成熟、自控力差等方面的原因，他们在成长的过程中，常常会出现性生理、性心理方面的问题和偏差。这些问题主要有以下几种。(1) 性恐慌与性罪恶感。如对月经初潮与遗精现象不理解又羞于启齿问教师，内心充满困惑和不安；对自己身体发育、外形明显的改变感到羞耻或窘迫，甚至认为自己是得了大病，精神负担很重。(2) 性梦与梦遗。部分青少年睡眠时会产生与异性有亲密接触的梦境，男孩有的还有梦遗现象，醒来后，深深地后悔、自责和自卑。(3) 轻度性识别障碍。指在对自己性别角色认同方面出现的心理障碍，通常比较少见。其表现为不喜欢甚至厌恶自己的自然性别，并为自己的性别深深痛苦。此外还有由于过分关注自己身材外貌引起的体象烦恼、迷恋黄色书刊与黄色网站、过度手淫等。

手淫或称自慰行为，初次发生的年龄多在 14～17 岁之间。由于受"手淫有害"观念的影响，青少年手淫后常伴随有深深的自责，情绪低落，精神紧张，既为发生手淫现象而感到羞耻，也为自己缺乏控制手淫的意志而自卑。此种情绪的产生来自对手淫是肮脏不洁行为、手淫有害身体、有害未来的性功能等错误认识。现代科学研究结果提示，手淫只要不是过度的，对个人身心健康无害，也不是罪恶。不是手淫本身，而是对手淫的不正确的观念导致的对手淫的恐惧感和罪恶感，才是产生神经性障碍的重要原因。对手淫应以自然态度对待之。应该指出的是，过度手淫是不适当的，而且手淫即使是适度的，青少年也会产生焦虑情绪和罪恶感，故应教育青少年不要染上手淫习惯。可用活动转移法（参加文体活动）或适当开展与异性的正常交往活动，以转移注意力，疏导体内过剩的能量。

一般性的性心理问题，如性恐惧、性罪恶感、性梦、梦遗、自慰行为等，多是由性无知及错误的性观念造成的，只要普及有关知识，列举有关事例加以解释，是会逐渐得到解决的。有些性心理问题、性心理障碍的产生与家庭的性观念和教养方式有关，故在性教育问题上让家长树立正确的性教育观极为重要。对于一些明显的性心理障碍需要进行认知治疗、行为治疗和药物治疗。

七、神经性厌食

进食障碍包括神经性厌食、神经性贪食、拒食、反刍与神经性呕吐、异食癖。这里我们只对儿童和青少年中常见的神经性厌食做些分析。

神经性厌食是一种由于节食不当而引起的严重体重下降。如无其他生理病理原因，由于厌恶进食而导致正常体重下降 25% 者即被视为神经性厌食。实际上对于正在成长中的儿童青少年来说，体重减轻 15% 便应看作是一个临界信号。神经性厌食者对食物由极端厌恶到恐惧,甚至会采取过度运动、引吐等方法来减轻体重。神经性厌食会造成青少年内分泌系统的广泛紊乱,第二性征发育迟滞,女性乳房发育不良,出现原发性闭经,男性生殖器呈幼稚状态。厌食障碍在青春期前后多见,在女性及经济水平中上等家庭子女中发生率要高得多(女性比男性高20倍)。

神经性厌食与青少年担心发胖而过度限制饮食的错误做法以及父母过分关注孩子体型姿态的不正确的态度有关。厌食者大多对自身体重与体象有强迫性的担心过胖的观念,花大量时间照镜子或与别人比较胖瘦,常否认自己的异常进食行为并拒绝治疗。下丘脑—垂体控食中枢功能紊乱,也可能导致厌食。此外,在神经性厌食青少年身上也可见到一些共同的心理特质,如对自己缺乏自信,容易怀疑他人,对成长与性的变化过分敏感,有与社会隔离的倾向。

神经性厌食可采用行为疗法、认知疗法予以矫正。首先可利用强化法、契约管理法着重解决厌食者不良饮食习惯问题;继之可用系统脱敏法消除厌食者对食物的恐惧心理,用认知辅导方法改变他们对于体重的不合理的认知观念。给他们提供有关饮食、摄入热量、体重改变的信息反馈,有助于提高治疗的效果。

八、过度肥胖

个人体重超过标准体重20%即为过度肥胖,超过标准体重50%即为肥胖症。肥胖不仅给个人生活带来不便,而且影响身心健康。肥胖会增加高血压、心脏病、糖尿病的发病机会,使生长激素释放缓慢,抑制儿童正常成长发育。肥胖给个人带来的心理影响是降低自尊、自信。肥胖儿童多数自我评价差,幸福满意感差,社会适应能力下降。

造成肥胖的原因是多方面的。第一是遗传与生理因素。按照定点论(set-point theory)的说法,人体内有一种"体重定点"的装置,它通过影响我们从外部摄取食物的需求来制约人的体重,使它维持在一个常数附近。而个人体重定点一部分取决于遗传，一部分取决于2岁以前的饮食习惯。第二是个人心理与行为因素。如多食、少运动、喜食高脂肪高热量食物的生活习惯。此外还有情绪因素影响。对一些肥胖者来说，进食是他常用的一种降低焦虑的手段。第三是家庭养育方式及社会经济文化方面的环境因素。肥胖儿童的父母一般都期待孩子吃多、吃好，更能容忍他们多吃、少运动的生活习惯。饮食文化习惯、社会流行的审美观念等也影响人们的进食行为从而影响体重。

改变过度肥胖以行为矫正法为主。自我控制是矫正体重超常的重要行为改变技术。它是让学生自己运用学习原理，进行自我分析、自我监督、自我强化、自我惩罚来达到控制体重的目的。他可以定出减轻体重的目标；记录每日的进食的种类和数量；控制刺激条件（例如不把食品放在书房）；规定正常的进食行为（例如专注地进餐，细嚼慢咽）；发展与无控制进食行为相对立的或替代的行为（例如当在规定的时间之外想吃东西时，让自己听音乐）；记录体重改变的过程，作自我分析；当减轻体重有成绩时，实行自我强化（例如看一场电影）。

九、学习不良（learning disability，简称 LD）

学习不良指在口头语言与书面语言的理解和使用的基本心理过程中显示出的一种或多种障碍，表现为听、说、读、写、拼音、算术等能力的习得与应用方面的显著困难。学习不良学生智力并不落后，有的还比较优秀，但大多存在注意障碍、记忆障碍、思维障碍、阅读障碍，以及计算、拼写、书写等方面障碍，从而造成学习上的困难。

学习不良不包括由视觉障碍、听觉障碍、运动障碍、弱智、情绪障碍或由环境障碍等作为主因引起的学习问题。学习不良者的学习困难也不能归因于怠学、情绪不稳定、自信心丧失等。学习不良内发于个体,主要源于中枢神经系统轻度、局部的功能障碍。而引起中枢神经系统功能障碍的进一步的原因则是多样的。在知觉理解方面,学习不良学生对于视觉与听觉信息的处理能力方面存在一些缺陷。

例如,小学一年级书写练习涉及直线与各种曲线的练习,其中就有一个书写螺旋线的课题,图9-1所示为一个诊断为学习不良的儿童的练习记录。图中右侧是该儿童对左侧螺旋线的仿写结果,表明他对螺旋这一连贯的曲线缺乏正确的认知能力。这不是看不见或弱视的缺陷,而是不能理解原图中各要素之间的关系,不能适当处理视觉信息的问题。

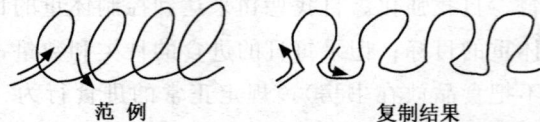

范　例　　　　　　　　复制结果

图 10-1　学习不良儿童的书写练习记录

对于学习不良学生的指导要根据每个学生的具体情况实行个别对待。为此,必须准确地确定学习不良的类型,了解学生比较顺利发展的领域与缺陷的领域,可以为制订有针对性矫治学习不良的方案提供线索。

对于语言表达能力有缺陷的学生的辅导应考虑到:(1)培养学生声音模仿的能力;(2)培养学生想起词语的能力,当学生有所理解而难以言表时,教师可显示出想要了解的态度,并作"是不是可以这样说"的提示;(3)为促进学生遣词造句、布局谋篇能力的发展,可展开边组织内容边述说的练习,或借助连贯的画面为儿童有序地叙述提供线索;(4)增强学生表达的意欲,可以选取他擅长的题材、喜欢的内容让他表达,以恢复自信。

对于知觉—运动缺陷类的学习不良学生辅导的要点是:(1)加强平衡觉、动觉、触觉的统合训练,因为运动与感觉的发展是密不可分的;(2)让学生从事徒手的或使用玩具的游戏;(3)发展学生有意识地掌握新动作及躯体知觉的意识;(4)在指导学生运动中注意让其获得成就感,克服"因为不会,所以不干"的恶性循环。①

对于计算能力不足的学生的指导可以考虑:(1)运用实物开展比较、系列化、对应、数数等活动以掌握数概念;(2)听觉性的短时记忆方面的障碍,会给心算、进位退位、九九口诀的识记造成困难,为克服此困难,可以利用实物作为视觉线索进行对位指导;(3)可以利用对位框把多位数加减步骤逐一语言化,以减少由于视觉运动方面的缺陷导致的笔算时数位的错误;(4)为避免由于注意力不集中而引起的疏忽,应避免在一张卷子上列出过多的问题,使学生的注意力限定在一定数量题目的范围内。

---

① 钟启泉:《差生心理与教育》,154～226页,上海教育出版社,1994。

第十一章 美育心理

美育是全面发展教育的重要组成部分，没有美育的教育是不完全的教育。要实施素质教育，必须充分加强美育工作，积极开展美育心理研究，培养学生良好的审美心理素质。为此，在现代教育心理学中增加美育心理学的内容，使教育工作者了解美育过程的心理规律及特点，为全面发展的素质教育服务，这既是丰富、完善教育心理学理论体系的需要，也是贯彻实施素质教育的实践需要。

第一节 美育心理概述

一、美育心理学的基本概念

（一）什么是美育

美育是素质教育的一个重要组成部分，它以艺术美、自然美和社会生活美为基本内容，培养学生认识美、欣赏美、爱好美和创造美的能力的教育。有人认为美育就是审美教育或美感教育。事实上，审美教育和美感教育这两个概念并不能概括美育的全部内容。"因为美育不只是包括审美或美感，它还包括创造美、建设美、净化人的心灵、抵制丑恶、美化社会环境等内容。"① 所以，美育在利用各种美的内容对学生进行教育时，既要培养学生的审美能力和美感心理，也要使学生在认识美、欣赏美、热爱美和创造美的同时，达到净化心灵、提高道德品质、增进知识技能、开发智力和培养能力、促进学生全面发展的目的。由此可见，美育本身就是一种全面发展的教育，它的作用是全方位的。

美育无论是作为一种教育实践或是作为一种教育思想，都有悠久的历史。我国古代教育十分重视美育。《六经》被先秦儒家看作是必读的教材，其中《诗经》和《乐经》都是美育教材。古代著名思想家、教育家孔子认为统治者为了国家的兴盛，必须重视以《诗经》和《乐经》为重要内容的《六经》教育，从而把包括美育在内的教育提到国家兴盛的战略高度。古希腊的斯巴达和雅典也十分重视美育。斯巴达为了把奴隶主阶级的子弟培养成为勇猛的战士和强有力的统治者，教他们各种赞美歌和战歌，把奏乐、唱歌，拜神的舞蹈与体育、军操结合起来；雅典的奴隶主子弟7～14岁入弦琴学校，学习音乐、唱歌和朗诵诗篇。古代美育的目的，都是为了巩固奴隶主阶级和封建地主阶级的统治服务的。我国近代自实行新学制以后，也开设了音乐、美术等美育课程，教育家蔡元培于1912年任教育总长时，教育部公布的教育宗旨是注重道德教育，以实利教育、军国民教育辅之，更以美感教育完成其道德；提出了"以美育代宗教说"，特别强调美育的作用。他认为，美育者，应用美学理论于教育，以陶冶情感为目的者也。尽管他提出的美育和"以美育代宗教说"具有一定的片面性，但他主张美育包括家庭美育、学校美育和社会美育三个方面，并提出美育要抓得早，要从胎教为起点等观点，至今仍值得借鉴。② 西方近代教育尽管是以科学教育为

---

① 刘兆吉：《高等学校教育心理学》，244页，北京师范大学出版社，1995。
② 胡国枢：《蔡元培的全民美育观》，载《光明日报》，1988年1月13日。

主,但美育也始终是其重要内容。无论是中世纪骑士教育的"七技"或者是教会学校的"七艺",都有美育的内容。现代教育更是扩大了美育的内容,在小学设立了音乐、美术、手工等课程。这些内容,既体现了美育实践的源远流长,也体现了美育思想的丰富多彩,在人的发展和社会的进步中起到了不可磨灭的作用。

美育对德育、智育、体育和劳动教育都有积极的影响。这无论在中国历代的教育实践或者在西方历代的教育实践中得到了证明,也在现代美育理论中得到了论述。① 刘兆吉教授认为:"美育是以艺术美、自然美和社会美的生动形象感染学生,有助于学生认识人们的生活、理想和斗争,使之受到生动的思想品德教育,美育不只使学生认识现实,认识历史,还可以促进他们的智能发展,提高学习效果。进行美育要求学生讲求清洁卫生,美化环境,参加文体活动,有助于体育的开展。通过美育使学生认识劳动创造美的道理,有利于培养他们的劳动观点。"② 我们还专门研究了在劳动教育中贯穿美育,从而促进劳动教育的理论和实践问题,认为劳动不仅创造了美,劳动也创造了具有审美意识、劳动观念的人。③ 所以,实施美育,不仅能够有效地培养学生的审美意识和美感心理,还有助于德育、智育、体育、劳动教育的目标的实现。美育既有其自身的目的,也有促进其他教育活动的效用。

然而,尽管美育实践和美育思想都有悠久的历史,但在怎样对学生进行美育才能更好地发挥美育的作用的问题上,却始终缺乏比较系统而科学的研究,而美育心理学的兴起则为科学地解决这一问题提供了可能。

---

① 参见刘兆吉:《美育心理学》,第二章,西南师范大学出版社,1990年。
② 刘兆吉:《高等学校教育心理学》,246页,北京师范大学出版社,1995。
③ 李红:《中学劳动技术教育中的美育心理学问题》,见《中学美育心理学12讲》,151~166页,四川民族出版社,1993。

(二) 什么是美育心理学

美育心理学是研究美育心理的学问，主要是研究美育过程中受教育者的心理活动规律和心理品质的形成和发展的问题。美育心理学既可以作为教育心理学的一部分，也可以作为心理学的一个独立的分支学科。作为教育心理学的一部分，它主要起补充传统教育心理学体系之不足，完善教育心理学的体系与理论的作用，使教育心理学真正成为与完整的教育体系相适应的、以研究教育情境中教与学的心理特点和心理规律为基本任务，以帮助教师掌握和理解学生的心理活动特点，使教师能根据学生的心理变化来设计教学活动，从而为提高教育效果、促进教育目的实现为目标的应用心理学分支。作为一门独立的心理学分支学科，则根据对个体审美意识和群体审美意识的起源和发展规律、个体在审美活动中的心理活动变化的特点及其影响因素，以及审美心理活动与其他心理活动（如品德心理、智力心理等）的关系等基本问题的回答，主要探索能够有效地促进学生的审美意识的形成和发展的美育途径、美育内容、美育原则、美育策略、美育手段和美育方法等基本美育心理问题，探讨如何以音乐、美术、文学的艺术美和大自然、社会生活中的现实美为教育手段，发展受教育者的美感和欣赏美、创造美、评价美和识别美的能力，培养他们高尚的情操和文明习惯，促进他们智能和身体的健康发展，从而为教育行政部门制订美育决策、编写美育教材，以及为美育教师选择适当的美育策略来提高美育的效果提供科学的依据。

二、美育心理学的对象和任务

(一) 美育心理学的对象

美育心理学以美育过程中主体（教育者和受教育者）的各种心理现象及其变化发展的规律为研究对象，可概括为美育心理现象和美育心理规律。具体地说，要研究主体在美育过程中的对艺术美、自然美和社会生活美的审美感知、审美记忆、审美想象、审美思维等审美认知过程的形成和发展的规律；研究主体的审美需要、审美兴趣、审美理想和审美价值观的形成和发展的规律及其对审美能力、审美意识的影响；研究主体的审美情绪、审美情感、审美情趣的形成和发展的规律及其对审美能力、审美意识的作用；研究主体的审美知觉能力、审美欣赏能力、审美理解能力、审美创造能力的形成和发展规律及其影响因素；研究以美育德、以美启智、以美健身、以美促劳的心理规律和心理策略，达到真、善、美的统一；研究如何根据主体在美育过程中所表现出来的上述心理活动的规律，设计科学的教育手段来提高美育的效果，促进美育目标的实现。

  美育心理学的研究对象与普通心理学的研究对象既有区别又有联系。作为美育心理学的研究对象的美育心理是以人的一般心理为基础的，是人的一般心理在审美活动中的具体表现。例如，一般认知活动主要是对信息的输入、编码、转换、储存、提取运用等信息加工过程，而美育过程中的审美认知则是以一般认知为基础，对美的信息进行输入、编码、转换、储存、提取运用等的审美信息加工活动。它们的区别是一般认知活动涉及人类生活的一切领域，因而也包含了审美认知在内，而美育过程中的审美认知则仅仅局限于美育中的审美领域。

  美育心理学的研究对象与教育心理学的研究对象既有区别又有联系。教育心理学的研究对象是教育过程中的各种心理现象及其变化发展的规律，涉及到教育中的各个领域，既有具体学科领域的心理现象及其变化，也有超越具体教育领域的整个教育领域的心理现象及其规律。因此，教育心理学的研究对象包含了美育过程中的心理现象。从这个意义上说，美育心理学是教育心理学的一部分。但是，美育过程中的心理现象及其规律又有其特殊性，它主要是一种审美的心理活动，是对美的刺激的感知、记忆、理解、体验和反应等心理活动。

美育心理学的研究对象与审美心理学的研究对象既有区别又有联系。审美心理学的研究对象是个体在所有的社会生活情景中,对各种各样的美的刺激的心理活动。例如,在广告领域对广告的造型、色彩、音像等的运用的审美心理活动,在冰天雪地对广袤无垠的皑皑白雪的欣赏,这些在日常生活中对美的事物形成的审美心理现象都是审美心理学的研究对象。而美育心理学虽然也研究审美心理活动,但这种审美心理活动主要限于美育过程中,教育者根据一定的目的、计划,有组织地向受教育者呈现美的事物而引起的审美心理活动,同时,美育心理学的研究对象还包括了审美心理对品德心理、智力心理等的促进作用。而一般的审美心理学则不讨论这样的问题。

所以,美育心理学的研究对象与心理学的其他分支的研究对象既有区别又有联系。美育心理研究是以其他的心理学分支的研究活动为基础的,同时,又为心理学的其他分支提供美育过程中的心理活动资料。

(二) 美育心理学的任务

美育心理学的首要任务揭示美育过程中主体的心理活动的规律,为选择美育策略、提高美育的效果提供心理学的依据,为实现由"应试教育"向素质教育的转轨,为培养全面和谐发展的人才,为我国的社会主义精神文明建设服务。这是美育心理学的实践任务。

美育心理学需要分析美育过程中受教育者心理现象的各个方面和各个环节。如分析学生在美育过程中,其审美认知由低级到高级、由简单到复杂、由感性到理性的审美心理发展规律,阐明学生在美育过程中的心理特点和各种美育措施的心理效应,揭示学生的审美心理发展水平对各种美育条件的依存关系,从而使美育工作能够始终建立在美育心理学的基础上,以提高美育的科学性和实践效果,促进美育目标的全面实现。

美育心理学在完成其实践任务时，还必须完成其理论任务。美育心理学作为心理学的一个应用分支，也要为促进心理科学的整体发展服务，它必须为整个心理科学的发展提供美育过程中个体心理特征及其发展规律的资料，为建设有中国特色的心理科学，特别是为建设有中国特色的教育心理学体系服务。因此，美育心理学在解决美育实践中的心理学问题的过程中，要总结各级学校、各门美育课程和有关美育活动的经验，上升为美育心理学的理论，为建立科学的美育心理学提供实践和理论的依据，为学校美育的科学化提供理论和实践的证据。

三、美育心理学的简史

与心理学的多数分支都是"舶来品"不同，美育心理学是中国心理学家自己开创的新兴学科。美育心理学是由刘兆吉教授领导一批中青年学者，于20世纪80年代初到80年代中后期创立和发展起来的。早在1979年，刘兆吉就提出，要在教育心理学的学科体系中增加"美育心理"的内容。① 1981年，刘兆吉在中国心理学会第三次全国代表大会上，首次提出了"美育心理学"的概念。1983年，刘兆吉以"试论美育心理学中的几个问题"为题，公开发表了美育心理学的第一篇论文，这标志着美育心理学学科的正式诞生。1985年，刘兆吉撰写的"美育心理"词条被收入《中国大百科全书·教育卷》，标志着美育心理学正式得到国家承认。1986年，刘兆吉招收了历史上第一批美育心理学的研究生，开始了为美育心理学培养接班人。1987年，"美育心理研究"被列为国家教育科学"七五"规划国家级重点项目，美育心理学受到了国家的高度重视。此后，刘兆吉组织重庆、成都及河南的心理学工作者，组成

---

① 李红：《谈美育心理学的产生、发展及现状》，载《心理学探新》，1990 (3—4)。

了美育心理学的全国协作组，共同开展美育心理研究，美育心理学开始得到推广，并逐步走向社会。1989年，韩进之教授主编的《教育心理学纲要》采纳刘兆吉的建议，首次在教育心理学体系中增加了"美育心理"一章，确立了美育心理学在统编的教育心理学教材中的地位。① 1990年，刘兆吉主编的《美育心理学》正式出版发行，标志着美育心理学的学科体系初步确立。1995年，刘兆吉为联合国开发计划署和联合国教科文组织主编的《高等学校教育心理学》中专设了"美育心理"一章②，联合国教科文组织肯定了教育心理学学科体系的这种创新。1997～2002年，赵伶俐在完成全国教育科学"九五"规划"学校美育系统与美育心理发展实验研究"过程中，出版了《新世纪美育科研成果书系》，对审美化教学原理在教学、教师培训，及其他专业人才培养中的运用进行了系统研究，是美育思想理论和美育心理学研究成果在教学和人才培养中的进一步落实与深化。2002年，李红主持的国家社会科学基金项目"儿童青少年审美心理发展与美育对策研究"通过国家社会科学基金委员会结题鉴定，并出版了专著《儿童青少年审美心理发展与教育》。当前，党中央和国务院非常重视美育，这又为美育心理研究吹来了强劲的东风，为美育心理学的繁荣和昌盛带来了新的生机。因此，美育心理学事业蓬勃发展，必将为建立有中国特色的心理科学和教育科学作出应有的贡献。

第二节 青少年审美心理的发展

一、青少年的审美心理结构

审美是一种心理活动，是客观现实中美的事物在个体头脑中

---

① 韩进之：《教育心理学纲要》，第十三章，人民教育出版社，2003。
② 刘兆吉：《高等学校教育心理学》，第七章，北京师范大学出版社，1995。

的反映及个体对美的事物的态度体验和行为反应。审美心理活动是外部美的事物和个体内部审美心理结构交互作用的产物,它既由外界美的事物所引起,又受到个体自身内部的审美心理结构的制约。

个体的审美心理结构主要由几个功能相异的亚结构构成,即审美认知亚结构和审美情感亚结构和审美心理倾向亚结构。①

审美认知亚结构是个体在审美活动中形成,并对未来的审美活动起着支配作用的审美心理结构,在审美活动中,它主要负责审美信息的加工和处理过程,是审美活动的心理机制的认知机制。主要包括几个方面:一是审美认知器,如审美感知、审美记忆、审美想象、审美思维等;二是审美认知策略或审美认知技能,如快速扫描、逐点分析、整体概括、保持适当心理距离等;三是特殊审美认知能力,如音高辨别、曲调识别和记忆等音乐认知能力,色彩差异的评定、空间位置的敏感性、形状结构的把握等美术认知能力,以及情感的动作表现力等;四是相关的审美知识和独特的审美经验结构,例如美学、艺术学、艺术史学、历史学、宗教学、各门具体艺术门类的相关知识以及在先前审美活动中所形成的审美经验等;五是审美的元认知成分,即个体对自己的审美认知活动进行认识、监控和调节的高级认知成分,是对个体的审美认知活动的自我意识,起到审美反馈的作用。这些审美认知要素相互作用、相互制约,共同构成了多维度、多层次的审美认知结构。这种审美认知结构使我们在接触到美的事物或美的艺术时,能够自觉地进行审美的信息加工,从而获得关于外部事物或艺术品的审美经验或审美意义,为审美情感的产生打下认知过程的基础。

审美情感亚结构也称美感亚结构,是个体在审美过程中形成

---

① 李红、刘兆吉:《儿童青少年审美心理的发展》,载《西南师范大学学报》(社会科学版),2000(2)。

的、与审美认知过程密切相连的、个体对外部事物是否满足个体的审美需要而形成的心理体验。个体对事物的美丑常常抱有某种态度。一些审美现象使人感到愉快,一些审美现象使人感到赞叹,一些审美现象使人感到悲伤,一些审美现象使人感到崇高,一些审美现象使人感到义愤,这些都是伴随审美认知而产生的审美情感体验。从产生和表现形式看,审美情感亚结构中主要有下列成分。一是直觉美感,这是在审美注意和审美感知的基础上产生的一种迅速而短暂的美感体验。如当我们听到节奏明快、曲调优美的音乐,我们会情不自禁地手舞足蹈起来,这时所产生的情感体验就是直觉的美感。它带有很大的情景性和直觉性。情景性是指这种美感由直接作用于审美感官的刺激引起,当审美对象消失或个体离开该审美刺激时,这种美感就会消失或发生变化。所谓直觉性是指这种美感产生迅速,不需要对审美对象作理性的思维就能产生。二是形象性美感,这是在审美感知的基础上,通过审美记忆、审美想象和审美联想而实现的审美情感。三是理性美感,这是在审美理解和审美评价等高级审美认知活动的基础上形成的审美情感。审美情感亚结构在审美过程中,既是审美过程的产物,又影响审美过程的进行。个体在审美活动中的收获在很大的程度上取决于个体的审美情感体验,有的人甚至把是否获得审美情感的满足作为审美活动成功与否的标志。例如,观看一部电影,无论电影引起我们悲伤或者愉悦,我们都会认为该电影值得观看,但如果该电影没有让我们产生比较强烈的情感体验,那么,我们会认为该电影不值得观看,简直是浪费时间和金钱。

审美心理倾向亚结构包括审美需要、审美兴趣、审美理想、审美价值观等成分,它使个体倾向美的事物或回避丑的事物。审美需要是个体对美的现实和美的体验的需求,是个体审美活动的动力源泉。审美兴趣是个体追求美、向往美、积极地理解美和评价美的审美认知的倾向性。审美价值观是个体审美心理倾向亚结构的核心成分，是个体根据自己的审美需要对事物的美丑作出评价时的观念系统。在个体的其他心理活动正常的前提下，什么事物对个体而言是美的或是丑的，这主要取决于个体的审美价值观。对张三是美的事物，对李四却不一定是美的，原因在于该事物满足个体的需要的方向及程度不同。

这三个亚结构在审美活动中具有不同的功能，但其目的都是相同的，即都是促进个体的审美活动正常进行。它们三者的协同作用就构成了个体完整的审美心理结构，形成了个体不同的审美能力和审美感受，而审美心理结构的最高表现则是个体的审美意识。

二、青少年审美心理过程

审美过程从开始到结束是一个有机的完整的心理活动过程，可以分为四个阶段，即准备阶段、初始阶段、观照阶段和效应阶段。①

（一）审美准备阶段

审美过程的准备阶段是指个体进入审美状态之前的预备阶段。这时，美的刺激尚未出现，实际的审美活动尚未开始。然而，审美准备阶段是实际的审美活动的必要前提。它主要包括两个方面，即事先的、长时性的准备状态和暂时的、情境性的准备状态。前者是个体在先前的审美活动中预先获得的审美定势、审美知识、审美策略、审美态度和审美价值观等内隐的心理成分。这种审美准备为个体实际的审美活动提供了心理条件上的保证。马克思所说的"有音乐感的耳朵，能感受形式美的眼睛"就是对这种事先的、长时性的准备状态的形象化描述。没有这种"有音乐感的耳朵"和"能感受形式美的眼睛"，再美的音乐、再美的图画也不能得到欣赏。后者指当美的事物出现时，个体把事先的、长时的审美准备全部调动起

---

① 李红、刘兆吉：《儿童青少年审美心理的发展》，载《西南师范大学学报》（社会科学版），2000（2）。

来，创造出可能的心理条件来为实际的审美活动作准备。例如，当我们买了音乐会的门票但还没有去听音乐会之前，我们会形成一种审美的心理期待，并且会调用先前的种种审美知识或经验对即将到来的音乐会作出想象，从而进入一种暂时的、情境性的审美准备状态。这种暂时的、情境性的准备状态是事先的、长时性的准备状态的现实化，所以，它们是同一审美准备的两种不同表现形式。①

（二）审美初始阶段

审美活动一般起始于两种情境。一是审美对象突然出现，作为一种审美刺激引起了个体的审美注意，并使个体中断其他的心理活动转而进入审美状态，这常常是在个体事先没有准备的状态下突然进入审美状态。例如，当我们走在大街上时，突然看见某人新颖的服装款式而引起注意，从而使我们的意识活动转向审美活动。② 二是由于审美期望引起审美活动，这是个体根据已知信息或经验对即将出现的审美对象进行有准备的审美活动。审美初始阶段的典型特征是日常意识的中断。③ 在审美初始阶段，最典型的心理现象是由审美感知引起审美注意从而引起审美活动，或由审美期望引起审美注意从而引起审美活动，以及由此引起的情境性的、直觉性的审美情感，例如，当我们第一次目睹浩瀚的大海或名山大川时所产生的兴奋感。

（三）审美观照阶段

观照阶段构成了审美活动的主体。观照是指审美主体对审美对象的凝神专注，主要心理活动是对审美对象的感知、识别、联想和理解以及由此而产生的相应直觉性情感活动和形象性情感活动。这

---

① 李红：《劳动教育中的美育心理》，见《美育心理学》，第十二章，西南师范大学出版社，1990。

② 张奇：《美育心理》，见《教育心理学纲要》，第十三章，人民教育出版社，2003。

③ 滕守尧：《审美心理描述》，第三章，中国社会科学出版社，1985。

一阶段的突出特征认知活动与情感活动交织在一起,审美主体在观照审美对象的过程中体验到强烈的审美情感。

这个阶段由于认知活动的参与程度不同而相对区分为两个亚阶段:一是由审美感知和审美记忆交织而形成的审美识别阶段;二是由审美记忆和审美理解交织而形成的审美理解阶段。

1. 审美识别阶段。审美识别阶段由审美感知开始。审美感知与一般感知不同。首先,审美感知是"无功利性"的,不再从实用的角度来观察审美对象。例如,在面临绚丽壮观的峨眉日出时,浪漫且富有诗意的妻子不由得发出感叹:"啊!多么美的日出呀!"而实用功利的丈夫则说:"对,今天该在家里把被子洗了,定能晒干。"这里,妻子所持的是审美感知过程,而丈夫所持的则是一般感知过程。审美感知输入了外界的审美信息,而审美记忆则调动头脑里的相关信息对输入的信息进行了审美识别。其次,审美感知的突出特征是审美主体与审美对象产生了强烈的共鸣,审美对象的诸多审美属性如节奏性、韵律性等与主体的审美期望水乳交融,达到了和谐的统一。伴随审美的感知识别而产生了一种强烈的情感体验,这种审美情感是形象性的美感。例如,前面提到的浪漫且有诗意的妻子可能接着会说:"多么美丽的云海呀!一会儿似波涛翻滚的海洋,一会儿又似漫山遍野的绵羊!"这里,妻子借助记忆中大海的形象和成群的绵羊形象审美地识别了日出中的云雾,形象性地将白云比作海洋,浪漫且富有诗意,产生了形象性的美感。而实用功利的丈夫则可能会说:"千万得小心啊,一不留神掉下去可不得了。"

2. 审美理解阶段。在审美识别阶段,主体只是对审美对象进行了初步的组织和整体的扫描,尚未认真审视和仔细欣赏。而一旦开始认真审视和仔细欣赏,审美活动便进入情绪性认知和理性认知相结合的审美理解阶段,这时我们将对审美对象本身进行更深入的了解,并深入到审美的象征意义、情感特征等方面。例如,我们欣赏一幅画，首先由于画的独特性引起我们的审美知觉并进而引起审美注意，发现该画"有意思"（初始阶段），进而会凝神观照，初步识别该画的再现性内容，了解该画画的是什么，并感受到该画所表现出的情感特征（审美识别阶段），然后，我们通过仔细审视和欣赏，进一步了解该画的风格、表现手法，以及流派特征等，并可能了解作者通过线条、块面、色彩、形体等表现手法所表现出来的深刻寓意和深层情感特征，对该画的艺术价值进行自我的主观判断和评价（审美理解阶段）。这个阶段的典型特征是情绪性认知和理性认知相结合，大量调动先前具有的审美知识或审美经验，对审美对象作出近乎理性的分析与综合，始终伴随着审美判断和审美评价。

（四）审美效应阶段

在审美活动中，当审美对象离开审美主体或审美对象暂时消失时，审美观照就结束了，但审美活动并未结束，随之而来的是审美活动的效应阶段。审美活动的效应可以从两个方面分析：一是对当前审美活动的直接效应；一是对个体未来的审美活动的间接效应。①

审美活动的直接效应是对审美对象的继续评价和对审美欲望的强化。此时的审美评价和前阶段的审美评价有差异，前面是情绪性的判断和评价，而这里则主要是理性的判断和评价，所以，在直接效应活动中，审美的兴奋感逐渐减弱下来，主体常常根据自己的愿望和经验，对已经消失的审美对象的各个部分或各个方面进行理性的分析，判断出这部分是好的、美的，而那部分则是不好的、丑的。如果该审美对象是艺术品，则还可能要评判作者的创作技巧、表现手法等，还要分析作者通过艺术品所表现的深刻寓意，甚至还要将该艺术品和其他艺术品进行比较，发表自己的看法。这一系列

---

① 李红、刘兆吉：《论美育及其心理功能》，载《课程·教材·教法》，1999（5）。

活动，尽管还有情绪性的认知因素的参与，但都主要是理性认知活动的结果。主体在对审美对象作出一系列的理性判断和评价时，也在强化着自己的审美欲望，并在创造着主体的新的审美欲望。例如，有的人会说："真是太值得了，以后有这样好的（画展、音乐会或电影、戏剧等），我一定还要再来。"这是审美活动的直接效应。

审美活动的间接效应主要是对未来的审美活动的影响。这种影响主要是由于该次审美活动提高了主体的审美能力，丰富了主体的审美知识，积累了主体的审美经验，强化了主体的审美欲望。总之，是使主体受到了一次良好的审美教育，使其审美心理结构得到了增强，从而使未来的审美活动变得更加有效。

三、青少年审美心理发展的基本规律

儿童青少年的审美心理的形成和发展是遗传和环境交互作用的结果，在审美心理形成过程中，遗传的作用是明显的，但在审美心理的发展过程中，环境和教育的影响则更加重要。在整个审美心理形成和发展过程中，由于遗传、环境和教育的交互作用，使得儿童青少年的审美心理的发展既表现出量的积累，又表现出质的变化，从而表现出年龄特征与个别差异的统一。①

儿童青少年审美心理的发展主要经历了几个既相互区别又相互联系的阶段。

（一）审美心理的萌芽期

儿童在什么时候开始出现审美的能力？这是一个尚未解决的问题。一般认为，儿童的审美能力最初来自于遗传的普通感知能力。一些研究表明，3～4个月的婴儿已经能够分辨彩色和非彩色，红

---

① 李红、刘兆吉：《儿童青少年审美心理的发展》，载《西南师范大学学报》（社会科学版），2000（2）。

色能够引起儿童的兴奋。4~8个月的婴儿喜欢波长较长的暖色，如红、橙、黄色，不喜欢波长较短的冷色，如蓝色、紫色等；喜欢明亮的颜色，不喜欢暗淡的颜色。关于颜色视觉偏爱的研究也表明，三个月左右的婴儿观看彩色圆盘的时间比灰色圆盘长一倍，儿童掌握颜色的顺序为黄、红、绿、蓝、紫、橙。而对形状知觉的研究表明，很小的婴儿也喜欢看有图案的模式，不喜欢看没有图案的模式；喜欢看清晰的图像，不喜欢看模糊的图像；喜欢看活动的图像，不喜欢看静止的图像；喜欢看轮廓多的图像，不喜欢看轮廓少的图像；喜欢看曲线，不喜欢看直线和角；喜欢看人脸图像，不喜欢看非人脸图像；喜欢看结构复杂的图像，不喜欢看结构简单的图像。① 这些研究没有指明儿童的上述"喜欢"是生理性的快感，或是审美意义上的快感，但许多研究都指出，儿童最初的美感与生理的快感是难以截然区分开来的，儿童的美感来自于生理的快感，一些研究者还从动物进化的角度提供了美感来自于最初的生理快感的证据。② 有研究表明，5个月的婴儿能够表现出识别旋律轮廓的能力，同时，也具有识别简单节奏模式的能力。还有研究认为4岁是图形知觉的敏感期，这时对儿童进行图像训练能够得到更好的训练效果。从上述的研究结果可以推测，儿童的审美心理的萌芽期应当是发生在婴儿期，具体地说，婴儿在2~3月的时候就已经具备了感知美的事物的能力。

儿童早期的美感表现是不太一致的。到婴儿末期，多数女孩表现出初级的美感体验，如在给成人表演舞蹈时，会表现出自豪感和愉悦感；有的儿童表现出明显的音乐快感，当听到熟悉的音乐或节奏明快的音乐时，会感到愉快、兴奋和欢乐；有的儿童的美感表现

---

① 李丹：《儿童发展心理学》，第五章，华东师范大学出版社，1987。
② 刘骁纯：《从动物的快感到人类的美感》，32~86页，山东文艺出版社，1986。

在服饰美上,穿上自己喜欢的服饰就会感到有信心、感到愉快,甚至还有炫耀感。①

(二)审美心理的发展期

进入幼儿阶段的儿童开始学习简单的绘画、音乐、舞蹈、体操和手工等,他们在这些活动中能够体验到与生理快感不同的审美快感。但他们对美的评价还没有较完善的标准。例如,在评价同伴或自己的绘画作品时,往往以绘画内容的真实性或与现实的接近程度作为评价的标准;在评价歌唱水平时,这时的儿童往往不看演唱者的艺术水平,而是简单地看是否唱完或看谁唱的声音更大。这时的儿童还不能进行明确的欣赏活动,但对自己的创作活动则表现出津津乐道,趣味盎然。例如,有的儿童特别喜欢跳舞、唱歌,他们能够在自己的演唱活动中感到巨大的愉快;有的儿童则特别喜欢绘画,他们在绘画过程中感到莫大的幸福。

到小学阶段,由于儿童开始学习文化科学知识,感知能力、想象能力得到了很大的提高,加上文体娱乐活动的日益增多,其审美意识尚未真正形成,只能以某种朦胧的形式表现出来,审美能力也得到逐步提高。以朗读能力为例,小学低年级儿童常常以能否正确朗读为标准,而小学高年级儿童则能在保证朗读正确的前提下,读出抑扬顿挫,声调高低随感情的变化而变化。而对唱歌的评价,不再以声音大小为评价标准,而是以音色的好坏、情感表达的准确性作为标准进行评价。多数儿童在文艺表演中已经能够有意识地表达思想感情,并从中获得审美感受。这些均表明,小学阶段的儿童已经开始具备了审美的欣赏能力,并具备了一定程度的审美表现能力甚至是审美创造能力。但这时儿童的审美能力仍然是有限度的。他们还不能较好地欣赏艺术家所创作的较高深的艺术美,例如,这时

---

① 张奇:《美育心理》,见《教育心理学纲要》,第十三章,人民教育出版社,2003。

的儿童对戏剧、古典音乐和较抽象的绘画还不能接受和理解。这个阶段的儿童的审美意识的典型特点是结合自身的经验来感知、欣赏和表现美，还不能理解高深的艺术语言和抽象的艺术符号。

（三）审美意识的形成期

到青少年时代，由于个体知识范围的扩大，思维能力和想象能力的提高，加上情感的丰富和性的成熟，其审美心理结构有了飞速的发展，包括审美感受、审美评价、审美欲望和审美理想在内的审美意识初步形成了。这时的个体在审美心理发展方面具有以下特点。

1. 审美范围日益扩大。在儿童时期，儿童的审美对象范围是有限的，只能欣赏简单的艺术美和自然美，对社会美、复杂的艺术美、复杂的自然美以及科学美尚无法欣赏。到青少年时代，由于知识范围的扩大，思维能力、想象能力的提高，学生接触到大量的文艺作品，丰富了艺术美的知识，已经能够欣赏和评价诗歌、散文、小说等作品，对通俗的音乐作品、绘画作品也能较好地欣赏，这时，学生不仅能够欣赏到作品的语言美和再现内容美，也能欣赏到作品所表现的较深刻的意义内涵或意境美，较准确地把握作品的情感特征。由于道德规范的学习，学生也能初步判断社会中的真伪、善恶、美丑，表现出对社会生活美的体验。尤其是大量阅读人物传记、历史故事和小说，学生开始探索人生，崇拜英雄，识别什么是崇高，什么是丑恶，什么是低级趣味等，由此产生了对崇高的鉴赏。可见，青少年的审美范围大大拓展了。

2. 审美评价的形成。由于自我意识的形成，青少年的审美评价逐步摆脱成人的评价，不再轻易用成人的评价来左右自己的评价，表现了审美评价的自主性。这种审美评价的自主性表现为自觉地选择审美对象，自觉地对作品中的人物进行评价，发表自己对作品的看法，明显地流露出对美的不同追求，在服装上面也有自己的主张，不再随父母的意志为转移，而是自己挑选喜爱的款式和颜色，在发型上也有了自己的看法，表现出强烈的自我选择。审美评价的形成不仅表现在自主性上，也表现在审美评价的深刻性上。青少年们已经开始理解了形式和内容的关系，并开始从审美对象的外部评价转入到美的内涵、意境、内在美的评价上。

3. 审美感受增强。青少年的审美感受是强烈的。他们在阅读艺术作品时，读到动情处往往被感动得热泪盈眶，读到精彩处往往拍案叫绝，对崇高的形象虔诚地崇拜，对喜欢的作品爱不释手，对丑恶的形象恨之入骨。例如，有的青少年喜欢某首歌曲，往往百听不厌、百唱不倦，把自己的整个身心都投入在其中，表现出强烈的审美情感。

（四）审美鉴赏能力的提高期

到青年时期，青年人由于知识的进一步丰富，想象力和创造力的增强，对美的理解大大加深，审美鉴赏能力也不断提高，逐步接近成人水平。但由于审美是一种高级的精神活动，对审美对象的感受、理解和评价是没有止境的，对美的追求是没有尽头的，许多艺术大师一生进行艺术创作，但始终也无法得到最终的满足，许多艺术评论家一生都对某一艺术品进行研究，但也没有最终的满足，所以，虽然青年人的审美鉴赏能力得到了提高，但对一些高深的艺术作品还缺乏鉴赏能力，对一些专业性较强的艺术作品，也无法真正欣赏。例如，有的青年人虽然爱好书法，但却说不清书法的美具体如何体现；有的青年人喜欢交响乐，但对交响乐的丰富内涵却不太了解；有的青年人热爱艺术，但对艺术大师的精湛作品却常常表示"欣赏不了"。可见，青年人的审美鉴赏能力虽然较儿童、少年时代有了较大的提高，但缺乏基本的审美素养仍是今天多数青年人的通病。

四、青少年审美认知的发展

审美认知是个体审美心理结构中的核心成分。它在个体的审美活动中具有举足轻重的地位，一切审美信息都是由审美认知进行加工和处理，审美认知是一切审美活动的信息加工基础，没有审美认知的作用，就没有个体的审美活动。因此，对审美认知的研究历来是美育心理学研究的重要课题。一些审美心理学家对审美认知进行了详细的研究，提出了审美认知发展的阶段理论，用来说明个体审美认知的发展过程。

（一）审美认知发展的阶段理论[①]

1. 审美认知发展的五阶段理论。美国心理学家加德纳既是当代著名的儿童发展心理学家，也是著名的艺术心理学家，他成功地将艺术与心理学结合起来，研究了艺术在人类个体心理发展中的作用，根据对儿童绘画心理的研究提出了审美认知发展的五阶段理论。

第一阶段，0～2岁，婴儿知觉期。这时，婴儿的主要任务是认识他人和几何形体，发展最初的知觉能力。一般地说，这时的儿童还缺乏与艺术品的直接联系，即使在他周围布满艺术品也是一样。因为对艺术的整体特征的掌握远远超出了他们的能力范围。但这时他们能够注意光源，趋向明暗对比强烈的物体，有了人像偏爱，甚至也流露出对有组织的形式（如方格图案的棋盘）的偏爱。这种萌芽状态的、对非组织性或分离性形式的认知和排斥，对今后的审美发展具有十分重要的意义。

第二阶段，2～7岁，符号认知阶段。儿童开始掌握图像、手势、声音、数、形式和语言等多种符号的意义，对符号意义的理解和掌握，是儿童进一步理解艺术的整体特性的基础，因为符号及其意义是艺术品的基本语言。但因相应知识不足，这时的儿童还不易掌握艺术品的整体特征。他们可以依据再现内容的类型对绘画作品进行分类，但不会从艺术品的风格或形式方面判明艺术品的类别。他们已能区分色彩和线条的"响亮"或"安宁"等表现性。因而，在精心设计的条件下，学前儿童可以获得一定程度的审美能力，但

---

① 童庆炳：《现代心理美学》，42～44页，中国社会科学出版社，1993。

条件一旦消失，短时获得的审美能力也将很快下降或消失。

第三阶段，7～9岁，写实高峰阶段。这时的儿童拘泥于写实原则及惯例，并以此为尺度来判断艺术品的优劣，如认为摄影优于绘画。因而他们很难接受抽象性作品或艺术家对不存在的事物的描绘。这时，由于其绘画技能尚未真正成熟，所以，尽管他们的作品力图描画现实中的物体，但其所描画的并不完全与所描述的事物相似，有时看起来甚至抽象的，但事实上，他们并不描画抽象，而是力图写实地描画现实，只是由于其绘画技能差，使人误认为他们在描画抽象。

第四阶段，9～13岁，写实终结和审美感受初期。由于对既定文化的进一步了解和适应，他们不再死守原先坚持的各种原则，而是学会了合理地背离规则，开始注意形式、技巧以及形式本身的表现色彩。他们对绘画的风格渐渐有所感悟，开始喜欢不同风格的艺术家。同时，对非再现性（抽象的）的绘画有了一定的兴趣。相应的习作模仿已能不同程度地考虑到线条、色彩配合、背景设置、明暗对比和透视等因素。这时的儿童十分相信训练的重要性，对特定效果的追求十分迫切。

第五阶段，13～20岁，审美参与危机阶段。这时的青少年因艺术批判能力的提高而不再"创作"，并对他人的创作努力漠然置之。他们十分在乎自己是否真正画得好，因此，为了不让人觉得他们画不好，他们采用了宁愿不画的策略，表现了审美参与的危机。在审美标准方面，他们开始相信"趣味无争辩"，并因此可能忽略艺术中特定价值标准的存在。

2. 审美认知发展的三阶段理论。美国心理学家丹尼·伍尔夫（Dennie Wolf）1987年提出了审美认知发展的三阶段理论，来解释儿童审美认知的发展。

第一阶段，4～7岁，理解绘画符号阶段。幼儿对感觉、惯例以及期望的贮存都偏向实用的目的。2～5岁时随着对母语中的数字以及音乐的掌握能力的提高，他们就逐步地趋向与人所特有的符号，从而有可能成为地道的图像读者，与图像制作也发生较深刻的关系。这意味着他们开始领悟图像再现的要求和力量。

第二阶段，8～12岁，理解视觉系统阶段。对于这时的儿童来说，熟悉特定文化所规定的一定范围内的视觉语言或系统是相当关键的，因为达到这一步必须以他们对一般符号组织的理解为基础，即对于特定视觉语言的理解力的培养有赖于一种文化性的情境。10～12岁的儿童则已有区分审美性和非审美性图像的判别和复制的能力。虽然这种能力本身还是粗浅的，如这时的儿童有一种把审美性的图像看着是色彩斑驳、细节繁多的图像的不自觉倾向。

第三阶段，13～18岁，理解艺术性选择阶段。年龄的增长和生理上的变化使儿童能够敏感于独立和个性的意味，抽象思维的发展明显地推进了他们审美思维的发展，如想象的新颖性和细腻程度有了明显的提高。对于视觉经验来说，这种审美思维有助于理解和欣赏表现的选择。对选择强有力的形式来表达感受或观念表现出浓厚的兴趣，是这一阶段的青少年的主要特点。他们尝试用象征来表现和平、自由、羡慕和邪恶等，从而对色彩、形式、构图、机理和惯例性图像也给予相应的注意。

通过对上述三个阶段的描述，伍尔夫认为，长期性的、具有连续性特点的审美教育对儿童审美心理的发展具有十分重要的意义。

（二）青少年审美认知发展的规律

无论是加德纳的五阶段论或是伍尔夫的三阶段论，都表现出个体的审美能力具有三大倾向，即从具体到抽象，从题材到形式，从形式刺激到形式表现。

从具体到抽象，指个体对审美对象的把握和喜爱，首先是具体化的。例如，对绘画而言，儿童最初难以理解抽象的绘画，但对与自己的生活接近的具体形象的绘画却能较好地把握，他们喜欢"具象"画胜过喜欢"抽象"画。对音乐也是这样，他们能够理解借助自然声音如动物的叫声来表达的音乐，但却不能理解像《月光奏鸣曲》《流浪者之歌》这样的抽象音乐。对文学来说也是这样，当文学形象是具体可感的具体形象时如动物形象或小朋友形象，就能理解和接受，而当文学对象是较抽象的形象时如"奸诈""崇高"等，他们就难以理解和接受。

从题材到形式，指个体对艺术品的欣赏，首先企图寻找艺术品所表现的题材是什么，而不在乎该题材是用何种形式来表现的。所以，当他们能够顺利地发现艺术品所表现的题材时，他们就能理解并接受艺术品，但当他们在艺术品中难以发现题材时（如在抽象艺术中），他们就不能理解和接受该艺术品。

从形式刺激到形式表现，指个体在摆脱了具体题材的束缚后，对艺术形式的理解和接受的差异性。儿童先能够接受作为刺激的"形式"，并对之作出适当的反应，然后才能利用"形式"去表现或表达自己的思想，即儿童是先能够理解并接受艺术的形式，然后才能利用艺术的形式来进行艺术的创作。①

第三节　美育的心理效应、途径和方法

从"应试教育"向素质教育转轨是我国教育发展的必然趋势。素质教育的根本目的在于培养全面发展的、符合现代社会要求的高素质人才。美育是素质教育的重要组成部分，对培养跨世纪的、全面发展的现代高素质人才有着重要意义。那么，美育对于个体素质的发展具有什么样的心理效应呢？又如何通过有效的美育活动来实现这些心理效应呢？这是美育心理学所关心的重要问题。

---

① 李红、刘兆吉：《儿童青少年审美心理的发展》，载《西南师范大学学报》（社会科学版），2000（2）。

一、美育的直接心理效应

美育对于个体影响，首先在于影响个体的审美心理结构，促使个体的审美心理结构的形成、发展和完善。所以，美育的直接心理效应乃是美育对个体的审美心理结构的形成、发展和完善的影响，是通过美育使个体的审美认知结构得到进一步发展和完善，使个体的审美能力得到进一步提高，使个体的审美情感更加丰富，审美价值观更加正确。美育对个体的审美心理结构的影响，主要可以从以下几个方面去分析。①

（一）审美认知结构的完善

审美认知结构作为审美心理机制的认知机制，主要负责审美的信息加工过程。其主要构成成分包括五个方面，即审美认知器、审美认知策略或审美认知技能、特殊审美认知能力、相关的审美知识和独特的审美经验、审美的元认知成分。② 这些成分有些是个人的天赋能力，如很多关于音乐天才的研究都表明，音乐能力中的某些成分来自遗传。然而，有许多审美认知成分都是后天学习的结果，例如审美的策略和技能、相关的审美知识和经验，这些成分在一般的教学活动和日常生活中尽管也能得到发展，但其影响是有限的、非组织性、非计划性的，有时，放任自流的环境甚至是有害的。只有通过有目的、有计划、有组织的美育活动，才能有针对性对学生的审美认知结构进行系统的、深刻的影响，才能更好地发展和完善个体的审美认知结构。例如，通过音乐艺术的美育活动，可以促进学生音乐审美的认知结构的形成和发展；通过

---

① 李红、刘兆吉：《论美育及其心理功能》，载《课程·教材·教法》，1999（5）。

② 李红、刘兆吉：《儿童青少年审美心理的发展》，载《西南师范大学学报》（社会科学版），2000（2）。

视觉艺术的美育活动,可以使学生的视觉感受能力、视觉理解能力、空间表现能力、造型能力等得到更好的训练,因而得到良好的发展。没有这样的系统的美育活动,学生即使有艺术的天赋,也可能在缺乏美育的教育中遭到泯灭。我们自己的研究也表明,对中学生进行系统的绘画欣赏训练,可以有效地教会学生学会欣赏绘画的方法,从而提高中学生对绘画艺术的感受,提高中学生欣赏绘画的能力。①

(二) 审美情感的丰富

我们每个人都听过音乐,看过绘画,或接触过其他艺术形式。然而,"听过"并不能保证听懂了或理解了,"看过"也不意味着看懂了。所以,一些人在现实生活中,面临高雅的艺术,常常"望艺术兴叹",抱怨自己"欣赏不了"。也有不少的人天天生活在自然美景中,然而却成天麻木不仁,抱怨这抱怨那,使自己心情糟糕。这些都是由于不懂得欣赏美的缘故。因此,他们的审美感受相当贫乏。前文中提到的浪漫诗意的妻子和实用功利的丈夫的例子尽管只是虚构,但丈夫之缺乏审美情趣是显而易见的。如果真有这样的情况出现,妻子可能就不得不抱怨自己"为什么当初瞎了眼"了,或者就只好找一间"美育补习学校"为丈夫补习审美课程了。传统教育忽视每个人本身具有的审美情感的充分发展,甚至泯灭了个体童稚般的审美情感。那么,要充分发展个体的审美情感,因而使个体能够充分享受美的艺术、美的自然和美的社会生活,就成了今天美育的重要职责,而建立在美育心理学基础上的美育正好能够实现这一目标。它不仅能够让个体学会发现和欣赏美,也能让个体学会表达和创造美,使个体成为具有丰富的审美情感的人。

---

① 李红:《场依存性和教学方法对中学生绘画欣赏的影响》,见《美育心理研究》,四川教育出版社,1994。

（三）审美价值观的形成

审美价值观是个体审美心理结构的核心成分，是个体根据自己的审美需要对事物的美丑作出评价时的观念系统。个体的审美价值观对个体的审美行为具有十分重要的影响。个体之所以认为某事物是美的或是丑的，这主要取决于其审美价值观。审美价值观在社会文化背景中也能形成，但由于社会文化对个体的影响具有随机性，缺乏定向性，使得不同的个体受到的影响可能是不同的，并且一些人受到了好的影响，而另一些人则可能受到了不良的影响。所以，仅仅接受社会环境的影响，个人既可能形成良好的审美价值观，也可能形成不良的审美价值观。学校教育的突出优点是具有目标定向性，但在传统的学校教育中，由于审美价值观并非一个重要的教育目标，或者有时是一个教育目标但又往往形同虚设，所以，个体的审美价值观也不能正常地形成和发展。要使每个学生都形成正确的审美价值观，区分什么是美，什么是丑，就必须对学生进行良好的、以美育心理学为基础的美育。通过以科学的美育心理学为基础的美育活动，个体的审美价值观就可能受到系统而正规的影响，从而使个体矫正错误的审美价值观，形成正确的审美价值观。

二、美育的间接心理效应

美育除了对个体的审美心理结构有着直接而巨大的影响外，它对个体的其他心理结构也有间接而重要的影响。具体地说，通过美育可以培养个体良好的道德品质，促进个体的智力得到开发，提高个体的能力，可以使个体的身体素质在美的熏陶中得到锻炼，从而达到强身健体的作用，使个体形成健美的体魄，还可以促进劳动教育，使个体在美的劳动中受到劳动美的熏陶，养成正确的劳动习惯和劳动快乐的观念。然而，长期以来，一些人对美育形成了一些误会，认为美育就是快乐教育，是一种纯娱乐性的教育。这种观点没有看到美育除了对学生审美心理结构自身的影响外,还对德育、智育、体育和劳动技术教育等具有重要的促进作用。①

(一) 以美育德

德育,即道德品质教育,是社会主义教育事业的重要组成部分。不能否认,品德的形成,德育起了十分重要的作用,但智育、美育、体育和劳动教育的作用,特别是美育的作用也不能忽视。"以美育德"的美育思想古已有之,并在古代的教育实践中早已得到运用。美育对人的思想、意志、情感有重大影响,而思想、意志和情感都是品德的重要成分。因此,美育历来被教育家、心理学家和美学家所重视。苏霍姆林斯基(В. А. Сухомлинский)认为:"美是道德的纯洁,精神丰富和体魄健全的有力源泉。"② 用美的事物为手段进行品德教育,主要通过潜移默化过程,就如杜甫诗句所描写的:"好雨知时节,当春乃发生。随风潜入夜,润物细无声。"美育以文学、美术、音乐等为手段,文学、美术、音乐等富有形象性、美感性、群众性,很适合进行道德教育。它可以通过对典型形象的渲染,使人们在美的魅力的诱导和陶冶下,激起情感上的共鸣,成为奋发有为的契机,从而使社会道德规范和善恶观念在人们的品德中得到潜移默化。我国古代教育家早就发现了文学、音乐、美术的道德教育价值,要求教育应该美善结合,要符合"寓德于乐"的原则。如孔子对《韶》(舜时代的乐曲)的评价:"尽美矣,又尽善也。"谓《武》(武王时代的乐曲):"尽美矣,未尽善也。"③《乐记》主张"乐行而伦洁""乐终而德尊"。韩愈主张"文以载道"。受美育熏陶过的人,品德上潜移默化,也许自己都意识不到。

---

① 李红、刘兆吉:《论美育及其心理功能》,载《课程·教材·教法》,1999(5)。
② 转引自刘兆吉:《高等学校教育心理学》,275页,北京师范大学出版社,1995。
③ 《论语·八佾》。

但通过美育形成的道德品质，深刻而稳定，对一个人的道德认识、道德情感、道德评价、道德行为起着主导作用。①

（二）以美启智

众所周知，人的智能影响人的学习和工作效率。而人的智能可以区分为一般智能（如观察力、记忆力、想象力和思维能力等）和特殊智能。美育过程，无论是绘画、雕塑，或是音乐、舞蹈，都需要特殊智能。特殊智能是在一般智能的基础上经过专业训练发展起来的，又能促进适应性更强的一般智能的发展。例如，绘画教育就能培养学生的审美观察力、审美记忆力、审美注意力、审美想象力和审美的分析判断能力。事实上，艺术家和科学家的很多能力是相通的。例如，美术家所需要的深刻而细致的观察力、高度集中的注意力和丰富的想象力，也是科学家所需要具备的。文艺复兴三杰达·芬奇、拉斐尔和米开朗琪罗都是著名的画家，但同时，达·芬奇还是自然科学家和工程师，在天文学、地质学、物理学、生物学的研究中均有建树，在哲学上也有不凡的见解，在军事、水利、土木、机械工程等方面亦有重要贡献。拉斐尔也是当时著名的建筑师。而米开朗琪罗同时也是雕塑家、建筑师和诗人。我国著名地质学家李四光酷爱音乐，是小提琴手，数学家华罗庚喜爱拉二胡，物理学家钱学森也是一位钢琴名手。钱学森说："形象思维是研究思维科学的重要内容，是思维科学研究的突破口。音乐思维和美术思维都是形象思维中很重要的组成部分，应当引起重视。"② 对现代著名科学家、相对论的提出者爱因斯坦的大脑的研究，也证明爱因斯坦在物理学方面所取得的伟大成就与他在音乐方面的修养具有密切的关系。③大量的事例和研究都证明，形象思维与逻辑思维相辅相成，右脑的功能与左脑的功能相辅相成，音乐、美术等审美能力与智能

---

① 刘兆吉：《高等学校教育心理学》，276 页，北京师范大学出版社，1995。
②③ 沈建军：《音乐与智力》，6～7、84 页，华中工学院出版社，1987。

的发展也是相辅相成。所以,通过美育还可以启迪智能,达到智力开发的目的。①

(三) 以美健身

美育与体育运动的关系,早已为人熟知。早在远古时代,作为狩猎工具的石球、弓箭,既是最早的审美对象,也是现代体育运动器械的雏形。在原始社会,体育和艺术是共生的,体育与音乐、舞蹈之间没有明确的界限。② 人们熟知的"熊经鸟伸"的导引术,华佗的"五禽戏",可以说既是体育,又是舞蹈,既是模仿动物形态和动作的表演、娱乐,又是健身的医疗体育。现代体育在增强了竞技性的同时,也大大地增强了其艺术性,因而,现代体育越来越具有观赏性。大量的实践都表明,体育运动中存在着大量美的信息,它们陶冶着人的情操,净化着人的心灵,启迪着人的智慧,提高着人的思想境界。一场高水平的球赛可以激发人们感情上的波涛,一场优美的冰上芭蕾表演决不会使人感到寒冷,每当五星红旗在国际体坛上冉冉升起的时候,多少人为之激动,心潮起伏,浮想联翩,甚至流下激动的泪水。这些可以说都是体育美的魅力。这些也都是体育与美育相结合的典型途径。可以说,体育与美育的结合是开展美育的重要途径。通过这种途径,可以实现美育的诸多效应。理性地说,这些效应主要体现在几个方面,即形体美、动作美、精神美、心灵美、行为美和协作美。

(四) 以美促劳

与德育、智育、体育、美育一样,劳动教育也是社会主义的素质教育的重要组成部分。个体正确的劳动习惯、劳动观念的形成,

---

① 刘兆吉:《高等学校教育心理学》,276 页,北京师范大学出版社,1995。

② 杨宗义等:《体育与美育心理》,见《美育心理学》,第十三章,西南师范大学出版社,1990。

劳动能力、劳动知识的获得，尽管主要是劳动教育的产物，但美育的作用也不能忽视。事实上，劳动教育和美育具有天然的联系。劳动创造了美，艺术起源于劳动，美的劳动可以使人更加热爱劳动，而异化的劳动则使人感到最大的桎梏。正是在人类的生产劳动实践中，人类才形成和发展了审美能力和审美情感。美的劳动能使人感受到令人心情舒畅的运动节奏，体验到成功的喜悦和创造的愉快，品味到生命的活力与生命的节奏，领悟到人生的妙谛，认识到人的本质力量，而这些感受、体验、品味、领悟和认识正是人类区别于动物的审美情感。所以，劳动是审美情感的源泉，通过劳动能使人感受到令人难以忘怀的审美情感。正因为如此，劳动就成了美育的重要途径。通过劳动的美育，可以培养个体的劳动需要、劳动动机，因为"人为了满足需要而劳动，而劳动又创造人的需要"①；通过劳动的美育，可以培养具有高度的审美能力的人，因为"劳动创造了美，也创造了人的审美能力——欣赏音乐的耳朵，感受形式美的眼睛等等"，"孩子们在创造大地的美的过程中，自己也变得更美好，更纯洁和更可爱"②；通过劳动美育，可以培养学生的审美情感，因为"劳动是审美情感的源泉"③；通过劳动美育，还可以使人养成良好的劳动习惯，形成正确的劳动观念。

（五）以美乐群

人是生活在群体之中的，正确处理人际关系对于良好地适应社会具有重要意义。所以，敬业乐群是学校教育的重要目标之一。美育在这一目标的实现过程中具有独特的作用。首先，可以通过审美活动调节人际关系。美育的重要特征之一是具有娱乐性，而审美活动是学生喜闻乐见的活动，学生感到轻松愉快，没有相互猜忌，也没有激烈的功利竞争意识，因此，可以使学生之间比较轻松、比较

---

①②③ 刘兆吉：《美育心理学》，360、363、349 页，西南师范大学出版社，1990。

和谐地从事审美活动,从而调节人际关系。其次,可以通过美感共鸣增强群体的凝聚力。在激烈的功利竞争活动中,个体之间容易形成紧张的人际关系,并由此而产生互不相助、各自为阵的"一盘散沙"式的班级。这样的班级极不利于各种教学目标的实现。这时,聪明的班主任可以巧妙地组织一些能够使学生产生情感共鸣的审美活动,这既有利于放松学生过分紧张的神经,也可以使学生体会到共同的审美情感,从而增加学生之间的思想交流与情感接触,使他们除学习外有更多的共同话题和共同的情感体验,从而增强群体的凝聚力,形成一个目标一致的班集体,促进各项教育目标的实现。最后,通过审美参与,还可以培养乐群意识。共同的活动是培养学生乐群意识的基本途径,而审美活动是学生参与最广泛、最积极的学校活动之一。例如,经常性的集体郊游,既可以使学生领略大自然的秀丽景色,培养他们的审美情感,又可以吸引他们参与其中,在集体活动中培养集体凝聚力和乐群意识;学校或班级的文艺、体育活动具有广泛的审美价值,也是学生非常喜欢的活动,只要充分利用这些活动的审美价值和德育价值,就能吸引他们,使他们渴望参与这样的活动,从而培养他们热爱集体的优秀品质和喜欢群体生活的良好习惯。

三、实现美育心理效应的途径和方法

对学生进行美育以便实现美育的诸心理效应的途径和方法是多方面的,可以从不同的方面来加以论述。既可以通过音乐、美术、文学等艺术美的教育来实现,也可以通过大自然和社会生活的现实美的教育来实现;既可以通过课堂教学的方式来实现,也可以通过课外活动和社会实践的方式来实现。所以,应该灵活多样地开展学校美育,以便更好地培养学生的审美心理结构,并促进学生的其他心理品质的形成和发展。

(一)文学艺术教育中的美育

文学艺术教育是我国普通教育中实现美育的心理效应的主要途

径和方法。文学是用语言塑造形象以反映社会生活，表达作者思想感情的艺术，简称语言艺术。语言艺术有不同的体裁，不同的表现形式，如诗歌、散文、小说、戏剧等，这些既是人类审美活动的重要产物，也是教育学生进行审美的重要对象。语言是人类交际的重要手段和思维的重要工具。由于人类是爱美的，且又富于情感，不满足于只把话说明白，还希望用自己的情感去感染对方、影响对方、教育对方，尽量使自己的语言不但正确，且言之有物，言之有情，尽善尽美，使听者读者心悦诚服。这就是文学语言的心理背景，也就是文学成为美育主要手段的心理依据。① 语言文学也是普通教育的重要内容，在中小学的语言艺术教育中，充满着审美的因素，有着无穷的审美机会。因此，如何充分利用课堂教学等教育活动中的语言艺术作为手段，来影响和发展学生的审美心理结构，促进学生的素质全面提升，就是每个教育工作者必须思考的问题。利用语言艺术作为美育的途径，古人早已作出了榜样。孔子劝人学诗，因为"不学《诗》，无以言"②，也因为"《诗》，可以兴，可以观，可以群，可以怨；迩之事父，远之事君；多识于鸟兽草木之名"③，可见诗文的妙用无穷。诗文的最大效用是有益于世道人心。孔子赞美《关雎》，因为它"乐而不淫，哀而不伤"④，的确是好的美育教材。此外，我国的唐诗、宋词、唐宋八大家的散文、元曲、明清小说，都是我国古代及近代语言艺术的精粹，也都是极佳的美育教材。例如文天祥的《正气歌》，既是爱国主义的好材料，也是让学生感受豪情壮志、崇高、悲壮等审美情感的良好教材；朱自清的《荷塘月色》《绿》、秦牧的《天山景物记》、李健吾的《雨中登

---

① 刘兆吉：《高等学校教育心理学》，251页，北京师范大学出版社，1995。
② 《论语·季氏》。
③ 《论语·阳货》。
④ 《论语·八佾》。

泰山》等是对大自然美景的极佳描写,这样的散文教学再结合集体的郊游,不仅可以培养学生热爱大自然、欣赏大自然、保护大自然的审美情感,还能激发学生热爱生活、向往积极人生、创造美好生活的生活态度。而余秋雨的散文集《文化苦旅》更是凭借山水景物以寻求文化灵魂和人生真谛,引起当代多少学人的无限审美遐想。

现在青少年迷恋武侠类小说和电影的风气盛行,大学生也深受其影响。有的学生上课时,不听教师讲课,偷看此类小说、杂志,这可以说明了语言艺术的极强艺术感染力。如果选材恰当,指导有方,语言艺术便是最有效的美育手段。如果放任自流,则学生极易受到海淫海盗的黄色文艺作品的污染,结果使得学生意志消沉,行为放荡,既严重损伤学生的道德品质和智力发展,也是进行美育的大敌。① 所以,我们一定要主动地、有目的、有计划地引导和教育青少年朋友阅读健康的语言艺术作品,这既是美育的要求,也是社会主义精神文明的重要措施。

音乐属于表演艺术,音乐感是人类审美情感的重要来源。通过音乐教学可以培养学生对音乐音响的辨别能力和感受能力。音乐又是一种时间性较强的艺术形式,通过音乐欣赏可以培养学生良好的注意力和记忆力。音乐是一种善于表现和激发情感的艺术,音乐欣赏还可以唤起和激发学生的思想感情和生活体验,丰富人的情感,焕发学生的学习、工作和生活的热情,充实学生的精神生活。总之,通过音乐教学、音乐欣赏和音乐表演,既可以提高学生的审美能力,丰富学生的审美情感,增强学生的艺术修养,促进学生整个审美心理结构的良好发展,还可以促进学生其他心理结构的发展,达到学生素质得到全面提升的教育目的。音乐教学大致包括这样一些内容:音乐乐曲欣赏、歌曲演唱、乐器演奏、乐理知识的传授。

---

① 刘兆吉:《高等学校教育心理学》,255 页,北京师范大学出版社,1995。

将音乐作为感化人的教育手段,古代贤明的统治者和教育家早已发现。古帝王舜曾任命夔为主管音乐的官员,舜说,夔啊!命令你主管音乐,教育王公子弟,使他们正直而温和,宽厚而庄严,刚正而不粗暴,平易近人而不傲慢,诗是表达意志的,歌是把内心的语言咏唱出来,声调要随时咏唱而有抑扬顿挫的变化,韵律与声调相和谐,八种乐器密切配合,协调统一,不能互相干扰,搅乱伦次,这样,神灵和人都会感到愉快和谐。这就是要以音乐作为教育手段,对当时的贵族子弟进行教育。孔子也非常重视音乐教育,他不仅有闻《韶》乐"三月不知肉味"① 的著名论断,还主张"安上治民,莫善于礼;移风易俗,莫善于乐",充分认识到了音乐教育的重要意义。

舞蹈是与诗歌、音乐同一渊源的艺术形式,以经过提炼、组织和艺术加工的人体动作作为主要表现手段,表达人的思想感情,反映社会生活。其基本要求是动作姿态、节奏和表情。所以,舞蹈是"身体的艺术,也是心灵的艺术,确切地说,舞蹈是身体与心灵一齐飞翔的艺术"②。舞蹈和诗歌、音乐一样,起源于远古时代人类的生产劳动,一开始就含有歌颂劳动、鼓励勤奋、英勇献身不忘祖先的教育意义。今天,舞蹈更是作为艺术性高度发展的艺术形式,在世界艺术界享有崇高的地位。例如,盛行于全世界的芭蕾舞《天鹅湖》,既有十分引人入胜的音乐,又是非常美的舞蹈艺术,它给人带来的巨大的审美享受是难以用语言表达的。而中国芭蕾舞剧《白毛女》《红色娘子军》等至今还让人难以忘怀,其带给人民的审美感受也是十分显著的。此外,像学生文艺活动中自编的舞蹈,不仅体现了学生的审美创造性,也让学生在自己的审美创造活动获得

---

① 《论语·述而》。
② 刘兆吉:《高等学校教育心理学》,359 页,北京师范大学出版社,1995。

了十分有益的审美经验,还让欣赏者产生了愉快和谐的审美感受。所以,学校教育要充分利用舞蹈作为美育的途径,促进美育目标的全面实现。但是,与其他艺术形式一样,舞蹈作为青少年喜闻乐见的艺术形式,可以作为美育的重要手段,从而增强德育、智育、体育和劳动教育等的效果,也可能被坏人利用而混入黄色的毒素,污染社会的精神文明,毒害青少年,成为美育的大敌,例如什么贴面舞、脱衣舞之流就是淫秽不堪、伤风败俗的黄色舞蹈。教育工作者一定要充分利用舞蹈美育的优势,杜绝黄色舞蹈对学生造成不良的影响。

造型艺术包括绘画、雕塑和建筑等,也称美术,还被称为空间艺术或视觉艺术。造型艺术的作品在被人欣赏时,主要通过视觉器官,实现对作品的形式和内容的识别、记忆、理解和欣赏,从而达到令人赏心悦目的审美境界。所以,造型艺术也具有重要的美育价值,是有效地对学生进行美育的重要途径之一。

绘画在培养人的全面素质方面所起的美育作用是十分显著的。例如,爱画山水的人,尤其热爱祖国的锦绣河山;爱画古代文物的人,则更加热爱祖国文化的源远流长;喜欢画战争题材的画家,则常常在揭露战争的残酷的同时,歌颂革命的英雄人物,从而容易让人感受到崇高与悲壮。这些都可以增强观赏者爱国主义情感,因而也是德育的重要内容。

雕塑在培养学生的心灵的过程中,常常是潜移默化的。例如,一座端庄肃穆的周恩来雕像,尽管默默无声,没有半点语言的述说,但无不令观者景仰和崇拜,让人不仅想起周总理在建立和建设新中国过程中的丰功伟绩,更让人想起周总理那崇高无私的品格和坦荡磊落的胸怀,从而使学生既受到深刻的道德教育,又受到崇高的美育。所以,作为教育工作者,不仅要注意充分利用一切条件,教学生自己进行雕塑活动,更要利用校园、公园、博物馆等公共场合的众多雕塑作品,对学生进行良好的美育,让学生不仅养成良好的道德品质，还使学生具有较高的艺术修养，真正成为全面发展的人才。

戏剧、电影、电视等由于具有多种艺术的共同特点，因而被称为综合艺术。在电子技术越来越发达的现代社会，多媒体技术在教育中得到越来越多的运用，这使得我们比从前的任何时代都有更多、更好的机会利用综合艺术来对学生进行艺术美的教育。今天，一张小小的光盘就能将一个乐团或一个剧团带回家来，使我们足不出户，却能欣赏到世界各地的音乐、戏剧、电影或电视节目，这就给综合艺术的美育带来了巨大的方便，但同时也带来了挑战。因为综合艺术早已成为商业活动的重要媒体，而商业活动往往在追求最高的利润时忘记了对社会应尽的责任，于是一些不法商人乘虚而入，在综合艺术形式中混入了大量黄色的、令人不堪入目的节目，这不仅污染了社会的精神文明，也给学校美育工作带来了巨大的麻烦，污染了学生那幼稚的心灵。所以，作为教育工作者，我们有责任创造和利用严肃、认真、富有教育意义的音像制品来净化学生的心灵，使学生真正成为各种素质得到全面发展的人才。

（二）大自然、社会生活中的美育

对学生进行美育，不仅可以利用作为现实美的集中体现的艺术美，也可以利用现实美本身作为美育的重要途径和手段。我们也许常常惊叹于徐悲鸿的奔马、齐白石的鱼虾、傅抱石的山水，然而，这些艺术美的表现实际上直接来源于自然。再如，我们也许会赞叹《清明上河图》的宏伟、《开国大典》的壮观、《父亲》（罗中立油画）的慈祥等艺术美的伟大，然而，这些艺术美实际上直接来源于现实或历史的社会生活。所以，艺术美只是自然美、社会生活美的典型的、集中的再现，而真正的自然美、社会生活美就在我们的日常生活之中。人来自自然，生活于社会中，热爱自然和社会的美好事物乃是人的本性，自然美和社会生活美是各种艺术美的源泉，也是人类美感的最初源泉。自然的美景使人心旷神怡，高尚的社会行为也能使人享受到美的愉悦。所以，利用自然美、社会生活美的内容来教育学生，乃是学校美育中最常见、最方便的途径。

（三）各科教学中的美育

中小学各科教学之中富含着审美心理的要素，因此，利用中小学各科进行美育也是学校美育实现其美育心理效应的重要途径。刘兆吉曾经利用《西南师大成人教育》刊物，发表了通过中学各科教学开展美育的系列论文，并出版了专著《中学美育心理学12讲》，从理论和实践上论证了通过中学各科教学进行美育的必要性和可行性，为中小学利用各科教学从事美育提供了理论上的依据和实践操作例证。中小学各科教学中具有丰富的科学美的内容和丰富的社会生活美的内容。例如，数学中的数、形变换，物理中的各种原理，化学中色彩斑斓的元素及化合物，地理中的大自然美景，历史中的人物形象美，语文中的语言艺术美，政治中的社会生活美等，都是美育的重要内容，利用这些审美因素进行美育，不仅可以使学生在快乐中学到科学知识，还可以使学生形成热爱自然、热爱生活、热爱科学、热爱历史文化的良好品质。

（四）课外活动中的美育

丰富的课外活动不仅可以使学生获得更多在书本中学不到的知识，也可以使学生获得美的享受，感受到令人愉悦的审美情感，从而发展其审美心理结构。因为课外活动不仅具有丰富的教育因素，也具有丰富的审美因素。例如，利用课外文艺活动小组进行美育是十分自然的，而利用课外科技活动小组进行美育也完全是可行的。因为在从事科技活动时，学生不仅可以学到科技活动的基本知识和基本技能，还可以享受到科学探索的美的感受，感受到在其他活动中难以获得的科学美感；此外，其他的课外活动小组也都可以成为美育的基地，使学生在完成其课外活动时，也受到审美因素的影响，受到美的熏陶，从而促进学校美育的整体效应的实现。

第十二章 教师心理

教师是教育情境中的主体之一。在影响学生和教育过程的众多因素中，教师是其中最重要的因素之一。而作为研究教育情境中主体心理活动的教育心理学也理应重视教师心理的研究。本章将从教育心理学视野出发，着重探讨教师的职业心理素质、教师的威信与教育成效以及教师的成长与发展中的心理学问题。

第一节 教师的职业结构特点

一、教师的职业活动结构

（一）教师职业活动的内容结构

1. 教育教学活动。教育在此特指对学生进行政治思想教育、道德品质和心理素质的教育。在学校教育活动中，无论是教授什么学科、课程的教师，还是从事教育管理工作的教师，他们的活动都包含了对学生进行政治思想、道德品质和心理素质的教育与培养这个基本内容。

教学是教师活动最基本的内容。专职教师都是受过某方面领域专业训练的，因此他们一般都要担负某门学科的教学。教师教学活动的内容结构,主要表现为确定所授课程的教学目的,设计教学内容的结构体系,选用教学方法,安排与实施教学过程,并对自己教育影响的有效性和学生的学习活动质量作出相应的评价等。

2. 科学研究活动。既搞教育教学,又搞科学研究,这是现代教师的基本要求。教师不仅要向学生传授人类社会已有的文化科学知识,而且还要丰富和发展文化科学知识,创造出新的、前所未有的精神财富。教师的科研活动内容主要集中在:一是对自己所教专业、学科进行理论上的研讨,进行学科基础理论研究;二是依据专业、学科的理论进行应用性研究;三是旨在解决自己在教育教学中面临的问题,探索育人规律,进行教育科学方面的研究。第三个方面的研究是中小学教师科研的重点。

3. 人际交往活动。人际交往也是教师的职业活动之一。教师的人际交往主要包括与学生的交往,与学校领导、同事的交往,与学生家长的交往等。

教师职业活动的上述三个方面的内容密切联系,互相渗透,它们形成一种活动网络结构,互相制约,相互促进。

(二) 教师职业活动的形式结构

活动的内容与活动的形式相互关联,内容的某些方面体现或揭示了活动的形式特点。从对不同活动内容的形式上分析,教师的职业活动可概括为教育设计和教育组织两种最基本的形式。

1. 教师职业活动的设计。设计作为一种心智操作方式,它规定着活动的进程、方式、范畴和系统。教师职业活动的设计,主要包括教育设计、教学设计和科研设计三个方面。

(1) 教育设计。教师必须考虑如何在教育过程中联系所教内容与学生实际进行政治思想、道德品质和心理素质的教育;如何在编写教材时,体现思想性、教育性和发展性原则,寓思想、道德和心理素质教育于教学内容之中;如何在与学生课外交往时,针对学生实际,采取不同的形式、方法,对他们进行教育与指导。凡此种种，都要求教师对教育活动的开展方式、实施策略、结果等有预先的构思与安排，对教育内容的选择有明确的考虑与规划。

（2）教学设计。苏联教育学家指出："教师不应该像一位摄影师那样对待他们所教授的课程。因为他不可能，也不应该把自己降低为从书本上口头传递知识的传声筒的作用。"① 在教学活动中，教师对自己的教学活动必须作出全面的安排和系统的规划，对自己教授的课程、课堂讲授和课外活动进行设计。规范的备课，实际上就是要求教师对自己的教学所涉及的各方面内容与活动作全面、系统的规划和安排。

（3）科研设计。科研活动的每一步骤无不具有设计的成分，从对课题的选取到研究假设的提出，这是确定科研目标的设计；研究方案的拟订，研究方法的选择，这是研究方案与方法的设计；研究进程的规划与安排，研究材料的处理与选用，则是对研究进程和研究结果的设计。

2. 教师职业活动的组织。组织是根据设计而进行的系统性实施，使设计规划得以实现的活动。组织是设计规划的具体行为表现，是按设计要求而进行的操作性活动。

教师的组织活动体现在组织自己的讲授、组织自身的课堂行为、组织学生活动和组织科学研究中的课题队伍等方面。组织讲授是教师根据对教学内容的设计组织课堂教学活动，并对课堂教学内容进行系统性、条理性等的编制；根据观点组织感性材料，根据学生实际组织教学内容的表现形式。组织自身课堂行为是指教师有意识地调控自己的言行，根据教学情景有意识地表现某些行为或抑制某些行为，避免自己的行为对学生产生不良影响，避免因在教育情景下不良个性的显露而影响教学。此外，教学过程中，时有未曾预

---

① 转引自［苏］季亚钦科等著，朱企儒译：《大学心理学》，189页，教育科学出版社，1985。

料的情况发生，这也需要教师及时调整自己的行为，消除或维持某种情景。教育活动是师生双边活动，教师除对自身活动加以组织外，还必须组织学生的活动。对学生活动的组织是多方面的，既包括课堂教学中组织学生的注意力，组织学生进行课堂讨论、实验操作、练习作业，又包括组织学生的课外活动，如读书报告会、专题讨论会、社会调查、班团生活会、文体活动等。在科研方面也有一系列的组织活动，如组织科研课题队伍、科研课题组内的组织协调工作等。

（三）教师职业活动的效能结构

考察教师的教育活动效果或质量，可以从中反映出他们活动的效能状况，并依此规划教师职业活动的效能结构。

教师担负的教育、教学与科研活动是密切联系、相互影响、互相促进的。例如，因为承担教学任务，教师需要不断获取、选择、概括和积累多种专业信息与研究资料，与同行教师研讨有关专业方面的问题，这就有助于教师发现新的研究课题，研讨各种专业、学术问题，促进自己的科研工作。反过来，较高的科研能力与较丰富的科研成果能促进教学，使教师能以新的科研成果去丰富与革新教材内容与方法，将最新的科研成果、本学科最新的学术成就与动向体现在教学中。但是，由于种种原因，教师在处理教育、教学和科研三者的关系时，也会出现某些偏差。例如，有些教师对自己的工作采取一种"纯学术"的态度，无论教学或是科研活动都不考虑其教育性；过重的教学工作量，耗费了教师大量的时间和精力，这也可能影响他们进行科研；与之相反，一些教师花费过多时间、精力从事科研，忽视教学质量。

根据教师从事教育、教学和科研等活动的效果或质量，可以把教师的活动相对划分为七种效能类型（见表12-1）。

表 12-1　教师活动效能分类

类型	教育	教学	科研
1	+	+	+
2	+	+	−
3	−	+	+
4	−	+	−
5	−	−	+
6	+	−	−
7	−	−	−

第一类教师在教育、教学和科研方面齐头并进，效果俱佳，他们既有渊博的学识，又有高尚的人格，并且才能与技能高度发展，是教育家与学科专家的统一，这类教师是学校中较理想的专家型教师，但在教师中为数不多。

第二、三类教师在学校中较多，他们都重视教学活动，而且教学质量与效果也好，但各自在教育或科研方面尚显不足。这两类教师的活动效能反映了教师活动的两种基本倾向，即一部分教师忽视科研，而一些教师忽视自己教学活动的育人功能。对于第二类教师，应当使他们明白：在学校里"教学不应该脱离科研。科研没有教学照样发光、燃烧。但是，如果教学没有科研，尽管它的外表多么诱人——仅仅闪烁而已"① 这个道理，鼓励他们从事科学研究。对第三类教师则应要求他们注意与学生交往，在教学活动中加强对学生的思想品德教育。

第四类教师在教师队伍中人数亦不少。他们的活动仅局限于教学方面，既不从事科学研究，也不对学生进行思想品德方面的教育，可以说这类教师是不合格的教师。

第五、六类教师在学校的专职科研人员和专职辅导员、班主任

---

① [苏] 季亚钦科等著，朱企儒译：《大学心理学》，191 页，教育科学出版社，1985。

等方面人员中较集中和明显。这两种类型是学校中两类比较特殊的人员的活动效能的表现。其实,不从事教学或科研的教师,其教育效果是会受到影响的。

第七类教师在学校中虽然为数很少,但对他们必须严肃对待,管理者应在认真分析的基础上,采取多种方式培训、教育,甚至转到其他部门工作。

二、教师的知识结构

教师的知识水平是其从事教育工作的前提条件,教师知识的研究始于20世纪70年代。它是认知心理学应用于教师研究的一种表现。在70年代初期,一些研究明确提出,教师的教学活动是一种认知活动。据此,教师知识作为教师认知活动的一个基础,就成为一个研究的重点。人们对教师应该具有的知识水平有很多的提法和认识,而这也直接影响到有关教师培训的内容和模式。目前有关教师知识的研究集中在两个方面:一是教师应该具备什么样的知识结构;二是教师的知识是如何表达的。教师的知识和认知影响到教学活动的每一方面,研究者相信,教师知道什么以及他们怎样表达他们的知识对学生的学习至关重要。美国全国教育研究会的年鉴和它们声称的目的表明,通过研究改进教育的主要途径之一就是研究教师知识的结构和表达。

(一) 教师应该具备的知识结构

现有研究发现,教师的知识由本体性知识(subject-involved knowledge)、实践性知识(practical knowledge)和条件性知识(conditional knowledge)三类构成。

1. 教师的本体性知识。教师的本体性知识是指教师所具有的特定学科的知识。每一个教师都有自己所教授的学科,它是教师知识结构中的主体部分。这部分知识,也被称为教师应该具备的学术性知识。教师应该能够系统掌握并熟练运用本学科的基本理论、基础知识和相应的技能，熟悉学科发展的历史和现状，了解其最新成就和发展趋势，熟悉本学科的研究方法和学习方法。

美国"全美教师专业标准委员会"所提出的《教师专业化标准大纲》对教师的本体性知识的要求是：教师应了解学科内容，理解学科的知识是如何创造、如何组织、如何同其他领域的知识整合的。这就意味着教师首先应该对本学科的基础性知识有广泛而准确的理解，只有这样，教师才有可能花更多的精力去设计教学，在课堂上更多关注学生和整个教学的进展状态。对教师而言，仅仅注重学科本身的系统性、层次性和结构性等相关知识的掌握，而不注重与知识有关的情感因素也是不正确的。也就是说，作为教师，不仅应该对学科的知识体系结构有很深的理解，而且还应该对学科有较好的兴趣和情感，这可以通过掌握该学科发展的历史和趋势，了解该学科对于社会、人类发展的价值以及在人类生活实践中的多种表现形态来实现。这些知识能够促进教师在教学中实现学科知识的人文价值，同时也能激起学生发现、探索和创造的欲望。不仅如此，教师要掌握与该学科有关的知识，特别是相邻学科在培养学生的基本信念和基本技能中所具有的相互配合的作用的知识。毕竟，知识的传授不是教育的唯一目的，而通过知识的传授达到良好的技能掌握、人格发展等目标才是更重要的目标，而这不是一个学科能够完成的。教师知晓一个学科群在学生素质培养中的作用及其协调关系，不仅可以使教师有可能与传授相关学科的教师在教学上取得协调，在组织学生开展的综合性活动中相互配合，更重要的是他们能够获得有关本学科知识更为本质的属性的认识，从而为学科知识之间的综合提供更为灵活的应用。另外，教师还需要掌握学科所提供的独特的认识世界的视角、层次及思维的工具与方法，熟悉学科内科学家的创造发现过程和成功原因，及在他们身上展现的科学精神和人格力量，这不仅有利于教师对学科知识体系的构建和认识，而且对于教师在教学中增强学生的精神力量和创造意识具有重要的、远远超出学科知识所能提供的价值。

尽管有研究发现具有丰富的学科知识并不是个体成为一个好教师的决定条件,教师的本体性知识与学生成绩之间也几乎不存在统计上的关系①,但这并不能否定本体性知识在教育教学中的重要作用。这只是表明本体性知识不是学生学习成绩的充分条件而已,但它却是学生学习成绩的必要条件。试想一个连教师自己都不熟悉的学科,教师能够教会学生什么。事实上,教师的本体性知识对学生的影响不仅仅体现在学习成绩上,而且影响学生成绩的也不止本体性知识这一个因素。可以说,具有丰富的本体性知识是成为一个好教师的必要条件,它必须与其他因素结合起来,才能充分发挥作用。

2. 教师的实践性知识。教师的实践性知识指教师在面临实现有目的的行为中所具有的课堂情景知识以及与之相关的知识,这种知识属于临床性知识,主要是教师教学经验的积累,也有通过情境学习(见习、案例分析等)间接获得的他人经验的借鉴。

教师的实践性知识具有下面几方面的特点。第一,实践知识具有明显的经验性,它依存于有限的教学经验,与理论知识相比,它缺乏严密性和普遍性,不过却是一种鲜活的知识、功能灵活的知识。实践知识的经验性还表现在它受个人经历的影响,这些经历包括个人的打算与目的,以及人生经验的累积效应。实践知识的表达包含着丰富的行为细节,并以个体化的语言而存在。第二,实践知识具有情境性。教师的教学不同于研究人员的科研活动,具有明显的情境性,只有在具备相应的实践知识的基础上,教师才能对内在不确定性的教学条件作出复杂的解释与决定,并在具体思考后再采取适合特定情境的行为。第三,教师的实践知识是一种隐性知识,

---

① 林崇德等:《教师素质的构成及其培养途径》,载《中小学教师培训》(中学版),1998(1)。

它虽然是教师个人经验的总结，但它并不显性化，它隐藏在人们的头脑，并往往表现为一种提升了之后的直觉和自动化过程，比如在教学中表现出来的教学机智和根据教学状况进行及时调整以掌握教学过程和教学效果的能力。第四，实践知识一般是作为一种"案例知识"积累并传承的，这种案例知识，既是一般经验的积累，更是典型经验的总结和反思。一般而言，这种知识的积累通过直接经验的效果要好于间接经验，更重要的学习方式则是对具体教学情境的处理、有经验教师的指点和点评、自我教学反思等方式。

3. 教师的条件性知识。教师的条件性知识指教师具有的教育学与心理学知识及其应用条件的知识，主要由帮助教师认识教育对象、开展教育教学活动和教育研究的专门知识构成，它是在陈述性知识和程序性知识的基础之上提出来的，涉及教师"如何教"的问题。

教师要知道如何教，首先就需要认识教育过程的要素，除了对教学内容的认识之外，还需要知道和掌握有关教育对象、教学过程、教学方法的知识。同时在教学过程中，教师要将学科知识转化为学生可以理解的知识，要能够促进学生智能和情感的发展，要能够有效处理课堂中出现的偶发事件，就需要运用到教育学和心理学的知识。可以说，条件性知识是一个教师成功教学的重要保障。

（二）学科知识的心理学化

学科知识的心理学化是指教师如何在教学中表达其所知，即教师是如何把所掌握的某学科的知识传授给学生的。已有的研究表明，教师把他们已具有的学科知识与课堂的具体情景结合起来，形成一种与教学行为有关的知识。如云的形成，教师把自己关于云的知识与学校里有什么样的资料、演示材料、学生的兴趣、学生的知识背景等结合起来。从某种意义上说，教学的中心任务就是对学科作出教育学的解释，这种解释要依据学生对该学科的掌握情况，考虑到学生对该学科已有的知识和错误的理解。如杜威早就指出的样,科学家与教师的学科知识不一样,教师必须把学科知识"心理学化",以便学生能理解。

三、教师的职业心理素质

教师的职业心理素质主要表现在以下五个方面。

(一)教师的职业理想

教师的职业理想是教师职业心理素质中应该具备的首要素质。教师的职业理想作为一种动机因素,它是教师教育教学工作中一切行为的发动性因素。教师要干好教育工作,首先要有强烈而持久的教育动机,有很高的工作积极性。很难设想一个对教育工作毫无兴趣的人,一个见到学生就心烦的人,会努力做好教育教学工作。研究发现,教师的职业价值期待与教师工作积极性密切相关。这就要求教师必须具备以师爱为核心的积极情感。以师爱为核心的积极情感是教师的重要心理素质,主要表现为教师对教育事业、对学生、对所教学科的热爱。

一是教师对教育事业的热爱。教师对教育事业的热爱,是搞好教育工作的前提。要做一个合格的教师,应该培养和提高自己对教育事业的责任感、光荣感,激发自己对教育事业的兴趣,树立热爱教育事业、为教育事业献身的积极情感。

二是教师对学生的热爱。教师对学生真诚的爱,既是教师良好心理素质的一种表现,也是一种重要的教育力量。有关研究表明,学生对教师态度(情感)方面的要求远远超过了对教师知识的要求。在被调查的422名学生中,选择最喜欢的教师特点前三项依次为:和蔼可亲、平易近人(60.0%);热爱、了解学生(31.5%);活泼、开朗、善谈、热情(30.6%)。[①] 可见,教师对学生的爱是

---

① 刘电芝等:《高师新生入学动机、迫切需要及抱负水平的初步调查》,载《西南教育论丛》,1985(2)。

一种十分重要的教育力量,是其他教育因素所不能代替的。

三是教师对自己所教学科的热爱。教师对自己所教学科的热爱,是提高教学质量的重要条件。教师只有对某门学科喜爱,才能焕发出深入钻研教材的浓厚兴趣和传授知识的丰富情感,从而激发起学生的相应体验,使学生更好地感受和理解教材。当教师满腔热情、情绪高昂地教学时,学生往往情绪饱满、饶有兴趣地接受教师讲授的知识,会更加热爱这一学科。

(二) 教师的职业价值观

职业价值观是关于职业等级、职业选择、职业报酬以及职业生活基本意义等问题的价值判断,主要体现在职业评价取向、职业选择原则、职业活动报酬的期望这些问题上。而教师的职业价值观则是指教师对教育工作和自身发展的价值判断。研究发现,教师的职业价值观对教师工作积极性和教师职业的稳定性有重要的影响。

在教师职业中,对教师职业声望的社会评价非常高,特别是对于大学教师、教授的职业声望而言更是如此。很多的调查都表明,尽管人们选择职业的功利性在不断地增加,但社会评价在职业声望中仍然占据重要作用,人们对教师职业声望的评价仍然非常高。不过,研究发现,对于职业声望的自我评价而言,教师的自我评价偏低。① 这意味着教师对自己职业的不满意感在增强,这是一个需要注意的问题。

从职业选择与报酬来看教师的职业价值观,教师对教育职业或者工作岗位是否能够满足自己的成就动机是其重要的价值取向,包括教学成绩、科研成就和是否能够发挥专业特长等,这与教师群体本身作为一个知识分子群体的特性有关。总体上,教师自身也有着

---

① 蔡禾、赵钊卿:《社会分层研究:职业声望评价与职业价值》,载《管理世界》,1995 (4)。

很高的社会价值与责任感,他们能够在较为清贫的状态下为教育事业的发展贡献自己的力量。当然随着社会价值取向的多元化,教师对教育职业所能够给予自己的社会报酬的关注也在增加,这体现在教师也更加关注自己的生存空间,期望获得相应的报酬和福利待遇。近年来教育系统大量优秀人才的流失和教师队伍的流动就反映出这个特点。

当然许多教师在选择教育职业时,也比较看重自己的个性特点与教师职业特点之间的一致性。对于教师而言,教学和科研是教师工作的两个主要方面,因此在这两个方面能够适应学校的要求的话,许多教师还是比较满意教师职业的。

总体上,教师的职业价值观对其职业活动和成效有重要的影响,它不仅影响到对教师职业的选择,同时也影响到教师队伍的稳定性和对教育职业的满足感。而目前教师职业价值观的特点,一方面反映出整个社会的价值取向,如对利益的追求,另一方面也反映出这个职业特有的一些信息。

(三) 教师的职业信念

教师的职业信念是指教师在职业活动中所特有的具有动力作用的教育观念系统,它直接支配、调节教育教学活动,影响教育的效率,是教师从事教育工作的心理背景。

1. 教学效能感。教学效能感源于班杜拉(1977)对于自我效能的研究。它是指教师对于自己影响学生的学习活动和学习结果的能力的一种主观判断。教师的教学效能感包括一般教育效能感和个人教学效能感。一般教育效能感是指教师对教与学的关系、教育在学生发展中的作用等问题的一般看法与判断。个人教学效能感是指教师对自己的教学效果的认识和评价。

教师教学效能感主要从三个方面影响教师行为:第一,影响教师在工作中的努力程度,效能感高的教师相信自己的教学活动能使学生成才,便会投入很大的精力来工作;第二,影响教师在工作中的经验总结和进一步学习；第三，影响教师在工作中的情绪。研究（Armor & Berman, 1976, 1977；辛涛等, 1996）还表明，教师的教学效能感对学生的自我效能感、学习能力和学习成绩有很大的影响。

教师的教学效能感是在教学活动中逐渐形成和发展起来的。研究表明：教师的一般教育效能感随着其教龄的增长而呈下降趋势；而个人教学效能感则随着教师教龄的增长表现出上升趋势。前者是因为对教育与教学在学生发展过程中关系的认识逐渐辩证的结果，后者则是教学经验积累的结果。

研究发现，有四个方面的信息影响着教师教学效能感的形成和发展：第一是教师行为的成败经验（直接经验）；第二是替代性经验（间接经验）；第三是他人的评价、劝说和自我认知；第四是来自情绪和生理状态的信息。①

2. 对学生学业表现的归因倾向。一般来说，教师对学生的学业表现都持有一定的归因倾向。倾向于外部归因的教师认为，学生的成绩更多取决于学生能力、学习材料、客观条件等，教师无法控制和把握；倾向于内部归因的教师对学生的成功和失败更有责任感。研究表明，教师对学生学业表现的归因倾向对其教学活动和学生的学业成绩都有明显影响。倾向于内部归因的教师会更主动地调整自己的教学行为，积极地影响学生的学习活动，通过自己的努力促进学生的发展；倾向于外部归因的教师则更可能怨天尤人，听之任之，视学生发展与己无关。实践表明，优秀教师一般都倾向于内部与外部结合的归因，而不是单方面的归因。

3. 对学生控制的态度。勒温将教师的教育教学行为方式分为专制作风的、民主作风的和放任作风的。不同类型的教师控制学生

---

① 李红等：《教师教学效能感与学生自我效能感研究》，载《高等师范教育研究》，2000 (3)。

的态度不同。专制作风的教师往往对学生采取高压控制，不大考虑学生的意见，习惯运用惩罚措施，师生之间形成的是非个人关系，缺乏相互沟通，信任度低。专制作风的教师不太愿意主动进行师生间的交往，往往与学生保持着一定的距离，以期维护自己的权威形象。民主作风的教师采用的多是以理服人、以身作则的行为方式，主张既严格要求又充分尊重学生，启发学生自觉自治，重视与学生建立民主友好的关系。他们善于参与团体活动，与学生没有任何心理上的距离。放任作风的教师则对学生没有任何的期待和组织，工作上也是事前无布置，事后无检查，缺乏良好的组织管理，是一种不负责任的态度。

4. 对待心理压力的信念。研究（D. H. Eskridge & D. R. Coker, 1985）表明，教师心理压力过大时，会表现出工作迟缓、缺课、烦躁以及对学生缺少关注等。教师职业的特殊性造成的角色模糊、角色冲突、角色过度负荷是很多教师感到压力和紧张的根源。社会对教师的期望是教好每个学生，但学生的兴趣、行为、态度和价值观等方面的变化不仅缓慢、难以评价，而且往往与教师的付出不成比例，大部分教师难以证明自己到底取得了什么成就。角色冲突也是教师心理压力的重要来源。角色冲突主要来源于：（1）教师的社会地位与经济地位、职业声望之间的矛盾；（2）非教学任务（如维持纪律、管理学生值日、卫生、上操等）与教学任务之间的矛盾；（3）学生、家长和学校对教师角色的不同期望以及教师自己的价值观之间的冲突；（4）教师的社会角色与其真实人格和情绪体验之间的冲突。教师的角色过度负荷也是引起教师心理压力的重要原因。学生个体在需要、兴趣、动机和成就水平上差别很大，而社会希望教师能够最大限度地满足学生、家长及学校的需要，又不能表现出烦躁、沮丧等情绪，这就造成教师角色的过度负荷。正是这些角色的模糊、冲突和过度负荷引发了教师的心理压力与紧张。

(四) 教师的职业角色

角色概念源于戏剧舞台用语,指演员按剧本要求扮演某一特定的人物。角色概念引入心理学中,通常被定义为对处在社会关系特定位置中的人所要求的一般行为模式和相应的内在心理状态,它是社会赋予个人的身份与责任。社会对处于某一社会位置上的角色都有一定的要求,为他们规定了行为规范和要求,这就是社会对角色的期待。角色期待的内容是在社会长期发展中形成的,对角色行为具有规范作用。

1. 社会对教师的角色期待。教师作为一种特殊的社会职业,这种职业的特征决定了社会对教师的角色期待。社会对教师的角色期待主要体现在以下方面:(1) 根据一定社会规定的教育目的和学生身心特点培养人才;(2) 在教书育人中,遵循教育教学规律,针对实际情境创造性地进行因材施教;(3) 言传身教,爱岗敬业,真正成为学生的楷模;(4) 树立长远育人目标,培养全面发展的人才。

2. 教师的角色意识。教师的角色意识是指教师对自己所扮演的社会角色的认知和体验,它是教师自我意识的重要组成部分。明确的角色意识有助于教师对自己的职业行为进行不断的调适,更好地履行自己的职责。

教师的角色意识主要包括以下三个方面的内容。

(1) 角色认知。它是指角色扮演者对角色的社会地位、作用和行为规范模式的认识。作为一个认知过程,它体现在角色扮演的整个过程之中。只有在角色扮演者意识到自己的角色之后,他才能够用相应的行为规范来要求自己。对于教师而言,清晰的角色认知也是他们规范自己的角色行为,达到良好职业适应的重要条件。

(2) 角色体验。它是指角色扮演者在角色扮演过程中的情绪体验。这种体验与角色扮演者受到的内外部评价有关。积极的外部评价和自我实现动机的满足有助于角色扮演者的正向角色体验。对于教师而言，积极的角色体验有助于教师对自己的教师角色感到自豪，并从教育教学中获得一种满足和愉悦的情绪。

（3）角色期待。它是指角色扮演者对于角色扮演可能带来的心理满足及其对自我需要的满足程度的一种期望。它与社会对角色扮演者的角色期待不同，后者是对角色扮演者应该扮演的角色行为规范和职责的期望。角色意识中的角色期待对于角色体验有重要的影响，对于教师而言，随着社会经济地位的逐渐提高，他们所期待的角色已经能够逐渐满足其内在动机的需要。

3. 教师的角色扮演。教师扮演的社会角色表现在以下三个方面。

（1）社会的代表者。教师受社会指派并代表社会，按社会要求对下一代实施有目的、有计划的教育影响。因此，教师的言行不仅是个人行为，而且应是社会规范行为的体现，他应对社会负责，使命感和责任感应成为教师角色意识中的核心要素。

（2）社会道德的实践者。教书育人是教师的天职。"育人"的含义十分广泛，它不仅要帮助学生掌握一定的知识、技能，发展其智能，也包括学生良好道德品质的形成。对于学生道德品质的形成和发展，学校教育起主导作用。学生掌握社会道德规范不仅依赖于教师的"传道"，更取决于教师的"践行"。

（3）人类文明的建设者。教师的劳动是创造性的劳动。在当今信息社会中，"述而不作"的教师不再是好教师。一个合格的教师不但应具备所教学科的知识、技能，而且应该有强烈的创新意识和欲望，不断探索教育教学中的未知领域，揭示教育教学规律和学生发展规律，为人类文明不断进取。

教师扮演的育人者角色主要表现在以下七个方面。

（1）父母的代理人。在学生心目中，学校里的教师是父母的化身，他们像对待自己的父母一样对待教师，并且期望教师也像自己的父母那样爱护和理解他们。在学校教育中，大凡工作有成效的教师，一般都能自觉不自觉地成功扮演学生父母代理人的角色。

（2）知识的传授者。教师职业有别于其他职业的最显著标志是教师以传授知识、培养人才为己任。教师的基本职责中就有"授业""解惑"，把人类积累的知识和技能高效率地传授给学生。教师向学生传授知识、技能的过程，不是仅仅把知识呈现给学生，而是要教给学生获得知识的方法，即不仅是给学生现成的"金子"，而更重要的是教给"点金术"。

（3）未来生活的设计者。现代教育一个重要的功能就是为学生走向社会、走向未来生活奠定坚实的基础，使学生能够适应未来的生活，具有较强的社会适应能力。这就需要教师根据对未来社会发展前景的预测，通过所设计的教育计划、教育教学活动，使学生按照所设计的目标发展，使之不仅能够科学地预见未来、适应未来，还能大胆地构想未来、创造未来。未来教育尤其要重视发展学生的个性，使学生的智力因素与非智力因素协调发展，促进人格的自我完善。

（4）课堂纪律的管理者。教师除承担传授文化科学知识的任务外，还充当建立良好的课堂秩序、维护课堂纪律的管理者的角色。管理者角色不是说教师应像交通警察那样来"管"学生，而是指教师应帮助学生形成自觉遵守纪律的意识和习惯。

（5）班集体的领导者。在校学生的学习和其他活动通常都是以集体形式进行的。苏霍姆林斯基非常强调集体的教育功能。良好班集体的形成有赖于教师的组织领导才能，具体表现为：教师善于从集体中选择干部，培养积极分子，形成坚强有力的领导核心，开展班级的集体活动，建立和谐的班级人际关系；教师应具有良好的作风、品质和才能，善于组织和调动学生家长的力量、社会的力量配合学校的教育工作；随着学生年龄和知识的增长，教师的组织领导的方式方法也应进行相应的变化。

（6）人际关系的协调者。在教育过程中，师生关系是教师人际关系的主要方面。教师是和谐人际关系的营造者和协调者,这就要求教师有意识地调控自己的态度和行为,热爱、尊重学生,在理解和信任的基础上成为学生的朋友和知己。此外,教师顺利完成教育教学任务,还应处理好与其他教师的关系、与学校管理者的关系、与学生家长的关系。

(7) 心理健康的维护者。学生正处于身心发展的重要阶段,难免出现这样那样的心理障碍和心理问题。对这些心理障碍和心理问题若不及时消除,轻者会影响学生的学习和生活,重者会导致心理疾病,严重影响学生的身心健康发展。因此,维护学生的心理健康是现代教师的重要职责。

4. 教师职业角色的形成。教师在教育教学实践中将社会对教师的角色期待内化成自身个性的一部分,形成具有与某一角色高度适应的心理特征和顺利完成角色任务的能力。

教师职业角色的形成是有程度差异的,一个成熟的教师一般具有以下行为特征:(1) 能够主动地为教育教学工作确定目标、选择方法,能主动地发现问题、解决问题并提高成效;(2) 能够独立地完成教育教学工作,也具有独立完成工作的要求,不希望别人过多地干预;(3) 对各种与职业有关的活动具有稳定的兴趣,关心学生,关心所教学科,在工作中有长远的目标;(4) 具有明确的职业角色意识和职业创新意识,正确认识教师充当的各种角色,明确教师工作的职责;(5) 能随时随地监控自身角色扮演状况,尽一切可能克服角色冲突,扮演好职业要求的各种角色;(6) 热爱教育事业,具有自己的教育观和教育能力。

研究发现,教师职业角色的形成将主要经历以下三个阶段。

第一阶段为角色认知。角色认知指角色扮演者对某一角色行为规范的认识和了解,知道哪些行为是正确的,哪些行为是不合适的。在此阶段,人们了解教师职业角色所承担的社会责任,能将教师所充当的角色与社会上其他职业角色区分开。即将当教师的师范生或其他对教师职业有所认识的人都可以达到这一阶段。

第二阶段为角色认同。教师的角色认同指亲身体验并接受教师角色所承担的社会职责,并用角色规范来控制和衡量自己的行为。对角色的认同不仅表现在在认识上了解了教师角色的行为规范,而且在情感上应有较深的体验。一般来说,此阶段是在一个人正式充当教师角色,有了教育实践经验后才能真正达到。

第三阶段为角色信念的形成。教师在角色扮演中,将职业角色的社会要求转化为个体需要,这时教师坚信自己对教师职业的认识是正确的,并将其作为规范自己行为的指南,形成了特有的自尊心和荣誉感。教师职业角色信念一旦形成,就会表现出对教育工作的无限热忱和执著忘我的敬业精神。

影响教师职业角色形成的因素是多方面的。(1) 全社会都应全面正确认识教师这种有特殊作用的职业,形成尊师重教的社会风气。(2) 树立教师形成职业角色的榜样,通过榜样的行为示范,使教师掌握社会对教师的角色期待,学会在不同情境中从事角色活动,处理角色冲突。树立的榜样应特点突出,与学习者职业接近,学习者通过努力做得到,能引起学习者的共鸣。(3) 教师在自身的教育教学实践中认识体验到教师职业的社会价值,将社会的角色期待转化为自己的心理需要,形成相应的角色信念。(4) 破除传统的不符合时代要求的教师角色期待,树立现代教师角色观念。

(五) 教学能力

教学能力是教师为了保证教学的成功,达到预期的教学目标,而在教学全过程中所表现出来的规划设计、组织与管理、评价与反馈、调节与控制的综合能力。教师的教学能力的核心是课堂教学的能力。一个优秀的教师,要保证其课堂教学的质量和效果,需要具备良好的课堂教学行为及其有效的监控能力。

1. 教学监控能力。教学监控能力是教师从事教育教学活动的核心要素。所谓教学监控能力,是指教师为了保证教学的成功、达到预期的教学目标,而在教学的全过程中,将教学活动本身作为意识的对象,不断地对其进行积极、主动的计划、检查、评价、反馈、控制和调节的能力,它是教师的反省思维或思维的批判性在其教育教学活动中的具体体现。教学监控能力主要包括以下几个方面:一是教师对自己教学活动的事先计划和安排;二是对自己实际教学活动进行有意识的监察、评价和反馈;三是对自己的教学活动进行调节、校正和有意识的自我控制。由于教学活动极其复杂,包括的方面和涉及的因素多种多样,因此,教学监控能力也具有多方面的内容和多样化的表现。影响教学监控能力主要有教师的知识、观念、动机、情绪情感等个人因素和一些外部环境因素。

教学监控能力的复杂性决定了其构成要素的复杂性,至少可以从教学监控能力的对象性质、作用范围、表现形式三个方面来考察教学监控能力的构成。

根据教学监控的对象,可以把教学监控能力分为自我指向型(self-involved type)和任务指向型(task-involved type)两类。自我指向型教学监控能力主要是指教师对自己教学活动中的教学观念、教学兴趣、动机水平、情绪状态等心理因素进行调控的能力;而任务指向型教学监控能力主要是指教师对教学目标、教学任务、教学材料、教学方法等任务因素进行调控的能力。

根据教学监控能力作用的范围,可将教学监控能力分为特殊型和一般型两类。一般型教学监控能力是指教师对自己作为教育者这种特定角色的一般性的知觉、体验和调控能力,它是建立在教师所具备的有关教学的必要知识、技能和方法的基础上的,是一种超越具体教学活动的、具有广泛概括性的整体性的知觉、体验和调节能力;而特殊型教学监控能力是指教师对自己教学过程中的各具体环节进行反馈和调控的能力,它决定教师在具体教学活动中的具体的自我调节和控制的行为。

根据在教学过程不同阶段的表现形式的不同,教学监控能力可以包括以下方面。(1) 计划与准备，即在课堂教学之前，明确教学内容、学生的兴趣和需要、学生的发展水平、教学目标、教学任务以及教学方法与手段，合理安排与计划教学过程，并预测教学中可能出现的问题与可能的教学效果。(2) 课堂的组织与管理，即根据学生的反应合理调整教学过程，努力调动学生的学习积极性，随时准备有效地处理课堂上出现的偶发事件。(3) 教材的呈现，它是教学过程的核心。在这一过程中，教师应对自己的教学进程、教学方法、学生的参与和反应等方面随时保持有意识的反省，并能根据这些反馈信息及时调整自己的教学活动，使之达到最佳效果。(4) 言语和非言语的沟通。在课堂教学中，教师与学生之间的言语与非言语的沟通是很重要的，教师在这方面应努力以自己积极的态度去感染学生，以多种形式鼓励学生努力学习，并保持对自己和学生之间交流的敏感性和批判性，一旦发现沟通过程中的问题，就立即想办法纠正。(5) 评估学生的进步。教师教学的效果最终要落实到学生对知识的掌握程度和他们能力的发展速度与水平上，因此，教学监控能力水平高的教师必然会非常认真地了解学生的学习情况，采用各种方法评估学生的进步程度，以便于改进自己的教学，同时在评估过程中，不仅多层面、多角度对学生的发展作出评价，而且时刻注意评估方式可能对学生造成的影响。(6) 反省与评价。在一堂课或一个阶段的课上完后，教学监控能力高的教师会对自己已经上过的课的情况进行回顾和评价，仔细分析自己课堂教学的得失，并在以后的教学活动中有意识地改变，从而不断提高自己的教学水平。

2. 良好的教学行为。教学是教师组织和指导学生认知、达成教学目标的师生共同活动。在这一活动中，教师的教学行为起着关键作用。一个教师教学效果的好坏，完全取决于其教学行为的合理与否。教师的知识、观念、工作积极性和教学监控能力对其教学的作用必须通过教师的教学行为体现出来；而学生也是通过观察教师的教学行为，来理解教师的要求、掌握知识、发展自身能力、培养健康的个性品质的。因此，调整自己的教学行为，使之有利于教学任务的完成，有利于学生的全面发展，就成为教师教学成败的关键因素。

研究表明，教师的教学行为可以从以下几个方面进行评价：(1) 教学行为的明确性，即教师的教学行为是否明确；(2) 多样性，即教师的教学方法是否灵活、多样，调动学生学习积极性的手段是否有效；(3) 任务取向，即教师在课堂上的所有活动是否是围绕教学的任务而进行的；(4) 参与性，即在课堂教学中，班上的学生是否都积极地参与到教学活动中去了；(5) 效果评估，即教师能否及时掌握学生的学习状况和课堂中出现的问题，并能据此调整自己的教学节奏和教学行为。① 如果一个教师能做到这五点，那他的教学行为应是非常恰当的，教学效果必然会很好。

教师的教学行为主要与以下的教育能力有关。

(1) 全面掌握与科学设计教学内容的能力。布鲁纳说过，轻而易举地掌握教材，甚至胜过教材，这是对优秀教师的起码要求。同时教师还应善于应用教育教学的理论，结合学生的心理特点和接受能力，对教学内容进行加工设计，并选择恰当的教学方法，促进学生更好地掌握知识、发展智能。

(2) 良好的言语表达能力。教师的言语表达能力是指教师借助语言、文字等表达教育教学内容和自己思想情感的能力。它包括口头言语表达能力和书面言语表达能力两方面，其中口头言语是课堂教学的基本媒体，具有特别重要的作用。英国教育心理学家恰尔德（D. Child）认为教师的讲授和口头言语表达应达到如下要求：①运用简洁而规范的描述，要点指示明确；②根据学生年龄特点与知识水平，运用易于接受且适合的语言；③不用含混不清或拼凑的语言；④多用简练、富于吸引力的新闻报道式语

---

① 申继亮、辛涛：《论教师素质的构成》，载《中小学管理》，1996 (11)。

言；⑤恰当地运用比喻和隐喻；⑥保持语言的流畅性和不间断性；⑦讲授应尽早进入主题；⑧讲授重点应要言不烦；⑨增强语言效果，发音应注意抑扬顿挫；⑩利用副语言，辅以动作表情。书面言语表达则主要表现在教师教学过程中的板书上，它能够体现出教师的教学态度和性格。板书过程中应该注意两个问题，一是字的工整、美观的问题，二是板书设计的问题，一般可以将板书分为主体板书和辅助板书，前者是教学内容的基本结构和脉络，后者则是用于答疑，可以随时删除。除课堂讲授之外，教师还要经常编写教材，批改学生习作，写总结，给学生作鉴定等。如果书面言语表达能力不强，就会造成概念模糊、结构凌乱、逻辑混乱、意义不明，影响教学效果。

(3) 多方面的、良好的组织管理能力。教师的组织管理能力是指教师对教育教学情境的组织、领导、监督和协调的能力。主要表现为：①善于制定教育教学工作计划，并善于组织课堂教学；②善于组织良好的班集体、团队和学习小组，从集体中选拔学生干部、培养骨干，形成集体规范和舆论，充分发挥每个学生的积极性和智能；③善于组织和调动学生家长和社会的力量，配合学校的教育工作。

(4) 善于因材施教的能力。因材施教意味着教师应该根据学习者的特点，特别是学生的学习风格特点进行教学。研究发现，学生的学习风格包括冲动型与沉思型、场依存型与场独立型、聚合型与发散型等多种类型。除此之外，教师行为还包括对学生进行思想道德和心理品质的教育，因此因材施教还需要教师了解学生的发展特点和个性心理。总体来看，教师因材施教的能力主要表现在：①通过对学生课堂内外和日常生活的观察，"视其所以，观其所由，察其所安"①，就可以在掌握学生各种细微的外部行为表现上，洞察

---

① 《论语·为政》。

学生的内心世界，了解他们的知识、技能、思想、品德等方面的状况，了解学生掌握知识、技能的个别差异，了解学生的心理活动与心理发展状况，把握学生认知、情绪、意志及个性方面的特点；②在教育教学中善于把照顾学生的年龄特征与发挥教师主导作用有机结合起来；③在教育教学中善于根据学生的性别差异施之以教；④帮助学生设计今后发展方向，提高学习兴趣，全面发展学生个性。

（5）教育机智。教育机智是指教师对教与学双边活动的敏感性，是教师在教育教学情境中特别是突发事件情况下，快速反应、随机应变、及时采取恰当措施的综合能力。这些突发事件一般具有以下三个方面的特点：①难以预测；②对教学活动过程具有强烈的冲击作用，甚至严重影响师生的情绪；③指向教师，即必须由教师来亲自解决的。正是由于教学突发事件可能给教育教学和教师威信带来严重挑战，所以教师应该具有很好的处理这些突发事件的教育机智。具体而言，应该注意以下方面：①善于因势利导，指从学生的需要和实际水平出发，利用并调动学生心理的积极因素，扬长避短，增强克服缺点的内部力量，自觉主动地提高学习效果和按照教育要求发展良好品质；②善于随机应变，指教师能在纷繁复杂、瞬息万变、随时可能发生意外的教育教学情境中，迅速判明情况，确定行为的方向，采取果断的措施，及时解决矛盾，有效地影响学生；③善于"对症下药"，指教师能根据学生的实际，采取灵活的方法，有针对性地对学生进行教育；④善于掌握教育分寸，指教师要讲究教育的科学性和有效性，在对待学生和处理问题时，实事求是，做到分析中肯、判断恰当、结论合理，对学生要求适当，使学生心服口服。

第二节 教师的威信与教育成效

一、教师威信的形成

（一）什么是威信

威信是人群中客观存在的一种心理现象，它是指德才兼备的人通过一贯的言行表现出优质品质，受到众人尊敬和信赖。威信与权威不同，威信使人产生尊敬和接近的感受，威信在教师和学生中间没有造成心理障碍，而权威则使人敬而远之。教师都期望自己在学生的心目中有崇高的威信。

一般而言，教师的威信来源于三个方面。一是学识威信。高深渊博的学识，讲学时的旁征博引、幽默风趣是教师在学生中赢得威信的重要来源。学者为师是历史形成的，而有知本身能够消除人们的不确定感，从而获得别人的尊敬，其所带来的心理效益之一就是威信。二是人格威信。优秀教师表现出来的求真务实、爱岗奉献的人梯精神所折射出来的人格魅力是教师威信的重要来源。教师在教学和日常交往中表现出来的认真负责、维护和坚持真理、不阿谀奉承、不趋炎附势的刚正不阿的人格和以身作则的行为范式，不仅会给学生带来潜移默化的影响，而且会带来信服和敬重的威信之感。三是情感威信，它来源于教师对学生的情感投入和双方的情感交融。教师通过平等对待学生，从学业、生活等各方面关心他们，将会使学生产生信赖感。而教师的谦虚和蔼，对学生真诚的态度，将使学生产生亲切感，从而为教师带来威信。

教师的威信是由其资历、声望、才能与品德等决定的。从本质上讲，教师的威信是其具有积极肯定意义的人际关系的反映，它一经形成，将会对教育教学成效产生巨大的作用。因此，形成和维护教师良好的威信，既是教师搞好教育工作的重要条件，又是教师建立和谐人际关系的前提。

（二）影响教师威信形成的客观因素

影响教师威信形成的客观因素是多方面的，诸如社会对教师职业的态度，教育行政机关、学校领导干部对教师的态度，学生家长对教师的态度，学生对教师工作的认识和态度等都对教师威信的形成有重要影响，其中最主要的是社会对待教师职业的态度和教师职业的社会地位。

我们的祖先早在两千多年前就知道"化民成俗，其必由学"，"凡学之道，严师为难。师严然后道尊；道尊，然后民知敬学"①。因此，要使教师有较高的威信，从社会的角度看，首先应形成尊师重教的社会风气，不但要提倡学生、家长、广大群众尊师，更要提倡各级领导干部尊师，只有尊师才能重教。只重教不尊师，重教也只是空话。其次应采取切实可行的措施，提高教师的社会地位，尤其是改善教师在物质生活上的待遇和工作条件，使教师职业真正成为全社会关心、向往的职业。

（三）影响教师威信形成的主观因素

1. 具有高尚的思想、良好的道德品质、渊博的知识、高超的教育教学艺术是教师获得威信的基本条件。教师高尚的思想和良好的道德品质集中表现在：忠诚教育事业，对教师工作有强烈的自豪感、光荣感、义务感和责任感；严于律己，宽以待人；言传身教，以理服人。渊博而深广的专业知识以及高超的教育教学艺术集中表现在：在教学中能讲清"双基"，突出重点，突破难点，解决学生的疑点；能结合教学内容谈今论古，开阔学生的知识视野；能介绍学科发展的新成果；有较高的智力，能应付突发事件，善于掌握教育分寸，有较高的教学艺术和教育机智。这样的教师会成为学生的榜样，被学生们视为智慧的化身，在学生心目中享有崇高的威信。

2. 教师的仪表、作风和习惯是教师获得威信的必要条件。教

---

① 《礼记·学记》。

师的仪表指教师的穿着、仪态、举止，它是教师精神面貌的体现。教师的仪表对学生的心理有一定影响，特别对幼儿及中小学生影响较大。教师出现在学生面前时，若仪容不整，精神面貌不佳，或奇装异服，举止轻浮，都不利于教师威信的获得。只有仪表端庄，衣着整洁美观，举止大方，才能引起学生的敬重和好感。

教师的作风和生活习惯是指其在日常工作和生活中表现出来的比较稳定的行为方式。例如有的教师对学生简单粗暴，对工作敷衍塞责，有生活懒散、不讲卫生以及做怪动作等不良习惯，都会影响学生的情绪和注意力，损害教师的形象。像这样的教师很难在学生心目中形成较高的威信。近年来，国外在培养师范生时采用"微型教学"，通过录像、录音，让实习教师看到自己上课时的言语、教态、仪容、表情等，以便有效地纠正教师的某些缺点和不良习惯。

3. 师生平等交往对教师威信获得有重要影响。教师的威信是在长期与学生平等交往中形成的。在平等交往中，一方面师生关系处于亦师亦友亦同志的平等地位，学生容易产生近师、亲师、信师的心理效应；另一方面，教师主动关心、爱护、体谅学生，满足学生沟通和求知的需要，师生感情就会融洽，教师的威信就能迅速在学生中建立起来。当然，教师的威信也会随师生关系性质的变化而变化。已建立威信的教师如果不严格要求自己，不平等对待学生，或是在与学生交往中犯了错误而不认真改正，他的威信就会下降，甚至丧失；相反，原来在学生中威信不高的教师，由于努力改变与学生交往的态度，能平等对待学生，满足学生合理的需要，那么，他的威信也可能随师生交往的增强而提高。

4. 教师给学生的第一印象对教师威信获得有较大影响。教师和学生初次见面，特别是上头几堂课给学生留下的印象往往是非常深刻的。因为在这个时候，学生特别敏感，对教师的一言一行都十分注意。教师在上头几堂课的时候，最主要的是要表现出高超的教学艺术和广博的知识，要使学生感到教师是亲切的，对他们有帮助,是促使他们成长和发展的不可缺少的人。如果教师在头几堂课表现出惶恐不安、没有信心、过于激动、语无伦次、举止呆板、精神不振,就会使学生大失所望。所以,教师同学生初次见面时就应注意给学生留下一个良好的印象,初步建立起在学生心目中的威信。①

教师威信的形成在不同年龄、不同发展水平的学生中是不同的。一般来说,在小学低年级学生中,教师较容易迅速建立威信;小学高年级学生由于思维水平和判断能力的发展,具备了初步评价教师的能力,希望教师尊重他们;初、高中学生逐步地发展了对教师思想觉悟、知识水平和教学水平的评价能力,他们与教师的关系较多地偏向于理智方面,德、识、才、学四者兼备的教师才会在他们中获得较高或持久的威信。

二、教师威信的维护和发展

教师的威信一旦形成,就具有一定的稳定性,但稳定是相对的、有条件的,不是一成不变的。因此,维护和发展已形成的威信是十分重要的。教师威信的维护和发展主要包括:(1)巩固已获得的威信;(2)发展不全面的威信为全面的威信,发展低水平的威信为高水平的威信;(3)防止威信的下降和丧失;(4)提高威信的教育影响力。教师威信的维护和发展,通常取决于教师本身以下几个方面的特征。

1. 教师要有坦荡的胸怀、实事求是的态度。有威信的教师并不是说必须是没有一点错误、缺点的完人。教师存在这样那样的问题是难免的,关键在于是否有坦荡的胸怀,是否敢于实事求是地承认并及时纠正自己的缺点错误。教师勇于承认自己的缺点错误,不但不会降低威信,还会提高在学生心目中的威信。

---

① 刘兆吉等:《高等学校心理学》,406页,西南师范大学出版社,1990。

2. 教师要正确认识和合理运用自己的威信。教师要维护和提高自己的威信，很重要的一点是必须对威信有正确的认识，把威信与威严区分开来。只有这样，教师才能正确维护自己的威信。否则，就可能出现教师为了维护自己的威信而不恰当地运用威信，损害学生的自尊心，挫伤学生的积极性和对教师的亲近感，从而削弱学生对教师的信赖感和尊崇心理，最终导致教师威信的降低。

3. 不断进取的敬业精神。教师的职责是向青年一代"传道""授业""解惑"，这要求教师根据社会要求和教育对象的变化，不断更新自己的知识、观点，提高自己的科学文化素质，满足学生不断发展变化的需要，使他们顺利成才。教师不断进取的敬业精神能激起学生的敬佩之情，能提高其在学生心目中的地位和威信。

4. 言行一致，做学生的楷模。教师是代表社会成年一代向未成年一代传授科学文化知识、先进思想和道德规范的，他们既要组织、控制、评价学生的学习，又要培养、训练、陶冶学生的品德和情操。因此，一般来说，在学生的心目中，教师是有丰富知识的人，是守纪律、讲文明、懂礼貌、有道德的典范。如果一个教师的言谈举止与学生心目中的"教师形象"不相符，他在学生中的威信就会降低。反之，如果与学生希望的教师形象一致，则不仅会增强教师对学生教育的感染力，而且可以增强教师在学生心目中的典范性，提高学生对教师的信赖和崇敬感。

三、建立和维护良好威信的策略

1. 良好的第一印象。人们为了减少认知上的不确定感，通常会根据有限的信息对事物进行归类。第一印象之所以重要，一方面它是学生判断教师的第一信息源，学生将在这个基础上形成对教师的判断；另一方面第一印象非常难以改变，人们一旦形成对某人的第一印象后，不但不会主动去改变它，相反，还会寻找更多的理由去支持这种影响。所以教师在新到一所学校或新教一个班时，要特别注意自己的言谈举止，尽量在各方面给学生留下好印象。

2. 关爱意识。教师应该把自己放在引导者和辅导者的地位，一切从学生的成长和发展出发，对自己从事的教育职业倾注满腔的热情。而且教师应该树立与学生同舟共济的思想，抱着珍爱的情感，去看待和处理教学中的事项，与学生共同度过人生中的这一个阶段。

3. 提高自己的教学水平。课堂教学的质量和水平是衡量教师威信的尺度。课堂教学是教师学识的体现，它是把教师的学识从学术形态的基础上心理学化后，通过编程、呈现、传递、组合等方式进行教育学的处理，使用知识的教育形态进行教学。教学是教师的主要工作，而且也是教师与学生直接交流时间最多的机会。渊博的学识、高超的教学艺术是教师赢得学生威信的重要源泉。

4. 提高自己的情绪控制能力。情绪控制能力是教师取得非权力性影响力的重要因素，萨洛维认为情绪智力包含五个方面的综合能力。(1) 认识自身情绪的能力，是情绪智力的核心所在，即具有理解自我及心理直觉感知的基本能力。(2) 管理与控制自身情绪的能力，以上述认识为基础，对自身的情绪进行妥善的管理与调控，使其有效地适应各种变化的情况。(3) 自我激励的能力，指不断为自己树立目标的动机和使自己情感专注的能力。(4) 认识他人情绪的能力，指对他人的情感受进行理解与感知的能力。(5) 维系良好人际关系的能力。教师随时可能会面临各种突发事件，而且职业要求教师在对这些事件进行处理时应该遵循教育和发展的原则，这就要求教师应比其他职业人有更强的情绪控制和管理的能力，尤其要善于控制班级的情绪。

5. 要时刻注意自己的言行。教师可能由于一个小小的疏忽就会改变他们在学生心目中的已有印象，特别是对于良好的形象而言，不仅维护很难，而且更容易受到某些小事的改变。因此教师一方面要保证自己在品德上要没有任何被人指责的地方，如果学生对教师的学问和品德有怀疑的话，那么教师的地位就会一落千丈。其次要做到言行一致。这就要求教师不仅要谈笑有度，谨言慎行，更应该一诺千金，说话算话。

6. 不要挫伤学生的自尊心。心理学的研究发现，在人际交往中存在一个行为对等原则，即你以一种什么样的态度和行为方式对待别人，别人也会以相同的态度和行为回报你。教师的威信是在教师与学生的交往中建立起来的，要期望学生信服你，接纳你，就必须注意不能挫伤学生的自尊心。特别是青年学生的自尊心很强，他们维护自尊的方式比较简单，当自尊受到伤害时，比较容易走极端，因此更需要认真地加以保护。对于中小学教师而言，更应该注意不要把学生的问题随意扩大化，特别是发现有学生违反了纪律，或者同自己产生了"冲突"，就将事情汇报到班主任、校长那里去，或直接捅给家长。这种方法，极易伤害学生的自尊心和感情，降低教师的威信。

三、教师威信对教育成效的影响

教师威信是影响其教育成效的重要条件，是完成教育任务的一种重要的推动力量。学生对有威信的教师的课，能认真学习；对他的劝导，言听计从。反之，对那些没有威信的教师则会持相反的态度。

具有威信的教师之所以对学生有巨大的影响，这是因为：（1）学生确信教师讲授的真实性和指导的正确性，从而表现出掌握知识和遵从指导的主动性；（2）教师的要求可以较容易地转化为学生的需要，这就增强了学生在学习和培养自己优良品质上的积极性；（3）教师的表扬或批评能唤起学生相应的情感体验，有威信的教师的表扬能引起学生很大的愉快和自豪感，并使其产生要学得更好和工作得更好的愿望，而他们对学生哪怕是极其轻微的批评，也要比威信较差的教师所作的较严厉的处罚更能引起学生相应的强烈的情感体验,并使学生深刻感到有必要纠正自己的缺点错误;(4)学生把有威信的教师看做自己的榜样,教师的示范也就可以起到更大的教育作用,因为教师一旦成为学生的榜样,学生就会产生处处向教师模仿的意向。可见,有威信的教师的教育力量是基于学生对教师的热爱、敬重之上的。所以教师的榜样越具体完善,学生效仿的可能性越大,其教育成效就更显著。

第三节 教师的成长与发展

一、教师的成长历程及其相关问题

(一)教师的成长历程

1. 教师发展三阶段理论。从一名新教师成长为一名合格教师有一个过程,教师在不同的成长阶段所关注的问题不同。例如,新教师一般都关心课堂纪律、激发学生动机、因材施教、评价学生的学习、与家长的关系、教学组织和管理、备课是否充分和处理学生的个别问题。福勒和布朗(Fuller & Brown)根据教师的需要和不同时期所关注的焦点问题,把教师的成长划分为关注生存、关注情境和关注学生三个阶段。

(1)关注生存阶段。处于这一阶段一般是新教师,他们非常关注自己的生存适应性,最担心的问题是:"学生喜欢我吗?""同事们如何看我?""领导是否觉得我干得不错?"等等。由于这种生存忧虑,有些新教师可能会把大量的时间都花在如何与学生搞好个人关系上,而不是如何教他们。有些新教师则可能想方设法控制学生,而不是让学生获得学习上的进步。这种情况有可能是由于教师过分看重校方或同事的承认造成的。在学校里,人们总是希望教师把学生管教得老实听话,因此,教师都想成为一个良好的课堂管理者。

(2)关注情境阶段。当教师感到自己完全能够生存(站稳了脚跟）时，便把关注的焦点投向了提高学生的成绩，即进入了关注情境阶段。在此阶段教师关心的是如何教好每一堂课的内容，一般总是关心诸如班级的大小、时间的压力和备课材料是否充分等与教学情境有关的问题。传统教学评价也集中关注这一阶段，一般来说，老教师比新教师更关注此阶段。

（3）关注学生阶段。当教师顺利地适应了前两个阶段后，成长的下一个目标便是关注学生。在这一阶段，教师将考虑学生的个别差异，认识到不同发展水平的学生有不同的需要，某些教学材料和方式不一定适合所有学生，因此教师应因材施教。在教学实践中，不难发现，不但新教师容易忽视学生的个体需要，就连一些有经验的教师也很少自觉关注学生差异。我们认为，能否自觉关注学生是衡量一个教师是否成长成熟的重要标志之一。

2. 教师发展五阶段理论。美国亚利桑那州立大学的伯利纳（D. C. Berliner，1988）在人工智能研究领域中"专家系统"研究和德赖弗斯（Dreyfus，1980）职业专长发展五阶段理论的基础上，提出了教师成长与发展的五阶段理论，即新手（novice）教师、熟练新手（advanced beginner）教师、胜任（competent）型教师、业务精干（proficient）型教师和专家（expert）型教师五个阶段。伯利纳在大量的定性与定量研究基础上，对教师各个发展阶段的特征进行了详细论述。

（1）新手教师：新手教师是经过系统的教师教育与专业学习，刚刚走上教学工作岗位的教师。他们主要表现出以下特征：①新手教师通常是理性化的，在分析和思考的基础上处理问题；②新手教师处理问题缺乏灵活性；③新手教师处理问题时，刻板地依赖特定的原则、规范和计划。由于新手教师在教学和学生管理方面缺乏经验，因此比较刻板机械，无法尽快抓住问题的实质，以及对所学的教育原则灵活应用。在这个阶段，他们需要了解与教学有关的一些实际情况和具体的教学情境，此时经验积累比学习书本知识更为重要。

(2) 熟练新手教师：随着知识和经验的积累，新手教师经过2~3年逐渐发展成为熟练新手。熟练新手教师的特征主要表现在以下四个方面：①实践经验与书本知识逐渐整合，开始逐步掌握教学过程的内在联系；②教学方法和策略方面的知识与经验有所提高，处理问题表现出一定的灵活性；③经验对教学行为的指导作用提高，但还不能够很好地区分教学情境中的重要信息和无关信息；④对自己的教学行为还缺乏一定的责任感。

(3) 胜任型教师：大部分熟练新手教师经过教学实践和职业培训，经过3~4年就能够成为胜任型教师。胜任型教师是教师发展的基本目标，它有以下四个特征：①他们的教学行为有明确的目的性；②能够区分出教学情境中的重要信息，并选择有效的方法或手段达到教学目标；③他们对自己的行为结果表现出更多的责任心，对于成功和失败表现出强烈的情绪情感反应；④胜任阶段教师的教学行为还没有达到快捷性、流畅性、灵活性的程度。

(4) 业务精干型教师：大约再需要五年左右知识和经验的积累，有相当部分的熟练新手教师会成为业务精干型教师。该阶段教师的最突出特征表现在以下三个方面。①具有较强的直觉判断能力。由于在长期的教学实践中积累了丰富的经验，他们对教学中出现的与以往教学情境类似的情况能根据直觉进行观察与判断，并作出适宜的反应。②教学技能接近了认知自动化的水平。在教学活动中，他们无须太多的意识努力就能对教学情境作出准确判断和有效处理，不过尚未达到完全认知自动化的水平。③他们的教学行为已经达到了快捷、流畅和灵活的程度，这是在教学实践中积累了丰富知识和经验的结果。

(5) 专家型教师：部分业务精干型教师在以后的职业发展中成为专家型教师。这类主要具有两个方面的特点。①观察教学情境和处理事物是非理性的。新手教师到胜任型教师阶段，教师处理问题都是理性的，业务精干型教师是直觉型的，而专家型教师处理问题则是非理性的。专家型教师对教学情境的观察与判断是直觉性的，不需要进行仔细的分析和思考，凭借他们的经验便能准确地发现问题，并采取适当的解决方法。②教学技能完全自动化。他们对教学情境中的问题的解决不仅达到了快捷性、流畅性和灵活性的程度，而且已经达到了完全自动化的水平，在没有意外情况发生的情况下，不需要有意识的努力就可以处理遇到的各种教学问题。在一般情况下，他们很少表现出反省思维，一旦问题的结果与预期不一致，他们才会对问题进行反思和分析。

伯利纳认为，教师的发展不仅是分阶段的，而且并非所有的教师都能够达到职业生涯的顶峰。他就教师发展的阶段及各阶段的特点的详细论述对教师教育和职业培训有重要的参考价值。

（二）教师成长历程中的相关问题

1. 新教师成长中的适应期。这个时期实际就是教师成长中的关注生存这个阶段。他们关心的首要任务是得到别人，特别是学生的接纳。在这个时期，一方面会为初为人师而兴奋，另一方面又对复杂的课堂教学和班主任工作感到无所适从。由于教育教学中心理准备不足，易受外界影响；对从学生转变为教师的过程中角色认知模糊，盲目性大；工作顺利时与工作不顺利时情绪变化大，易冲动。

新教师要从站上讲台到站稳讲台，需要过的第一关就是课堂教学关。因此新教师应该尽快适应课堂教学，学会基本的教学模式。在这个阶段中学会备课、上课、留作业、辅导、考试五个方面的基本技能，在这个过程中虚心向老教师和优秀教师学习是关键，通过共同备课、听课、评课，以及在示范课和汇报课中提高自己的处理教学的能力和水平。另一关就是职业理想的问题，初为人师的兴奋感将会很快被日常的教育教学活动所掩盖，从而发现教育教学实际与理想之间的差距，甚至产生失落感。此时强调教师的职责，加强立足教育事业、热爱教育的思想就显得尤为重要。它将直接影响到新教师在教学工作中的态度和工作效率。

2. 教师的职业倦怠。职业倦怠是一种与职业有关的综合症状。它源于个体对付出和回报之间显著不平衡的知觉,这种知觉受个体、组织和社会因素的影响。有人(Maslach)则将职业倦怠分为三个亚成分,即情绪衰竭(表现为疲劳、烦躁、易怒、过敏、紧张等)、人格解体(指对所从事事业冷淡和没有感情)、降低的个人成就感。职业倦怠是教师生涯中常见的心理问题,出现职业倦怠的教师通常会表现出对教育教学的退缩和不负责任,情感和身体的衰竭,以及各种各样的心理症状,如易激惹、焦虑、悲伤和自尊心降低。造成教师出现职业倦怠的因素有多个,首先与教师职业有密切的关系,教师职业面临过重的社会期望、多角色之间的冲突、理想与现实之间的差距等;其次与工作环境有关,日益复杂的学生管教问题和学校中的人际关系与教师支持系统的缺乏是造成教师职业倦怠的重要工作环境因素;最后是教师自身的人格因素研究发现,A型人格容易导致教师出现职业倦怠,A型人格通常表现出喜欢赶时间,工作麻利而且要求较高,没有耐心,不安于现状,有很强的竞争意识和明显的攻击性,很难处于放松状态。此外教师人格中的孤僻、自卑、怯弱等也容易引发教师的职业倦怠。

二、专家型教师与新手教师

(一) 什么是专家型教师

心理学各分支学科之间的研究成果是相互影响的,其中认知心理学关于专家的研究在教育领域有着广阔的应用前景。开发学校中最重要的人才资源(教师),培养专家型教师是当前教育发展的头等重要任务。何谓专家型教师?首先对"专家"这一术语作简要分析。"专家"概念有广义和狭义之分。广义的专家是指在某个领域

（或方面）有专长的人；狭义的专家特指对某种学术、技能有特长的人。上述界说共同包含三层意思：（1）专家是以某一学科、某一领域为限的；（2）专家是相对于该领域或学科内的非专家而言的；（3）专家是指有某种专长的人。基于上述认识，我们可以将专家型教师界定为有某种教学专长的教师。理解这一定义的关键是弄清"教学专长"。近来，研究者对教学专长的界说提出了三种有代表性的观点：（1）把教学专长作为一种反思性实践的倾向；（2）把教学专长描述成一系列可观察到的有经验和缺乏经验的教师的特征差异；（3）把教学专长视为以原型类目的相似性为基础的特征模型。① 上述第一种观点倾向于对教学专长作定义性的规定，第二种观点倾向于对教学专长作特征性描述。事实上，由于教学的复杂性，要找出一个所有教学专长都符合或所有教学专长都不符合的严格界定的标准是很困难的。因此，斯滕伯格等提出了解释教学专长的原型观，主张以专家型教师群体的相似性特征为原型，建立专家型教师的模型（上述第三种观点）。他认为可以从两个方面将专家型教师和非专家型教师区分开来：（1）承认专家型教师总体的多样性；（2）承认不存在一套就教师个人而言是必要的，对总体来说是充分的专家型教师特征。这样，既可以将那些显示出具有丰富的高度组织的知识的教师视为教学专家，也可以将那些对课堂问题作出明智解决的教师视为教学专家。

综上对教学专家的理解，我们认为，专家型教师可具体描述为那些在教学领域中，具有丰富的和组织化了的专门知识，能高效率地解决教学中的各种问题，富有职业的敏锐的洞察力和创造力的教师。

---

① 斯滕伯格等：《专家型教师教学的原理论》，载《华东师范大学学报》（教育科学版），1997（1）。

(二) 专家型教师的基本特征

构成专家型教师的基本特征是什么？根据斯滕伯格的教学专长的原型观，结合有关专家行为的心理学研究，并与非专家型教师比较，可以认为，专家型教师主要有以下三个方面的基本特征。

1. 有丰富的组织化的专门知识并能有效运用。专家与新手之间最基本的差异在于专业知识方面。在专家擅长的领域内，我们认为，专家不仅知识比新手丰富，而且运用知识比新手更有效。

专家型教师应具备哪些知识呢？舒尔曼（L. Shulman, 1987）提出了专家型教师所必备的知识类型，包括以下方面：（1）所教学科知识；（2）教学方法和理论，适用于学科的一般教学策略（诸如课堂管理的原理、有效教学、评价等）；（3）课程材料，以及适用于不同学科和年级的程序知识；（4）教特定学科所需要的知识，教某些学生和特定概念的特殊方式，例如以最佳方法对能力差的学生解释什么是负数；（5）学习者的性格特征和文化背景；（6）学生学习的环境——同伴、小组、班级、学校以及社区；（7）教学目标和目的。

专家型教师不但应具有丰富的知识，而且能将广博的、可利用的知识组织起来运用在教学中。因此，除了学科内容和教学本身的知识之外，专家型教师还必须具有教学赖以产生的政治和社会背景知识。这一知识对专家型教师适应教学中遇到的实际情况——包括教师被认可和保持专家型教师头衔都十分重要。

专家型教师与新手教师在知识背景和积累上的不同，使得他们在课时计划、课堂规则的制定与执行、吸引学生的注意力、教材的呈现、课堂练习、家庭作业的检查以及课后评价等方面都存在显著的差异。专家型教师所教的学生和课程具有清晰的知觉，他们能根据过去的教学经验有效地勾勒出对待优等生和后进生的方案，并且他们为了有效地组织课程和课堂活动，能够补充许多超出课本的、教学计划中缺少的东西。

2. 解决教学领域内问题的高效率，包括教师教学技能的认知自动化、执行监控（包括计划、监控和评价）以及认知资源的再投入。研究表明，在专家擅长的领域里，专家解决问题的效率比新手更高，专家与新手相比，能在较短的时间内完成更多的工作。专家解决问题的高效率不仅和他们有效地计划、监控和修正问题解决途径的能力有关，而且和他们将熟练的技能自动化的能力有关。

专家型教师解决学科问题的效率为什么比非专家型教师高呢？(1) 专家型教师善于利用认知资源。人类的认知资源是有限的，但专家似乎总能在有限的认知资源内干更多的工作。认知过程可分为两个方面，即消耗资源的或被控制的方面和相对节约资源或自动化的方面。专家解决问题更多是属于节约资源或自动化方面，而新手解决问题则主要是消耗资源。这样，专家可将节省的认知资源用于解决更复杂的问题。因此，专家型教师能够比非专家型教师在单位时间里处理更多的信息，或者在较低的认知努力水平上传输同样的信息量。(2) 专家型教师善于监控自己的认知执行过程。研究表明，在元认知或认知的执行控制方面专家型和非专家型教师是不同的。一项关于专家教学的研究结果发现，在处理课堂纪律问题时，专家型教师比非专家型教师更有计划性。对教学过程的有效反思也是专家型教师常用的认知执行控制的一种方式。(3) 专家型教师善于将"节约"的认知资源再投入到更高水平的超出非专家的能力范围的认知活动。有人（Beretter & Scareclamalia, 1993）认为，专家型教师在问题解决模型的逐步建立过程中更重视认知资源的再投资。在解决问题时有经验的非专家力图使问题适合已有的方法，而真正的专家却在连续不断利用自己的知识和技能，逐渐建立更复杂的图式，寻找更多、更巧的解法。

表 12-2　专家型教师的基本特征①

特征	例子
知识（数量和组织）	
内容知识	知道坐标几何的原理。
教学法的知识	
具体内容的	知道教授坐标几何原理的课程计划和日常表。
非具体内容的	知道用最小的中断来布置和收回家庭作业的常规。
实践的知识	
外显的	知道学区为特殊教育服务的标准。
缄默的	知道怎样为一个不符合成绩标准的学生申请获得特殊教育的服务。
效率	
自动化	一边提前思考课程计划一边考虑布置和回收家庭作业。
执行控制	
计划	预想到在执行课程计划时的困难。
监控	在执行课程计划时发现学生不能理解或缺乏兴趣。
评价	根据所遇到的困难，修正课程计划以便将来使用。
认知资源的再投入	利用布置和收回家庭作业的机会观察并评价某个特殊学生的举动。
洞察力	
选择性编码	注意到学生在坐标格的右上象限的外面绘点有困难。
选择性联合	注意到将在右上象限的外面绘点的困难和计算内点的困难合在一起，反映了学生没有掌握负数的概念。
选择性比较	将负数和欠债进行类比，以便消除学生的错误概念。

---

① 见斯滕伯格等：《专家型教师教学的原理论》，载《华东师范大学学报》（教育科学版），1997（1）。原表名为"专家教学原理内容"，本书作者认为实为"专家型教师的基本特征"。

在教学领域内,专家型教师解决问题的效率高。他们靠类化了的广泛的知识经验,能够迅速且只需很少或无须认知努力来完成多项活动。尤其是程序化的技能使他们能够将注意集中于教学领域高水平的推理和问题解决上,在接触问题时他们具有计划性且善于自我觉察,时机不成熟时,他们不会提前进行尝试。

3. 专家型教师善于创造性地解决问题,有很强的洞察力。专家和非专家都应用知识和分析来解决问题,但专家更能创造性地解决问题,他们的解答方法既新颖又恰当,往往能够产生独创的、洞察力的解决方法。创造性问题解决中的"洞察力"与斯滕伯格等提出的认知的"选择性编码""选择性联合""选择性比较"是相对应的。选择性编码旨在区分与问题解决相关的信息和无关的信息。选择性联合以有利于问题解决的方式将一些信息结合起来,如两项信息分开是不相关的,而联系起来考虑对于解决手边的问题却是相关的。选择性比较涉及到将所有在另一个背景中获得的信息运用到手边的问题解决上来。基于选择性比较的洞察力是通过注意,找出相似性,运用类推来解决问题。选择性编码、选择性联合、选择比较三种认知机制为有洞察力地解决问题提供了心理基础。

总之,专家型教师在解决教学领域内的问题时是富有洞察力的。他们能够鉴别出有助于问题解决的信息,并能够有效地将这些信息联系起来。专家型教师能够通过注意,找出相似性及运用类推来重新建构手边问题的表征。通过这些过程,专家型教师能够对教学中的问题作出新颖而恰当的解决。

伯利纳(1994)等综合了教师教学专长的理论与实证性研究,将专家教师教学专长的特点归纳为如下九个方面:

(1)专家型教师的教学专长是经过长期教学实践获得的,获得的专长是不断发展的;

(2)专家型教师教学专长的发展与其他职业专长的发展一样也是非线性的,在不同的发展阶段,教学专长的发展速度也有所不同；

（3）与新手比较，专家型教师的知识和经验更具有实践性和实用性；

（4）专家型教师与新手在对问题的表征上有本质的区别，专家对问题的表征更深入，更接近本质；

（5）专家型教师对熟悉的教学情境的观察与判断比新手要快，具有直觉性的特点；

（6）专家型教师在解决问题时更具有灵活性，他们是机遇的策划者，能够迅速地转变看问题的角度，而新手在观察和处理问题时具有刻板性；

（7）专家型教师在从事教学活动时，需要对学生的个体情况（能力、知识背景、个性等）有充分的了解，以便因材施教；

（8）专家型教师在教学活动方面的认知技能达到了自动化的水平，因此，他们在处理教学情境中的问题时，能够将更多的认知资源分配到其他的重要任务上；

（9）在教学活动的过程中，专家型教师逐渐形成了完善的自我监控和调节机制，因此，能够对遇到的问题进行灵活、合理、有效地处理。①

可以看到专家型教师和新手教师在知识、教学技能、问题解决、时间管理等各方面都存在着本质的区别。深厚的知识背景、丰富的教学经验使得他们能够凭借直觉准确地抓住问题的实质，自动化地解决教学中的各种问题。

三、教师成长与发展的途径

教师成长与发展的基本途径主要有两个方面，一方面是通过教

---

① 张学民等：《国外教师教学专长及发展理论述评》，载《比较教育研究》，2001（3）。

师教育培养新教师作为教师队伍的补充，另一方面是通过实践训练提高在职教师。而在职教师的培训主要有专门的师训机构以课程面授、专题讲座等方式所进行的集中在职培训和以学校为基地的校本教师培训两种类型。这里我们主要集中探讨在职教师培训的主要方法。

根据国内外的现有研究，促进教师成长与发展，使之成为专家型教师的基本途径，概括起来主要有以下方面。

（一）以教研组为基地的教研活动

教研组是教师成长的专业环境，通过以优秀教师为主，通过共同备课、听课、评课，特别是在示范课和汇报课中组织、评价、实施过程中，使年轻教师不仅学会备课、上课、留作业、辅导、考试五个方面的基本技能，而且从中可以学到优秀教师处理教材、学生和教学过程的艺术，从而达到迅速提高自己的处理教学的能力和水平。在教研活动中，观摩和分析优秀教师的教学活动非常重要。课堂教学观摩可分为组织化观摩和非组织化观摩。组织化观摩是有计划、有目的的观摩，非组织化观摩则没有这些特征。一般来说，为培养提高新教师和教学经验欠缺的年轻教师宜进行组织化观摩，这种观摩可以是现场观摩（如组织听课），也可以观看优秀教师的教学录像。非组织化观摩要求观摩者有相当完备的理论知识和洞察力，否则难以达到观摩学习的目的。通过观摩分析，学习优秀教师驾驭专业知识、进行教学管理、调动学生积极性等方面的教育机智和教学能力。

（二）微型教学

微型教学又称微格教学，它是20世纪60年代美国斯坦福大学的艾伦（D. Allen）和他的同事伊芙（Eve）首先开发的。它以少数的学生为对象，在较短的时间内（5~20分钟），尝试做小型的课堂教学，可以把这种教学过程摄制成录像，课后再进行分析。这是训练新教师，提高教学水平的一条重要途径。

微型教学主要是进行各学科专业课堂教学技能的行为模式和有效的教学技能的培训,这些教学技能模式中的教学行为是课堂教学中的基本行为,如提问、新课引入等。通过对课堂教学基本技能的逐项掌握,从而达到提高教学水平的目的。

国内外关于微型教学有多种方法,但一般采用以下程序。

(1) 明确选定特定的教学行为作为着重分析的问题(如解释的方法和提问的方法等),并进行事前的学习,学习的内容主要是微型教学的训练方法、各项教学技能的教育理论基础、教学技能的功能和行为模式。

(2) 观看有关的教学录像(示范)。指导者说明这种教学行为具有的特征,便于实习生或新教师对教学技能进行感知、理解和分析。

(3) 实习生和新教师制定微型教学的计划,编写微型教学教案。以一定数量的学生为对象,实际进行微型教学,并录音或录像。通常是实习生和新教师轮流进行教师、学生、评价员的角色。

(4) 和指导者一起观看录像,分析自己的教学行为。指导者帮助教师和实习生分析一定的行为是否恰当,考虑改进行为的方法。采用的方法是指导者和学员的讨论评议和将弗朗德(N. A. Flanders)的师生相互作用分析记录单输入计算机,进行师生相互作用分析。

(5) 在以上分析和评论的基础上,再次进行微型教学。这时要考虑改进教学的方案。

(6) 进行以另外的学生为对象的微型教学,并录音录像。

(7) 和指导教师一起分析第二次微型教学。

微型教学使教师分析自己的教学行为更加直接和深入,增强了改进教学的针对性,因而往往比正规课堂教学的经验更有效。博格(Borg, 1969)研究表明,微型教学的效果在四个月后仍很明显。

(三) 教学决策训练

教师的教学过程也是一个采取决策的过程,如判断自己的教学行为所引起的学生的反应是否符合期望,如果符合,就继续维持自己的行为,如果不符合,就要采取一定的预防和矫正措施。

有人(Twelker,1967)设计了决策训练的程序,事先向接受训练的教师或实习生提供有关所教班级的各种信息,包括学业水平、学习风格、班级气氛等,然后让他们观看教学实况录像,从中吸取自己认为重要的成分。在此过程中,指导者一面呈现出更恰当的行为,一面给予说明。通过这种方法,教师和实习生可以获得近乎实际上课的经验,而且可以获得指导者的及时解释说明。这种方法不仅可以改善他们的教学行为,而且可以使他们对决策的有效线索更加敏感,而这正是专家型教师的重要特征。研究表明,让教师或实习生接受教学决策训练,可以提高其教学能力。

(四) 教师通过反思来提高教学能力

通过反思训练来提高教师的教学水平是近年来教师心理研究的一个重要课题。反思是教师以自己的教学活动为思考对象,来对自己所作出的行为、决策以及由此所产生的结果进行审视和分析的过程,是一种通过提高参与者自我觉察水平来促进能力发展的手段。

1. 教学反思的内容及作用。有人(J. P. Killion & G. R. Todnem,1993)提出,教师的反思包括:(1)对于活动的反思(reflection-on-action),这是个体在行为完成之后对自己的行动、想法和做法的反思;(2)活动中的反思(reflection-in-action),个体在作出行为的过程中对自己在活动中的表现、想法和做法进行反思;(3)为活动反思(reflection for action),这种反思是以上述两种反思为基础,总结经验来指导以后的活动。教师反思的内容有三种。第一种是认知成分(the cognitive element),它是对教师在教学中的加工信息和决策过程进行反思。第二种是批判的成分(the critical element),指教师对教学决策基础的反思,包括情感体验、信念、价值观和道德等成分,如教育目标是否合理等。这些因素将影响到教师对情境的理解、关注的问题以及问题的解决方式等各方面。第三种是教师的陈述(teacher's narratives),指的是教师对与教学过程有关的活动所做的陈述,包括教师所提出的问题,教师在日常工作中的写作、交谈以及他们对课堂教学所作出的解释等。这种对实际情境的解释可以使教师更清醒地看到自己的教学决策过程。

教师对自己的教学进行反思,有助于提高自身教学能力。首先,教师计划自己的活动,通过"活动中的反思"观摩所发生的行为,就好像自己是局外人,以此来理解自己的行为与学生的反应之间的动态的因果联系。然后,教师又进行"对于活动的反思"和"为活动反思"分析所发生的事件,并得出用以指导以后决策的结论。如此更替,成为连续的过程。教师在反思过程中扮演双重角色:演员和评论家。反思是理论与实践之间的对话,是这二者之间相互沟通的桥梁。

2. 教学反思的环节。教学反思是怎样进行的?有人(K. F. Osterman & R. B. Kottkamp,1993)以经验性学习理论为基础,将教师反思分为以下四个阶段。

(1) 具体经验阶段。这一阶段的任务是使教师意识到问题的存在,并明确问题情境。在此过程中,接触到新的信息是很重要的,他人的教学经验、自己的经验、各种理论原理,以及意想不到的经验等都会起作用。一旦教师意识到问题,就会产生认知冲突,并试图改变这种状况,于是进入反思环节。这里关键是使问题与教师个人密切相关,使其意识到自己在活动中的不足,这往往是对个人能力、自信心的一种威胁,所以,让教师明确意识到自己教学中的问题,往往并不容易,作为教师反思活动的促进者,在此时要创设轻松、信任、合作的气氛,帮助教师看到自己的问题所在。

(2) 观察分析阶段。此阶段教师广泛收集并分析有关的经验,特别是关于自己活动的信息，以批判的眼光反观自身，包括自己的思想、行为、信念、价值观、目的、态度和情感等。观察获得资料的方式可以有多种，如自述与回忆、他人的观察模拟、角色扮演，也可以借助于录音、录像、档案等。在获得一定的信息之后，要对它们进行分析，看驱动自己的教学活动的各种思想观点到底是什么，它与自己所倡导的理论是否一致，自己的行为与预期结果是否一致等，从而明确问题的根源所在。这个任务可以由某个教师单独完成，但合作更有效。经过这种分析，教师会对问题情境形成更为明确的认识。

（3）重新概括阶段。在观察分析的基础上，教师重审旧思想，并积极寻找新思想与新策略来解决面临的问题。此时，新信息的获得有助于更有效的概念和策略方法的产生，这种信息可以是来自研究领域，也可以来自实践领域，由于针对教学中的特定问题，而且对问题有较清楚的理解，这时寻找知识的活动是有方向的、聚焦式的，是自我定向的，因而不同于传统教师培训中的知识传授。同样，这一过程可以单独进行，也可以通过合作方式进行。

（4）积极验证阶段。要检验以上阶段所形成的概括的行为和假设，教师可能是实际尝试，也可能是角色扮演。在检验的过程中，教师会遇到新的具体经验，从而又进入第一阶段，开始新的循环。

在反思的四环节中，反思最集中地体现在观察分析阶段，但它只有和其他环节结合起来才会更好地发挥作用。在实际的反思活动中，以上四个环节相互交叉，界限并不十分清楚。

3. 教学反思的基本方法。教师是怎样对自己的教学进行反思的呢？布鲁巴奇等（J. W. Blubacher, et al., 1994）提出了五种反思的方法。（1）课后备课，即教师在上完课后，根据教学中所获得的反馈信息进一步修改和完善教案，明确课堂教学改进的方向和措施。课前预定的教学目标和要求的实现程度如何，只有在课后才能检验出来，课后若不及时总结和反思，存在的问题就会永远得不到解决，成功的经验也就无法得到提炼和升华。课后备课将有助于教师从正反两个方面及时总结经验教训，有效地增强教学效果，提高教学专业水平。(2) 反思日记。在一天教学工作结束后，要求教师写下自己的经验，同时教师在上课和作业批改后主动征求、了解学生的意见，并详细记录下教学的背景、效果、上课的具体感受、存在的问题以及通过反思后得出的解决办法与设想等，并与其指导教师共同分析。(3) 详细描述。教师相互观摩彼此的教学，详细描述他们所看到的情景，教师们对此进行讨论分析。(4) 交流讨论。来自不同学校的教师聚集在一起，首先提出课堂上发生的问题，然后共同讨论解决的办法，最后得到的方案为所有教师及其他学校所共享。(5) 行动研究（action research）。为弄明课堂上遇到的问题的实质，探索用以改进教学的行动方案，教师以及研究者进行调查和实验研究。它不同于研究者由外部进行的旨在探索普遍法则的研究，而是直接着眼于教学实践的改进。

（五）开展行动研究

教育科研是现代教师的必备技能，而教育科研能力的提高也是教师培训的重要方面，其中行动研究是一种适宜于提高教师科研能力和教学水平的重要方法。行动研究是一种在实际工作中解决问题的方法，其目的是改善教育教学实践。它有以下几个方面的特点。首先，它是一种把"行动"和"研究"结合起来的方法，它要求教师结合自己的教学状况在行动（即教学实践）中研究和解决问题，从而保证研究工作的实际意义。其次，它是一种旨在改进的方法，比日常经验总结要完善，因为它要求教师对有关情况作充分的了解，依据有关理论认真思考，按计划谨慎行动。最后，行动研究的价值不在于理论的完成与新知的获得，而是注重实际问题的解决状况。

行动研究的程序尽管还存在争议，不过一般包括以下几个步骤。

（1）界定问题。行动研究是以问题为起点的，通过分析学校或个人教学中存在的主要问题，然后筛选出可以结合工作来加以解决的问题。学校每天发生的很多问题，可能对于教师而言是司空见惯的，因此要求必须具备敏锐的头脑。

（2）制订方案。方案的制订先需要进行文献的查阅，收集与问题有关的文献，了解前人研究的成果、状况、方法、经验、问题及目前的争论等理论背景。方案主要包括预期要达到的目标、主要的行动及其安排。

（3）展开行动。根据确定的行动方案积极展开行动。由于行动研究不脱离正常的教学实践，具有很大的情境性和实践性，因此教师应在自己的教学活动安排中，有机地将行动方案纳入到自己的教育教学中，并与教育科研人员共同观察和分析课堂教学的进展。

（4）反馈修正。行动研究要求参与研究的教师不断地与现实的教育教学情境进行沟通和交流，及时评价行动是否恰当，下一步应该如何调整。这些都需要对行动之后的情况进行收集，获得有效的反馈信息，用以修正行动。反馈信息的收集主要有以下方法。①观察。教师可以邀请自己的同行或者专业工作者到自己的课堂中来，帮助对课堂教学或者行动实施状况进行观察和记录。观察记录中应该注意把行为及其产生的情境相结合，同时要区分实际观察到的现象和在观察过程中的主观解释。②访谈。它的形式比较自由，可以按事先准备好的内容进行结构式谈话，也可随机进行交流。访谈的对象可以是学生、家长、其他教师甚至社区干部。③个人资料，包括学生的个人资料和教师的个人资料，其中教师在行动过程中所记录的基本情况和问题分析对于信息的收集非常重要。通过上述方式获得的反馈信息需要通过反思活动，对相关的现象和原因进行分析解释，从而决定下一步的行动计划。

第十三章 教学设计的心理学问题

有教学,就有教学设计。教学设计是多学科研究的内容,但不同学科研究的侧重点不同。教育心理学侧重从教学对象的身心特点、已有知识及教学目标的要求出发,探讨教学设计的心理学理论与技术,以提高教师教学设计的意识和能力。

第一节 教学设计概述

一、教学设计的含义

教学设计就是根据教学对象和教学内容,确定合适的教学起点与终点,将教学诸要素有序、优化地安排,形成教学方案的过程。该定义表明:(1)教学设计必须有确定的教学对象和教学内容;(2)教学设计是将教学诸要素有目的、有计划、有序地安排,以达到最优组合;(3)教学设计仅是对教学系统的预先分析与决策,是一个制定教学计划的过程,而非教学实施,但它是教学实施必不可少的依据。

教学设计是教学理论向教学实践转化的桥梁。首先,教学设计是依据一定的教学理论,在对教学的本质、功能以及规律理解的基础上进行的。教学理论作为改进教学工作的原理和原则,只有通过周密而详细的设计,才能转化为一系列方法或技术。其次,教学理论对教学的指导作用,必须与学校实际和教学实践相结合才能发挥出来,这两者的有机结合正是通过教学设计这一环节来完成的。因此,教学设计是教学理论向教学实践转化的必不可少的中间环节。

二、教学设计的基本原则

为保证教学设计的科学性,遵循教学的规律与特点,教学设计应遵守下列基本原则。

(一)系统性原则

教学设计是一项系统工程,它是由教学目标、学生状况分析、教学内容、方法选择、教学评估等子系统所组成,各子系统既相对独立,又相互依存、相互制约,组成一个有机的整体。在诸子系统中,各子系统的功能并不是等价的,其中教学目标起着制约其他子系统的作用。因此,确立合适的教学目标在整个教学设计系统中起着"纲举目张"之效。同时,教学设计应立足于整体,每个子系统应协调于整个教学系统中,做到整体与部分辩证地统一,系统的分析与系统的综合有机地结合,最终达到教学系统的整体优化。因此,进行教学设计,应遵循科学的系统观,统筹兼顾其他子系统,只有将本子系统和谐地统一于整体之中,才能算是科学成功的设计。

(二)程序性原则

教学设计是一项系统工程,诸子系统的排列组合具有程序性特点,即诸子系统有序地成等级结构排列,且前一子系统制约、影响着后一子系统,而后一子系统依存并制约着前一子系统。根据教学设计的程序性特点,教学设计中应体现出其程序的规定性及联系性,确保教学设计的科学性。

(三) 可行性原则

教学设计是依据一定教学理论对教学实践所作的规划。这种规划要成为现实，至少必须具备两个可行性条件。一是符合主客观条件。如主观条件应考虑学生的年龄特点、已有知识基础和师资水平；客观条件应考虑教学设备、地区差异等诸因素。二是具有操作性。只有当这两个基本条件具备，教学设计方案的实施才能达到预期目的。

(四) 创造性原则

教学设计水平体现了教学者的教育智慧。因为教学设计不仅是一门科学，还是一门艺术。作为一门科学，它必须遵循一定的教育理论和心理学规律。作为一门艺术，它融入了设计者许多个人的经验与体会，需要根据教材和学生特点进行再创造，并灵活、巧妙地运用教学设计方法与策略。

三、教学设计观

教学设计观是指在一定的教学理论指导下，支配教学设计的思想和观点。不同的教学设计观，必然会产生不同风格、不同特点的教学设计。可见，教学设计观直接制约着教学设计过程。在教学改革的浪潮中，我国研究者在理论与实践结合中，提出了多种对教学改革颇有影响的教学设计观，现将主要的观点介绍如下。

(一) 结构—定向设计观

结构—定向设计观是冯忠良教授通过长期教学实验提出来的。结构—定向设计观中的所谓结构是指教学应从构建一定的心理结构为中心，定向是指依据心理结构形成、发展的规律，实现定向培养。①结构—定向设计观强调首先是根据学习的内容确立形成某种能力的心理结构，然后运用学习规律，如学习动机、知识掌握、迁

---

① 冯忠良：《结构—定向教学的理论与实践》（上），北京师范大学出版社，1992。

移等规律进行定向培养,加速心理结构的形成。根据结构—定向设计思想,冯忠良等进行了一系列实验研究,总结了一套以构建心理结构为指导思想的教学设计的原则和方法。

(二) 知识分类定向设计观

该设计观是根据知识分类学习论与教学的原理来指导中小学各科知识、智慧技能和认知策略的教学设计。① 知识分类学习论是一个研究知识如何转化为智力技能和认知策略以及最终发展人的认知能力的过程和条件的理论。该理论认为知识的学习经历了意义获得、意义巩固和转化以及意义的提取和应用三阶段。该设计观的核心是根据现代认知心理学理论,依据知识的类型和知识学习的阶段设计相应的教学。该观点有三个设计步骤。(1)确定教学目标,即教师必须描述学生将形成何种新能力。(2)分析教学任务。它包括作以下一系列的分析:①根据上述知识分类的观点,明确教学目标中的知识类型;②确定学生的起点能力;③分析从起点能力到终点能力之间的从属能力;④明确知识学习的阶段,由此决定课的类型。(3)根据知识学习的阶段和课的类型,设计相应的教学方法或技术。该设计观对教学的指导较为直接、具体,被一些中小学甚至大学所接受。

(三) 目标定向设计观

该设计观主要借鉴了布卢姆的"掌握学习理论"和巴班斯基(Ю. К. Бабанский)的"教学过程最优化理论",围绕如何有效达标,构建了四种达标基本课型和达标课堂教学程序。四种基本课型为:(1)前置补偿课,旨在解决学生学习新课题时在知识、技能、策略、情感等方面存在的缺陷;(2)新授课,主要任务一是让学生掌握新知识,二是形成相应的技能技巧;(3)综合课,旨在复习、巩固新知识,实现知识的系统化、结构化,落实高层次教学目标;

---

① 皮连生:《知识分类学习、教学论及其运用》,载《湖南教育》,1995 (4)。

(4) 矫正课，目的是在形成性测试的基础上，依据反馈信息，有针对性地进行矫正教学，为大多数没有达标的学生提供第二次学习的机会，同时对部分优秀生实施延伸性教学。① 一个完整的单元达标教学过程一般由这四种基本课型构成。

（四）建构主义设计观

建构主义学习理论认为，知识不是通过教师传授得到的，而是学习者在一定的情境即社会文化背景中，在其他人（包括教师和学习伙伴）的帮助下，利用必要的学习资料，通过意义建构的方式而获得。由于学习是在一定的情境即社会文化背景下，借助其他人的帮助即通过人际间的协作活动而实现的意义建构过程，因此建构主义学习理论把"情境""协作""会话""意义建构"作为学习环境中的四大要素。

"情境"：在建构主义学习环境中，教学设计不仅要考虑教学目标分析，还要考虑情境的创设问题，学习环境中的情境必须有利于学生的意义建构。

"协作"：这是贯彻整个学习过程的师生之间、生生之间的相互合作、对话，甚至是竞争。协作对获取与分析学习资料、提出与验证假设、评价学习成果直至意义的最终建构均有重要作用。

"会话"：会话是达到意义建构的重要手段之一。学习者必须通过会话讨论怎样完成学习任务，使自己的智慧得以共享，同时加深自己对问题的理解，从这种意义上说，会话过程也是一种协作学习的过程。

"意义建构"：这里的意义是指事物的性质、规律以及事物之间的内在联系。在学习过程中帮助学生建构意义就是要帮助学生对当前学习内容所反映的事物的性质、规律以及该事物与其他事物之间的内在联系达到较深刻的理解，这是学习过程的最终目的。

---

① 张志勇：《义务教育教学新体系的探索》，载《教育研究》，1995（2）。

总之，建构主义学习理论强调以学生为中心，要求学生由外部刺激的被动接受者变为知识意义的主动建构者；要求教师要由知识的传授者、灌输者转变为学生主动建构意义的帮助者、促进者。这就意味着教师应当在教学过程中彻底摒弃以教师为中心、强调知识传授、把学生当做知识灌输对象的传统教学模式，采用全新的教学思想和教学方法。这种与建构主义学习理论相适应的新一代教学设计思想可以概括为："以学生为中心，在整个教学过程中由教师发挥组织者、指导者、帮助者和促进者的作用，利用情境、协作、会话等学习环境要素充分发挥学生的主动性、积极性和首创精神，最终达到使学生有效地实现对当前所学知识的意义建构的目的。"①

（五）教师中心和学生中心的设计观

有学者从教学设计过程中对教师和学生不同地位的角度对现有教学设计进行了分析，提出了以教师为中心的教学设计和以学生为中心的教学设计。一般来讲，传统的基于行为主义心理学思想的教学设计多属于教师中心的教学设计，而基于现代认知心理学尤其是建构主义和人本主义心理学理论的教学设计多属于学生中心的教学设计。比较这两种教学设计，可发现它们有很多不同之处。

（1）从教学设计的核心看，在以教师为中心的教学设计中，教学目标的制订是核心，既是整个教学的出发点，又是教学的归属，教师依据学生是否达到教学目标来评价教学效果。而在以学生为中心的教学设计中，意义建构是教学设计程序的核心，分析教学目标的目的是找出意义建构的内容，而不是为学生达到什么学习效果制订标准。

（2）从信息论的角度看，以教师为中心的教学设计强调教师的作用。教师通过教学对象的分析来选择教学方法，通过对教学内容的分析与组织来确定教学媒体，其过程实质上是信息的单向流动，

---

① 何克抗：《建构主义对传统教学的革新》，载《电化教育研究》，1997（3）。

书本知识通过教学方法和教学媒体传递给学生。以学生为中心的教学设计强调学习环境的创设，无论是情境创设、信息资源设计还是自主学习设计、协作学习环境设计，都不是一个单项的流程，而是相互结合，共同促进学生对新意义的建构。

(3) 从教学评价的重心看，以教师为中心的教学评价注重学生是否达到了一定教学目标，而以学生为中心的教学评价注重评价学生的学习过程。

总之，二者体现了两种截然不同的教学设计理念，有着不同的教学结构、教学方法。但二者并不是对立的，它们各有其优势与不足，不能简单地用后者去取代或否定前者，也不能反过来用前者去否定或取代后者。以教师为中心的教学设计有利于教师主导作用的发挥，便于教师组织、监控整个教学活动进程，便于师生之间的情感交流，因而有利于系统的科学知识的传授，并能充分考虑情感因素在学习过程中的重要作用。其局限或弊病则是：完全由教师主宰课堂，忽视学生的学习主体作用，不利于具有创新思维和创新能力的创造型人才的成长（按这种结构培养出的绝大部分是知识应用型人才而非创造型人才）。以学生为中心的教学设计由于强调学生的"学"，往往忽视教师主导作用的发挥，忽视师生之间的情感交流和情感因素在学习过程中的重要作用；另外，由于忽视教师的主导作用，当学生自主学习的自由度过大时，还容易偏离教学目标的要求，这又是其不足之处。而这几点恰恰是以教师为中心的教学设计的优点，所以二者是可以取长补短、相互结合的，也就是既要发挥教师的指导作用，更要充分体现学生的学习主体作用，既要注意教师的教，又要注意学生的学，把教师和学生两方面的主动性、积极性都调动起来。因此，有效的教学设计应该注意这两种设计观的融合，实施"学教并重"的教学设计：

(1) 教师是教学过程的组织者、学生构建意义的促进者、学生良好情操的培养者，学生是信息加工与情感体验的主体，是知识意

义的主动建构者;

(2) 教学媒体既是辅助教师教的演示工具,又是促进学生自主学习的认知工具和情感激励工具;

(3) 教材不是唯一的教学内容,通过教师指导与学生自主学习,还应从其他教学资源,如图书资料及网上资源获取大量知识。

四、教学设计的基本程序

教学设计是教学理论转化为教学技术的桥梁,而实现这一转化的关键就是明确教学设计的基本操作程序。美国著名教学设计研究专家马杰（R. Mager）指出,教学设计依次由三个基本问题所组成。首先是"我要去哪里",即教学目标的制订;接着是"我如何去那里",即包括学习者起始状态的分析、教学内容的分析与组织、教学方法与教学媒介的选择;再是"我怎么判断我已到达了那里",即教学的评价。教学设计是由目标设计、达成目标的诸要素的分析与设计、教学效果的评价所构成的一个三环节六要素的有机整体（见图 13-1）。其中,教学目标是课堂教学的灵魂和归宿,它不但

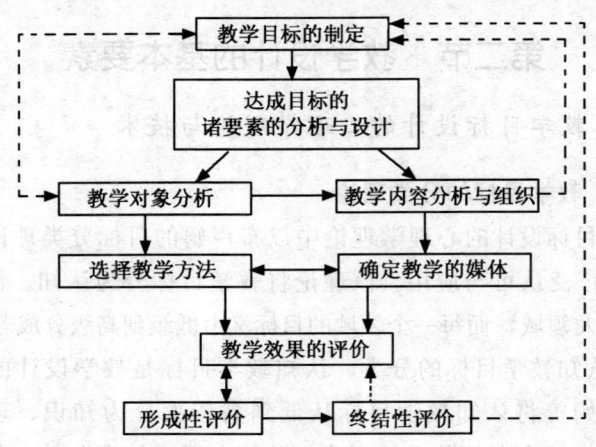

图 13-1 教学设计流程图

对学生的课堂学习起着调节和控制的作用，而且最终决定教学的起点，支配学生的发展方向和速度。因此，确立合适、良好的教学目标是教学设计最重要的任务。而如何才能达到预期的教学目标，则依靠对教学对象的分析与教学内容的组织以及选择达到目标的合适教学方法和媒体。教学设计的最后一个问题是回答"教学得怎样"，衡量是否达到预期的目标，为教学的反馈调控获取翔实的信息。

图 13-1 表明，教学设计的三环节六要素并非单向流程，而是一个循环系统。教学目标的制订虽是教学设计的首要环节，但它往往受制于教学对象、教学内容的分析与教学效果评价的反馈。教学对象、教学内容的分析往往是确定微观教学目标，如课时目标的依据。在课堂教学设计中，教学对象、教学目标是确定的，而教学内容则是灵活的，因此，教师只有根据教学总目标，在分析教学内容、教学对象的基础上，才能制订出合适的教学分目标，否则其教学分目标易失之过高或过低。而课堂教学效果的评价又为下一个教学目标的制订提供反馈信息。正是教学设计的三环节六要素构成了一个循环系统，才使教学设计不断趋于完善、合理。

第二节 教学设计的基本要素

一、教学目标设计的心理学理论与技术

（一）教学目标的分类理论

教学目标设计的心理学理论中以布卢姆的目标分类理论影响最大，得到广泛认可与应用。该理论将教学目标分为认知、情感、动作技能三大领域，而每一个领域的目标又由低级到高级分成若干层次。

1. 认知教学目标的分类。认知教学目标是教学设计的重要内容。布卢姆等将认知教学目标从低到高依次分为知识、理解、应用、分析、综合、评价六级层次。除第一级"知识"外，其余五级均属智慧技能范畴。智慧技能与"知识"不同之处在于：它是加工

知识的方式,需要学习者在思维中对知识进行组织与重新组织。这五层智慧技能由低到高排列,但彼此交叉重叠,界限并不分明。

认知目标分类的意义在于提醒我们,在设计教学目标或进行教学评价时,不能只停留在传授或掌握"知识"的水平上,应重视培养学生的智慧技能;学生智慧技能的培养,不能只局限于理解水平,应更重视应用、分析、综合、评价等高级能力的培养。

2. 情感目标的分类。情感教学是教学的重要目标之一。1964年克拉斯沃尔提出了情感教学目标分类,并根据价值内化的程度将其分为五级,这五级依次为:(1)接受、注意;(2)反应,指乐意参加或主动参与;(3)价值化;(4)价值观的组织;(5)价值或价值系统的性格化。

克拉斯沃尔关于情感教学目标的分类启示我们:(1)情感是一个价值标准不断内化的过程,外在的要求、标准要变成学习者的内在价值,需要经历接受、产生反应和认识到其价值(价值化)等连续内化的过程;(2)情感并不是秘不可言、秘不可测的,该分类对情感发展的连续描绘,为教师完成情感教学的任务提供了方向与途径;(3)情感教学是各科教学的重要任务之一,每门学科都应重视相应情感的培养。只有当学习者以积极、肯定的情感参与学习时,"我要学"才会代替"要我学"。

3. 动作技能目标分类。关于动作技能的分类以辛普森(E. Simpson,1971)的七级分类应用较广泛。他将动作技能依次分为:(1)知觉,了解与某动作技能有关的知识、性质、功用;(2)定向,指对活动的准备;(3)在指导下作出反应;(4)机械化动作,指学习者的反应已成习惯,动作表现已无错误;(5)复杂的外显反应,能用最少的时间和精力表现全套动作技能;(6)适应,指技能的高度发展水平;(7)创作,指创造新的动作模式以适合具体情境。

体育课、艺术课及工具操作技能课,不仅可以借鉴以上分类确定相应的教学目标,自然科学中的实验课,语文、英语的书写技能也可参照该分类制订教学目标。确定的目标要尽量具体、明确，最好用可供观察、测量的外显行为来表示。

对布卢姆等把教学目标分为三大领域，研究者也有不同看法，比如有人认为布氏等的分类把完整统一的教学目标割裂成琐碎的单元，忽视了认知、情感和技能三者之间的内在联系。还有学者认为布卢姆关于认知领域教学目标的分类，前三级是科学的，后三级几乎成并列关系，难以区分梯度。诚然，这些意见在一定程度上成立，但我们决不能"因为倒洗澡水就把婴儿一起倒掉"。要看到目标分类理论的提出，对教学活动的设计、教学结果的检测所产生的积极作用与其带来的负面影响是不可相提并论的。

我国研究者在借鉴和改造布卢姆等人的教学目标分类理论的基础上，已逐步提出了自己的分类。

（1）关于认知领域的教学目标分类，将布卢姆的六级分类转化为中学的"记忆、理解、应用、创新"四级分类和小学的"记忆、理解、运用"三级分类。

（2）关于情感领域的教学目标分类，以行为分类和内容分类相结合的思路，将克拉斯沃尔的五级分类，转化为中小学的"接受、反应、爱好、个性化"四级分类，提出了中小学情感教育的内容包括情感健康、学习情感、个性情感、社会情感四个方面。

（3）关于动作技能领域的目标分类，将辛普森的七级分类转化为中小学的"知觉、定势、熟练、自动化"四级分类，并结合学科特点作了初步验证。

（二）教学目标的设计技术

如何科学描述教学目标是教学目标设计应解决的重要技术问题。对此问题经过最近二十多年的研究，主要形成了行为观、认知观及两种观点相结合的描述方法。行为观强调用可以观察的或可以测量的行为来描述教学目标；认知观强调用内部心理过程来描述教学目标；结合观则强调以内部过程与外显行为的结合来描述教学目标。三种观点中尤以行为观和结合观对教学目标设计的影响较大，并各自提出了一整套相应的设计技术。

1. 用可以观察的行为术语表述教学目标。1962年，行为观代表人物马杰系统地提出了用行为术语陈述教学目标的理论与方法。他认为教学目标应陈述"学生能做什么以证明他的成绩和教师怎样能知道学生能做什么"。由于他强调学生的做（doing），因此人们称他所提倡的教学目标为"行为目标"。马杰提出了编写行为目标的以下三要素。

（1）行为的表述。指用可观察的、具体的行为表述教学目标，以便教师能了解学生是否已经达到其目标。表述行为的基本方法是使用一个动宾结构的短语，行为动词说明学习的类型，宾语则说明学习的内容。如能操作放像机，能说出英语句子中各句子成分的名称，能比较感觉与知觉的主要异同，能列举3～5个质数和合数。

（2）条件的表述。条件是指学习者在什么情况下表现行为，也就是说在评定学习者的学习结果时，该在哪种情况下评定。如要求学习者操作计算机，要说明是在教师或说明书指导下操作还是独立操作。

行为产生的条件通常包括环境因素、人的因素、设备因素、信息因素、时间因素和问题明确性因素等。在描述行为产生的条件时，要注意区分学习过程与学习结果产生的条件。如"通过一个月的训练，学生能……"，这里的"通过一个月的训练"指的是学习的过程，而非学习结果产生的条件。所谓的条件是用以评定学习结果的约束因素，说明在何种情况下来评定学习结果。

（3）标准的表述。标准是指衡量学习结果的行为的最低要求。对行为标准作出具体要求，使教学目标具有可测性的特点。标准的表述一般与"好到哪种程度""精确度怎样""完整性如何""在多少时间内"等问题有关。下面是若干表述方式：

①按正确次序，如把下列8个数按从小到大的次序排列；

②至少80％正确，如检查计算机故障，排除故障正确率

达80%；

③精确度2毫米，如加工自行车车轮，误差在2毫米以内；

④在1分钟以内，如在1分钟以内做仰卧起坐50个。

根据马杰的三要素编制方法，我们可以把培养学生的分析能力的教学目标具体描述为：提供报上一篇文章，学生能将文章中陈述事实与发表议论的句子进行分类，至少85%的句子分得正确。该目标的三要素分析见表13-1。

表13-1 马杰教学目标举例说明

教学目标的要素	要问的问题	例　子
1. 学生的行为 2. 作业的条件 3. 合格作业的最低标准	做什么？ 在什么条件下做？ 做得怎样？	把"事实"与"议论"标记出来。 提供报上的一篇文章。 至少有85%的句子标记正确。

这样，培养学生分析能力的笼统目标就变得具体、明确，便于落实了。

在教学目标的设计中，行为表述是基本的部分，不能缺少，而行为产生的条件和标准则可据教学对象或内容，省略其一或两者全省。如"分析自然科学发展史，并从中总结出三条合适的结论"，"描述教学心理学这门学科发展过程中的三件大事"，就省略了行为产生的条件与标准。

对用行为来描述教学目标，存在着两种不同观点。一种认为：行为目标导向明确，使学生清楚明了应该学习的内容，因此增强了目标完成的可能性，且行为目标具体，可观察，增强了评价的可行性及客观性。另一种则认为：行为目标限制了学生的视野，从而抑制了学生的偶发学习及教师的即兴发挥。罗特科普夫等人（Roth-kopf & Kaplan, 1972）的研究也认为目标越多，对有意学习妨碍越大，而单一目标，效果也不理想。虽然行为目标设计的优势不会因为批评而黯然失色。但批评意见也从反面提醒我们，行为目标的设计不能琐碎,否则就会物极必反,使教学显得机械、呆板,而丧失其优势。

在教学设计的实践中,有的研究者认为有必要在马杰提出的三要素的基础上,增加对教学对象的描述,即教学目标的设计应由教学对象、行为描述、行为产生条件和衡量行为标准四要素组成。例如,开始学习书写的小学二年级学生(对象)在英文练习本上(条件),应能书写草写体的 d、b、g 和 p(行为),每一个字母应一笔写成,流畅美观(标准)。这样,对教学目标的描述就更明确、全面了。

2. 内部过程与外显行为相结合表述教学目标。鉴于行为目标易导致教学目标描述的机械化,且一般教学目标若用某种行为描述出来,虽然明确,但有使教育局限于某种具体行为训练的危险。再加之还有许多心理过程无法行为化,因此描述内部心理过程的术语也不能完全避免。

格伦兰(N. E. Gronlund, 1978)提出先用描述内部过程的术语陈述概括的教学目标,然后用可观察的行为作例子使这个目标具体化。如"领会心理学术语表象的含义",这是教学目标的概括陈述。但"领会"是一个内部过程,难以直接观察和测量,每个人掌握的标准不一,所以用可以证明"领会"水平的行为实例来进一步说明。如"用自己的话转述表象定义","能列举 2~3 种表象实例","能区别表象与想象的异同"。有这三种实例的补充,教学目标"领会"就不再是不可捉摸的了。

格伦兰的内外结合观,不仅避免了用心理过程术语描述目标的抽象性和模糊性,同时也防止了行为目标可能产生的机械性与局限性,所以许多心理学家比较支持格伦兰的观点。综合以上观点,我们认为教学目标的科学表述应符合以下三项要求:(1)教学目标表述的是学生的学习结果,不宜表述教师的教学行为;(2)教学目标应尽可能表述得具体,可以测量;(3)目标的表述应反映学习结果的类型和层次。

3. 表现性目标设计。教学目标的行为表述技术强调以学生外显的行为结果来判断目标的达成,这种"行为目标"表述技术使教学目标具体客观、操作性强,便于观察、测量和评价,但它主要适用于较低级的、机械的学习行为,即基础知识和基本技能的学习。而高级认知目标的实现尤其是情感、态度价值观等目标的实现却很难用外显的行为方式加以表达,不适合用简单的行为目标测量,这些目标的实现往往需要通过学生自主活动,在与师生平等交流的会话、探究和意义建构中发展和测量。据此,心理学家艾斯纳(E. W. Eisner)提出了在设计和评价目标时,除了行为目标外,还应包括表现性目标和问题解决目标,它们被称为"活动目标"。所谓表现性目标是指学生在从事某种活动中所产生的行为表现,关注的是学生在活动中表现出何种程度的首创性的反应形式,而不是事先规定的结果。所以,它只是给学生提供活动的领域,至于结果则是开放的。表现性目标的评价不追求结果与预期目标一一对应,而是对学生的活动及其结果采取一种鉴赏式的批评,依据其创造性和个性特色检查其质量与重要性。而问题解决目标则着重问题的解决,重点在于对认知灵活性、理智的探索和较高层次的心理过程层面上,而不是达到固定的行为。

二、教学对象的分析与教学内容的分析和组织

(一)教学对象的分析

教学目标决定学习者行为变化的最终水平。教学究竟应从哪里开始?事实上,不同的教学对象,教学起点不同;不同的教学内容,教学起点也不同。因此,总的来说,教学的起点应从学习者的起始状态出发。对学习者的起始状态的分析包括学习者起始能力的诊断、背景知识和技能的确定乃至于学习态度的分析。

1. 学习者起始能力的诊断。加涅对学习结果的分类及其关于学习条件的思想,为学习者起始能力的诊断提供了理论基础和思

路。加涅将学习的结果分成了智慧技能、认知策略、言语信息、动作技能及态度五类。根据智慧技能学习的不同复杂程度,他又在该范畴中分出若干个亚类,即辨别、概念、规则和高级规则(解决问题)。辨别是概念学习的基础,概念是规则学习的基础,运用若干个简单的规则是解决问题获得高级规则的基础。例如要求小学四年级学生能运用"平行四边形的面积=底×高"这个公式解题,这种能力是规则学习的结果,而规则学习的前提条件是获得运用有关概念的能力。而上述公式中包含了"平行四边形""面积""等于""底""高""相乘"六个概念。若上述概念中任何一个未掌握,规则学习则不能进行。

对学习者起始能力的诊断可采用"任务分析"的方法,任务分析是指教师从既定的终点目标出发追问自己,若要达到终点目标,学生必须具备哪些次一级的构成能力;若要获得这些次一级的能力,学生又要具备哪些更次一级的能力……直到把达到终点目标的所有主要下属技能分析完毕为止。通过这样的分析,就清楚了到达终点能力的从属能力及其上下左右的相互关系。图13-2即是解一般长除法的任务分析图。这一任务分析图,不仅为教师提供了一幅有序的教学蓝图,而且为诊断学习者的起始能力提供了途径。如根据上述解长除法所需要的能力,教师可以根据这些能力编制测验题。经过测验,如果学生在第四步发生错误,则教学的起点应定在补教基本的整数加减知识上;如果第三步发生困难,则应先从乘法运算教起。

教学中若忽视对学习者起始能力的分析,教学内容分析则会脱离实际,或将教学起点定得过高,使教学脱离大多数学生的实际,或将学习起点定得过低,而低估学习者已具备的基础,在不必要的内容分析上或不必要的教学活动上浪费时间与精力。

2. 学习者背景知识的分析。每个人在学习任何学科知识时,都不是白纸一张,总要与有关知识,即背景知识发生联系,以有关知识,包括正规和非正规学习获得的知识来理解知识,重构新知

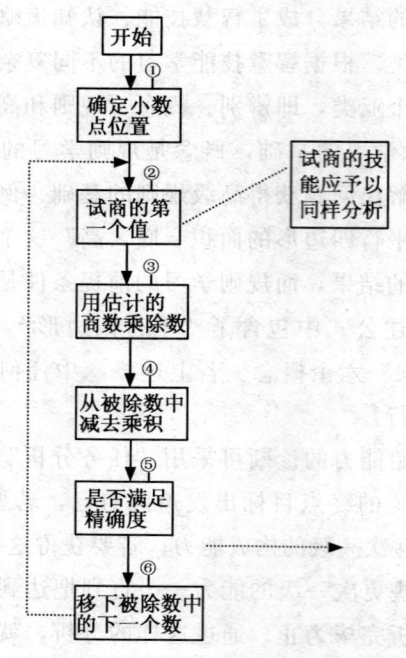

图 13-2 解一般长除法的主要技能流程图
(方框右角的数字代表解题顺序)

识。在教学设计中,教师通常比较注意分析并运用学生已具备的有利旧知识来帮助新知识的获得,但对于那些妨碍新知识获得的旧知识,尤其是对非正规途径获得的那些旧知识则往往缺乏分析与重视。因此,对学习者背景知识的分析,要求教师不仅要注意分析并运用学生已具备的有利于新知识获得的旧知识,还要对于不利于新知识获得的背景知识进行分析。这种不利知识通常来源于下面三种途径。

(1) 非正规途径获得的错误知识。这些知识主要呈现出三种情况。①学生在正式学习前已经从不同途径获得了非科学的日常概念。例如,学生把日常见到的线段当做"直线",把竖直的线当做垂线。因此当学生接受新信息时,他们会按照自己的经验、自己的理解来建构事物的意义。②有些学生尽管接受了一些科学教育，但仍存留着与科学概念不一致的日常概念。这主要是因为学习者容易对那些与原有知识结构中相协调的内容进行解释或建构意义，并把它们保持下来。而对那些与原有知识相矛盾的或不一致的内容，即使通过教学与已有知识建立了最低限度的联系，但随着时间的推移也容易在记忆中消退。③有些概念虽然通过教学有所改变，但并未完全改变，未能达到教师的计划要求。这主要是学生通过教学，在建构新材料的意义时，与原有观念中一些不科学的内容建立了联系。

（2）正规途径获得的有关知识的遗忘。学生学习新知识困难，常常是由于下属知识、技能出现了故障。加涅称这些下属知识、技能为学习的前提条件。他认为："教学条件的计划要使那些尚未获得前提条件的学生在进行'新的'学习之前先学会它们。"① 有的下属知识或技能虽然已先前学会，但随着时间的推移或种种原因而遗忘，这势必会给新知识的学习带来困难。

（3）正规途径获得的有关知识不清晰、未分化。认知心理学告诉我们，与新知识相似的旧知识如果不稳定、不清晰，不仅不能为新知识的获得提供适当的关系和有力的支点，而且原有知识总是先入为主，往往新知识被原有知识所取代，或产生同一性混淆。例如，学习"互质数"概念时，往往会由于先学的"质数"概念不清而混淆两者。

鉴于以上情况，我们在教学设计中，不仅要分析学生已具备了哪些利于新知识获得的旧知识，为教学所积极利用；更要重视那些妨碍新知识获得的旧知识，尤其是非正规途径获得的那些旧知识。这后者往往被教师所忽略。要做到这些，一是应充分了解学生在非

---

① ［美］R. M. 加涅著，傅统先、陆有铨译：《学习的条件》，310页，人民教育出版社，1985。

正规途径中已获得了哪些有关知识,哪些是与科学知识相违背的,学生对新知识可能产生什么样的错误理解或推论。这样在正式教学时,才能有的放矢地进行比较对比,以防止可能的不恰当信息干扰新知识的意义建构。二是应事先考虑有哪些与新知识紧密相关的旧知识,以便能在教新知识时,适时地复习相关的旧知识,以避免因其遗忘或其不分化、不清晰带来的干扰。三是教学设计可采用奥苏伯尔所建议的"先行组织者"。先行组织者是一种先于课程内容呈现的包容性较大的引导知识,目的在于把新的学科知识纳入到学生已有的知识联系中去。组织者一般放于学习材料之前,所以通常称为先行组织者。先行组织者分陈述性组织者和比较性组织者。如果学习材料是全新的,通常用陈述性组织者,它以一种简化的、纲要的形式去呈现新学习的观念或概念。如果新学习的知识与学生先前的知识有交叉重叠,那么最好使用比较性组织者。比较性组织者适于已有的知识和新知识有交叉联系时使用。

此外,对学生学习态度、学习兴趣的分析对达成教学目标也至关重要,也是教学设计不可忽略的内容。

(二) 教学内容的分析和组织

分析教学内容主要是根据教学目标,解决具体"教学什么"的问题,主要包括以下几个方面的内容。(1) 分析教材编排意图和特点,领会编者的思路,合理处理教学内容。(2) 把握教学内容在教学体系中的地位和作用。只有把握了每一知识点在整个内容中的地位和作用后,才能避免"只见树木,不见森林"的状况,有分寸地处理好每一教学内容。(3) 分析教学中的重难点。教学内容中的重难点知识,往往是知识网络中的联结点,是带规律性的知识,是教师应着重解决的问题。

组织教学内容是教学设计的一项重要工作,组织教学内容应注意以下问题。

(1) 教学内容的深广度要恰当,既要有利于发展学生的"潜在水平",又要与学生的"现有水平"相衔接。

(2) 教学容量合适。既要避免容量过大,完不成教学任务;又要力戒容量小,密度疏,学生吃不饱,"开小差"。

(3) 教学内容重点突出,难点有突破措施。对多数学生熟悉的内容,教师只作解释与点拨,引导学生调动自身认知结构中有关知识即可;对重点内容应分析其产生的原因,提出针对性的解决措施。

(4) 教学内容的组织、排列、呈现方式要恰当;练习的配置及练习的方式方法都要精心设计。

(5) 在注意知识传授的同时,要充分挖掘教材中蕴涵的智力因素和情意因素,培养学生的能力和非智力品质。

(6) 教学内容应具有层次性,对不同类别、不同风格学生应该有不同层次的内容要求。分类指导、分层教学应该体现在内容设计上。

三、教学方法和教学媒体的选择和使用

(一) 教学方法的选择和使用

教学内容选择与确立之后,教学方法的设计对实现教学目标起着至关重要的作用。美国教学心理学家格拉塞在其主编的《教学心理学的进展》中提出,要掌握教学内容,"一是如何把儿童从其现有功能水平提高到所要求的水平上,或是如何改变教学方法使儿童不改变现有功能水平也能掌握教材"。[①] 布鲁纳也提出,任何学科的基本原理都能够按照某种正确的方式,教给任何年龄阶段的任何儿童。这里我们姑且不论他们的观点是否正确,但足以看出他们对教学方法的重视,对教学方法作用的充分认识。教学方法之所以重

---

① [美] 罗伯特·格拉塞主编,杨琦译:《教学心理学的进展》,269~270 页,华夏出版社,1989。

要,是因为它在如何根据学生心理特点完成教学内容并达到教学目标之中起着一种中介、联结的作用。教学目标能否实现,很大程度取决于教学方法。不过,就教学方法本身而言无所谓优劣、好坏,只有恰当。教师选用恰当的教学方法主要受制于以下四个因素。

1. 教学目标的要求。现代教学理论表明,根据不同的教学目标选用不同的教学方法是走向教学最优化的重要一步。因此,围绕教学目标来选择和确定教学方法是一条重要的原则。根据教学目标来选择方法要考虑以下几方面。

(1) 特定的目标往往要求特定的方法去实现。认知领域的目标有知识、理解、应用、分析、综合、评价六个层次。通常,只要求达到识记、了解层次的,可选用讲授法、介绍法和阅读法等;要求达到理解、领会层次的,可选用质疑法、探究法和启发式谈话法等;要求达到应用层次的,则应选用练习法、迁移法和讲评法等;而对于高层次的目标如分析、综合、评价,则应选用比较法、系统整理法、解决问题法、讨论法等。

(2) 各种教学方法有机结合,发挥最佳功效。由于教学目标的多层次化,教学环节的多样性必然要求教学方法的多样化。特定的方法只能有效地实现某一或某方面的目标,完成某一或某几个环节的任务,要保证教学目标的全面实现,教学中往往要求选用几种能互补的方法,并把它们有机结合起来。

(3) 扬长避短地选用各种方法。每一种方法都有助于实现一定的教学目标,具有其独特的功能和长处,同时也都有其局限性和不足之处。因此,我们选用不同的教学方法时要尽可能地避免其缺陷。如选用发现法时,要注意克服其费时、费力的缺点;若用讲授法时,则要努力调动学生学习的积极性、主动性。

2. 教学内容的特点。除了教学目标,不同教学内容也制约着教学方法的选择。即便是同样的教学目标,学科性质不同,具体内容不同,所要求的教学方法往往不一样。例如,同样是为了培养操作能力，物理、化学多是采用实验法，而音乐、体育、美术则常是采用练习法。

3．教师的素质与个性特点。教师的素质、个性也是考虑教学方法不可忽视的重要因素。由于教师个性的影响，不同教师使用同一种方法的效果显然会有差异。这里的个性主要是指在教师个性心理特征基础上表现出来的教学风格，对不同的课堂气氛的好恶，与学生的亲疏程度等。例如一位平时总是表情严肃的教师在使用"游戏法""角色扮演法"时，可能就不如一位平时和蔼可亲的教师采用这类方法的效果好。教师的素质差异也制约着教学方法的选择，如果一个教师善于根据自己素质的特点，选用某种教学方法来弥补素质的不足，会收到意想不到的效果。例如一个口语较差的英语教师，可采用视听法，利用电教设备，如录音机播课文、读单词，来弥补素质的缺陷而取得良好的教学效果。因此，作为教师，要正确地选择教学方法，首先要正确地认识自身的素质、教学风格；其次，要善于扬长避短，根据自己的特点选用恰当有效的教学方法。

4．学生的年龄特征和学习特点。教学方法的选择还应考虑学生的年龄特征。对处于不同年龄的学生及思维水平不同的学生要采取不同的教学方法。例如，发现法和讨论法对于小学低年级学生或思维水平低下的学生，往往不能达到预期的教学目标。角色扮演法对于低年级学生来说，往往更有利于激发他们的学习动机和兴趣。学生的思维类型差异和个性差异也影响着他们对不同方法的好恶和适应性。如有的学生必须在教师讲解后才能清晰地把握知识，也有的学生要通过亲自动手操作后才印象深刻，还有的学生则对经过充分讨论或自己发现的知识才能记忆牢固。

此外，无论选用什么方法，都应考虑如何调动学生的积极性，使外在要求转化为内在的学习需要，这样选用的教学方法才有成效；同时教学方法的选用，既要考虑学生的年龄特征，又不能脱离学生的原有基础。总之，方法的选择必须反映学生的主体性要求，把学生学习的主体性和学习特点结合起来，学生才能学得既主动又有效。

综上所述，教学方法的选用必须以教学目标为轴心，综合考虑各种因素的制约作用，这样，才能发挥课堂教学的整体效应。

（二）教学媒体的选择与运用

媒体为传播信息的载体。用于传递旨在改变学习者行为的教学信息的媒体，称为教学媒体，例如课本、挂图、录音机、电视机、投影仪、计算机辅助教学软件等。教学媒体既是辅助教师教的演示工具，又是促进学生自主学习的认知工具和情感激励工具，对教学目标的实现具有重要作用。

1. 教学媒体的选择。教学媒体的选择主要受教学目标、媒体特点、媒体的可控性程度、媒体选择的经济性因素所制约。

（1）特定教学目标制约着教学媒体选择。媒体的选择，要分析媒体在完成某一特定的教学目标中所起的作用。媒体是以不同的功能来实现教学目标的，因此要根据教学目标，选择具有相应功能的媒体。媒体的主要功能有：①展示事实，形成表象；②创设情境，建立共同经验；③提供示范，便于模仿；④呈现过程，解释原理；⑤设疑思辨，解决问题。显然上述第一、二种适于知识学习，第三种适于技能的学习，第四、五种属于智力技能的学习。因此，媒体的选择，首先应依据教学目标，选择能完成相应教学目标的媒体。

（2）根据媒体的特点选择符合教学要求的媒体。作用于人体的不同感官的媒体各有所长，各有所短，可以互相补充，而很少能互相代替。一般来说，广播、录音属于以时间因素组织信息的媒体，它的表现力受到时间先后顺序的影响。它们的优点是生动、感人，能借助语言、音乐及音响效果的组合，轻重缓急地表现事物的特征，但瞬时即逝，不便考察。幻灯、投影的最大特点是能以静止的方式表现事物的特性，让学生详细地观察放大的清晰图像或事物的细节。电影、电视的表现力极强，它以活动的画面、鲜艳的色彩、动听的旋律呈现出事物正在变化的过程,形象逼真,能系统地描绘出事物的运动形式、空间位移、相互关系及形状变换。计算机辅助教学软件具有高速、准确、储存量大的特点,能模拟逼真的现场、事物发生的进程,且动静结合,表现力强。

因此,教师要善于根据媒体特点,选择出符合教学要求的媒体类型。有教育专家建议:教师选择媒体时,应该问自己:"我应该用哪一类的方法来诱导学生完成这个教学程序呢?"要是能决定所用的诱导方法,用哪些媒体和不用哪些媒体也便容易决定了。

(3) 优先选择可控性程度高的教学媒体。对教学媒体的选择还应考虑媒体是否便于教师操作,操作是否灵活,是否能随意控制等因素。那些操作简单易行、无须专门训练就能掌握的媒体就是可控程度高的媒体,这样的媒体就便于教师驾驭。

(4) 精心选择经济实用的教学媒体。媒体的选择还受媒体花费的代价所制约。一般来说,媒体的选择应考虑代价小、功效大、有实效的媒体。如果有两种媒体代价相同,则应考虑功能多的媒体。从经济实用角度考虑教学媒体的选择,是我国当前教学媒体设计必须考虑的一个重要问题,那种不切实际地一味追求教学媒体现代化,而不考虑经济实用原则的做法是不可取的。

2. 教学媒体的合理运用。教学媒体的运用主要应注意以下三点。

(1) 多媒体组合的运用。鉴于各种媒体具备不同特点,各自都有自己的适应性和局限性,且往往一种媒体的局限性又可用其他媒体的适应性来弥补,因此在可能的条件下最好采用多媒体组合教学,以使各种媒体扬长避短,互为补充。例如,电视、录像在表现动态情景上占有独特优势,但在表现静态放大画面时却不如幻灯投影,若二者结合使用,便既能表现动态场景又能表现静态放大画面。但多媒体组合要发挥良好效果有一定的前提条件。研究表明,在不同感觉通道中呈示的信息在信息有联系的情况下,同时给予两种感觉通道的刺激，会提高学习效果。但如果信息量太多且超过一定的冗余度时，双通道的呈示并不特别优越，这时用双通道呈现信息还不如只用单通道的效果好。因此我们在采用多媒体组合教学时，要特别注意：①不同通道传递的信息要一致或有联系，否则会产生相互干扰；②不同通道传递的信息并不是越多越好，单位时间内信息量过大，超过了学习者的接收率，反而会降低学习效果。例如，当学生还在抄写黑板上的图表时，教师就已继续讲后面的内容了，势必会给教学效果带来消极影响。

（2）一定程度的传媒冗余度促进信息整合。学习者对信息进行顺利整合，很大程度依赖于传媒的一定冗余度。因学习者要形成信息的整体印象，前后信息必须同时保持在大脑中，整合才能进行。因此，为了保证信息的分析、整合，一方面，媒体传递信息的速度不能太快；另一方面，应创造信息分析、整合的有利条件。如，可利用媒体的优势，以方便地控制时间顺序和空间距离来强调事物的接近性；利用或强调事物的因果关系、功能关系、种属关系、层次关系等来促进信息的整合。

（3）选择适合学习者思维水平的传媒符码。传媒的显示必须以某一特定的符号（或称符码）为形式。传媒的符码形式可分为语言和非语言两大类，也可分为模拟符码（例如芭蕾舞的动作）、数序符码（印刷、语言、文字）、形状符码（图画、图表、图解）。对形状符码的研究已引起研究界的极大注意，因这种符码容易储存，容易追忆，且易于迁移。

近十年来，对符码的研究发现，传媒的符码越与学生思考时所用的符码一致或接近，学生就越能有效地思考。这意味着，我们在用某种传媒符码教学时，应考虑学生是否能轻松地处理这种符码，即学生是否能用最有利于自己的形式来解释、储存、提取和最后使用、转用这种符码。关于这点，在我们的个别教学中尤其应引起注意。

3. 选择、运用教学媒体应注意的问题。在选用教学媒体时，应注意以下几点。（1）有必要性。媒体不是越多越好，也不是每次必需，切忌过泛、过滥。媒体的运用是为了提高教学效果，而不是追求形式。（2）有针对性。媒体的使用要切合目的，有助于突出教材的重难点，展示事物发展的前因后果、来龙去脉。（3）有启发性。媒体的演示有利于创设教学情景、教学过程，促进学生思考，切忌赤裸裸地展示结论，越俎代庖。（4）演示与讲解相结合。媒体演示是为主或是为辅，是先演示后讲解，还是先讲解后演示，或是边讲解边演示，教师要心中有数，切忌讲解与演示脱节。

四、教学效果的评价

（一）评价的手段

对教学效果的评价主要是通过形成性评价和终结性评价来实现的。形成性评价和终结性评价是性质完全不同的两种评价，而在教学实践中人们常常把两者混为一谈。如许多单元测试题挂着形成性评价的"招牌"，而编制的目的和方法却是地地道道的一种小型的终结性评价。明确形成性评价和终结性评价两者的区别，有助于测试者正确编制或使用不同的评价。（1）测试的目的不同。形成性评价是一种过程评价，其目的在于对目标形成过程进行诊断，主要着眼于还没有掌握的那部分知识，向学生提供弥补知识缺陷的途径、措施。一般学者认为，如果65％以上的学生某道试题都答错了，这样的试题应看做教材中的难点或由于教学不当所引起。教师应重新寻求解释这些内容的不同的途径与方法，以扫除障碍。只有当学生正确地回答了试题中的80％～85％，才被认为到达了掌握程度，才具备了学习下一内容的条件；如果未达到掌握程度，则需要对错误内容进行补救学习，直到掌握到80％～85％为止。终结性评价则是一种总结性评价，它是在一个阶段（如一个学期或一个学年）教学活动后所作的评价，其目的在于检测教学目标的达成度，着眼于学生所学知识的掌握。(2) 编制试题的方法不同。形成性评价是把一个单元里所有基本知识点及掌握各知识的不同层次、要求均包括在内，且每一个知识点都必须由一个或者一个以上的试题来对之进行测试。而终结性评价则截然不同，它是在有限的测试时间内，对全书中的知识点抽样测试。

形成性评价或终结性评价的编制都要先编制命题双向细目表，据双向细目表编写试题。编写双向细目表及组成试题时要注意以下问题。

(1) 层次性。从最基础知识、最基本的认知层次入手，诸如记忆公式、复现知识、直接应用等问题，以后按整体目标逐渐提高层次。整套试题要体现从易到难的循序渐进安排原则。

(2) 适当性。各知识点的认知要求要适当，不能一味拔高。只要求达到理解水平的，绝不提高到应用水平，加重学生负担。

(3) 全面性。整套试题既要包括单元的基本知识、技能，也要包括不同层次的认知要求，要防止只偏重"记忆""理解"的低层次要求，而忽略"分析""综合""评价"等高层次要求。

(二) 评价的方式

评价学生的作业，是反馈教学效果的最直接方式。采取不同方式评价作业，对教学效果有极大的影响。归纳学生作业的评价方式主要有以下四种。

1. 按时评价。教师对学生的作业不可积压，须按时评价，使学生迅速得到反馈信息。

2. 切实评价。教师的评价要切实详细，不可只打"√"或写"阅"字，敷衍了事。批语要具体，文字要浅显，字迹不潦草，符合学生的程度与能力。

3. 共同评价。共同评价包括三种。(1) 师生共同评价，如制作成果的鉴赏、活动作业的评价均可采取师生共同评价。(2) 家长参与评价。如表演或成果展览类作业，可以请家长参与，共同欣赏和评价。家长参与评价可培养家长对子女作业的关心与兴趣，以及家长对子女作业的责任感，又可使教师了解家长的需要和期望。(3) 有关教师共同评价。邀请同一学科或有关行政人员共同评价，这既可集思广益，又可统一标准，使评价更为客观、公正。

4. 学生相互评价。教学结束后，当场让同桌学生交换试卷或作业，互相批改。这也是及时反馈信息给学生的一种有效方式。

综上所述，教学设计由教学目标的制订、学习对象的分析、教学内容的分析与组织、教学方法和媒体的选择与运用、教学评价五个子系统组成。系统的整体观认为，只有各组成部分和谐地统一、协调于系统的整体之中，才能达到整体的优化。因此，我们进行教学设计时，不仅要掌握每个子系统各自的特点与功能及各子系统设计的具体方法与知识，还应对各子系统之间的相互联系与相互制约有深刻的认识，懂得每一子系统的局部工作与整体目标的联系，这样才能把握全局，从整体着眼，最后才能达到整体最优。

第三节　不同类型的教学设计

一、不同知识类型的教学设计

进行教学设计，可以从对所教的知识类型来加以鉴别，根据所教知识类型的特点来进行合理的设计。现代认知心理学把知识概括为陈述性知识、程序性知识和策略性知识三类。根据这三类知识的特点，可以进行不同侧重的教学设计。①

（一）陈述性知识的教学设计

陈述性知识指个人具有的有关世界是什么的知识。检查的标准是看学生能否回答"是什么"的问题。如，什么叫光合作用？三角形的内角和是多少度？植物的叶是由哪几部分组成的？等等。

---

① 皮连生：《知识的分类与教学设计》，载《教育研究》，1992 (6)。

陈述性知识可以分为三种：（1）有关事物的名称或符号的知识，例如关于植物的根、叶、茎或 DNA 和 RNA 符号的意义；（2）简单的命题知识或事实知识，如"重庆是中国的重要工业城市"，"兴趣是人认知事物的一种积极的认识倾向"等，学生获得了这样的简单命题或事实的意义即获得了这种知识；（3）有意义的命题的组合知识，即经过组织的言语信息，如陈述鸦片战争产生的原因、光合作用的过程。

陈述性知识主要以命题形式在头脑中贮存，多个命题的结合形成命题网络。同时，有的陈述性知识也可以以表象形式贮存。研究表明，凡能运用语义和形象进行双重表征的陈述性知识，保持得比较牢固。

依据陈述性知识的上述特点进行教学设计，第一，确定教学目标应以学生回忆知识的能力为中心，要求学生口头或书面叙述学到的有关知识，以此检查他们是否具备了这种能力；第二，设计教学内容要注重确立新旧知识之间的联系，找准联系点；第三，确保用于同化新知识的原有知识的巩固；第四，应着重考虑如何帮助学生把新旧知识联系起来，找到新知识的生长点，为帮助学生理解新知识，可以考虑教材呈现方式与讲解，利用电教手段揭示事物发展的过程，通过关键点的提问引起学生的关注与思考，运用及时的反馈进行针对性的补救等。

（二）程序性知识的教学设计

程序性知识是关于"怎么办"的知识。例如向学生呈现各种各样的动物，要求把哺乳动物挑出来；告诉学生一个人的心率为每分钟 75 次，要求回答出这个人的一个心动周期是多少秒；给学生呈现一个错误判断，请他改正等，都属程序性知识。

认知心理学的研究发现，程序性知识在头脑中以产生式表征，形式为"如果……则……"。例如识别直角三角形的产生式为：如果该三角形有一个角是直角，则该三角形是直角三角形。又如识别哺乳动物的产生式为：如果动物是胎生的，且是哺乳的，则它属于哺乳动物类。正如命题可以组成网络结构一样，产生式也可以组成产生式系统，或称控制流。产生式系统中的前一个产生式中的结果（"则"）可成为后一个产生式的条件（"如果"）。经足够练习后，产生式系统的一系列动作能自动发生，不需要人清晰地回忆每一个动作产生的条件。同时，程序性知识只有通过练习"如果……则……"的使用才能达到自动化的程度。

根据程序性知识的特点进行教学设计时，教学目标应确定为应用概念规则解决问题的能力。检验这种能力的行为指标不是学生能告诉我们学到了什么，而是学生面对各种不同的概念与规则的运用情境，能顺利地进行识别、运算和操作。如将事物分类，进行问题解决，运用已有的概念和规则解释新情境中出现的自然或社会现象等。在教学内容与方法的设计上，首先应让学生理解概念或规则。如果教学内容是概念，在讲上位概念时，主要应唤起、充实下位概念；在讲下位概念时，主要应帮助学生同相应的上位概念联系起来，使新知识能顺利地纳入相应的知识网络中。同时概念的讲解与练习要注意正、反例的运用。正例有助于概括和迁移，但也可能导致泛化；使用反例有助于辨别，使掌握的概念精确。如果教学内容是规则，应着重引导学生将新习得的规则广泛运用于新情境，做到一见到适当的条件（"如果"），便能立即作出反应（"则"）。其次，对于那些由一系列产生式组成的较长的程序性知识，应考虑练习内容与时间的分散与集中、部分与整体的关系，一般先练习局部技能，然后进行整体练习。

（三）策略性知识的教学设计

策略性知识实际上就是关于"如何学习"的知识。例如，如何记忆一连串的历史事件？观察挂图、图表时，该怎样进行观察？在对知识进行复习时，应采取哪些方法？策略性知识也是一种程序性知识，不过，一般程序性知识所处理的对象是客观事物，而策略性知识所处理的对象是个人自身的认知活动。在陈述性知识具备的条件下，学生处理问题的差异，就是由他们的策略性知识所决定的。

根据策略性知识的特点进行教学设计时，第一，教学目标中，必须有策略性知识的地位，必须确立有检查"学生会学习"的教学目标。如要求学生会设计图表，系统整理所学的某节某章内容；会用比较法鉴别事物、事件等的异同；能总结自己学习中的有效方法等。传统教学目标常常仅有检查陈述性和程序性两类知识的教学目标，而忽略了对策略性知识的要求与检测。第二，教学内容应结合陈述性和程序性知识的教学，突出学习方法的教学，或者专门开设学习方法课，教给学生如何预习、复习、记笔记及如何进行选择性注意，如何进行反思等具体学习方法。第三，教师要学会教策略性知识，要善于将自己内隐思维活动的调节、控制过程展示出来，使学生能够仿效。可以说，只有既善于教陈述性知识、程序性知识，又善于教策略性知识的教师才是一个真正的好教师。

二、不同课型的教学设计

不同的教学内容、不同的教学目的，就要使用不同的课型。就课型而言，有新授课、讨论课、复习课、视听课、诊断测评课等。而在众多的课型中，前三类是主要的课型，下面就这三类主要课型以及网络教学的教学设计作初步探讨。

（一）新授课的教学设计

新授课是各类课型中的主要课型，也是传授新知识的一种重要课型。通常，新授课的教学设计应包括以下七个步骤。

（1）向学生说明本节课的教学目标。教学目标的揭示主要是使学生产生明确的心理定向，知道学什么和学习要达到的结果。

（2）激发学生的学习动机，使学生产生学习的需要。激发动机的方法多种多样，可通过设置悬念或提出思考性问题等方式引起学生的直接动机，也可通过简要说明学习该内容的意义与目的来激发间接动机。

（3）回忆从前学过的有关内容，为学习新知识铺路搭桥，减小学习的坡度。

（4）引出新内容。引出新内容时要自然，顺理成章。

（5）揭示新内容的关键点和难点。该环节是新授课的主要环节。首先，教学设计时要找准教学的重点和难点。通常情况下，那些大多数人难以接受的新知识便是教学的难点；那些与前面知识紧密联系，对后面所要学习的知识具有重大影响的内容，便是教学中的重点。一般难点的形成主要有以下四种情况：一是该知识远离学生的生活实际，学生缺乏相应的感性知识；二是该知识较为抽象，学生难以理解；三是该知识包含了多个知识点，知识点过于集中；四是与该知识有关的旧知识掌握不牢或因大多数学生遗忘所致。难点若属前两种情况，教师主要应通过利用学生的日常生活经验，充实感性知识或利用直观手段，尽量使知识直观化、形象化，使学生看得见、摸得着；如果难点属第三种，则应分散知识点，各个击破；难点若由第四种原因所致，则应查漏补缺，加强旧知识的复习。因此突破难点，关键在于对造成难点的原因进行分析，原因找准，对症下药也就不难了。对于重点知识不仅要使学生理解，还要在使学生牢固掌握上下功夫。通常对重点内容不仅要安排单项练习，还要安排变式练习和综合练习。教学的重点与难点常常呈交叉关系，有些是重点而不是难点，有些是难点而不是重点，有些则既是重点又是难点。对教学重、难点进行分析是教学设计的一项必不可少的任务。如果重、难点不明确，教与学都会感到主次不分，平均使用力量。能否准确地预料学生在学习过程中可能会产生的困难，并会选择适当的例子或材料来帮助学生克服这些困难，以及能找准教材的重点，并能选择恰当的突破方式是新授课教学设计的重要内容，也是衡量教师教学水平优劣的基本标准。

（6）应用新知识。应用新知识主要是通过练习来实现的。练习的安排要遵循循序渐进原则,即先易后难,先依样画葫芦再变式练习,先单项后综合,先具体再抽象。

(7) 对学生的学习情况作出反馈与评价。反馈越及时,越具体,越多次,效果越好。反馈要全面,不仅有认知反馈,还应辅以情意反馈。教学实验证明,通过认知与情意叠加起来的双通道反馈,其效果大大高于仅进行认知反馈的效果。①

上述七环节并不一定严格按照上述顺序出现。如在教学实践中,揭示教学目标环节有的作为小结出现。若教学对象是小学低年级学生或难以理解的教学目标,教学目标放在教学最后一个环节揭示为好。同时,新授课的教学设计和实施还要注意避免出现以下常见问题:

(1) 教学内容不分主次和难易,平均使用力量;

(2) 对重点内容、知识内在联系未能强化或有效突出;

(3) 只注意教学内容的分析,而对学生学习中可能出现的问题及障碍缺乏预计;

(4) 只设计教师如何教而未设计学生如何学及其如何指导学生学;

(5) 教学媒体使用的准备工作不充分,使用时机及细节考虑不周密;

(6) 教学随意性大,板书、提问未作仔细考虑和设计;

(7) 忽略信息反馈及调控方式的设计。

(二) 讨论课的教学设计

讨论课是在教师的指导下,由全班或小组成员围绕某一中心问题发表自己的看法,从而进行相互学习的一种方法。讨论课可以加深学生对理论知识的理解,有助于启发学生独立思考,培养学生独

---

① 顾泠沅等:《大面积提高数学教学质量的改革实践与理论探讨》,载《教育研究》,1989 (9)。

立分析问题、解决问题的能力和训练学生的口头表达能力。

讨论课的教学设计可以根据讨论进行的时间顺序，划分为课堂讨论的准备、课堂讨论的过程、课堂讨论的总结三个环节。

课堂讨论准备的设计，第一，要拟订课堂讨论的题目，题目不可过多，一至二个即可。题目必须明确具体，用词恰当，不能模棱两可或意思含糊。题目应该难易适度，面向大多数学生。题目过易，学生会觉得无话可谈；过难，则摸不着头脑，也谈不起来。题目应是教学内容的重点、难点或具有不确定性和不一致性的问题，否则讨论既费了时间又无多大意义。第二，要在学生独立钻研、独立思考的基础上进行。要指导学生预习课文和阅读参考书，要求学生按题目进行有目的、有系统地阅读，在阅读中要认真思考，善于发现问题，按题目的要求写出发言提纲。在此基础上进行讨论，学生才可能有所获。第三，要有便于讨论的组织形式。小组讨论通常以五至七人为好。若讲议结合，最好以前后左右四人为一组，便于分和合。有些讨论还应有中心发言人，这有助于问题的深入研究，也不至于使讨论"冷场"。

课堂讨论过程的设计，先要考虑在讨论开始时应对讨论的目的、要解决的问题、要掌握的重点进行说明，以便学生能围绕中心进行发言。讨论过程中要充分发扬民主，鼓励大家普遍发言，而教师只提供最必要的信息，给学生背景知识，要善于把问题扔给学生，不要过多地发言将讨论封住。为使讨论能围绕中心，一是应用适当的方式制止夸夸其谈的发言以及对枝节问题的争论不休，而阻碍对实质问题的探讨；二是教师要善于发现争论的焦点，使问题明朗化，或提出争论的"引子"，以激起争论并正确引导争论。教师可重点参加一组的讨论，注意倾听和发现典型的、带有普遍性的问题，并有重点地记载学生发言的优缺点，以便更好地引导学生的讨论，也便于有生动、充实的内容进行总结。讨论结束后，教师要有明确的结论。课堂讨论的总结不是把上课讲的内容重复一遍，而是针对学生讨论中存在的问题进行讲解，把学生理解不深刻、不正确的问题给予补充、纠正与深化，起到画龙点睛的作用。

（三）复习课的教学设计

复习课是巩固知识的一种重要课型。教学内容合理重复不仅需要，而且必要。通过复习，可进一步发现问题，及时查漏补缺，以免给后继学习留下隐患；也可起到巩固新知识，加深理解的作用。

根据复习课的特点，复习课设计应遵循的基本原则是：新中有旧，旧中有新。此处的"新"不是引入新知识，而是有新意。所谓的新意，就是不按部就班、重蹈覆辙，而是给学生以新面孔，产生新异感或在原有知识基础上深化、引申，产生一种新的认识与理解。

那么，如何设计有新意的复习课呢？

（1）同一材料合理地用不同形式呈现，用不同例子讲解，以使学生产生新异感，并有利于学生从各个不同的方面去仔细研究某一现象，便于全面理解。

（2）复习不是面面俱到，平均使用力量，而应着重在重点、难点、学生易错处下功夫，提高复习的针对性。

（3）复习不是原地踏步，作同一水平的循环，而应对知识进行系统的梳理、整理，使零散、孤立的知识形成网络，使学生产生新的认识与理解。

（4）复习不应只是就事论事，而应引申、深化、融会贯通，重点提高应用能力与迁移水平。

（四）基于网络教学的教学设计

随着信息技术的迅猛发展，网络和多媒体技术越来越多地应用于教育教学活动中，出现了一种新型的课型——网络教学。广义的网络教学指在教学过程中运用了网络技术的教学活动。狭义的网络教学则是指将网络技术作为构成新型学习生态环境的有机因素，充分体现学习者的主动地位，以探究学习为主要学习方式的教学活动。网络教学的模式多种多样,按学习者在网络上的学习情境来划分,可分为讲授式、个别辅导式、讨论学习、探索学习和协作学习等模式。讲授式的网络教学模式是教师准备好所要教授的内容,以多媒体方式表现,以超文本的方式组织,通过 Web 服务器呈现给各个网络终端的学生,并通过电子邮件或网络电话的方式解答学生的疑问,为学生的学习提供及时的反馈。这种教学方式打破了传统教学的时空的限制,只要能上网都可以听课,使教育资源实现了共享。个别辅导式教学是通过学生学习自学辅导软件和与教师的通信来实现的。学生可以根据自己的兴趣和学习程度自主在课件库里选择适合的课件进行自学,并随时与教师通过电子邮件通信,获得教师的帮助。讨论学习指在教师的监控、指导下,学生通过网络上的信息公告系统(BBS)来就某一论题展开讨论。探索学习指由教师通过网络创设一些适合特定学习对象解决的问题,要求学生解决,同时提供大量的相关资料供学生参考,并适当地进行启发和提示,帮助学生完成任务。协作学习指多个学习者利用网络和多媒体技术,针对同一问题彼此交互合作,其形式包括竞争、协同、伙伴和角色扮演等。

　　网络教学设计强调突出学生进行意义建构的主体地位,教师只是辅助者。教师通过基于网络的学习情境创设来支持学,而非教;突出交互性对话和协作学习。但网络教学设计和有效实施需解决以下一些问题。

　　(1) 网络教学中的协作学习策略和协作学习环境的创设。由于网络的交互性、开放性,协作学习成为网络教学中重要的教学方式。如何设计协作学习环境、开发协作学习策略也就成为研究网络教学的一个重要课题。协作学习策略是个体认知策略的群体分工化的结果。这种群体分工化能带来比个体信息加工数量更大、角度更广的信息,而且相互协作的个体间容易从他人身上得到启示。同时这也加强了同伴间的社会交往程度。协作学习策略主要包括头脑风暴法、角色扮演法、发送问题法、互问互答法等。协作学习策略有着个体认知策略不可比拟的优势，网络和多媒体技术为这种优势的发挥提供了环境，这就涉及到网络教学中协作学习环境的创设。基于网络的协作学习环境包括四种基本模式，即竞争、协同、伙伴和角色扮演。竞争是指两个或多个学习者针对同一学习内容或学习情境，通过Internet进行竞争性学习，看谁首先达到教学目标的要求，在培养学生技巧和能力的同时，培养学生的竞争意识和能力。协同是指多个学习者共同完成某个学习任务，在共同完成任务的过程中，学习者发挥各自的认知特点，相互争论、相互帮助、相互提示或者是进行分工合作。学习者对学习内容的深刻理解和领悟就在这种和同伴紧密沟通与协调合作的过程中逐渐形成。伙伴就是在网络环境下找到与现实环境中的伙伴相类似的学生，然后共同协作、共同进步的过程。另一种伙伴形式是由智能计算机扮演伙伴角色，和学生共同学习、共同玩耍，在必要时给予忠告等。角色扮演指在用网络技术创设的与现实或历史相类似的情境中，学生扮演其中的某一角色，在角色中互相学习的过程。总之，在网络教学中，不管是哪种协作学习模式，都要引导学生积极使用协作学习策略，打破人际交往障碍，激发认知的发展。

（2）设计基于资源和工具的学习任务。学习任务是对学习活动目标、成果形式、活动内容、活动策略和方法的描述。网络环境下的教学设计者必须了解如何通过学习任务的设计使学习者离不开网络，而使网络成为他基本的学习空间。网络所能提供的只有资源和工具，因此，教学设计的理论研究者必须解决如何设计基于资源和工具的学习任务的问题。学生所面对的学习任务应该将多个知识点包含在一起，但不是越难越好。最好能设计一些没有唯一正确答案的问题解决任务。

（3）完善学习目标和学习者特征的分析框架。技术的发展不仅带来了教学的变化，也对学生的素质提出了要求。第一，网络教学要求学生必须具备使用网络学习工具的技能。学生在掌握和使用这些信息技术时的心理、行为特点都影响网络教学质量，所以，有必要对学习者在信息技术学习环境中的特征加以重新分析，并据此修订网络学习的目标。第二，形象思维能力也是网络学习目标中很重要的内容。早期认知领域的教学目标分类理论强调对逻辑思维的培养，形象思维能力的培养较少重视。但网络是一个开放的环境，是一个鼓励自主学习的环境，是一个培养想象力和创造力的环境。所以形象思维能力也理所当然成为网络教学主要的教学目标之一。第三，坚持力即毅力也应被列入情感态度领域的目标分类体系。因为只有不怕挫折才能坚持完成基于网络的自主探索，克服所遭遇的挫折。此外，由于在网络环境下，协作学习将成为普遍的学习形式，而只有在协作交互过程中才体现出来的学习者的行为和心理倾向，也没有被早期教学设计理论列为学习者的特征要素。因此，网络时代教学设计理论的一个重要课题是完善网络环境下学习目标和学习者特征的分析框架。

（4）如何根据电子信息对教学问题进行诊断。教学问题的分析和诊断是教学设计的基础。非网络环境下的教学问题的诊断可以通过"听其言、观其行、测其能"来完成。特别是"观其行"对诊断教学问题特别重要。但网络环境下，特别是远程教学环境下，只能做到"测其能"。"测其能"有利于确定学习需要，但却不能帮助确定问题的根源。因此，如何根据电子信息对教学问题进行诊断是一个比较困难而又亟待解决的理论问题。

（5）如何发挥教师在网络教学中的主导地位。曾有人预言，随着网络在教育教学中的广泛应用，教师这个职业将消失。真是这样吗？实际上，在网络教学中教师的地位和作用会发生很大的变化，但电脑决取代不了教师的作用。学生是网络学习的主体，教师是网络教学的主导，是学生进行意义建构的帮助者、引导者，其作用具体表现为以下几方面。①网络教学的研究者、设计者，学习方法和研究方法的开发者、传授者。学习任务的设计、学习者特征的分析、教学情境的创设、信息资源的设计等都需要教师运用先进的教学理念,发挥自己的创造性完成;学习过程中,对学生及时的反馈和辅导也是教师的责任。教师对整个网络教学活动应有一个高屋建瓴的认识,自觉学习先进的教学理念,不断实践,推动网络教学的发展和完善。同时,教师还应引导学生应用科学的学习和研究方法,培养他们的自学能力,这应该是网络教学中教师很重要的作用之一。②学生品格的塑造者。"学高为师,身正为范",网络教学固然在知识、能力教育上优势很大,但它代替不了教师对学生思想道德素养和人格品质的塑造作用。网络教学中,教师一方面应培养学生的网络道德观念,文明科学使用网络,遵守网络道德;另一方面,要以自身的人格魅力感召学生,为学生的心理品质的发展提供引导和帮助。③信息技术的咨询者。信息技术是学生从事网络学习不可或缺的技能,但信息技术的发展一日千里,学生不可能全部掌握,所以教师就必须充当信息技术的咨询者,帮助学生选择和使用适当的信息工具,以解决问题。

  尽管如此,在实际的网络教学中,还往往存在片面强调"发挥学生的自主性和创造性",忽视教师的主导作用的现象。这不仅会严重影响网络教学的质量,使网络教学由"人灌"变为"电灌",而且不利于教师的自身素质提高,因为这可能成为某些教师推卸教学责任的托词。所以,要发挥教师的主导作用,一方面要消除网络教学不需要教师设计的错误观念,树立教师必须发挥主导作用的观念;另一方面要加强对教师进行有关网络教学的培训,以先进的教育教学理念和教学技能武装新一代的教师,使他们有能力成为网络教学的主导,而这也是网络教学实践必须解决的问题。

第十四章 学生的心理差异与因材施教

古人云，人心不同，各如其面。学生之间的心理差异是客观存在的。教师的教，只有适应了学生学的差异性，实施因材施教，才会取得理想的结果。本章先讨论影响教学效果的几种重要的心理差异上的变量，然后讨论优等生与后进生的不同心理特点，最后讨论对个体差异的因材施教模式。

第一节 心理差异与教育

个体心理差异，也叫个别差异，是指个体在稳定的心理特征方面的差别。它是在先天素质的基础上，通过后天教育、实践所形成的一贯的、持续的、不同于他人的个体心理特点。① 当代心理学研究的一个重要发现是，个体差异对教育效果有显著的影响。这意味着教师在选择教育方法时，必须根据不同学生的不同特点采取相应的教育方法。许多实验已经证明，心理差异与教育方法之间存在着明显的相互作用。

---

① 张大均：《教学心理学》，592页，西南师范大学出版社，1997。

一、认知差异与教育

在各种心理差异中,认知方面的个体差异无疑与实际教育联系最为密切。这里从一般认知能力、专门领域知识、认知风格三个方面讨论认知差异与教学方法之间在教学上的相互作用。

(一)一般认知能力的差异

一般认知能力也称智力,存在着显而易见的个体差异。凭常识就可以知道,有些学生聪明,有些学生则显得不是那么灵活。有的学生接受能力强,学习速度快,一教即会;有的学生的学习速度慢,虽然能教会,但教师必须采用适当的方法并注意放慢进度。关于学生的一般认知能力和学科学习之间的关系,已经有了许多定量研究。

1. 一般认知能力和学习成绩的相关程度。在传统的教学中,一般认知能力实际上总是能预示学生学习成绩的好坏。这种观点已被各门学科和各种教育层次上的研究所证实。例如,就一般认知能力的测量结果和学习成绩之间的相关程度而言,国外的研究发现在小学阶段是 0.6~0.7,中学阶段是 0.5~0.6,到了大学以后则仅为 0.4~0.5。[1] 但是必须指出的是,并非所有的认知能力测验都能同样预测所有类型学生的学业成绩。因为即使在最理想的条件下进行测量,一般认知能力与学习成绩之间也只有部分相关。毕竟影响学生学业成绩的因素来自多方面。一般认知能力仅是影响的重要因素之一。随着学生年龄的增加,其他影响因素的作用愈加明显。

2. 一般认知能力与教学方法之间的相互作用。关于学生一般认知能力的第二个重要发现是,当教学任务需要学生进行复杂的信息加工时,一般认知能力与学业成就之间的相关性增大,换言之,如果恰当运用某种教学方法以减少对学生深层信息加工的要求,那

---

[1] A. R. Jensen(1980), *Bias in Mental Testing*. New York: Free Press.

么一般认知能力的影响力度就可以降低。

国外一项研究比较了不同教学方法对小学五年级学生阅读理解成绩的影响。结果发现,一般认知能力与教学方法在学生的学业成绩上表现出明显的交互作用:低能力的学生在个别指导的教学方法下学得更好,而高能力的学生在集体教学方法下学得更好(集体教学方法对学生的认知要求更高,因为它需要学生自己调控自己的学习)。[1] 关于先行组织者的采用和学习策略的训练的研究也发现,这种教学训练似乎更能帮助一般认知能力低的学生。[2] 就是说,当对学生进行有关学习策略的训练之后,一般认知能力对学习的影响就会变小。例如,在教学生运用网络策略把课文变成体现知识点内在联系的图示后,能力低的学生标准化测验的成绩在接受训练之后更优,而高能力的学生则在未接受该训练的情况下更优。很显然,一般认知能力高的学生缺乏对自己的已有成功学习策略的调用;相反,一般认知能力低的学生缺乏有效的学习策略,所以事先提供学习策略的训练有助于他们运用这些策略更有效地学习。

以上两种对低能力学生的补救方法(采用不同教学方法和提供学习策略的训练)具有一个教学含义,即通过有关技能、策略、知识方面的补救措施可以使一个一般认知能力低的学生变成一个学习效率较高的学习者。因此完备的教学过程应包括学习能力和学习方法上的测验,教师对学生一般认知能力的发展变化应保持敏锐的目光。要知道学生的一般认知能力什么时候得到了提高,什么时候

---

[1] R. E. Snow & D. F. Lohan (1984), Toward a Theory of Cognitive Aptitude for Learning From Instruction. *Journal of Educational Psychology*, 76, pp. 347-376.

[2] D. F. Dansereau, et al. (1979), Development and Evaluation of an Effective Learning Strategy Program. *Journal of Educational Psychology*, 71, pp. 64-73.

该从相对纯知识的教学转变为知识加方法的教学，以及什么时候学生已掌握了学习策略从而可以较少地进行学习策略训练。一旦学生的学习能力有了显著提高，就不应再采用教师指导过多的教学方法，否则不仅费时，而且会干扰学生自己的成功策略从而降低了学习效果。

总之，对于一般认知能力不同的学生应采取不同类型的教学。有学者建议对于一般认知能力低的学生，教学中应采用明白、直接的结构化教学方法，提倡有指导的学习。此外对于这种类型的学生，教师可预先提供恰当的训练，旨在培养他们掌握科学高效的学习策略，同时还应训练他们在新的学习任务中真正灵活地运用这些策略。

（二）专门领域知识的差异

学生在是否具备与学习任务相关的专门领域知识方面（即学生的已有知识基础）也存在个体差异。而且，这方面的个体差异对学生的学习有不可忽视的影响。

1. 专门领域的知识和学习成绩之间的总相关。关于个体差异的大量研究发现，学生在某一个特定学科领域的过去成绩能相当准确地预示学生在这一领域内的未来成绩。例如，关于已有知识在阅读理解中所起作用的研究证明，拥有适当的预备知识的学生在学习有一定难度的课文时比缺乏这种预备知识的学生学得更好。了解棒球规则的人，在读关于棒球比赛的文章时，其理解和记忆保持量都会更好。

2. 专门领域的知识与教学方法之间的相互作用。不难理解，教学方法与学生的已有知识之间具有密切联系。当某种教学方法要求学生必须将新旧信息加以积极整合时，具有相当数量预备知识的学生就比缺乏这种知识的学生在学习中更易获得成功。当不需要学生进行这种整合时，学生的学习成绩就不会受到先前已有知识的影响。为了确认这一假设，有人（R. E. Mayer, et al., 1975）要求大学生学习从一个程序化教材中选取的"二项式概率"这一概念。① 有些学生学习的是演绎式课文（即以规则为基础组织起来），从公式开始教学，并练习如何使用公式；另一些则学习归纳式课文，从熟悉的情境开始，然后逐步建立所学的新公式。两种教材的基本信息和例题均相同，仅仅是编写方式和侧重点不同。教学前对学生进行前测，包括关于概率的熟悉度和直觉经验的测验及一般数学能力倾向测验。所有学生都未学过二项式概率。教学结束后进行解决二项式概率问题测验，发觉测验成绩与数学能力性向测验呈现高度正相关，而且两种教学方法所得结果都一样。这是预料之中的。令人感兴趣的是，概率基础知识的多少与用归纳法所教学生的成绩高度相关（见图14-1），基础知识

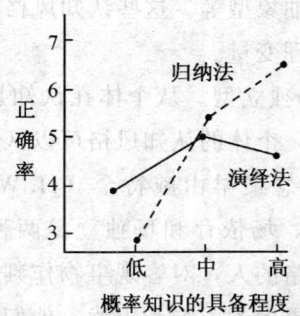

图 14-1 有关概率的专门知识对学习成绩的影响

越多，学习成绩越好。但这一指标与演绎法的教学效果却没有很高的相关性。教学方法同已有知识的掌握程度呈现出明显的相互作用。

所以，缺乏预备知识的学生适宜采用演示法、讲解法、掌握教

---

① R. E. Mayer, C. C. Stiehl & J. C. Greeno (1975), Acquisition of Understanding and Skill in Relation to Subjects' Preparation and Meaningfulness of Instruction. *Journal of Educational Psychology*, 67, pp. 331-350.

学法，而对于具备预备知识的学生来讲，教师不妨使用发现式教学法或非结构化教学法。此外，向缺乏背景知识的学生先提供背景知识，然后再进行新知识的教学，也同样对学生大有帮助。总之，预先训练和高结构化教学方法都能降低专门领域知识的个体差异所带来的教学负面影响。

（三）认知风格的差异

认知风格也称认知方式，是指个人在认知活动中所偏爱的信息加工方式。在平时教学中，我们不难发现不同学生具有不同的认知风格。例如，有些学生爱听教师讲解，有些学生喜欢自己独立思考问题；有些学生喜欢与别人热烈讨论，有些学生则偏爱自己独立学习。目前研究较多的认知风格主要有场依存型和场独立型、冲动型和沉思型、具体型和抽象型等。这些认知风格的个体差异，成为因材施教必须考虑的心理变量。

1. 场依存型与场独立型。从个体在认知加工中对客观环境提供线索的依赖程度看，个体的认知风格可以区分为场依存型和场独立型两种。这两个概念最早由威特金（H. Witkin）于1954年提出。后来的研究发现，场依存和场独立是两种普遍存在的认知风格。具有场独立型风格的人，对客观事物作判断时，常利用自己内部的参照，不易受外界因素影响和干扰，他们倾向于对事物独立作出判断。具有场依存型风格的人，对事物的认知加工倾向于以外部信息为参照依据。他们的态度和自我认知更易受周围的人们（尤其是权威人士）的影响和干扰，善于察言观色，从他人处获得标准。我国学者谢斯骏等人曾系统考察过场依存型和场独立型与学生学习之间的关系。（1）教学程序学习与场独立型有正相关，程序教学的效果高于常规教学的效果。（2）三种程序模式教学效果表明，场独立型组在启发程序和算法程序中的效果都明显超过分支程序。在场依存型组中，分支程序的效果显著地高于启发程序，也优于算法程序。（3）场独立型学生在集中识字中显著地优于场依存型学生，场依存型学生不适宜于集中识字。场依存型学生的分散识字成绩比集中识字有较大幅度的提高，即场依存型学生适宜于分散识字。（4）个人项目运动员更倾向于场独立型；集体项目运动员更倾向于场依存型。① 这表明，教学方式若适合学生的认知风格，学生的潜力就容易发挥出来。

区分这两种认知风格，对因材施教有重要的意义。首先，不同的教学方法对两类学生的学习效果有明显影响。具有场独立型风格的人适合于那些不强调"社会敏感性"的教学方法。而场依存者则相反。其次，不同风格的学生偏爱选择不同的专业。威特金等人（1977）的调查发现，场独立者对科学、教学、机械等强调认知能力的专业感兴趣，而场依存者对社会科学、儿童教育、社会工作、文秘工作、商业或广告之类的以人为对象的专业感兴趣。最后，师生之间认知风格的匹配关系明显影响着学生的学业成绩。有人（J. Packer）曾对 32 对实习教师—学生教学数学概念进行研究，发现师生之间认知风格存在着明显相互作用。场独立型教师教学时，场独立型学生的成绩明显高于场依存型学生；而场依存型教师教学时，没有明显差异。② 因材施教一方面意味着发挥不同认知类型人的特长，另一方面也意味着采取适当的教学措施弥补认知风格上的缺陷。例如，国内在一项关于"场依存性数学教学"的研究中发现，数学教学中，图式的辅助作用对场依存型学生较为有效，它可以消除或减弱场依存型学生在数学学习中的劣势。③

2. 冲动型和沉思型。根据学生对问题作出反应的速度，可以把学生区分为冲动型和沉思型。冲动和沉思涉及到个体在很不确定

---

① 谢斯骏等：《认知方式》，北京师范大学出版社，1988。

② J. Packer & J. D. Bain (1978), Cognitive Style and Teacher Student Compatibility. *Journal of Educational Psychology*, 70, pp. 864-871。

③ 张必隐：《场依存性对于程序教学与常规教学的效果的影响》，载《心理学报》，1982（1）。

的情境下对自己解答的正确性进行思考的程度。错误率和反应时间反映出了这方面的个体差异。两种认知风格各有优缺点，并无好坏高下之分。具有冲动型风格的人解决问题速度快，但容易出现错误。而沉思型者相反，速度慢，但错误少。根据心理学家研究，这两种认知类型都是在两岁左右即养成的习惯性格。① 冲动型学生在运用低层次事实性信息的问题解决中占据优势，而沉思型学生在解决高层次问题中成绩更好。阅读领域的研究表明沉思型学生更善于鉴别文章的前后矛盾之处，而冲动型学生更擅长快速浏览文章。在传统的课堂教学中，教师一般倾向于肯定冲动型学生，而容易忽视沉思型学生的认知特点。而研究表明沉思型学生同样具有培养前途。在教学中教师应注意发现并有针对性地培养，尤其要注意到沉思型学生与智力落后学生的不同之处：（1）沉思型学生思路较为清晰，方向往往也正确，而智力落后学生往往在考虑问题时其头脑处于混乱状态；（2）沉思型学生虽然反应速度往往比较慢，甚至有时在规定时间不能完成任务，但他们对一些问题有自己独特的观点，而智力落后者往往只会人云亦云，盲目接受教师和教材的观点；（3）沉思型学生由于对所学知识是经过认真思考后加以吸收，所以可以根据具体情况较为灵活地使用，而智力落后学生在知识掌握中由于采用僵化方式，因而不会运用或者只会生搬硬套。因此教师在教学中必须重视沉思型学生的活动特点，为他们创造良好的教学条件，同时也要注意纠正沉思型学生容易产生的认知偏差。

如何针对冲动型和沉思型学生进行有效教学呢？自我指导式训练将有助于教师尽量降低这两种认知风格的负面影响。自我指导式训练教给学生利用在问题解决过程中自我对话来监视自己的思维。例如："现在我们来看……问题是要求整个圆的长度……那是周长，

---

① J. S. Kangon(1964), Information Processing in the Child: Significance of Analytic and Reflective Attitude. *Psychological Monogragh*s, 73(1), p. 576.

那么求周长的公式是什么呢？……哦，别忙着去求周长，要把题目中的已知条件搞清楚，我最容易犯的毛病是题意还没有搞清楚就急匆匆地找答案……"通过让学生对自己的思维加工保持意识，可以尽量减少学生的冲动倾向而提高他们解决问题的一般技能水平。故而这种教学技术具有很强的应用价值。

3. 具体型和抽象型。根据个体在进行信息加工时所采用概念水平的高低，可以把认知风格区分为具体型和抽象型。一个抽象型风格的学生，能够看到某个问题或论点的众多方面，可以避免刻板印象（定型），能够容忍情景的模糊度并进行抽象程度较高的思考。而具体型风格的学生则能比较深入地分析某一具体观点或情境，但要向他们提供尽可能多的有关信息，否则很容易造成偏见。这一领域的有关研究表明，抽象型学生在非结构化教学方法（如归纳法或发现法）下会表现得更好，而具体型学生在结构化教学方法（如演绎法和讲解法）之下成绩更好。

上面介绍了个体认知差异的三个重要维度：一般认知能力、专门领域知识和认知风格。只有充分认识到这些方面的认知差异，教师才能选择适当的教学方法，施行个别指导，保证大面积提高教学质量。

二、人格差异与教育

人格差异，特别是非智力因素方面的人格差异，对教育效果有显著的影响。这里主要讨论动机差异对教育的作用，非智力因素方面的其他个体差异放在下一节讨论。

学生动机方面的差异是影响学习效果的重要因素。学习动机有两种类型：一种是防御性动机（defensive motivation），主要是指学习焦虑，例如对失败威胁的焦虑反应；另一种是建设性动机（constructive motivation），指学习者追求成功的需要。下面将简要讨论焦虑（防御性动机）和成就动机（建设性动机）。

(一) 焦虑

所谓焦虑,指个体对于自己的自尊心构成潜在威胁的情境所产生的担忧反应或反应倾向。个体的焦虑水平可以作为其动机激发水平(或生理唤醒水平)的标志。一个焦虑的人,很容易处于紧张状态,预料自己会失败,对自己的能力缺乏必要的自信。一个高度焦虑的人,对挫折情境会作出过度反应,因为挫折情境包含的失败可能性严重威胁他的自尊。

学习者在面临一种新的学习情境,尤其是遇到了一些教材中无现成答案的问题时,高焦虑水平会产生阻碍作用。但当学习者对学习情境逐渐熟悉后或具有对付焦虑的有效手段之后,一定的焦虑水平亦能有助于复杂材料的学习。

高度的焦虑只有同高能力相结合时才会促进学习,高度的焦虑水平同低能力或一般能力相结合时,则往往会阻碍学生的学习。因此,就改善大多数学生的学习效果而言,教师应当把学生的焦虑水平控制在中等程度,才能有利于一般能力水平者的学习。焦虑程度与学习效果呈一种倒 U 形曲线,焦虑程度过强或过弱都会使学习效果更差。这种曲线只不过抽象地表示了焦虑水平与学习成绩之间的关系,曲线的形状和高峰因人而异。

针对不同焦虑程度的学生,教师宜采用不同压力水平的教学和测验。对于低焦虑程度的学生,适于采用有较大压力的教学措施与测验类型,因为这类学生原有动机激发水平较低,这种教学措施与测验类型可促使其动机唤醒水平由低趋于中等;对于高焦虑程度的学生,若采用压力较低的教学措施和测验类型,则会降低其动机唤醒度,使之由高趋于中等。

(二) 成就动机

在教学领域里,个体的成就动机也是因材施教必须考虑的重要因素之一。所谓成就动机,是指个体在主动参与事关成败的活动时,不畏失败威胁,自愿努力以赴,以期达成目标并获致成功经验的内在心理历程。① 在学校背景中，成就动机是指一个学生对很好地完成学业任务的追求程度。成就动机显然对学习有重要的影响。

1. 成就动机与学习。国外学者的研究发现，学生的成就动机与其学业成就之间的平均相关为 0.34。② 这表明成就动机是影响学生学业成败的一个重要因素。一个不思进取的学生，很难激发很高的学习热情，其学习成绩、学习效率必然难以提高。而一个追求上进、不甘人后的学生，自己会以勤奋努力来不断获取自己欠缺的东西。阿特金森发现，具有高成就动机的学生一般来说学习成绩更优，而且他们对失败的反应与低成就动机者迥然不同。高成就动机的学生在失败后更可能是坚持不懈和继续努力，而低成就动机者对失败的反应更可能是丧失自信心和放弃退缩。

我国学者最近的研究也得出了与此类似的结论，也认为高成就动机者要较低成就动机者的学业成绩好，并且进一步提出成就动机和学习策略的水平差异是导致学业成绩分化的主要因素之一。③ 国内另一项研究发现认为，对知识价值的认识（知识价值观）、对学习的直接兴趣（学习兴趣）、对自身学习能力的认识（学习能力感）和对学习成绩的归因（成就归因）四个方面，是学生学业成就动机的主要内容。优秀生和落后生在这四个方面具有不同差异。④ 无论是优秀生还是落后生，均认为学习对现在和将来有很高价值，其差

---

① 张春兴：《教育心理学——三化取向的理论与实践》，394 页，浙江教育出版社，1998。

② H. J. Walberg (1986), Synthesis of Research on Teaching. In M. C. Wittrock (Ed.), *Handbook of Research on Teaching*. New York：Macmillan.

③ 刘志华、郭占基：《初中生的学业成就动机、学习策略与学业成绩关系研究》，载《心理科学》，1993 (4)。

④ 周国韬、任旭明、黄健茹、李丽萍：《小学学习优秀生与落后生的学业成就动机研究》，载《现代中小学教育》，1993 年专刊。

异不显著，但就学习兴趣而言，优秀生的兴趣要明显高于后进生。两类学生在学习能力感上都具有较高的自信心。而他们在成就归因上则表现出非常明显的差异，学习落后生更倾向于把学习成绩与自身能力和运气联系起来，而优秀生则更强调努力程度是影响学习成绩的原因。

2. 成就动机与教学风格的相互作用。前面提到，高成就动机的学生喜欢选择富有挑战性的任务，而且学习效果也比较好。但这是以教师良好的教学风格为前提的。研究表明，学生的成就动机高低也与教师的教学风格存在相互作用。例如在一项研究中，研究者利用问卷测查区分出两种成就倾向的学生：一种学生希望自己独立取得学习成绩，另一种学生希望通过顺从、迎合教师的需要来取得相应成绩。他们又通过与教师会谈，将教师划分成两种教学风格类型：鼓励独立型和要求依从型。鼓励独立型教师倾向于给学生许多选择自由，而要求依从型教师习惯于发出具体的教学指示，同时期望学生照办。结果表明，鼓励独立的教学风格有助于"通过独立"取得成绩的学生的学习，不利于"通过依从"取得成绩的学生的学习。反之，要求依从型教学风格不利于"通过独立"取得相应成绩的学生的学习，而有助于"通过依从"取得成绩的学生的学习。[1]

动机积极作用的发挥是以不同的归因倾向为基础的，因此归因理论在实际教学中具有重要应用价值。比如有研究表明，"积极归因训练"是提高学生学业成就动机的有效途径，它可以促进学习成绩的提高。[2]

---

[1] G. Domino (1968), Differential Predictions of Academic Achievment in Conforming and Independent Setting. *Journal of Educational Psychology*, 59, pp. 256-260.

[2] 隋光远：《中学生学业成就动机归因训练研究》，载《现代中小学研究》，1993年专刊。

三、性别差异与教育

男女之间的性别差异是个体差异中较为突出的一个维度,对学生学习也有一定的影响。

(一) 性别差异的界定及表现

虽然人们研究性别差异已有相当长的时间,但对于如何界定性别差异问题却众说纷纭,意见不一。从有利于实际教学的角度出发,我们比较同意艾根(P. D. Eggen,1992)等人的意见。艾根将性别差异界定为"男性与女性之间影响教学与学习过程的差别"[1]。当然由于界定不统一,人们对性别差异的表现的认识也五花八门,其中不乏无科学依据的偏见。

麦考比和杰克琳(E. E. Maccoby & C. N. Jacklin,1974)在《性别差异心理学》一书中对多种传统偏见提出批评。[2] 该书列出了八种常见的没有充分科学根据的观点:

(1) 女孩比男孩更"合群";

(2) 女孩比男孩更易于受暗示影响;

(3) 女孩的自我评价低;

(4) 女孩在机械方式的学习上表现出色,男孩在概念方式的学习方面能力更佳;

(5) 男孩的分析能力更强;

(6) 女孩更多受遗传影响,男孩更多受环境影响;

(7) 女孩缺乏成就动机;

(8) 女孩的听觉好,男孩的视觉好。

---

[1] P. D. Eggen & D. Kauchak (1992), *Educational Psychology: Classroom Connections*. NY: Macmillan Publishing Company.

[2] E. E. Maccoby & C. N. Jacklin (1974), *The Psychology of Sex Differences*. Stanford, CA: Stanford University Press.

她们发现四种性别差异具有充分的科学根据。

（1）女孩的言语能力比男孩更强。例如在26个大规模的研究比较中，男女生平均成绩相差0.2个标准差。

（2）10岁以后，男孩比女孩数学能力更强。在11个大规模的研究比较中，男生数学成绩高于同龄女生0.2个标准差。

（3）10岁以后，男孩逐渐显示出更高的"空间—视觉"能力。有人考察了31个对男女青少年的研究，发现男生的空间视觉能力高于同龄女生0.4个标准差。

（4）男孩比女孩更具有攻击性，这种倾向早在2岁时就表现出来。

当然，上面讲的这些差异都是就一般趋势而言，若从个体上看，我们也不难找到反例。而且，后来的研究认为，上述四个方面的性别差异主要不是由性别不同引起的，而主要是社会环境的影响造成的。作为教育工作者，我们应承认学生的性别差异对学习影响这一事实，但又不能夸大这种差异，更不能厚此薄彼。

（二）性别差异的教学意义

性别差异对教学过程有何重要意义呢？正是由于对男女学生性别差异的不同认识，才产生教师对男女生的不同处理方式。教师只有充分考虑到这种性别差异，才能恰当选择教育教学方式。从客观的测量结果来看，男生和女生在智力的不同方面各有长处和弱点。比如，对于在早期经验中未能形成良好空间和数量技能的女生，教师必须给予更多的帮助和训练。然而，目前很少有教师注意到应该对女生尽早加强这方面的训练，以弥补先前经验的不足。我们现行的教育强调"扬长"，而忽视"补短"，致使性别差异随年级增高愈益明显。依据性别差异教学，既应"扬长"，更应"补短"，缩小因社会要求不当而人为造成的性别差异，是当今实施素质教育的重要方面。

第二节 优等生与后进生学习差异的对比分析

毋庸置疑,优等生与后进生之间在学习上存在巨大的差异。如何弥补两者的这种差异是摆在每个教育工作者面前的重大问题,是实施素质教育的重要前提。要采取正确对策首先就必须清楚造成学习差异的原因何在。本节拟从认知因素和人格因素两个方面加以阐述。

一、优等生和后进生学习差异的认知因素分析

虽然影响学习成绩的认知因素很多,但目前的心理学研究主要集中在三个方面:知识水平、学习策略、思维策略。

(一) 知识水平的差异

任何人头脑中的知识都是以一种逐渐积累的方式学得的。千里之行,靠的是"积跬步"。由于种种原因,优等生与后进生之间在知识的积累上存在明显的差别。这种差异既有量的差异,更有质的差异。

1. 知识量的差异。在一个领域中学习落后的学生,往往伴随着在这一领域内有关知识的积累的量的不足。例如,一项研究中对大学优等生和后进生进行了有机合成的基础知识的测定,结果发现,优等生正确率为85%,而后进生为19%。① 知识积累的量的不足,给后来的学习带来许多不利因素,影响其后有关知识学习上的记忆能力、阅读理解能力和思维能力。例如关于短时记忆容量的研究证明,短时记忆的容量为 7 ± 2 个组块。头脑中有关的知识组块越多,短时记忆的能力则越强。关于阅读理解的实验也证明,学生对所阅读文章的主题越是熟悉,所具备的有关背景知识越丰富,

---

① 黄巍:《优、差生解决有机合成问题的表征差异及其影响因素》,载《心理科学》,1994 (4)。

那么阅读理解的效果则越好。解决数学问题应用题的研究证明，短时记忆能力越强，解答应用题的能力也越强。

学科知识的学习具有系统性和累积性。前面知识的掌握如果在量上不足，出现基础知识上的漏洞，那么将会对后来的学习产生非常不利的影响，导致学习上的障碍，所以，帮助后进生时，要特别注意知识掌握上的查漏补缺，及时加以弥补，以免积重难返。

2. 知识质上的差异。优等生和后进生之间不仅在知识掌握的量上存在显著的差异，而且，就已经掌握的知识来看，两者之间还存在着质的差异。这种差异主要表现在三个方面。

（1）概念掌握水平上有明显差异。后进生虽然也能背诵一个概念的定义，但他们仅仅从字面上理解了定义，并未真正在头脑中形成正确的理解，这是一种水平十分肤浅的理解。他们也可能用日常概念代替科学概念，产生对概念的曲解。他们把握不住相似的概念之间的区别，对概念的理解模糊不清。在做习题时，不是用科学的概念去思维，而是采用生搬硬套例题的方式去解答习题。

（2）基础知识和技能的熟练程度不同。优等生对基本知识和技能的掌握十分熟练，甚至达到了自动化程度，因此思考问题时反应快，显得思维"敏捷"，这是由于"熟能生巧"的缘故。而后进生，由于基本知识和技能达不到熟练的程度，所以显得反应"迟钝"。

（3）知识的组织程度不同。头脑中的知识是逐渐积累的，但不应是堆积的。头脑中的知识应该加以有机架构，使之系统化、结构化，有条不紊。优等生和后进生头脑中知识的架构具有不同的特点。后进生头脑中的知识点是罗列式的、水平的、堆积的，而优等生头脑中的知识点是有机架构的、按层次排列的。又例如，在一项研究中，研究者让被试对24个物理问题进行归类，结果"新手"（刚学物理一个学期的大学一年级学生）倾向于依据表面特征来归类，例如把所有"斜面"问题归为一类，把所有"弹簧"问题归为一类；而"专家"（物理学博士生）则依据物理定律来分类，将某些"斜面"问题和某些"弹簧"问题归为一类,其理由是"它们都属于同一种物理运动"。这一研究中还向被试呈现了20个物理学术语(包括斜面、质量、摩擦力、能量守恒、加速度等),让被试看了这20个术语之后要求他们用3分钟时间叙述所看到的概念。结果发现,"新手"首先回忆那些具体的、表面特征的术语,最后才提到与物理定律有关的术语;而"专家"首先提到抽象的、与物理运动定律有关的术语(如能量守恒和牛顿定律),紧接着叙述了牛顿定律的适用条件——假如有加速度,用牛顿第二定理;假如没有加速度,合力为0,则用牛顿第一定律……最后才提到具体的、表面特征术语,例如斜面、高度、长度等。① 由此看来,后进生不善于像优等生那样用抽象的、带规律性的知识来统帅具体的、形象的知识。知识构造方式上的这些差异,对学生运用知识解决问题的思维方式产生了巨大的影响,决定着学生知识掌握的优劣。

(二)学习策略的差异

学习策略是影响学生学习成绩的重要因素之一。我国学者的一项研究测定了学习策略和学习成绩之间的相关程度。② 该项研究主要测查了九种学习策略。(1)组织策略:对学习材料进行归类组合。(2)搜集信息:通过各种渠道获得与学习任务有关的信息。(3)复述与记忆:通过练习活动尽力记住所学材料。(4)寻求社会帮助:努力寻求同学、教师或父母的帮助。(5)复习:对课文、笔记等进行温习。(6)自我评估与诊断:对自己学习的进度或质量进行检查、评定。(7)目标或计划:学习目标的制订与实施目标的计划。(8)记录与自我监控:对学习状况进行记录,以监督学习目标

---

① M. T. H. Chi, P. J. Feltovich & R. Glaser (1981), Categorization and Representation of Physics Problem by Experts and Novices. *Cognitive Science*, 5, pp. 121-152.

② 刘志华、郭占基:《初中生的学业成就动机、学习策略与学业成绩关系研究》,载《心理科学》,1993 (4)。

的完成情况,及时调整学习进程。(9)环境建构:力图选择或安排有利于学习活动顺利进行的适宜环境。其中前五种是关于学习方法的策略,后四种是关于学习过程的自我调控的学习策略。

研究者根据每种策略的具体表现,编制出共36题的调查问卷。研究结果表明,学习策略测查的分数与学生的学习成绩(初中一、二年级期末全市统考的语文、代数、几何、物理、英语、历史、政治、生物、地理共九科的平均成绩)具有显著相关。后进生组和优等生组的对比表明,在学习方法方面测试结果具有显著差异($P<0.05$),而在学习自我调控方面,测试结果具有极其显著的差异($P<0.001$)。这一研究证明优等生和后进生之间在学习策略的掌握和运用上(特别是自我调控策略的掌握和运用上)具有明显的差异。

最近国内有学者运用国外通用的学习策略量表中学版（LASSI—HS）对中学生的学习策略水平进行了调查。[1] 该量表由态度、动机、时间管理、焦虑、专心、信息加工、选择要点、考试、学习辅助和自我测试十种策略构成。通过优等生、后进生的对比分析发现,在所测的十种策略中,除了学习辅助和自我测试两种策略差别不显著之外,其他所有策略都有明显差异。从而说明学习策略是影响学生学习成绩的重要因素。对良好学习策略的掌握与使用能有效地促进学习成绩的提高。

(三) 思维策略的差异

不同学生在知识掌握上的差异还与其思维策略运用上的差异有着密切联系。国内学者的研究表明,中等生和优等生的最主要差异不是基本知识,而是思维策略。[2] 许多研究表明,优等生和后进生

---

[1] 潘颖秋、刘善循、龚志宇:《北京地区中学生学习策略水平的调查研究》,载《心理科学》,2000 (6)。

[2] 刘电芝:《解题思维策略训练提高小学生解题能力的实验研究》,载《心理科学通讯》,1989 (5)。

在思维策略上主要存在以下差异。

1. 推理方式不同。拉金（R. H. Larkin）的一项研究证明，由于优等生头脑中具有大容量组块知识，所以往往采用顺向推理的方式进行思维，即由已知向未知推理，而后进生则相反，采用逆向推理的思维策略。[①] 例如，当遇到这样一个例题：小车 A 以 4 m/s 的加速度从静止开始启动时，卡车 B 以 28 m/s 的匀速超过了它，多长时间以后小车 A 赶上卡车 B? 后进生在解这个题时，由于头脑中只储存了一些小单元知识，例如，$s=\frac{1}{2}at^2$，$s=vt$，因此只能采用"逆向推理"的思维策略：要求出多少时间追上，可以用 $s=\frac{1}{2}at^2$ 公式，公式中 s 不知道，就要用 $s=vt$，由于追上时，两车行驶了相同路程，所以 $\frac{1}{2}at^2=vt$，有 t 相同，所以可以得到 $\frac{1}{2}at=v$，再将已知量 $a=4$ m/s^2，$v=28$ m/s 代入。可算出 $t=14$（秒）。这一思考过程很长，是从未知向已知的逆推过程，效率很低，很费劲。而优等生由于头脑中储存了大容量知识组块（拉金称之为"大功能单元"），例如，$vt=\frac{1}{2}at^2$，或者 $t=2\,v/a$，所以往往采取顺向推理的思维策略，即直接将已知量代入"大功能单元"的公式之中，不需进行逆推。

2. 信息选择方式不同。后进生往往不能从众多信息中区分出主次，常常是平均使用力量，眉毛胡子一把抓，其注意力经常是飘忽不定的。而优等生则能识别并能预期哪些内容是主要的、关键的，他们的注意力较多地停留在关键部分。例如国外有研究表明，

[①] R. H. Larkin, J. McDermott, D. P. Simon & H. A. Simon (1980), Expert and Novice Performance in Solving Physics Problems. *Science*, 208, pp. 1335-1342.

优等生能迅速地摆脱问题的具体内容，一下就能抓住问题中具有基本数学意义的关系；而后进生则一开始就只看到具体信息，看到的只是一些孤立的无关紧要的材料。① 后进生往往很难摆脱掉问题具体内容的影响，一离开这些具体内容他们就看不出抽象的数学关系。因此对于后进生，在教学中必须教会他们摈弃不必要的、无关的、多余的因素，抽象出一般的数量关系或结构。

3. 策略生成、运用能力不同。优等生能自发总结、生成策略，并能根据不同的任务或任务的变化恰当地运用合适的策略。例如，国内关于解答几何问题的研究表明，优等生能"较快地丢掉盲目的试误，采用思维方向更明确的选择性搜索策略"②。而后进生则往往缺乏策略，当通过教学能较快地学会策略，并能学会逐步总结策略。但是他们很难自己生成一个新的策略。因此给后进生提供一个有效策略比让他们自己生成一个策略效果更好。

关于造成优等生和后进生之间显著差异的认知因素的研究，处于开始阶段，是当今心理学研究的热点之一，可以预料，不久的将来会有更多的研究成果面世。

二、优等生和后进生学习差异的人格因素分析

(一) 关于非智力因素的研究

关于非智力因素测量的许多研究都发现，它与学生成绩有着明显的相关，优等生的非智力因素的发展水平明显优于后进生。例如，美国心理学家高夫（H. G. Gough）运用加州心理调查表（CPI）研究了18种性格因素与中学生学业成绩的相关，结果发

---

① [苏] 克鲁捷茨基著，赵裕春等译：《中小学数学能力心理学》，252～254页，教育科学出版社，1984。
② 张庆林等：《解决几何问题的启发搜索策略研究》，载《心理科学》，1993（2）。

现，支配性、上进心、责任心、社会心、宽容性、遵循成就、独立成就、智能效率 8 种性格特征与中学生的学业成绩存在着高的正相关，学业成绩优秀者，其积极性格特征明显优于学业成绩不良者。李洪玉和阴国恩运用自编的中小学生非智力因素调查问卷进行测试，结果证明，所测的 11 个非智力因素（成就动机、交往动机、认识兴趣、学习热情、学习焦虑、学习责任心、学习毅力、注意稳定性、情绪稳定性、好胜心、支配性）与中小学生的学业成绩都具有非常显著的正相关。① 我国学者的另一项研究，运用自编的非智力因素问卷（包括自信心、独立性、有恒性、自律性、情绪稳定性 5 类非智力因素）进行测试，所测的每类非智力因素均包括学业性非智力因素（例如，我一想到考试就紧张害怕——学业性情绪稳定性）和非学业性非智力因素（例如，我经常担心会有不幸的事情发生在自己身上——非学业性情绪稳定性），结果发现，学业性非智力因素和学业成绩关系十分密切（解释能力达 35％以上），而非业性非智力因素和学业成绩不很密切（解释能力最多只有 12％）。② 这一研究预示着对非智力因素要进一步细分为学业性的和非学业性的两种，对学业成绩才会有更理想的预测力。据我国学者张大均等人对高中生的研究发现，在人际适应、心身适应、抱负、自制性、独立性、自尊心、轻松兴奋、情绪稳定等非智力因素方面，学业成绩优秀者明显优于学业成绩不良者。③

（二）关于主体性的研究

我国学者的一项因素分析表明，主体性包括自觉性（包括主体

---

① 李洪玉、阴国恩：《中小学生学业成就与非智力因素的相关研究》，载《心理科学》，1997（5）。

② 成子娟、侯杰泰、钟财文：《小学生的智力因素、非智力因素与学业成绩》，载《心理科学》，1997（6）。

③ 张大均、刘衍玲：《高中生心理素质与学业成绩的相关研究》，载《心理科学》，2001（1）。

意识、学习的目标意识、学习的计划性、不断改进学习方法的意识、行为自制力)、坚持性(包括克服外部环境障碍和克服自身的身心障碍)、自信心(对自己胜任主体角色的积极评价)、责任感(包括责任心和自我负责精神)、主动性(内归因倾向和积极努力倾向)、独立性(学习行为和评价目标上的对他人的不依赖态度)。该项研究证明,这六个方面的差异均十分显著($P<0.01$)。但是,这一测试表明,初中二年级学生和小学五年级学生相比,并未发现随年龄增长主体性亦得到增长的一致倾向。初中二年级学生仅在独立性上明显高于小学五年级学生,而在坚持性、自信心、主动性三方面显著低于小学五年级学生,在自觉性和责任感两方面和小学五年级学生没有显著差异。① 这一趋势和非智力因素的年龄差异的研究结果一致。例如,对国内六大行政区 12 000 名儿童青少年的调查中发现,大多数具体的非智力因素(如交往动机、学习热情、学习责任心、学习效力、好胜心等)和非智力因素总体水平都有随着年级的升高而显著降低的发展趋势。② 这些结果对我国的教育改革提出了十分严峻的课题。

(三) 人格适应差异

某些学生的人格适应不良与他们学业失败具有密切联系,这两者是互为因果的。不仅人格适应影响学业成就,同时,学业成就也会影响人格适应。

对学生来说,没有哪样东西会像学业的失败和挫折那样对学生的人格适应产生那么大的不良影响。一系列的研究表明,学生人格适应状况与他们在学校中的学习成绩或等级呈中等程度的相关。学

---

① 张庆林等:《中小学生主体性测量维度的初步构建》,载《西南师范大学学报》(自然科学版),1997 (6)。
② 沈德立等:《我国儿童青少年非智力因素发展的研究》,载《心理发展与教育》,1995 (4)。

业成绩高的学生很少有人格适应的问题，通常表现出诸如高度自我整合、高独立性、更成熟等特性。

人格适应不良的学生往往产生一系列不利于学习的"症状"：多动、分心、情绪波动、易怒、爱寻衅闹事、易产生敌对情绪、志向水平低等。这样的学生缺乏自信，感到焦虑，挫折容忍力低，有退缩反应（回避那些他们自认为可能会使他们受到批评或嘲笑的学习任务，常常逃避困难的学习情境）。这些学生的人格不成熟，常表现为缺乏责任感、独立性和长远的目标，不能控制自己的冲动，不能延迟享受需要的满足，对复杂的学习任务缺乏坚持性。所以，如何对后进生进行心理健康辅导和健康人格的教育，也是因材施教的重要任务之一。

三、后进生的教育措施

我们知道，提高中等生、后进生的学习成绩是大面积提高教学质量的关键。许多优秀教师从认知因素和人格因素两方面着手，采取了许多有效的转变后进生和防止出现后进生的有力措施，取得了许多成功的经验。本节从教育心理学的角度介绍后进生教育的五种有效措施，即个案分析、策略训练、挫折教育、成功教育、合作学习。

（一）个案分析

个案分析是指教师通过剖析特定学生的思维过程，从而找到问题所在并提出有针对性的纠正措施。个案分析的具体实施办法是：选择一些中等难度的学习任务（如解答习题、自学教材、背问题答案），让几名优等生和几名后进生一个一个地当着教师的面完成这些学习任务（要求他们在完成这些学习任务的思考过程中自言自语地出声思维），研究者详细记录下他们的学习思考过程，并将优等生和后进生的思考方法加以对比分析，概括出优等生的学习或思维策略，找到后进生策略上的缺陷。国内关于平面几何思维策略的一项研究,就是采用的这种个案分析法。①

(二) 策略训练

这里所说的策略训练是指结合学科知识的传授对学生进行认知策略(包括接受知识的学习策略和运用知识解决问题的思维策略)的训练,传授知识的同时提高学生的能力,帮助学生改进方法,提高效率,从而促进教学质量的大面积提高。

认知策略的训练主要采用讲练法和过程对比法两种形式。

讲练法是指由教育者事先通过优等生和后进生的个案对比分析,总结出有效的认知策略,然后再编写训练教材。实际训练时,先由教师结合例题讲解成功的思维策略,然后再让学生进行练习,待比较好地理解了有效认知策略的使用方法之后,最后进行元认知自我监控训练。上述关于平面几何思维策略的研究中,研究者在第二阶段在四所学校五个实验班上采用讲练法进行了平面几何思维策略训练,取得了比较理想的效果。②

过程对比法是通过一定的教学措施使后进生能够在学习过程中将自己的思维过程和"专家"的过程作比较,从而体验到自己"方法"上的不足,进而自觉改进自己的方法。这里的"专家"思路既可以是学科内真正专家的思路(例如教学法专家在著作中所阐述的思路),也可以是教师或者优等生的思路。思路对比的具体实施方法是在传授新的思维技巧之前,先让学生自发地完成某项学习任务,然后体验或口头表达自己所用的什么方法,最后由教师讲出"专家的思路"(或看参考书中所讲思路),切不可在学生没有自行体验之前就和盘托出"专家"的方法。

---

① 张庆林等:《优等生解决几何问题的成功思维策略分析》,载《西南师范大学学报》(哲学社会科学版),1995 (1)。

② 张庆林、刘电芝:《平面几何解题思维策略训练的实验研究》,载《西南师范大学学报》(哲学社会科学版),1997 (3)。

贯彻这一措施的另一种方法是把优等生和后进生配对组成一个学习小组，在一起完成学习任务。教师向学习小组提出问题情境，然后让学生自行给出自己对该问题的解决方法或思路，相互切磋，最后由学习小组向教师提出本组最佳的解决方案。布卢姆用实验证明，经过10～12次的训练，参加过这种训练的学生比未参加过训练的学生，成绩有显著提高，而且更有学习自信心。运用这种措施进行学习训练，不仅对后进生具有补救作用，而且对优等生也是有益的。对优等生来说，表述自己的思路，就会使自己的思想更明确，既锻炼了思维能力，也锻炼了口头表达能力，优等生通过和别人方法的比较，会发现自己"高明"之处，从而使良好思路的运用从自发向自觉过渡。而且，这样做还可以提高优等生的助人为乐精神、合作精神和自我价值感。

（三）挫折教育

后进生由于在学习上遇到的困难和挫折更大，所以很难坚持学习，更易产生厌倦感、自卑感、无助感，而这种厌倦感、自卑感、无助感又会进一步影响学习成绩，导致更多的学习缺陷和学习困难，形成恶性循环。结果是成绩越差越不想学，越不想学则成绩越差。

因此，有必要在加强认知训练的同时，加强情感和意志教育，并注意将知、情、意、行四者有机结合起来，采取"综合治理"的措施。对后进生进行忍耐挫折的教育是有效的综合措施之一。依据当代心理治疗的理论，"知—行—情"教育模式是挫折教育的比较理想的方法。

这里所说的"知"是指思想认识教育。要想提高学生的挫折忍耐力和坚持性，首先要让学生在思想上认识到挫折忍受力的重要性，树立正确对待挫折的应有态度并了解应付挫折的适当方法。

在"晓之以理"的基础上就要"导之以行"，让学生实际运用所学到的挫折应付技巧去克服挫折，并在此过程中获得进步和成功。因此，在这一阶段上，学生所面临的挫折必须是他们经过努力能够克服的，"成功"的评价标准就是他们经过努力能够达到的，是"跳起来能够摘到的桃子"。

在取得成功或进步的基础上，还有更重要的一个环节——"动之以情"。要让学生在情感上体验到正视困难、克服挫折、战胜自我带来的愉悦感和成功感，这种积极的情感体验会成为吃苦耐劳行为的一种正强化。这也是外部诱导或强制要求的一个内化过程，是培养学生自觉行为所不可缺少的重要一环。

当然，上述的知—行—情三个环节的先后顺序也不是一成不变的，要视不同情况灵活运用、循环上升，逐步达到既提高学生学习能力又提高学生非智力因素发展水平的目标。

（四）成功教育

传统教育教学中注重对学生"揭短""补短"，不少学生尤其是后进生积淀的是学业失败的消极体验，经常性地强化其消极的自我意识，后进生的自我形象被扭曲，失去学习的兴趣与动力。真正有效地转变后进生的策略，应该积极开展成功教育，从重视后进生的成功感受开始，给他们更多的成功体验，如可以通过分层、分类教学，给每个后进生成功的机会；让后进生善于发现自己的闪光点，发现如人之处、过人之处；也可以让后进生通过纵向比较，及时发现自己取得的点滴进步。同时，教师的评价应该以肯定性、激励性的评价为主，以此激发学生成功的体验，激发后进生积极的心态。

（五）合作学习

国外大量实验证明，合作学习对后进生的发展大有裨益。[①] 在合作学习中，后进生能在优等生的帮助下坚持完成作业，不仅在坚持完成作业的过程中逐步弥补知识的缺陷，而且能模仿并掌握优等

---

① D. W. Johnson &. R. T. Johnson (1991), *Learning Together and Alone*. Boston: Allyn Bacon.

生的良好的学习方法和思维技巧，同时能逐渐增强自信心和学习兴趣。合作学习是大面积提高教学质量的有效教学形式。

合作学习是由学生共同努力来实现教学目标的过程。一般先把学生分成若干学习小组（每组 2~4 人为宜），向他们布置学习任务，并保证小组中的所有成员都学习了材料。然后学生们相互讨论材料，相互促进对教材的理解，相互鼓励努力学习。教师的责任是引导、指导、鼓励和督促。

一般说来，在实际教学中，教学越带有情感教育的目标，所要学习的知识越复杂难掌握，所需教材设备越不够用，越需要学生相互借鉴学习技巧，就越应该使用合作学习。高水平的概念推理和问题解决，在教学中所占时间比例最大，最能发展学生的思维技巧，最适于使用合作学习。

合作学习可以在课堂上进行，但更重要的是在课外进行。为保证课外合作学习的顺利进行，教师必须做好以下几件工作。

1. 加强事先的指导。一般来说，教师要加强如下几方面的指导。第一，要指导学生区分哪些内容适宜合作学习，哪些内容不适宜合作学习。第二，要给学生以如何确立学习目标的指导。第三，要加强学习方法的指导，事先指导学生在合作时应如何理解、如何记忆、如何思考。第四，要加强合作技巧的指导，事先告诉学生针对当天的学习任务应如何合作。

2. 保障合作学习的时间。合作学习在时间上应制度化，要有明确规定。每天合作学习的时间以半小时为宜。

3. 形成共同负责的体制。合作学习小组的每个成员都必须对小组负责，各小组必须对全班负责。为形成集体负责的体制和风气，合作学习的组织形式应能保证组员轮流担任各种不同角色（如组长、目标检测员、思路评价员等）。

4. 注重过程和方法。合作学习的最大优点是便于学生加强自我认知过程的反思，有助于元认知体验的形成和元认知监控能力的提高。在合作学习时必须重认知过程，重方法，以真正促进学习方法的改进和学习效率的提高。

5. 班级内的考核、评比、排名次，都必须以合作学习小组为单元进行，不宜以个人为单元进行。

第三节　面向差异的主要教学方法

传统课堂教学强调全班学生学习进度一致，结果优等生求知欲得不到充分满足，后进生往往跟不上进度，达不到教学要求。教学如何适应学生的个别差异，这是各国教育界共同关心的问题。为回答这一问题，人们设计了许多新的适应个别差异的教学模式。下面我们着重介绍个别化教学系统、自学辅导教学方法、分层教学、计算机辅助教学等几种教学模式。

一、个别化教学系统

个别化教学系统由凯勒及其同事于1968年创立，目的是避免单一的演讲式教学和呆板的时间安排，允许学生学习时在保证对教材真正掌握的前提下按照适合自己的速度前进。PSI能给学生以更多的个人选择机会，被称之为适应个人的教学系统。

在凯勒计划中，每一门课程通常划分为大约二十个学习单元，每个单元包括一般导言、一张列出所有要达到的目标的表格、一份建议程序（包括阅读注释或参考教材中的特定部分）。每个学生在学完某个单元之后，必须接受各要点的提问考察，只有对这些知识点达到高度掌握之时（通常达到90%或更高些的正确率）才能被准许进入下一单元学习。如果未达到标准，教师或"监督者"（通常是已学完该单元的学生）会要求学生重新复习该单元，并再次接受此单元的另一次测验。这种测验可在学生认为自己已达标的任何时候进行，较低测验成绩不记入其评分等级内。教师或监督者只记录每个学生通过的单元测验,等级由每个学生在一学期或一季度内学完的单元数确定。对于成功完成各单元学习的学生,给予听报告、看电影和参加演示的优先权,以资鼓励。

PSI 具有五个鲜明特点。

1. 自定进度。在限定时间内,学生可按自己意愿控制单元学习的进度。

2. 掌握。学生在未达标之前不准许进入下一单元学习。

3. 学生相互辅导。PSI 为增强学生之间的沟通,指定已通过该门课程的学生担任新的辅导员。学生辅导员主要负责给学生个别辅导、帮助解决疑难问题、测验评分和向教师提供反馈信息等。学生辅导员减轻了教师的工作量,扩大了辅导范围,有效地促进了教学个别化,在辅导他人的同时,也使自己的知识变得更系统、更扎实,学习方法更加完善,学习能力、责任感和自信心也得到增强。

4. 指导。在各个单元学习指导中提出了学习目标和学习建议,指出了可利用资源及有关实验。

5. 自由式讲课。学生对教师讲课不是非参加不可,而是自愿参加。授课目的是启发指导和补充提高。

PSI 能激发学生的学习动机,调动学生的积极性,使其有共同参与感,有效地促进了教学个别化,增强了学生之间的相互影响。PSI 一般更适应于年级较高、独立性较强的学生,在小学生和依赖性较强的学生中实行起来比较困难。另外它与课程时间安排和评分的传统概念的冲突也是迫切需要解决的问题。

二、自学辅导教学方法

自 20 世纪 80 年代以来,中科院心理所卢仲衡等人进行了系统的中学数学自学辅导教育实验研究,建立了以学生为主体,以教师为主导的教学方式。这种方式协调了学生主体作用和教师主导作用在教学过程中的发挥,充分调动了师生双方的积极性,取得了良好的教学效果。

此研究均采用实验者自编的自学辅导教材。教材包括三个本子：(1) 课本，它是便于学生阅读的自学教材，与普通课本不同；(2) 练习本，它留有让学生做练习题的空白，并且位置固定，便于教师批阅辅导；(3) 测验本，便于教师检查学生的学习效果。这种自学辅导教材的编写贯彻了九条心理学原则，即：适当步子；立即知道结果；铺垫性；直接揭露本质特征；从展开到压缩；变式复习；按步思维；可逆性联想；步步有根据。

实验者根据教学实验目的和现状，提出了七条自学辅导教学的教学原则：教师指导下学生自学为主；强化动机；班集体与个别化相结合；启（启发引导）、读（阅读教材）、练（做练习）、知（及时反馈）相结合；自检与他检相结合；尽量多用变式复习；利用现代化手段加强直观性。

在自学辅导教学中，教师让学生一节课有30～35分钟的自学时间，最后留10分钟时间启发、提问、答疑和小结。一系列有关实验表明采用此种教学形式的班级不仅在学习成绩、自学能力和迁移能力上超过对比班，而且促进了学生心理品质的提高，如分析能力、推理能力等。卢仲衡等人创立的这种自学辅导教学形式是具有中国特色的面向个别差异的教学方式，它为我们开辟了有效指导学生学习的一条重要途径。

三、分层教学

传统的班级授课制采取统一的大纲、统一的教材、统一的进度、统一的要求来对待所有的学生，"一刀切"，力图让学生"齐步走"。实践证明这是不切实际的想法。有的校长形象地把这种教学比喻为"一件衣服让所有的学生穿"。社会对人才的需求是多方面、多层次的，学生的个人兴趣爱好、能力结构和个性发展也是有很大差异的。应该使不同层次的学生有课程选择的自由，能够主动地得到发展。

分层教学中,学校在一个年级内的某些学科上开设几种不同层次的课程,例如开始 A、B、C 三种层次的课程,供学生选修。A 级课程不受现行大纲限制,教学要求明显高于现行大纲;B 级课程略高于现行大纲要求;C 级课程按照现行大纲的最低要求进行授课。三级课程的课时不变,安排在相同时间,供学生跨班选择。而一些学科对学生原有知识依赖性不强,不存在前面知识未掌握后面就学不会的情况,则不采用分层教学。这样,学生原有的班级仍保留,班集体的作用仍要充分发挥出来。

在分层教学中,学生参加哪一学科的哪一层次的学习,采用"动态管理",每学期进行一次调整。

分层教学不同于分快慢班,它允许学生根据自己的特长和今后的专业取向来选择,可能某学科参加 A 班学习,而另一学科参加 C 班学习。不像快班对各门学科要求都高,慢班则要求都低。

分层教学有助于学生的主动发展,有助于培养学生的主体意识、成才意识、超前意识、竞争意识,也有助于学生的专长的培养。

四、以计算机为基础的教学

随着现代化教学手段的运用,特别是计算机辅助教学手段的运用和计算机信息网络的出现,面向个别差异的教学方法将会出现更为迅速的发展,甚至产生革命性的变化。以计算机为基础的教学已成为最重要的适应个别差异的教学形式。在这里简要介绍传统的计算机辅助教学模式和多媒体计算机教学模式。

(一)计算机辅助教学

计算机辅助教学是将程序教学的基本思想和方法同现代电子计算机系统结合起来的一种个别化教学形式。它是学生通过与计算机系统相连的终端设备,与计算机系统一系列的教学程序相互作用,从计算机系统中的这些教学程序中获得知识和技能。

计算机辅助教学的模式主要有以下几种。

1. 个别指导模式。这种模式主要模拟教师对学生进行个别教学情景，计算机充当教师，将教材分成一系列小单元，每一单元进行一项基本教学活动，介绍概念、讲述原理或说明公式等，并辅以适当的例子，然后向学生提出有关问题，检查其对这一单元内容的掌握情况。若回答正确，则进入下一单元的学习，否则进行补充学习。这种模式能起到代替教师呈现信息和指导学生学习的作用，适合于传授新的概念、原理、公式等教学内容。其优点在于通过人机交互作用，实现了一人一机的教学。它可以用较少的时间使学生掌握知识，比较经济。

2. 操练与练习模式。这种模式由计算机逐个向学生呈现问题，要求学生联机回答。若回答正确，计算机予以肯定并继续呈现下一问题，否则显示正确答案，然后再呈现类似问题，直到学生对问题的掌握达到要求为止。这种教学方式是通过大量的提问—回答—反馈，使学生在问题和答案之间建立牢固联系，从而理解并掌握该内容。其优点是可以同时对许多学生提供大量、快速的题目，并立刻反馈，节省了教师的时间。而且学生可以根据自己的能力水平、对知识掌握的深度与广度把握练习的进度，是一种使用频率较高的模式。

3. 对话模式。对话模式是指通过计算机程序实现的计算机与学生之间的对话方式。它允许学生用自然语言提出与教学内容有关的问题，也允许他们使用自然语言来回答计算机的提问，从而达到进行个别教学的目的。这种模式的优点是能启发学生进行积极思维，有效提高他们的学习兴趣。

4. 模拟模式。模拟模式是指利用计算机模仿真实现象的过程。这种模式非常有利于学生解决问题能力的培养，而且能克服许多真实实验的困难，因而成为一种发展较快的计算机辅助教学形式。它一般运用与真实实验无法表现或表现不清楚的内容,或者真实实验所需设备、材料过于昂贵,或者包含有危险因素的内容以及那些周期很长的实验。

5. 游戏模式。游戏模式是利用计算机产生一种带有竞争性的环境,激发学生学习动机,使学生在教学目标非常明确的游戏活动中有所发现,以取得积极的教育效果。目前一些竞争性很强的教学软件能极大地激发学生的兴趣,在学习中很少感到疲劳。所以这种模式真正起到了"寓教于乐"的作用。

6. 问题解决模式。问题解决模式是指结合学科教学给学生呈现问题情景,让学生在较短时间内学会解决较多的并与实际情景非常接近的问题。这种模式非常重视学习者的已有知识经验和认知特点,非常重视学习者和学习环境之间的相互作用。它一般不用于传授新概念、新原理,而是给学生创设一定的问题空间,给他们提供创造性地解决问题的机会。因此它能有效激发学生的学习动机,引导他们进行问题解决,并帮助学生掌握高层次的思维技巧和解决问题的策略。

7. 发现式学习模式。发现式学习模式是教师让学生处于已构造好的问题情景中,并给学生提供充分的探索、分析、计算等工具。通过让学生自己进行探索学习,来发现并掌握新概念和新原理。这种辅助教学模式富有趣味性。学生在发现过程中不仅能掌握学习内容而且能学会进行科学探索的有效方法,同时也有利于他们创造性的培养。

从上述几种传统的常用模式来看,教师在教学活动中一般不直接参与,其作用主要体现在程序教材的编制上,为学生提供具有自我验证功能且相对真实的学习环境。学生无须教师作为中介,能直接操纵、控制计算机来获取信息。因此它们适合学生自行学习课外内容和巩固原有的内容,学习地点和时间不受限制,这就要求学生必须具有较高的独立性和主动性。

(二) 多媒体计算机教学

多媒体计算机教学是传统计算机辅助教学的进一步发展。它是多媒体教学的一个有机组成部分,是指将多媒体计算机用于教学活动中,通过计算机对文字、声音、图形、图像、动画和活动视频等多种教学媒体信息综合处理和控制,并使各种信息之间建立起联系,从而在 CD 光盘上储存,使之能够在不同界面上进行流通的综合性教学系统。①

从实践中来看,目前经常采用的多媒体计算机教学模式主要包括以下几种。

1. 课堂示教模式。这种模式是以教师为主导,教师利用计算机和各种视频、音频设备采用动画、图片、声音等形式向学生呈现教学信息的教学模式,以使教学内容趣味化、多样化。利用这种模式进行课堂教学可以加深学生对学习内容的理解,调动他们的学习积极性和学习兴趣,从而达到最佳的学习效果。

这种模式的最大优势就是,教师可以面对面地向学生传授内容,即时获得学生的反馈信息,从而及时调整教学方法和进程,使之符合学生的学习进度。多媒体计算机可以形象直观地呈现一些传统教学不易表现的内容,如展现空间几何形状。其不足之处是,它在一定程度上限制了学生个性的发展。但由于它能以较少的投入产生较好效果,在一定时期内还将是一种主要的多媒体计算机教学模式。

2. 网络协同教学模式。这种模式是在教师的组织和指导下,学生在教学过程中借助局域网中的网络计算机进行集中学习的一种教学模式。

这种模式充分体现了建构主义的学习理论。教师在教学过程中只是一个组织者、指导者和帮助者,学生以计算机作为认知工具,

---

① 莫雷:《教育心理学》,481 页,广东高等教育出版社,2002。

进行积极主动的协作学习。这种模式要求由教师来进行教学设计，组织教学活动，但他对教学内容一般不做详尽的讲解，只是引导和控制学生的学习活动。学生在教师有意识的控制下，通过计算机创设的情景，与教师、同学进行会话交流、协商讨论，从而达到掌握学习内容的目的。这种模式能充分调动学生的主动性和创造潜力，锻炼学生分析问题和解决问题的能力，培养学生的良好个性和创造能力。这是计算机网络技术介入教学活动后产生的一种全新的教学模式，被称为未来教育模式的主流，值得进一步推广使用。

3. 虚拟现实教学模式。虚拟现实教学是在教师的指导下，学生利用计算机和其他专用硬件和软件设备来模拟现实情景，通过学生与计算机之间的交互作用完成某一特定任务的教学方式。

利用虚拟现实技术，可以克服时间和空间的限制，模拟现实情况下难以实现和完成的任务。在学校环境中，既可以利用这种技术开展教学科研活动，也可以来模拟一些演示、实验情景，使学生能在和显示情况基本一致或相类似的情景中发生。这种直观新颖的呈现方式是常规教学手段无法比拟的。例如在植物课教学中，不仅能让学生看到某种植物的生长环境、植物的颜色以及与其他植物的异同，还能在短时间内看到植物的发芽、生长、开花、结果全过程，使学生有真切的感受，从而激发他们的学习热情。

4. 远程网络教学模式。这种教学模式是在区域间利用计算机互联网进行的教学活动，这是一种以计算机为中心的开放式教学模式。

在这种模式中，利用因特网和通讯卫星等网络来传递教育信息，学生通过联机上网来运用网络资源进行学习。教师基本上不面对学生，其主要任务是根据教学目标编制远程教育教材，并在网上发布学习信息。学生可以通过因特网提供的远程登录、文件传送、电子邮件、电子公告以及信息查询工具等获取异地教学资源。师生之间、同学之间也可通过因特网提供的服务进行问题交流和研讨。这种教学模式可以超越时空限制。它为扩大教育规模，实现终身教育提供了便利条件。但目前它还存在着反馈不及时、教学信息不能随意选取的问题。

第十五章 班级中的人际关系

班级是学生在学校中形成的自然群体,学生在学校中的活动主要是以班级为背景来完成的。随着儿童青少年走入学校,班级和学校就成为他们社会化、学业、认知发展的重要影响力量。不仅如此,班级还是学生安全感、归属感等心理健康内容的重要发源地。而这些功能的完成,要依赖于学生在班级环境中的人际交往和人际关系,即学生之间的人际交往和师生之间的人际交往。本章将在简单探讨班级人际关系的基本理论情况下,重点探讨班级中的两种人际关系。

第一节 班级人际关系概述

一、班级人际关系的概念和功能

(一) 班级人际关系的含义

班级人际关系是学校班级环境中,班级成员之间的互动所形成的心理关系或心理距离。如果班级成员在相互交往中,获得了彼此之间社会需求的满足,则相互间能够产生与保持接近的心理关系,表现友好的情感。反之则会在人际关系中产生终止、疏远甚至敌对的人际关系,即在班级中产生人际紧张。班级人际关系主要包括班级中的同伴关系和师生关系,这些关系构成了班级内成员间心理距离的基础。对具体的某个学生而言,这两种人际关系的作用是不同的,其对个体心理需要的满足和人格的发展所产生的作用也是不同的。而一个良好的班级人际关系则取决于两种人际关系之间的整合。

人际关系的建立过程中,空间上的接近性是一个重要影响因素,而班级作为一个相对固定的人际交往场所,则为班级良好的、亲密的人际关系的建立提供了基础。不过也正是由于班级这个学生活动的固定场所,使得班级人际关系对其成员而言有重要的作用。良好的、亲密的人际关系对学生的学习和人格发展是一种重要的支持。而较差的甚至是敌意的人际关系,则会因班级成员之间的时空上的不可回避,将给人际交往的双方带来不利的影响,使得其中的部分学生个体被孤立、被拒绝,游离于班级团体之外,从而对其心理造成不良的影响。

(二)班级人际关系的构成成分

班级人际关系与其他人际关系一样,都是由认知成分、情感成分和行为成分构成的一个动态系统。班级中任何人际关系的发生、发展和改变,都是这三种因素相互作用的结果。

1. 认知成分。认知成分是指人际交往中的个体对人际关系状况的了解程度,它是人际知觉的结果,是人际关系中的理性成分。人际交往活动中,个体对别人的情绪、情感、人格、动机等都在进行着评价,并且在这种认知的基础上产生相应的情感,从而对人际关系产生重要影响。在人际关系中,认知既能唤起情感的产生,又能控制和改变情感的发展。当教师、学生能认识到维持良好人际关系的重要性时,就会自觉地克制有损这种良好关系的各种冲突,反复地交换意见、交流思想,使人际关系得到进一步的调节,提高士气,保证教育教学活动的质量。

2. 情感成分。情感成分是关系双方在情感上满意的程度和亲疏关系，是人际关系的基础和人际关系好坏的重要标志。心理学家按照交往双方情感投入与融合的程度，将人际关系分为了轻度卷入、中度卷入和深度卷入。这种情感融合的程度反映了交往双方的情感依恋、信任、分享的程度。人际关系，特别是班级中的人际关系，主要注重的也就是其中的情感成分及其对学生心理需要的满足和对学生成长的重要程度。

3. 行为成分。行为成分是交往双方实际交往的外在表现和结果，主要包括行为的模式、活动和举止的作风、表情、手势、语言等。班级中教师、学生在教育活动中所表现出来的行为模式如果是劝导、同情、支持、赞扬、友好、合作、尊敬、信任、礼貌的，越有利于形成良好的人际关系；反之，怀疑、惩罚、攻击、拒绝、炫耀、自夸等行为模式，则导致不友好、反抗甚至敌对的人际关系。

在人际交往过程中，这三种成分之间是交互作用的。认知成分对情感和行为有影响，如学生在某件事情上产生教师是不公正的这样一种认知，那么学生对教师的信任感和亲密程度会下降，这表现在行为上就是对教师的逐渐疏远。而情感和行为之间也存在交互作用，如当情感卷入比较深的情况下，可能会更多地容忍对方的一些问题行为。

（三）班级人际关系的功能

班级人际关系的好坏及其对班级成员心理需要的满足程度，对班级成员的发展、班级管理活动、教育教学活动等方面都有重要的影响。一般来讲，班级人际关系的作用主要表现在以下几个方面。

1. 促进学生个体社会化。随着儿童青少年由家庭转入学校，同伴和教师对学生的影响开始超过父母，并且成为他们社会化的主要力量之一。这其中不仅仅包括他们学业和智能上的发展，更重要的是他们需要学会人际之间的交往，有效地融入到班级社会之中去，并在这个过程中获得自己心理需要的满足和心理的健康发展。

研究发现，良好的同伴关系和师生关系，对于儿童青少年的问题行为、情绪障碍、学业困难等有重要的预测作用。良好的班级人际关系对于其成员而言是一种重要的情绪支持、正常的情感依赖，有助于学生的社会性的发展。

2. 影响学习和工作效率。在班级中，人际关系的好坏会影响学习和工作的效率。班级内部人际关系良好，可以作为一种外部条件激发人们学习和工作的热情，促进人们积极性、主动性、创造性的发挥，从而大大提高学习和工作效率；反之，人际关系不好，相互猜疑、冲突、拆台，学习或工作起来肯定不协调，就必然降低工作效率。在良好的班级人际关系中，学生之间、师生之间的关系更多的是一种合作关系，这种合作关系一方面可以直接对交往中的学生的学业提供支持，这主要体现在学生之间在学业上的帮助，而这种帮助往往是教师帮助的重要补充；另一方面，良好的班级人际关系有助于成员的良好情绪表达，为班级成员产生良好的情绪状态，从而有利于学习和工作的效率。而恶劣的人际关系，则会对人的思维、记忆等产生严重的抑制作用，使得学习和工作效率不高。

3. 影响班级成员的团结与凝聚力。班级是学校的基础，它也是一种重要的群体类型。班级人际关系则是班级团结与凝聚力的基础，人际关系的性质和状况往往反映出群体的士气、凝聚力及团结的好坏。一个班级内部人与人之间的关系融洽、和谐，这个班级一定是团结、士气高的团体；反之，人际关系紧张，内耗严重，矛盾重重，则会破坏班级内部的团结。班级人际关系的融洽程度，对于班级成员之间的归属感有非常重要的影响。

4. 维护学生的心理健康，促进个性健全发展。良好的班级所形成的积极的人际关系氛围为学生心理健康发展奠定了基础。班级人际关系友好、和谐，成员之间相互关心和支持，其归属感、尊重、自我价值等心理需要得到满足，其心理健康水平就容易提高，积极的个性品质就容易形成；相反，如果班级人际关系紧张、不和谐，矛盾冲突较多，班级成员之间互相贬低、嫉妒、敌视，其内在的紧张压抑和消极情绪体验就越多，心理健康状况就会受到消极影响，人格的健康发展就会受阻。

二、班集体及其形成

（一）班级

班级是集体的一种，而集体是为实现有意义的社会目标严密组织起来的有纪录、有心理凝聚力的群体。班级作为集体，具备正式群体的三个条件：(1) 有共同的行为目标，班级的建立是为了完成一定的教学任务；(2) 成员之间地位与角色明确，在班级中存在教师和学生两种地位和角色，双方知道自己应该与对方如何进行互动；(3) 有明确统一的行为规范，在班级内部和外部（主要是班级所处的学校）都有各种严格的规章制度，它是维护班级正常教育教学活动的重要基础。

班级作为学校教育的基本单位，它是按照学生的年龄段和教育管理的需要正式组织起来的。学生在学校的绝大部分时间是在班级里度过的，班级环境对学生的影响非常大。之所以如此，是因为班级是学生进行集体活动的基本场所，是与学生的学习和发展息息相关的微观环境。这种微观环境对学生的影响是其他群体所不能代替的，班级的活动和气氛对学生的认知、情绪、个性、人格等的社会化有着重要的影响。但是，班级并不是一经组成，就能起到这种作用，它有一个转变成班集体的过程。

（二）班集体的特征

班集体是班级发展的高级阶段。一所学校里有许多班级，但不一定都已达到高级阶段——班集体。刚刚形成的班级，其成员并没有意识到班级对自己的重要作用，也没有形成对班级很高的归属感和依赖感，只有在其发展到高级阶段——班集体，其成员的集体行为才有可能表现出来，因此作为班级发展高级阶段的班集体与班级相比有着自己鲜明的特征。

1. 班集体的目标特征：定向统一。凡是班集体，都有明确的共同目标，而且这种目标不仅仅是字面上的。在班集体里，学生能够把社会和学校明文规定的教育目标内化为自己的目标，达到群体成员之间目标定向的统一，个人目标与班级目标的统一。由于目标定向的统一，班集体具有明确的发展方向。

2. 班集体的价值特征：集体主义取向。班集体并没有取消个人的行动自由和否定个人兴趣爱好，但班集体崇尚集体主义精神。在班集体内，每个成员都关心集体、爱护集体、遵守集体的规范，通力合作为集体争荣誉。个人以自己是班集体的一员为荣，必要时愿意为了班集体而改掉自己的缺点，放弃自己的利益。

3. 班集体的行动特征：令行禁止。在一般的班级里，由于存在着目标定向分歧等原因，有些想办的事常难以决断，不了了之。而班集体则不同，它已经形成了集体决策的方式，班集体认为该做的事一经决定就立即去做。同样地，班集体不认可的事，一经决定不做就立即停止，即使个人有不同看法，也会服从。

4. 班集体的情感特征：彼此相悦相容。每个学生的个性是互不相同的，但已经形成的班集体能容纳各种个性的学生，不同的人都可能从中得到关心、照顾和帮助，而不会遭排斥、受歧视，它给学生提供了许多积极的体验，学生生活在这种集体里感到十分愉快。

（三）**班集体形成的过程**

班级从组成到变成班集体需要一个过程，大致经过三个阶段。

1. 前班集体阶段。一个刚组成的班级，成员带着各自的入学动机和个性来到这里，身上还保留着家庭、社会和原来的学校给予的各种各样影响。因此，刚开始时，虽然有班级的组织形式，但其成员仍然是缺乏联系的孤立个体。学生间的交往也往往局限于建立班级以前形成的同伴关系，此时班级成员之间的互动是一种试探性的。这时候，即使有些班级活动，也是来自学校或教师的布置，学生的参与是被动的，班级对自己的成员暂时还缺乏吸引力。但是，人的交往需要和教师的引导，会使学生很快就进入到接触探询期，在接触与探询中，个人了解了别人，同时也被别人所了解。这样，班级成员就逐渐摆脱了拘谨状态而进入到了比较坦然地表现自己的状态。在无拘束的自然情境下，班级成员表现出各自的学习能力、交往能力、表达能力和兴趣倾向等，并显示出了他们在这些方面的差异。学生在班上的地位也开始分化，并且对班级的某些问题和现象也开始出现论争。在这样的基础上，班级逐渐形成了一些小的非正式群体。

2. 班集体的雏形阶段。班集体雏形的形成有四个主要标志：一是出现了一支能主动协助班主任开展工作的班干部队伍，他们既能带头完成学习任务，又能反映民意，提出合乎同学需要的班级活动建议，并能在班主任指导下提出班级目标，拟订班级计划；二是班级大多数成员开始参与班级活动，并且愿意为班级活动的成功付出努力；三是在班级的共同活动中，形成了相互关心、相互合作的关系，并在此基础上强化了班级的组织化程度；四是班级规范和班级舆论初步形成。在班集体形成的雏形阶段，班级核心层的形成和班级健康的集体舆论的形成非常重要，前者是指在这个阶段逐渐出现一批与班级行为规范一致的、有一定影响力的班级"领袖人物"，通过他们往往能够对班级行为产生重要影响，而且能够顺利达到班级成员之间行为的协调；而健康的班级舆论也非常重要，它是规范班级成员行为的重要途径，也是影响班级凝聚力和归属感的重要因素。因此在这个阶段，应该非常注重班级"领袖人物"的培育和对健康班级舆论的培养。

3. 班集体成熟阶段。在成熟的班集体里，除了雏形阶段的四个主要标志继续有所发展之外，更为突出的是它的高度的自主性和高度的凝聚力。高度的自主性指班级能够高度自主地进行运转，学生的主动性、创造性得到了充分的发挥，他们不仅能根据学校的要求组织活动，而且能根据现实情况，提出新的班级发展目标，并采取行动来适应外界的各种挑战，如主动组织成员进行自我锻炼、从事公益活动等。班集体的高度凝聚力指班级对其成员有高度的吸引力。在有高度凝聚力的班集体内，不仅成员之间交往频繁、心理相容，而且在为集体办事时齐心协力、朝气蓬勃，有很高的工作效率。同时班级成员对班集体形成很强的归属感，他们以班集体为荣，而且在提到自己是属于某个班集体时有一种自豪和认可，对外来的一些不利于班集体的言论和行为会给予相应的反驳以维护班集体的形象。

良好的班集体是学生健康成长、发展智力、形成社会交往能力、发展个性的重要舞台。而班集体的形成涉及到集体目标的确定、学生干部的培养、人际关系的建立、班级活动的开展、行为规范的内化、正确舆论的形成等问题。这就要求教育者要因势利导，有针对性地解决上述问题，加速班集体形成的过程。

三、班集体对学生人际行为的影响机制

班集体形成之后，它能够对其成员的心理和行为产生重大影响。正确了解班集体对成员人际行为和心理影响的机制，将有助于我们认识班级人际关系的属性和基本特征，为良好的班级人际关系的建立和保持创造条件。班集体对学生人际行为的影响机制主要有以下几种方式。

（一）班集体的群体规范和舆论

虽然在学校中有学生必须遵守的各种规章制度、纪律等行为规范，但对于各个班集体来讲，都有一些自己独特的群体行为规范，是这个班集体的成员认可并执行的行为标准与要求。班集体的群体规范能够说明哪些行为会得到这个群体支持，哪些事情会受到这个群体的反对。例如，有的班级大部分学生崇尚学习，认为努力学习是光荣的，而有的班级会认为学校的某些纪律不合适，为此去争取

流动红旗不值得。

班集体的群体规范通过模仿、暗示、从众、服从、认同等方式被各个成员内化为自身的行为标准,而在这些方式中,群体的舆论为有关行为提供了强化源。舆论是群体中的优势观点和意见,它与群体规范密切相关,并且带有浓厚的情绪色彩,对于那些不合时宜的行为有明显的抑制作用。

班集体的群体规范和舆论对班级人际行为有明显的规范作用,它能够促使那些与群体规范和舆论一致的人际互动行为。在这方面研究较多的是有关群体规范中合作目标、竞争目标和个人目标对学生人际交往的影响。

研究发现群体中的合作目标使学生进行积极的相互交往,而竞争目标使学生在交往中相互戒备、行为谨慎,个人目标则不需要相互交往。约翰逊(D. W. Johnson,1980)归纳了合作和竞争这两种目标对学生行为所发生的影响。(1) 合作使学生大量交往并进行有效的意见沟通;而竞争使学生很少交往,不进行意见沟通,或进行欺骗性、威胁性的沟通。(2) 合作使学生得到他人的帮助和指导,他人的成功对自己也是鼓励;竞争使学生感到他人的成功是自己成功的障碍。(3) 合作使学生积极解决各种问题,进行高水平的发散思维;竞争使学生陷入要么赢、要么忙的状态之中,解决问题时进行低水平的发散思维。(4) 合作使同学之间相互信任,能够得到同学的承认和支持;竞争使同学之间不太信任,很少得到同学的承认和支持。(5) 合作使所有的学生都积极参与活动并承担义务;竞争使只有成功希望的少数学生积极参与活动并承担义务。(6) 合作使学生可以充分利用他人的聪明才智;竞争使学生无法利用他人的聪明才智。(7) 合作减少了学生对失败的恐惧;竞争增加了对失败的恐惧。很多研究证明,合作目标通过促进人际间相互作用、心理接纳与准备的人际知觉、合作观、无条件的自我承诺和对未来人际间相互作用的期望这些中介环境实现人际之间的相互交往与吸引，而竞争目标通过阻碍人际间相互作用、心理排斥、有限的人际知觉、简单的同学观、有条件的自我承诺或完全排斥、对未来人际间相互作用的失望等中介环节造成人际之间的相互排斥和拒绝。

（二）群体压力

群体压力是指个体在群体中与多数人的意见和行为不一致时所体验到的一种心理紧张和焦虑。尽管这种压力并不是一种强制性力量，但它一方面能够造成个体的心理失衡，增加心理负担；另一方面，处于这种压力情境下的个体也会担心自己的离异行为可能导致群体的处罚，包括被群体所孤立、排斥或者拒绝，因此群体压力下个体通常会作出妥协。特别是对于青少年而言，他们的归属感比较强烈，常常会由于担心自己被同伴群体所拒绝或者排斥而作出跟群体保持一致的表现来。

群体压力对学生的人际行为的影响通常包括两种：一是班级主流群体对学生人际行为的影响；二是班级中非正式群体对学生人际行为的影响。班级中的主流群体通常是由教师所支持大多数学生所形成的人际群体，这种人际群体通常代表班级的主流或者主导文化，他们是班级行为规范的化身，但是他们在给学生的行为所产生的压力方面却没有非正式群体的影响大。非正式群体通常是班级成员间根据自己的个性等形成的某些人际群体，这种非正式群体由于交往频繁，对其成员的心理需要满足程度更高，因此其凝聚力非常强。与班级主流群体相比，非正式群体对群体成员的心理约束力更大，由此对其成员不合小团体行为规范的行为的压力也就更大。

第二节　班级中的同伴关系

一、同伴关系及类型

（一）同伴关系的概念

同伴关系主要是指同龄人之间或心理发展水平相当的个体之间

在交往过程中建立和发展起来的一种人际关系,同伴关系在儿童青少年发展中具有成人无法取代的独特作用和重要适应价值。而班级中的同伴关系则是在同学之间进行交往和相互作用的基础上建立起来的同学之间的心理关系,它是除教师之外的班级成员之间关系的总和,包括学生个体之间的关系、班级内的学生群体之间的关系以及学生群体与个体之间的关系。在学校情境中,学生间的相互作用以及由此而形成的同伴关系是课堂教学的前提和背景之一。了解同伴间的相互作用,有利于改善班级里的同伴关系,从而促进和提高学习与教学的效果。

（二）同伴关系的类型

按照同学之间是相互吸引还是相互排斥,可将同伴关系分为友好型、对立型和疏远型。

友好型关系是指同学之间在心理上彼此相容,相互接近、相互吸引的关系,表现为融洽、信任、亲密、友好。友好关系本身又有性质与程度上的区别,有健康、积极的友好关系,也有不健康、消极的友好关系;有感情深厚的友好关系,也有感情一般的友好关系。

对立型关系是指同学之间在心理上彼此不相容、相互排斥的关系,表现为摩擦、反感、冲突等。对立型关系也有性质与程度上的不同,既有原则性对立,也有非原则性的对立;有公开的、剧烈的冲突,也有非公开的、一般性的排斥。

疏远型关系是同学之间在心理上相互忽视,他们之间的关系若有若无,表现为同学之间情感淡漠,相互之间很少交往,几乎不进行非正式的交往。如果一个班级中疏远型的同伴关系太多,那么这个班级就会缺乏凝聚力。

二、同伴关系的作用

随着儿童的逐渐长大,他们在没有家长和教师监控的情况下与同伴活动的时间在逐渐增加。对他们而言，建立新的伙伴关系和保持旧的关系都非常重要。因为同伴关系将给他们提供亲子关系和师生关系无法满足的情绪支持、情感和思想交流。

对于同伴关系在儿童发展中的作用，主要包括这样几个方面。

第一，同伴关系是儿童发展社会能力的重要背景。皮亚杰（1932）认为，正是产生于同伴关系中的合作与感情共鸣使得儿童获得了关于社会的更广阔的认知视野。在儿童与同伴交往中出现的冲突将导致社会观点采择能力的发展并促进社会交流所需技能的获得。和同伴的交往使儿童意识到积极的、富有成效的社会交往是可能通过与伙伴的合作而获得的，这其中同伴间的讨论和争论是道德判断能力发展所必需的。哈图普（Hartup，1977）同样表达了类似的观点，他指出，没有与同伴平等交往的机会，儿童将不能学习有效的交往技能，不能获得控制攻击行为所需要的能力，也不利于性别社会化和道德价值的形成。

第二，同伴关系是满足社交需要、获得社会支持和安全感的重要源泉。归属、爱以及尊重的需要是人类的基本需要，不同类型的社会关系将会给儿童提供不同的社会支持功能，满足他们不同的社会需求。在此基础上，有人（Furman & Rubin, 1985）进一步指出，儿童在亲密的友谊关系中和一般同伴群体中所寻求的社会需要是不同的。爱、亲密和可靠的同盟更多是由亲密的朋友关系中获得；工具性或指导性帮助、抚慰、陪伴和增进自我价值既可以从朋友关系中，也可以从同伴群体中获得；而归属感或包容感主要从一般的同伴群体中获得。他们的研究还发现，同伴关系中的友谊比非朋友关系（如相识关系）能够给儿童提供更高水平的正向资源，如依恋、亲密和情绪支持。

第三，同伴交往经验有利于自我概念和人格的发展。早在19世纪末詹姆斯（1890）就特别强调了社会关系的重要性。他认为，我们有被我们自己所关注，被我们的同类所赞赏的本能倾向。当自己没有受到或没有受到太多他人关注时可能会对自己的价值产生疑问。沙利文（Sullivan，1953）认为个体的人格是由个体的社会关系塑造的，而同伴关系在前青年期和青年初期的重要作用非常重要。他认为，同伴为个体逐渐理解合作与竞争的社会规则和服从与支配的社会角色构建了基本框架。这一时期充分良好的同伴关系也是形成健康的自我概念所必需的。

第四，同伴关系对儿童的适应和心理健康有重要影响。研究发现，不同类型的同伴关系对儿童的社会适应和心理健康的影响和能够提供的心理资源是不同的。研究发现，受孤立的学生，即同伴拒绝是预测儿童各种社会适应问题和旷课问题的一个相对稳定的指标；而且同伴拒绝也能够预测这些学生中学时的适应困难。被拒绝的同伴状态与成就动机等密切相关（Cassidy, et al., 1992）。那些受到同伴欺侮的儿童存在一系列的适应困难，包括焦虑、孤独、抑郁和适应不良（Kochenderfer, 1996）。相反，同伴接纳和友谊则对儿童的情绪健康和社会适应有重要的作用。不过研究发现同伴接纳和友谊尽管给儿童提供的心理资源具有交叉之处，但两种同伴关系对儿童适应的影响是不同的。友谊对儿童孤独的预测作用远大于同伴接纳（Bukowski，1989）。在学龄儿童中，友谊和同伴接纳在预测社会情绪调整和学业能力上是不同的，友谊更能够预测儿童的社会情绪调整和适应水平，而同伴接纳对学业能力的预测则大于友谊（Parker，1993）。

三、非正式群体

（一）非正式群体的特点与类型

非正式群体指在同伴交往过程中，一些学生自由结合、自发形成的小群体，是同伴关系的一种重要形式。很多研究都发现，大多数班集体都由一些小群体构成，而大多数学生又都在某个小群体中充当着一定的角色，这就构成了班集体中的非正式群体，对学生的影响很大。

非正式群体的特点有以下四点。(1) 成员间相互满足心理需要。非正式群体多是由于满足心理需要而自愿结合在一起的,成员之间或是有共同的观点,或是受过类似的挫折,或是兴趣爱好相投,或是有着共同的利害关系,或是由于性格互补。因此,非正式群体的成员之间情投意合,交往频繁,传递信息迅速,对其同伴的行为相互认可并支持。(2) 具有较强的凝聚力,但有可能存在着排他性。非正式群体的成员之间具有强烈的情感联系,相互之间都以感情为重,对自然产生的领导者言听计从,每个成员对非正式群体都有一定程度的归属感,但有的小群体或其某些成员对其他小群体有排斥的倾向与行为。(3) 行为上具有一致性。非正式群体具有共同的行为规范,这些规范是约定俗成的,而且成员往往具有共同的行为目标,并为实现共同目标而力求行动协调一致。(4) 成员的角色和数量不固定。虽然非正式群体中有领导者或中心人物,但不固定,随着情境的变化,会涌现出由成员认可的新领导者。非正式群体没有固定的数量,成员的流动性也很大,自由参加,自由退出。

非正式群体可以分成不同的类型,根据成员间需要的性质,可将非正式群体划分成四种类型。(1) 情绪型:成员之间享有共同的感情,彼此友好相处,相互支持。(2) 爱好型:成员在某些方面具有共同的兴趣爱好,经常在一起进行活动。(3) 利益型:成员间具有共同的利害关系,结合在一起能够避害趋利。(4) 相同地位型:成员之间在班集体中具有相同或相近地位,如同为班干部或后进生有可能结成一个小群体。有研究指出,根据非正式小群体的特点,可将其分为志同道合的同志型、学习上相互促进的求知型、相互理解的知己型、松散的邻近型、由异性构成的爱恋型、由个别学生构成的反抗型。实际上,大多数非正式群体都是几种类型的结合。

(二) 了解非正式群体的方法

由于非正式群体是自发形成的,角色分工和隶属关系并非一目了然，必须通过一定的方法来了解。社会测量法是了解非正式群体和班级中人际关系的常用方法。在进行社会测量时，采用问卷的形式向班集体的全体成员提出问题，如："你想和谁分到一个学习小组？""你不喜欢和谁一起春游？"通过这些问题来收集班级中各个成员对其他成员是选择还是排斥的资料。

运用社会测量法，首先可以了解每个成员在班级中的地位，可划分出几类特殊学生。（1）人缘儿：在班级中受欢迎的人。（2）非正式群体的中心人物：在某个小群体中起重要作用的人。（3）孤立儿：在班级中被大家忽视、自己也很少接触他人的人。（4）嫌弃儿：在班级中不受欢迎的人。其次，通过社会测量的资料可以了解班集体中非正式群体的数量、人员构成、这些群体之间的选择和排斥关系及各群体的类型。

社会测量法能够使人们了解学生之间的选择和排斥，但不知其选择和排斥的理由，这时需要借助于其他方法。一个比较简捷的方法是让学生写出选择或排斥的理由，这样就能够发现人缘儿、孤立儿等特殊学生的特点和非正式群体内部相互吸引的原因。

（三）班集体中的非正式结构

在一个班级中，非正式群体及其关系构成了班集体的非正式结构。运用社会测量法进行的研究发现，班集体的非正式结构可分为几种类型。

1. 统一结合型。成员间相互选择比较多，成为一个大群体，没有明显的小群体分布，没有嫌弃儿和孤立儿。小学中一般不会有这种结构。在中学，当班干部工作能力强、善于团结同学时，班级会呈现这种结构。有的人认为这是理想的班级结构，但比较少。

2. 分群结合型。班级成员分属于不同小群体，但小群体之间相互选择多、相互排斥少，没有明显的嫌弃儿和孤立儿。在中学，比较好的班级会呈现这一结构。

3. 部分集中型。选择集中在少数几个人身上，相互选择较少，各小群体相互分离,有人缘儿和孤立儿。中小学里有相当一部分班级是这种结构,当班干部有一定威信但不能团结大多数同学时,会呈现这种结构。

4. 分群分离型。班级成员分属于各个小群体,小群体间相互排斥。当教师严格管理但偏袒班干部或学习好的学生时,容易出现这种结构。

5. 多数分离型。成员间相互选择少,小群体不多或不明显,孤立儿较多。小学低年级和刚组成班级时多呈现这一结构。如果班主任和班干部对班集体放任自流,班级多数成员只顾自己不关心集体时,会呈现这一结构。

一般认为,前两类班集体的非正式结构比较好,后三类则需要加强指导。但是,还存在着一些混合型和中间型。

(四) 发挥非正式群体的积极作用

非正式群体是在同伴交往过程中形成的,对学生的心理发展有很大作用。非正式群体具有自己的目标、价值取向和行为规范,如果这些与班集体的目标、价值取向和行为规范相一致,就会对班集体的活动起到促进作用。例如,有些自发组织起来的学习小组和兴趣小组其活动符合班集体的规范,应给予赞扬和鼓励。

有的非正式群体的活动,既有有利于班集体的一面,又有偏离班集体的一面,这时就要注意引导。例如,高中某班的一些学生经常聚在一起谈天说地、说古论今,但其谈论的题目有时不正确,如赞成早恋,认为现在的道德规范压制了人的个性。这时,可以引导他们思考,如与他们一起讨论,将其纳入班集体的发展轨道。

还有些非正式群体的活动,背离了班集体的规范。例如,由一些纪律差生构成的小群体,有时会做一些阻碍班集体正常活动的事情,如打架斗殴、欺侮同学等。对这类小群体,要针对其特点进行批评、教育、引导和改造,变消极因素为积极因素。

根据非正式群体的特点,调动其积极因素有利于建立良好的班集体：(1) 非正式群体的成员之间具有共同的感情基础，可用来增进同学之间的友谊，增强班集体的凝聚力；(2) 非正式群体的成员之间信息沟通渠道畅通，可用来了解学生的思想动态和对班集体的一些意见；(3) 非正式群体的领导者往往具有较高的威信，可通过教育他们来提高其他学生对班集体活动的积极性。非正式群体还有一些消极因素，需要采取一定的措施来防止其不良影响。首先，要防止拉帮结派的倾向；其次，要批评那些传播流言飞语的行为；最后，对那些非正式群体领导者的不良行为一定要及时制止，但要注意方法。

班级中的非正式群体是一个不可否认的客观存在，它是同伴关系的一种重要形式。如果对此没有正确的认识，不去发挥非正式群体的积极作用，甚至压制它的发生和发展，就会导致班级中人际关系紧张，降低学生的学习效率。

第三节　班级中的师生关系

班级中的师生关系是指班级环境下教师与学生之间的人际关系，它是教师和学生在交往中形成、维持和发展起来的。师生关系的好坏反映了教师与学生双方在相互交往过程中心理需要得到满足的程度，它是班级环境下最基本的人际关系之一，其好坏不仅影响到正常的教学过程，而且还影响着师生双方的心理发展。

一、师生互动过程与师生交往

（一）师生互动过程

师生关系是在师生互动过程中形成和发展起来的，在师生互动过程中，教师具有主导的地位，教师通过师生互动过程对学生施加影响。师生互动过程可用图 15-1 来表示。

教师与学生是相互作用的两方，每一方都包含着认知和行为两

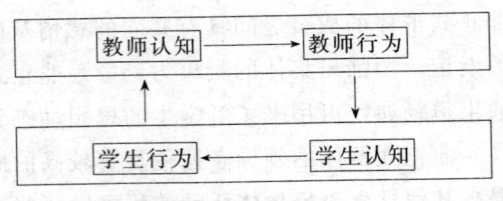

图 15-1　师生互动过程

个侧面。认知包括对另一方行为的选择性知觉与评价；行为是各自认知的体现，表现为言语和非言语两类活动，行为会影响对方的认知。虽然学生在接受教育的过程中是一个积极、主动选择信息的主体，但学校教育的特点决定了教师在教育过程中的主导作用。所以在上述互动过程中，教师的影响是至关重要的。在本节中，我们着重阐述影响学生的教师行为。

（二）师生交往

师生交往对师生关系的影响很大。一般来说，师生交往有单向交往、双向交往和多向交往三种基本形式（见图 15-2）。

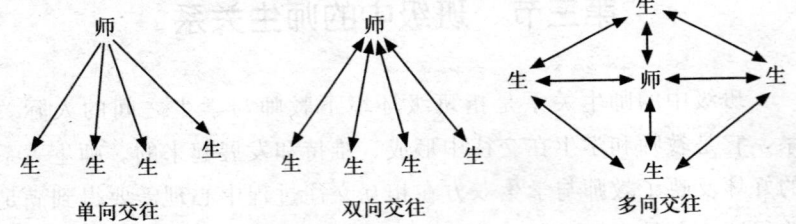

图 15-2　师生交往的三种形式

在班级中，特别是在课堂教学中，很多教师更多地使用单向交往的形式。郭继东（1992）以初中生为对象的调查发现，26%的学生与教师缺乏最起码的沟通，87%的学生不愿意把心中的秘密告诉教师，这一结果与很多教师偏爱单向交往不无关系。[1]

---

[1] 郭继东：《初中师生关系的调查与思考》，载《高等师范教育研究》，1992（2）。

一般而言，师生间的多向交往既能体现教师的主导作用，又能体现学生的主导作用。多向交往中，教师不仅与学生之间保持着多维的信息交流，而且教师也可以作为班级的普通一员与学生进行交往，有助于提高班级学生的士气，同时也有助于迅速协调和解决问题。相比单向交流容易造成教师的独断专行，缺乏反馈相比，多向交往能够提高教学与管理的效能。

当然不同的交往方式并没有绝对的高低之分，在不同的场合下，不同的交往形式有自己独特的适用场合。莱维特（H. J. Leavitt，1972）在一个实验中，将被试分为单向组和双向组。单向组的信息传递者向接受者发出指示，不许接受者提问或出声；双向组允许接受者提问并得到回答。结果发现，单向组在速度和秩序上优于双向组，但在正确性、增进了解与建立良好关系上不如双向组。①

在一项将双向交往分为链式、轮式和环式的研究中也证实了这个观点。

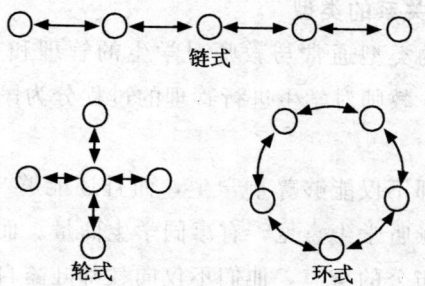

图 15-3　多向交往的三种形式

链式交往是外侧的成员只能和内侧的成员交往，而内侧的成员可以和两侧的成员交往；轮式交往是外边的成员可以和中心者交往；环式交往是每个成员只能和自己两侧的成员进行交往。在运用

---

① 章志光：《心理学》（第三版），443 页，人民教育出版社，2002。

这三种不同的多向交往形式解决问题时,其结果为:(1)解决问题的速度是轮式最快,环式最慢;(2)正确性是环式低;(3)群体作业的组织化是轮式迅速产生且稳定,链式慢慢产生也稳定,而环式则不易产生;(4)领导者的产生在轮式非常明显,链式也相当明显,环式没产生领袖;(5)士气是环式最高,而轮式最低。

研究结果表明,不同交往形式适合不同的任务,链式适合于群体成员较多、需要分层管理的场合;轮式有助于迅速正确地解决问题和产生领导者;环式会促进解决问题的积极性。在班级中,最好的交往形式是将环式与轮式结合起来的多向交往,即教师与每个学生交往,同时每个学生之间也进行交往,师生交往与学生交往相结合。这种交往形式既有利于提高班级成员的积极性,便于迅速协调意见和使问题得到正确解决,而且会增强教师在班级中的地位和威信,师生关系变得融洽。

二、师生关系的类型与特点

(一)师生关系的类型

师生关系的类型通常与教师对学生的管理和交流有重要的关系,一般而言,教师对学生进行管理的过程分为民主型、专制型和放任型。

民主型教师不仅能够尊重学生,而且还能够与学生平等相待。他们往往能够倾听学生意见,有事同学生商量。而学生往往能够同教师进行开诚布公的交流,他们不仅向教师吐露自己的心声,而且有意见和建议时也能够大胆表达,并且可以积极获得教师的反馈。在这种管理方式下,师生之间平等互动,容易形成良好的师生关系。

专制型教师则以权威自居,习惯于居高临下,发号施令,要求学生绝对服从,通常不允许学生对自己的权威进行挑战。他们多使用单向的交流方式,在师生之间缺乏必要的信息反馈。在这种情况下,学生难以从与教师的交往中获得必要的心理满足,因此也难以与教师建立良好的师生关系。

放任型教师由于对学生不管不顾、放任自流、疏于管理,因此教师与学生在情感、心理上距离遥远。而且采取这种管理方式的教师,平时跟学生的交流机会比较少,缺乏建立良好人际关系的基本交互作用条件,因此也难以建立师生之间的良好人际关系。

朱菊芳根据师生间的态度、情感、交往等方面的不同,将师生关系分为以下三种。①

表 15-1 师生关系的类型

指标 类型	学生对教师 的态度	师生间 的感情	师生课堂 合作状态	师生交往
紧张型	畏惧,但不喜欢	疏远甚至紧张对立	学生表面服从以致反抗	课堂交往单向,课堂交往较少,易发生冲突
冷漠型	既不喜欢,也不害怕	冷漠	各行其是,不合作,也不反抗	课堂交往基本单向,课外交往少,师生间冲突也少
亲密型	尊重、信任、热爱、敬佩	理解、和谐、团结、友好	合作、共进	课堂交往双向或多向,课外交往较多,关系融洽

从这个表可以看出,由于师生之间交往和信息反馈方式的不同,导致不同类型师生关系中学生对教师的态度、情感和合作状态截然不同。

(二)师生关系的特点

班级中的师生关系从不同的角度看,有不同的特点。

1. 总体上师生关系具有以下一些特点。(1)双向性。这是由教学活动和师生关系的双边性决定的。教学活动的双边性是指教学活动是由教与学双方共同参与的情况才能够完成的,如布鲁纳就认

---

① 朱菊芳:《师生关系与教学质量》,载《南京大学学报》,1987(2)。

为教学乃是教师与学生的合作。而师生关系建立的基本条件则是师生之间的互动，师生之间的互动主要体现在课堂教学和课后的一些学业与非学业交流上。师生关系的双向性意味着师生关系的建立、维持和其质量是双方互动的结果，而师生之间的相互理解和频繁交流是发展师生关系的基础。（2）效应性。师生关系作为班级环境下的基本人际关系，它一旦形成，就对师生双方有重要的影响，这种影响最直接的莫过于对教学效果的影响。教学经验表明，师生感情好，教师表扬，学生认为是鼓励；教师批评，学生认为是爱护，表扬和批评在融洽的师生感情中能成为学生前进的动力。如果师生关系紧张，表扬，学生认为是哄人；批评，学生认为是惩人，在这里批评和表扬就成了教育的障碍。这里，由于人际关系中社会认知的特点，使得相同的教师行为对于不同师生关系中的学生的认知截然不同。不仅如此，师生关系的不同，将导致学生在教学活动中采取不同的合作或者抵制态度，这对教学质量将产生重要的影响。（3）动态性。师生关系的建立是在教育教学活动中由教师和学生的交往互动而产生，并逐步发展形成的。它不是一成不变的，而是处于动态变化之中的。也就是说，它将随着师生之间交往互动的变化和心理满足程度的变化而使得师生关系出现变化。一般而言，师生关系的建立往往与第一印象有着重要的关系，因此对于教师而言，要特别小心自己将用什么样的形象来让学生形成对自己的看法。而师生关系的维护则与双方心理满足程度有关，通常教师与学生之间的感情卷入一般要经历"接近—熟悉—亲近—热爱/信赖"几个阶段的发展，不同发展阶段过程中，其对人际双方的心理满足程度是一样的，通常那种较为稳定的友谊关系是最能够给双方提供最高的情感支持作用。（4）不对称性。教师在师生交往中往往处于主导和支配地位，教师对学生的影响远远大于学生对教师的影响。

对于不同年龄阶段的学生而言，其与教师之间建立的师生关系也具有不同的特点，下面我们从小学和中学两个阶段来看看师生关系分别有什么特点。

2. 小学阶段师生关系的特点。① （1）学生对教师的向师性极强。向师性即学生观念上完全认同教师，情感上极其依恋教师，行为上依赖教师。小学阶段，特别是低年级，学生对教师的认同度高，依恋感和依赖感极强。他们崇拜、信任教师，喜欢接近教师，师生关系是一种依附的关系，学生在情感和行为上极大程度地依附于教师。随着学生自我意识的觉醒，独立性增强，对教师的依赖逐渐减少。高年级的学生开始表现出自主的倾向，同时师生之间开始产生距离。（2）师生关系比较稳定。小学生由于缺乏自己的独立见解，唯教师是从，因而只要教师表现出热情，就可以建立较为持久的、稳固的、良好的师生关系。（3）师生关系相对简单。小学生与教师的关系比较单纯，他们千方百计地寻求教师的喜欢和注意，表现出对教师的依赖和趋近。他们喜欢教师，是因为教师喜欢他们；他们厌恶教师，是因为教师不喜欢他们。师生关系是从属式的，教师面对的是一个个的学生，而不像中学里教师与任何一个学生的关系都有群体的背景。（4）师生关系对学生有极大的影响。小学阶段，师生关系对学生的学习和行为表现有着极大的影响。学生常常为他所喜欢的教师而学习，表现出他所喜欢的教师所期待的行为。同时，也常常会因为厌恶教师而厌恶学习，表现出处处与教师作对。

3. 中学阶段师生关系的特点。（1）权威性减弱。在中学生眼里，教师的影响力和感染力降低，不再是绝对的权威。他们开始用评价性观点和批评性态度来对待教师，更多地将教师看作是获得知识和技能的辅助力量，教师对中学生的奖励和激励作用也逐渐降低。他们逐步形成对教师更高、更全面、更深刻的要求和期望，教

---

① 北京教育学院心理系：《教师实用心理学》，302～304 页，开明出版社，2000。

师的能力、学识和个性以及对学生的信任、尊重和理解在师生关系中占有的比重越来越大。(2)依恋性减弱,心理距离明显,工作关系突出。随着自我意识的高涨,中学生开始倾向于独立处理遇到的问题,反对凡事依赖教师,反感教师婆婆妈妈式的管教,师生之间的心理距离加大,沟通出现一定的阻力。在这一时期,师生交往主要局限于学习和工作上。有调查显示,对于课余时间的交往选择,初中学生对教师和父母的选择水平相当,但远远低于对同伴的选择。① (3)选择性突出,评价性明显。中学生对教师的态度出现明显的分化,对教师的情感联系开始具有选择性。他们常在一起议论和评价教师,对自己认可和喜欢的教师更加亲密和崇敬,对不喜欢的则保持一定的心理距离,有的甚至出现疏远和反抗心理。(4)随着年级的升高,师生关系由简单到复杂。刚入中学的学生与教师的关系还有小学时期比较单纯的特点,但是很快就变得复杂起来。学生对教师的情感包含多种成分,而且学生之间的关系、学生中群体之间的关系都制约着学生与教师的关系。因此,师生关系趋于复杂。

为了建立良好的师生关系,任何一个教师都必须了解自己所教的学生的心理特点,以及他们对师生关系的心理需求,并在与学生的交往中表现出适当的行为方式,只有这样才有可能取得预期的效果。

三、影响师生关系的因素

师生关系的建立与维护是在师生双方互动的基础上发展起来的,在师生关系的动态发展过程中,师生关系及其质量会受到多方面因素的影响。

(一)师生的个性特点

师生关系是在师生双方互动的基础上形成的,它会受到交往双

---

① 黄煜峰、雷雳等:《初中心理学》,298页,浙江教育出版社,1993。

方个性特点的影响。而这其中，教师的个性对师生关系的影响有更重要的作用，教师的个性特征和课堂行为在很大程度上决定着学生对教师的评价。

大量的研究表明，受学生喜欢的教师主要有三个方面的特点。一是高尚的师德。学生喜欢追求真理、爱岗敬业、关心热爱学生、无私奉献的教师，认为教师的魅力来自美德。二是精湛的教育教学艺术，希望教师能把课堂变成师生情感交流的"磁场"。三是良好的个性心理品质。学生喜欢豁达大度、昂扬乐观、平易亲和、幽默风趣、善于沟通交流、富有人文情怀的教师。这其中教师的个性特点是受到学生喜欢的重要因素，甚至在某些调查中，教师乐观开朗、积极向上和负责任成了学生喜欢的最主要的因素。

同时调查还表明，学生喜欢的教师标准在不同学龄阶段有差异。小学低年级学生比较偏重感性，对教师的外表、性格和态度比较在意。他们喜欢年轻漂亮的、和蔼的、有爱心的教师。中学生相对来讲偏重理性，更在意教师的知识层次和教育教学水平以及人格魅力。他们喜欢知识渊博、既重视知识传授又重视能力培养、具有创新能力的教师。这实际上与前面我们讲到的不同年龄阶段的师生关系的特点是一致的。

在师生关系中，交往双方并不是完全平等的。这种不平等包括很多方面，如年龄、知识、背景、角色等。这其中角色之间的不同是其中最大的差异，教师的角色是教好学生，社会要求教师具有"爱生性"；而学生的角色则是成长好，特别是搞好自己的学习，因此具有一定的"向师性"，这就意味着两者在交往过程中并不具有完全平等的地位。因此师生关系不可能去取代同伴所能够给予的交往双方的心理需要的满足。这就是为什么现在许多调查研究都发现，学生喜欢的教师应该具备和蔼可亲、理解学生、尊重学生、关心学生、经常表扬鼓励学生、公平等品质，这些品质实际也反映了师生关系的不完全平等，而这也更能够体现出师生关系中教师人格魅力在师生关系的作用。

(二) 教师的领导方式与态度

在教育教学活动中,师生的地位和活动是不同的。教师通常是领导者和管理者,学生则是被领导者和管理者,学生在校的活动基本上都是在教师的领导或指导下进行的,因此教师的领导方式决定了师生相互作用的方式,从而影响到师生之间的关系。

1937年,勒温等人通过研究,提出管理过程中所具有的专制、民主和放任三种不同的领导风格。专制型领导者通常只注意工作目标、任务和效率,不关心成员。其结果是被领导者和领导者之间心理距离很大,存在戒心和对立情绪;成员容易产生挫折感和机械行为倾向。而民主型领导者通常关心并满足成员的需要,鼓励成员工作。其结果是上下级之间社会距离很近,人际关系民主、平等、融洽;成员有较强的工作动机、责任心、参与感、工作效率高。放任型领导者对成员的需要和工作都不关心,没有规章,没有要求,不指导,也不评价。其结果是工作效率低下,人际关系冷漠。

教师的领导方式就是教师对学生接触的方式,它同样存在着上面说的三种类型。

专制型教师非常严厉,在教育教学过程中的表现通常有:一是使用或者变相使用体罚,如罚站、罚劳动、饿饭(中午放学后留下做作业或谈话,抄书等),结果造成学生的对抗或屈服,养成学生对教师阳奉阴违、说谎等不良习惯;二是对学生进行辱骂和训斥,使学生丧失自信心,也使其他学生对教师发生反感而同情自己的同伴;其三是向家长"告状",希望家长向学生施加压力,通过家长的手来打学生。这种领导方式下的师生关系通常非常紧张。

民主型教师通常能够充分理解学生、尊重学生、相信学生,但同时又能够严格要求学生,师生之间是尊师爱生的关系。学生之间也是友好的、协作的、团结的。学生的学习有高度的自觉性、独立性和积极性,学习效率很高,情绪活跃,士气高涨。这种教师能够尊重学生的民主权利，重视班集体的作用，与学生共同制定计划，讨论问题，以民主方式指导和组织教学活动。在这种教育环境中的师生关系轻松愉快、和谐，学习气氛浓厚，学生的创造能力较强，容易形成良好师生关系。

放任型教师对学生的学习、品德不闻不问，抓得不紧甚至撒手不管。其典型表现是，对于自己宠爱的学生"心肠太软"；对于其他的学生则尽量不闻不问。整个班集体犹如一盘散沙，形成不了集体的统一意志。这种班级环境下的学生士气低落，工作和学习效率低，没有明确的学习目标。由此学生对教师产生不满和怨恨的情绪，师生之间关系如同路人，淡漠无情。

（三）教师的专业水平

这也是影响师生关系的重要因素，特别是对于高年级的学生而言更是如此，他们对于教师的教育教学艺术要求更高，希望教师能把课堂变成师生情感交流的"磁场"。师生关系中学生对教师这种能力品质的要求一方面来源于师生关系的不对等性，另一方面也来源于学生对与教师交往中能够满足的心理需要跟同伴关系中心理需要的满足截然不同。

1979年，费尔德曼（R. S. Feldman）等对学生评价为能力高和低的教师在学生的影响力上进行了比较。结果发现，学生对于能力较高的教师表示内心怀有积极的期待，认为教师讲授的课程不太难，并感到对该门功课有兴趣，学习有效果。与此同时，会产生喜欢教师的情感。而学生对能力较低的教师反应消极，他们不仅感到学习上有困难，而且没有兴趣，学习没有效果，因此更加不喜欢该教师。

许多调查研究也发现，学生对教师的喜欢与其教学能力有很重要的关系，他们往往是因为喜欢上这些教师的课而喜欢上该教师的。随着学生自我意识的发展，其对教师素质的要求也越来越高，他们往往希望教师具备以下几个方面的基本素质：一是有足够的教育机智,能够机智幽默、随机应变地处理各种突发事件;二是教育教学的能力,包括组织教学的能力、言语表达的能力、了解学生的能力、独立创造的能力、实际操作的能力、适应新情境的能力、善于进行说服教育的能力等;三是科学研究和自我完善的能力。

(四)教师对学生的理解

理解学生是教育学生的前提,对学生的理解不同,教师对学生采取的行为也不同,由此对师生关系的影响也不一样。因此,教师要正确地理解学生,防止和矫正理解学生上的偏差。

对学生的理解分为两个层次:一个层次是把学生作为一个整体来了解和认识,这就是通常所说的学生观;另一个层次是对每个学生的了解和认识。学生观所包含的内容很多,其主要内容是如何看待学生的学习过程、发展过程、智力与人格上的差异及其影响因素。而学生观与对学生个人的理解是相互联系的,学生观的形成与通过对具体的学生的理解来验证和矫正自己的看法密切相关。

很多研究发现,在教育经验基础上形成的学生观虽然有其客观准确的一面,但也容易出现一些偏差,这些偏差妨碍了教师正确地理解学生和教育学生。

1. 教师在认识学生问题行为上的偏差。问题行为是儿童青少年在发展过程中常见的各种有碍其心理发展的行为,它可以分为外向的攻击性行为和内向的退缩性行为。攻击性行为具有捣乱、破坏等扰乱别人的特点,如不守纪律、打架、逃学、偷窃;退缩性行为具有消极、依赖、服从的特点,如羞怯、缺乏信心、容易慌张、神经过敏、孤僻。

威克曼(Wickman,1928)的研究发现,教师对这些问题的严重性的看法上有偏差。教师认为严重的是那些异性恋爱、偷窃、打架、不服从管教等攻击性行为,认为不爱交往、抑郁、容易沮丧等退缩性行为不那么重要。

大桥正夫(1977)也指出:教师着眼于自己认为有碍于学业成

绩和班级管理的干扰性行为，而不能确切地把握更为重要的不适应行为，这是教师在认识学生问题行为时容易出现的偏差。

2. 教师在分析学生行为时的归因偏差。教师会对学生的各种行为及结果都会进行归因，归因结果决定了教师对学生的态度和行为，从而潜移默化地影响学生。而归因偏差指人们在归因时总是倾向于归结为某些因素，教师在对学生的行为进行归因时容易出现两类偏差。

第一类偏差是教师容易把学生出现的问题归结于学生自身的因素，而不是教师方面的因素。例如，一个走上工作岗位不久的中学数学教师任课班级的学生成绩不好，他归因于这个班学生能力偏低。调换到其他班级后，这个班学生的学习成绩又明显下降，他又说是这个班的学生与他作对。调查发现，让班主任对学生的问题行为进行归因时，教师往往是归结于学生的能力、性格和家庭，而很少认为这与教师态度和教学方法有什么关系，可是学生们却认为与教师的行为是有关系的。这一类归因偏差的危害在于教师把问题的责任推给了学生，在教育之前就已放弃了教育者应负的责任。

第二类归因偏差是教师对优等生和后进生的归因不一样。当优等生做了好事或取得好成绩时，教师往往归结为能力、品质等内部因素；而当后进生同样干了好事或取得好成绩时，却往往被教师归结于任务简单、碰上了运气等外部因素。相反，当优等生出现问题时，教师往往归于外部因素；而后进生出现问题时却被归因于内部因素。有一个初中生，化学成绩一直不太好，经过努力后他在一次重要考试中得了全班最高分，可是化学教师却说他是抄了同桌的答卷。一气之下，这个学生再也不听化学课了。很显然，这一类归因偏差对于后进生的发展是极为不利的，他们即使表现出一些好的行为，也难以得到教师的准确评价，倘若表现不佳，则更被看作是不可救药了。

3. 正确理解学生的途径。正确地理解学生就要建立起科学的学生观，防止与矫正学生观上的偏差，其关键在于使教师了解学生身心发展的规律，并使之形成按照这些规律去教育学生的严谨态度。因此，教师需要认真学习心理学和教育学的知识，特别是在积累了一些教育经验之后，再系统学习有关的知识更有利于他们形成科学的学生观。

根据师生互动过程与我国一些学校开展教育实验的经验，开展教育科学研究是改变和调整教师学生观的重要途径。在教育科研中，教师需要学习有关学生观的科学知识，才能够掌握可用于探索学生心理发展规律的方法，形成科学地对待学生的态度。

四、良好师生关系的建立

师生关系不仅对于教育教学活动的顺利完成具有重要的作用，而且对教师和学生的人格发展和心理健康都有着重要的影响，因此建立良好的师生关系对于师生双方而言都具有重要的作用，而教师在良好师生关系的建立中应该起到关键作用。一般而言，建立良好的师生关系应该注意以下几个方面。

（一）树立正确的学生观

由于师生交往的不平等性，教师通常是以长者、智者的身份与学生进行交往以更好地完成教育教学工作，因此教师并不寻求从师生关系中得到情绪支持、帮助或者提供友伴，其对学生的态度和行为方式在很大程度上取决于教师的学生观。如果教师认为，有的学生是天生怠惰的，不愿意也不会学习，并且学生也是不愿意服从教导和遵守纪律的，那么，他就将采取两种处理方法，一是带着社会赋予的职责和权力来强制学生接受教育的，对学生的管理越严格越好，不能放过学生的哪怕一点小的错误或缺点，即选用专制的方法，管理上专找学生的毛病，然后严厉地对待；二是对这些学生放任自流，不闻不问，任其自生自灭，只要在校期间没有给自己添什么麻烦，那就万事大吉，即选用放任自流的管理方式，对学生采取疏远或者若即若离的态度。在这两种方式下教师与学生建立起来的关系也就不可能是平等民主的。如果教师认为，学生是有学习愿望的，也是有学习潜能的，那么，他认为自己的责任在于给学生的学习创造条件。他们总是把主动权交给学生，以平等的态度进行信息交流，在对学生的因势利导中完成教学任务。因此，他们着眼于学生的积极方面，总是看到学生的进步，而把学生的问题看成是成长发展中的不可避免的现象，采取积极乐观和宽容的态度。这类教师对学生的管理采取的是民主的方法。他们与学生建立起来的关系是平等民主的。

科学正确的学生观，要求教师把学生看作是人格独立的人，有巨大发展潜力的人，学生之间是有很大差别的，承认和尊重学生的个别差异。

（二）加强和改善师生之间的交往

活动和交往是良好师生关系建立的基础，离开师生双方共同参与的活动以及活动中的频繁交往，就谈不上良好师生关系的建立和发展。教学活动尤其是课堂教学，是师生交往的主要形式，也是师生关系形成的首要途径。有人说过，教学是一个涉及教师和学生在理性与情绪两方面的动态的人际过程。因此在教学过程中，教师一方面要注意增加与学生交往的时间次数，通过对学生知识的传授、技能的培养、伦理道德的教育感染来影响学生，但同时也从学生的言谈及目光交流中获得及时的信息反馈，以改善师生之间互动的方式和内容。教师另一方面要减小与学生交往的空间距离，可采取一些必要的措施，如在课堂上来回走动巡视，减小与教室后边学生交往的空间，定期让学生交换座位，改善因座位在后边的学生与教师交往频度低的负面影响等。

同时教师还应该充分利用课外活动的时间加强与学生特别是学生个体的交往。课外活动是课堂教学的延伸和补充，师生关系的形态比在课堂教学中更加多样化，师生双方的个性得到充分的显现，使彼此心目中的形象有血有肉、丰满充实，相应地师生关系也变得丰富多彩。

（三）注意师生之间的沟通

师生之间良好的沟通不仅能够提供信息，有助于教育教学活动的完成，而且还能够有助于良好师生关系的建立。

埃瑞克·波尔伯（Eric Berbe）认为人们有三种交流方式，即孩子式、父母式和成人式。孩子式的对话交流方式是指当与人交流时感到低人一等所采用的方式，往往是一种屈从于权威或者感情用事的；父母式的方式则是指在与人交流时感觉高人一等，按父母对待小孩的方式进行交流，更多采用批评指正、敦促劝告、说服教育等；成人式则是以平等的姿态与人交流，这种方式可以做到所表达的思想条理清楚、坚定有力，而且不会产生对立情绪。在沟通过程中，教师不仅要注意交流的方式，而且还应该注意下面几个方面。

首先是在沟通过程中教师应该强调归属感。所有的人都想知道自己对家庭、朋友、班级和学校是否重要，如果学生缺乏归属感，那么他将会退缩不前，其行为表现也出现很多不为别人接受的异常表现。因此教师在交流过程中，应该强调每个学生都很重要，都会受到教师的重视和公正对待。并且在教育教学活动中，始终给学生以赞赏、爱护、帮助和支持，让他们分担管理班级的任务和承担教学计划中的一部分责任。让他们为班级和小队的建设付出努力，从而保护他们的归属感。

其次是经常关注和关心学生。对学生的关注的最好方式是每天都能够与每个学生进行个别交谈。在大多数情况下，教师的主要精力主要放在学业优异的学生和有问题的学生身上，而忽视了班上其他大多数学生。由于这些学生既不能给教师带来欢乐，也不会给他们增加特别的烦恼和负担，因此很容易受到忽视。关心也是建立良好师生关系的重要内容，教师应该通过语言和行为两个方面对学生表示关心，同时应该保证言行之间的一致性。

最后是对学生的表现进行及时评价。这是指教师应该运用语言和行动来表达他们对学生的支持、鼓励和赞赏。教师不仅应该对学生取得的成绩表示赞赏，而且应该对他们付出的努力和进步表示赞赏。不过要注意的是，强化学生的努力与强化他们的品质有差异，如表达"你很聪明""你是一个好孩子"，其所表达的信息反而不够明确，甚至使学生感到不安，达不到沟通的目的。

（四）完善个性和管理方式

人总是有个性的，人的个性总是千差万别的。人的不同个性在人际交往中又常具有吸引力、互补性。因此人们在交往中常常发现自己个性的不足、缺憾，往往羡慕别人个性的表现力，去追求自己所没有的，也就是至善至美的个性，这样就形成了双方相互接近的需要。从一个团队的角度出发，能够做到个性互补是最好的选择，不过由于师生关系的不可选择性，师生双方个性的互补往往难以完全做到。因此完善个性就成为改善师生关系的重要选择。这就要求师生双方，特别是教师要做到大公无私、襟怀坦荡、不感情用事、对人热情开朗、乐于助人、待人诚恳、信任、理解、同情、尊重别人，只有这样才能彼此欢迎，达到心理相容，保持长久的友谊。

大量的教育实践和理论研究证明，只有在一个民主、平等、和谐、活跃的教学环境和气氛中，教师尊重学生的民主权利，对学生既讲民主，又讲集中；既严格要求，又热心指导；既尊重学生的独立性、主体性及首创精神，又发挥教师的主导作用，彼此尊重、信任、相互促进，才会有利于学生成长，有利于师生良好关系的建立。这就要求教师能够做到在教育和管理学生中采用民主的方式，毕竟师生在人格上是平等的，不应有高低贵贱之分。他们能够成为思想上互相交流、心灵相通的朋友。师生关系是一种互相教育、互相感染、教学相长的关系。教师对学生采取民主的方式，管理和教学效果最佳。

第十六章 教学交往与课堂互动

教学是教师和学生在教和学这两个范畴中相互交往和互动的过程。没有教学交往与课堂互动，就很难发生真正意义上的教学。近年来教学交往与课堂互动作为促进师生共同发展的有效形式引起了教育心理学研究的普遍关注，尤其是建构主义学习理论的兴起和发展，合作交流、对话沟通等课堂互动形式已经成为影响学生知识掌握和意义建构的有效形式而备受研究者的重视。事实上，教学交往与课堂互动是组织和实施教学的经常性活动。其质量如何不仅直接关系到教师对学生的知识传授及能力培养的效果，而且影响学生良好心理品质和行为习惯的养成。

第一节 教学交往概述

一、教学交往的含义

教学中的交往一直被教育心理学研究所关注。维果茨基明确指出，个体的心理发展正是在与成年人的交往过程中通过掌握高级的心理机能的工具——语言符号系统，从而在低级心理机能的基础上形成和发展起来的。离开了教学交往，个体就失去了促进其心理发展的有效形式。罗杰斯认为：教学中的人际交往和关系，既是教学本身，也是教学的条件。美国"合作学习"的教学实验，则把学生之间的交往作为教学中的核心，提倡有效教学应该鼓励学生围绕具体学习目标进行实质性交往和合作学习。而苏联提倡的"合作教育学"也强调应把师生合作关系的建立当做教育的核心及教改的重点，因为教育是一个人际交往的过程，有效的教育取决于有效的交往。

（一）什么是教学交往

关于什么是教学交往，有不同的理解。有的认为，教学交往是在教学过程中，以具有一定意义的语言为中介的师生之间相互影响、相互促进的活动。[①] 有的认为，教学交往以人为对象，它通过载有精神价值和情感态度的信息交流来实现师生之间的相互作用。[②] 有的认为，教学交往是在继承和传播人类文化科学知识和智慧成果的同时，并以个人的品质修养、智慧才能、情感体验、社会观念、人生价值和行为规范作为信息而进行的人际交流过程。[③] 综合分析这些观点，我们认为，教学交往是一种特殊的人际交流与沟通过程，它是指在教学情境中师生相互交流信息、思想、感情和共享信息的人际沟通活动。首先，教学交往是特指教学情境中的人际交往，其交往的内容既包括知识信息，也包括情感、态度、价值观念方面的信息，还包括生活经验、行为规范等信息；其次，师生是教学交往的主体；最后，教学交往是师生间的信息交流与共享活动。通过教学交往，师生彼此了解、交互作用并形成共同的观点和思想，达到师生间的人际沟通，进而协调学与教的认知活动、情意

[①] 陈旭远：《关于交往与教学交往的哲学认识》，载人大报刊复印资料《教育学》，1998（11）。

[②] 李瑾瑜：《教学交往研究的方法论思考》，载《西北师范大学学报》，1998（11）。

[③] 许鲁光：《论教学中的人际交往关系》，载人大报刊复印资料《教育学》，1998（11）。

活动，保证教学目标和任务的完成。

尽管如此，在教学实际中，教学交往并未得到很好的落实。杜威曾对美国课堂缺乏交往的状况进行过详细的描述："如果我们留心看看一般的教室，例如按几何图形排列着一行一行的简陋的课桌，紧紧地挤在一起，很少有移动的余地；这些课桌的大小几乎都是一样的，仅能够放置书、笔和纸；另外，有一个讲台，一些椅子，光秃秃的墙壁，还可能有几幅画。这一切是有利于'静听'的，因为单纯地学习书本上的课文，只是'静听'的另一种形式，它标志着一个人的头脑对别人的依赖。比较说起来，'静听'的方式意味着是被动的和吸收的……让儿童以尽可能少的时间获得尽可能多的东西。"① 这种描述也正中我国目前的课堂教学现状。如我国当前的课堂教学还较多地存在着"虚假交往现象"，比如：(1) 交往的形式性，交往徒具形式，是肤浅的、远离其内容承载的文化意义的；(2) 交往的造作性，交往背离真实性，教师以自己的思维、语言、行为来代替学生的思维和语言，忽略学生的内心感受；(3) 交往的垄断性，教师只关注极少数所谓优等生，这是以牺牲大多数学生的发展为代价的；(4) 交往的独裁性，教师是交往中的主动者，扮演着"法官"的角色，学生是消极的受动者。②

（二）教学交往的特点

教学既是知识的传递过程，更是心理品质的形成与发展过程。但是，无论是知识的传授还是心理素质的发展，都是在人与人交互作用的过程中进行的。正如 20 世纪 60 年代德国"交往教学论"所主张的那样，交往就是教学的本质，教学就是交往的特殊变体，教

---

① 赵祥麟、王承绪：《杜威教育论著选》，29～30 页，华东师范大学出版社，1981。

② 孙杰远、董标：《教育与交往——"全国教育基本理论专业委员会第八届学术年会"综述》，载《中国教育报》，2002 年 2 月 2 日。

学是有知识经验的人与获得这些知识经验的人之间的交往。教学交往是一种社会交往，它具有一般社会交往的特点。(1) 主体性。交往反映的是人与人之间互为主体的关系，即交往中每个人都是主体。教学交往中，师生双方均是交往活动的主体而不是单纯接收信息的客体，双方都有交流的主观能动性，并把对方看作是具有自身独立的人格价值的人，以尊重彼此的自由性为交往前提，所以教学交往使师生双方的主体性得以确证、生成和发展。(2) 互动性。交往是人与人相互作用、相互沟通，并把行为导向他人的过程，具有双向互动性。真正意义上的交往依赖双方的共同参与、合作，离开其中任何一方的作用，交往便不能继续。交往双方无论其地位如何，是主动还是被动，是支配还是服从，都有以自己的要求、兴趣、态度为基础来理解对方、接纳对方的目的和意图，并作出反馈，以此影响对方，供对方调节自己的言行。教学交往是主体间动态的活动和交流，教师与学生之间，学生与学生之间，双方以语言、行为、思想等信息作用于对方，导致双方观念或行为的适应和调整，体现出相互沟通、相互促进的人际互动作用。(3) 互惠性。交往中存在普遍的个体差异性，在人际交往中人总是希望通过交往满足自己某些方面的需要。在教学中，师生之间存在知识、能力、智慧、个性方面的差异，这为交往双方的互补互惠提供了前提条件，即差异是交流的基础。交往中教师以自己的知识才学、人格魅力为手段去影响学生，促进学生的发展，学生以自己的积极行为反馈于教师，使教师从学生的成长中受到鼓舞，体会到自己的劳动价值，实现自己的事业理想，所以教学交往的结果并非只是学生受益，而是师生双向受益，互补互惠，这亦即"教学相长"。

但是，教学交往作为社会交往的一种特殊类型，不但具有一般交往的共性，而且具有自身的特殊性。

1. 教学交往是师生之间的人际沟通。首先，教学交往主要是教师个体对学生集体的交往。教学交往主要是在一定的班级教学中进行的,这种交往一般是一名教师面对几十名学生,教师在交往中起着主导作用,如果教师不善于沟通与交流,就会影响整个班级教学交往的成效。在教学交往中,由于教师的精力及主客观等各方面的原因,容易出现一种远距离的交往、纯知识上的交往,而忽视了师生之间的直接交往与心理上的交流,就不利于充分发挥教学交往的应有功能。其次,师生之间的人际沟通是教与学活动顺利进行的基础,它具有以下功能:(1)传递信息;(2)满足个体心理需要;(3)改善人际关系,调动积极性;(4)改善教学行为;(5)提高教学效率和质量;(6)习得社会规范。师生之间的人际沟通主要具有以下特点:(1)师生交往主要是运用言语和非言语两种交往形式进行的;(2)具有传递信息和交流思想、观点、态度、情感等的双重作用;(3)师生的心理因素在沟通中十分重要,尤其是双方进行信息交流的愿望、目的、动机以及心理状态等直接影响到交往的程度和水平;(4)师生的心理障碍会歪曲人际沟通的信息,影响交往的成效;(5)人际沟通的结果能直接影响师生的教与学活动。

2. 教学交往是一种特殊的代际沟通。教学交往主要是指师生交往。教师代表社会中成年人一代,学生处在发展之中,是未成年人一代。而不同代际的人在知识、经验、语言、思维方式、心理特点等方面都有着明显的差异。教学交往既不是"成人式"的社会交往,也不是缺乏目的性的"儿童式"的交往,而是教师代表成人社会,对未成熟一代施加有目的影响的交往。在这种特殊的交往中,既要考虑学生的年龄特征,又要符合社会交往的规范。

3. 教学交往以正式交往占主导地位。交往分正式交往和非正式交往。正式交往是通过组织机构明文规定的渠道而进行的交往,而非正式交往就是正式渠道以外的信息交流和意见沟通。教学交往主要是正式交往。它是在教师的指导下按照既定的教学计划进行的,师生双方要恪守教学交往的规则。因此,它具有鲜明的目的性、计划性、组织性和规则性。

4. 教学交往是教学主体之间的交互作用。在教学交往活动中，参与交往的主体教师和学生都是能动的、有意识的信息交换者和传递者，他们都是以积极主动的状态参与交往活动的，这就决定了教学交往活动是交往主体之间的相互沟通与对话，是一种活生生的多边互动过程，而不是一种僵化的强制的和没有反馈的单边活动过程。因此，教学交往之中的交互作用至少包括教师与学生之间、学生与学生之间的多向交流和沟通活动。但是，分析我国目前的中小学课堂教学实际发现，教学交往还存在许多尚待改进的方面：以"教师为中心"的交往倾向严重。[①] 教师是课堂教学的组织者和领导者，控制着课堂教学的进程，其课堂教学交往的形式主要是由教师—全班交往、教师—学生个体交往，而教师与小组之间的交往、学生与学生之间的交往严重贫乏。教学交往的方式上，师生之间的交互作用缺乏，互动性交往少，主要是以教师向全体学生"灌输"为主的单向交流，学生群体之间的交往、师生互促互动的多向交往严重缺乏，因此，学生在教学交往中总是处于被动状态，其主体性得不到发挥，社会性发展受到抑制。

5. 教学交往以促进学生发展为主要目的，具有教育性。在教学活动中，通过师生的共同参与和合作，通过观点信息、情感信念、态度价值、行为习惯等方面的交互作用，最终达到促进学生综合素质的健全发展这一根本目的。

事实上，教学交往要有效发挥作用，必须充分发挥学生的主体性，让学生成为交往的主人，充分保证学生主动交往的权利和时间，特别是同学之间的相互交往，这样才能在提高学科教学效果的同时促进其主体性和社会性等心理素质得到良好发展。

---

① 陈旭远、张捷：《中小学课堂教学交往时间结构研究》，载《现代中小学教育》，1998（1）。

二、教学交往的基本类型与风格

教学交往的形式和类型多种多样,可以根据不同角度和标准进行划分。从参与交往活动的主体数量,可以分为"个体—个体""个体—群体""群体—群体"三类;从教学交往使用的信息媒体看,主要有语言交往和非语言交往。同时,教师在长期教学交往实践中,经常使用某种类型的交往,就会逐渐形成各自不同的教学交往风格,并对学生的学习效果产生极大影响。

(一) 教学交往的主体类型

1. "个体—个体"教学交往,即在教学交往活动中,作为个体的教师和作为个体的学生之间的交往,主要有"教师个体—学生个体"和"学生个体—学生个体"两种形式。在"教师个体—学生个体"的教学交往中,教师通过对学生的个人指导以及学生对教师的质疑可以形成有效的教学对话与交流,从而实现双方的相互理解和沟通。其主要表现在课堂教学中的提问与应答、要求与反应、评价与反馈,以及个别辅导、眼神交流、直接接触等过程中。在"学生个体—学生个体"的教学交往中,交往的主体都是学生,其交往活动主要表现在课堂练习和课堂讨论中,最常见的是相邻座位的学生之间就上课内容和作业内容的讨论,自习课中同伴之间的交往等。这种学生个体间的交往,不仅可以深化学生的认知,拓宽思路,而且可以发展学生言语理解和表达能力,有助于掌握合作技巧、培养合作精神。但由于学生个体交往技能欠缺等原因,往往会影响交往的质量,需要教师的有效参与、组织和引导。

2. "个体—群体"教学交往,即在教学交往活动中,教师个体和学生个体与教师群体和学生群体之间的交往,主要有"教师个体—学生群体""学生个体—学生群体""教师群体—学生个体"三种。"教师个体—学生群体"的交往是课堂教学交往的主流,这种交往主要发生在组织教学、课堂讲述、课堂提问、课堂评价、课堂讨论和课堂练习之中，是实现教学的认知发展功能和情感培育功能的基本保证。但是，要有效实施这种交往，必须将传统课堂教学中的"讲授—接受"教学转变成教学对话（教师与班级对话，教师与学生小组对话），才能使教学进入科学意义的交往活动之中。"学生个体—学生群体"的交往既包括学生个体在全班同学面前的示范、回答或陈述观点，又包括个体在小组讨论中发表意见或者评论。其中，小组合作是常用的较有效方式之一。这种交流不仅可以培养学生积极的学习态度，增强其课堂参与意识，而且可以使个体学会接受群体规范，服从群体要求，从而提高人际交往和组织能力。"教师群体—学生个体"之间的教学交往在我国还较少。

3. "群体—群体"教学交往，即作为群体的教师和群体的学生之间的交往。主要有"教师群体—学生群体""学生群体—学生群体"两种。在当前的课堂教学中，教师群体是被隐藏起来的，也就是说，承担课堂教学的教师必须考虑自己作为教师群体中的一员，代表群体"发话"，教师群体素质及其所形成的整体教育力量对学生发生潜在的影响，而在"学生群体—学生群体"的小组教学中，竞争性对话将成为互惠发展的重要条件。课堂教学中进行适度的群体交流，有利于活跃课堂气氛，培养学生集体竞争意识、参与意识和集体荣誉感。同时通过群体交流，有利于加深对困难问题的理解和掌握。

（二）**教学交往的媒体类型**

1. **语言交往。**语言交往指以语词符号实现的交往。语言交往是沟通可能性最大的交往，它使人的交往过程可以超越时间和空间的限制。语言作为社会人群已经形成高度共识的符号系统，每一个字词的声、形符号，都已经被赋予了一定的意义。因此，语言成了人与人之间进行沟通的桥梁。尽管在日常生活中人与人之间的交往也存在许多非语言的形式，但由于语言是最为规范化的符号系统，在同一种语言背景中，不同的人对以一定声、形符号为载体和字词所建立起来的概念的理解是高度接近的。语言的这种特点,客观地决定了人们在日常社会生活中大部分沟通都借助于语言来实现。

交往能否有效顺畅地进行,关键是交往者如何使用信息媒体进行沟通(言语活动)。教学交往中常见的歪曲语言信息、误解信息意义、丧失语言反应等困难,其主要原因除交往双方心理上的障碍外,教师运用语言的能力不强是十分重要的原因。因此,在教学交往中要取得满意的效果,教师应对自己的言语活动从以下方面加以规范。

(1) 认真、科学地组织教学信息。教师在使用语言进行教学交往时,首先应完全明确地意识到此次交往准备传输什么信息,并对之进行科学组织和整理。组织信息应以材料的逻辑联系为基础,并考虑意图的情感意义以及观点的语言信息容纳量,这样就可以从发信者一方排除因信息模糊不清可能造成的困难。

(2) 提高对自己言语活动的意识及对学生反应的敏感性。研究表明,不同的语言表达方式,在提供信息和增进理解方面具有不同效果。语言研究者将语言分为陈述语、推论语和判断语三种,并认为每类语言都有其独特的功能,产生特殊的效果。① 陈述语因只提供事实,允许接受者从给予的信息中形成个人意义,因此能增进理解;推论语和判断语则提供信息不足,接受者因此缺乏对信息理解的机会,为了提高教学交往的效率,避免信息的曲解和中断,教师应自觉考虑讲话的方式和内容,选择适宜的语言表达方式,若用推论语和判断语,应让学生知道它们的根据。同时教师要善于"察言观色",提高对学生反应的敏感性,从中获得反馈信息,不断调整言语交往活动的方式和内容。

---

① [加] 江绍伦:《课堂教育心理学》,129~143 页,江西教育出版社,1985。

(3) 尽可能为学生提供词义理解的机会。教学交往中,学生对教师言语意义的理解程度是与他们的知识、经验相联系的。因此,教师在教学交往中,一方面应考虑所传递信息与学生已有知识经验的联系,"温故而知新";另一方面可用提问、讨论等方式鼓励学生交流,增强对学习内容的理解。这样既为学生提供了更多的词义理解的机会,又能提高言语理解的技能。

(4) 建立合作、默契、和谐的师生关系。教学交往是一种目的性非常强的交往,交往双方的合作、默契、和谐是十分重要的,在一定程度上,它们是决定性的因素。合作是指师生在交往中能彼此配合,相互促进;默契是指师生双方在情感上的共鸣、心灵上的相通;和谐是指在合作与默契基础上达到的整个交往过程的协调一致。研究发现,教学交往中,师生之间建立起合作、默契、和谐的关系,是教学信息传输和转换的重要条件。

2. 非语言交往。在教学交往中,虽然语言交往是主要的,但有时语言本身也难以完全发挥调动和促进交往的作用,这时就必须借助非语言信号的作用。在某些特定情境中,非语言交往甚至比语言交往的作用更大,它能使语言信号富于情绪感染力、吸引力、鼓动性和影响力,给语言奠定褒贬的基本色调,在语言信息暧昧时,直接代替语言或补充、解释语言。

社会心理学研究表明,几乎一切非语言的声音和动作都可以用作沟通的手段。而非语言交往大致可分成三类:动态无声的、静态无声的和有声的。教师经常运用于课堂教学的非语言交往有如下几种。

(1) 体语。体语是以身体动作表示意义的信息系统,包括身体各部分的运动、姿势和装饰等。在课堂教学的特定语境中,教师可以通过必要的体语与学生进行相互沟通,比如常用的眼色、面部表情、点头或摇头、手势等。一个教师,如果能掌握并善于使用体语,不仅可以把许多教学信息输送给学生,而且可以收到事半功倍的教学效果。如眼睛是一种非常重要的非语言交往工具,师生关系常常靠视线接触来建立和维持。教师注视某些学生的频率,直接反映出教师对他们的好恶。某些学生回答问题准确生动,教师可用赞许的目光以示鼓励;某些学生注意力分散走神儿,教师可用皱眉、凝视、扬眉等以示提醒;学生自觉性强,课堂纪律较好时,教师可用亲切和蔼的目光主动捕捉学生的视线,让学生感到教师已经意识到自己的存在,从而产生心灵相通效应。

(2) 人际距离。人际距离是影响人际吸引的一个重要因素。费斯廷格(1950)研究发现,交往的次数与距离的远近成反比。① 如果其他一切条件不变,个体与个体之间、群体与群体之间,距离越接近,交往的频率可能越高,越容易建立良好的人际交往关系。因此,在课堂教学中,教师可以通过交换自己在教室内的位置,走近或远离某些或某个学生,与具有问题行为的学生进行语言或非语言的交流,来达到有效组织课堂教学的目的。

(3) 辅助语言和类语言。辅助语言指语言的非语词方面,如声音的音质、音量、声调、语速、节奏等,它属于语言表达的一部分,但不是词语本身,因而常常是用来辅助词语的表述以便准确表述意义和所具有的情感。相同的词语在不同的语调、音量或节奏下,会表示不同的意思,取得不同的沟通效果。

类语言指的是无固定语义的发声,如笑、哭、叹息、呻吟、口头语以及各种叫声等。尽管这些发声并无固定意义,但在特定语境下具体表达着语词之外的思想、情感或其他信息,其作用是不可忽视的。教师在请一个做小动作的学生安静下来专心学习时,"安静些"既可大声呵斥地说,也可轻声地说;既可以面带笑容和蔼地说出,也可以沉下脸来低声训斥;既可以先轻咳一声,引起他的注意

---

① 郑全全、俞国良:《人际关系心理学》,325~326页,人民教育出版社,1999。

然后再劝告，也可以是冷笑一声，严厉命令……在不同的辅助语言和类语言伴随之下，同一句话会产生不同的课堂效果，学生将有不同反应，师生之间的沟通效果也不一样。

（4）其他非语言交往。例如，教师课堂时间的安排、控制，先要求什么，后要求什么；强调的时间的长短；对各种课堂问题、不同学生，先对哪个作出反应，后对哪个作出应答；问题解决的详略与花费时间的多少；在什么时候要求学生，在什么时候可以视而不见……其中都包含着时机把握问题。而这些不同选择会向学生传递不同的信息，学生的反应、课堂的教学秩序也会引起很大的或者是微妙的变化。

（三）教学交往风格

教学交往风格是指教师在长期教学交往实践中逐步形成的、富有成效的、较稳定的交往观念、交往习惯，是教师教学交往作风的综合表现。诺顿（R. Norton，1977）研究发现，学生学习效果的好坏与教师教学交往风格有极大的关系。对教师的研究发现，教学有效性高的教师，其交往风格往往具有：关心学生的态度、情感和学习进展；密切注意学生的反应并据此灵活调整教学计划；教学富有特色，能给学生留下深刻印象。对学生的研究发现，学生认为富有成效的教师的教学交往风格在具备以上三个方面特点之外，还应该是放松的，即教师在教学交往过程中，要对学生表现出友好的态度，为学生的学习创造一个宽松的环境，不对学生施加过分的压力，不对学生的行为指手画脚。努斯巴姆（J. F. Nussbaum，1980）研究发现，高成效教师的教学交往风格最突出的特点是具有戏剧性。这些教师在教学交往过程中，经常使用夸张的语言、丰富的想象、生动形象的比喻、富有吸引力的声音等能体现其戏剧性风格特征的手段，使学生对教师所传授的课程产生浓厚的兴趣，在充分理解课程内容的基础上，掌握教师传授的知识。这些教师能与学生坦率、诚恳地进行交往，能为学生创设一个轻松的学习氛围，表现出富有戏剧性变化的行为特点。

通过对国外关于教师教学交往风格的大量研究的归纳,可概括出教师教学风格的以下十种类型。[1]

(1) 喜欢支配的教学交往风格:教师表现为"意见领袖人物",控制整个教学交往的进行。

(2) 富有戏剧性的教学交往风格:教师在教学过程中能熟练地运用夸张、幻想、故事、比喻、节奏、声音和其他文体手段来突出或说明所传授的教学内容。它有助于强调解说过程中的重点。

(3) 好争论的教学交往风格:教师喜欢与学生进行争论。

(4) 生动的教学交往风格:教学交往过程中,教师经常运用目光接触、面部表情和手势与学生进行交流。

(5) 能给人留下深刻印象的教学交往风格:教师在教学过程中,运用形象化的刺激物,使所教授的教学内容及教学方式都得到强调,从而使学生经常会再想到这位教师。

(6) 放松的教学交往风格:教师在教学交往过程中很镇静,在任何情况下都不会流露出紧张的神情。

(7) 注意力集中的教学交往风格:教师在教学交往过程中表现出喜欢听学生讲话,对学生所讲的内容表示出兴趣,并有意地作出反应来表示他在注意地听。

(8) 开朗的教学交往风格:教师在教学交往过程中,很乐意把自己的事告诉学生,并易于表达感情。这种教师往往没有什么秘密,也不保密,可以说是坦率的。

(9) 友好的教学交往风格:教师经常鼓励学生,公开表达自己对学生的赞赏。

(10) 准确的教学交往风格:教师在教学过程中力争严谨、准

---

[1] 陈旭远、张捷:《教师教学交往风格与教学交往的有效性》,载《东北师范大学学报》(哲学社会科学版),2000 (1)。

确,这表明教师对教学内容十分熟悉。

通过对我国中小学教师教学交往风格的实证研究发现,目前我国中小学教师的教学交往风格主要是以权威型、严谨逻辑型和争论型为主,而他们认为最理想的教学交往应该是风趣幽默型、情感型和民主型。因为这种教学风格可以消除学生的紧张心理,吸引学生,拉近师生间的距离,调节课堂气氛,使学生在欢乐、愉快的心境下,开动脑筋,活跃思维,丰富想象,培养创造力。而权威型、严谨逻辑型教学交往风格,易于拉大师生之间的心理距离,形成紧张严肃的课堂气氛,这样会造成学生的思维紧张,产生疲劳感,从而加重学生的学习负担,影响学习积极性。[1]

三、教学交往的原则

总的来说,教学交往应有利于师生间的人际沟通、信息传输、情感交流、教学目标的实现和教学质量的提高。为此应遵循以下原则。

(一) 平等与尊重原则

平等与尊重原则是指在教学交往中,作为平等的教学主体,师生之间要相互尊重,教师要尊重学生的人格,体谅学生的情感和要求;学生要尊敬教师,理解教师的要求,尊重教师的劳动。教师对学生的尊重尤其要做到:尊重学生的主体地位,不包办代替;尊重学生的自尊心,不挫伤学生;尊重学生的个体差异,不一刀切。在教学交往中贯彻相互尊重原则的关键是师生之间的相互理解。因为,交往是主体由相互认识与相互理解走向共同理解的过程。研究表明,师生交往的效果,取决于彼此理解的诚意和水平。[2] 只有在

---

[1] 陈旭远、张捷:《教师教学交往风格与教学交往的有效性》,载《东北师范大学学报》(哲学社会科学版),2000 (1)。
[2] 陈安福:《课堂教学管理心理》,232页,四川教育出版社,1990。

师生相互尊重、理解的基础上，才会建立起良好的交往关系，否则就只能是只有教学交往的形式表现而无实质性交往的假教学。

（二）互动原则

互动原则要求对于同我们发生交往的人，我们应该首先接纳、肯定、喜爱他们，保持在人际关系的主动地位。只有这样才能建立融洽、愉快的气氛，产生互动效应。在教学交往中，贯彻互动原则，一是指教学交往的信息与交往意图的协调一致，通过师生之间的情意沟通以引起心向或目标的一致性；二是师生交往应与具体课堂教学心理气氛协调一致，使师生处于相互促进、相互作用、相互影响的互动之中。

（三）适度调控原则

适度调控原则指运用交往规范和目标对教学交往过程的有效组织。它包括教师调控和学生自我调控两个方面。教师对教学交往过程的调控是教师作为教学组织者职能的体现。从现代教育心理学的观点看，教学交往，既不应以教师为中心，控制过死过严，又不应放任自流；教学组织者既应给学生适度的交往自由，教会学生自我调控，又要根据交往规范和教学目标进行适度控制。

（四）最佳组合原则

最佳组合原则指教师在教学交往中对交往条件或形式的最优化安排。一般情况下，教学交往中语言交往和非语言交往都会运用到，关键是如何有机组合，最佳搭配。组合得当，搭配合理，交往的效果就好，反之则会弄巧成拙。教学交往中如何才能达到有机组合、最佳搭配呢？首先，教师应熟练掌握教学交往中语言交往和非语言交往的知识技能，并对此有一定的研讨和较多的经验，对它们之间的相互关系有清醒的认识；其次，对具体教学情境和课堂心理气氛有准确的判断力、灵活的应变能力与驾驭能力；再次，有根据教学交往中突发事件及时调整交往形式的教育机智和教育技巧。

(五) 合理交往原则

教学交往有两种相互作用的形式：对称性交往和补充性交往。对称性交往意味着交往者都具有平等权利；而补充性交往则意味着在交往者中，有人起主导作用，即起补充别人不足的作用。教学理论家沙勒（J. Schaller）在分析了上述两种相互作用形式后，吸取其中合理成分提出了合理交往原则。所谓合理交往原则就是指交往各方以合作的精神、平等的态度、民主的意识和求知的兴趣进行的自由自主的交往。合理交往应具有如下特点：（1）合理的交往是一种合作式的交往；（2）交往者都能放弃权威地位，相互持平等的态度；（3）在交往中不是使民主流于形式，而是真正做到民主；（4）由于交往的参加者实际地位不是同等的，因此必须促进相互取长补短，理智地采取合理的行为；（5）建立不带支配性行为的交往条件；（6）相互传递的信息是最佳信息；（7）现在的交往将为以后的合理交往创造条件；（8）合理交往的结果将取得一致的认识，但并非一切交往都必须达到一致认识，尤其不应在交往结束时盲目作出决定。

第二节　师生交往的心理结构与功能

一、师生交往的心理结构

关于师生交往的心理结构，教育心理学研究甚少。陈枚（1986）对此研究认为，师生在教育过程中的交往结构是由相互影响、信息交流、相互认识三个主要侧面和个性、角色、群体三个主要层面构成的"三侧面三层面的三棱柱体"式的交往心理模型；并认为这个模型的三个侧面都可分析出一些因子，每个因子都能在各个层面上展开师生交往。在交往的每一侧面或层面发生的各种问题，都会影响教育过程的进行。①

通过对心理科学的有关研究资料的初步分析，我们认为，师生教学交往的心理结构是一个由认知、内容、关系等维度以及个性、角色、规范等层面构成多维度、多层面的心理结构功能系统。下面我们拟对师生交往心理结构功能系统的不同维度和不同层面作简要探讨。

（一）师生交往心理结构的三维度

1. 相互认知维度。师生交往是一种特殊的人际沟通。人际沟通以人际之间的认知为前提。在教学情境中，师生在信息交流和交互作用的过程中，通过彼此直接或间接的接触，必然进行相互的感知、观察、理解和评价等认知活动。

2. 信息交流（内容）维度。教师要实现对学生的有效影响，达到教学目标，就必须在教学中不断地与学生交流知识、观点、情感和兴趣，其中信息交流是师生交流的主要内容。信息交流的最终目标是促进信息的顺利传递和有效转换。

3. 关系维度。一般意义上的交往是交往主体间的交互作用，平行影响，主体之间无主次之分。师生交往与一般交往相比，交往主体的关系不同，它是教师按照既定方向和目标对学生进行有意识、有目的的影响的一种教育性交往。教师在这一交往中起主导作用。

（二）师生交往心理结构的三层面

1. 在个性层面上的交往。教学交往是在师生双方一定的需要、动机、态度、能力和性格特点等个性品质基础上进行的。教师的个性处于交往的主导方面。教师是学生的楷模，教师的人格特征对师生相互交往的影响，有时甚至比其传递的信息更重要，直接影响到交往的成败。

---

① 陈枚：《试论师生交往的社会心理结构》，载《心理学报》，1986（3）。

2. 在角色扮演层面上的交往。角色扮演是人际交往中交往主体社会地位及承担责任、义务的表现。在教学活动中师生都扮演着一定角色。其所表现出来的言行总是力求与其角色扮演的要求一致。但师生都不只是扮演单一的角色，尤其是教师要扮演多重角色，除扮演知识的传播者外，还扮演着家长的代理人、纪律维护者、模范公民、心理咨询行家、团体组织者和领导者等角色。这些角色要求本身并非完全一致，时常出现角色冲突，这就使师生在角色层面上的交往更为复杂。

3. 在群体规范层面上的交往。师生交往多数情况下是在群体中进行的。无论是正式群体还是非正式群体，都有成文或不成文的群体规范制约着群体中成员的行为。师生教学交往一般在班级中进行，双方的交往都必须遵从班集体规范。如，师生交往应有助于班级教学目标的实现，有助于师生团结，有助于良好班风、学风的建设，有助于班级荣誉的获得等，这些都是班集体规范的要求。谁背离了群体规范都会导致交往失败。

师生交往心理结构维度从纵向勾画了构成师生交往心理结构的基本要素；师生交往心理结构层面从横向揭示了师生交往心理结构的不同水平层次。维度与层面是密切联系的，每个基本维度上的交往都可能在多种层面上进行，而所有交往层面又总是体现在各个基本维度之中的。

二、师生交往的心理功能

交往的功能多种多样。费斯廷格认为，交往具有传达信息和满足个人心理需要的功能；而苏联心理学家洛莫夫（Б. Ф. Ломов）认为，交往具有信息沟通、思想沟通和情感沟通等功能。因此，交往既具有传递信息的工具性功能，又具有满足需要的心理功能。前者主要是指通过交流思想、传递信息，达到在知觉、思维和态度之间的相互影响和行为改变的目的。而后者主要指通过维持良好关系，发展友情，达到表达情感、解除内心紧张、获得同情和理解、满足个人精神需要的目的。师生交往如同其他心理活动一样，有其自身特定的心理功能。这些心理功能一方面与其心理结构维度相对应，另一方面又表现在心理结构各层面之中。

（一）师生交往的交互影响功能

师生交往的交互影响，主要包括目标、态度和规范等主要因素的交互作用对交往效果的影响。

1. 目标追求的交互影响。师生教与学的积极性及其方向的协调一致性是教学有效性的条件之一。师生的积极性主要受各自内在动机的驱使，而内在动机又是在相互需要和满足需要的目标的共同作用下产生的。因此，需要和目标追求一致是师生积极性趋向同一方向的心理条件。在这种情况下，师生交往顺利，教学效果好。反之，如果师生的需要和目标不一致，则需要和目标相差越悬殊，双方的心理距离越大，交互影响的正效应越难以发挥，以致师生交往流于形式或受阻。因此，在教学中，确定师生都能接受的目标，是师生有效交往的前提。

2. 教与学态度的交互影响。师生对待教与学的态度，直接影响教学交往的成败，尤其是教师的态度至关重要。在教学交往中，教师主导作用的发挥通常存在两种截然不同的态度：一种是权力主义或专制主义的态度；一种是民主的或人道主义的态度。前者表现出地位优越感，倾向于用分数、惩奖、升留级等制度性措施来征服学生，对学生施加压力，以强迫的方式让学生接受影响。这种态度可能使学生顺从，也可能引起对抗。后者善于运用教学中师生的情感因素，对学生怀着真诚的爱和尊重，乐观地看待学生的成功与失败，精心设计教学过程，善于把自己的教学目标变为学生自身积极追求的目标，把学生的学习兴趣引向认识世界并完善自己品性的正确方向。

3. 群体规范的交互影响。师生都生活在特定的群体之中，各自群体的不成文的规范会影响彼此的交往行为，进而制约彼此交互影响的效果。学生群体的非正式规范，有许多是与教育者群体的规范相矛盾的。例如，学生向教师报告伙伴的违纪行为（教师群体制订的规范），可能被其所属的非正式群体视为"告密"而受到该群体的心理制裁。因此，许多学生不敢按学校要求向教师报告同学的缺点。即使一些优秀生，在公开场合（尤其是非正式场合）也会顺从本群体的规范，否则就会受到孤立。

（二）师生教学交往的相互认同功能

相互认同是在认知基础上达成的，这里是指彼此在相互认知的基础上的相互接纳。相互认同既是人际交往的内容又是人际交往的条件。关于师生教学交往中的相互认同问题，陈枚（1986）作了较全面的概括，对我们分析该问题颇有启发。

1. 师生相互认同的过程。师生相互认同是一个复杂的社会认知过程，这一过程要顺利完成，一般需要在头脑中形成"四个形象"和"一种关系"的认知。[①] 这四个形象是：(1) 双方各自客观存在的本来形象；(2) 双方通过自省形成的自我形象；(3) 对方在自己头脑中的形象；(4) 自己在对方头脑中可能的形象。一种关系的认知即对双方人际关系的认知。师生对四个形象和一种关系的认知水平影响着师生教学交往的协调程度。一般来说，如果这四个形象认知比较同一，双方的交往关系就比较稳定，教学交往协调，成效高；如果这四个形象不同一，则交往关系易产生障碍，教学交往不协调，成效低或无效或产生负效。因此，师生相互认知对师生交往的影响，取决于师生自我认知与对对方认知的同一（认同）程度。

2. 个性因素对师生相互认同的影响。在教学交往中，师生不时地表现出喜欢或厌恶对方的某些品质。如有研究表明，中学生喜

[①] 陈枚：《试论师生交往的社会心理结构》，载《心理学报》，1986 (3)。

欢有理解力、耐心温和、可信赖、公平、能使学生学懂、开朗、不感情用事、热心负责、不缺课、学识广、上课生动有趣、活泼、守信用、讲民主、人格高尚、教法好的教师；他们厌恶经常训人、情绪不稳定、作业过难、要求过高、不耐心、缺乏同情心、态度拘谨、讨厌学生、不接近学生、体罚、偏爱、不公正、缺乏知识和修养、教法不好的教师。师生间相互喜爱的个性品质越多，彼此关系就越融洽；反之，则容易发生矛盾。在教学情境中，也存在学生对教师的客观形象的认知与教师自我感知形象的不一致，究其原因主要有：第一，教师本身不善于表现或不能正确表现出自己的特点；第二，学生缺乏解释能力，对观察到的现象产生推断或归因的错误；第三，人际知觉效应的影响，有的学生因对教师的第一印象不好，形成了偏见或成见。

教师对学生的认知也受其个性的影响。总的来看，多数教师常常过高估计优等生而过低估计后进生，因此与后进生冲突多些。对同一问题的处理，不同个性的教师采取的方式不同。例如某学生期末考试失败，严于律己的教师往往归因于自己的教学缺陷；自负的教师则完全责怪学生的懒惰和笨拙。教师对学生的认知也可能受人际知觉心理效应的影响，如有些教师看待学生，以貌取人，以俊遮丑，以点代面。这些都可能是由于第一印象和刻板印象等人际知觉效应所致。

3. 角色扮演对师生相互认同的影响。在教学交往中，师生都在扮演与自己地位和作用相适应的角色，并根据对方的角色表现去认知对方。例如，教师因意识到自己的角色地位和作用，在学生面前表现出标准教师的行为方式，用"以身作则"来要求自己，使表现的自我比真实自我在形象上更高大些。学生观察教师时，借助课堂教学情境，以教师的角色身份为信息来源，把教师神圣化，对教师的错误言行也深信不疑。另一方面，当学生以其自身的角色身份评价教师时，对教师的期望就特别高，要求特别苛刻，似乎教师不应有缺点和错误,而一旦发现教师隐藏着污秽之点时,就对教师失望,甚至产生排斥心理。因此,师生之间的相互认同度是建立和维持良好师生关系的重要条件。

4. 所属群体对师生相互认同的影响。学校和班级群体的声誉影响着师生的自我认知和相互认知,甚至影响着他们的言行表现和个性形成。教师对一个学生群体若已形成印象或成见,就难以认清这个群体中的个人的真实面貌。同样,学生群体对某个教师有了评价倾向,群体中的个人无形中也会如此评价这个教师。此外,参照群体也会影响人际认知。如教师一般总是对优等生产生好印象,对后进生产生坏印象。

研究表明,师生相互认同经常出现脱节现象。为了增进师生相互了解,克服相互认同上的脱节,教师可采用以下方法:(1)创造师生相互接触的情境,以便相互捕捉能反映对方真实面貌的信息;(2)师生间进行平等的相互评价和互相"画像";(3)提倡教师尊重学生、理解学生;(4)师生经常在心理上进行角色互换。

(三)师生教学交往的信息交流功能

1. 师生信息交流的基本任务和运作程序。教师对学生的影响,在教学过程中主要是通过师生间信息交流来实现的。教学过程中的信息交流有三项基本任务:(1)把信息转换为学生的知识和技能;(2)通过对信息的掌握来发展学生的能力;(3)促进学生人格的良好发展。

教学是一个动态过程,信息在信源、信宿之间必须形成正向输入和反向回流,才能产生作用,发挥功能。对教学信息交流而言,教师即信源,学生即信宿,中介即信道,其主要形式为语言、板书、模型等。当然,教学不是信息的单向运行、线性联系,而是一个二元串连耦合系统。其耦合行为决定于逆向直接反馈信号,其主要形式为问题、作业、试卷等。据此,有的研究者主张用以下指标来衡量教学信息交流的成效（见图 16-1）。①

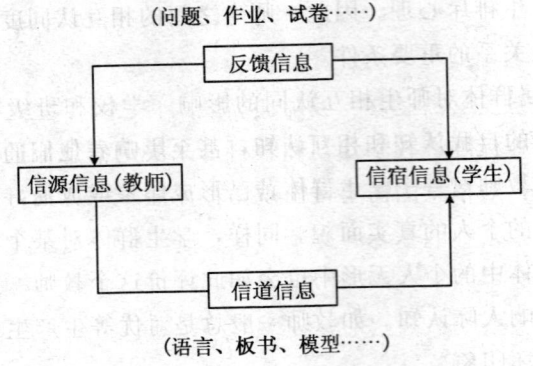

图 16-1　教学信息交流的运行程序（模式）

在教学信息交流程序中，教学效果取决于：(1) 在特定时间内教师发送的信息中有多大信息量被学生接受；(2) 学生对接受到的信息是否理解其含义，达到的抽象概括水平有多高。一般情况下，教师发送的信息不可能全部转换成学生的知识、能力和人格特征。这里存在教学信息交流中的信息流失问题，解决这个问题的关键是弄清教学交往中信息流失的主要原因。

2. 师生交往对教学信息交流流通量的影响。在教学中，信息不足和过多，都会影响教学效果。而教学信息交流的流通量不仅取决于教师发送的信息量的大小，而且受师生个性、角色、群体等方面因素的影响。

从个性层面上看，学生在教学中接受的信息量受多种个性因素的制约。首先，信息获得能力与学生的感知能力有关。如一般人短时记忆的广度有 7 ± 2 个信息单位之差别。其次，感知信息的数量与学生对信息的熟悉程度有关。研究表明，对常见的信息感知量比

---

① 丁长青：《课堂教学的信息变换、信息反馈与知识重组》，载《南京师范大学学报》（社会科学版），1986 (4)。

对生疏的高 10 倍以上。再次，与学生个性的成熟度有关。学生的学习兴趣、注意力和智能水平有差异，因而造成各人的信息接受率不等，流失量各异。

从角色扮演层面上看，教师代表成人社会对学生施加影响，倾向于依据课程标准、教学计划和教科书来决定信息流通量。而学生处在成长期，对信息的需要常出现角色矛盾：一方面好奇心强，希望教师多传授些他们感兴趣的新鲜信息；另一方面，因受某些心理需求的驱动，又要求教师减少信息量。例如，当学生期望在考试中获得高分或免遭考试失败时，他们可能要求教师仅把与考试有关的信息发布出来才好。显然上述角色扮演都会妨碍教学信息量的最佳流通。

此外，群体的气氛、学风、规范等也制约着教学信息的流通量。

3. 师生教学交往对学生理解教学信息内容的意义和抽象水平的影响。在教学中，信息内容决定着信息的价值和科学意义，学生对信息内容的理解及其达到的抽象程度是决定教学效果的主要方面。师生交往中的个性特点、角色扮演和群体作用对教学信息的转换有重要的影响。

从个性层面上看，学生不能理解或不能更高水平地掌握信息，是因为存在以下问题。

（1）智力操作系统的问题。教与学活动的智力操作程序不同：教师发送信息的编码过程经历了理解教材信息的含义—进行信息编码（把教材用信号形式：语言、图表、公式和非言语信号系统等，组成一个表达系统）—用一定方式发送教学信息，而学生接受信息的智力操作程序则经历了感知信息（发送者发送的符号系统）—进行信息译码（将编码还原）—反复地多层次地理解信息含义，并逐步提高抽象水平。这两种不同过程，前者是编码过程，理解信息内容先于符号表达；后者是译码过程，感受符号系统先于对信息内容的领会。教学实践证明,师生双方在智力操作过程中的任一误差,都会影响信息的有效转换。例如,教师对信息理解不确切,编出的符号系统缺乏逻辑性,发送信息时不善于运用交际手段,缺乏表现力和吸引力;学生在接受信息时发生感知障碍、译码偏差,对信息遗漏、误解、曲解或断章取义,都会损害信息的有效转换。

(2)文化和知识系统问题。师生有不同的文化习俗背景,因而有不同的语言和非语言的表达系统,有不同的习惯和偏好态度,学生接受新信息的动机和知识准备不同,师生双方社会观差异和共同语言的多寡等都制约着学生对信息的理解。

(3)性格系统问题。师生双方存在着性格差异。例如,一方敏感、不耐烦,另一方迟钝、反应不敏捷;一方胆小、害羞,另一方交际主动;双方都过分自尊,甚至傲慢,互相瞧不起;双方或有一方对信息交流不抱希望,凡此种种都会制约信息交流的效果。

从师生扮演的角色来看,教师负有把学科的系统理论知识传递给学生的责任,因而在教学中注意理论的系统性、深刻性和概念术语的准确性;而学生的角色地位使其喜欢接受趣味性、实用性和思考性的知识,这种角色差异也可能影响对信息内容的理解和掌握。

从群体作用层面上来看,师生信息交流的沟通网络对教学信息的转换有一定影响。一般来说,学生理解信息的含义和提高其抽象概括能力都要在群体的激励和启发下,经过多次反复学习才能完成。因此,教师要允许学生群体间多向交流或广泛讨论,要杜绝教师讲、学生听的传统的单向信息流通方式。

以上分析表明,为了促进教学的顺利进行,教师应提高自己输出信息的技能,沟通师生信息传递的通道,改善学生感知和处理信息的心理准备状态,并注意进行师生信息交流的适应性训练,把握教学信息的最佳流通量和教学的最佳节奏。

第三节 教学交往的特征与条件

一、教学交往的特征

课堂教学是在交往中发生的。我国面向 21 世纪的基础教育课程改革把教学看成是师生交往、积极互动、共同发展的过程。① 甚至认为,没有交往和互动,就不存在或不发生教学,只有教学的形式表现而无实质性交往的"教学"是假教学。因此,交往是课堂活动的主要形式。和其他所有交往一样,教学交往具有下列特征。

(一) 参与者的卷入

交往不仅是个体间的一种现象,也是群体间的一种现象,同时还存在着个体与群体间的交往。无论是群体间的交往还是个体间的交往,都需要参与者,至少两人才能产生交往。

课堂中存在所有的交往形式(Delamont, 1976)。一个教师可能与一个学生、一群学生或全班进行交往,一个学生可能与另一个学生、一群学生或全班进行交往。此外,班级可分为若干小组进行群体间的交往。

同时,所有参与者的认知、情感和行为的卷入程度,在很大程度上制约着交往的效能和质量。

(二) 动态变化特征

交往不是固定不变的,它是一个动态过程,随时间而改变,即使是同一交流,也会随着参与人数、内容、行为类型的不同而变化。无论课堂被分成几部分,上课还是下课,其交往都是变化着的。在交往过程中,教师可以就不同学业问题与不同学生进行交往,也可就某个学生的个人问题或全班问题与大家交往;有时是教师讲,学生答;有时是一个学生讲,其他学生讨论;有时交往是安

---

① 朱慕菊:《走进新课程——与课程实施者对话》,118 页,北京师范大学出版社,2002。

静的、受控的,有时是出声的、自由的。

(三) 行为特征

交往包含行为,个体和群体的交往都有行为表现,通过行为产生交流。交往行为可以是语言的,也可以是非语言的。教学交往变化多端,包括所有交往形式,其中主要形式还是口头交流。教学交往的行为都是由特定文化决定并赋予意义,教师和学生都能理解。

(四) 交互作用

在交往中,参与者是交互影响的。交往包括交流和交换,它们都隐含相互影响的过程。课堂交往就其外显目标来说,是为了增加学生知识和教师有效传递知识。教师作为教学组织者对学生行为有很大影响。在交往中,教师可以指导学生做什么、评估学生成绩并对他们的行为进行反馈。同时学生也会影响教师,学生会评价教师的行为,作出反馈。可见,师生间的交往是交互作用的。

(五) 规则性

交往有一定规则,不是无序出现的,而是有规则的。教学交往遵循一定规则 (Jackson,1968),这种规则受教师地位、学生权利和教育者重要性的影响,具体表现为:何时开始交往,交往内容是什么,交往时间多久,交往的形式等。有的教育心理学家建议每个班级发展一套属于它自己的规则,以控制班级交往。

(六) 受多种因素影响

交往的产生受环境因素的影响,这些环境因素包括房屋大小、光线、设施、观察者的出现等都影响交往 (Ahman,1975)。课堂进行交往一般发生在课堂上,教室里的黑板、桌椅、学生数量等也影响交往过程和结果。

(七) 可测量性

教学交往像其他交往一样,可以被测量和描述,研究者采用一些测量工具来测量交往,也有一些实验对交往进行过特征描述。这类研究集中在教师语言行为的特征方面。研究假设前提是教师决定课堂交往的性质。例如，安德森（1939）归纳了24种教师行为，威索尔（Withall，1949）对教师的语言行为进行了分类，弗兰德斯（Flanders，1970）把教师行为分成七类，将学生行为分成两类。这些分类虽有利于交往行为的测量，但实际上并未将师生行为完全包容进去，因为课堂交往是人与人、人与环境相互作用、相互影响的。

二、教学交往的条件

（一）教学交往的主体心理条件

教学交往必然产生主体（教师和学生）之间的交互作用。交往主体的心理水平、心理状态、心理特征，对交往的质量有极为重要的影响，是教学交往的心理条件。

1. 教学交往主体的心理基础。教学交往主体的心理基础，是指在教学交往中，师生双方的心理要素及其相互关系系统。主要由以下心理要素构成。

（1）心理背景因素，指师生在教学交往开始前已有的心理水平，也叫心理基础因素。它包括知识基础、智能水平、个性品质以及心理定势等。在教学中，师生具备与其年龄特征和教学内容要求相适应的心理背景因素，是顺利实现教学交往和提高教学质量的前提条件。

（2）心理动力因素，指推动教学活动进行和完成的主体心理动力的各个方面。它包括师生双方教与学的动机、目的、兴趣、志向、态度、求知欲、责任感和成就感等，是驱动主体进行教学交往的内部动力，其水平的高低直接影响交往的成效。

（3）心理状态因素，指教学交往中，师生双方心理运行的机能状态，如注意、信念、热情、心境、觉醒、创造等。在教学交往中，良好的心理状态可以促使心理背景因素与心理动力因素得到最佳发挥并产生最大效能。

（4）心理成果因素，指通过教学交往，在师生心理发展、变化中产生的影响。这种影响,对学生来说,不仅包括知识、智能等认知因素的变化,还包括品德、情感、性格等非认知因素的变化。同时,上一阶段的心理成果因素又会成为下一阶段教学交往的心理背景因素。

教学交往主体的上述心理结构要素是一个统一体。若这些心理因素都符合主体年龄特征和教学目标要求,就具备了有效教学交往的心理条件。

2. 师生关系。师生关系是学校教学中最主要的人际关系,是师生交往的心理动力之一。教学过程是教师与学生之间在理智、情感和行为诸方面进行动态的人际交往的过程。有效的教学交往必须以融洽的师生关系为前提。有了融洽的师生关系,学生的想象力和创造力就能得到充分发挥,学习的自觉性和坚持性就会增强,教师传输的信息学生才乐意接受。一般来说,民主、平等、团结、互助的师生关系可以增加师生个体及群体之间的相互吸引力,激起师生交往的欲望。反之,不良的师生关系只能造成师生之间的对抗,缺乏交流。在实际教学活动中,教师的教学作风不同,会形成不同类型的师生关系,进而影响教学交往。

3. 学生的学习心向。积极的学习心向使学生处于对学习的渴求状态,此时学生交往的心理动力极强。同时学生积极的学习心向也会激发教师交往的心理动力。学生的学习心向主要包括学习动机、学习积极性和学习态度等。

学习动机是推动学生进行学习活动的内部动力,是学习需要的体现,表现为学习的意向、愿望或兴趣等形式。

学习积极性是学生一种自觉的心理状态。在教学交往中调动学生的学习积极性,使他们的大脑皮质处于最佳活动状态,是提高教学质量的需要。教师的教要以自己的认知、情感、意向活动,唤起学生相应的心理变化,使教师输出的信息能转换为学生主动输入的信息。这就要求师生双方行动协调、情感交流、思维同步,学生有

"疑"的，正是教师所讲的；教师的"点拨"，能开拓学生的"思路"；师生共解知识之谜，共同分享成功的喜悦。

学习态度具有指导性和动力性作用。首先，学习者的态度对学习材料有选择效应。一般来说，学生倾向于感知和他们的态度相一致的信息。因为当学习态度与学习材料一致时，态度中的情感成分会因新的学习与其原有态度的选择倾向一致而导致一种愉快的情绪体验，由此产生一种强烈的动机作用，促进学习者的求知欲望。同时，当新的学习材料与学习者态度一致时，新的学习材料就会与态度中的认知成分发生联系，原有的认知成分也就为新的学习提供了观念上的固定点，使新的学习材料顺利地纳入到原有的认知结构中。其次，学习态度明显影响学习保持。积极的态度倾向会提高保持的效果，消极的态度倾向会降低保持效果。此外，学生对教师、对集体、对同学的态度，也会影响其学习效果，这一点在品德学习中尤为明显。可见，帮助学生形成积极的学习态度，是增强教学交往效率的重要心理条件。

4. 教师的人格特征。教师的人格特征是影响师生交往的重要心理动力，正如乌申斯基指出的，在教育中一切都应基于教师的人格，因为教育力量只有从活的人格源泉中产生出来，只有人格才能影响人格的形成和发展，只有性格才能形成性格。教师的人格特征对教学交往的重要影响，已被教育心理学的大量研究确证。教师良好的人格特征除本书第十二章中谈到的之外，还表现在以下方面。

(1) 强烈的责任心。瑞安斯 (D. G. Ryans, 1960) 的研究表明，有激励作用、生动活泼、富于想象并热心于自己学科的教师，其教学工作较为成功，学生的行为也更富于建设性。因为他们的工作动机不是为了应付上级的检查，而是为了学生的全面发展。

(2) 中等程度的焦虑。焦虑是个体对当前或在预计到对自尊心有潜在威胁的情境而产生一种担忧的反应倾向。焦虑对教学交往起促进作用还是抑制作用，取决于教师原有的焦虑水平、教材难易程度和教师的能力水平等因素。一般来说,焦虑过高或过低的教师,都难以取得好的教学效果。因为焦虑过低,缺乏激励力量;焦虑过高,容易产生恐慌反应,使人固执、呆板、缺乏随机应变能力。只有当自尊心受到威胁而产生的焦虑达到中等程度时,才会激起教师努力改变现状而进入唤起状态,推动教师不断努力以谋求达到教学目标。此外,焦虑对教学交往的影响还与教师的能力有关:高焦虑与强能力结合,效果好;高焦虑与中等以下能力结合,则会阻碍教学交往。

(3) 较强的挫折忍耐力。教学工作是一项非常复杂艰辛的工作,教师在教学中出现挫折是不可避免的。教师的挫折感可能由自然环境和社会环境等客观因素引起,也可能由具体的容貌、知识经验和个性品质等主观因素引起。挫折感一经产生就给人以心理压力,影响行为效果。面对同样的挫折,不同的教师产生的心理压力不同,究其原因,主要是个人的挫折忍耐力的差异。研究表明,挫折忍耐力强的教师,能较好地适应环境,取得良好的教学效果。

(二) 教学信息的有效传输

教学交往的过程实际上是主体间信息的输出、传递、转换、加工和储存的过程。教学信息传输的程序、转换的特点影响教学信息传输的效能,而教学信息传输的效能又制约着教学交往的成效。

1. 确保教学信息传输的畅通性。确保教学信息传输的畅通性,取决于以下几点。(1) 教学信息明确、清晰。教学信息不应含糊、不确定、似是而非。这就要求教师正确理解教材,语言表达准确、鲜明。研究表明,学生接受的信息同教师表达的清晰度呈显著正相关。(2) 教学信息的传输必须有"序"。"序",即教学信息传输的先后秩序、前后联系和组织方式。有序的教学信息,分层次,有系统,便于学生接受、理解和保持;无序的教学信息是支离破碎的知识,缺乏系统性、规律性,学生难以接受和掌握。(3) 心理上的同步效应。心理同步效应不仅要求学生适应教师,也要求教师适应学生，教师不但应适应"尖子"学生，而且应适应中等生和后进生，这就需要分别对待，因材施教。（4）排除干扰，疏通信道，及时调控。为了信息传输的畅通，教师应及时排除各种干扰，保持信道的流畅。例如当学生不认真听课时，教师用目光注视，或临近控制，都可起到调控作用，排除干扰，疏通信道。

2. 提高教学信息传输的效率。教学信息传输效率的公式是：传输效率＝信息量/时间。这个公式表明，教学信息传输率是指单位时间所传输的信息量。据此，提高教学信息传输效率应注意以下几点。（1）简化信号，合理编码。认知心理学的研究表明，信息一般以组块为单位储存在人脑中的。增大组块信息容量的有效措施就是简化信号，合理编码，即教师根据各门学科知识的特点，化繁为简，彼此联系，减少信息组块的数量，增大每个组块的信息容量。（2）多通道传输信息。教学交往中，传输信息的渠道越多，效率越高。研究表明，用口头讲授法，学生只是听，学习三小时后记得 60%，三天后还记得 15%；如果视听结合，既听又看，学习三小时后记得 90%，三天后还记得 75%。这一实验表明，无论是识记率还是保持率，多通道比单通道传输信息的效率都要高。（3）重视非言语信息在教学交往中的作用。（4）传输的教学信息量要适度。学生在单位时间内所能接受的信息量是有限的。以记忆为例，据研究，学生要短时记忆一个信息组块需 0.5 秒，少于 0.5 秒就难以记住。一个信息组块从短时记忆到长时记忆需 8 秒，少于 8 秒，就难以记住。由此可见，在其他条件一致的情况下，教学信息传输的效率主要取决于信息量适度。过多，超过学生心理的接受负荷，信息传输会受到阻碍，欲速则不达；过少，学生"吃不饱"，造成智力浪费。适度，才能达到效率最高，效果最佳。

3. 提高教学信息传输的有效性。（1）教师在教学交往中要增加有效信息，减少无效信息。有效信息是指能消除或减少学生的不确定性的信息；无效信息是指不能消除或减少学生的不确定性的信息。教学交往中,有效信息越多,效率越高,反之则效率低。(2) 传输的教学信息要为学生所接受、理解。教学信息传输的目的,是要使所传输的信息发生作用,能够转换,即为学生所接受、理解。实践表明,教学的有效性,不是以教师传输多少信息来决定,而是以学生接受、理解了多少信息来决定的。教师讲得很多,学生听不懂或不愿听,其教学的有效性仍然是很低的。(3) 遵循教学信息有效性的条件进行教学。第一,保证教学信息的清晰度和强度;第二,运用适度简明的语言、富于情感的表达,使信息简单直接;第三,使信息具体和完整,给出一切所需要的信息,确保学生正确理解;第四,保持言语描述和非言语信息协调一致;第五,鼓励学生思考性倾听和作出适当的反应;第六,建立良好的师生关系;第七,增强教师传输信息的可信度;第八,学生具备相应的接受、理解信息的能力。这种能力首先表现在具备接受、理解新知识的知识基础;其次应具有一定的接受信息的能力,如理解力和记忆力等;再次应具有一定的信息转换能力,包括对信息理解加工、储存提取、语言表达等方面的能力。

(三) 教学反馈功能的有效发挥

反馈就是某一系统将信息输出后,将其作用的结果返回原系统,用以调控它传输的信息的过程。反馈是一切信息交流的调控机制,没有反馈信息的系统,不可能进行调控。教学中有无反馈信息,其效果大不一样。

为了充分发挥教学信息反馈的调控功能,教师应注意以下几点。

1. 主动接受教学反馈信息。教学是复杂的信息交流过程,教师传输的信息能否被学生接受、理解,只有通过教学反馈信息来了解。要想取得好的教学效果,教师应主动积极去收集教学反馈信息,不断改进自己的教学。教师在接受教学反馈时有两种不正确的态度是应该克服的:一种是缺乏责任心,不愿接受教学反馈信息,不管学生有什么反应,照讲稿讲完就算完成任务;另一种是喜欢按自己的主观意图去"操纵"教学,拒绝依据学生的反馈信息调节课堂教学。

2. 善于接受教学反馈信息。教师要善于捕捉学生对教学的反馈信息,善于从他们的目光、表情、姿态、答问中了解学生对教学信息的接受情况,进而判断自己的教学内容是否适度、教学方法是否得当、要求是否合理等。要求教师:(1)有一定的灵敏性,对反馈信息的捕捉及时、敏感,不迟疑、迟钝;(2)有一定的辨别力,反馈信息多种多样,重要性各不相同,教师应有洞察力与辨别力,以免本末倒置或舍本求末;(3)获取全面反馈信息,扩大反馈面,了解不同层次学生的反应;(4)讲究策略,爱护学生反馈的积极性,如对答问不准确甚至错误的学生多鼓励、引导,而不是讥讽或指责。只有这样,才能收集到不同层次学生的反馈信息,使教学面向全体学生。

3. 分清反馈信息的主次,及时将学习结果反馈给学生,恰当进行教学调控。教师获得反馈信息之后,应分清其主次,抓住主要问题,根据教学的任务,进行调节控制,达到教学交往的最优化。罗斯(C. C. Ross)等的实验证明,教师将学习结果及时反馈给学生是提高教学效果的重要条件。他们把一个班的学生分为三组,每天学习后进行测验。对第一组每天告知其学习结果,对第二组每周告知其学习结果,对第三组则不告知其学习结果。如此进行八周后,学习成绩明显不同:第一组最好,第二组中等,第三组最差。八周后改变办法,第一、三组对换,第二组照旧,即第一组不再告知其学习结果,第三组每天告知其学习结果。这样再进行八周,结果学习成绩也随之改变,第一组由最好变成最差,第三组由最差变成最好。这一实验,不仅表明反馈在学习上的效果显著,而且表明,每日的及时反馈比每周反馈效率更高。

教学信息的反馈很少是一次性的,一般都要经过多次反馈,但教学反馈并非越多越好，只有数量得当，才能起到调控作用。就整个教学过程而言，主要应抓好四次大的反馈：(1) 温故知新阶段的反馈，主要了解学生对新旧知识的连接点和新知识的生长点的把握情况；(2) 理解新知识阶段的反馈，了解学生对新概念本质的理解和掌握新知识时的思维过程；(3) 应用新知识阶段的反馈，着重了解学生运用新旧知识解决问题的方法和步骤；(4) 巩固和迁移新知识阶段的反馈，着重了解学生对新旧知识联系和区别掌握的深度。

第四节 课堂教学互动

一、课堂教学互动的基本特征

课堂教学是师生之间心理互动的过程。"教师在教学过程中应与学生积极互动、共同发展。"[1] 因此，明确课堂教学互动的基本特征，对于有效实施课堂互动，促进学生发展具有重要作用。具体来说，课堂互动具有以下几个特征。

（一）教学目标系统的制约性

课堂教学互动主要是受教学目标支配的，通过互动，不仅要促进学生对知识、技能的领会和掌握，而且要促进学生心理发展和良好个性的形成。学生对知识、技能、道德规范的掌握，是心理发展的必要条件。学生在认知、情绪、社会性、品德、审美等方面的发展反过来又制约知识、技能的学习和掌握。它们的相互依赖、相互影响是受教学目标调控的。

（二）课堂环境的制约性

人际互动总是在一定的物理环境和社会环境中发生的，而课堂教学互动主要发生在教室内，教室的大小、桌椅的安排、室内装

---

[1]《基础教育课程改革纲要（试行）》，载《中国教育报》，2001年7月27日。

饰、学生的位置、讲台和黑板的安置、光线的强弱等，都会对课堂教学互动发生影响，不仅受物理环境、行为规范的制约，而且受互动主体心理环境的影响。

（三）**影响的相互性**

课堂互动的主要目的是促进学生知识、技能的掌握和智能发展，教师对学生的行为有极大影响，同时学生对教师也在不断发生影响。因此，师生之间的互动是双向的、交互作用的过程。

（四）**过程的动态性**

教学互动是一个动态的过程。在课堂教学中，尽管教学内容、形式和方法等可能是由教师决定的，但课堂教学的组织、互动的模式与程序的选择则是以学生心理特点、参与学生的数量、发生的环境、师生的知识背景等为转移的。因此，在课堂互动中，常常要根据所传授的内容或主题来变换互动的内容和方式，如有时采用讲授法，有时用讨论法，有时是提问让学生回答等。此外，过程的动态性还表现在教师要根据学生的言语行为和非言语行为及时地调整课堂互动的内容和形式，以确保互动作用的有效发挥。

二、**课堂教学互动的基本模式**

课堂教学互动的模式可以依据不同的指标来划分。有的研究者从互动主体的心理与行为的相容性上，将其分为合作性互动、对抗性互动、竞争—合作性互动三种基本模式。

（一）**合作性互动模式**

合作性互动是指师生之间、生生之间彼此配合、相互协助时所产生的互动。它是以互动双方有共同的目标，彼此认识接近，行为配合为基础形成的。在合作互动中，适应是一种重要机制。师生间、学生间都需要一定的相互适应。通过适应，师生都可能改变自身的某些认识、态度、价值观念和行为习惯，从而达到相互适应的目的。除适应外，在合作性互动中，还存在服从、模仿、暗示等机制。教学中的服从一般包含两个方面：一是对集体规范的服从；二是对教师权威的服从。这两方面的服从对保证课堂教学顺利进行都有重要作用。模仿与暗示密切联系。暗示是互动双方有条件的行为方式，暗示者必须能起刺激作用，被暗示者接受暗示后能产生一定的反应，发生符合暗示者所要求的行为。而这种由暗示的刺激而发生的类似行为就是模仿。在课堂教学中，模仿不仅是形成合作性互动的重要机制，也是学生个体社会化的重要途径。教师作为社会的代表者是学生的主要模仿对象，教师的品格、才能、信念、待人接物的态度与行为方式，常常被学生模仿、认同、吸收，转化成为自己人格中的一部分。研究表明，处于支持状态下的互动，能产生良好的教学效果，使课堂教学的认知功能和情意功能都得到充分的发挥。如建构主义学习理论强调，学习者在主动建构意义的过程中通过社会交互作用，能达到对事物意义的更加全面的认识。学生通过与同学的讨论和共同学习，比班级教学和个人自学在学习上能取得更大的收获，更好地理解和建构所学的知识。因此，课堂讨论、小组学习、合作学习、研究性学习、综合实践活动等学习方法被看作是重要的合作交互作用方式而被提倡和应用。

合作学习是合作性互动模式的典型表现。合作学习就是通过小组或团队的形式组织学生进行学习的一种教学形式。虽然合作学习的形式多种多样，但它们有一个共同之处就是让学生在小组或团队中展开学习，互相帮助，来学习某些材料（Slavin，1991）。其关键在于小组成员之间相互依赖、相互沟通、相互合作，共同负责，从而达到共同的目标。因此，共同的学习目标、小组成员协作活动、信息和学习材料的共享成为合作学习的本质特征。合作学习成为现代教育心理学研究者极力推崇的一种有效的教学形式，一方面是因为未来信息社会是建立在合作基础上的，而不仅仅是竞争。因此，培养个体的合作意识、提高合作技能对个体适应未来社会的发展十分重要。另一方面，认知心理学研究发现，合作学习可以促进学习者的意义建构，提高学习和思维水平。因为在合作学习中，学习者之间的积极交流、争议、意见综合等认知活动有助于学习者建构起新的、更深层次的理解；合作学习的交流过程使学习者的想法、解决问题的思路更加明确和外显，进而能更好地对自己的理解和思维过程进行监控；同时，学习者之间的合作交流能达成对问题的共同理解和完整表征，提高自身的自我效能感。因此，合作学习更有利于突出学生的主体地位，培养学生社会合作精神与人际交往能力，实现学习的认知、情感和技能目标的均衡达成。

有效组织合作学习，首先要把学生分成若干同质或异质小组，通常是将4～6名在性别、成绩、个性等方面具有同质或异质的学生编在一组；其次，教师要设立小组目标，建立小组评价和奖励机制，使小组成员成为一个彼此荣辱与共、相互依靠的"利益共同体"；最后，教师要给学生必要的活动时间和空间，在交往技巧给予必要指导，引导其开展频繁而有序的人际交流。为此，合作学习的倡导者提出了各具特色的教学形式，其中比较常见的有：（1）分组竞赛法，将学生分成4～5人一组，教学分为全班授课、小组学习、教学比赛、成绩评定等环节；（2）小组分层记分法，与分组竞赛法相似，只是以小组测验代替教学比赛；（3）集体研究法，将学习任务分成几个部分由小组成员各自承担，在小组内广泛讨论和研究的基础上得出结论并在全班交流，最后师生共同评价各小组对班级学习的贡献；（4）小组教学法，小组成员围绕某一课题共同探讨解决方略，力求达成一致的结论或选择最佳方案。合作学习的一系列实验研究表明，它对于提高学生自尊心、形成对他人和集体的积极态度、增强学习兴趣、形成社会观念和掌握社会技能等都具有积极促进作用。

（二）对抗性互动模式

对抗性互动是与合作性互动性质相反的互动。与合作性互动相比，它在互动力的凝聚点和互动的存在状态上都是不同的。竞争和冲突是对抗性互动的两种主要形式。竞争是指个人或群体之间为了某种目标而展开的一种较量。在课堂教学中,竞争既可激发学生的上进心,获得更大成绩,又可能挫伤一些竞争失败学生的积极性。因此,人们对竞争这种互动方式赞成者有,反对者也有。一般认为,在公平基础上的竞争利大于弊。冲突是对抗性互动最显著的表现形式,它是因不相容的角色期望而导致的心理矛盾和行为冲突。如教师期望学生能认真学习,品学兼优;学生也同样希望教师和蔼可亲,具有较高的专业修养。一旦理想角色与观察角色出现差异,就会产生矛盾或冲突。课堂教学中的冲突,多半是教师角色与学生角色在价值观念和行为模式上的冲突。教师在教学中应积极防止和妥善处理各种冲突,避免对抗性互动的发生。

(三) 竞争—合作性互动模式

在实际的课堂教学中,纯粹的合作性互动和纯粹的对抗性互动都较少,中间型或交叉型较多。因此,积极而有效的课堂教学宜提倡进行竞争与合作相结合的互动,即竞争—合作性互动。竞争—合作性互动不是两者的简单相加,而是这两种互动的交叉渗透和互相转化。所谓交叉渗透,是指在实际的互动过程中,合作中含有竞争的因素,竞争中也含有合作的成分。所谓相互转化,是指合作性互动和竞争性互动可以相互交替或转化为相对立的一方。竞争—合作性互动组织得好,既能发挥竞争与合作的正效应,又可避免其负效应,同时还可以培养学生合理的竞争意识,是一种富含时代性的互动模式。

三、课堂教学互动的基本条件

课堂教学互动是一种特殊的社会互动,是教师与学生之间、学生与学生之间发生的相互依赖的社会交往活动过程。因此,在课堂互动过程中,教师和学生这两个主体的认知、情感和个性等心理因素和品质对于其互动活动及其效果有着重要影响。

（一）创造积极的课堂心理气氛

在教学活动中，师生的心理互动总是在一定的教学情境中实现的，积极和谐的课堂心理气氛是师生心理互动的前提条件。课堂心理气氛指班集体在课堂上的情感活动状态。课堂心理气氛主要有积极主动、健康活泼的和消极被动、冷漠沉闷的两种表现形式。积极的课堂心理气氛的基本特征是，课堂情境符合学生的求知欲和心理发展特点，师生之间、学生之间关系正常和谐，学生产生了满意、愉快、羡慕、互谅、互助等积极的态度和体验。

营造积极和谐的课堂心理气氛，应注意几点。（1）树立教师威信。教师是课堂教学的组织者和领导者，他的人格和威信，是一种巨大的精神力量，具有很强的教育作用，是影响学生情感体验、制约课堂心理气氛的重要因素。所以，教师要处处严格要求自己，以身作则，为人师表，用自己的良好威望影响全班，给学生以积极的情绪体验，为创造良好的课堂心理气氛奠定基础。（2）注重情感感染。教师的情绪情感具有感染性。教师本身的情感状态，可以产生共鸣作用，使学生受到潜移默化的影响，使课堂出现某种心理气氛。优秀教师的经验说明教师的积极情感有助于良好课堂心理气氛的形成。（3）调控教学难度。要使课堂学习气氛好，还要掌握量力性原则。如果所教的内容太浅，没讲几句，学生就一目了然，就会使学生失去进一步追求新知的情趣，导致其精力涣散，无所事事，学习情绪松懈、懒散；如果所教的内容和所提出的要求难度太大，学生听不懂，啃不动，多次努力，总是受挫折，看不到有所前进，学生对学习也会丧失信心，学习情绪下降，还会产生对学习的厌倦情绪。所以，教师所教内容和所提出的要求要难易适度，即应有一定的难度，但又不是不可逾越，只要经过积极努力，克服困难，就能获得成功，进而体验成功，振奋学习情绪和气氛。（4）培育良好人际关系。课堂心理气氛也受班集体人际关系状况的制约。一方面，师生关系融洽，教师热爱、信任学生，学生尊重、敬仰教师，这可以导致积极、健康、活跃的课堂心理气氛；不和谐、僵化、紧张的师生关系则容易酿成消极、沉闷以致一触即发的紧张课堂心理气氛。另一方面，学生之间团结友爱容易使课堂形成互相尊重、体谅、友好的风气；学生之间如果不和睦，矛盾重重，四分五裂，课堂上就容易出现嘲讽、攻击、紧张等不健康气氛。因此，教师首先要以身作则，热爱、尊重、关心学生，同时要注意发扬学生之间的团结、互助、友爱的精神，使班级的人际关系健康和谐，保证学生在欢乐愉快、紧张有序的课堂心理气氛中学习成长。

（二）使学生在课堂学习中始终保持良好的心理状态

心理状态是指个体在一定时间内心理活动相对稳定的状况与水平。学生在课堂学习中的心理状态是直接影响其学习效率的内部条件。在课堂学习中，学生处于良好心理状态时，会表现出感受性提高，思维活跃，记忆清晰、迅速，情绪开朗、稳定，求知欲强烈、持久，学习效率高；处于不良心理状态时，则表现为感受性降低，思维迟钝，情绪压抑、波动，注意力不集中，缺乏明确动机，学习效率低。

成功的课堂教学，师生均应保持良好的心理状态，其中学生的学习心理状态是关键。因此，在教学中，教师要善于观察了解学生的心理状态，自觉激发学生良好心理状态的产生，有意识消除不良心理状态，这在某种意义上，比传授知识、技能更重要。

要维持学生的良好心理状态，教学中应该注意：（1）教师要用自己的热情和积极性去感染学生，引起学生情绪上的共鸣，从而产生积极的心理状态，使学生由"要我学"的被动状态进入"我要学"的主动状态；（2）对学生的任何正确反应给予积极强化，使学生有获得成功的机会和体验，如通过微笑、点头、重述学生正确回答和说一些肯定和鼓励性的话等方式来进行积极的正强化；（3）与每一个学生进行积极的个人交流，引导学生设疑、质疑，激发其学习的好奇心和求知欲，如教学中，教师通过说一些支持性的话、倾听和接受学生的建议、察看学生作业等方式来加强与学生之间的交流；(4)防止师生之间隔阂的产生，不断消除学习的不良心态，如教学中，教师应注意通过多种方式来减轻学习压力、解除枯燥教学、避免惩罚等。

(三) 重视课堂教学中的多向交往

在课堂教学中，师生间仅仅保持传授与接收的单线联系，叫单向交往。师生间传授与接收的往返联系叫双向交往。师生、学生之间交叉联系，叫多向交往。多向交往注重组与组和学生个体之间的交往，有助于学生接受多方面的知识信息，既可以接受来自教师的知识信息，又能够接受来自同学的知识信息，从而扩大知识面，提高学习的兴趣和效率；多向交往注重学生是学习和发展的主体，有助于学生主动学习，能提高学生独立解决问题的能力及合作学习的精神；多向交往反对教师一言堂式的知识传递，主张发展学生的学习能力，注重学生寻求获得知识的方法，有助于学生学会学习；多向交往提倡师生平等相处，互相尊重，学生易获得肯定的评价和成功的体验，而学生之间在交往中交流了学习目的、动机、方法等，行动趋于协调，因而学习气氛友好、和谐，有助于充分发挥学生的学习潜能。林格伦认为，多向交往的教学效果最好。这是由于多向交往具有以下特点所致：(1)多向交往的多层性特点，能满足学生的求知欲；(2)多向交往的自主性特点，能发挥学生的主观能动性；(3)多向交往的求异性特点，能提高学生的自学能力；(4)多向交往的情趣性特点，能提高学生的智力活动水平；(5)多向交往的差异性特点，符合因材施教原则。

(四) 有效地进行课堂教学调控

在课堂教学过程中，教师的任务不仅要传输教学信息（知识、技能），而且应不失时机地进行调控，使学生积极主动地接受信息，最大限度地发展学生的智能和个性品质。

有效地进行课堂教学调控，主要应从以下方面抓起。

1. 发挥教学目标的激励功能。教学目标对教学活动的影响表现在以下几方面。首先，教学目标影响教学活动的方向。有什么样的教学目标，就有什么样的课堂行为。教学目标直接影响教学行为的方向。其次，教学目标影响教学行为的强度。由不同的教学目标所支配、产生的教学行为会有不同的强度。基于以下几方面的教学目标均可引起高强度教学行为：（1）正确合理的教学目标；（2）出于自觉认识和自愿行动的教学目标；（3）与个体学习需要相联系的教学目标；（4）现实的、可能实现的教学目标。再次，教学目标影响教学行为持续的时间。教学行为从其持续的时间来看，有长有短。这一方面与支配这种行为的教学目标有关，比如长期目标和短期目标会产生不同的长期行为和短期行为；另一方面，又与师生所选定目标的坚定和巩固程度有关。因为，教学目标的实现不可能是一帆风顺的，会遇到这样那样的困难。在这种情况下，教学行为是否发生变化，就与师生对教学目标的接受和确认的程度有关。

2. 恰当运用纪律的约束功能。良好的课堂纪律是顺利进行课堂教学活动的保证。恰当使用纪律的约束功能，是进行课堂教学的有效调控，提高教学效率的重要途径。纪律是指人们在社会生活中必须遵守的行为规范。课堂纪律是学生在教学交往中必须遵守的行为规则。纪律约束的目标是形成自觉纪律。纪律的约束功能因人而异，学生遵守纪律的自觉程度越高，纪律对个体的约束作用越小。

良好的课堂纪律是教学组织者所希望和追求的教学情境因素之一，但由于教学过程的复杂多变，学生正处在成长、发展、变化之中，出现这样那样的纪律问题是不足为奇的，关键是教师应如何处理课堂教学中出现的各种纪律问题。伦敦大学教育专家曾就如何处理课堂纪律问题提出了如下八条建议：（1）将问题苗子消灭在萌芽状态，对正准备恶作剧的学生，可以通过警告加以制止，或令其交换座位；（2）注意课堂内小组动态，如发现几个学生结伴闹事，找出领头的，并改变小组座位布局；（3）课后，找违反纪律的学生谈话，尤其应找那些连续几堂课都不安分的学生；(4)对学生提出的一些难以证实的借口如头晕等，姑且相信他们，允许其离开教室、回家休息；(5)对潜伏的危险局面，可以用开玩笑的方式加以缓解；(6)对在课堂吃东西的学生，不要过分责备；(7)注意控制自己的情绪，不要感情用事，以免作出过分激烈的反应；(8)如果非得采取强硬措施，则应根据自己的职责将其控制在一定范围内，不要轻率地将事态扩大。

3. 对教学情境进行有意识的控制。对教学情境的控制，目的在于维持学生的学习欲望，保持学习兴趣。针对中小学生注意力难以持久的特点，教师控制教学情境，要不断变换刺激的角度，或经常给学生以新的刺激。其中简便易行、效果比较明显的方法有两种：悬念和讨论。

悬念可以激发学生的兴趣，集中学生的注意力。比如，在讲解"四则混合运算"一节时，教师可以和学生一起做游戏：让学生事先想好一个数，然后把减5乘3的结果告诉教师，教师会丝毫不差地猜出学生所想的数。这就制造出一个使学生感到十分神秘的悬念。所设悬念除了激发学生兴趣和集中学生的注意力外，还有许多其他作用：其一，与新课有直接关系，学生要想知道结果就必须认真听讲；其二，让学生进一步熟悉逆运算的思考方法。由此可见，悬念在教学时有巨大的吸引力，其潜在功能值得我们细心地挖掘和利用。

讨论可以促使学生思考，集中学生的注意力，还可以发展学生思维的批判性以及说理表达能力。学生可贵的思维火花经常在讨论中产生，将一个问题的讨论伸展开来，将会涉及许多知识、思想和方法，这是难得又生动的综合课。运用讨论发挥特有的教学功能也是一种控制。

4. 对知识传授状况的有效控制。为了调动学生学习的积极性，使之成为学习的主体，对知识的有效控制是重要的。这种控制包含三项内容：知识数量的控制、知识难度的控制和知识传输速度的控制。

5. 对学生思维进行灵活控制。中小学生的思维自觉性还不高，往往需要加以灵活控制，才能达到锻炼思维、发展思维的目的。教师要启发、引导学生，广泛运用和发展各种性质的思维，培养优良的思维品质。对一个数学概念、思想、方法的真正领会和理解，教师应该用"多题一解"和"一题多解"来控制学生的思维，使其进一步深化。

"最近发展区"理论指出，学生思维的发展，在任何时候都有一个"最近发展区"。这个"最近发展区"比学生的思维水平略为超前。因此，教师对学生思维的控制，应该使学生处于思维的"最近发展区"中，促使学生的思维向更高的层次发展。由于中小学生思维的自觉性水平还不高，要达到上述目的，教师必须事先设计好各种有利于学生思维发展的问题情境，还必须将学生的思维导入问题情境中进行探索，并灵活地控制好探索的深度和广度。

主要参考文献

1. 陈安福:《课堂教学管理心理》,四川教育出版社,1990。
2. 陈琦、刘儒德:《教育心理学》,北京师范大学出版社,1997。
3. 陈旭:《中学生心理素质教育》,西南师范大学出版社,2003。
4. 董奇:《儿童创造力发展心理》,浙江教育出版社,1993。
5. 冯忠良:《结构—定向教学的理论与实践》,北京师范大学出版社,1992。
6. 冯忠良:《教育心理学》,人民教育出版社,2000。
7. 郭成:《小学心理素质教育》,西南师范大学出版社,2003。
8. 郭成、张景兰:《教学审美化的理论与实践》,西南师范大学出版社,2001。
9. 郭成、赵伶俐:《美育心理学》,警官教育出版社,1998。
10. 韩进之:《教育心理学纲要》,人民教育出版社,2003。
11. 韩幼贤:《教育心理学》(下册),台北编译馆,1991。
12. 黄煜峰、雷雳等:《初中心理学》,浙江教育出版社,1993。
13. 李伯黍、燕国材:《教育心理学》,华东师范大学出版社,1995。
14. 李丹:《儿童发展心理学》,华东师范大学出版社,1987。
15. 李红、高雪梅、吴睿明:《儿童青少年审美心理发展与教育研究》,西南师范大学出版社,2003。
16. 李咏吟:《学习辅导》,台北心理出版社,1993。
17. 林崇德:《发展心理学》,浙江教育出版社,2002。
18. 林仲贤、朱滢、焦书兰:《实验心理学》,科学出版社,1988。
19. 刘电芝:《学习策略研究》,人民教育出版社,1999。
20. 刘兆吉:《美育心理研究》,四川教育出版社,1994。
21. 刘兆吉:《高等学校教育心理学》,北京师范大学出版社,1995。
22. 鲁克:《创造心理学概论》,黑龙江人民出版社,1985。
23. 莫雷:《教育心理学》,广东高等教育出版社,2002。
24. 潘菽:《教育心理学》,人民教育出版社,1980。
25. 皮连生:《智育心理学》,人民教育出版社,1996。
26. 邵瑞珍:《教育心理学》(修订本),上海教育出版社,1997。

27. 滕守尧：《审美心理描述》，中国社会科学出版社，1985。
28. 童庆炳：《现代心理美学》，中国社会科学出版社，1993。
29. 汪安圣：《思维心理学》，华东师范大学出版社，1992。
30. 王丕：《学校教育心理学》，河南大学出版社，1989。
31. 王甦、汪安圣：《认知心理学》，北京大学出版社，1992。
32. 王振宇等：《儿童社会化与教育》，人民教育出版社，1992。
33. 吴庆麟：《教育心理学》，人民教育出版社，1999。
34. 谢斯骏等：《认知方式》，北京师范大学出版社，1988。
35. 徐胜三：《中学教育心理学》，人民教育出版社，1993。
36. 杨仲明：《创造心理学入门》，湖北人民出版社，1988。
37. 俞国良：《创造心理学》，浙江人民出版社，1996。
38. 张爱卿：《学与教的历史轨迹》，山东教育出版社，1996。
39. 张爱卿：《现代教育心理学》，安徽人民出版社，2001。
40. 张春兴：《教育心理学——三化取向的理论与实践》，浙江教育出版社，2002。
41. 张大均：《教育心理学教程》，四川民族出版社，1992。
42. 张大均：《教学心理学》，西南师范大学出版社，1997。
43. 张大均：《教育心理学研究》，西南师范大学出版社，1998。
44. 张大均：《心理素质教育导论》，西南师范大学出版社，2003。
45. 张德琇：《创造性思维的发展与教学》，湖南师范大学出版社，1990。
46. 张汉如：《青年创造力开发》，解放军出版社，1988。
47. 张敬华等：《创造心理与人才学》，上海社会科学院出版社，1991。
48. 张奇：《儿童审美心理发展与教育》，北京师范大学出版社，2000。
49. 张庆林等：《创造性研究手册》，四川教育出版社，2002。
50. 张述祖、沈德立：《基础心理学》，教育科学出版社，1987。
51. 章志光：《心理学》（第三版），人民教育出版社，2002。
52. 赵宏：《人的思维与创造》，解放军出版社，1988。
53. 郑全全、俞国良：《人际关系心理学》，人民教育出版社，1999。
54. 钟启泉等：《〈基础教育课程改革纲要（试行）〉解读》，华东师范大学出版社，2002。

55. 周昌忠：《创造心理学》，中国青年出版社，1983。
56. 周国韬：《教育心理学专论》，中国审计出版社，1997。
57. 朱慕菊：《走进新课程——与课程实施者对话》，北京师范大学出版社，2002。
58. 朱智贤：《儿童心理发展的基本理论》，北京师范大学出版社，1982。
59. 朱智贤、林崇德：《思维发展心理学》，北京师范大学出版社，1986。
60. ［德］海纳特著，陈钢林译：《创造力》，工人出版社，1986。
61. ［加］江绍伦：《课堂教育心理学》，江西教育出版社，1985。
62. ［美］奥苏伯尔等著，佘星南、宋钧译：《教育心理学——认知观点》，人民教育出版社，1994。
63. ［美］艾曼贝尔著，方展画等译：《创造性社会心理学》，上海社会科学院出版社，1987。
64. ［美］珀文主编，周榕、陈红等译：《人格科学》，华东师范大学出版社，2001。
65. ［美］R. M. 加涅著：傅统先译：《学习的条件》，人民教育出版社，1986。
66. ［美］吉尔福德著，施良方译：《创造性才能》，人民教育出版社，1991。
67. ［美］罗伯特·格拉塞主编，杨琦译：《教学心理学的进展》，华夏出版社，1989。
68. ［美］索里、特尔福特著，高觉敷等译：《教育心理学》，人民教育出版社，1982。
69. ［美］Kurt Pawlik，Mark R. Rosenzweig 主编，张厚粲主译：《国际心理学手册》（上、下），华东师范大学出版社，2002。
70. ［美］卢文格著，韦子木译：《自我的发展》，浙江教育出版社，1998。
71. ［日］大桥正夫著，钟启泉译：《教育心理学》，教育科学出版社，1997。
72. ［日］恩田彰等著，陆祖昆译：《创造性心理学》，河北人民出版社，1987。
73. ［苏］克鲁捷茨基著，赵裕春等译：《中小学数学能力心理学》，教育科学出版社，1984。
74. ［苏］维果茨基著，余震球译：《维果茨基教育论著选——思维与言语》，人民教育出版社，1994。

75. T. M. Amabile (1982), Social Psychology of Creativity: A Consensual Assessment Technique. *Journal of Personality and Social Psychology*, 43 (5).
76. T. M. Amabile (1983), *The Social Psychology of Creativity*. New York: Spinger-Verlay.
77. T. M. Amabile (1988), A Model of Creativity and Innovation in Organizations. In B. M. Staw & L. L. Cummings (Eds.), *Research in Organizational Behavior* (Vol. 10). London: JAI.
78. M. Boden (1990), *The Creative Mind*. New York: BASIC.
79. G. D. Borich & L. T. Martin (1997), *Educational Psychology: A Contemporary Approach*. Allyn & Bacon.
80. Burns & G. M. Stalker (1961), *The Management of Innovation*. London: Tavistock.
81. J. A. Chambers (1964), Relating Personality and Biographical Factors to Scientific Creativity. *Psychological Monographs: General and Applied*, 78.
82. M. T. Chi & R. Glaser (1985), Problem-Solving Ability. In R. J. Sternberg (Ed.), *Human Abilities: An Information Processing Approach*. New York: Freeman.
83. D. F. Dansereau (1985), Learning Strategy Research. In J. W. Segal, S. F. Chipman & R. Glaser (Eds.), *Thinking and Learning Skills: Relating Instruction to Research*. Hillsdale, NJ: Erlbaum.
84. P. D. Eggen & D. Kauchak (1992), *Educational Psychology: Classroom Connections*. NY: Macmillan Publishing Company.
85. J. H. Flavell (1979), Meta-Cognition and Cognitive Monitoring: A New Area of Cognitive-Developmental Inquiry. *American Psychologist*, 34.
86. E. D. Gagne & C. W. Yekovich, F. R. Yekovich (1993), *Cognitive Psychology of School Learning*. Allyn & Bacon.
87. N. I. Gage & D. C. Berliner (1988), *Educational Psychology*. Boston: Houghton Mifflin Company.

88. H. J. Klausmeier (1985), *Educational Psychology*. New York: Harper & Row Publisher.
89. D. A. Kolb (1965), Achievement Motivation Training for Underachieving High School Boy. *Journal of Personality and Social and Psychology*, 2.
90. E. E. Maccoby & C. N. Jacklin (1974), *The Psychology of Sex Differences*. Stanford, CA: Stanford University Press.
91. Mckeachie (1990), *Teaching and Learning in College Classroom: A Review of the Research Literature*. Ann Arbor: University of Michigan.
92. R. Oxford & D. Crookall (1989), Research on Language Learning Strategies: Methods, Findings, and Instructional Issues. *Modern Language Journal*, 73.
93. J. Packer & J. D. Bain (1978), Cognitive Style and Teacher Student Compatibility. *Journal of Educational Psychology*, 70.
94. M. J. Roberts & G. Erdos (1993), Strategy Selection and Meta-Cognition. *Educational Psychology*, 13.
95. R. J. Sternberg (1986), *Beyond IQ*. Cambridge University Press.
96. R. J. Sternberg (1996), *Cognitive Psychology*. Forth Worth: Harcourt Brace College Publishers.
97. R. J. Sternberg (1998), *In Search of the Human Mind*. Fort Worth: Harcout Brace College Publishers.
98. H. J. Walberg & G. D. Heartel (1992), Educational Psychology' First Century. *Journal of Educational Psychology*, 84 (1).
99. B. Weiner (1972), *Theories of Motivation: From Mechanism to Cognition*. Chicago: Markham.
100. M. C. Wittrock (1967), Focus on Educational Psychology. *Educational Psychologist*, 4.